DICIONÁRIO BIOGRÁFICO

# Histórias entrelaçadas de mulheres afrodiaspóricas

DICIONÁRIO BIOGRÁFICO

# Histórias entrelaçadas de mulheres afrodiaspóricas

Thais Alves Marinho
Rosinalda Corrêa da Silva Simoni
ORGANIZADORAS

A FLUP É APOIADA PELA
**FUNDAÇÃO FORD**

malê

FLUP

**Editora Malê**
Direção editorial
Francisco Jorge e Vagner Amaro

**Idealização e edição**
Thaís Alves Marinho & Rosinalda Corrêa da Silva Simoni

**Preparação e Revisão**
Meira Santos

**Projeto gráfico**
Marcio Oliveira

**Diagramação**
Marcio Oliveira
Natália Brunnet

**Ilustração da capa**
Senegambia

**Ilustração dos Verbetes**
Kaoana Sopelsa

**Direção Geral - Flup**
Julio Ludemir

**Direção de produção - Flup**
Andrea Borges

**Coordenação de Comunicação - Flup**
Teresa Dantas

**Direção Institucional - Flup**
Joanna Savaglia

**Direção Financeira - Flup**
Janaína Martins

**Proponente - Flup**
Associação Na Nave



Este livro foi revisado segundo o Acordo Ortográfico da Língua Portuguesa de 1990, em vigor no Brasil desde 2009.

**Dados Internacionais de Catalogação na Publicação (CIP)**
**(Câmara Brasileira do Livro, SP, Brasil)**

Dicionário biográfico : histórias entrelaçadas de mulheres afrodiaspóricas / organizadoras Thais Alves Marinho, Rosinalda Corrêa da Silva Simoni. 582 p. Rio de Janeiro : Malê Edições, 2024.

Vários autores.
Bibliografia.
ISBN 978-65-85893-15-2

1. Dicionários 2. Mulheres - Histórias de vida 3. Personalidades - Brasil - Biografia 4. Representatividade negra - Brasil I. Marinho, Thais Alves. II. Simoni, Rosinalda Corrêa da Silva.

24-218649 CDD-920.72

**Índices para catálogo sistemático:**
1. Mulheres negras : Biografia 920.72
Tábata Alves da Silva - Bibliotecária - CRB-8/9253

**Editora Malê**
Rua Acre, 83/ 202 - Centro. Rio de Janeiro
RJ CEP: 20.081-000
www.editoramale.com.br
contato@editoramale.com.br

Realizadores da 1ª edição:

# Sumário

# Apresentação

Quem me falou da existência deste livro foi a assistente social Sandra Mônica, ela própria uma de suas cem autoras. De imediato tornou-se uma fixação associar a história da Flup à rede de mulheres negras que as historiadoras Thais Alves Marinho e Rosinalda Simoni articularam a partir de Goiânia, possivelmente a capital brasileira menos provável para que esse grupo se formasse. No meu entender, o trabalho dessas duas professoras é uma das mais perfeitas traduções para a máxima de Angela Davis, segundo a qual toda a sociedade se move quando uma mulher negra se move. No Brasil, elas começaram a se mover mais rapidamente a partir das ações afirmativas implementadas no início da década passada. Bastou uma década de cotas para que o feminismo negro se tornasse a mais relevante novidade política, cultural e intelectual do país. O *Dicionário biográfico: histórias entrelaçadas de mulheres afrodiaspóricas* é mais uma demonstração da mais importante revolução em curso no Brasil.

Fizemos nossa primeira parceria durante a pandemia, quando homenageamos Esperança Garcia, que entrou para a história ao escrever o primeiro texto de uma mulher negra de que se tem conhecimento nas Américas, ela própria objeto de um dos 100 verbetes com que a rede tecida pelas professoras goianas se propôs a contar a história do Brasil com o protagonismo que sempre lhes negaram. Como não poderia deixar de ser, a carta de Esperança Garcia denunciava a violência cometida contra seu corpo e sua subjetividade mas, ao fazê-lo, falava na primeira pessoa do plural. As mulheres negras se aquilombam desde sempre. Uma sobe, puxa a outra. Esse exercício de solidariedade, que a escritora e ativista Vilma Piedade chamou de dororidade, está presente em cada vírgula deste dicionário.

Já tínhamos entrado em contato com esse quilombismo feminino no livro "Carolinas", que foi um dos momentos mais inspirados e inspiradores da Flup. A produção daquele livro, que reunia 186 mulheres, nos colocou em contato com essa mesma rede, como podemos depreender pelo fato de que 80 por cento delas tinham o título de mestra ou doutora. Nem a ambição nem a novidade daquele livro, no entanto, nos autorizavam a propor o diálogo com uma das principais premissas da obra de Beatriz Nascimento, para quem a pessoa negra só sairia de sua condição de escravizado no imaginário brasileiro quando sua história começasse a ser contada por mãos negras ou que o homem negro fosse visto por ele próprio, como sugerem o título de dois dos livros organizados pelo antropólogo Alex Ratts, mais importante estudioso da sua obra. Essas 100 mulheres não fazem outra coisa senão plasmar a utopia de Beatriz Nascimento.

A existência deste quilombo acadêmico, que não para de crescer, foi o ponto de partida para a 14ª edição da Flup, com a qual tentamos trabalhar com alguns dos conceitos que levaram a historiadora Beatriz Nascimento a cravar seu nome entre as pioneiras do movimento negro brasileiro. Um desses conceitos é a própria ideia de quilombo, uma palavra que entrou no imaginário do maior país negro fora da África a partir das pesquisas de Beatriz Nascimento e levada à enésima potência por essas mulheres, que estão espalhadas por todos os estados da federação e começando a operar numa escala internacional, por enquanto entre os chamados países afro-caribenhos. Este dicionário traz inclusive diversos verbetes sobre mulheres quilombolas, indo de Aqualtune a Cléia da Silva Costa, a primeira mãe de Ganga Zumba e a segunda uma das lideranças quilombo do Degredo, devastado pela tragédia ambiental de Brumadinho.

Outra personagem historicamente invisibilizada que ocupa um privilegiado espaço neste livro são as mães de santo, com cerca de 20 por centro dos verbetes. Mais do que uma reparação histórica, o protagonismo das mulheres que devotam suas vidas aos terreiros é revelador de uma verdade possivelmente pouco estudada, ainda que óbvia e fundamental para que entendamos tanto este livro quanto a geração de mulheres que estão realizando a utopia de Angela Davis, reinventando-nos como nação enquanto urdem um futuro melhor para si e seus quilombos. Não é preciso consultar os búzios para saber que, além da cor, uma identidade religiosa fortemente inspirada pela sabedoria e magia das religiões de matriz africana une mulheres como Carla Akotirene, Djamila Ribeiro, Flávia Oliveira e Teresa Cristina, entre as muitas outras que estão promovendo um encontro do Brasil com suas raízes. "Nunca foi sorte", responderão se perguntarem sobre suas trajetórias. "Mas vela acesa, ponto cantado e macumba em dia." Axé.

Julio Ludemir
*Um dos criadores e Diretor Geral da FLUP*

# Introdução[1]

O *Dicionário biográfico: histórias entrelaçadas de mulheres afrodiaspóricas* apresenta a biografia de cem mulheres que se constituíram a partir dos processos de rupturas, continuidades, adaptações, fluxos e refluxos provenientes do Atlântico Negro, e que por meio do cotidiano vivido, em diferentes períodos históricos, de algum modo, atuaram na construção do que hoje chamamos de Brasil.

A escolha dos verbetes e das mulheres biografadas foi feita a partir das autoras e autores, colaboradoras e colaboradores, levando em consideração a relevância política, cultural, religiosa e social das personagens históricas para suas comunidades locais e nacionais. Visando abarcar a diversidade brasileira, estão contempladas as cinco regiões, com a trajetória de mulheres de 19 estados federativos. As histórias narradas se iniciam no século XVII e vão até os dias atuais.

Começamos pela atuação de africanas como Zacimba Gaba, da Nação Cabinda, no Sudeste do Brasil e Aqualtune do Reino do Congo, ainda no século XVII,

1 Esta publicação recebeu financiamento da Associação Brasileira de Pesquisadores Negros (ABPN), da Associação de Historiadores e Historiadoras - Seção Goiás (ANPUH-Goiás), da CAPES/PDPG-pós-doutorado, que financiou o Projeto Histórias Entrelaçadas do Brasil, e do CNPQ/PQ, que financiou o projeto Mulheres Afro-diaspóricas e os Feminismos de Terreiros no Brasil.

também Luiza Mahin, do Reino do Daomé, no século XIX, ambas no Nordeste do país. A luta dessas mulheres por liberdade indica um campo de ação que remonta a uma memória dimensionada a uma temporalidade e espacialidade africanas, como bem retratou Beatriz Nascimento (1982), e que desafiaram as estruturas machistas, por meio da formação de quilombos e levantes populares no Brasil.

Enquanto os corpos das mulheres afrodiaspóricas eram cooptados e subjugados pelo sistema colonial-moderno, a escrevivência, conforme compreendida por Conceição Evaristo (2011), surge como um contraponto potente. Contrariamente à fala escravizada, a escrevivência é uma expressão emancipatória, capaz de romper com os grilhões do silenciamento e da subjugação. Nos séculos XVIII e XIX, figuras como Anna Ignácia, Esperança Garcia, Mariana Preta Courá, Salustia (todas do Nordeste) e Rosa Gomes (Centro-Oeste) personificam essa resistência, lutando contra a exploração colonial e reivindicando não apenas sua própria liberdade, mas também a de suas comunidades. Assim, a escrevivência exercida por essas mulheres, emerge como uma ferramenta poderosa, capaz de desafiar as estruturas de poder da casa grande e despertar os adormecidos de seus privilégios arbitrários.

No pós-abolição, no século XIX, muitas mulheres como Adelina, A Charuteira, Anna Patrícia Souza e Alexandrina Carvalho, no Nordeste. No século XX, no Centro-Oeste, Maria Grampinho e Maria Olvídia de Aquino Bispo, por meio do labor cotidiano, sustentaram a si mesmas e suas proles, ocupando o espaço público para além das determinações eurocentradas de gênero.

Outras quilombolas do século XX e XXI, dão continuidade a essa atuação, usando os saberes ancestrais como resistência cotidiana, como Dionísia de Oliveira Silva, Maria do Socorro Eugênio da Silva, as irmãs Rosalinas do Nordeste, Cléia da Silva Costa, no Sudeste, Elisandra Botelho da Silva Frazão, Maria Corrêa da Silva, Marta Cezária de Oliveira, Procópia dos Santos Rosa, na região Centro-Oeste, Maria América dos Santos no Norte e, Maria Elaine Rodrigues Espíndola e Vó Anita do Quilombo do Paredão, da região Sul.

No século XX, na região Nordeste e Sul do país, a herança de matriz africana se expressa na emergência de líderes religiosas como a Ìyálorixá Dulce, a Ìyálorixá Florência de Agongono, a Ìyálorixá Toti, a Ìyálorixá Vitória, a Ìyálorixá Jojó, a Ìyálorixá Sandrali de Oxum, a Ìyálorixá Eliane e a Ìyálorixá Beata de Iemanjá. Essas mulheres desempenharam papéis importantes na preservação e disseminação das tradições religiosas de matriz africana, promovendo a resistência cultural e espiritual de seus povos, por meio da Umbanda, Tambor de Mina, Cabinda, AlaKetu e Cultos a Ifá.

Também no século XX e início do XXI, no Nordeste, Sudeste e Centro-Oeste atuaram outras líderes religiosas no contexto do Candomblé Nagô, aqui biografadas, como a Ìyálorixá Celina de Xangô, a Ìyálorixá Gamutinha, a Ìyálorixá Menininha do Gantois, a Ìyalorixá Mukumby, a Ìyálorixá Obá Biyí, a Ìyálorixá Obassi, a Ìyálorixá Railda de Osun e a Ìyálorixá Stella de Oxóssi, que continuaram a tradição de suas ancestrais, mantendo vivas práticas religiosas de matrizes africanas, e lutando contra o preconceito e o racismo religioso.

No campo da educação e da cultura, destacamos mulheres como Maria Firmina dos Reis, no Nordeste, e Amália Augusta Pereira de Lima Barreto, no Sudeste, ainda no século XIX. No século XX e XXI, Aldyr Fernandes Faustino dos Santos, Tula Pilar, Petronilha Beatriz Gonçalves e Vania Maria da Silva Soares, no Sudeste; Edna Ribeiro e Aurineide Lima de Moura, no Nordeste; Vera Triumpho, no Sul; Marta Soares Ferreira, Leodegária de Jesus, Ana Maria Carvalho dos Santos e Maria de Lourdes Teodoro, no Centro-Oeste. Essas mulheres contribuíram significativamente para a formação intelectual e cultural do país, inspirando gerações e lutando por uma sociedade mais justa e igualitária.

No campo da ciência e da literatura, destacamos mulheres de todas as regiões, a partir do século XX, como Joana D'Arc Félix, Lélia Gonzalez, Lorena Francisco de Souza, Maria Beatriz do Nascimento, Carla Akotirene, Sueli Carneiro, Sophia Ferreira Chaves, Carolina Maria de Jesus, Odailta Alves da Silva, Maria Conceição Evaristo e Zeli de Oliveira Barbosa. Essas mulheres desafiaram estereótipos e preconceitos, contribuindo para o avanço do conhecimento científico e literário e ampliando as representações sobre as mulheres negras na sociedade.

No campo das artes, a partir do século XX, destacamos mulheres como Dagma Bonfim Barbosa dos Santos, Dolores Duran, Ediclea Maria Santos da Silva, Ruth de Souza, Elza Soares, Elizeth Cardoso, Ivone Lara, Leci Brandão da Silva, Zaira de Oliveira e Tia Ciata, que através de suas performances artísticas, deram voz às experiências e lutas das mulheres brasileiras, influenciando a cultura e a sociedade. No esporte, destacamos mulheres como Aída dos Santos, Daiane Garcia dos Santos, Melânia Luz e Miraildes Maciel Mota, que superaram barreiras e estereótipos de gênero, alcançando o sucesso e inspirando outras mulheres a perseguirem seus sonhos no campo esportivo.

Por fim, no campo político, de Norte a Sul do país, Leste a Oeste, essas mulheres se organizaram politicamente, notadamente, a partir do século XX, como Josefa Pereira, no Norte; Jurema Batista, Marli Coragem, Mônica Santos Francisco e Maria Raimunda Ribeiro da Costa, no Sudeste; Maria José Alves Dias, Sônia Cleide Ferreira, Justina Bernardes De Paula, no Centro-Oeste; Vera Lúcia Rodrigues Duarte, no Sul; e Valdina de Oliveira Pinto e Maria do Rozário Cláudio, no Nordeste. Essas mulheres lutaram e continuam lutando por seus direitos e pela igualdade racial e de gênero, ocupando espaços de liderança e representatividade em suas comunidades.

No cenário da política nacional, destacamos Laudelina de Campos Mello, Benedita da Silva, Marielle Franco, Eufrozina de Oliveira Freitas, Francisca das Chagas da Trindade, Maria Cristina do Rosário Almeida Mendes, Teresa Franco, que emergiram de suas comunidades, ocupando cargos como governadoras, deputadas, vereadoras, dentre outros. Por fim, destacamos outras mulheres como Maria Dalva de Mendonça Silva, Romilda Rosa Mota, no Centro-Oeste, Rossilda Joaquina da Silva, da região Norte; Maria Odília Teixeira, do Nordeste; Wulemotu Alaké, da Nigéria-África; e Olukemi Sàlámì, do Sudeste, que se dedicaram e/ou se dedicam aos cuidados ao próximo, seja pela maternagem, pela medicina, enfermagem, pela espiritualidade.

Destacamos a Região Nordeste do Brasil com a presença de 30 mulheres do total. Na Bahia encontramos 16 mulheres verbeteadas ao longo dos séculos XVIII, XIX e XX. Além disso, estados como Alagoas, Ceará, Maranhão, Paraíba, Pernambuco e Piauí também contribuem para o panorama da região, com representantes que deixaram sua marca em diferentes áreas da sociedade. Na Região Norte, encontramos estados como Amapá e Pará, que somam 6 mulheres verbeteadas nos séculos XIX e XX. Na Região Centro-Oeste do Brasil, destacamos 18 mulheres. Em Goiás, a presença feminina é notável, com 15 mulheres registradas entre os séculos XIX e XXI. No Mato Grosso, duas representantes e no Distrito Federal, uma, dos séculos XX e XXI. Já na Região Sudeste, os estados de Espírito Santo (3), Minas Gerais (5), Rio de Janeiro (18) e São Paulo (8) apresentam uma diversidade de trajetórias femininas ao longo dos séculos, com um total de 34 mulheres verbeteadas. Por fim, na Região Sul, os estados do Paraná (1) e Rio Grande do Sul (10) também possuem sua representatividade, com um total de 11 mulheres verbeteadas nos séculos XIX e XX. Essas mulheres, em meio ao contexto histórico e cultural de cada região, deixaram um legado de resistência e luta por justiça social, influenciando positivamente as comunidades locais e inspirando futuras gerações a seguir seus passos.

Importante salientar que grande parte das autoras são, elas próprias, mulheres negras, cujas trajetórias foram marcadas por diferentes nuances do racismo e sexismo, mas que também apontam para a resiliência, resistência e empoderamento feminino, já que, em sua maioria, são intelectuais em formação ou já renomadas, com importantes atuações no âmbito da academia, da religiosidade, da cultura afro-brasileira, da militância e da política.

A participação masculina foi condicionada à coautoria com uma mulher. Isso porque o que esse dicionário visa superar é, justamente, a ocultação e silenciamento sobre a participação das mulheres afrodiaspóricas na História do Brasil, e uma das principais estratégias de subalternização é representá-las a partir dos interesses dos que conseguiram se posicionar como dominantes. Logo, a representação das mulheres não-brancas, seja no âmbito da academia, seja na política, na mídia, ou na religião, foi sendo construída e reproduzida pela mente, pelas palavras e pelas imagens dos brancos, em sua maioria homens, assim, buscamos possibilitar que as vozes ignoradas das mulheres, sobretudo mulheres não brancas pudessem ecoar por aqui.

Em estudos recentes, que datam do fim do século XX, mesmo quando há um compromisso crítico e heurístico com o particular e o singular, cujo foco analítico se volta para as micro-histórias, numa tentativa de pluralizar a história brasileira, percebemos que as experiências das mulheres negras, especialmente no tocante à vivência religiosa, foram tratadas a partir de suas relações de funcionalidade, semelhança ou divergência com o que se denominou centro. O centro, nesse caso, refere-se às mulheres brancas, que, a partir dos movimentos feministas nas décadas de 1960 e 1970 (conhecidos como feminismo de segunda onda), ganharam certa notoriedade e passaram a figurar, mesmo que em menor número e grau de importância que os homens, como sujeitos históricos e, portanto, "objetos" e "sujeitos" de pesquisa.

Assim, é preciso considerar cada uma das histórias das mulheres aqui biografadas, para, de fato, compreendermos as distintas relações que se processaram a partir da imposição da racialização, da generificação e dos valores cristãos, patriarcais e civilizados durante a colonização, que foram mesclados, sintetizados, assimilados, hibridizados, sob o pano de fundo das culturas de matrizes africanas e ameríndias.

As trajetórias aqui biografadas apontam para o fato de que diferentes "temporalidades e historicidades foram irreversível e violentamente juntadas" (Hall, 1996, p. 223), sendo, portanto, importante observar que não há simetria de poder entre os elementos oriundos do Catolicismo e das religiões africanas e indígenas. Mas vale perspectivar que, ao invés de serem vistas como antagônicas, separadas e opostas (como nas epistemologias binárias eurocentradas) ou extintas, essas temporalidades e historicidades se completam histórica e semanticamente, são "histórias partilhadas" interdependentes e que se apresentam em simultaneidade, formando uma "modernidade entrelaçada" (Randeira, 2000).

Apesar da imposição de sentidos da missão civilizatória cristã, da violência epistêmica da academia, dos interesses de construção de uma identidade nacional e dos regimes de representações negativo e reducionista, historicamente construídos sobre as mulheres não-brancas, há um lócus fragmentado da diferença colonial, conforme analisa Maria Lugónes (2014). Esse lócus foi construído duplamente: para a imposição do gênero binário ocidental e para a hierarquização racializada, a fim de controlar tanto o trabalho, quanto a reprodução de seus corpos. Como resultado, a "dororidade", conforme descrito por Wilma Piedade, irmanou as mulheres negras na luta contra a sexualização/objetificação de nossos corpos, expressos especialmente a partir das representações sobre a "mulata", ou pelos altos índices de feminicídios contra mulheres negras,[2] que na contramão dos feminicídios de mulheres brancas, têm aumentado, ou ainda, nas vergonhosas denúncias de que mulheres negras por serem "boas parideiras" e "mais fortes", não precisariam de uma dose equivalente às brancas de anestesia durante os partos, ou ainda, no não reconhecimento e consequente precarização do trabalho doméstico, exercido majoritariamente por mulheres negras e pobres, além dos constantes assédios sexuais protagonizados pelos patrões contra essas mulheres.

Mas esse regime de representações e práticas não é suficiente para apagar as resistências, a alteridade, a memória e a tradição dos grupos subalternizados. Logo, as mulheres afrodiaspóricas e ameríndias também se relacionam duplamente diante da tensão entre os lados do lócus: são oprimidas e são resistentes, afinal, são entes "densos, relacionais, em socialidades alternativas e alicerçadas nos lugares tensos e criativos da diferença colonial" (Lugónes, 2014, p. 942).

Este dicionário, que apresenta os entrelaçamentos históricos entre essas distintas agências por meio das biografias e trajetórias de vida de cem mulheres afrodiaspóricas, foi organizado por Thais Alves Marinho (PUC Goiás) (Lattes: http://lattes.cnpq.br/9094700593263241) e Rosinalda Corrêa da Silva Simoni (UFT) (Lattes: http://lattes.cnpq.br/8310800954534480), que compõem a Rede Latino-Americana e Caribenha de pesquisas sobre Feminismos de Terreiros – RELFET.[3] É fruto do trabalho coletivo das demais intelectuais dessa rede, que se mobilizaram para formar esta obra. Agradecemos a participação e o apoio das mulheres que compõem essa rede, aqui nomeadas Aline Lemos da Cunha Della Libera - UFRGS, Carla Beatriz Meinerz - UFRGS, Gládis Elise Pereira da Silva Kaercher - UFRGS, Heridan de Jesus Guterres Pavão Ferreira - UFMA, Janira Sodré Miranda - UnB/IFG, Lúcia Helena Oliveira Silva - UNESP, Maricel Mena López - Universidad São Tomaz, Nubia Regina Moreira - UESB, Joanice Conceição - UNILAB, Tânia Ferreira Rezende - UFG e Claúdia Alexandre - PUC/SP.

A rede nasce na Pontifícia Universidade Católica de Goiás (PUC Goiás) a partir das incursões do grupo de pesquisa Memória Social e Subjetividade/CNPQ, desenvolvidas no âmbito dos Programas de Pós-Graduação em História e em Ciências da Religião, a partir das quais Thais Alves Marinho e Rosinalda Corrêa da Silva Simoni observam um fenômeno social, que passam a nomear de "feminismos de terreiros". O conceito pretende, numa perspectiva da diversalidade, abarcar as

2 Importante destacar que entre as biografadas há pelo menos quatro casos de feminicídios, que se entrelaçam com racismo religioso e sexismo, e que interromperam a trajetória dessas mulheres: Beatriz Nascimento, Mãe Obassi, Mãe Mukumby e Marielle Franco.

3 Saiba mais pelo link: https://relfet.webnode.com

ações coletivas cotidianas, que ocorrem desde a colonização aos dias atuais, como opção histórica coletiva, agenciada pelo habitus de mulheres afrodiaspóricas ao longo do tempo, estruturada a partir dos constrangimentos estruturais impostos pelas colonialidades de gênero e do poder, mas também pelas cosmopercepções de matrizes africanas.

As trajetórias aqui apresentadas aventam a possibilidade de pensarmos que há uma diferença na concepção de organização das relações entre homens não-brancos e mulheres não-brancas, que não foi considerada pelas feministas ocidentais. Isso porque, mesmo no caso de admitirmos o patriarcado como componente universal, como advoga Segato (2012), no caso dos/as nativos/as americanos/as e africanos/as de origem Iorubá, predominava um patriarcado de baixa intensidade, de onde emerge feminismos comunitários, diante dos quais o feminismo eurocêntrico simplesmente não faz sentido. Segato afirma que: "Apesar do caráter reconhecível das posições de gênero, nesse mundo são mais frequentes as aberturas ao trânsito e à circulação entre essas posições que se encontram interditas em seu equivalente moderno ocidental" (Segato, 2012, p. 117).

As negociações entre homens e mulheres afrodiaspóricas perceptíveis nas trajetórias das mulheres aqui biografadas parecem indicar relações múltiplas e duais, baseadas em divisões e assimetrias, mas que não correspondem necessariamente à hierarquia de gênero binário, que delimita fronteiras claras entre os gêneros e sobre os espaços frequentados por eles/as. A distribuição de poderes entre os gêneros, entre os subalternizados, também são entrelaçadas por noções como a matripotência (Iyá/prole) e a senioridade (okurin e okirin/omode),4 conforme apresentadas por Oyěwùmí (2004). Para ela, a sociedade Iorubá pré-colonização não considerava o corpo como base social de classificação, da mesma forma, a maternidade transcende o gênero e o matrimônio. O resultado seriam relacionamentos entre homens e mulheres mais "fluidos, e papéis sociais, situacionais, continuamente situando indivíduos em papéis modificativos, hierárquicos e não hierárquicos, contextuais que são" (Oyěwùmí, 2004, p. 6).

Além disso, Segato (2012) afirma que a dualidade, entre homens e mulheres, público e privado, mesmo construídas sob hierarquias, cada par possui plenitude ontológica e política. A partir da análise da nigeriana Oyěwùmí (2016), é possível constatar também que, na cosmopercepção Iorubá, a concepção do feminino e do masculino (okunrin y obinrin) é "muito diferente das hierarquias de gênero ou de

4 Segundo Oyèrónkẹ́ Oyěwùmí (1997, p. 34) "las categorías obinrin e okunrin eran exlusivamente categorías relativas a la anatomía y no permitían mayores uposiciones sobre personalidades o psicologías derivadas de esa distinción puramente anatómica. Esto era así, porque no eran elaboradas como una relación de oposición entre sí y, en este sentido, no eran sexualmente dimorfas y consecuentemente no recibían atribuición de género. En la antigua Oyo no connotaban jerarquía social ni expresaban masculinidad o femeneidad, ya que esas categorías no existían ni en la vida, ni en el pensamento Yoruba".

raça, que são rígidas, estáticas e exclusivas, pois estão promovendo, permanentemente, uma categoria sobre a outra" (p. 19). Almeida (2004 p. 239) afirma que "comparada com outros exemplos etnográficos, a construção ocidental de gênero é uma das menos criativas e sofisticadas, pois fixa a sexualidade, a personalidade e os papéis sociais no dimorfismo anatômico".

Assim, na tradição Iorubá, uma das matrizes africanas transportadas pela diáspora, o mundo não é concebido como algo formado por algum paradigma. É formado por um todo harmônico que consiste em elementos físicos, humanos e espirituais. Apesar dessa diferença, esse conhecimento sobre a diversidade de gênero nas cosmopercepções africanas foi historicamente ocultado por uma imposição de sentido do patriarcado, durante a missão civilizatória colonizadora, e pelo advento do feminismo branco, como denuncia bell hooks (2015), Sueli Carneiro (1985), Lélia Gonzalez (1984).

Entendemos, a partir das trajetórias aqui biografadas, que muitas mulheres não-brancas encontraram/criaram um espaço (um "nicho"), notadamente, mas não exclusivamente, nas organizações religiosas, como no Candomblé, na Umbanda e mesmo no Catolicismo, capaz de materializar elementos da herança ancestral africana, na condução e organização dos rituais, festejos, procissões, enterros, quermesses, folias e reinados.

Em quase todas as religiões de matrizes africanas, a mulher exerceu e exerce um papel fundamental como já demonstrados em estudos de Ruth Landes (1967), Rita Segato (1985), Patrícia Birman (1995), Núbia Regina Moreira (2011), Helena Theodoro (1996), dentre outras. As sacerdotisas das religiões afro-brasileiras, conhecidas como Iyálorixas (Candomblé), Mães de Santo ou Zeladoras (Umbanda ou Quimbanda) e Mestras (Jurema, Jarê), em um contexto em que predomina a compreensão de gênero binária, representam a força e a importância da compreensão de gênero africana, que possibilita às mulheres atuarem espiritual e socialmente, independente dos papéis de gênero atribuídos a elas pela hierarquia do patriarcado ocidental. Por meio da transmissão das tradições religiosas e culturais, no âmbito do Candomblé, Umbanda, Tambor de Crioula, Cabinda, Calundu, germinaram os Feminismos Negros.

Mas, a atuação das mulheres não brancas no âmbito do catolicismo, por vezes, é negligenciada pela literatura e movimento negro. Por meio das trajetórias de algumas afrocatólicas neste dicionário, tanto nas Irmandades do século XVII a XIX, até a atuação nas CEBs e pastorais afro, no século XX e XXI, observamos que o catolicismo também se mostrou como um "nicho" capaz de materializar elementos da herança ancestral africana. Nos entrelugares dessas instituições, empreitavam ações coletivas de ajuda mútua, com a mobilização de recursos e de ações intencionais, que visavam superar as situações de opressão presentes nas colonialidades (Marinho e Simoni, 2021), embora, essa realidade tenha sido ocultada por meio da noção de sincretismo e sob o termo catolicismo popular.

A partir disso, acreditamos ser possível afirmar, na esteira de Lugones (2014), que algumas dessas mulheres se engajaram em um tipo de feminismo decolonial, desde a diáspora, pelo potencial de superação da colonialidade de gênero; que era também, ao mesmo tempo, um tipo de feminismo comunitário, que coletivamente almeja melhores condições de existência para seu gênero cotidianamente.

Mas, para pensarmos o caso específico do Brasil, acreditamos ser válido adotarmos um termo diferenciado para o tipo de atuação dessas mulheres no âmbito da espiritualidade, da família, das atividades laborais e de lazer, e da reprodução (que, em função da influência de matriz africana são âmbitos indissociáveis da espiritualidade). Um termo que, considerando as diferenças entre as distintas culturas diaspóricas que emergiram ao longo do tempo no Brasil, consiga superar as fragmentações impostas pela episteme eurocentrada, que visavam impossibilitar que os/as afrodiaspóricos/as se perspectivassem como pertencentes a uma comunidade, a uma herança, a uma tradição, a uma ancestralidade; e que ainda faça alusão ao espaço ocupado por essas mulheres ao longo do tempo, possibilitando a territorialização/materialização da memória coletiva que compartilham. Esses lugares seriam os "terreiros".

Os terreiros são entendidos, aqui, como espaços de fronteiras entre o público e o privado, um entrelugar não disputado por homens ou mulheres brancos/as, onde se deu a convivência dos afrodiaspóricos/as escravizados/as, seja nos arredores das senzalas, nas Irmandades, nas roças de plantação ou nos acampamentos de mineração, que incluem os quintais dos ranchos, cordões e quilombos de forros/as e livres, onde realizavam celebrações católicas (como nas Irmandades), sessões de Candomblé, Umbanda e outros rituais afro-brasileiros, além de conviverem e realizarem parte das atividades de lazer e laborais domésticas. Em muitos locais, o labor na "rua", na condição de "ganhadeiras" ou "escravas de ganho", ou livres e alforriadas, possibilitou a elas nesses entre-lugares, a criação de pequenos comércios, com a venda de legumes, verduras, água, quitutes, rapaduras, farinha, que vieram a consolidar as feiras e outros comércios informais na atualidade (como as/os "ambulantes"). Oyěwùmí destaca que o mercado Iorubá pré-colonização era aberto tanto a homens quanto a mulheres (Marinho e Avelar, 2023). Esse saber sobre a arte de produzir, negociar e administrar negócios pode ter sido mais um dos elementos da matriz africana herdada e transmitida entre as mulheres afrodiaspóricas.

Assim, seria nos "terreiros", notadamente, que a superestrutura simbólica de matriz africana, por meio das celebrações, mitos revividos e práticas cotidianas (incluindo aí a compreensão de gênero), estabelece um elo entre os afro-brasileiros e seu passado africano. Os "Terreiros" também são os espaços onde contemporaneamente são organizadas as Congadas, os festejos populares, as Folias etc. Observamos que muito da militância política e artística, começa e continua nesses espaços. Logo, as mulheres afrodiaspóricas, ao ocuparem os "terreiros" no labor cotidiano, nas conversas à beira do fogão, durante as preparações das celebrações e dos rituais em si, contribuem com a disseminação e materialização do que Segato (2003) chamou de "códex afro-brasileño", pois apontam para a existência de um código fixo em ação por trás das práticas observáveis, uma inscrição críptica que se manifesta todo o tempo no discurso e nas práticas de algumas dessas mulheres. Assim, os "terreiros" se tornam espaço de territorialização, de mobilização de ações coletivas e individuais e de ajuda mútua relacionadas às intempéries do racismo e do patriarcado ocidental.

A possibilidade dessas mulheres atuarem dessa maneira pode estar relacionada com as concepções múltiplas e duais iorubás, baseadas em divisões e assimetrias (como as entre obinrin e okunrin, ou entre ana-machos e ana-fêmeas), mas que não correspondem necessariamente à hierarquia de gênero binário. A existência de rainhas e juízas, apontados como os cargos mais importantes das irmandades de pretos (esses cargos não existiam em irmandades de brancos) (Marinho & Simoni, 2021), ao lado dos juízes e reis, pode ser um indicativo dessa multimodalidade do gênero, presente também nas religiões de matrizes africanas, em que a matripotência é reverenciada como controladora das grandes energias espirituais, embora essa realidade tenha sido historicamente ocultada por uma imposição de sentido do patriarcado.

Historicamente, as biografias aqui apresentadas, compõem um acervo de fontes que demonstram os processos de longa duração (sociogênese), tais como o patriarcado, o feminismo e a ancestralidade africana, que se entrelaçam orientando ações coletivas de mulheres (psicogêneses) em diáspora no contexto brasileiro, formando singularidades históricas, como os feminismos de "terreiros". Buscamos, contribuir para a decolonização das ciências sociais, complexificando as noções de movimentos sociais, de gênero e de patriarcado no Brasil, e também superar a definição monolítica e singular de mulher negra, de feminismo e de feminismo negro já incorporada na práxis cultural e econômica mais ampla da pesquisa e do pluralismo científico desinteressado, que reproduz a desumanização ao criar e reproduzir a imagem das mulheres negras como essencialmente incompletas com base no gênero feminino, ou como não gendradas, e, por isso, não humanas.

Buscamos também, no campo da educação, contribuir para a aplicabilidade dos dispositivos jurídicos brasileiros de ações afirmativas, como a Lei 10.639/2003 e 11.645/2008, as Diretrizes Curriculares Nacionais para a Educação das Relações Étnico-Raciais e para o Ensino de História e Cultura Afro-brasileira e Africana, orientadores da Base Nacional Curricular Comum. Entendemos que seja importante promover uma visão múltipla da história, incluindo a história das mulheres afro-diaspóricas, para incorporar aos currículos e às propostas pedagógicas a abordagem de temas contemporâneos que afetam a vida humana em escala local, regional e global, preferencialmente de forma transversal e integradora.

Boa leitura!

Thais Alves Marinho
Rosinalda Côrrea da Silva Simoni

## REFERÊNCIAS

ALMEIDA, Tânia Mara Campos de. Junho/ 2004. As raízes da violência na sociedade patriarcal. In: *Revista Sociedade e Estado*, Brasília, v. 19, nº 1, p. 235-243.

BIRMAN, Patricia. 1995. *Fazer estilo criando gêneros.* Rio de Janeiro, UERJ/Relume-Dumará.

CARNEIRO. Sueli; SANTOS, Tereza. *Mulher negra.* São Paulo: Conselho Estadual da Condição Feminina/Nobel, 1985.

EVARISTO, Conceição. 2011. *Insubmissas lágrimas de mulheres.* Belo Horizonte: Nandyala.

GONZALEZ, Lélia. 1984. Racismo e sexismo na cultura brasileira. *Revista Ciências Sociais Hoje, Anpocs.* p. 223-244

HALL, Stuart. 1996. The West and the rest: discourse and power. In: HALL, Stuart et alii. (Org.). *Modernity: introduction to the modern societies.* Oxford: Blackwell. p. 185-227.

HOOKS, bell. Abril/ 2015. Mulheres negras: moldando a teoria feminista. In: *Revista. Brasileira de Ciência Política*, Brasília, nº 16, p. 193-210.

LANDES, Ruth. 1967. *A cidade das mulheres.* Rio de Janeiro: Civilização Brasileira.

LUGONES, María. Dezembro/ 2014. Rumo a um feminismo descolonial. In: *Revista de Estudos Feministas*, Florianópolis, v. 22, nº 3, p. 935-952.

MARINHO, Thaís Alves; SIMONI, Rosinalda Côrrea da Silva. 2020. O Matriarcado Negro Nos "Terreiros": Da cosmovisão do feminino ao feminismo de terreiro. In: Vulnerabilidade| Resistência | Justiça: Anais do *VI Congresso Latino-Americano de Gênero e Religião.* 1ª ed. São Leopoldo - RS: Centro de Estudos Bíblicos – CEBI, v.6, p. 137-168.

MARINHO, Thais Alves; SIMONI, Rosinalda Côrrea. da Silva. 2021. Coletividades Femininas Negras na História de Goiás: do afro-catolicismo aos feminismos de terreiros. In: SOARES, Ana Carolina Eiras Coelho; SILVA, Murilo Borges. *História das Mulheres, Relações de Gênero e Sexualidades em Goiás.* São Paulo: Paco Editorial. p. 473-498.

NASCIMENTO, Beatriz. 1982. Kilombo e memória comunitária: um estudo de caso. *Estudos AfroAsiáticos,* Rio de janeiro, v. 6-7, p. 259-265, mês/mês.

OYĚWÙMÍ, Oyèrónkẹ́. 2016. Matripotency: Ìyá in philoso- phical concepts and socio-political institutions. In: OYĚWÙMÍ, Oyèrónkẹ́. *What Gender is Motherhood?* Nova Iorque: Palgrave Macmillan. Capítulo 3, p. 57-92.

RANDERIA, Shalini. Jenseits von soziologie und soziokultureller anthropologie: zur ortbestimmung der nichtwestlichen welt in einer zukünftigen sozialtheorie. In: BECK, Ulrich; KIESER-KIESERLING, André (Org.). 2000. *Ortsbestimmung der soziologie: wie die kommenden generation gesellschaftswissenschaften betreiben* will. Baden-Baden: Nomos. p. 41-50.

SEGATO, Rita Laura. 1985. Inventando a natureza: família, sexo e gênero nos Xangôs de Recife. *Anuário Antropológico.* Rio de Janeiro. v. 10 n. 1.

SEGATO, Rita Laura. 2003. *Las Estructuras Elementales de la Violencia:* Ensayos sobre género entre la Antropología, el Psicoanálisis y los Derechos Humanos. Buenos Aires: Universidad Nacional de Quilmes / Prometeo 3010.

SEGATO, Rita Laura. 2012. Gênero e colonialidade: em busca de chaves de leitura e de um vocabulário estratégico descolonial. In: RUGGI, Lennita Oliveira; BARBOZA, Rose (orgs.). Epistemologias feministas: ao encontro da crítica radical. *E-cadernos CES* [online], nº 18.

THEODORO, Helena. 1996. *Mito e espiritualidade:* mulheres negras. Rio de Janeiro: Pallas.

# DICIONÁRIO BIOGRÁFICO

# Adelina, a charuteira

**Cristina Adelina de Assunção**

Ouvi falar sobre Adelina um dia na faculdade. Por ser xará de minha avó, fiquei ainda mais intrigada com a história dela. Minha avó passou o nome para suas filhas: Cremilda Adelina de Jesus, Terezinha Adelina de Jesus e minha mãe, Iracy Adelina de Assunção. Minha mãe foi a única que repassou o nome para mim: me chamo Cristina Adelina de Assunção. Eu agradeço imensamente a ela por esse presente, por isso também o passei às minhas filhas: Iara Adelina Assunção da Matta e Laura Adelina Alcalde de Assunção. Fomos acostumados a pensar que é o sobrenome paterno que deve ser passado de geração em geração, mas, aqui, somos todas Adelinas!

O que encontrei sobre nossa heroína foram poucas linhas na internet e todas citam somente dois livros: "Dicionário da Escravidão Negra do Brasil" (MOURA, 2004) e "Dicionário das Mulheres no Brasil: De 1500 até a atualidade" (SCHUMAHER, 2000). Por sua vez, esse último livro indica, no verbete sobre Adelina, os três livros seguintes: "O cativeiro: documentos maranhenses", de Dunshee de Abranches; "Submissão e resistência: a mulher na luta contra a escravidão", de

Maria Lúcia de Barros Mott; e "A mulher negra tem história", de Alzira Rufino, Nilza Iraci e Maria Rosa Pereira. Se há alguém que já publicou uma dissertação ou tese dedicada à sua história, merece mais publicidade do que estas singelas linhas.

Atrevo-me a falar, a recriar a sua história. Não se trata de revisionismo, mas a gente que é preta tem que recriar nossos heróis, nossa essência, nossa ancestralidade que foi roubada, retirada e jogada nos porões de navios negreiros. Essa história remonta a dois séculos e hoje também está em meu sobrenome. Assim como minha avó, essa mulher se chama Adelina.

Além desse cruzamento, sua história se assemelha à de Luiz Gama, pois ambos foram escravizados pelo pai. Imagino que essa foi a realidade de muitos, quiçá milhares de bastardos nesses 400 anos de regime escravocrata no Brasil. Pois bem, a mulher de nossa história chama-se Adelina, a Charuteira; alcunha adquirida por sua profissão, ou melhor, por seu ganho, pois, escravo não tem profissão. Adelina tem apelido, porém não tem sobrenome conhecido.

Adelina, a Charuteira, nasceu em 7 de abril de 1859, na Ilha do Amor, em São Luiz do Maranhão, filha de uma mulher escravizada de nome Josepha Tereza da Silva, chamada por todos de "Boca da Noite", e de João Francisco da Luz, um rico comerciante de escravizados. Sobre a relação entre sua mãe e seu pai, há relatos de que "Boca da Noite" era uma mulher que se destacava pela sua beleza e, por esse motivo, foi comprada para acompanhar o "senhor" pela cidade de São Luiz. Este teria se apaixonado por ela, mas sabemos que essas relações entre escravizadas e senhores existiam sob o jugo do abuso sexual.

A despeito da tentativa de acabar com a escravização, em 1850, por meio da Lei Eusébio de Queiroz, que virtualmente proibia o tráfico negreiro; o valor dos escravizados aumentou nesse período. Além disso, houve intensificação do tráfico interprovincial. Isso promoveu um aumento também no número de escravizados reprodutores, bem como de "senhores de escravizados" que engravidavam suas cativas para a garantia de mão de obra gratuita, o que pode explicar a situação de Josepha Tereza.

Adelina é a primeira filha de João Francisco, pois, de seu matrimônio, tinha somente filhos. Aproveitando-se disso, "Boca da Noite" conseguiu algum privilégio para sua filha e, quando ela nasceu, recebeu a promessa de que ela seria alforriada aos 17 anos. Adelina nasce, então, na casa do senhor escravizador, que era também seu pai. Lá, é criada e aprende as primeiras letras. Foi, portanto, alfabetizada - algo atípico para os escravizados -, o que dá pistas de que ela não trabalhou na roça ou viveu na senzala junto aos outros escravizados, porém, a promessa redentora de seu pai não foi cumprida.

> Mas "Boca-da-Noite", aproveitando que seu dono não possuía filha, tratou de garantir, ainda que verbalmente, que a filha tivesse regalias. Chegado o tempo certo, Adelina surgiu ao mundo num choro comprido e alto. Todos diziam da menina: "Essa aí, bocuda como é, ninguém vai lhe fazer de besta".
>
> Assim como sua mãe, era escrava. Mas logo sua mãe conseguiu do seu senhor a promessa de que alforriasse a menina quando ela completasse 17 anos; essa promessa nunca foi cumprida, Adelina continuou sendo escrava de seu próprio pai. Entretanto, teve a regalia de aprender, com o pai, a ler e escrever, o que era incomum. (VILAS-BÔAS, 2020, p. 49).

Há de se pensar na menina, que, nesse segundo quarto do século XIX, aguardou por sua liberdade. À medida que os anos passavam, seu sonho se tornava cada vez mais distante. Sua mãe morreu em 1875 e seu pai, no mesmo período, sofreu um revés financeiro, que pode ser explicado pelo "sobe e desce" da concorrência algodoeira entre a província do Maranhão e os Estados Unidos. O que resgatamos de sua história é que, para se manter economicamente, ele monta uma fábrica caseira de charutos. Daí nasce uma nova função para Adelina, que passa a ser ganhadeira, ou seja, "escrava de ganho": que vendia produtos na cidade e voltava com o valor adquirido para a casa de seu "senhor".

Unindo sua capacidade de leitura com a vida urbana que passou a conhecer e integrar sua dinâmica de vida, não demorou muito para que Adelina observasse a sua volta e os ares abolicionistas que circundavam o Brasil do Segundo Império. Ela mesma, escravizada, que sonhou em ser "agraciada" com uma alforria por seu pai, percebe que essa liberdade somente viria se fosse conquistada pela luta e que não devia ser somente sua, mas também de todo o povo preto que sofrera nas mãos dos algozes escravizadores.

Com o "ofício" de ganhadeira, Adelina passa a vender charutos pelos bares de São Luiz, bem como no Largo do Carmo, que fica nas cercanias do Liceu Maranhense, colégio fundado em 1838 e que existe até hoje. Naquela época, era onde estudavam os filhos da elite local. Nesse lugar, havia comícios abolicionistas que Adelina passou a ouvir e a frequentar.

Esses abolicionistas faziam parte do "Clube dos Mortos", "organização abolicionista radical, que existiu no Maranhão no século XIX e que defendia e promovia a fuga de escravos" (MOURA, 2004, p.102). Os integrantes reuniam-se nos porões da casa do escritor Dunshe de Abranches, quando este ainda estudava no Liceu (ABRANCHES, 1992). Associações como essa surgiram em todo o território nacional, principalmente nas províncias mais urbanizadas do país.

O movimento abolicionista, que terá mais força a partir da Guerra do Paraguai (1864-1870), foi constituído por associações que visavam protestar contra o regime escravista, e que já previam que o país não iria se desenvolver em sua plenitude, caso não houvesse uma verdadeira reparação aos libertos. Joaquim Nabuco nos elucida sobre essa necessidade:

> O abolicionismo, porém, não é só isso e não se contenta com ser o advogado Ex-officio da porção da raça negra ainda escravizada; não reduz a sua missão a promover e conseguir - no mais breve espaço possível - o resgate dos escravos e dos ingênuos. Essa obra - de reparação, vergonha ou arrependimento, como a queiram chamar - da emancipação dos atuais escravos e seus filhos é apenas a tarefa imediata do abolicionismo. Além dessa, há outra maior, a do futuro: a de apagar todos os efeitos de um regime que, há três séculos, é uma escola de desmoralização e inércia, de servilismo e irresponsabilidade para a casta dos senhores, e que fez do Brasil o Paraguai da escravidão. (NABUCO, s/d, p. 4-5).

No Maranhão, o "Clube dos Mortos" resistia em meio às outras entidades leigas pró-abolição locais. Ele teve seu nome alterado para "Centro Artístico Abolicionista Maranhense" (SANTOS, 2008), com maiores referências de atuação a partir de 1881. Porém, a atuação de Adelina no "Clube dos Mortos" remonta ao ano de 1875, logo nos primórdios de seu trabalho como vendedora de charutos, quando ouvia os discursos sobre liberdade, citados anteriormente.

A documentação sobre o "Clube dos Mortos", assim como a documentação sobre Adelina, é escassa, mas há relatos orais sobre a relação entre eles. Nossa heroína operava como uma espiã, que levava informações valiosas para os abolicionistas sobre ações da polícia, o que contribuía para a logística das fugas.

Imagino Adelina decorando mensagens ditas, ou até mesmo carregando bilhetes escondidos de um lugar a outro de São Luís. Apesar de vender charutos, ela não era fumante. Todavia, quando estava com alguma boa informação, ela acendia um charuto sem tragar: esse era o sinal para que se aproximasse dela algum correligionário, sem levantar suspeitas.

Ela atuou diretamente na fuga de diversas pessoas escravizadas para o Ceará e para o Amazonas, visto que nessas províncias, a escravatura havia sido abolida em 1884 e, anos antes, já eclodiam insurreições de jangadeiros que se negavam a transportar mulheres e homens escravizados. No Maranhão, primeiramente, essas pessoas partiam para o Quilombo da Sumareira, um lugar de passagem próximo ao sítio São Jerônimo. Ali, alguns abolicionistas levavam sal, café e fumo para as pessoas que aguardavam o melhor momento para a fuga. Não levavam provisões, pois o solo fértil propiciava, aos aquilombados, alimentos para sua subsistência.

O papel de Adelina e de outros espiões era imprescindível para saber o melhor momento desses escapes. Muitos contaram com a valiosa ajuda de Caroba, que liderava o remo nessas travessias durante a noite (ABRANCHES, 1992).

O nome de Adelina deve ser rememorado, deve ser minuciosamente estudado, deve ser elevado ao panteão de nossas libertadoras. Esse artigo visa cumprir esse papel, mas, como dito anteriormente, aguardamos ansiosamente por saber mais. Contudo, Adelina hoje é nome de coletivos de mulheres negras na luta pelos seus direitos e também é digna de poemas em sua homenagem, como o de Azuir Filho:

**Adelina, a Charuteira**
Azuir Filho

Nasceu na Ilha do Amor, nos meados do século XIX.
Do espírito batalhador, da história linda que comove.
Tão valorosa e verdadeira, foi maravilhosa de coração.
Salve Adelina, a charuteira, de São Luís do Maranhão!

Ela foi uma filha bastarda, de um proprietário senhor.
Uma moça pura, felizarda, tinha o espírito trabalhador.
Ele empobreceu de besteira, passou à filha a provação.
Salve Adelina, a charuteira, de São Luís do Maranhão!

Charutos na rua ela vendia, que o seu pai fabricava.
Cumpria a tarefa e aprendia, o que na vida se passava.
Ela tinha a alma justiceira e abominava a escravidão.
Salve Adelina, a charuteira, de São Luís do Maranhão!

Era o que se chamava, de ser uma escrava de ganho.
Muito ela se aplicava e conseguia resultado tamanho.
Uma escrava ganhadeira, que despertava admiração.
Salve Adelina, a charuteira, de São Luís do Maranhão!

Tornou-se uma ativista, para toda escravidão acabar.
Consciente humanista, fez a desumanidade enfrentar.
Ler e escrever, ela aprendera, tinha talento e vocação.
Salve Adelina, a charuteira, de São Luís do Maranhão!

Das vendas encarregada, na cidade duas vezes por dia.
Muitos charutos que entregava, avulso também vendia.
Qual santinha padroeira, todos lhe tinham consideração.
Salve Adelina, a charuteira, de São Luís do Maranhão!

Por São Luiz peregrinava, ao Largo do Carmo se dirigia
Prestava atenção, se ilustrava, dava valor, a tudo assistia
Mulher valorosa e obreira, mulher ativa e de decisão.
Salve Adelina, a charuteira, de São Luís do Maranhão!

No Liceu, tinha freguesia; nos estudantes, libertadores.
Aos charutos, ela vendia e via comícios e debatedores.

Na sua ação, era timoneira, sabia dar melhor destinação.
Salve Adelina, a charuteira, de São Luís do Maranhão!

Eram alunos humanistas; de Castro Alves, seguidores.
Comícios abolicionistas, ela desenvolvia seus pendores.
Era a amiga hospitaleira pros que fugiam da repressão.
Salve Adelina, a charuteira, de São Luís do Maranhão!

Ajudava os escravos a fugir e dizia por onde passar.
Ninguém melhor pra instruir, pra liberdade alcançar.
Angelical e sobranceira, que morava em todo coração.
Salve Adelina, a charuteira, de São Luís do Maranhão!

Circulava por toda a cidade, com notícias a carregar.
Os escravos da comunidade faziam tudo lhe contar.
Sabia da polícia inteira, ela tinha a melhor informação.
Salve Adelina, a charuteira, de São Luís do Maranhão!

Sabia tudo do policiamento, para aos alunos informar,
pois os escravos, em todos momentos, iam notícias lhe dar.
Subia em toda cumeeira, descia em qualquer porão.
Salve Adelina, a charuteira, de São Luís do Maranhão!

Tornou-se de confiança, de estudantes e escravos.
Representava esperança, bem recebida por todos os lados.
Escrava, mulher brasileira, uma agente de informação.
Salve Adelina, a charuteira, de São Luís do Maranhão!

Fez lindo papel feminino, de bens simbólicos mediar.
O seu proceder foi divino, e ela fez seu destino abraçar.
Foi uma escrava ganhadeira, tão decisiva na abolição.
Salve Adelina, a charuteira, de São Luís do Maranhão!

Ajudou muito escravo a fugir, fez um santificado papel.
Quando os astros estão a luzir, é ela toda ativa no céu.
Uma heroína verdadeira, anjo da guarda de imensidão.
Salve Adelina, a charuteira, de São Luís do Maranhão!

Em vida, sua trajetória também guarda poesia, quando atua na fuga de uma escravizada chamada Esperança. Esperança não é somente o ato de esperar, mas de lutar por aquilo que se quer, a Liberdade. Adelina foi uma mulher de fibra, garra e coragem e podemos acrescentar a resiliência entre suas qualidades. Esse dom, muitos de nós carregamos, para não envergar ao passo de cada dia, de cada notícia, de cada discriminação, de cada apagamento. Somos todas Adelinas!

Adelina
Senão a primeira,
A guerreira.
De seu sonho,
Eu sou herdeira
Viva Adelina,
A Charuteira!

## REFERÊNCIAS


ABRANCHES, Dunshe de. O cativeiro [Memórias]. São Luís: Alumar, 1992.

AZUIR FILHO. 2009. Adelina A Charuteira [Poema]. Campinas-São Paulo. Disponível em: http://www.overmundo.com.br/banco/adelina-a-charuteira. Acessado em fevereiro/2023.

GONÇALVEZ, Patrícia. 2017. 17 mulheres negras brasileiras que lutaram contra escravidão. In: Portal Geledés. Disponível em: https://www.geledes.org.br/17-mulheres-negras-brasileiras-que-lutaram-contra-escravidao/. Acessado em fevereiro/2023.IRACI, Nilza; PEREIRA, Maria Rosa; RUFINO, Alzira. 1987. A mulher negra tem história. Santos: edição da autora.

MOTT, Maria Lucia de Barros. 1991. Submissão e resistência: a mulher na luta contra a escravidão. Editora Contexto.

MOURA, Clóvis.2004. Dicionário da escravidão negra no Brasil. São Paulo: EDUSP.

ROSSI, Amanda; COSTA, Camilla. 2018. Muito além da princesa Isabel, 6 brasileiros que lutaram pelo fim da escravidão no Brasil. In: BBC News – Brasil [online]. Disponível em: https://www.bbc.com/portuguese/brasil-44091469. Acessado em fevereiro/2023.

SANTOS, Wellington Barbosa dos. 2008. Confederações abolicionistas no Maranhão na segunda metade do séc. XIX (1870-1888). Universidade Estadual do Maranhão, Centro de Educação, Ciências Exatas e Naturais, Departamento de História e Geografia, Monografia do Curso de História, São Luís.

SCHUMAHER, Erico Vital. 2000. Dicionário de mulheres do Brasil: de 1500 até a atualidade. Rio de Janeiro: Jorge Zahar.

VILAS-BÔAS, Ieda. Adelina Charuteira. Março/ 2020. In: Revista Xapuri Socioambiental, ano 6, nº 35. p. 48-49. Disponível em: https://fenae.org.br/portal/data/files/04/42/9E/42/F0C3171042DB8117403A91A8/xapuri-65.pdf. Acessado em fevereiro/2023.

# Aída dos Santos

## UMA HISTÓRIA DE PERSISTÊNCIA E SUPERAÇÃO

**Enny Vieira Moraes**
**Edgar da Silva Gomes**

A história das mulheres no esporte brasileiro se confunde com a história das mulheres do nosso país. Preteridas em relação aos homens, as mulheres lutaram para sair da invisibilidade e ganhar, no mundo esportivo, um lugar de protagonismo. Desde o século passado, quando as mulheres decidiram entrar nas arenas esportivas, tiveram de enfrentar inúmeras adversidades. A partir dos estudos feministas, principalmente aqueles ligados às feministas negras, podemos compreender que a mulher negra atleta tem embricadas em seu corpo as marcas de raça, gênero e classe. Tais fatores associados reforçam e desnudam as dificuldades e barreiras que enfrentam: o preconceito, a misoginia e o racismo.

Na vida e no esporte, Aída dos Santos foi um desses casos que despontaram no esporte e se tornaram sinônimo de superação. Negra e periférica, nasceu em uma família pobre do subúrbio fluminense, no dia 1 de março de 1937. Era o início da Ditadura de Getúlio Vargas, conhecida como Estado Novo, que alimentava o sonho da *regeneração racial brasileira*, maquiando a discriminação de raça, de gênero e de classe social, questões que Aída teve que enfrentar durante toda sua vida como mulher e atleta. Não que as circunstâncias tenham sido alteradas na atualidade, ou que o preconceito tenha minimamente diminuído no Brasil, mas hoje é possível ver diversos movimentos sociais discutindo e lutando por igualdade, assumindo suas diferenças e exigindo respeito a grupos anteriormente silenciados pela História.

Nesse contexto, de acordo com Silvana Goellner (1999), surgia a Revista de Educação Physica, maior veículo de informação sobre os esportes no país, cuja primeira edição foi lançada em 1937 e o último exemplar em 1945. Esportes como equitação, natação e esgrima circulavam em suas páginas. Das práticas esportivas que as ilustravam, a natação, a dança e a ginástica foram classificadas como adequadas e indicadas às mulheres, por não comprometerem a natural fragilidade e doçura femininas. Já esportes de contato, como o futebol, eram definidos como impróprios para as mulheres, por não colaborarem com a feminilidade normativa e por masculinizarem as mulheres, como acreditavam os autores, normalmente médicos e militares, que colaboravam com a revista.

Segundo Jéferson Staudt e Magna Magalhães (2018), nas páginas da Physica foi dada grande ênfase a corpos de mulheres brancas, de classe média e heterossexuais. As mulheres negras tiveram pouco espaço naqueles escritos e, quando citadas, foram criticadas e ridicularizadas, tidas como um insulto à sociedade brasileira que se pretendia e se percebia branca. Como dito, Aída, nesse cenário, teria inúmeras dificuldades e barreiras a superar, fosse pela escassa condição financeira para garantir o próprio sustento ou para se manter no cenário esportivo. Esse último, um ambiente improvável de ser alcançado pelas mulheres pobres e negras brasileiras daquele contexto.

Nesse cenário, a figura da mulher foi tratada como responsável por gerar uma nação forte, cuja maior responsabilidade social seria regenerar física e moralmente nosso povo, gerando uma raça pura e superior. É também nesse cenário que os esportes e a Educação Física vão ganhar relevância no Brasil, vistos como responsáveis por acabar com a indolência e os vícios do povo. Para isso, havia marcadores que indicavam esportes para homens e mulheres, reforçando as diferenças entre os sexos e os diferentes papéis e lugares sociais que ambos deveriam ocupar.

Na permanente invisibilidade e no silenciamento, tentando superar o preconceito, a discriminação e as dificuldades materiais, este era o caminho a ser trilhado por mulheres como Aída nos esportes. Tal fato nos remete às condições de total vulnerabilidade que as mulheres negras e pobres enfrentam no Brasil até os dias de hoje. Nesse sentido, histórias de enfrentamento às adversidades e aos obstáculos compuseram toda a trajetória de Aída.

Ainda criança, Aída dos Santos trabalhou como empregada doméstica para ajudar nas despesas da família e driblar a fome e a violência doméstica imposta pelo pai. Praticar esportes era outro desafio, já que seu pai não percebia a prática como algo importante, chegando a agredir a filha fisicamente por insistir nestas atividades. Segundo o pai, esporte era algo dispensável para pessoas como ela, que deveriam priorizar o trabalho para garantir a subsistência. Ainda assim, Aída persistiu e se tornou atleta de importantes clubes cariocas, como, por exemplo, o Fluminense e o Vasco da Gama, nos quais se destacou no vôlei, esporte que inseriu nossa atleta em uma carreira singular.

A falta de condições materiais persistia na vida de Aída. Quando cursou o ensino superior, estudava pela manhã, trabalhava no período da tarde e treinava à noite. Assim, formou-se em Geografia, Pedagogia e Educação Física. Foi com essa última graduação que Aída conseguiu se tornar docente na Universidade Federal Fluminense (UFF), onde atuou de 1975 a 1987. A vida de Aída é uma história de superações e conquistas, seja no mundo dos esportes ou fora dele. Aída dos Santos se orgulha da ajuda que pode dar à sua família. Por seu nome ser sinônimo de luta e vitória, tornou-se uma referência para mulheres de sua descendência, bem como para as mulheres negras brasileiras.

A paixão pelo vôlei se iniciou quando ainda estava no (antigo) colegial e, aos domingos, dias em que não havia aulas, convidava algumas amigas para jogar no Estádio Caio Martins, em Niterói. Uma dessas amigas que a acompanhava nas atividades esportivas e lhe dava carona de bicicleta praticava o atletismo e sempre a convidava para treinar com ela. Após as partidas de vôlei, Aída esperava essa amiga para ir embora e, atendendo a um desses convites, ela realizou o salto em altura pela primeira vez. Sem técnica alguma, no primeiro salto, atingiu a marca de 1,40m, o que empolgou o técnico do time e suas amigas, pois, naquele período, a marca do estado carioca era de 1,45m. Entusiasmada, ao chegar em casa, pediu ao pai para participar dos treinos e teve como resposta um sonoro não.

Reconhecendo o talento de Aída para a modalidade, a amiga que havia lhe convidado para conhecer o atletismo pediu ao pai de Aída que a deixasse assistir a uma das competições. No entanto, ao invés de assistir, Aída participou da competição no Clube Fluminense e atingiu a marca de 1,50m, ganhando a prova disputada por várias competidoras mais experientes que treinavam e competiam regularmente, com maior domínio técnico da prova de salto em altura.

Ao chegar em casa e mostrar a medalha ao pai, foi perguntada se tinha ganhado algum dinheiro. Ao dizer que não, ganhou uma surra pelo fato de que "medalha não enche a barriga de ninguém." Na compreensão de seu pai, ela deveria ajudar financeiramente a família e não perder tempo com bobagens, como a prática esportiva. Muito provavelmente, foi essa negativa de seu pai que a estimulou ainda mais a permanecer no cenário esportivo.

No documentário do Ministério da Cultura de 2012, feito com apoio da Petrobras, "Aída dos Santos: uma mulher de garra"; podemos vê-la bastante emocionada contando a história e os fatos ocorridos nos Jogos Olímpicos de Tóquio, em 1964. Naquele período, com 27 anos e solteira, sem filhos, estudava e treinava. Ela lembra a ansiedade que a atormentava por não saber o que iria viver naquela que seria sua primeira experiência olímpica. Aqueles também seriam os primeiros Jogos Olímpicos a serem realizados no Oriente, tendo Tóquio como sede. Aída se preparava para seu grande momento.

> No início de sua carreira no atletismo, ela lembra que, no Estádio do Maracanã, as condições de treinamento eram precárias: a arquibancada era um vagão de trem, não havia iluminação, nem colchão para os saltos em altura. Aída treinava no escuro, pois, como trabalhava e estudava durante o dia, só lhe restavam as noites para treinar. Como toda mulher, precisava ajudar nos serviços domésticos, como lavar roupa, encerar e arrumar a casa. Somente após cumprir essas tarefas é que a mãe a liberava para ir aos treinos. (MINISTÉRIO DA CULTURA, 2012)

Mesmo tendo atingido a marca de 1,65m, índice olímpico da época, e ter viajado com a Federação Brasileira, foi exigido que repetisse seis vezes a façanha para ser escalada para participar dos Jogos em Tóquio. Essa cobrança exagerada sobre a atleta já apontava um tratamento diferente entre ela e os outros atletas. Era um misto de preconceito e racismo. Ela chegou a afirmar que tinha consciência de que os dirigentes da Federação não queriam levá-la a Tóquio.

Sem colchão na caixa que amortecia os saltos em altura, sua especialidade, ela teve que adaptar a execução dos movimentos para amortecer a queda, pois seria perigoso cair com as costas no chão a cada vez que saltasse. Isso lhe causou um sério problema porque precisou adaptar o gesto técnico, o que comprometia a perfeita execução do salto na posição ventral. Mesmo com tantas dificuldades, após conseguir a marca de 1,65 m, não havia mais justificativa para sua não escalação. E, assim, Aída conseguiu a vaga rumo ao desafio de conquistar uma medalha.

Na Vila Olímpica, apesar da quantidade de pessoas, do mundo todo, reunidas; lembra-se do quanto se sentiu sozinha, afinal, foi a única mulher, e única mulher negra, a representar o Brasil naqueles jogos. Para piorar sua situação, Aída não contava com o auxílio de nenhum técnico, não possuía uniforme, nem tênis para competir. Como tinha uma saia cinza, uma blusa branca e um capote azul turquesa com o desenho das argolas olímpicas, desfilou com essa roupa no dia da abertura dos Jogos. "Foi muita maldade o que o Brasil fez comigo, gente! O Brasil não, os dirigentes da época! Muita maldade!". Ao repetir esta frase, Aída chora, muito emocionada. Mesmo assim, ela estava lá, mesmo sem técnico, vestimentas ou tênis, ela estava lá nos representando, com toda sua força e coragem.

A circunstância gerada pela total falta de apoio e de condições para competir a faziam chorar constantemente, angustiada e preocupada. Seu choro sensibilizou a organização do evento que lhe concedeu uma bolsa, um par de tênis e um sapato com pregos (específico para as provas de corrida), material destinado às competidoras, ao qual ela tinha direito, mas que não havia recebido porque os representantes da Federação Brasileira não haviam colocado o nome da atleta na lista para recebimento dele.

Sem saber falar a língua, sem conhecer ninguém, em uma terra tão diferente e sem um técnico que a auxiliasse com questões mínimas – como responder a frequência para confirmar que a atleta estava presente e apta a competir –, Aída foi usando as armas de que dispunha para realizar aquele grande feito. Na final do salto em altura, outro desafio se impôs: a marca agora seria 1,70m para ser incluída no grupo das finalistas. A atleta ainda não tinha atingido essa marca. O máximo que havia saltado até então tinha sido 1,68m. Mesmo assim, obstinada, Aída se fez presente.

Na fase final da competição, após seu salto, Aída teve uma forte torção no tornozelo. Foi atendida pelo médico da Federação de Cuba, que a medicou e fez para ela uma bota de esparadrapo, dando-lhe mais uma chance de realizar o salto. Esse contexto fez com que, além de ser a única mulher a nos representar naqueles Jogos Olimpícos, Aída conseguisse alcançar o quarto lugar na competição, apesar de todas as adversidades que teve de enfrentar.

No pouco que falamos sobre a história de Aída, é possível perceber as saídas que ela teve que encontrar para construir um caminho, para realizar seu sonho. A persistência e a coragem foram seu alimento para superar dificuldades financeiras, para sobreviver, para sobrepujar a violência dentro e fora do ambiente doméstico, a total falta de apoio e o preconceito permanentemente presente dentro do mundo esportivo.

Sua história, como mulher negra e pobre, é também capaz de revelar sua força de vontade e determinação. Como ela, outras existiram e existem e estão, nesse momento, trilhando o mesmo caminho para exercer o seu direito de ser, seja no mundo do esporte ou fora dele. É com esse sentimento de que as mulheres brasileiras, em especial as mulheres negras, são verdadeiras fortalezas, que concluímos esse texto, cientes de que muitas outras histórias poderiam ser contadas sobre Aída dos Santos, um exemplo para todas as meninas negras que surgirão no esporte e fora dele e que terão Aída como referência de luta.

## REFERÊNCIAS

CONTRIBUIDORES DA WIKIPÉDIA. Aída Dos Santos. 2022. In: WIKIPÉDIA: a enciclopédia livre. Flórida: Wikimedia Foundation. Disponível em: <https://pt.wikipedia.org/w/index.php?title=A%C3%ADda_dos_Santos&oldid=63577949>. Acessado em 26 de julho de 2021.

GOELLNER, Silvana V. 1999. Bela, maternal e feminina: imagens da mulher na Revista Educação Physica. Tese de Doutorado. Faculdade de Educação da Universidade Estadual de Campinas. São Paulo: Campinas.

MINISTÉRIO DA CULTURA/ PETROBRAS. 2012. Aída dos Santos: Uma mulher de garra [ Documentário]. PUPO, André; QUINTELA, Ricardo (Dir.). Duração 26' 40". Disponível em: https://www.youtube.com/watch?v=V8UKGPsajeU. Acessado em 28 de julho de 2021.

STAUDT, Jéferson Luis. MAGALHÃES, Magna Lima. Jan.-jun/2018. "Naturalmente" feias, subalternas e masculinas: representações da mulher negra na revista Educação Physica (1939-1944). Revista Métis: História & Cultura, v. 17, nº. 33, p. 227-247. Disponível em: http://www.ucs.br/etc/revistas/index.php/metis/article/view/6691. Acessado em fevereiro de 2023.

# Aldyr Fernandes Faustino dos Santos

## HISTÓRIAS DE VIDA DE UMA MULHER E PROFESSORA NEGRA: DESAFIOS, CONQUISTAS E SUPERAÇÃO

**Sacha Faustino Gama**

Este verbete sobre a Senhora Aldyr Fernandes Faustino dos Santos foi construído a partir de fonte documental, por meio do acesso ao Processo de Benefício dela, fornecido pelo Instituto de Previdência dos Servidores do Estado do Espírito Santo (IPAJM), bem como a partir da perspectiva da História Oral, base da metodologia utilizada. Assim, foram ouvidos relatos da própria Aldyr, narradora e protagonista das suas próprias experiências, e histórias contadas pelo olhar dos seus 8 (oito) filhos: Saturnino, Samildi, Sanira, Sanilda, Sandra, Sanete, Sandro e Sarita. Foram colhidos também depoimentos de pessoas que conviveram e convivem com Aldyr, que foram seus vizinhos, alunos e amigos.

Antes de dar início ao relato biográfico propriamente dito, é importante destacar o contexto histórico vivenciado por ela e seus familiares no momento em que esta nasceu e iniciou a sua carreira no magistério. Sabe-se que, nos anos 20, no Espírito Santo, foram vivenciadas transformações econômicas evidenciadas por grandes obras públicas e de mobilidade urbana, como a Ponte Florentino Ávidos, primeira ligação da capital sobre a baía de Vitória, e por empreitadas de saneamento, prédios públicos e outros acontecimentos que conferiram ao estado ares modernos no século XX. Por sua vez, a condição de vida dos grupos menos favorecidos ainda herdava facetas do Período Imperial: a alijação de participação política e o preconceito racial ainda eram latentes e determinantes à vida dos capixabas (SALETTO, 2018).

Após a abolição da escravatura, o Brasil possuía discursos tanto de absorção do negro quanto do seu total alijamento. A imigração europeia era fortemente apoiada pelo governo e por grupos particulares, a fim de que os europeus embranquecessem e dessem maiores qualidades à população que aqui se encontrava. O alvo principal era a população negra e os seus traços negróides, considerados rústicos entraves à modernidade por parte da elite política e econômica brasileira. O projeto eugenista tinha forte peso durante a década de 1930, estando a sua lógica presente até os dias atuais. Quanto menos negro se é, maior mobilidade social se tem de fato, embora não haja uma segregação institucionalizada (MAIO, 1996).

Aldyr Fernandes Faustino dos Santos nasceu no dia 06 de setembro de 1928, em Aroaba, no município da Serra - Espírito Santo, filha de Gilda Maria da Conceição e Agenor Pinto da Rocha, que faleceu 2 (dois) anos após o nascimento da filha. Aldyr se tornou órfã de pai, passando a ser a criação desta e de sua irmã, Aldany Maria da Rocha Loreto, de responsabilidade da mãe Gilda, que, para sustentar a si própria, sua mãe Mariana e as filhas, trabalhava em casas de família como empregada doméstica.

Aldyr, sua mãe Gilda, sua irmã Aldany, a avó Mariana e o avô Porfírio residiam em Colônia, próximo a Muribeca, município da Serra. Segundo Aldyr, a região era uma sede na qual se instalavam somente as pessoas mais abastadas. Aos 8 anos, ela já realizava, junto de sua mãe, o ofício de lavar roupas para uma família de Muribeca, em um riacho que ficava próximo à residência delas.

Gilda, mãe de Aldyr, trabalhou como doméstica na casa de Judith Castelo, que viria a se tornar a primeira mulher deputada do estado do Espírito Santo, em 1947. Madrinha de Saturnino Manoel Faustino, primogênito de Aldyr, Judith era casada com o senhor Talma Ribeiro. Os dois sempre destacavam a facilidade que Aldyr possuía em aprender. Aos 12 anos, quando passou a trabalhar na casa da família juntamente com a mãe, se tornou sua responsabilidade os cuidados com as crianças: Dorian e Joãozinho, o que fez com que ela morasse na casa da família por muitos anos. Neste período, começou a se relacionar afetivamente com Jamil Faustino dos Santos, com quem se casou, após 10 anos de namoro, e teve 8 (oito) filhos.

Aldyr, ao se mudar para a atual região da Serra Sede com os familiares, passou a estudar neste novo local. Quando tinha 16 anos, um recenseador apareceu onde morava perguntando quem possuía interesse em estudar e ela, por iniciativa própria, se matriculou com o nome de Aldyr Fernandes, haja vista não gostar do sobrenome "Pinto" herdado de sua família paterna. Ela passou a estudar longe de casa, tornando-se profissional da área de magistério aos 17 anos.

Nos relatos da Srª Aldyr, muitos/as desistiram da difícil tarefa de ser educadores/as, uma vez que as aulas eram ofertadas longe das residências, em um local para o qual era difícil a locomoção. Por vezes, a Srª Aldyr, em seus relatos, conta acerca da dificuldade em andar mais de duas horas a pé, a cavalo, por dentro de córregos, na chuva e no sol para chegar ao local das aulas.

Com relação à vida profissional da Senhora Aldyr Fernandes Faustino dos Santos, foram verificados os assentamentos funcionais existentes em seu Processo de Benefício. Em suas fichas, constatou-se que a sua primeira admissão foi em 30 de janeiro de 1946, como auxiliar do ensino rural com exercício iniciado em 18 de fevereiro desse ano na Escola Olho D´Água, no município de Aracruz - ES, quando ela tinha 18 anos. Nesse período, Aldyr relata a cansativa rotina, dentro da qual a distância causava tristeza pela falta de sua mãe e sua irmã. Como professora, ficava em casas de família e tinha outros afazeres devido à precariedade da profissão, como, por exemplo, limpar as dependências da escola e cuidar da merenda.

Em 02 de maio de 1947, ela foi para a Escola de Una Grande, no município de Serra, assumindo o cargo efetivamente no dia 05 de maio. Em 1950, foi admitida na Escola de Itaiobaia, também no município de Serra. É válido destacar que, em virtude do disposto no art. 6º da lei nº 112, de 28 de outubro de 1948, tornou-se funcionária efetiva do estado do Espírito Santo.

Em 1954, foi classificada como Docente Primária e, em 1955, ela se casou com Jamil Faustino dos Santos, passando a ser chamada de Aldyr Fernandes Faustino dos Santos. Importante destacar que Jamil era servidor federal, exercendo a função de guarda-fios pelos Correios. Diante do racismo da sociedade da época, que limitava com veemência o acesso de negros a atividades profissionais intelectuais, se mostra interessante o fato de ambos terem se inserido no mercado de trabalho em funções de prestígio social.

Em 02 de abril de 1957, Aldyr passou a ser lotada na 1ª Escola Singular de Santa Cruz, município de Aracruz - ES. É importante salientar que, na fala de seus filhos, dentre eles Saturnino, o primogênito, eles destacam que, em Santa Cruz, não havia uma escola formal e o ensino era realizado em casas que o estado alugava. O papel de Aldyr, juntamente com outras educadoras, foi imprescindível para exigir a fundação da primeira escola formal de Santa Cruz, proporcionando, pela primeira vez, um espaço próprio, pensado para que os alunos de toda aquela região estudassem.

Seu filho mais velho ainda salientou o quanto Aldyr possuía uma postura altiva dentro do seu casamento, pois, na casa deles, era ela quem administrava o dinheiro que o pai recebia em "envelopes fechados", sendo a casa coordenada toda por ela. Outro aspecto muito marcante da vida de Aldyr foi a decisão dela de comprar uma casa no Conjunto Antônio Honório, Bairro Goiabeiras, em Vitória - ES, a qual possui até os dias atuais. À época, seu esposo Jamil não queria essa casa, pois acreditava que as despesas aumentariam. Contudo, Aldyr decidiu adquiri-la mesmo assim, conquistando-a em março de 1971. Em outubro do mesmo ano, Jamil veio a falecer.

Aldyr, então, tornou-se viúva aos 43 (quarenta e três) anos, tendo a responsabilidade de cuidar dos 8 (oito) filhos, sendo que o mais velho tinha 15 (quinze) anos e a mais nova 3 (três) meses. Seu filho Saturnino narrou o quanto notou a mãe abatida durante as 3 (três) semanas que se seguiram à morte de seu esposo. Porém, ela se reergueu, pois sabia da necessidade de ajudar sua bebê e os demais filhos. Nesse sentido, o fato de Aldyr já estar acostumada a gerenciar a casa e o dinheiro fizeram com que ela não ficasse completamente desorientada e se reestruturasse de modo mais rápido. Sua filha Sarita costuma lembrar das repetidas vezes em que escutava sua mãe falar da importância de sua existência e de seu nascimento, do quanto isso deu força para ela continuar resistindo e sobrevivendo.

> Cresci escutando o quanto minha mãe sofreu com a perda do meu pai, que jamais conheci. Três meses depois do meu nascimento, em junho de 1971, meu pai veio a falecer. Minha mãe costumava dizer que bebi um leite muito ruim, cheio de sofrimento. (Relato de Sarita Santos, feito à autora em 2021)

O primogênito ainda disse que percebia o quanto a sua mãe foi uma mulher sozinha, pois muitos não queriam estar perto de uma mulher preta com tantos filhos. Inclusive, segundo os filhos, a mãe odiava que eles aceitassem qualquer coisa que lhes oferecessem quando iam à casa de alguém. Acredita-se que isso se deva a ela não querer que os outros pensassem que os seus filhos não tinham o que comer dentro de casa, embora o tivessem, ainda que não existissem luxos.

É importante ressaltar, dessa maneira, a expertise de uma mulher negra, pertencente à comunidade rural, que se tornou protagonista da sua própria história e que se negou a reproduzir a história de muitas "Vidas Maria".[1] As mulheres de seu tempo, em sua grande maioria, não tinham acesso à educação e suas vidas

1 "Vida Maria" é um curta-metragem de animação que mostra três gerações de mulheres que foram obrigadas a largar os estudos para se dedicarem a afazeres domésticos e o cuidado com a roça, evidenciando o ciclo de subalternização a que elas são submetidas.

eram destinadas a continuar na base da pirâmide, submetidas à exploração feminina e ao caminho de reprodução de lugares destinados, sobretudo, às mulheres negras e pobres.

A Sr[a]. Aldyr venceu preconceitos e, de forma determinada, mudou a sua história de vida. A profissão, de grande prestígio na época, escolhida por ela e pela qual batalhou, não avançou ainda mais pelas diversas condições difíceis enfrentadas no cotidiano. Seu grande sonho era cursar a Universidade Federal do Espírito Santo (UFES). Esse sonho não foi concluído, mas realizado por cada filha e filho ao ingressarem na referida Universidade. A cada vestibular, seu semblante demonstrava a felicidade e o contentamento de ver uma de suas filhas ou um dos seus filhos perpetuar a frase deixada pelo seu marido Jamil Faustino dos Santos: "A herança que deixo é a Educação!".

A professora Aldyr, como é conhecida por seus alunos e suas alunas, foi inspiração e representatividade para muitos deles. Sua ancestralidade de mulher afro-indígena diz muito da sua força, resistência, persistência, resiliência e alteridade.

Filha de benzedeira, a Sr[a]. Aldyr resguarda a ancestralidade de sua mãe e avós. Uma de suas lutas era garantir o pertencimento das mulheres negras, principalmente das suas filhas, enquanto mulheres independentes e autônomas. Sua personalidade forte não permitia que o racismo lhe tirasse sua altivez. Não era nada fácil, mas sua determinação falava mais alto nas situações de dificuldades e Aldyr se tornou exemplo e referência para os seus netos e netas e para as gerações que virão, por ter sido uma mulher engajada e ter feito do caderno e do lápis suas ferramentas de transformação social.

## REFERÊNCIAS

GUIMARÃES, Antônio Sérgio Alfredo. Novembro/2001. Democracia racial: o ideal, o pacto e o mito. In: Novos Estudos Cebrap, nº 61, p. 147-162. Disponível em: https://novosestudos.com.br/produto/edicao-61/#gsc.tab=0. Acessado em: 27 de fevereiro de. 2023.

MACIEL, Cleber. 2016. Negros no Espírito Santo. OLIVEIRA, Osvaldo Martins (org.). Vitória – ES: Arquivo Público do Estado do Espírito Santo. Coleção Canaã, v. 22. 2ª ed. Disponível em: https://ape.es.gov.br/Media/ape/PDF/Livros/MioloLivroNegros_FINAL_BAIXA.pdf. Acessado em 30 de julho de 2021.

MAIO, Marcos Chor; SANTOS, Ricardo Ventura (Orgs.). 1996. Raça, ciência e sociedade. Rio de Janeiro: Editora FIOCRUZ, coedição CCBB. Disponível em: http://books.scielo.org/id/djnty/epub/maio- 9788575415177.epub. Acessado em: 15 de julho de.2021.

SALETTO, Nara. 2018. Sobre política capixaba na primeira República. Vitória - ES: Arquivo Público do Estado do Espírito Santo. -Coleção Canaã, v. 26. Disponível em: https://ape.es.gov.br/Media/ape/PDF/Sobre_Pol%C3%Adtica_Capixaba_na_Primeira_Rep%C3%Bablica.pdf. Acessado em fevereiro de 2023.

VIDA MARIA. 2007. [animação em curta-metragem]. RAMOS, Marcio (Dir.). Duração: 8'36". Disponível em: https://www.youtube.com/watch?v=yFpoG_htum4. Acessado em 17 de julho de 2021.

# Amália Augusta Pereira de Lima Barreto

**Lilia Schwarcz**

Segundo o registro dos batizados da paróquia do Santíssimo Sacramento da Antiga Sé do Rio de Janeiro, Amália Augusta, a futura mãe do escritor Lima Barreto (1881-1922), nasceu em 19 de julho de 1862, sendo filha natural de Geraldina Leocádia da Conceição e neta materna de Maria da Conceição. Amália conta, à sua maneira, a história das famílias descendentes de escravizados, cuja linhagem é só feminina.

Amália era uma típica representante da terceira geração de mulheres originalmente vindas da África para trabalhar como escravizadas. A mãe, Geraldina, nascera no Brasil e foi uma escravizada doméstica da mesma família que "emprestara" o nome à Amália. Já a avó viera diretamente da África e chegou por aqui nos navios negreiros que realizaram o odioso comércio transatlântico.

O caso de Geraldina lembra outras experiências de mulheres africanas: conquistou a liberdade, mas ficou atada à família branca por laços de fidelidade e de afeto, mas também por constrangimentos e dependência. Já Amália revela a importância da educação para o acesso à liberdade, não só jurídica como social. Amália sabia ler e escrever com perfeição. Aliás, nascer livre fazia muita diferença nessa sociedade marcada pela sombra e pela realidade persistente da escravidão.

Pessoas escravizadas que eram libertas por meio da Lei ou de uma carta de alforria, eram consideradas livres, mas não gozavam dos mesmos direitos dos cidadãos nascidos livres. Talvez por isso, algumas famílias negras livres, e que haviam conhecido um claro processo de ascensão social durante o século XIX, tenham criado formas de se diferenciar dos libertos mais recentes. Amalia, por exemplo, distante das atividades domésticas, escolhera o magistério e criara sua própria escola.

No "Diário de Notícias" de 26 de fevereiro de 1880 consta o certificado: "Foram dispensadas das provas de capacidade profissional Amália Augusta Barreto (...) para que possa dirigir colégio de instrução primária e secundária e ensinar as respectivas matérias." Com a ajuda de seu padrinho e da família Pereira de Carvalho, Amália fundaria seu próprio colégio, o Santa Rosa, que figuraria no "Almanaque Laemmert" dentre as 94 principais instituições de ensino da Corte.

Amália se casou com o tipógrafo João Henriques de Lima Barreto (1851-1922), que conheceu sua futura esposa frequentando, justamente, a casa dos Pereira de Carvalho. Ela tinha apenas 14 anos e ele, 25. O pedido de casamento deu-se no ano de 1877, quando Amália já tinha 15 anos completos. O matrimônio ocorreu em dezembro de 1878, tendo Afonso Celso de Assis Figueiredo (1836-1912), futuro Visconde de Ouro Preto, como padrinho.

Foi para o endereço da escola de Amália Augusta que o casal se mudou. Escola e lar faziam parte, desde então, da realidade do jovem casal, que sobreviveria a partir do trabalho duro dos dois: Amália dava duro no Santa Rosa, e João Henriques trabalhava de sol a sol como tipógrafo do jornal "A Reforma". Eram duas profissões significativas e simbólicas para as populações negras ascendentes, que acreditavam que a verdadeira libertação – não aquela da letra fria da lei – se daria pela educação. Amália ensinava e João Henriques compunha tipos com os quais construía palavras, frases, sentenças e textos.

D. Amália, diferente de sua mãe, tinha tudo para afastar-se do destino que lhe foi reservado como "ingênua". Ela mesma ganhava para seu sustento, era professora e diretora de escola e casara-se com um profissional liberal que lhe ajudaria a criar uma família, com estabilidade financeira. Mas o futuro não seria exatamente esse.

Amália teve um primeiro parto muito difícil, em setembro de 1879; exatos 10 meses após o casamento. O filho resistiria apenas oito dias – mal houve tempo de batizar o primogênito, que foi chamado de Nicomedes, em uma homenagem a reis, sábios e matemáticos da Antiguidade, mas também ao santo sofredor. Como consequência, Amália adquiriu traumatismo e paralisia das pernas, que lhe abalaram de maneira irreversível a saúde e obrigaram-na a usar muletas para sempre. Ela teria, a partir de então, praticamente um filho ao ano: Afonso Henriques nasce em 1881 e Evangelina, em 1882.

Afonso Henriques de Lima Barreto, o mais velho, não de direito, mas de costume e em ordem de sobrevivência, teve seu nome escolhido em homenagem a seu poderoso padrinho: o então senador Afonso Celso de Assis Figueiredo. Já o Henriques dever ter sido retirado do nome do próprio pai; seguindo-se esse costume bem brasileiro de destacar a descendência paterna.

Enquanto isso, João Henriques passara a cuidar do sustento da família e de outra batalha particular: vencer a má saúde de sua esposa. Amália agora apresentava problemas "nos pulmões", segundo os termos correntes. Datam dessa época uma série de mudanças de endereço da família, sempre na esperança de encontrar melhores condições climáticas para Amália. A família mudou-se para a rua Dois de Dezembro, no Flamengo, uma vez que os médicos receitaram banhos de mar à paciente. Mas o tratamento não deu certo. Tanto que, desanimados, os Barreto passaram a viver na casa da rua das Marrecas. O novo endereço pelo menos facilitava a vida de João Henriques, já que ficava não só perto da Santa Casa da Misericórdia como da Imprensa Nacional, que funcionava na antiga rua da Guarda Velha (na atual avenida Treze de Maio). Além disso, não distava muito da praia de Santa Luzia, que se localizava nas imediações do Passeio Público e era considerada tão boa como aquela do Flamengo.

A despeito das constantes mudanças e do tratamento médico, o rigor com os afazeres da casa e o cuidado com os filhos pequenos fizeram com que a doença da jovem mãe se agravasse. Amália esperava, além do mais, um terceiro bebê, Carlindo, que nasceria em 1884. Por essas e por outras, o estabelecimento de ensino da mãe de Lima Barreto foi fechado, com Amália dedicando-se apenas à vida doméstica, aos filhos e à saúde.

Foi quando sugeriram a João Henriques que fosse viver nos subúrbios com a esposa e a família. Não só o clima era melhor, afamado por possuir bons ares, próprios para a cura de "moléstias do peito", como o preço dos eãoam era mais módico. Mudaram-se primeiro para a região da "Boca do Mato", que fazia limite com os bairros do Engenho de Dentro, Engenho Novo e Méier. De lá, passaram para o Catumbi, que não ficava longe do centro do Rio; bem na fronteira com os bairros do Rio Comprido e Santa Teresa. Foi lá que nasceu Eliézer, em 1886. A situação de Amália, mesmo assim, não melhorava. Por isso, o chefe da família tentou nova mudança para o bairro de Paula Matos. Quem sabe os ares da montanha e da casa instalada na rua Santo Alfredo ajudassem na recuperação da mãe de Lima. Com esperança, os Barreto deram ao novo lar o significativo nome de Paraíso.

A sina de Amália não era propriamente rara. Estatísticas mencionam cerca de 700 óbitos para cada 100.000 habitantes no Brasil no período. Ademais, nesse momento, a tuberculose era vista ora como uma doença congênita, ora como extra uterina – ocasionada por fatores ligados ao meio ambiente e ao modo de vida. Boa parte dos especialistas apostavam, entretanto, na hereditariedade da moléstia; diagnóstico que deveria incomodar os Barreto: a tuberculose era entendida como um sinal hereditário de degeneração, muito próprio dos grupos inferiores e mestiços. Para a família de Amália Augusta, sobrava, pois, o preconceito associado à mestiçagem e ao que na época era conhecido como "degeneração".

Depois de sete anos de sofrimento e luta, em 24 de dezembro de 1887, a "Gazeta de Notícias" publicava, em seção de obituário, a nota de falecimento de Amália Augusta Barreto. Nela, João Henriques de Lima Barreto, seus filhos e Dona Clemência da Costa Vieira – "a ama seca da família" – convidavam todas as pessoas de sua amizade para acompanharem os restos mortais de sua mulher, mãe e amiga, "saindo o féretro da rua Santo Alfredo nº.7, descendo pela ladeira do Vianna e rua do Cunha, em Catumbi, hoje às 4 horas da tarde, 24 do corrente", para o cemitério de São João Batista.

O escritor guardou para sempre a imagem da mãe morta, com quem aprendera o á-bê-cê, e que viu em um caixão, com apenas seis anos: "Só me lembro dela no caixão quando meu pai, chorando, me carregou para aspergir água benta sobre o cadáver. Durante toda a minha vida fez-me falta (...). Deixando-me na primeira infância, bem cedo firmou-se o meu caráter ...". A figura da mãe, combalida pelos partos e pela doença, restou para sempre na lembrança do menino. Já adulto, não poucas vezes, Lima recordou a maneira como ela o olhava, "fosse em que circunstância fosse, havia, mesclados, terror, pena, admiração e amor".

## REFERÊNCIAS

BARBOSA, Francisco de Assis. 2017. A vida de Lima Barreto. 11ªed. São Paulo, Rio de Janeiro, Belo Horizonte: Autêntica.

BOTELHO, Denilson. 2021. A Pátria que Quisera Ter Era Um Mito: História, Literatura e Política em Lima Barreto. São Paulo: Universidade Federal de São Paulo (UNIFESP). 3ª ed. Disponível em: https://www.unifesp.br/campus/gua/images/departamento_de_historia/BOTELHO_Denilson._A_P%C3%A1tria_Que_Quisera_Ter_Era_Um_Mito._1.pdf. Acessado em 27 de fevereiro de 2023.

RESENDE, Beatriz. Lima Barreto e o Rio de Janeiro em fragmentos. [a] ed. São Paulo, Rio de Janeiro, Belo Horizonte: Autêntica, 2016.

SCHWARCZ, Lilia Moritz. 2018. Lima Barreto: triste visionário. São Paulo, Companhia das Letras.

# Ana Maria Carvalho dos Santos

## PRESENTE!

**Ludmila Pereira de Almeida**
**Maria das Neves Jardim de Deus**

*Antes de tudo, pedimos licença a todas as nossas mais velhas e também às que dividem conosco esse tempo. Em especial, pedimos licença a Ana Maria Carvalho Santos para contar um pouco sobre seu legado que ecoará eternamente. Pedimos também a ela a benção para continuarmos caminhando por ela e por todas as que vierem depois.*

"Ontem sonhei com ela, no meu sonho ela 'tava muito bem. Ela parecia uma rainha africana. No sonho, eu me divertia muito com ela, eu falava assim: Ana, você está tão linda! Ana, estou com tanta saudade! E, no sonho, eu aproveitei muito, brincar com ela, voltar a ser criança com ela". Essa lembrança contada por Abadia

Helenice (2021) aponta alguns traços de Ana Maria Carvalho Santos. Divertida, sonhadora, ativa nos movimentos, corajosa, generosa, sincera, que ajudava a todos são palavras que se somam à memória dessa mulher negra do Cerrado, que dedicou a sua vida à luta contra as desigualdades sociais.

Nascida aos 15 de março de 1964, em Jataí – Goiás, a professora de matemática, ativista do movimento de mulheres negras e do movimento negro, fez sua passagem na noite de 12 de outubro de 2020, em Goiânia – GO, devido a complicações da covid-19 e da política genocida operada no país pela falta de uma estratégia nacional em favor da vida. Além de carreira na educação, na secretaria da Escola Municipal Jarbas Jayme, Ana também foi atuante no fortalecimento do afro-empreendedorismo em Goiás. Sua ousadia e inquietação em prol das mulheres negras e de uma economia solidária a eãoam ser reconhecida, de forma póstuma, com o "Prêmio Mais Elas", do Serviço Brasileiro de Apoio às Micro e Pequenas Empresas (Sebrae).

Vera Oliveira (2021) aponta que trabalhar a diversidade e as demandas que atravessavam raça e gênero, pelo feminismo negro, instigava a ativista a ser uma voz de luta dentro do Sebrae, onde estruturava a Consultoria Ubuntu, para incentivar o empreendedorismo entre mulheres negras e a valorização de sua autoestima. "O machismo e o racismo não podem ser mais apenas uma luta ideológica, é preciso ação", disse Ana em uma entrevista (RODRIGUES, 2020, s/p).

A ativista estava presente em várias discussões e coletivos estaduais e nacionais, entre eles, a Rede Goiana de Mulheres Negras e o Coletivo Novembro Negro. Ela foi dirigente do Instituto Nacional Afro Origem (INAÔ), foi secretária geral e recebeu reconhecimento de mérito pela participação no Coletivo de Empresários e Empreendedores Afro-brasileiros (Ceabra). Foi membra da Câmara Técnica de Enfrentamento ao Racismo e Diversidade do Conselho Estadual da Mulher, integrou a direção do Sindicato dos Trabalhadores em Educação de Goiás (SINTEGO), na pasta de combate ao racismo, e participou do Coletivo Diáspora Africana do Cerrado. Esse último surge pela indignação de homens e mulheres negras diante de narrativas mal contadas sobre outras mulheres e homens negros. Assim, atividades de escuta, *lives*, formação para bancas de heteroidentificação são algumas ações que Ana articulou nesse coletivo.

"Ela nunca permitiu que uma pessoa branca ficasse no lugar dela. Isso para ela era uma questão de afirmação, era uma questão humana e era, sobretudo, uma questão política, no sentido de respeito em preservar a nossa etnia", descreve o professor Domingos Barbosa dos Santos (2021), mais conhecido como Dumas, retomando as palavras de Ana Maria, que não tinha medo de se impor. "Ou seja, já ficaram muito tempo em nosso lugar, já acharam demais por nós e já falaram demais por nós. Então, mesmo que sejamos poucas e poucos, organizadas e organizados, mas é nós que vamos falar e empreender uma luta por nós" (SANTOS, 2021). O professor ainda diz que a ativista fez muitas redes de contato. Ele conheceu e foi apresentado a muitas pessoas por causa de Ana, uma pessoa humana e política.

"Nem sei se Ana percebia a força que ela tinha como uma líder, porque, se nós olharmos, em Goiânia, o movimento negro; todos os perfis, todos a conhecem. De alguma forma, as pessoas sabem e, de alguma forma, Ana participou da vida das pessoas" (SANTOS, 2021). Além disso, a professora e afro-empreendedora era uma pessoa de compromisso, se posicionava e levava a sério o que era preciso ser feito. Por onde passou, ensinava muito, tinha a missão de ver a efetivação da mulher negra como empreendedora e abriu vários caminhos nesse sentido, sempre esperançando em seus feitos. "Ana parecia ter mil corpos" (SANTOS, 2021), era uma mulher plural, dialogava com todos e respeitava até mesmo aqueles que não compartilhavam de suas ideias. "É uma gratidão que eu tenho aos céus, ao sagrado e aos orixás" (SANTOS, 2021), diz sobre a oportunidade de ter conhecido e convivido com ela em uma amizade de mais de 20 anos.

Entre brincadeiras e companheirismo, as memórias de afeto invocam Ana como uma pessoa ímpar, que sempre tentava ajudar, era muito sensível, séria nos momentos em que tinha que ser, divertida. Extremamente responsável nas coordenações de projetos, sempre que preciso, viajava para se fazer presente nas atividades que envolviam o povo negro. Ana era um presente do sagrado na vida de quem a conheceu. "O que 'tá acontecendo, moço? 'Tá sumido!" (SANTOS, 2021). Ana não esquecia as amizades, estava a todo momento tentando saber como estavam os amigos e se estavam bem. O cuidado com os seus era pautado pela generosidade e pelo carinho.

"Ela conseguia, na minha concepção, aliar, equilibrar as duas coisas: a questão da visão matemática do mundo, a racionalidade, a objetividade das coisas, mas também a subjetividade trilhava muito o caminho da Ana" (SANTOS, 2021). Uma ativista muito voltada para a área de ciências humanas, apesar de sua formação nas ciências exatas. Isto lhe possibilitou desenvolver a discussão sobre a circulação econômica entre as mulheres negras sem perder de perspectiva o cunho social, cultural e histórico do racismo que condena essas trabalhadoras a grandes obstáculos financeiros. "Não há meritocracia quando se trata da questão étnico-racial. Eu posso ter talento, ter ideias. Quando vou a um banco pedir empréstimo, como negra, meu tratamento é totalmente diferenciado", contou Ana em entrevista ao site "Empreender em Goiás" (2018).

Foi integrante do grupo "Deusas da Amizade", do qual Abadia Helenice Gonçalves Mota (2021) faz parte. Esse grupo foi formado por sete mulheres que se conheceram durante sessões de terapia. Elas se reuniam uma vez por mês para compartilhar suas experiências, planejar viagens e encontros e se acolher. Abadia, que é reikiana (uma técnica de imposição das mãos para alinhar as energias do corpo), iniciou Ana no reiki e brincava: "Tem que se entregar, Ana!", durante as sessões que pedem a força da crença para terem efeito. As duas, que se conheciam há 16 anos, ainda faziam Kung Fu e dança de salão. Fizeram rapel, desceram um prédio e uma cachoeira juntas, gostavam muito de comer pamonha, tomar sorvete, fazer caminhadas, se abraçar, se beijar, dançar e ir às rodas de samba.

Também participavam da sociedade civil sócio-ambientalista "Jacarandá da Pedra", nomeada a partir de uma árvore que surgiu no meio das pedras e que foi encontrada durante uma caminhada no Morro da Bruaca, mais conhecido como Morro Santa Marta, na divisa entre os municípios de Goiânia-GO e Senador Canedo-GO. Nele, realizaram ações sobre ecologia com alunos da escola pública do bairro da Colônia Santa Marta.

Um dos sonhos de Ana era ir a algum lugar que tivesse trem para passear. Por isso, planejou com Mota (2021) viajar em julho de 2021. "Era uma irmã pra mim", relata Abadia Mota em meio às várias memórias de alegria que Ana lhe proporcionou. Ela era uma alguém que fazia diferença na vida das pessoas. "Não consigo lembrar de minha tia sem suas amigas", diz Ludmilla Martins (2021), sobrinha de Ana Maria. Algumas de suas ações junto a tia foi a "Marcha das Mulheres Negras", em Brasília-DF, e as atividades do INAÔ (Instituto Nacional Afro Origem), pelas quais acompanhou de perto a mulher autêntica, de fibra e pronta para qualquer coisa.

A dor intensa devido à perda se mistura à honra por fazer parte da família de Ana. "Minha tia foi minha referência, cuidava de mim e de minha filha" (MARTINS 2021). Como homenagem, Ludmilla marcou em seu corpo a existência de sua tia que tanto a inspirou: a tatuagem do rosto de Ana expressa o amor que elas compartilhavam, além dos conselhos recebidos antes de fazer algo. "Eu tenho que deixar ela descansar, ela me pediu isso em sonho", diz diante da saudade.

"Ela gostava muito do bolo de banana". Onde a ativista chegava, espalhava sua esperança e amorosidade, conta Cecília Maria Vieira, amiga de Ana desde os 7 anos de idade e que a acompanhou durante a internação. Nos últimos anos, Ana começou a tomar a frente de muitas ações. A mulher tímida, mais introspectiva, começou a aparecer em *lives* e debates, a questionar onde estavam as mulheres negras nos espaços e a reivindicar, para essas mulheres, formações e mobilizações na área de economia, por meio de capacitações e feiras. – Um exemplo dessa atuação foi a coordenação, em 2018, junto com Iara Leal, da feira de Arte e Cultura do Encontro Nacional de Mulheres Negras - 30 anos, em Goiânia-GO.

Sua imagem, de uma mulher alta, com cara aparentemente fechada, guardava um coração enorme. Foi duas vezes homenageada pelo Sebrae, local onde estava sozinha enquanto mulher negra, o que não a intimidou, e em que construiu, em pouco tempo, um legado. Sua força agregadora juntou mulheres de diferentes espaços para participar das atividades que propunha. O seu último aniversário foi o primeiro em que ela ganhou um bolo, lembra Cecília Vieira (2021), que descreve o quanto Ana ficou feliz com a surpresa, tanto que batia palmas de tanta felicidade, dizendo: "Eu ganhei um bolo de aniversário!".

O luto, o enterro, o agradecimento, a passagem digna, os aplausos pela vida potente que teve e que impactou até mesmo quem não a conheceu, nos foi tirado pela pandemia e pela estrutura racista do Brasil. Com entrada no hospital já em estado crítico, em menos de uma semana, Ana se foi. Uma vida que se perdeu durante a catástrofe mundial da covid-19, em que o apagamento das narrativas de mulheres negras, que já era um ato cultural, foi intensificado pela crise pandêmica que mirou os corpos negros. Por isso, lembrar a memória de Ana Maria Carvalho Santos é também lutar contra a maré do epistemicídio, da morte do corpo e do conhecimento, é reconhecer o toque dessa ativista, professora e afro-empreendedora e todas as vidas transformadas por ela.

Assim, como tantas outras mulheres negras, "Ana partiu lutando" (SANTOS, 2021), projetando e realizando o que foi possível. Caminhou pelas frestas da estrutura e reivindicou, com suor, sangue e dor históricos, o que é direito das mulheres negras que tanto trabalharam e trabalham por esse país. Seu anonimato seria mais uma camada de morte destinada aos corpos negros nesse país, algo que chega antes da possibilidade do sonhar. Contra isso e contra o contexto de um projeto de extermínio, armado pelo governo desse país que tenta apagar e silenciar as narrativas ao resumi-las a estatísticas, invocamos a vitalidade ancestralizada em Ana, para que possamos continuar seus passos e nunca deixá-la morrer em nossas práticas de saber/fazer/sentir.

**Nós somos porque ela é!**

## REFERÊNCIAS

EMPREENDER EM GOIÁS: O portal do empreendedor goiano [página de internet]. 2018. Inédita, linha de crédito vai beneficiar afro empreendedores goianos [notícia]. Disponível em: https://empreenderemgoias.com.br/2018/11/14/inedita-linha-de-credito-vai-beneficiar-afroempreendedores-goianos. Acessado em 03 de março de 2023.

EMPREENDER EM GOIÁS: O portal do empreendedor goiano [site]. 2020. Mulheres aprendem a cuidar das finanças da empresa [notícia]. Disponível em: https://empreenderemgoias.com.br/2020/02/05/mulheres-aprendem-a-cuidar-das-financas-da-empresa/. Acessado em 03 de março de 2023.

MARTINS, Ludmilla. Ludmilla Martins (sobrinha de Ana Maria Carvalho Santos), em entrevista concedida às autoras: Ludmila Pereira de Almeida e Maria das Neves Jardim de Deus. Junho de 2021. Via *Google Meet.*

MOTA, Abadia Helenice Gonçalves. Abadia Helenice Gonçalves Mota (amiga de Ana Maria Carvalho Santos), em entrevista concedida às autoras: Ludmila Pereira de Almeida e Maria das Neves Jardim de Deus. Junho de 2021. Via *Google Meet.*

OLIVEIRA, Vera Lúcia Elias de. Vera Lúcia Elias de Oliveira (amiga de Ana Maria Carvalho Santos), em entrevista concedida às autoras: Ludmila Pereira de Almeida e Maria das Neves Jardim de Deus. Junho de 2021. Via *Google Meet.*

RODRIGUES, Alessandra. 2020. Liderança estratégica é tema do segundo encontro da Jornada da Transpiração. Entrevista de Ana Maria Carvalho Santos. Agência Sebrae de Notícias.

SANTOS, Ana Maria Carvalho. 11 de junho de 2020. Mais Geo: Feminismo Negro. Conversa com Professor Rocha. YouTube: Canal Mais Geo. Disponível em: https://www.youtube.com/watch?v=-HYe-yu1-w4. Acessado em 03 de março de 2023.

SANTOS, Domingos Barbosa dos [Dumas]. Domingos Barbosa dos Santos [Dumas] (amigo de Ana Maria Carvalho Santos), em entrevista concedida às autoras: Ludmila Pereira de Almeida e Maria das Neves Jardim de Deus. Junho de 2021. Via *Google Meet.*

VIEIRA, Cecília Maria. Cecília Maria Vieira (amiga de Ana Maria Carvalho Santos), em entrevista concedida às autoras: Ludmila Pereira de Almeida e Maria das Neves Jardim de Deus. Junho de 2021. Via *Google Meet.*

# Anna Ignácia

## UMA TRAJETÓRIA DE RESISTÊNCIA NO SERTÃO DO BRASIL

**Anicleide de Sousa**

O interesse em pesquisar sobre a população escravizada no sertão da Paraíba surge inicialmente das inquietações e lacunas ainda presentes na historiografia sobre a temática, que, durante muito tempo, deu pouca relevância à existência e à importância da presença de cativos na formação social e econômica do sertão paraibano. A análise de uma das obras clássicas da historiografia sobre a temática – "O declínio da escravidão na Paraíba, 1850-1888", da historiadora Diana Soares Galliza, publicada no ano de 1979, que demonstra a presença de escravizados/as na economia sertaneja –, despertou maior interesse em compreender essa história.

A partir disso, teve início a busca pelas fontes que pudessem nos contar um pouco dessas histórias. Foi então que encontramos a trajetória de Anna Ignácia, mulher negra escravizada, que lutou com todas as suas forças pela sua liberdade e pela dos seus filhos, em plena vigência do sistema escravista no sertão paraibano, na segunda metade do século XIX, na Vila de Catolé do Rocha. A experiência de

Anna em busca de sua liberdade faz parte da minha dissertação de mestrado, desenvolvida entre 2016 e 2018, pelo Programa de Pós-Graduação em História (PPGH) da Universidade Federal da Paraíba (UFPB), intitulada "Nas veredas negras do sertão: história de vida familiar de escravizados no sertão brasileiro (Vila de Catolé do Rocha/Paraíba, 1836-1866)".

A documentação que traz parte da história de Anna Ignácia não foi encontrada no sertão. As fontes em questão foram localizadas no Arquivo Privado Maurílio de Almeida, em João Pessoa - PB, durante o processo de organização e digitalização de documentos realizado através de um projeto de extensão do Núcleo de Estudos Afro-brasileiros e Indígenas (NEABI), da UFPB.

Trata-se de uma troca de correspondências entre o governo da província do Ceará e o governo da província da Parahyba, no ano de 1866, que continham alguns anexos, como ofícios e depoimentos de testemunhas que atestavam a liberdade de Anna Ignácia. Havia também documentos do seu suposto proprietário, que reivindicava sua posse e apresentava provas da condição de escravizada de Anna Ignácia. A documentação pesquisada nos mostra que Anna Ignácia, anos antes do ofício mencionado, em 1866, já havia feito a denúncia de estar em cativeiro ilegal há quase dez anos.

Um dos ofícios encontrados entre as correspondências, o governador da Parahyba, em resposta ao governador da província do Ceará, se inicia dizendo que foi recebida a requisição para que fosse designado um curador (representante legal) para Anna e seus filhos e que esse processo deveria ser remetido ao termo da Vila de Catolé do Rocha, pois era onde "se agitava a causa da liberdade". O caso deveria ser tratado na Vila de Catolé do Rocha, pois era lá a origem da "parda" Anna e seus filhos, os quais se diziam supostamente livres.

Por que nessa troca de correspondência estava o governo do Ceará, se a Vila de Catolé do Rocha ficava na província da Parahyba? Anna Ignácia, usando de sua rede de sociabilidades, fugiu da Vila de Catolé do Rocha para a Vila de Quixeramobim, na província do Ceará. Lá chegando, denunciou, junto às autoridades, que estava sendo mantida em cativeiro ilegal. A partir daí, as autoridades locais entraram em contato com o governo da Parahyba, com o intuito de resolver a questão da liberdade de Anna Ignácia.

No dia 23 de dezembro de 1858, Anna procurou proteção das autoridades na Vila de Quixeramobim, na província do Ceará, afirmando ser livre. Ela narrou que teria sido vendida por seu padrinho, de nome José Ferreira, a uma senhora chamada Donna Ignácia e, posteriormente, vendida para o pai do seu atual proprietário. Garantiu ainda que existiam pessoas na Vila de Independência - atual Guarabira

- PB - que poderiam atestar sua liberdade, além de afirmar que era filha de uma "tal de Maria", moradora de Limoeiro, na província de Pernambuco.

Como Anna, depois de 30 anos de cativeiro, soube de sua origem, de sua história, com tanta certeza de que haveria, inclusive, testemunhas de sua liberdade? Infelizmente, não temos essa resposta, no entanto, conseguimos saber um pouco mais sobre sua história através do depoimento dessas testemunhas.

Duas testemunhas foram indicadas por Anna, para que confirmassem que sua alegação de estar sob cativeiro ilegal era verídica. A primeira, André José Pereira, era um homem pardo, viúvo, de 55 anos de idade, agricultor e morador da Vila de Independência, e a segunda testemunha era Manoel Alves Ribeiro, de 80 anos de idade, viúvo, agricultor e também morador da Vila de Independência.

Ambos afirmavam que o "tal" José Ferreira teria passado pela Vila de Independência entre os anos de 1824-1825. Segundo contam, José Ferreira seria casado com uma mulher chamada Maria. Estes andavam acompanhados de uma "mulatinha" de nome Anna, a qual tratavam como afilhada. Uma das testemunhas aponta que José Ferreira tinha vindo da região de Limoeiro, na província de Pernambuco, junto com a esposa e a "mulatinha". Um deles relembra que, algum tempo depois dessa passagem de José Ferreira pela região, ouviu dizer que ele teria vendido/trocado a menina com uma "tal" de Dona Ignácia, chegando a questionar "como ele a vendera se a menina era conhecida como forra, não era cativa", e além de afilhada do casal?

As testemunhas revelam que José Ferreira teria feito uma troca com Dona Ignácia pelo trajeto, e essa senhora, ao chegar no sertão, a vendeu ao Major João Batista. Ainda destacam que José Ferreira não teria condições de possuir escravos e supunham que ele "teria agido de má fé vendendo a criança como cativa em momento oportuno". Assim sendo, era necessário investigar se José Ferreira era um homem que teria condições de possuir escravos e se a versão da criança ser sua afilhada teria sido apenas para encobrir seu crime de rapto.

Concluímos assim que Anna era forra e parda, tendo sido libertada ainda criança, possivelmente no ato do batismo. No entanto, pode ter sido vítima de um rapto por José Ferreira, tendo sido tirada de sua mãe ou seus familiares, e vendida como escravizada. No século XIX, pessoas negras ou pardas, livres ou libertas, tinham que provar o tempo inteiro serem livres, pois corriam o risco de serem escravizadas ou reescravizadas. De acordo com o levantamento de dados sobre a população escravizada na Paraíba, Maria da Vitória Barbosa Lima (2013) conclui que, "em 1852, a Paraíba contava com um conjunto de escravos que perfazia um total de 28.566 pessoas, contudo, em 1867, a população escrava na província aumentou consideravelmente, passando a 40.000 cativos" (LIMA, 2013, p. 299), o que reforça a tese de que essa população estaria sendo escravizada/reescravizada ilegalmente.

Era a força do sistema escravista sobressaindo. Ela era demonstrada também na tentativa do suposto proprietário de Anna Ignácia de recuperar a posse herdada de seu pai. Para tanto, ele apresentava documentos que lhe asseguravam tal direito de proprietário. Um desses documentos era o registro de compra e venda, o qual atestava que Anna era propriedade do Senhor Doutor Antônio Benício Saraiva Castello Branco, que a recebeu como doação do seu pai, o Major João Baptista Coelho.

Além da escritura de compra e venda, o suposto proprietário também apresentou um registro de um assento de casamento, que teria sido realizado em 26 de novembro de 1827, na região do Brejo da Areia, entre Manoel Inácio e Anna Maria, que seria escrava de José Ferreira. Acreditamos que a intenção é demonstrar que José Ferreira teria sim condições de possuir escravizados, e de ser, de fato, proprietário de Anna Ignácia quando a vendeu, ainda criança.

A história de Anna Ignácia deixa mais questionamentos do que respostas. Não sabemos qual foi o desfecho do processo: se teve andamento, se teria passado mais dez anos lutando por sua liberdade, se a força do sistema conseguiu barrar a força e a vontade de Anna de ser livre. No fim das contas, o que vemos é a ação ativa de uma escravizada que conhecia seus mínimos direitos, garantidos pela legislação, e buscou, dentro da legalidade, comprovar sua liberdade e de seus filhos.

## REFERÊNCIAS

CHALHOUB, Sidney. 2012. A Força da Escravidão: ilegalidade e costume no Brasil oitocentista. São Paulo: Companhia das Letras.

GALLIZA, Diana Soares de. 1979. O Declínio da Escravidão na Paraíba 1850-1888. João Pessoa: Editora Universitária/UFPB.

LIMA, Maria da Vitória Barbosa. 2010. Liberdade Interditada, Liberdade Reavida: escravos e libertos na Paraíba escravista (século XIX). Recife, Tese (Doutorado), PPGH/UFPE.

ROCHA, Solange Pereira da. 2007. Gente Negra na Paraíba Oitocentista: população, família e parentesco espiritual. Recife, Tese (Doutorado), PPGH/UFPE.

SOUSA, Anicleide de. 2018. Nas Veredas Negras do Sertão: história de vida familiar de escravizados no sertão brasileiro (Vila de Catolé do Rocha/Paraíba, 1836-1866). João Pessoa: Dissertação (Mestrado em História) - PPGH/UFPB.

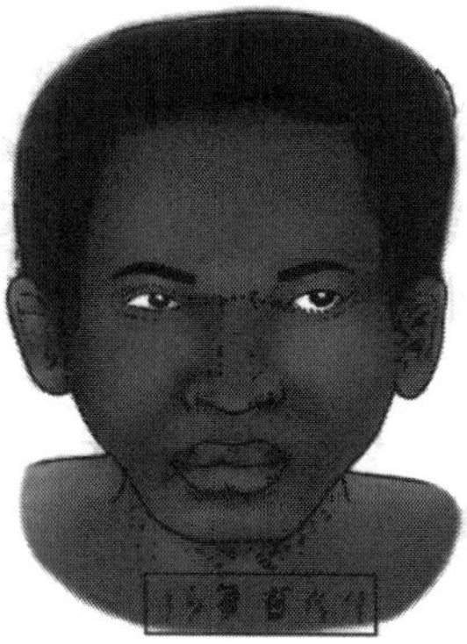

# Anna Patrícia Souza e Alexandrina Carvalho

## MEMÓRIA, EXPLORAÇÃO E RESISTÊNCIA E MULHERES NEGRAS NO RECÔNCAVO FUMAGEIRO

**Rosana Falcão Lessa**

Poucos anos antes da abolição da escravidão, conforme demonstram as fichas dos registros de empregados da fábrica de charutos Dannemann, nasceram Anna Patrícia Souza (1880) e Alexandrina Carvalho (1878). Elas compõem um fragmento importante da história do Brasil silenciado pela versão europeia, colonial e patriarcal perpetuada ao longo do tempo.

**Registro de empregados de Anna Patrícia Souza na fábrica de charutos Dannemann, 1938. Fonte: Arquivo Público de São Félix - Bahia.**

Historicamente, o Nordeste do Brasil destacou-se como importante produtor de fumo/tabaco do século XVII à segunda metade do século XIX. Tal produto serviu de moeda de troca para o tráfico de escravizados africanos, bem como para exportação para países europeus, onde era destinado à confecção de charutos de luxo. Ele superou todas as exportações brasileiras durante vários períodos,[1] principalmente durante o século XIX, quando o tráfico de escravizados tornou-se ilegal. De acordo com as classificações eurocêntricas, o fumo de terceira classe, ou seja, o pior, era destinado ao continente africano, mas hoje entendemos que os africanos preferiam os fumos com uma elaboração especial, envolto com melado de cana e outras especiarias.[2] O contexto em que Dona Anna Patrícia e Dona Alexandrina viveram foi o Recôncavo Fumageiro, região localizada no estado da Bahia. Segundo a historiadora Kátia Mattoso (1996), uma hinterlândia, termo definido como território situado por trás de uma costa marítima ou de um rio. De fato, o Recôncavo Fumageiro possui tal característica, o que marca sua estreita relação geográfica, social, cultural e econômica com a cidade de Salvador (BAHIA, 2009, p. 29).

> Até quase a primeira metade do século XX, as terras em volta d´água, o Recôncavo da Baía de Todos os Santos, foram cenário de um complexo socioeconômico centrado na produção e exportação do açúcar e tabaco, mas incluindo também uma variedade de outras atividades, distribuídas entre diferentes segmentos de uma região que alcançou mais de 16.000 Km$^2$, se considerado também o baixo sul. De fato, no processo de desenvolvimento do complexo do açúcar, a faixa costeira do sul da Baía de Todos os Santos até a Baía de Camamu viria, de certo modo, também a incorporar-se à economia do Recôncavo, como área produtora de alimentos. Recôncavo e baixo sul, assim, formavam um imenso e variado canteiro de trabalho. (BRANDÃO, 1998, p. 30)

Durante mais de 300 anos, escravizados africanos e seus descendentes nascidos no Brasil trabalharam nos canaviais e nos engenhos produzindo produtos para serem comercializados no mercado mundial. Produtos como o açúcar, fumo, café e algodão trouxeram uma onda de prosperidade para a Bahia no final do século XVIII. Porém, contrariamente ao açúcar, os lavradores que produziam fumo dependiam pouco do tráfico de escravizados e muito mais do crescimento natural da população.

Em Barickman (1996) fica evidenciado que o fumo baiano constitui uma espécie de anomalia na história agrária do Brasil Colonial oitocentista, pois, em nenhuma outra lavoura de exportação importante, os escravizados nascidos no

1 Para saber ver: "Um contraponto baiano: açúcar, fumo, mandioca e escravidão no Recôncavo 1780-1860", de Bert Jude Barickman (2003).

2 Para saber mais ver: "Fluxo E Refluxo: Do tráfico de escravos entre o Golfo do Benin e a Bahia de Todos os Santos, do século XVII ao XIX", de Pierre Verger (2021).

Brasil representavam a maior força de trabalho. Em todas as outras regiões com a economia exportadora bem desenvolvida, os fazendeiros, senhores de engenho e lavradores recorriam, principalmente, ao tráfico atlântico de escravizados para recrutarem mão de obra. No caso do fumo, o crescimento natural da população escravizada era a força de trabalho para a produção.

Barickman (1996) afirma também que a maior disponibilidade de mão de obra servil na Bahia foi, por sua vez, resultado de um tráfico negreiro vigoroso que, na primeira metade do século XIX, ligou a província a áreas de origem das pessoas escravizadas na África, principalmente na África Ocidental, onde os traficantes utilizavam o fumo baiano. No final do século XVIII, a população escravizada dos distritos fumageiros do Recôncavo já se caracterizava por uma grande maioria de cativos nascidos no Brasil. Esse mesmo autor ressalta que, no final do século XVIII e nas primeiras décadas do XIX, os escravizados representavam cerca de um quinto ou um terço da população nos distritos fumageiros e produtores de mandioca.

As mulheres negras são sujeitas centrais para se pensar as várias formas de viver em liberdade e a estruturação da sociedade brasileira no contexto amplo da escravidão e pós-abolição. A partir das suas vivências e do choque que suas experiências empreenderam nos paradigmas tradicionais, rompe-se com as abordagens generalizantes. Segundo a historiadora Lélia Gonzalez (1984), o racismo e o sexismo, na sua forma de mito da democracia racial, foram capazes de ocultar as violências simbólicas que as mulheres negras sofrem na objetificação de seus corpos, como também esvanece o cotidiano da divisão racial e sexual do trabalho que essas mulheres vivenciam.

Nesse sentido, é importante informar que a qualidade dos charutos baianos era divulgada mundialmente através da propaganda sexista e misógina que associava seu sabor ao processo de confecção/fabricação deles acontecer "nas coxas das mulatas". As mulheres negras eram como sinônimo de degenerescência e sexualidade exacerbada e patológica.

Trafegamos, assim, pelo terreno da disputa de memórias, pois a fumicultura no Recôncavo foi associada à imagem da mulher negra, por ser a força de trabalho predominante (BRAGA, 2016). Entre os silêncios de cor, o apagamento das mulheres negras e a racialização explícita da população negra em geral, a sociedade oscilava. Como afirma Audre Lorde (2019), a diferença racial cria uma constante distorção da visão, devido à qual, por um lado, as mulheres negras sempre foram altamente visíveis, ao mesmo tempo em que, por outro lado, foram tornadas invisíveis pela despersonalização. No caso do Recôncavo, a sexualização, marginalização e banalização do trabalho das mulheres negras as invisibilizavam e escondiam suas rotinas de trabalho exaustivas.

A imagem abaixo ilustra parte do cotidiano das mulheres negras do Recôncavo Baiano, que, após horas de trabalho nas fábricas, retornavam para suas casas com trouxas de fumo na cabeça para serem destalados (retirar os talos das folhas) em casa, sozinhas ou com a ajuda de familiares, sendo que esta era uma alternativa de melhorar os ganhos. A vida de Dona Alexandrina, conforme a ficha de registro na fábrica, moradora de Cachoeira - BA, não era diferente. Diariamente atravessava a ponte que liga sua cidade à São Félix, cidade em que a Dannemann foi instalada em 1873.

**Trabalhadoras da indústria de fumo atravessando a ponte entre Cachoeira - BA e São Félix – BA, em 1920. Fonte: Arquivo Público de Cachoeira - BA.**

O apelo visual e cultural do Recôncavo Fumageiro era fortemente associado à imagem feminina, fosse ela vinculada à engenhosidade na produção de charutos artesanais ou à criação de músicas e danças que nasciam no cotidiano da lida e refletiam suas alegrias, devoções, desafios e códigos, como o samba da Suerdieck e as irmandades religiosas. A imagem abaixo, intitulada "A Bella Africana", retrata uma mulher negra bem-vestida, que possivelmente desafiava a sociedade da época por representar uma certa ascensão social ou ruptura com a condição de mercadoria (RODRIGUES, 2005). "Bella", com panos da costa e ornada de joias, representa a propaganda de Stender & Cia, entre o final do século de XIX e início do século XX:

**Propaganda da fábrica de charutos Stender & Cia, intitulada "A Bella Africana", publicada no fim do século XIX. Fonte: Arquivo Público de São Félix.**

Nesses meandros, percebemos o processo que Pollak (1989) chama de enquadramento de memória, ou seja, a construção de uma memória forjada por grupos dominantes, e que, em sua forma bem-acabada, pode ser representada pela memória nacional. Ele mutila, silencia fragmentos de memória como forma de construir uma versão do passado para beneficiar determinado grupo nacional político e ideológico.

A cultura fumageira, fator decisivo para a exploração colonial, com destaque para o comércio de escravizados, juntamente com a produção de charutos, deu contornos históricos peculiares às experiências e modos de socialização da mulher negra no recôncavo baiano. Conforme Audre Lorde (2019), a visibilidade que nos faz mais vulneráveis, aquela que acompanha o "ser negro", também é fonte de nossa força.

Sendo assim, autores que estudaram a cultura fumageira no Recôncavo Baiano, como Valdemiro Lopes (1990), Silza Fraga Borba (1975) e Elizabete Rodrigues da Silva (2001), associaram a maior presença de mulheres nessa cultura de cultivo do fumo às condições de pobreza, naturalizando os efeitos coloniais. Para Costa Pinto

(1998), essa predominância de mulheres deve-se ao fato de ser mão de obra farta e barata e porque o trabalho exigia muita paciência e habilidade, características culturalmente atribuídas às mulheres. Contudo, faz-se necessário perceber que estas mulheres tiveram que se "desdobrar" em várias funções: de mulher, mãe e operária, para dar conta de todas as atividades sem limitações.

Há de pensar que, nos paradigmas universais de feminilidade, a mulher negra não estava inclusa, então, este dicionário é mais uma contribuição, na atualidade, para o preenchimento de uma importante lacuna histórica, ao dar visibilidade à diversidade de mulheres que contribuíram para construção da História do Brasil bem como para a manutenção das comunidades negras. Elas desenvolveram formas de sobrevivência e solidariedade neste mundo do trabalho, alterando as relações sociais, familiares e de gênero de maneira peculiar ao contexto de suas vivências.

Dona Anna Patrícia Souza e Dona Alexandrina Carvalho são representantes das mulheres negras das zonas fumageiras que romperam as barreiras do lar e do trabalho doméstico nas cozinhas e casas de famílias abastadas. O trabalho doméstico era associado à subordinação e à subserviência, sendo assim, forjaram uma identidade maior do que a que a sociedade as forçaria a ter.

Juntamente com os companheiros ou sozinhas, como constam nas fichas apresentadas, as duas mulheres solteiras, a primeira de 58 anos e a segunda de 60 anos de idade, "arregaçaram as mangas" e foram buscar sustento fora de casa, deixando para trás os tempos em que trabalhavam na "roça", quando a maior parte das famílias sustentava-se exclusivamente com a produção agrícola de subsistência, o que não era suficiente para suprir todas as necessidades, fossem elas relacionadas à saúde, a bens materiais e até mesmo a necessidades alimentares.

É importante destacar que esse contexto se refere às limitações das oportunidades de trabalho impostas pela sociedade escravista. A Secretaria de Polícia da Bahia, em 1889, criou um documento que recrutava libertos e ex-escravizados para o serviço doméstico. Podemos pensar que essa seria uma manobra de vigilância e controle.

Segundo Kátia Mattoso (1996), nas classes médias, quando era preciso equilibrar o orçamento familiar, não eram raras as mulheres brancas que se dedicavam a trabalhos de bordado ou costura, ofícios que exerciam no âmbito privado dos lares. É importante salientar que o sentido de família, conforme as estruturas coloniais materializaram os conceitos de afeto, amor e beleza no padrão eurocêntrico, excluía a humanização e socialização de pessoas negras; cujas famílias geralmente eram constituídas pelas mulheres e seus filhos e, às vezes, englobavam parentes e vizinhos. Possivelmente, as mulheres tratadas neste fragmento fossem definidas como solteiras por não formalizarem uma união afetiva de acordo com os padrões religiosos e legais, mas isso não significa que não tivessem filhos ou algum companheiro.

A ficha da Dona Anna Patrícia Souza é contundente neste aspecto, ao descrever que a sua filiação era: a materna, Maurícia Souza, e a paterna, Alexandre da Silva. Certamente, por possuir o sobrenome Souza, da sua mãe, esta foi a provedora da família. O machismo e o racismo fizeram com que os homens negros raramente constituíssem família nos moldes burgueses. Era comum que abandonassem seus filhos, até porque as vivências afetivas de pessoas negras foram marcadas pela violência senhorial e constantes separações.

Violência e exploração se perpetuaram em várias dimensões. No caso do trabalho, Anna Patrícia Souza foi admitida na fábrica de charutos em 1911, com 31 anos de idade, e Alexandrina, em 1895, com 17 anos. É importante não perder de vista que essa documentação foi produzida para contemplar as lutas de trabalhadores e trabalhadoras que buscavam dignidade em um contexto, cuja base desumanizava pessoas negras e desenvolvia mecanismos para continuar controlando suas vidas e explorando sua força de trabalho.

As mulheres tratadas neste texto representam muitas outras que, apesar de analfabetas, conforme consta na impossibilidade de assinar os respectivos nomes nos registros de emprego, tiveram plena consciência de sua humanidade e das batalhas que deveriam empreender para sobreviver. Carlos Augusto Neri Braga (2016), em seu texto "Mulheres no Trabalho: Controle, lutas e resistências na Cia. de Charutos Dannemann (1919-1948)", traz uma matéria do jornal "A Classe Operária", de 1928, sobre um episódio narrado pelas operárias da Dannemann:

> Levamos ao conhecimento do nosso jornal que o indivíduo Joaquim Leal, Mestre da seção banca de capa, tendo encontrado uma operária com três folhas de capa na lata em que levava a merenda, conduziu-a ao escritório. A infeliz foi tangida como ladra. O próprio gerente burguês ficou indignado. Mas o capanga Joaquim Leal, virando-se para duas companheiras que assistiram à cena, disse que não tinha contemplação com os operários o que só precisava da proteção dos patrões. Belo cão de Ola!
>
> As operárias da fábrica Dannemann[3] (CLASSE OPERÁRIA, 1928, p. 02, *apud* BRAGA 2016, p. 04).

Braga (2016) afirma ser típico ocorrerem furtos protagonizados pelas operárias, pois as mulheres fumageiras, visando completar a renda, produziam charutos para ganhos próprios, muitas vezes sob encomenda, então os furtos dessas folhas eram para incrementar seus próprios charutos.

3 Trecho da notícia: "Trabalhadores das fábricas de charutos e dos armazéns de beneficiamento de fumos", do jornal "Classe operária" (Rio de Janeiro, nº 3, maio de 1928. p. 2).

Entretanto, nos interessa pensar a construção do relato como evidência do distanciamento entre mestres e trabalhadores da fábrica Dannemann, além de evidência das violências de gênero. As palavras "capanga" e "belo cão de Ola!" sugerem uma visão sobre a natureza do trabalho dos mestres como pessoas mandadas para fazer o 'trabalho sujo', algozes. É provável que as operárias reconhecessem que o poder dos mestres era apenas uma reverberação dos interesses dos patrões.

Não sendo trabalho uma atividade isolada, mas aquilo em que se baseia cada atividade isolada, ou seja, o conjunto de uma totalidade, o trabalho feminino deve ser entendido não como simples dispêndio de força física e mental, mas como atividade que envolve, além desse dispêndio, um conjunto de significados e representações presentes em todas as esferas da vida.

Assim, é importante perceber as formas e caminhos pelos quais as mulheres vivenciaram as estruturas, no caso das mulheres retratadas, apesar de não vivenciarem a escravidão, fizeram parte de uma sociedade que desumanizava diariamente pessoas negras, impondo-lhes rótulos raciais e reforçando as hierarquias pautadas em sua cor e raça (BRAGA, 2016). Em relação à ficha de registro da Dannemann, é importante lembrar que os registros de nascimento feitos até meados do século XX não possuíam a data natalícia exata, há casos de pessoas que foram registradas adultas, principalmente nas classes menos abastadas.

Todos os registros das operárias e operários foram preenchidos em 1938. Neles, consta a jornada de 8 (oito) horas de trabalho, reflexo de luta árdua contra a exploração do trabalho no contexto local e em âmbito nacional, já que a Constituição de 1934 instituiu o salário mínimo, a jornada de trabalho de 8 (oito) horas, o repouso semanal, as férias anuais remuneradas e a indenização por dispensa sem justa causa. No dia 16 de junho de 1919, os operários e as operárias das manufaturas de fumo cruzaram seus braços diante dos patrões, reivindicando aumento salarial de 20%, jornada de 8 (oito) horas, indenização por acidentes no trabalho e o direito de livre associação. O movimento contou com mais de 2.000 operários das manufaturas Costa Ferreira & Penna, Stender & Cia e da Companhia de Charutos Dannemann das cidades de São Félix - BA e Muritiba – BA (CASTELLUCCI, 2004).

Como consequência dessa greve, os portos de Cachoeira - BA e São Félix - BA foram afetados pela falta de importação do principal produto da região, o fumo. A luta teve um final vitorioso para o proletariado e, em poucos dias, eles conseguiram conquistar os 20% e as demais exigências dos patrões (JORNAL "A RUA" 1919). Os acordos foram fechados e, no dia 18 de junho de 1919, os operários saíram em festa pelas ruas de São Félix, comemorando a vitória (FONTES 1982, p. 14).

Os fragmentos da existência de Dona Anna Patrícia, Dona Alexandrina e tantas outras puderam ser encontrados pelos vestígios deixados por elas no trabalho no Recôncavo Fumageiro, já que a documentação histórica sobre mulheres negras e pobres está ligada apenas a processos-crimes e notícias de jornais ligados à desordem. A construção de uma sociedade justa e antirracista perpassa pela compreensão das condições históricas que os recém-egressos da escravidão enfrentaram para construir e reconstruir suas vidas. Vida e resistência se confundem quando historicizamos o cotidiano das mulheres negras nos mais variados e complexos contextos.

## REFERÊNCIAS

BAHIA, José Péricles Diniz.2009. Ser baiano na medida do Recôncavo: o jornalismo regional como elemento formador de identidade. Salvador: Universidade Federal da Bahia (UFBA). p. 29.

BARICKMAN, Bert Jude. 2003. Um Contraponto Baiano: açúcar, fumo, mandioca e escravidão no Recôncavo (1780-1860). Rio de Janeiro, Civilização Brasileira.

BARICKMAN, Bert Jude. 1999. As Cores do Escravismo: escravistas "pretos", "pardos", "cabras" no Recôncavo Baiano. In: Jornal População e Família, v. 2, São Paulo.

BARICKMAN, Bert Jude. 1998. Até a Véspera: O trabalho escravo e a produção de açúcar nos engenhos do Recôncavo Baiano (1850-1881). In: Revista Afro- Ásia. Salvador, nº 21-22. Disponível em: https://periodicos.ufba.br/index.php/afroasia/article/view/20967. Acessado em 03 de março de 2023.

BORBA, Silza Fraga Costa. 1975. Industrialização e exportação de fumo na Bahia de 1870 a 1930. 1975. Dissertação (Mestrado em Ciências Humanas) Faculdade de Ciências Humanas, Universidade Federal da Bahia. Salvador [BA], Brasil.

BRAGA, Carlos Augusto Neri. 2016. Mulheres no Trabalho: Controle, lutas e resistências na Cia. de Charutos Dannemann (1919-1948). In: Anais do VIII Encontro estadual de História – ANPUH. Feira de Santana – BA. Disponível em: http://www.encontro2016.bahia.anpuh.org/resources/anais/49/1477879113_ARQUIVO_TextoCompleto-ANPUH--MulheresnoTrabalho.pdf. Acessado em 03 de março de 2023.

BRANDÃO. Maria Azevedo (org.). 1998. Recôncavo da Bahia: Sociedade e economia em transição. Salvador: Fundação Casa de Jorge Amado; Academia de letras da Bahia: Universidade Federal da Bahia (UFBA).

CASTELLUCCI, Aldrin Armstrong Silva. 2004. Industriais e operários baianos numa conjuntura de crise (1914-1921). Salvador: Fundação Instituto de Educação de Barueri (Fieb).

FONTES, José Raimundo. 1982. Manifestações operárias na Bahia: O movimento grevista (1888-1930). Dissertação de Mestrado em História Salvador: FFCH/UFBA.

GONZALEZ, Lélia. 1984. Racismo e sexismo na cultura brasileira. In: Revista Ciências Sociais Hoje, Anpocs, p. 223-244. Disponível em: https://edisciplinas.usp.br/pluginfile.php/4584956/mod_resource/content/1/06%20-%20GONZALES%2C%20L%C3%A-9lia%20-%20Racismo_e_Sexismo_na_Cultura_Brasileira%20%281%29.pdf. Acessado pela última vez em 02 de março de 2023.

LESSA, Rosana Falcão. 2010. Mulheres na indústria fumageira de São Gonçalo dos Campos Bahia: cotidiano e memórias (1950-1980). Dissertação de Mestrado em História. Feira de Santana: UEFS.

LORDE, Audre. 2019. Irmã Outsider: Ensaios e Conferências. Tradução: Stephanie Borges. Belo Horizonte: Editora Autêntica.

MATTOSO, Katia M. de Queirós. 1996. O Filho da Escrava. In: PRIORE, Mary del (Org.). História da Criança no Brasil. 4ªed. São Paulo: Contexto.

PINTO, L. A. Costa. 1998. Recôncavo: Laboratório de uma Experiência Humana. In: BRANDÃO, Maria de Azevedo (org.). Recôncavo da Bahia: Sociedade e economia em transição. Salvador (Ba): Fundação Casa de Jorge Amado; Academia de Letras da Bahia; Universidade Federal da Bahia.

POLLAK, Michael. 1989. Memória, esquecimento, silêncio. In: Revista Estudos Históricos, Rio de Janeiro, v. 2, nº. 03, p. 3-15.

RODRIGUES, Vilmara Lúcia. 2005. Negras Senhoras: o universo material das mulheres africanas forras. In: Anais do Colóquio do Lahes. Juiz de Fora: Laboratório de história econômica e social da Universidade Federal de Juiz de Fora (UFJF).

SANTOS, Valdemiro Lopes dos. 1990. A pecuarização no recôncavo fumageiro: o caso de São Gonçalo dos Campos. 251 p. Dissertação (Mestrado) - Universidade Federal de Pernambuco, Centro de Filosofia e Ciências Humanas.

SILVA, Elizabete Rodrigues da. 2001. Fazer Charutos: uma atividade feminina. Dissertação (Mestrado) - História da Universidade Federal da Bahia, Salvador.

VERGER, Pierre. 2021. Fluxo E Refluxo: Do tráfico de escravos entre o Golfo do Benin e a Bahia de Todos os Santos, do século XVII ao XIX. 1ª ed. São Paulo: Companhia das Letras.

# Aqualtune

## RAINHA E GUERREIRA

**Andrielly Merces Freire Carneiro**
**Kalyna Ynanhiá Silva de Faria**

Aqualtune Ezgondidu Mahamud da Silva Santos nasceu no Reino do Congo no início do século XVII e foi uma importante articuladora política dos movimentos contra a escravidão no período colonial brasileiro. No entanto, pouco se sabe sobre sua infância. Princesa do Reino do Congo, comandado, naquele momento, pela dinastia dos Kinzala, ela chegou a liderar, durante a Batalha de Mbwila[1], em 1665, mais de 10 mil guerreiros contra um grupo de mercenários chefiados pelo governo português.

No entanto, perderam a batalha, o que resultou no assassinato de seu pai, o Mani-Kongo Nvita-a-Nkanga – que teve a cabeça decepada e exposta em uma igreja –, no sequestro de Aqualtune e, consequentemente, na sua diáspora para a América.

1 A Batalha de Mbwila foi causada pelo interesse português nesse território, por ser uma importante rota para minas de ouro e prata.

No Castelo de São Jorge da Mina,[2] local para onde eram levados escravizados recém sequestrados, foi batizada, recebendo uma marca no peito em formato de flor, feita com ferro quente. Ao desembarcar no Brasil, Aqualtune tentou correr para o mar, em uma tentativa de voltar para casa, mas foi impedida. Por ser forte e saudável, lhe foi imposta a função de escravizada reprodutora e, por causa dessa "função", ela foi estuprada[3] e vendida para uma fazenda de gado na região de Porto Calvo, em Recife - PE.

Porto Calvo era uma das fazendas mais violentas da região e foi lá que Aqualtune, grávida de seu primeiro filho, Ganga Zumba, ouviu falar do Reino de Palmares, um local de resistência na Serra da Barriga, para onde cerca de 40 escravizados fugiram e onde se fortaleceram em meados de 1606. Desde então, passou a mobilizar um grupo de aproximadamente 200 pessoas em uma rebelião contra a Casa Grande. Após a rebelião, que foi bem-sucedida, o grupo seguiu em direção a Palmares.

Chegando a Palmares, se tornou uma das líderes do quilombo, graças aos seus conhecimentos sobre a arte da guerra e sobre estratégias, ajudando a estruturar e fortalecer o "Império em meio à selva"[4]. Conseguiu estabelecer relações com outras comunidades de africanos fugidos e demonstrava alta habilidade política. Foi em Palmares que Aqualtune deu à luz a Ganga Zumba, Ganga Zona e Sabina, sendo esta última a mãe de Zumbi, um dos maiores líderes do Quilombo dos Palmares.

Aqualtune sumiu dos registros históricos em setembro de 1677, quando já era idosa e o fim de sua vida é incerto. Há relatos de que teve uma velhice tranquila em uma aldeia para idosos, mas há especulações de que tenha morrido durante uma invasão a Palmares comandada por Fernão Carrilho, em setembro de 1677. Atualmente, no Parque Memorial Quilombo dos Palmares, em Alagoas, há o Espaço Aqualtune, uma das diversas tentativas de manter sua memória viva.

## REFERÊNCIAS

COLETIVO NARRATIVAS NEGRAS. 2020. Narrativas Negras: biografias ilustradas de mulheres pretas brasileiras. Belo Horizonte: Editora Voo.

GARCIA, João Nogueira. 22 de outubro de 2016. A batalha de Ambuíla / Mbwila. Publicação online. Disponível em: http://wizi-kongo.com/historia-do-reino-do-kongo/a-batalha-de-ambuila-mbwila. Acessado em 21 de junho de 2021.

2 Atual Gana.

3 Há divergência bibliográfica quanto ao autor do estupro: se foi de fato um homem escravizado ou algum dos sequestradores.

4 "Império em meio à selva" é o termo usado pela jornalista Sandra Regina do Nascimento Santos no seu livro "Brincando e ouvindo histórias" (2007) para definir o Quilombo dos Palmares.

GOMES, Flávio dos Santos. 2015. Mocambos e Quilombos: Uma história do campesinato negro no Brasil. São Paulo, Claro Enigma.

SANTOS, Sandra. 2007. Coleção Percepções da Diferença: Brincando e ouvindo histórias. São Paulo, Ministério da Educação.

# Aurineide Lima de Moura

## A LUTA TAMBÉM É SAGRADA: ABRINDO OS CAMINHOS PARA A AUTOLIBERTAÇÃO

**Margarida Lima de Moura Nascimento**

Aurineide Lima de Moura (seu nome antes de casar-se) é filha de Maria Lima de Moura, (*in memorian*), conhecida na região como Maria André, e neta de Maria Rodrigues de Lima, a eterna "Terezinha". É natural do município de Apuiarés, que fica localizado no interior do Ceará, há 118 km da capital do estado, Fortaleza. Nasceu em 1966, seu pai, Miguel Moura, era agricultor e, durante a infância de Aurineide, se deslocou para a região Norte do país, mais especificamente para o estado do Pará, onde veio a falecer em decorrência de febre amarela, uma doença infecciosa, de origem viral.

Isso se deu durante o desenvolvimento do ciclo da borracha no Brasil, fenômeno responsável pela migração de milhares de nordestinos. Miguel deixou no Ceará seus três filhos e suas quatro filhas aos cuidados de sua esposa, que tinha o ofício de lavadeira e prestava seus serviços para famílias abastadas, ou, como chamamos hoje, famílias pertencentes à elite da cidade.

Aos cinco anos de idade, Aurineide, que foi apelidada de "Preta", deixou a casa de sua mãe e foi morar com sua avó Terezinha e seu avô Luís André de Lima. Frequentou a escola, que na época era chamada de grupo escolar. Na adolescência, ela foi para o convento de freiras no município de Itapipoca, cidade do interior do Ceará, a 134 km de distância de Fortaleza.

Sua estadia no convento da ordem das "Franciscanas Bernardinas", em Itapipoca – CE, foi de cinco anos. Em seguida, ela foi para um convento da mesma ordem religiosa, na cidade de Milhã - CE, onde passou três anos e recebeu o título de "noviça", faltando pouco tempo para ser titulada "freira". Durante sua vivência religiosa, conheceu diversas correntes dentro da Igreja Católica, dentre as quais simpatizou com a ligada à "Teologia da Libertação" que, na época, tinha ligação com os movimentos sociais.

Desde então, começou a participar dos encontros realizados pela corrente, e sua aproximação com os movimentos sociais foi se intensificando, ao ponto de questionar as regras arbitrárias impostas pelas freiras bernardinas, que, ao serem confrontadas, resolveram "devolvê-la" à sua família. A alegação utilizada pelas freiras para tal "devolução" foi memorizada por Aurineide e constitui um episódio que causa risos e que faz parte, hoje, do conjunto de episódios marcantes da sua trajetória.

As freiras Franciscanas Bernardinas contaram para sua mãe, Maria André, que estavam devolvendo a filha dela, porque ela tinha "aprendido a mentir". Dona Maria André, que conhecia a educação que tinha dado às suas filhas e aos filhos, respondeu as freiras de forma rápida:

Se ela tiver aprendido a mentir, deve ter sido com vocês, pois, quando ela vivia aqui, ela não tinha esse costume!

Fora do convento, Aurineide continuou em contato com o lado mais progressista da Igreja Católica, que, na época, apoiava amplamente os movimentos sociais, tanto em zonas urbanas quanto rurais. Dentre esses movimentos, se destaca o grupo de trabalhadores e trabalhadoras que saíram dos interiores cearenses para a capital, Fortaleza, durante épocas de seca, causadas não apenas pelo fenômeno climático natural, mas pelo avanço do latifúndio no estado.

Um grupo específico se dirigiu a Fortaleza e lá se juntou com a população que já havia migrado em outras épocas - formada por indígenas, ex-escravizados e seus descendentes, filhos e netos - e que foi formada pelos primeiros moradores da favela do Pirambu. De acordo com o IBGE, essa comunidade é o sétimo maior aglomerado subnormal urbano do país, com população de 42.878 segundo pesquisa divulgada em 2011.

Trazer à superfície a trajetória de vida de uma mulher negra, cearense, nascida em 1966, filha de uma lavadeira e de um agricultor e neta de uma dona de casa e um curandeiro, ambos descendentes de escravizados e indígenas, revela várias trajetórias de pessoas que não foram citadas na história oficial. Pessoas que tiveram suas vozes silenciadas, seja pela Igreja Católica, que não aceitava questionamento, seja pelos "coronéis" descendentes dos colonizadores do Ceará.

É importante ressaltar, dentro dessa trajetória, que ela se cruza com outras histórias, entre elas, a do escritor brasileiro Leonardo Boff, um teólogo, crítico da Igreja, que, nos anos 1980, foi expulso dela, sendo "excomungado". Isso reflete o quanto a Igreja estava disposta a silenciar pessoas que quisessem questioná-la, Aurineide, influenciada pelas ideias da "Teologia da Libertação", de certa forma também sofreu um tipo de expulsão da Igreja, por questionar as hierarquias religiosas.

Dentro dos movimentos sociais, Aurineide conheceu Manoel Inácio do Nascimento, um seminarista, paraibano, radical de Cajazeiras - PB, que, na época, era sacristão da paróquia onde trabalhava e que teve trajetória semelhante à dela. Ele também deixou o seminário dos padres italianos para se juntar aos milhares de trabalhadores que lutaram por melhorias de vida, por terra, por moradia e contra a fome que assolava todo o Nordeste. Manoel Inácio e Aurineide Lima casaram-se no município de Senador Pompeu - CE e tiveram sua primeira filha, Margarida Lima de Moura Nascimento. O nome foi inspirado em uma sindicalista chamada Margarida Alves, que virou símbolo de resistência entre os trabalhadores nordestinos, por defender que a terra devia ser dividida entre os pobres. Ela foi silenciada e assassinada por coronéis da região.

Não fixaram moradia em Senador Pompeu - CE, onde se casaram, pois foram perseguidos e deixaram a capital Fortaleza, rumo ao interior do Ceará. Em 1989, vieram para a região do Maciço de Baturité - CE, onde fixaram residência e tiveram sua segunda filha, Irene Maíra Lima de Moura Nascimento. O nascimento da segunda filha foi marcado por outro conflito com latifundiários, que ameaçaram matar Inácio. Em decorrência desse fato, o parto da segunda filha teve complicações, pois o medo fez a mãe segurar as contrações e inibir o trabalho de parto. Aurineide acredita que essa pode ter sido a causa da criança ter desenvolvido epilepsia durante quase toda a infância, diminuindo os sintomas a partir dos 8 (oito) anos de idade.

Empenhados principalmente na luta por reforma agrária, elencada pelo movimento campesino e pelo Movimento dos Trabalhadores Rurais Sem Terra (MST), entre outros, o casal participou de inúmeras ocupações de terras junto a grupos de agricultores. Uma delas deu origem à comunidade da Barra do Leme, onde ambos se encontram até o presente momento.

Barra do Leme foi uma fazenda desapropriada pelo Instituto Nacional de Colonização e Reforma Agrária (INCRA), que fica localizada no município de Pentecoste - CE, a 91 km de Fortaleza. O casal teve sua terceira filha, Marta Maria Lima de Moura Nascimento, e, logo após o nascimento de Marta, optaram por se separarem. Aurineide se dedicou às filhas e voltou a estudar, graduando-se em Geografia e História pela Universidade do Vale do Acaraú no ano de 2005 e tornando-se professora da Escola Chico Mendes, hoje anexo da Escola Agrícola Paulo Freire, pertencente à comunidade durante 14 anos.

Durante esse período, Aurineide casou-se novamente com Francisco de Assis Araújo Vasconcelos, agricultor e pequeno comerciante da região, e, com ele, teve sua quarta filha, Ana Terra Lima de Moura Vasconcelos. Ela contribuiu para a educação de meninas e meninos do assentamento Barra do Leme e das comunidades vizinhas, sendo conhecida por aplicar as metodologias freirianas na alfabetização de crianças. Além de alfabetizar as crianças, contribuiu com a formação política dos jovens, que cresceram com um pensamento crítico e diferenciado, já que, desde crianças, se engajam nas lutas a favor do meio ambiente, em defesa da educação e pelos direitos das mulheres do campo.

Após os 14 anos de dedicação ao magistério e à liderança da comunidade, ao sentir que cumpriu sua missão, ela decidiu sair da sala de aula e buscou desenvolver outras habilidades. Passou, assim, a se dedicar ao pequeno comércio, que lhe possibilitou ajudar as filhas a ingressarem no ensino superior e contribuir com a criação de suas netas e netos: Anita Nascimento Lima, Maiara Lima dos Santos, Luis Savio Lima Brasil, Luis Raví Lima Nojosa, Iraê Lima Rodrigues e Dayo Lima Rodrigues.

Foi a educação oferecida por ela que fez a escritora desse singelo verbete se tornar bacharela em Humanidades e, em seguida, ingressar no Bacharelado em Antropologia, ambas na Universidade da Integração Internacional da Lusofonia Afro Brasileira (UNILAB).

Atualmente, aos 55 anos de idade, Aurineide está em processo de conclusão da sua pós-graduação em Naturologia Clínica. Ela critica a medicina alopática em certa medida e busca oferecer serviços terapêuticos, utilizando os saberes populares e as medicinas naturais no atendimento à população, composta por pequenos/as agricultores/as.

Sua trajetória merece destaque e notoriedade, uma vez que é recheada de tantas outras trajetórias de pessoas que deram suas vidas pelas causas sociais, tanto nas ocupações de terra dos anos 80, quanto na sala de aula, ensinando crianças a reivindicarem seus direitos e a participarem das decisões da sua comunidade. Além disso, ela contribui como terapeuta naturista, disposta a compartilhar seus conhecimentos, com a qualidade de vida das pessoas de sua comunidade e, principalmente, com o acolhimento e aconselhamento de suas filhas, que, devido à dedicação que ela tem, mesmo adultas podem contar com o colo e com as orientações de sua matriarca.

## REFERÊNCIAS

MOURA, Aurineide Lima de. Aurineide Lima de Moura em conversa com a autora, Margarida Lima de Moura Nascimento.

Instituto Brasileiro de Geografia e Estatística (IBGE). 2011. Censo Demográfico 2010: Aglomerados Subnormais – Primeiros Resultados. Disponível em: https://bibliotecadigital.seade.gov.br/view/linkPdf.php?pdf=10018477-1.pdf. Acessado em 03 de março de 2023.

# Benedita da Silva

**Mírian Cristina de Moura Garrido**

Benedita nasceu no Rio de Janeiro, em 11 de março de 1943, ainda que registrada como nascida em 26 de abril de 1942. Ela adotou o Silva do primeiro casamento com Nilton Aldano da Silva, em 1958. Seus pais, José Tobias de Sousa e Maria da Conceição de Sousa, eram migrantes que fugiram do trabalho análogo à escravidão em Minas Gerais e chegaram ao Rio de Janeiro em 1936, estabelecendo sua primeira moradia na favela Praia do Pinto (próximo à Lagoa Rodrigo de Freitas). No ano de 1942, mudaram-se para a favela do Chapéu da Mangueira (próximo ao Leme), onde Benedita viveu a maior parte da sua vida, inclusive depois de ocupar cargos públicos eletivos.

No Rio de Janeiro, o pai trabalhou como pedreiro e lavador de carros, enquanto a mãe trabalhou como lavadeira. Mulher forte, responsável pela mudança de estado da família, dona Maria da Conceição é também rememorada por Benedita (1997) como liderança importante dentro do Chapéu Mangueira, pelas ações que auxiliavam o coletivo e pelo terreiro de umbanda que dirigia, frequentado por políticos da capital. Durante a vida da mãe, Benedita era atuante no terreiro, depois, aproximou-se da Igreja Católica pela sua atuação social e, por fim, torna-se evangélica, em 1968.

Penúltima filha do casal, já nascida no Rio de Janeiro, as circunstâncias permitiram à Benedita da Silva a possibilidade de frequentar a escola, finalizando o primário na infância e retornando aos estudos por meio do exame da Madureza (1982), como era conhecida a Educação de Jovens e Adultos regulamentada pela Lei de Diretrizes de Bases da Educação de 1961. Posteriormente, formou-se na Faculdade de Serviço Social do Rio de Janeiro (1984), quando já ocupava seu primeiro cargo político partidário como vereadora.

A infância foi marcada pelas dificuldades materiais e pela falta de estrutura no espaço que habitava, mas também pelas alegrias do convívio familiar e da comunidade Chapéu Mangueira. Apesar do tema sensível, Benedita não esconde a violência sexual sofrida dentro de casa, por um amigo da família. O constrangimento e os assédios vividos pelas mulheres, além da ameaça de serem prostituídas foram narrados por ela como um cenário presente e temível.

Casada em três oportunidades, ela é mãe de dois filhos do primeiro casamento, Pedro Paulo Sousa da Silva Aldano, nascido em 1964, e Nilcéia Sousa da Silva Aldano, nascida em 1966. Benedita da Silva não esconde as fragilidades e anseios gerados por sua trajetória, como a situação de miséria vivida durante parte de sua vida e que resultou no sepultamento de um filho como indigente; no aborto de um feto e na subsequente complicação de seu organismo, que a levou a fazer uma histerectomia. "Sempre tive problemas na gravidez e acho que eram relacionados à fome e à miséria. Chegamos a comer restos de lata de lixo de restaurantes" (SILVA, 1997, p. 32).

Mas a vida amorosa também revela uma outra Benedita, que aprecia o companheirismo político do segundo companheiro, Aguinaldo Bezerra dos Santos, conhecido como Bola, com quem se casou em 1983, depois de dois anos viúva. Líder comunitário, primeiramente filiado ao Partido Comunista e, depois, ao Partido dos Trabalhadores, Bola é narrado como um companheiro de ideologia e de afeto, com quem viveu um período de felicidade amorosa e de atuação política. Em 1992, viúva novamente, casou-se com o amigo Antônio Luiz Sampaio, ator e político conhecido como Pitanga, com quem ainda hoje é casada e para quem escreve poesias.

A mídia explorou esse último casamento para apontar possíveis mudanças de comportamento de Benedita da Silva, acusando a então deputada federal de migrar para uma vida de luxo, potencialmente esquecendo de suas raízes. Benedita responde a isso em sua autobiografia:

> As elites ficaram em pânico porque a festa ia ser no Jockey Clube. Mas só a Benedita poderia levar os convidados da favela para um clube daqueles. Fazer a festa aqui no morro não teria graça. É preciso abrir esses espaços para que os meus amigos do morro não entrem lá só para limpar. Eles são responsáveis também pela minha felicidade (1997, p. 43).

Questionamentos e acusações de políticos da oposição e da mídia sobre suas ações e de seus filhos marcam alguns momentos da trajetória da política Benedita da Silva, que narra, na sua biografia, a dificuldade em ver sua honestidade atacada e, especialmente, em ver o uso que faziam de seus filhos para atingi-la.

Benedita sempre mostrou a fidelidade a suas origens e suas preocupações com os grupos com os quais se identifica e luta. Por exemplo, ela atuou na Constituição Federal de 1988, na Subcomissão dos Negros, Populações Indígenas, Pessoas Deficientes e Minorias, mediando a apresentação das demandas do Movimento Negro, lutando na Plenária para o reconhecimento delas e para sua introdução no texto final da Carta Magna.

Durante a pandemia de Covid-19, iniciada no ano de 2020 e ainda vigente no momento da escrita deste verbete, ela lutou pela inclusão das empregadas domésticas no grupo prioritário para vacinação, como consta no Projeto de Lei 1011/2020, aprovado em 17 de junho de 2021 na Câmara dos Deputados.

Na esfera do trabalho, Benedita trabalhou "desde os 7 anos, vendendo bala, amendoim, limão, engraxando sapato, fazendo carreto na feira. Mas, bem antes disso, já ajudava em casa, carregando água e fazendo outros serviços" (1997, p. 25). Trabalhou ainda como empregada doméstica, vendedora ambulante, operária em uma fábrica de cintos, até ser aprovada em concurso público no Departamento de Trânsito do Estado (DETRAN) em 1975. Em 1979, forma-se como auxiliar de enfermagem e se emprega no Hospital Miguel Couto, mantendo esses dois últimos empregos de forma concomitante.

Desde 1955, envolveu-se com a Associação de Moradores do Chapéu Mangueira, quando ainda funcionava como comitê de favela. Durante a Ditadura Civil Militar instaurada em 1964, a militância da favela sofreu perseguição, prisão e perda de emprego. "Naquela época, era considerada revolucionária a reivindicação de melhores condições de vida, de energia elétrica, de água encanada ou de asfalto. Tudo era motivo de perseguição [...] Foi também nessa época que o movimento de mulheres ficou mais forte nas favelas, porque os homens eram mais perseguidos" (1997, p. 54).

A experiência como representante da favela é narrada como fundamental na sua formação política. Somente com sua eleição em 1982 para o cargo de vereadora do Rio de Janeiro, que ela se filia a um partido político, o Partido dos Trabalhadores, do qual foi a única candidata a lograr êxito naquele pleito. De lá para cá, elegeu-se Deputada Federal, Senadora e Vice-Governadora. Ocupou o cargo de Governadora em 2002, com a licença de Antony Garotinho. Depois, exerceu outros quatro mandatos como Deputada Federal. O último iniciado em 2023, com fim em janeiro de 2027. Nos períodos em que não ocupou cargo político eletivo, esteve envolvida em composições ministeriais ou coordenação de campanhas.

Benedita da Silva é uma referência na luta pelo direito dos negros, das mulheres, das crianças e dos trabalhadores precarizados. Benedita da Silva é símbolo de representatividade da "mulher, negra e favelada" e resistência dentro das esferas de poder.

## REFERÊNCIAS

BENEDITA DA SILVA: Biografia. Sem data (s/d). Portal da Câmara dos Deputados [página de internet]. Disponível em: https://www.camara.leg.br/deputados/73701/biografia. Acessado em: 07 de maio de 2021.

PORTAL A TARDE [página de internet]. 17 de junho de 2021.Câmara aprova inclusão de domésticas, bancários e motoristas em prioridade da vacinação. Disponível em: https://atarde.com.br/politica/camara-aprova-inclusao-de-domesticas-bancarios-e-motoristas--em-prioridade-da-vacinacao-1160678 . Acessado em: 26 de junho de 2021.

SILVA, Benedita da; MENDONÇA, Maísa; BEJAMIN, Medea.1997. BeneDita. Rio de Janeiro: MAUAD.

SUBCOMISSÃO Dos Negros, Populações Indígenas, Pessoas Deficientes E Minorias Sem data (s/d) Portal da Constituição Cidadã: Portal da Câmara dos Deputados [página de internet]. Disponível em: http://www2.camara.leg.br/atividade-legislativa/legislacao/Constituicoes_Brasileiras/constituicao-cidada/o-processo-constituinte/comissoes-e-subcomissoes/comissao7/subcomissao7c. Acessado em 05 de fevereiro de 2015.

VELASQUEZ, Musa; COUTO, André Faria; CORREIA Maria Letícia. Benedita Sousa Da Silva [Verbete online]. Centro de Pesquisa e Documentação Contemporânea (CPDOC) da Fundação Getúlio Vargas (FGV).Disponível em: http://www.fgv.br/cpdoc/acervo/dicionarios/verbete-biografico/benedita-sousa-da-silva. Acessado em 11 de abril de 2021.

# Carla Akotirene

## UMA INTELECTUAL DOS AFETOS

**Letícia Rocha**
**Priscila Kikuchi Campanaro**

Este verbete foi escrito a quatro mãos, por uma mulher negra e uma branca, ambas feministas, que, em suas experiências e diferenças raciais, encontram, no pensamento e na trajetória de Carla Akotirene, sobre o qual nos debruçamos, formas para refletir nossas condições e pautar a nossa militância antirracista. Seu pensamento transgressor, afetuoso e divergente provoca, de formas diferentes, o debate com foco racial dentro de cada corpo racializado. Tais provocações possuem caráter transformador para aquelas e aqueles que se deixam conduzir por suas ideias.

Carla Adriana da Silva Santos, mais conhecida como Carla Akotirene, nasceu no dia 05 de maio de 1980, na cidade de Salvador - BA. É filha de Tânia Maria Rodrigues da Silva, trabalhadora ambulante, e Carlos Antônio dos Santos, aposentado. Teve uma infância humilde no bairro periférico da Caixa D'água, em Salvador.

Akotirene sentiu recair sobre seu corpo os abusos do capitalismo, do sexismo, do machismo e do racismo. Isso lhe faz ser uma intelectual que valoriza a dimensão afetiva em seus escritos e suas falas. É no espaço da família que ela encontra força, especialmente em seus irmãos. Foi também no movimento negro e de mulheres que Carla Akotirene encontrou um lugar para construir e externar a sua potencialidade como uma intelectual afetiva. Frequentou a primeira turma do Projeto "Mentes e Portas Abertas" do Instituto Steve Biko, quando tinha 24 anos de idade.

Um fato interessante na trajetória de nossa verbetiada foi o seu trabalho como cordeira, no bloco afro intitulado Ilê Aiyê. Este nome é dado às pessoas contratadas para segurar a longa corda que circunda os blocos de carnaval, criando, assim, áreas privativas, exclusivas e excludentes para alguns e algumas foliões/foliãs que pagam para ali permanecerem durante o desfile do bloco. Há que se considerar que a maioria dos/das que fazem esse serviço são negros/as advindos das periferias de Salvador.

Entre os anos de 1998 e 1999, estudou Patologia Clínica no Instituto Anísio Teixeira (IAT), antes de se assumir como negra e militante. Assumir-se negra e militante foi resultado de processos gradativos de conhecimento de si e da sua negritude, pois, aqui no Brasil, nos tornamos negros, passamos pelo processo de descoberta do nosso ser negro no percurso da existência.

A psicanalista Neuza Santos Souza sinalizou essa proposição no início dos anos 1980, ao lançar o livro "Tornar-se Negro". Este estudo, pela sua profundidade e amplitude acerca da temática, ainda segue sendo uma leitura necessária para os que se aventam a discutir a condição negra no Brasil.

Ao reconhecer e assumir sua negritude, adotou o sobrenome Akotirene em homenagem a Makota Irene, sacerdotisa que prestou assistência aos/às quilombolas na luta abolicionista no Brasil. Ela identifica-se com a referida sacerdotisa, que, como outras mulheres, foi ocultada da história oficial. A própria Akotirene (2012, p. 31) nos alertou acerca desse ocultamento:

> A história, pelo viés androcêntrico, promoveu o anonimato das mulheres, invisibilizando a presença das mulheres nas narrativas oficiais e, pelo viés brancocêntrico, subsumiu as mulheres negras e o saber das violências e resistências dessas prisões (AKOTIRENE, 2012, p. 31).

Por isso, ao adotar esse nome, ela atualiza e traz para o tempo presente a memória e a vida de uma mulher e uma mulher negra. O tempo atual conclama a emergência em trazer, para a mesa do debate, nomes e personagens que tiveram suas histórias apagadas pelos impeditivos acadêmicos coloniais impostos. Nesse sentido, o nome de Carla Akotirene figura como uma intelectual jovem, negra, nordestina, candomblecista. Compõe o que podemos chamar de a nova geração do feminismo negro brasileiro, com seu pensamento contemporâneo, crítico, criativo, decolonial. Assim, ela torna-se uma importante referência que potencializa as pesquisas atuais no campo feminista e racial.

Em sua conta no *Instagram*, Carla Akotirene possui cerca de mais de 121 mil seguidores/as. Nessa rede social, ela compartilha imagens e textos com reflexões e embasamentos teóricos importantes, de maneira popular e acessível, o que possibilita sempre o diálogo aprofundado sobre questões como racismo, negritude, religião e feminismo, a partir do cotidiano.

Seus textos nas redes sociais denunciam fortemente o racismo epistêmico predominante nas obras de pensadores europeus e o rebate a partir de filosofias africanas, ancestralidade religiosa e astrologia. Nossa pensadora consegue fazer com que seus seguidores/as e leitores/as compreendam a necessidade de um giro decolonial brasileiro, que parta do nosso cotidiano, chegando especificamente às academias brasileiras, para que haja efetivamente uma descolonização do conhecimento.

Carla Akotirene é graduada em Serviço Social pela Universidade Católica de Salvador (UCSAL) e atua nessa área, acolhendo, especificamente, vítimas de violência doméstica. Também é Mestra em Estudos Interdisciplinares sobre Mulheres, Gênero e Feminismo pela Universidade Federal da Bahia (UFBA). É coordenadora do Opará Saberes, um projeto de extensão da UFBA que tem como objetivo instrumentalizar teórica e metodologicamente mulheres negras que se candidatam ao mestrado e doutorado em universidades públicas. Seus estudos se concentram em questões atinentes ao racismo, sexismo, feminismo negro e mulheres. Munida de criatividade intelectual, ela produz a partir de outras epistemologias e referências.

Na sua dissertação de mestrado defendida em 2012, intitulada "Ó Pá Í, Prezada!: Racismo e Sexismo institucionais tomando bonde no conjunto penal feminino de Salvador", publicada como livro em 2020 pela editora Jandaíra, Akotirene apresenta o estudo que realizou entre mulheres que cumprem pena no Conjunto Penal Feminino de Salvador - BA, Complexo Penitenciário Lemos de Brito. Este estudo segue a perspectiva teórica interseccional na condução das análises e na captura dos marcadores que geram a opressão.

A imersão etnográfica no ambiente carcerário revelou um quadro desolador no tocante à condição das mulheres, em sua maioria negras, periféricas, com pouca ou nenhuma instrução, muitas presas por tráfico de drogas. Esta pesquisa evidenciou e deflagrou as opressões sofridas por mulheres, mais precisamente as mulheres negras em privação de liberdade, e a ausência de políticas direcionadas a essa população encarcerada. Diante dessas constatações, a autora denuncia a urgência de atenção à realidade prisional feminina como espaço gerador da violência institucional que cerceia a vida de mulheres negras (AKOTIRENE, 2012).

Estas questões nos remetem ao conceito de dororidade cunhado pela ativista e feminista Vilma Piedade (2017 p. 14), que põe em xeque a disparidade das vivências e relações entre mulheres brancas e racializadas. Para esta autora, o conceito de sororidade que se utiliza para falar da universalidade, cumplicidade e irmandade entre todas as mulheres não abarca as situações degradantes em que vivem as mulheres negras. Para tanto, nos oferece a ideia de dororidade, que versa sobre "as sombras, o vazio, a ausência, a fala silenciada, a dor causada pelo racismo. E essa dor é preta". Dessa forma, é a dororidade que aproxima a experiência das mulheres negras.

Atualmente, Akotirene é doutoranda na mesma universidade em que realizou o mestrado. Sua tese é sobre o sistema *bankoma*, sendo o significado dessa palavra "povo reunido em festa" na língua Kikongo, derivada da etnia Bantu (OLIVEIRA, 2012), e que também nomeia um bloco de carnaval de bastante expressão em Salvador. Ele é o sistema de justiça baseado nos valores bantu, que se refere a uma raiz filosófica africana, sendo o termo "-ntu" aquele que designa a parte essencial de tudo que existe e tudo que nos é dado a conhecer na existência, portanto, representa uma comunidade histórica em que "eu, nós, existimos porque você e os outros existem; tem um sentido colaborativo da existência humana coletiva" (JUNIOR, 2010, p. 26).

Carla Akotirene, em sua tese, pretende analisar o sistema de justiça brasileiro a partir dos pressupostos mencionados acima. Sobre isso, ela argumenta:

> Quero discutir o sistema jurídico pela ancestralidade africana. Acompanhei a realidade do sistema carcerário, assisti muitas audiências de custódia e percebi as violências naquele espaço, onde a autoridade policial e o que está escrito vale mais do que a palavra do réu (AKOTIRENE, 2021; apud SANTANA, 2021, s/n).

Em suma, Carla Akotirene desenvolve um trabalho evidenciando como seria o sistema de justiça brasileiro se ele seguisse o modelo africano. Aqui, é possível perceber uma semelhança, ou até mesmo uma inspiração, com o trabalho da socióloga nigeriana Oyèrónkẹ́ Oyěwùmí.

A já premiada tese de doutorado de Oyěwùmí foi recentemente publicada no Brasil pela editora Bazar do Tempo com o título *A invenção das mulheres*. Neste trabalho, a socióloga nigeriana discute a tensão entre uma língua isenta de gênero, o Iorubá, e outra, que seria estruturada em torno da noção de gênero, o Inglês. Sua obra trata de uma mudança epistemológica ocasionada na sociedade iorubá devido à imposição das categorias de gênero. Portanto, sua tarefa, que é realizada com maestria em sua tese doutoral, é entender a base epistemológica iorubá e ocidental (OYĚWÙMÍ, 2021).

Ao que tudo indica, o trabalho de Carla Akotirene pretende seguir essa mesma perspectiva analítica de Oyěwùmí. É importante destacar que a tese da então socióloga nigeriana foi realizada na década de 1980 e somente agora, em 2021, chega como obra traduzida no Brasil. Diante disso, a tese de Carla Akotirene será uma contribuição importantíssima para consolidar e evidenciar esse tipo de análise no país.

Akotirene tem se tornado uma das principais referências nas temáticas sobre feminismo decolonial e interseccionalidade. O feminismo decolonial é uma perspectiva feminista que tem se desenvolvido de maneira significativa no continente latino-americano e que se junta ao movimento das mulheres negras e não brancas para reivindicar que a questão do racismo é um eixo central no sistema de opressão patriarcal-capitalista. Além disso, também defende que não é possível pensar em feminismo brasileiro ou latino-americano sem considerar nossa herança colonial escravista.

O que concerne ao conceito de interseccionalidade, ele tem sido um termo importante dentro dos estudos das Ciências Sociais no Brasil e no mundo. A interseccionalidade é o estudo da sobreposição ou intersecção de identidades sociais e sistemas relacionados de opressão, dominação ou discriminação de acordo com Kimberlé Crenshaw (2021), que sistematizou academicamente o termo. É uma conceituação do problema que busca capturar as consequências estruturais e dinâmicas da interação entre dois ou mais eixos da subordinação.

Akotirene, em seu livro sobre esse conceito, realiza uma extensa explanação sobre ele. Segundo ela, a interseccionalidade é uma ferramenta ancestral teórica e metodológica, criada pelas mulheres negras para resistir e sucumbir a todas as formas de opressão que perpassam a vida delas. Na referida obra, Akotirene (2019) articula a noção de história a partir da ancestralidade, denunciando a maneira inapropriada e desonesta pela qual as feministas brancas ocidentais se apropriaram desse conceito, esvaziando-o de toda a sua carga racial, desconsiderando o protagonismo das mulheres negras na construção dessa teoria e prática. Nesse sentido, busca as origens dessa formulação em Patrícia Hill Collins, dialoga com o pensamento de Lélia Gonzalez, Sueli Carneiro, Ochy Curiel e Angela Davis.

Outra característica evidente e de suma importância nas reflexões e produções teóricas de Carla Akotirene é o combate ao racismo e a sua compreensão da dimensão religiosa como integrada à saúde. É candomblecista, filha de Oxum e Xangô. Em praticamente todos os seus textos no Instagram, mas também em entrevistas em veículos de comunicação, menciona a sua filiação ancestral/espiritual e presta honras constantes a todas as divindades das religiões de matriz africana.

Ainda sobre isso, é importante destacar que nossa intelectual populariza a epistemologia do Ori. Ori deve ser entendido popularmente como cabeça, sendo, no candomblé, considerado também um orixá. Ori é a compreensão metafísica iorubá da necessidade de cuidarmos da nossa cabeça. Ele é a essência de cada existência, a ligação do ser com as suas divindades ancestrais. Akotirene usa suas palavras como um instrumento revolucionário. Suas palavras são o fogo de Xangô, que traz justiça à sua ancestralidade, e os rios doces de Oxum, que trazem refrigério e esperança.

É por essas e outras questões que, cada vez mais, o nome de Carla Akotirene torna-se uma das referências no país no que tange à questão da interseccionalidade e do feminismo negro e decolonial. É uma autora transgressora, revolucionária e afetuosa. Sabe evocar com maestria a teoria para a prática. Assim como Lélia Gonzalez (2019[1988]), utiliza o pretuguês[1] para expressar seus conhecimentos e afetos. Uma linguagem figurativa e metafórica que proporciona reelaborações aos/as que se aproximam dos seus escritos. Essa linguagem é um modo de rememorar, ou melhor, recuperar as genealogias africanas. Por tudo isso, os textos de Akotirene tornam-se leitura obrigatória para todos/as que se interessam pelas temáticas que ela desenvolve.

É alinhada ao pensamento feminista negro, lugar epistemológico do qual emergem suas elaborações teóricas e que oferece elementos para pensar as múltiplas opressões a que são relegadas as mulheres negras e racializadas. É deste lugar que exerce a crítica aos feminismos e feministas brancas, burguesas, classistas, que se ancorando na discussão de gênero com um conceito universalizante de mulher, ignoraram as pautas de mulheres negras. As mulheres racializadas são atravessadas por outras questões que extrapolam o escopo dos feminismos universais no seu confronto com o patriarcado e a desestruturação de gênero.

Conforme sinalizamos acima, a dimensão dos afetos é algo importante em sua produção, assim, ela pode ser reconhecida como uma intelectual dos afetos. Ela os usa como um instrumento de descolonização que não fica apenas em palavras restritas ao mundo acadêmico, mas que consegue chegar em nossa mente e coração. Não podemos nos furtar a dizer que Carla Akotirene nos ganha por isso. Ao conhecer sua trajetória, seus escritos e suas reflexões, é praticamente impossível não se afeiçoar a ela.

Concordamos que essa autora mudou nossas perspectivas teóricas e práticas como feministas decoloniais antirracistas e militantes e nos ajudou a entendermos que a negritude e a branquitude que nos atravessam formam o tecido de uma mesma luta. Como nos sugere Ochy Curiel (2017, p. 18), "no hay luchas exclusivas".

1 Termo cunhado por Lélia Gonzalez (2019 [1988]), que consiste na mistura da língua do colonizador com a língua africana, considerada como resistência. Essa língua, de acordo com Gonzalez, era passada das mães pretas aos filhos das mães brancas. Estas delegavam a educação infantil às mulheres africanas que ensinavam os signos linguísticos às crianças.

## REFERÊNCIAS

AKOTIRENE, Carla. 2014. Ó Pá Í, Prezadas! Racismo e Sexismo institucionais tomando bonde no conjunto penal feminino de Salvador. Dissertação de mestrado. Salvador: Programa de Pós-Graduação em Estudos Interdisciplinares sobre Mulheres, Gênero e Feminismo da Universidade Federal da Bahia (UFBA). Disponível em: https://repositorio.ufba.br/handle/ri/18987. Acessado em 03 de março de 2023.

AKOTIRENE, Carla. 2019. Interseccionalidade. Coleção Feminismo Plurais. São Paulo: Sueli Carneiro: Pólen.

BARROSO, José. Maria. 2017. Imbricación de las opresiones. Um caminho para la transformación social desde la decolonialidad. Entrevista com Ochy Curiel. In: Iberoamérica Social: Revista-red de Estudios Sociales VII, v. 4, nº 7 p12-18. Disponível em: https://www.academia.edu/36877389/Barroso_J_M_2017_Imbricaci%C3%B3n_de_las_opresiones_Un_camino_para_la_transformaci%C3%B3n_social_desde_la_decolonialidad_Entrevista_con_Ochy_Curiel. Acessado em 03 de março de 2023.

CASTRO, Sussana. 05 de outubro de 2020. Do que falamos quando falamos de feminismo decolonial brasileiro? In: Dossiê: O que é feminismo decolonial? Revista Cult, edição 262. Disponível em: <https://revistacult.uol.com.br/home/dossie-o-que-e-o-feminismo-decolonial/> Acessado em 10 de maio de 2021.

CRENSHAW, Kimberlé. 1º semestre de 2002. Documento para o encontro de especialistas em aspectos da discriminação racial relativos ao gênero. Tradução: Liane Schneider. In: Revista Estudos Feministas, ano 10, p. 171-188. Disponível em: https://www.scielo.br/pdf/ref/v10n1/11636.pdf. Acessado em 10 de maio de 2021.

GONZALEZ, Lélia. 2019 [1988]. Racismo e Sexismo na Cultura Brasileira. In: HOLLANDA, Heloisa Buarque de. Pensamento Feminista Brasileiro: formação e contexto. Rio de Janeiro: Bazar do Tempo.

JUNIOR, Henrique Cunha. 2010. NTU: Introdução ao pensamento filosófico Bantu. In. Educação em Debate, v.1, nº.59, ano 32, p. 25 – 40.

OLIVEIRA, Nadir Nóbrega. 2021. O universo étnico cultural dos blocos afro Ilê Ayê, Olodum, Malê Debalê e Bankoma na cena contemporânea numa cidade transatlântica. In. Anais do VII Congresso da Associação Brasileira de Pesquisa e Pós-graduação em Artes Cênicas (ABRACE). Porto Alegre. Disponível em: https://www.publionline.iar.unicamp.br/index.php/abrace/article/view/2339. Acessado em 03 de março de 2023.

OYĚWÙMÍ, Oyèrónkẹ́. 2021. A invenção das mulheres: Construindo um sentido africano para os discursos ocidentais de gênero. Rio de Janeiro: Bazar do Tempo.

PIEDADE, Vilma. Dororidade. São Paulo: Editora Nós, 2017.

NOELLE, Midiã. 12 de fevereiro de 2020. Carla Akotirene: de cordeira do Ilê Aiyê a intelectual festejada. In: PORTAL GÉLEDES [página de internet]. Disponível em: <https://www.geledes.org.br/carla-akotirene-de-cordeira-do-ile-aiye-a-intelectual-festejada/> Acessado em 10 de maio de 2021.

SANTANA, André. 23 de janeiro de 2021 Carla Akotirene: 'Não esperam da preta retinta a intelectualidade'. Notícias UOL [página de internet]. Disponível em <https://noticias.uol.com.br/colunas/andre-santana/2021/03/21/a-trajetoria-de-carla-akotirene-revela-os-desafios-da-intelectual-negra.htm>. Acessado em 10 de maio de 2021.

SOUSA, Neusa Santos. 1983. Tornar-se negro: As vicissitudes da identidade do negro brasileiro em ascensão social. Rio de Janeiro: Edições Graal.

# Carolina Maria de Jesus

## OS DIFERENTES PAPÉIS DE UMA ESCRITORA NEGRA

**Renata Tavares de Brito Falleti**
**Rosinalda Corrêa da Silva Simoni**
**Ádria Borges Figueira Cerqueira**

*Uma palavra escrita não pode nunca ser apagada. Por mais que o desenho tenha sido feito a lápis e que seja de boa qualidade a borracha, o papel vai sempre guardar o relevo das letras escritas. Não senhor, ninguém vai apagar as palavras que eu escrevi. [...] Assim como as palavras, as pessoas que as escrevem não podem ser apagadas.*

(Carolina Maria de Jesus)

"Quarto de despejo da sociedade, inferno, quintal onde se joga o lixo da cidade, o pior cortiço que existe" – estes são, dentre outros termos impactantes, reveladores do contexto duro e sórdido vivido por Carolina Maria de Jesus e os filhos na Favela Canindé, às margens enlameadas do Rio Tietê em São Paulo, entre 1948 e 1960, quando escreveu e publicou uma das obras mais vendidas no país: "Quarto de Despejo". Um livro escrito no formato de diário, a partir de uma série de relatos de Carolina, feitos sobre diversos cadernos e papéis que eram recolhidos durante o seu trabalho de catadora de papel nas ruas de São Paulo, e que a fez ser reconhecida como uma das maiores escritoras brasileiras, alcançando recordes surpreendentes de edições, venda e tradução em todo o mundo.

Carolina Maria de Jesus nasceu no dia 14 de março de 1914 em Sacramento - Minas Gerais, em uma família de 8 (oito) filhos e de mãe lavadeira analfabeta. Estudou somente por dois anos: quando tinha a idade de 7 (sete) anos, foi matriculada na primeira escola espírita brasileira, o Colégio Allan Kardec. Em 1923, Carolina se mudou junto com a sua família para Lajeado - MG, onde buscaram meios de sobrevivência, trabalhando como lavradores. Em seguida, em 1927, deixou Minas Gerais e seguiu para Franca, interior de São Paulo, onde se dividia entre o trabalho na lavoura de uma fazenda e o trabalho doméstico na cidade.

De 1928 a 1932, Carolina teve sérios problemas com feridas nas pernas. Junto à família, viajou de Franca de volta para Sacramento, depois para Conquista, em Minas Gerais. Buscou cuidados médicos, indo a pé de Sacramento a Uberaba, e partindo novamente para São Paulo, Ribeirão Preto, Orlândia. Pouco tempo depois, voltou com a família à cidade natal, Sacramento - MG. A instabilidade percebida nas mudanças frequentes se devia às enormes carências e à pobreza extrema da família de Carolina, que lutava de modo incessante pela sobrevivência.

Paralelo às dificuldades da vida, o gosto pela literatura foi percebido em Carolina desde a sua infância. Escutadora atenta de outras leituras e dos causos contados pelo avô, era uma menina desejosa dos livros e obras literárias. Este seu apreço pelas narrativas destoava do comportamento esperado e comum a uma menina negra e pobre da época. Era julgada por sua astúcia e personalidade marcante, discriminada diversas vezes sob a ideia preconceituosa de que a ação de "ler era para praticar feitiçaria".

As situações racistas do cotidiano, juntadas a outro grande equívoco com um dinheiro perdido, provocaram a prisão de Carolina e de sua mãe. Após o ocorrido, as duas voltaram novamente para Franca, deixando a terra natal com enorme tristeza, revolta e sentimento de injustiça. As marcas negativas da relação com a cidade de Sacramento - MG foram reafirmadas quando, em 1936, a mãe de Carolina pediu para que a filha nunca mais voltasse àquela cidade. Ela faleceu no ano seguinte, em 1937. Memórias importantes deste período de sua vida podem ser constatadas em seu livro "Diário de Bitita".

Como escritora, um dos primeiros registros da aparição pública de Carolina Maria de Jesus foi em 1940, no dia 25 de fevereiro, quando teve a sua foto publicada no jornal "Folha da Manhã", junto ao jornalista Willy Aureli. Em 1948, Carolina se mudou, por ter sido "despejada", junto a outras pessoas moradoras de rua na cidade de São Paulo - SP, para a favela do Canindé, ocupação às margens do Rio Tietê.

Logo nasceu o seu primeiro filho, João José de Jesus, proveniente do relacionamento com um marinheiro português, que a abandonou assim que soube da gravidez. Em muitos momentos da "trilogia" de sua vida, contada por meio dos diários, Carolina foi sutilmente revelando as suas relações afetivas, o seu romantismo e também a dificuldade de ser aceita pelo universo masculino como uma mulher dedicada aos livros e à escrita. Dois anos depois de sua primeira gravidez, nasceu José Carlos de Jesus, o seu segundo filho, fruto de uma relação que teve com um espanhol. Neste mesmo ano de 1950, o poema que criou em homenagem a Getúlio Vargas foi publicado no jornal "O Defensor", em 17 de junho. Em 1953, nasceu Vera Eunice de Jesus, a sua terceira filha, a partir de um relacionamento com um comerciante cuja identidade nunca foi divulgada.

Os diferentes papéis exercidos por Carolina Maria de Jesus foram sendo conjugados ao longo de sua vida e obra: o de mãe provedora do sustento da casa, que lutou incessantemente contra o abismo da fome por meio do trabalho de catadora de papel, recolhendo o que poderia ser reciclado e reaproveitado dos recipientes de lixo da cidade; o de mulher sensível, culta, altiva e majestosa e o de escritora perspicaz, que produzia desde relatos de si e do contexto mais próximo às mais amplas análises políticas, sociais e econômicas, traçadas por meio de suas palavras que marcaram a autenticidade da cidadania.

O ano de 1955 foi um marco histórico na vida e no processo de reconhecimento de Carolina, pois foi quando ela começou a escrever o diário que compôs a sua grande obra: "Quarto de Despejo". O primeiro registro data de 15 de julho, aniversário de 2 anos de sua filha caçula, Vera Eunice, e momento em que começou a escrever em minúcias os sofrimentos sentidos na pele: o extremo da pobreza, o sacrifício do trabalho árduo como catadora de papel e, principalmente, a tristeza de passar e presenciar a fome, recorrente em cada um dos dias que ela descreveu com tons de "amarelo" que enlaçavam dor e lucidez, mas também coragem e poesia.

Em meio à mais dura realidade emergia uma literatura orgânica e crua da vida na favela. A linguagem de Carolina teve longo alcance e foi considerada uma literatura testemunhal e de denúncia das múltiplas violências promovidas pela sociedade marcada pelos resquícios da colonialidade e por uma política desenvolvimentista, com base no capitalismo crescente que se constatava em São Paulo e em todo o Brasil do século XX.

Três anos após o início da escrita do diário, em 1958, Carolina encontrou com o fotógrafo e jornalista Audálio Dantas, em um momento em que este preparava uma reportagem sobre a favela do Canindé. Ele se surpreendeu ao ser apresentado ao conjunto de cadernos escritos por ela, o diário que continha toda a vida da favela: histórias individuais e coletivas, de famílias e crianças. O jornalista se viu diante de um grande tesouro descoberto e Carolina, ao conceder alguns cadernos ao jornalista, teve trechos de seu diário publicados no jornal "Folha da Noite", em 1959, e, no ano seguinte, na revista "O Cruzeiro".

**Foto: Carolina Maria de Jesus em noite de autógrafos. Livraria Francisco Alves, 19/08/1960. São Paulo. Fonte: Arquivo Nacional.**

Em 1960, foi publicada a sua maior obra, "Quarto de Despejo: Diário de uma favelada", que fez um surpreendente e estrondoso sucesso já na primeira edição, com tiragem de dez mil exemplares, dos quais 600 foram vendidos apenas na noite de seu lançamento, em 19 de agosto, momento em que foi tirada a fotografia acima. Isso se repetiu no primeiro ano, com várias reedições e cerca de mais de cem mil exemplares. A obra chegou rapidamente a 40 países e foi traduzida em 13 idiomas.

O início da década de 1960 e o seu decurso foi um tempo de trabalho intenso e de grande participação de Carolina na vida social elitizada, tendo sido homenageada pela Academia Paulista de Letras da Faculdade de Direito de São Paulo, dentre outras importantes instituições. Ela conviveu com entrevistas, participação em programas de televisão, inúmeras solenidades de reconhecimento próprias de uma grande escritora, mas também com o seu contrário: a soberba de alguns dos críticos literários e nomes consagrados na área, que não a concebiam como escritora e muito menos a sua obra como literária e as manifestações de racismo que nitidamente reagiam à ameaça que significava a ascensão de uma escritora negra, porta-voz do que havia de pior na sociedade brasileira.

Carolina viveu parte deste período ainda morando na favela do Canindé. Somente tempos depois mudou-se para o Bairro de Santana, em Osasco, quando habitou um barracão anexo à casa de um amigo. Experiência que relatou no livro lançado em 1961: "Casa de Alvenaria: Diário de uma ex-favelada", que não teve a mesma repercussão de sua primeira obra.

Ainda assim, em 1961, Carolina viajou por várias cidades do Brasil e da América Latina. Foi ao Uruguai, Chile, Argentina - onde recebeu a homenagem *Orden Caballero Del Tornillo.* Lançou o Disco "Carolina Maria de Jesus – Cantando suas Composições". Editou e publicou o livro "Provérbios", sobre o qual também houve pouca repercussão, assim como o romance "Pedaços da Fome".

Em 1969, Carolina Maria de Jesus se mudou com os filhos para um sítio em Parelheiros, terreno com o qual sonhava, situado em um bairro da periferia de São Paulo. Continuou a sua vida humilde, criando galinhas, porcos, cultivando a terra e escrevendo sempre. Em 1972, anunciou que escreveria "Brasil para os Brasileiros". Posteriormente, parte deste material foi editado como "Diário de Bitita". Em 1975, foi realizado um documentário sobre a vida de Carolina Maria de Jesus, com atuação da própria escritora, produção alemã e direção de Gerson Tavares, cuja exibição foi proibida no Brasil que vivia, naquele período, sob a Ditadura Militar. Ainda hoje, apenas alguns trechos deste documentário estão acessíveis no Brasil.

Carolina Maria de Jesus morreu aos 63 anos de vida, por insuficiência respiratória ocasionada por uma crise de bronquite asmática. Era uma madrugada de domingo, dia 13 de fevereiro de 1977, em seu sítio em Parelheiros – SP, véspera de carnaval. Alexandre Kadunk (1977, s/p) escreveu, no jornal "Opinião", no dia de sua morte:

> Carolina Maria de Jesus é e será o exemplo mais latente de gênios populares que honram e dignificam multidões que sofrem e esperam. [...] voltou às suas origens, sem revolta, sem ódio, sem rancor e ainda poetando naquele seu estilo inocente e puro, mas por vezes forte e denunciante: *Ahhh quem me dera poder voar para recortar um pedaço do céu estrelado e fazer meu vestido final* [...].

A vida e obra de Carolina Maria de Jesus, ora negada e criticada, ora valorizada e afamada, compôs e foi conteúdo de um grande número de documentos jornalísticos, artigos, colunas de revistas e roteiros de programas televisivos. Muitos veículos de comunicação da época noticiaram o momento de sua morte: estampando um velório simples, sem concorrência, com muita gente humilde e crianças, sem nenhuma grande autoridade presente. Carolina se foi, mas deixou muitos projetos, sonhos a realizar e um legado ainda imensurável de produção escrita. E deixou algumas conclusões tristes e doídas: *Catei lixo, catei tudo, menos felicidade.*

Após a morte de Carolina e um grande período de silenciamento, a partir da década de 1980 a sua obra e história começaram a reacender em produções fílmicas, acadêmicas, biográficas, artísticas e literárias. Dentre elas, o documentário "Caso Verdade: de catadora de papel a escritora famosa", produzido pela Rede Globo de Televisão, em 1982. Em 1994, os pesquisadores e professores José Carlos Sebe Bom Meihy e Robert M. Levine escreveram o livro "Cinderela Negra: A Saga de Carolina de Jesus". Em 1995, lançaram *The life and Death of Carolina Maria de Jesus*, nos Estados Unidos e, em 1996, organizaram parte de um material escrito deixado por Carolina e publicaram "Meu Estranho Diário e Antologia Pessoal".

Algumas de suas obras foram reeditadas, dentre elas, "Diário de Bitita" em 2007, com edição de Carlos Alberto Cerchi e Alessandro Abdala. Em 2009, Joel Rufino dos Santos escreveu o livro "Carolina Maria de Jesus: uma escritora improvável". Outras autoras e autores seguem pesquisando e publicando sobre a vida e obra de Carolina Maria de Jesus, porque sua escrita atemporal e suas palavras representam as realidades vividas por muitas mulheres negras como ela:

> *A vida é igual um livro. Só depois de ter lido é que sabemos o que encerra. E nós quando estamos no fim da vida é que sabemos como a nossa vida decorreu. A minha, até aqui, tem sido preta. Preta é a minha pele. Preto é o lugar onde eu moro* (JESUS 1960, p. 160).

## REFERÊNCIAS


DANTAS, Audálio. 1961. Casa de Alvenaria: história de uma ascensão social. In: JESUS, Carolina Maria de. Casa de alvenaria: diário de uma ex-favelada. São Paulo: Livraria Francisco Alves (Editora Paulo de Azevedo Ltda), p. 5-10.

DANTAS, Audálio. Nossa irmã Carolina. 1960. In: JESUS, Carolina Maria de. Quarto de despejo: diário de uma favelada. São Paulo: Livraria Francisco Alves (Editora Paulo de Azevedo Ltda), p. 5-12.

FERNANDEZ, Raffaella (Org.). 2014. Onde estaes Felicidade? São Paulo: Me Parió Revolução, 2014.

JESUS, Carolina Maria de. 1960. Quarto de despejo: diário de uma favelada. São Paulo: Livraria Francisco Alves (Editora Paulo de Azevedo Ltda).

KADUNC, Alexandre. 25 de Fevereiro de 1977. Carolina de Jesus. Opinião, s/l, [online].In: Vida por escrito – Portal Biobibliográfico de Carolina Maria de Jesus [página de internet]. Disponível em: https://www.vidaporescrito.com. Acessado em maio de 2021.

LAJOLO, Marisa. 1996. Poesia no quarto de despejo ou um ramo de rosas para Carolina. In: JESUS, Carolina Maria de. Antologia pessoal. MEIHY, José Carlos S. Bom (Org.). Revisão de Armando Freitas Filho. Rio de Janeiro, UFRJ, p. 37-61.

LAJOLO, Marisa. 2011. Carolina Maria de Jesus. In: DUARTE, Eduardo de Assis (Org.). Literatura e afrodescendência no Brasil: Antologia crítica. Volume 1, coleção Precursores. Belo Horizonte: Editora UFMG.

LAJOLO, Marisa. Junho de 1995. A leitora no quarto dos fundos. In: Leitura: teoria e prática. Campinas, Mercado Aberto, ano 14, n. 25, p. 10-18.

MAGNABOSCO, Maria Madalena; RAVETTI, Graciella. Carolina Maria de Jesus [verbete]. In: Catálogo das escritoras brasileiras [página de internet]. Disponível em: https://www.catalogodeescritoras.ufsc.br/catalogo/carolina_vida.html. Acessado em 19 de junho de 2023.

MATOS, Fernanda. 2014. Um diálogo com Carolina Maria de Jesus. In: DINHA; FERNANDEZ, Raffaella (Org.). *Onde estaes Felicidade?* São Paulo: Me Parió Revolução.

MEIHY, José Carlos Sebe Bom. 1994. Um olhar brasileiro. In: MEIHY, José Carlos Sebe Bom; LEVINE, Robert M. Cinderela negra: A saga de Carolina Maria de Jesus. Rio de Janeiro: Editora da UFRJ , p. 210-232.

MEIHY, José Carlos Sebe Bom. 2004. Os fios e os desafios: O retrato de Carolina Maria de Jesus no tempo presente. In: SILVA, Vagner Gonçalves da (Org.). Artes do corpo. São Paulo: Selo Negro. Coleção Memória Afro-brasileira, v. 2.

MEIHY, José Carlos Sebe Bom. Carolina Maria de Jesus: emblema do silêncio. In: Biblioteca Virtual de Direitos Humanos da Universidade de São Paulo. Comissão de Direitos Humanos. Revista USP, vol. 37, p. 82-91. Disponível em: https://doi.org/10.11606/issn.2316-9036.v0i37p82-91. Acessado em 19 de junho de 2023.

MEIHY, José Carlos Sebe Bom; LEVINE, Robert M. 1994. Cinderela negra: A saga de Carolina Maria de Jesus. Rio de Janeiro: Editora da UFRJ.

PERPÉTUA, Elzira Divina. 2000. Traços de Carolina Maria de Jesus: gênese, tradução e recepção de "Quarto de despejo". Tese de Doutorado em Literatura Comparada. Belo Horizonte: Universidade federal de Minas Gerais (UFMG).

SANTOS, Joel Rufino dos. 2009. Carolina Maria de Jesus: uma escritora improvável. Rio de Janeiro: Garamond; Fundação Biblioteca Nacional.

SIMÕES, Rosana. Agosto de 2000. Quarto de despejo, quarto de desejos. In: BITARÃES NETO, Adriano (Org.). Revista de Literatura, Vestibular UFMG, v. 2, p. 111-126.

SOUSA, Germana Henriques Pereira de. 2004. Carolina Maria de Jesus: O estranho diário da escritora vira-lata. Tese de Doutorado em Teoria Literária). Brasília: Universidade de Brasília (UnB).

# Cléia da Silva Costa

## CLÉIA DO DEGREDO

**Patrícia Marinho de Carvalho**
**Cléia da Silva Costa**

Era dia 19 de novembro de 2015, quando os rejeitos de mineração invadiram as águas e a vida dos quilombolas da Comunidade do Degredo. O rompimento da Barragem do Fundão, das empresas Samarco/Vale/BHP,[1] foi o maior desastre ambiental já registrado no Brasil e mudou profundamente a vida de milhares de pessoas que viviam da pesca e de atividades que ficaram prejudicadas com a contaminação das águas e do solo de municípios de Minas Gerais e do Espírito Santo.

Essa é a atual batalha cotidiana enfrentada por Cléia da Silva Costa. Nascida no dia 11 de abril de 1962, Cléia é filha de Silvino da Silva e de Maria Emília dos Anjos da Silva. Seus dois avós, Manoel dos Anjos (avô materno) e Manoel Amarulino

1 Samarco Mineração; Vale Sociedade Anônima (S.A.) e Bhp Billiton Brasil Limitada (LTDA).

(avô paterno), foram trazidos ainda muito jovens para a região pelo fundador da Comunidade Atalino Leite de Araújo (HERKENHOFF; PRATES, 2018).

Os ancestrais de Cléia junto com seus parentes e amigos formaram uma comunidade unida e colaborativa. Se a luta do passado foi contra a escravidão, hoje, Cléia e os quilombolas do Degredo lutam não apenas pela reparação integral dos danos sofridos com a "chegada da lama" proveniente do rompimento da barragem, mas também para manter vivas suas tradições.

Cléia é uma dessas mulheres fortes e aguerridas do Degredo que construíram, ao longo da vida, uma trajetória de luta, devoção e tradição. Ainda criança, a avó Estefânia (avó paterna) e a tia Penha a levavam para as festas religiosas. Foi com sua avó que Cléia aprendeu, ainda muito nova, as ladainhas que faziam parte dos rituais católicos realizados pelos devotos de São João, São Bom Jesus e Santo Antônio.

Ainda na infância, outra comemoração religiosa muito importante da qual Cléia participava era a Folia de Reis. Ela contou que se lembra das comemorações realizadas por seu tio Zé Anchieta, que era um Mestre de Reis. Foi na casa de outro Mestre de Reis, o Manoel Alexandre, que Cléia aprendeu a dançar o tambor (jongo). Manoel Alexandre e sua esposa Servina sempre convidavam os jongueiros para bater tambor em sua casa.

Outra referência do jongo era seu pai Silvino que era Mestre de Reis e de jongo. Todos os anos, ele ia para a localidade de Povoação para bater tambor nas festas de "Subida do mastro", no dia 24 de dezembro, e de "Descida do mastro", em 3 de fevereiro.

Cléia sempre se interessou muito pelo jongo, admirada com a beleza da dança, das cantigas e da batida do tambor. Depois de seu casamento com Pedro Leite Costa, com quem tem três filhos, Cléia e Pedro se tornaram Mestres do jongo, sendo que Cléia é responsável pela marcação, ensinando a dança para os participantes, e Pedro é quem ensina a bater tambor e canzá (reco-reco).

Célia contou que a tradição dos quilombolas do Degredo também se manifesta na culinária. A comunidade, que sempre viveu da pesca (de rio e de mar), tinha a mandioca como principal cultivo de subsistência e geração de renda. Com o processamento da mandioca, se obtinha a goma para fazer o beiju, "o pão quilombola", e também a farinha, que era comercializada para compra dos outros mantimentos necessários para o sustento das famílias do Degredo. Como diz Cléia: "quando o pescado não dava, a farinha completava". Outro alimento tradicional que Cléa aprendeu a fazer é o bolo da mandioca puba, assado na folha da aninga (encontrada no brejo) ou do caité (encontrado na mata).

Cléia, que sempre participou da organização das festas religiosas, passou a colaborar com a comunidade nos processos de fortalecimento e busca por direitos, confirmando sua vocação para liderança comunitária. Na década de 1990, surgiu a primeira associação de moradores da comunidade, com o objetivo principal de trazer luz elétrica. Na sequência, foi formada a primeira associação de pescadores. Com o programa federal "Luz para Todos", nos anos 2000, finalmente a energia elétrica chegou à comunidade do Degredo.

Depois desses acontecimentos, após algumas incursões de professores e alunos da Universidade Federal do Espírito Santo (UFES) e a conscientização da importância do autorreconhecimento quilombola garantido pela Constituição Brasileira através do Artigo 58 que reconheceu as comunidades remanescentes de Quilombo como povos tradicionais; mais uma vez a comunidade se uniu através de sua associação de pescadores para conquistar esse direito ao autorreconhecimento.

Atualmente, Cléia é a presidente da Associação dos Pescadores e Extrativistas e Remanescentes de Quilombo de Degredo (ASPERQD). Ela também está à frente da fábrica de biscoitos Conquista, que, como diz o nome, é mais uma conquista da comunidade, oriunda de compensações pelas intervenções realizadas pela Petrobrás no território quilombola. Hoje em dia, a fábrica produz biscoitos e o "pão de quê".

## REFERÊNCIAS

HERKENHOFF & PRATES: Tecnologia e Desenvolvimento (H&P) [empresa]. Março de 2018. Estudo do componente quilombola da comunidade remanescente de quilombo do Degredo (ECQ). Disponível em: https://www.asperqd.org.br/wp-content/uploads/2021/03/ECQ_Degredo.pdf. Acessado em 04 de março de 2023.

# Dagma Bonfim Barbosa dos Santos

## DADDY BARBOZZA: DA ARTE À SACRALIDADE

**Joanice Conceição**

A vida das mulheres negras brasileiras foi marcada pela invisibilidade proporcionada tanto pela historiografia, quanto pelos diversos segmentos sociais. Parte dessa invisibilidade decorre do período escravista, cujos objetivos eram retirar, de homens e mulheres negros/as, a humanidade, a fim de dominá-los. Este verbete coloca em destaque a vida de uma mulher que, indo de encontro a esse contexto, tornou-se referência para sua comunidade, com um caráter desbravador, considerando-se o período em que nasceu.

Educada, altiva, religiosa, empreendedora e bem-humorada eram algumas das características atribuídas a Dagma Bonfim Barbosa dos Santos. Às vezes, se mostrava brava quando o assunto incluía a defesa da cultura negra e de seus filhos e filhas biológicos, religiosos ou por adoção. Amava a cultura e a ela se dedicou até os últimos anos de sua vida. Era por meio da cadência do samba-de-roda miudinho que espelhava a sensualidade discreta e a suntuosidade reservadas às filhas de Ewá, seu orixá de cabeça.

Dagma Bonfim Barbosa dos Santos nasceu em 15 de janeiro de 1939, filha de Teófila Barbosa dos Santos e Manuel Silvestre Gonzaga dos Santos, que morreu com pouco mais de trinta anos, deixando-lhe órfã. Propicia-se aqui a oportunidade de conhecer Dagma, Sinhá Dadi, Ekedi Dadi ou Daddy Barbozza, este último, nome artístico que ela fazia questão de soletrar com os dois "dês" e dois "zês" e, ao final, explicar o porquê de tê-lo adotado. Era uma mulher de múltiplas facetas, sobretudo no campo das artes.

Mãe Teófila, iniciada nas religiões de matrizes africanas para Oxum, no famoso terreiro Viva Deus,[1] tornou-se tão grande referência religiosa que o traje usado por seu orixá, bem como o seu xale de uso pessoal encontram-se no Museu Afro-brasileiro da Universidade Federal da Bahia (UFBA), em Salvador – BA (SANDES, 2010). Ela fundou o terreiro Ilê Orilé Edá Efan Jú, localizado no Alto do Peru em Salvador, onde Daddy foi confirmada Ekedi para Oxum Apará, orixá de sua mãe biológica.

O nascimento da biografada é marcado por um episódio religioso. Antes de Daddy nascer, sua mãe Teófila sofrera vários abortos espontâneos, o que levou seu pai a fazer uma promessa pedindo a intercessão do Senhor do Bonfim. Quando Dagma nasceu, teve acrescido "Bonfim" ao seu nome, como pagamento da promessa ao Santo patrono da capital baiana. O nascimento ocorreu no domingo seguinte à famosa lavagem da escadaria da Igreja do Bonfim.[2]

Daddy veio ao mundo em casa, de parto normal, pelas mãos de Maria Josefa, que se tornou sua madrinha um mês após o seu nascimento, quando foi batizada na Igreja de Nossa Senhora dos Remédios, em Cachoeira - BA.

Dagma Bonfim Barbosa dos Santos se tornou uma grande mulher, cuja vida foi marcada por muitos momentos que revelam a inquietude de uma mente brilhante. São tantos os atributos, que saltam aos olhos, quando nos voltamos para a época em que ela viveu, com as dificuldades experienciadas no passado - e ainda hoje - pelas mulheres, especialmente, as negras.

Dagma iniciou sua vida escolar em um colégio religioso, onde foi muito maltratada por ser negra. Em discussão com uma freira, esta lhe deu um tapa no rosto, o qual ela revidou. Seus pais foram obrigados a colocá-la em outro colégio. Essa situação revela o caráter altivo de Daddy, que sabia da sua negritude e dela não abria mão. Concluiu o primário na escola paroquial da Irmandade do Rosário dos

1 Terreiro localizado em Cachoeira - BA, fundado em 1910.

2 Segundo O Instituto Histórico Artístico Nacional (IPHAN), os festejos dedicados ao Senhor do Bonfim ocorrem desde 1745, quando a imagem é trazida por Theodósio Rodrigues de Farias, capitão do Mar e de Guerra e pela Irmandade de devoção ao Nosso Senhor do Bom Jesus do Bonfim.

Homens Pretos das Portas do Carmo, existente ainda hoje no bairro do Pelourinho, em Salvador, Bahia.

Cursou o segundo grau no Instituto Baiano de Educação, localizado na rua Barão de Cotegipe, bairro da Calçada, também em Salvador, onde se formou aos 15 anos. Aos 16, já estava trabalhando como auxiliar de alfaiataria na microempresa de seu irmão e padrinho. Aos 17, começou a trabalhar como prestadora de serviço na Justiça do Trabalho e, em 1960, aos 21 anos, foi aprovada em concurso público para o Tribunal Regional do Trabalho da Bahia, atuando em diversos cargos, inclusive cargos de chefia.

Realizou diversos cursos, tais como datilografia, cabeleireira, corte e costura, além de bordado. Foi uma das primeiras mulheres de Salvador a possuir carteira de habilitação para conduzir automóveis. A velocidade era sua grande paixão: Dirigia, quase sempre a mais de 100Km/h, o famoso Jeep que a transportava de Salvador a Cachoeira, em apenas 40 minutos, como relatou uma de suas netas. Empreendeu por meio de lojas e restaurantes.

Dagma casou-se duas vezes. A primeira, com Anacleto do Nascimento, no fórum de Cachoeira – BA. Com ele, teve três filhos. A segunda vez foi com Ananias, com quem teve mais quatro. Embora morasse em Salvador, mantinha ligações religiosas com Terreiro Aṣepo Eran Opé Oluwá, o famoso Terreiro Viva Deus, do famoso Pai de Santo Zé do Vapor.[3]

Daddy era extremamente generosa e incentivadora no campo educacional. Conforme relato de sua neta Daiana,[4] muitas vezes, usava parte do seu salário para patrocinar grupos culturais e pessoas. Daddy também financiava cursos de música para filhos, sobrinhos e conhecidos e cursos técnicos e profissionalizantes em diversas áreas, ao tempo em que dividia seus proventos para tornar melhores as condições de vida de pessoas negras.

No campo das artes, Daddy Barbozza participou de diversos cursos, dentre os quais o famoso curso de dança oferecido pela antiga Faculdade de Medicina da Bahia; o curso "Todo mundo faz teatro", com o Diretor Filinto Coelho; o de percussão, com Bira Reis e Gabi Guedes; cursos de dança afro, dentre outros. A partir dos cursos e seleções realizados, atuou no famoso "Bando de Teatro" do Olodum. Ainda adolescente, fez curso de cinema, o que lhe rendeu participação especial no filme "Deus e o Diabo na Terra do Sol", de 1963, dirigido por Glauber Rocha. Em 2012, participou do filme "Jardim das Folhas Sagradas", do diretor Pola Ribeiro.

3 Terreiro fundado em 1910 e inaugurado em 1911 por José Domingos de Santana, de nação Nagô-Vodum, localizado na Terra Vermelha, região rural da cidade de Cachoeira – BA, a 110Km de Salvador.

4 Os relatos presentes neste verbete ocorreram de maneira informal, ao longo dos anos que convivo com familiares da Daddy; relação que mantenho até os dias atuais.

Além disso, atuou ao lado de autores renomados como Antônio Pitanga e Zezé Mota. Em 1979, Daddy participou da fundação da Sociedade Recreativa e Cultural Afoxé Filhas de Gandhy.[5]

Em 1989 se aposentou. Seis meses depois, fixou residência novamente em Cachoeira - BA. A partir de então, se dedicou integralmente às artes e à religião. Relatou certa vez, que, quando criança, com cerca de três anos de idade, quando residia na Ladeira da Preguiça, próximo à Igreja da Conceição da Praia, em Salvador, conversava com os invisíveis. Salientou que, ainda criança, no Terreiro Viva Deus, brincava com Kolodina,[6] debaixo de uma jaqueira, existente lá até hoje.

Aos 13 anos, em 21 de janeiro de 1952, Daddy foi iniciada e consagrada para os orixás Ewá, Oxumarê e Bessem, no Terreiro Viva Deus. Na oportunidade, foi confirmada para o cargo de Ekedi de Oxumarê. Ela tinha devoção por Cosme e Damião, por isso, era frequentadora assídua das festas e contribuinte do financiamento das festividades do mês de setembro. Os caboclos eram respeitados por Sinha Dadi, por isso, ela chamou para si a responsabilidade de fazer as roupas do caboclo e da cabocla que desfilavam na Festa da Independência, que acontece no dia 2 de julho, na cidade de São Felix - BA.

Dagma amava os Orixás e os caboclos. Entretanto, possuía outra paixão: venerava Nossa Senhora. Em 1990, entrou para a Irmandade da Boa Morte. Ali, exerceu cargos como irmã de bolsa, procuradora e provedora, permanecendo até o dia em que retornou ao Orum.[7]

Na seara cultural, em Cachoeira e Muritiba, Daddy ministrou cursos de teatro, de dança afro e de artesanato. Em 1989, fundou os grupos de Teatro e Afoxé Abikéhin. Organizou a quadrilha junina "Orgulho da Cor", grupo de crianças, adolescentes e jovens da cidade de Cachoeira – BA. Também financiava a banda musical Maria Quitéria,[8] liderada por seus filhos. Produzia diversos tipos de rendas, utilizadas na confecção de roupas, adereços e ferramentas para os Orixás, o que lhe rendeu algumas exposições em Cachoeira. Além disso, ela construía as barcas usadas para o depósito de oferendas dedicadas a Oxum e Yemanjá. Em 2012, foi homenageada pelo Afoxé Filhos do Congo, na capital da Bahia. Encontra-se foto sua no Museu Afro-Brasil em São Paulo e o seu nome aparece em diversos trabalhos acadêmicos.

5 O objetivo do Afoxé filhas de Gandhy é possibilitar, por meio da cultura, o desenvolvimento político e social das mulheres, a fim de valorizar, sobretudo, a ancestralidade negra.

6 Exu feminino que guarda a casa.

7 Orum é o nome dado ao mundo dos espíritos nas religões de matriz africana, especificamente o candomblé, em paralelo ao mundo físico, o Aiê.

8 Heroína que lutou pela independência da Bahia.

Vítima de um AVC (Acidente Vascular Cerebral), Dagma Bonfim Barbosa dos Santos retornou ao Orum em 18 de junho de 2014, deixando sete filhos consanguíneos, tantos outros por adoção religiosa ou por afeição, dez netos e oito bisnetos.

## REFERÊNCIAS

SANDES, Juipirema A. Sarraf. 2010. O Museu Afro da Universidade Federal da Bahia e sua coleção material religiosa afro-brasileira. Dissertação de Mestrado. Salvador:Programa Multidisciplinar de Pós-Graduação em Estudos Étnicos e Africanos (PÓS-AFRO) da Universidade Federal da Bahia (UFBA), 2010. Disponível em: https://repositorio.ufba.br/ri/handle/ri/23895. Acessado em 10 de junho de 2021.

# Daiane Garcia dos Santos

**Geralda da Cunha Teixeira Ferraz**

O ano era 2003. De repente, toda a mídia brasileira e mundial voltou suas atenções para o Campeonato Mundial de Ginástica Artística e para a representante brasileira: uma jovem negra, que tinha a possibilidade real de trazer a primeira medalha de ouro de um mundial para o Brasil nesta modalidade esportiva... E ela trouxe!

O resultado de sucesso certamente foi fruto de um projeto e uma educação pautada na resistência e na afirmação de sua identidade. Daiane Garcia dos Santos, mais conhecida como Daiane dos Santos, em muitos momentos de sua carreira fala o quanto foi importante aprender em casa, com seus pais, desde pequena, sobre suas origens. Em uma ocasião, chegando em casa, Daiane relatava aos pais que, na escola, diziam que a sua irmã mais nova não era negra, e sim morena. Seus pais então não titubearam: "Nós somos negros!"

A ginasta, graças a atitudes e orientações como essas, soube encontrar, ao sofrer racismo, forças para superar e seguir em frente. Não foram poucas as vezes em que colegas de treino evitavam lavar as mãos na mesma pia que Daiane usava ou, ainda, evitavam ficar ao seu lado. Nesses momentos, ela recordava de quando seus pais lhe diziam: haveria momentos em que ela precisaria ser três vezes melhor. Por outro lado, segundo ela, era forte o sentimento de que era seu direito estar naquele espaço. E conclui: "as crianças têm que ver essas histórias, mas entender que isso não é culpa da nossa cor de pele. É ignorância de muitas pessoas" (SANTOS, 2021, s/p *apud* GOMES s/d).

Daiane nasceu em 10 de fevereiro de 1983, em Porto Alegre, Rio Grande do Sul. Filha de um estoquista e de uma empregada doméstica – Moacir dos Santos e Magda Garcia dos Santos – começou no esporte aos 11 anos de idade, idade considerada tardia para a modalidade.

Daiane dos Santos ousou, fez história! Em uma modalidade cujos atletas começam ainda na primeira infância, ela iniciou seu treinamento já na pré-adolescência, com um atraso significativo em relação às demais atletas praticantes. Foi descoberta por sua professora Cleusa de Paula, no Centro Estadual de Treinamento Esportivo, e, depois, transferida para o Grêmio Náutico da União. Não se intimidou com os desafios, enfrentou o racismo dentro de seu próprio país. Forte, provou que poderia vencer e ser a melhor: foi a primeira atleta negra na comissão brasileira de ginástica artística, modalidade que costumamos relacionar com atletas brancas, de origem europeia. Daiane não só abriu as portas para as atletas negras nesta modalidade, como foi a primeira ginasta brasileira, entre homens e mulheres, a conquistar uma medalha de ouro em uma edição do Campeonato Mundial.

Em 1999, nos Jogos Pan-Americanos de Winnipeg, no Canadá, Daiane dos Santos conquistou as medalhas de prata e de bronze, as primeiras de sua carreira vitoriosa. Durante os anos em que competiu, colecionou vitórias e escreveu definitivamente seu nome no esporte ao executar dois saltos inéditos: o duplo *twist* carpado, que levou o nome de "Dos Santos", e o duplo *twist* esticado, "Dos Santos II". Ao todo, foram nove medalhas de ouro, uma de prata e quatro de bronze em campeonatos mundiais. Em jogos pan-americanos, foram uma de ouro, três de prata e quatro de bronze. Em jogos sul-americanos, foram duas de ouro e uma de bronze. Em 2012, após os Jogos Olímpicos de Londres e várias lesões e cirurgias nos joelhos e tornozelo, ela decidiu por encerrar a carreira.

Atualmente com 38 anos, Daiane dos Santos dedica seu tempo ao projeto esportivo "Brasileirinhos", na comunidade de Paraisópolis, em São Paulo – SP, um projeto que atende 250 crianças. A ex-ginasta entende o esporte como possibilidade de acesso e inclusão de crianças marginalizadas socialmente, além de ser uma boa maneira de torná-las pessoas conscientes de seu papel no mundo: preparando-as, orientando-as e ensinando-lhes a ter consciência da sua identidade, a lutar contra o preconceito e a desconstruir a cultura racista que permeia o mundo do esporte e a sociedade brasileira, na qual negros, apesar de serem a maioria da população do país, são tratados como cidadãos inferiores. Daiane acredita que apenas com a união e trabalho das pessoas engajadas em prol da superação das desigualdades e do preconceito, é possível alcançar mudanças na prática.

É interessante refletir sobre a história de Daiane dos Santos. Em todas as reportagens sobre a ex-atleta, é muito forte o sentimento que ela traz de pertencimento. Desde pequena se reconhecia como negra. Diferente de outras histórias, Daiane foi ensinada a ter orgulho de suas origens. Recentemente, foi convidada a participar de um projeto para saber sobre suas origens, junto com outras 19 personalidades brasileiras. O teste de DNA só veio para comprovar o que Daiane sabia, já que sua avó materna afirmava que a origem de sua família era angolana. Mesmo antes do teste, ela sabia sobre sua ancestralidade, por aprender com a sua avó e seus pais a se reconhecer como negra e ter orgulho de sua ancestralidade.

Em uma das edições dos Jogos Olímpicos, ela se emocionou ao ver a delegação angolana e fez questão de pedir uma foto ao lado dos atletas. Sua convicção, seu orgulho e a afirmação sobre sua etnia atravessaram os continentes. Em outro momento, durante um evento, recebeu do cônsul de Angola cartas de crianças angolanas, dizendo que queriam ser ginastas, depois de terem a visto na TV.

A história, a trajetória e a forma de ser de Daiane dos Santos - sempre convicta de suas origens, consciente do racismo estrutural e das desigualdades sociais que permeiam nossa sociedade há séculos -, assim como a cidadã que se tornou no seu caminhar, nos faz ainda mais orgulhosos de poder recontar sua história. É emocionante perceber: mais que uma carreira de sucesso, mais que as vitórias acumuladas, a mulher negra Daiane dos Santos está presente em todos os momentos e tem consciência do seu papel e da sua tarefa como cidadã na luta e na conquista de um mundo mais justo, menos racista e menos homofóbico.

Daiane Garcia dos Santos fez história no esporte e seus feitos a imortalizaram! Ainda que nos reste pouco do sentimento patriota em um país marcado por uma política negacionista, que nega, inclusive, suas origens, não há como não nos emocionar todas as vezes que recorremos às nossas memórias e aos registros de imagem e nos deparamos com uma jovem negra, de menos de 1,50m de altura, fazendo o inalcançável parecer fácil, leve, alegre e quase coisa de criança. Ela, com o sorriso no rosto e a altivez de uma rainha, ao som de "Brasileirinho", nos representou e nos fez ter orgulho de sermos brasileiras e brasileiros! Pura emoção e orgulho das nossas verdadeiras raízes!

## REFERÊNCIAS

GOMES, Helton Simões. Sem data (s/d). Origens: "Então tá explicado, vó". In: UOL [página de internet]. Disponível em: https://uol.com.br/tilt/reportagens-especiais/ancestralidade-daiane.htm. Acessado em 23 de julho de 2021.

# Dionísia de Oliveira Silva

## DONA DIÓ DO ACARAJÉ NA CIDADE DE VITÓRIA DA CONQUISTA - BAHIA (1935 – 2012)

**Martha Maria Brito Nogueira**

Dona Dió teve sua origem familiar na "Comunidade Quilombola Lagoa de Maria Clemência",[1] onde nasceram seus pais Rosalina Maria de Jesus e Pantaleão Américo de Oliveira. Por volta de 1930, o casal migrou para a cidade de Vitória da Conquista - BA em busca de melhor condição de vida. Embora de origem rural, foi na cidade que Dionísia nasceu e cresceu, construindo, lado a lado com o processo de urbanização, a sua trajetória de conquistas, utilizando recursos provenientes da sua ancestralidade, somados às condições proporcionadas pelo espaço urbano e pelo contexto econômico, político e cultural da cidade.

A infância de Dionísia não foi muito fácil. Ainda menina, com 12 (doze) anos de idade, casou-se com Claudionor, um parente próximo, em uma cerimônia

1 A Comunidade Lagoa Maria Clemência foi reconhecida pelo INCRA como comunidade quilombola em 13 de dezembro de 2006. (PALMARES, 2015).

religiosa. Esse enlace, no entanto, não demorou muito tempo. Logo estava separada e com uma filha para criar. Sem condições financeiras, Dió precisou entregar a sua filha, Joselita Santos, com apenas 7 (sete) anos de idade para uma família que estava de mudança para o Rio de Janeiro.

A partir daí, Dió foi viver na casa do seu padrinho, um homem rico, provedor da Santa Casa de Misericórdia. Era muito explorada, apanhava muito, vestia vestidos de sacos e carregava balaios de feira na cabeça. Foi uma vida difícil, tão difícil que Dió resolveu fugir. Seu padrinho prometeu que, ao falecer, não deixaria nada de herança para ela por causa da fuga, mas Dió não desistiu de enfrentar a vida sozinha, trabalhando para seu sustento.

Vendia cafezinho nas ruas e festas da cidade. Com seu pote de barro, ia buscar água no "Poço Escuro"[2] para vender na feira livre. Lavava roupa para um hotel até que foi trabalhar em um restaurante no Marçal,[3] lugar onde conheceu Albino Antônio da Silva, um carregador de caminhão com quem veio a se casar. Albino era um marido dedicado e companheiro, mas a vida continuava muito difícil e a renda não era suficiente para criar os filhos que começaram a nascer.

No início dos anos de 1970, um vendedor de acarajé, por nome Mamede, recém-chegado de Salvador, foi morar de aluguel na casa da mãe de Dionísia, estabelecendo amizade com todos da família. O respeito e a admiração de Mamede por Dona Dió foram crescendo e, um dia, vendo as dificuldades pelas quais a família passava, resolveu ensiná-la a fazer acarajé.

Dona Dió começou a vender acarajé na Praça Nove de Novembro, no centro de Vitória da Conquista - BA, ainda na década de 1960. Como toda praça da época, a Nove de Novembro esbanjava árvores, bancos de cimento com o nome do comércio patrocinador, bancas de revista e um monumento. Nessa praça, sobressai o "Monumento aos Fundadores da Cidade", que foi inaugurado em 1940, mas que até hoje continua no mesmo local, sem ser percebido, servindo de assento para pessoas em situação de mendicância. Nos pequenos espaços entre uma banca de revista e um banco de cimento, Dona Dió começou armar seu tabuleiro.

"O Acarajé da Dió" começou a ser conhecido e, juntamente com seu marido, Dió começou a participar de eventos tanto em Vitória da Conquista como em outras localidades na Bahia, em Minas Gerais e até no Espírito Santo, comercializando seus quitutes. A situação financeira foi melhorando enquanto os filhos cresciam com

2 Até meados da década de 1970, o abastecimento de água em Vitória da Conquista - BA vinha do "Poço Escuro", nascente do Rio Verruga que se esconde em um trecho de mata nativa na Cidade. "Neste local, foi construído um tanque, no qual os vendedores de água abasteciam seus carotes (vasilhames de madeira) com água que seria vendida na cidade. Aqueles que não podiam pagar os aguadeiros, iam pessoalmente buscar a água" (SOUSA, 2013, p. 38). Dona Dió levava o seu pote de barro na cabeça e, com suas canecas de alumínio, vendia copos de água para feirantes e fregueses.

3 Parte da rodovia que liga Vitória da Conquista a Ilhéus, na Bahia.

a mesma orientação dos pais para o trabalho. Muitas vezes, todos viajavam juntos para ajudar nas vendas. As viagens não impediram que os filhos de Dió e Albino tivessem acesso aos estudos, embora a maioria tenha preferido se dedicar à venda dos acarajés. Dona Dió nunca dispensou a presença do marido ao seu lado, entretanto ela sempre estava à frente das decisões e do comando da família.

Por meio da venda do acarajé, Dona Dió criou uma verdadeira estrutura de sustentação econômica para sua família, além de estabelecer redes de sociabilidade e relações políticas mais amplas na cidade conquistense. Em torno do seu tabuleiro, as pessoas trocavam, com ela, confidências, receitas, conselhos. Assim, ela estabelecia contatos com pessoas de outros grupos sociais, e ampliava as possibilidades de trabalho, além de receber a proteção das autoridades políticas e comerciais.

A partir das relações que foram se formando na Praça, Dona Dió começou a comercializar o acarajé em eventos municipais realizados em espaços públicos e particulares. Isso fez com que ela passasse a ser conhecida por todos e não faltavam convites de outros municípios, por ocasião de festejos municipais. Em todos os lugares que ia, era esperada e bem recebida pela população e pelas autoridades locais como a "baiana de acarajé", condição que sugere que ela inaugurou esta tradição em várias localidades.

Na trajetória de Dona Dió do Acarajé, é fortemente perceptível a sua participação nas manifestações populares, marcadamente nos movimentos culturais afro-brasileiros, em oposição a uma cultura ocidental considerada "erudita" e valorizada na cidade de Vitória da Conquista. Desde adolescente, ela frequentava os ensaios das batucadas, que começaram a surgir nos carnavais conquistenses na década de 1950, mostrando, desde então, o seu interesse pela cultura afro-brasileira. O som dos batuques e as festinhas dançantes animaram a sua vida quando ainda mocinha e dariam ritmo aos seus empreendimentos sociais na vida adulta.

Era a batucada "Imperadores do Samba", dirigida por Antônio Pereira de Souza, conhecido como Choro Baixo, que Dona Dió e seu filho frequentavam. Quando Choro Baixo resolveu desistir da batucada, o menino pediu os instrumentos emprestados, pois queria, ele mesmo, ainda com 12 (doze) anos de idade continuar com o empreendimento. Dona Dió apoiou o filho, assumindo tudo para que a batucada continuasse a acontecer. Ela articulou com a prefeitura para conseguir verbas e custear as fantasias e o que mais fosse necessário para que a batucada não deixasse de desfilar nos carnavais conquistenses.

No final da década de 1970, a ideia carioca de escolas de samba chegava à Vitória da Conquista e Dona Dió, juntamente com a sua equipe, criou condições para transformar a batucada "Imperadores do Samba" no "Grupo Recreativo Escola de

Samba União de São Vicente", que, fundada em outubro de 1981,[4] teve como sede a residência de Dona Dió. Era no quintal da sua casa que aconteciam os ensaios, sob a direção do seu filho Albino, com a participação de toda a família e amigos.

Como incentivadora das festas carnavalescas, Dona Dió inaugurou e liderou, por vários anos, a "Lavagem do Beco", evento que abria os carnavais e micaretas em Vitória da Conquista; revelando, além da sua capacidade de liderança e do seu desejo em manter vivas as tradições culturais, a sua influência em outros segmentos da sociedade. Mesmo com toda a discriminação existente em Vitória da Conquista em relação às manifestações afro-brasileiras, a "Lavagem do Beco" teve uma característica diferenciada quando prefeitos, vereadores e candidatos começaram a participar da festa, fazendo com que os jornais, que normalmente discriminavam esse tipo de manifestação popular, reportando o evento de forma positiva.

Herdeira de uma sabedoria ancestral, Dona Dió se destacou entre as mulheres negras de Vitória da Conquista, sendo reconhecida como a "baiana do acarajé", representante do povo negro e das vendedoras de acarajé da sua época. Sempre paramentada com a sua indumentária, sem nunca descaracterizar a sua identidade de "baiana do acarajé", ela sempre estava presente nos movimentos de expressões culturais e religiosas afro-brasileiras que se apresentavam na cidade. Detentora dos saberes próprios da cultura das mulheres negras, soube usar a autonomia conquistada e legitimada por seu trabalho, sendo reconhecida e homenageada por sua participação notável na economia informal da cidade em que trabalhou por mais de 60 anos, até a sua morte em outubro de 2012.

## REFERÊNCIAS

AGUIAR, Itamar Pereira. 1999. As Religiões Afro-Brasileiras em Vitória da Conquista: caminhos da diversidade. Dissertação. Pontíficia Universidade de São Paulo. São Paulo.

NOGUEIRA, Martha Maria Brito Nogueira. 2016. Mulher Negra e Empoderamento: Trajetória e memórias de Dona Dió do Acarajé na cidade de Vitória da Conquista - BA. Dissertação de mestrado. Vitória da Conquista: Programa De Pós-Graduação Em Relações Étnicas E Contemporaneidade da Universidade Estadual do Sudoeste da Bahia (Uesb).

PALMARES. 2015. Fundação Nacional. Tabela das Comunidades Quilombolas. Disponível em: https://www.palmares.gov.br/wp-content/uploads/2016/01/TABELA_CRQs_COMPLETA-Atualizada-31-12-2015.pdf. Acesso em: 15 mar de 2022.

4 A partir de 1988, a Prefeitura de Vitória da Conquista passou a dar um incentivo financeiro às entidades carnavalescas e, por isso, embora tenha sido fundada em 1981, somente em 1988 é que o "grêmio" passa a ter reconhecimento público oficial (AGUIAR, 1999).

# Dolores Duran

## "UMA FALSA MULHER ALEGRE": INTÉRPRETE E COMPOSITORA

**Maria Izilda Santos de Matos**

Negra, de rosto arredondado, os olhos sempre envoltos em uma alegre melancolia, dentes da frente ligeiramente separados, baixa de corpo farto, raciocínio rápido e vivaz, com um jeito meigo e triste, assim era Dolores Duran. Carregava consigo a melancolia guardada daqueles que vivem pela noite, em palcos enfumaçados. Para os amigos - entre eles, os cronistas Sérgio Porto e Antônio Maria -, ela era "uma falsa mulher alegre". Para o público que apreciou as interpretações e composições de Dolores, ela foi uma estrela de brilho intenso e fugaz, que iluminou a música brasileira e se apagou subitamente, aos 29 anos.

Copacabana foi o palco da trajetória de Dolores Duran, para quem a noite começava obrigatoriamente na boate "Cangaceiro", onde, quando estava especialmente feliz, bebia um coquetel de frutas; porém, se um triste pressentimento lhe vinha – "a solidão vai acabar comigo", como diz o verso de "Solidão", uma de suas composições mais famosas –, uísque puro era a pedida. Conversava com os amigos, soltava algumas piadas e depois ia cantar no *Little Club*. Dificilmente dormia antes do início da manhã. Cantava até tarde nas boates, esticava o programa e chegava a ir assistir a primeira missa do dia no Mosteiro de São Bento, sob o fundo musical dos cantos gregorianos.

A trajetória de Dolores Duran como compositora deve ser vista em paralelo à sua carreira de cantora. Adiléia Silva da Rocha era seu nome de batismo. Nasceu em 1930, no bairro carioca da Saúde, filha de um sargento da Marinha. Viveu em Irajá e Pilares, convivendo com as dificuldades da vida suburbana. Trabalhou como modista e balconista.

Não conseguiu concluir o curso primário, mas se tornou uma das mais intuitivas poetisas da música popular brasileira. Com pouquíssimo domínio de línguas, cantava em vários idiomas com pronúncia impecável. Sem nunca ter aprendido mais do que alguns poucos acordes no violão, suas composições apresentam melodias inspiradas e envolventes, consagrando-se como cantora afinada e segura, intérprete sensível de vários gêneros musicais.

Ela começou sua trajetória na música ainda menina; com 6 (seis) anos, cantava em concursos e festas. Seguindo o caminho comum na época de ouro do rádio, participou com sucesso de programas de calouros, inclusive o dirigido por Ari Barroso, "Calouros em Desfile", aos domingos, na Rádio Tupi.

Logo depois, concorreu ao programa "Escada de Jacó" e passou a integrar sua equipe, apresentando-se em shows de bairros, em cinemas, teatros e clubes. Continuou participando de outros programas de calouros. Depois de sua participação no concurso "À procura de uma cantora de boleros", no programa Renato Murce, foi convidada a fazer um teste na boate Vogue, na época uma das mais sofisticadas do Rio de Janeiro. Aprovada, obteve um contrato de *crooner*.

Assim, começou seu trabalho na noite e assumiu o pseudônimo de Dolores Duran. A jovem profissional tinha apenas 16 anos - com a idade falsificada para poder trabalhar -, mas, com sensibilidade e afinação, cantava vários gêneros em diferentes idiomas (espanhol, francês, inglês, italiano) e interpretava de forma muito particular as composições de Ismael Neto, Antônio Maria e Billy Blanco; já exibindo seu domínio vocal e suas improvisações jazzísticas, tipo *scat singing*.

Em 1955, a jovem Dolores foi apontada pela crônica especializada como a melhor *crooner* do Rio de Janeiro. Apresentava-se nas boates mais conhecidas da cidade - Vogue, Beguine, Little Club, Baccarat, Casablanca, Acapulco, Montecarlo – e também em São Paulo, no Esplanada. Por várias vezes, se apresentou no Uruguai e na Argentina (1955 e 1956). Além de cantar, fazia exímias imitações de outros cantores nacionais e internacionais, reproduzindo com perfeição o timbre de voz de cada artista, inclusive dos homens.

Já plenamente reconhecida no circuito das boates, desejava conquistar outro público. A oportunidade apareceu quando César de Alencar a escutou na boate Vogue e a levou para a Rádio Nacional, na qual apresentava seu programa aos sábados à noite, junto com os mais populares cantores do país. Ingressou também na caravana circense de Paulo Gracindo (1956), com a qual percorreu os subúrbios cariocas, alternando entre suas apresentações em boates de luxo – e fora do país – e o picadeiro.

Em 1958, com Nora Ney, Jorge Goulart, Conjunto Farroupilha e outros artistas, Dolores excursionou pela então União Soviética, mas, em Moscou, separou-se do grupo, que seguiria para a China, e foi para Paris, onde permaneceu por cerca de um mês, apresentando-se em locais frequentados por brasileiros.

Estreou em disco com dois sambas para o carnaval de 1953: "Que bom será" e "Já não interessa". Os primeiros sucessos vieram dois anos depois, com o lançamento de "Canção da volta" (de Antônio Maria e Ismael Neto) e "Bom querer bem". Já em 1955, gravou "Praça Mauá" (de Billy Blanco) e "Carioca" (de Antônio Maria e Ismael Neto). Um dos seus maiores sucessos como cantora foi "Filha de Chico Brito" (de Chico Anísio), em 1956. Gravou, de Billy Blanco, "A banca do distinto", "Pano legal", "Estatuto de boate" e "Viva meu samba!". Também aparecem em sua discografia, "Coisas de mulher" e "Conversa de botequim" (de Noel Rosa e Vadico). Atingia o público pela simplicidade, sempre com uma voz afinada e uma interpretação intimista, bem ao estilo dos anos 1940 e 1950.

Ficou conhecida como intérprete de samba-canção, contudo, era cantora de múltiplas facetas, graças à versatilidade adquirida como *crooner*. Em seus discos, aparecem desde sambas bem-humorados e baiões até músicas estrangeiras (sua gravação de *My funny Valentine* foi incluída no seu último disco, um compacto duplo gravado ao vivo em São Paulo). Alguns compositores se queixavam das interpretações que Dolores fazia de suas canções, dizendo que eram uma verdadeira releitura, inclusive, fazendo pequenas alterações nas letras. Com o tempo, ela revelou-se uma compositora brilhante.

No campo da autoria, Dolores Duran foi uma vanguarda, não só por abrir perspectiva para as mulheres, mas também por ter imprimido uma linguagem poética à dor de amor, tema central das suas composições, que eram centradas nos sentimentos femininos. Ela compôs pouco mais de 20 (vinte) sambas-canções, no estilo dor-de-cotovelo; mesmo assim, suas composições denotam grande sensibilidade. Este era um momento de virada, em que já se ouviam os primeiros acordes da bossa-nova. Nele, ela se destacou por seu estilo intimista e coloquial e um modo reflexivo de expressar o amor e o desamor, revelando a angústia existencial deste tempo.

Suas composições não são homogêneas. Muitas foram "sambas de minuto" - surgiam de momentos, em um final de noite ou em uma mesa de boate; escritas com lápis de sobrancelha em um guardanapo ou maço de cigarros, como "Fim de caso". A inspiração poderia surgir num trajeto noturno, caso de "Solidão", composta entre o Alto da Boa Vista e o Beco das Garrafas.

Dolores, "acometida da canção", parava o carro sob os postes de iluminação aqui e ali e ia compondo. Em versos como "Aí a solidão vai acabar comigo", Dolores traduzia toda a angústia de seu tempo, pois caracterizava a dor de amor e a procura de um amor idílico com uma ânsia de perfeição nunca satisfeita. Envolvida em uma atmosfera de alegria triste e melancólica, com olhos perdidos e marejados, amores de contramão e paixões interditas ou impossíveis, ela constituiu um dos mais belos momentos da lírica musical brasileira.

Em "Por causa de você", "Se é por falta de adeus" e "Estrada do sol" comporia em parceria com Tom Jobim, mas seu parceiro mais constante foi Ribamar, com quem compôs "Quem sou eu", "Pela rua", "Ideias erradas" e "Se eu tiver". Escrevia compulsivamente, mas muito se perdeu. Alguns versos foram musicados postumamente por Ribamar, como "Quem foi?", "Que é que eu faço" e "Ternura antiga", premiada no Festival da Mais Linda Canção de Amor em 1960. Carlos Lyra também musicou postumamente "O negócio é amar".

Dolores também musicava suas letras, produzindo composições nas quais se pode melhor caracterizar seu estilo, caso de *"Castigo"* (1958), *"Noite do meu bem"* (1959), *"Fim de caso" e "Solidão"*. A melodia era guardada de memória e depois cantarolada para alguém que escrevia a música na pauta. Seus versos têm a singeleza de uma conversa íntima, na qual se confessa sentimentos profundos.

Sem recorrer à pieguice, comum em certos sambas-canções, as composições de Dolores Duran apresentaram múltiplas emoções, alimentando corações solitários e desiludidos. As canções mostravam amor exacerbado e versos nascidos de paixões envoltas em emoções, como o medo ou a solidão; apontavam a dor calada e aceita como castigo, carregada de culpa e marcada pela espera.

A trajetória musical de Dolores Duran, suas composições inconfundíveis e marcantes e sua poética musical caracterizam-se pelo intimismo, ao cantar os segredos dos corações apaixonados e desiludidos, produzindo versos singelos e sensíveis como os de "A Noite do meu bem", sua canção mais famosa, gravada pouco antes de morrer.

Apesar das recomendações médicas sobre suas fragilidades cardíacas, ela não refreou os excessos. Na manhã de 24 de outubro de 1959, Dolores Duran chegou a sua casa nas primeiras horas do dia, depois de uma apresentação no *Little Club* e uma esticada na noite. Conversou com a empregada, dizendo: "Não me acorde. Estou muito cansada. Vou dormir até morrer", e foi para o quarto. À noite, foi encontrada morta, vítima de um colapso cardíaco.

A morte prematura, aos 29 anos, rompeu uma trajetória vivenciada intensamente. Sua discografia e suas composições, apesar de reduzidas, são expressivas, o que a inclui entre as grandes intérpretes e compositoras do país, marcando as memórias da MPB.

## REFERÊNCIAS

MATOS, Maria Izilda Santos de Matos. 2002. Dolores Duran: Experiências Boêmias em Copacabana nos anos 50. Rio de Janeiro: Bertrand Brasil, 2ª.ed.

MATOS, Maria Izilda Santos de Matos. 2018. Corpos e emoções: História, gênero e sensibilidades. Joinville: Editora eManuscrito.

# Ediclea Maria Santos da Silva

**Maria Cristina do Nascimento**

Ediclea Maria Santos da Silva, conhecida como Clea Santos, nasceu em 10 de abril de 1957, em Recife, estado de Pernambuco, região Nordeste do Brasil. Filha de Juvita Laurentino da Silva e Edvaldo Assis dos Santos, foi criada pela avó, Filomena Rodrigues de Santana, junto com o pai, seu Edvaldo. Passou sua infância e adolescência no Morro da Conceição (Região Norte de Recife - PE). Casou-se aos 17 (dezessete) anos e teve 4 (quatro) filhos/as,[1] dos quais 2 já falecidos, e 06 netos/as. Deixou a escola após o término da antiga 5ª série (atual 6º ano). Sua avó considerava que ela já sabia muita coisa. Retornou aos estudos em 2004, através de uma iniciativa do Sindicato das Trabalhadoras Domésticas de Pernambuco. Concluiu o Ensino Médio em uma escola estadual, em outubro de 2008, já com mais de 50 anos.

Sua história no Movimento de Mulheres se inicia em meados dos anos 1980, junto ao grupo de mulheres do Morro da Conceição. A partir do "Programa de Tíquete de Leite", ela se envolve nas diversas discussões abordadas nessa organiza-

1 São eles: Bergson Lopes da Silva, Clebson Lopes da Silva, Cledeilson Lopes da Silva e Clécia Lopes da Silva.

ção. Em 1997, entra no grupo de teatro "Loucas de Pedra Lilás", teatro feminista de rua, permanecendo por 10 anos, com atuação cênica (atriz/cantora) em diversos espetáculos e como educadora popular em oficinas contra a violência às mulheres.

É uma das fundadoras e organizadoras do "Espaço Mulher de Passarinho" (denominado anteriormente de "As Kombeiras"), grupo que nasceu em 1999, em uma Kombi - transporte utilizado para o translado para o emprego -, a partir de conversas com outras mulheres,[2] a maioria delas trabalhadora doméstica, em que discutiam sobre violência doméstica e as necessidades da comunidade.[3]

O "Espaço Mulher de Passarinho" desenvolve atividades de fortalecimento da identidade negra, promovendo o dia da beleza negra, com envolvimento de várias organizações de mulheres. Ele oferece oficinas e cursos com diferentes temáticas, como fortalecimento da autoestima, combate ao racismo e à violência doméstica, além de incentivo à autonomia econômica, ensinando costuras e outras artes.

A arte, o artivismo e a ousadia feminista estão muito presentes em suas atividades. Um exemplo é o "Bloco Carnavalesco Sou Gorda, Mas Eu Pulo", criado por ela com outras mulheres ousadas de Passarinho.

Em 2015, cerca de 5 mil famílias estavam sob ameaça de despejo em Passarinho; bairro na zona norte do Recife, com quase de 30 anos,[4] ainda sem saneamento adequado, sem postos de saúde estruturados e sem escolas públicas e creches que garantissem que todas as crianças e adolescentes estivessem estudando. As mulheres de Passarinho, com coordenação de Ediclea Santos, em articulação com outras organizações e movimentos, além de artistas, pesquisadoras e educadoras sociais, criaram o "Ocupe Passarinho", uma ação de moradores/as pelo direito à cidade, por ruas limpas, arborizadas e com iluminação adequada, por políticas públicas de saúde, educação e segurança pública e por uma vida sem violência. Elas apresentaram uma carta política para os/as gestores/as de políticas públicas com suas reivindicações.

O "Ocupe Passarinho" é uma das grandes ações articuladas pelo "Espaço Mulher de Passarinho". Segundo o SOS CORPO - Instituto Feminista para a Democracia: "O "Espaço Mulher", além de ser um lugar de expressão política e de luta feminista, é um espaço de acolhimento, de solidariedade, de denúncia e

2 As mulheres que fundaram o grupo, na época chamado de "As Kombeiras" são: Luiza Batista; Ediclea Santos; Evandra Dantas; Maria das Neves; Lenir; Neide e Maria José. Quem continua no grupo até hoje são Evandra e Ediclea. Luiza Batista atualmente é presidenta da FENATRAD – Federação Nacional das Trabalhadoras Domésticas.

3 "Lenira Carvalho (1932-2021) vinha uma vez no mês conversar com as domésticas aqui na comunidade e foi daí que a gente começou a organizar esse grupo, sempre chamando pessoas do movimento pra vir nos fortalecer, né, porque a gente pode até se fortalecer sozinha, mas quando está em grupo a gente se fortalece muito mais, e foi daí o sindicato das trabalhadoras domésticas. Foi uma das primeiras organizações parceira que chegou aqui dentro de Passarinho para falar dos direitos das domésticas" (SANTOS, 2021, entrevista concedida por Ediclea à autora).

4 Passarinho surgiu no final dos anos 1980, a partir de uma iniciativa de famílias que residiam no Morro da Conceição, na Zona Norte de Recife - PE. A comunidade foi construída com muito trabalho, principalmente das mulheres (SOS CORPO, 2015).

de cuidado que se amplia para a comunidade como um todo" (2021). Ele tem, em Ediclea Santos, uma presença e voz marcantes em todo o processo de mobilização político-artística, como liderança comunitária, negra e feminista.

Pelo reconhecimento de sua trajetória, ela foi homenageada em 2010 e em 2017 pela Secretaria da Mulher de Recife – PE; em 2018, pela Escola Estadual Santo Inácio de Loyola, em Olinda - PE e, em 2021, pelo mandato da vereadora Liana Cirne.

Seu ativismo se articula no Fórum de Mulheres de Pernambuco (FMPE), na Rede de Mulheres Negras de Pernambuco (RMNPE) - do qual foi uma das cofundadoras em 2016 - e na Articulação de Mulheres Brasileiras (AMB), por meio de costuras e misturas democráticas com diversos movimentos.

Participou, também como cofundadora, em 2002, da "Uiala Mukaji": Sociedade das Mulheres Negras de Pernambuco. Teve relevante participação nos processos do comitê de Pernambuco para preparação da Marcha das Mulheres Negras, em 2015. Ediclea Santos é uma mulher em movimento e que movimenta outras mulheres e toda sua comunidade para o bem viver.

## REFERÊNCIAS

OCUPE PASSARINHO [página de *facebook*] Disponível em: https://www.facebook.com/ocupepassarinho.

SANTOS, Ediclea. 23 de dezembro de 2019. Tudo o que temos é fruto do trabalho e da luta do povo que mora aqui. [Entrevista concedida a Vinicius Sobreira]. In: Brasil de Fato [online], Recife - PE. Disponível em: https://www.brasildefatope.com.br/2019/12/23/tudo-o-que-temos-e-fruto-do-trabalho-e-da-luta-do-povo-que-mora-aqui. Acessado em 14 de junho de 2021.

SANTOS, Ediclea. 2021. Entrevista concedida à autora Maria Cristina do Nascimento, por *WhatsApp*, em junho de 2021.

SOS CORPO. 2015 [online]. 10/10/2015 - Ocupe Passsarinho, a partir das 10h [notícia] In: SOS Corpo: Instituto Feminista para a Democracia [página de internet]. Disponível em: https://soscorpo.org/?p=3280&. Acessado em 15 de agosto de 2021.

SOS CORPO. 2019. [online]. Ocupe Passarinho - Ano IV: resistência na luta por direitos In: SOS Corpo: Instituto Feminista para a Democracia [página de internet]. Disponível em: https://soscorpo.org/?p=10252. Acessado em 15 de agosto de 2021.

SOS CORPO. Sem data (s/d). Espaço Mulher: 22 anos cantando Resistência [online]. In: SOS Corpo: Instituto Feminista para a Democracia [página de internet]. Disponível em: https://soscorpo.org/?p=13398. Acessado em 15 de agosto de 2021.

# Edna Ribeiro

## UM MISTO DE EDUCADORA E ADMINISTRADORA (1936 - 2006)

**Núbia Regina Moreira**
**Martha Maria Brito Nogueira**

A trajetória de vida da professora Edna Ribeiro está associada ao surgimento, desenvolvimento e fechamento da escola Instituto São Tarcísio, o chamado São Tarcisinho. O Instituto São Tarcísio foi uma instituição privada de Educação Básica, Educação Infantil, Ensino Fundamental e Médio, situado na parte central da cidade onde começou. Depois, passou a funcionar na Avenida Olivia Flores, do lado oeste da cidade de Vitória da Conquista - BA. Seu período de funcionamento foi de 1958 a 2011. Do seu funcionamento até o ano de 2006, esteve sob o comando da professora Edna Ribeiro.

Edna Ribeiro nasceu na cidade de Jequié – BA, no dia 10 de abril de 1936. Filha mais velha de Viriato José Ribeiro e Maria Gomes Souza Ribeiro. Além de Edna Ribeiro, o casal teve mais seis filhos: Edméia, Ednalva, Ednália, Eduardo, Edmilson e Edson.

Seu Viriato chega em Vitória da Conquista nos anos 1940 para trabalhar como agente de saúde (na época, se chamava guarda sanitário). A sua prática o fez assumir as funções de enfermeiro e ganhar respeitabilidade na região, conseguindo, com seu salário, educar seus filhos e filhas e sustentar a família.

Edna Ribeiro teve sua trajetória escolar marcada por sua passagem nos colégios Barão de Macaúbas e Ginásio de Conquista, do Padre Palmeira, onde, mais tarde, foi professora. Atuou também como professora e diretora da antiga "Escola Normal", hoje conhecida como Instituto de Educação Euclides Dantas.

> O pai dela ganhou uma bolsa no Colégio do Padre Palmeira. Ela era ótima em matemática. Todas elas (as filhas) ganharam essa bolsa. Depois saiu do Colégio do Padre, que era até a oitava série. Era o único porque...(...) Ela foi para a Escola Normal onde fez o magistério. Depois do magistério, ela fez um curso (...) tinha um curso que se fazia em um ano e, depois, era uma espécie de graduação e ela se especializou (SANTOS, 2021).

Segundo a professora Nubia Nadja, foi através do professor Antônio Moura que Edna começou a dar aula para as pessoas da elite da cidade.

> Moura dava banca para essas pessoas da elite. Então ele passou para Edna esses alunos, porque ia fazer uma viagem e passou para Edna uns 8 meninos para ela trabalhar. Essa foi a sementinha da escola. Ela dava aula na sala da casa dela. Era uma casa bem humilde, na Rua João Pessoa, no mesmo lugar que ainda é hoje. Como era indicada por Moura... professor Antônio Pereira de Moura. Ele queria uma pessoa especial. (....) Então ela começou aí (SANTOS, 2021).

Segundo a Revista do Museu Regional de Vitória da Conquista - BA, a residência do pai de Edna, na qual ela montou a salinha de aula, ficava situada no nº 09 da antiga Rua da Boiada, conhecida atualmente como Rua João Pessoa.

Sua carreira como professora iniciou-se em 1954, quando, ainda como estudante, montou uma salinha de aula nos fundos da casa de seus pais, onde passou a ensinar 7 (sete) alunos que, mais tarde, aumentaram para 15 (quinze). Com autorização para o funcionamento dada pelo então prefeito da época, Gerson Gusmão Sales, em 1958, foi instalada a primeira sede do Instituto São Tarcísio (IST), jocosamente apelidado de São Tarcisinho, por atender ao público da Educação Infantil e dos anos iniciais do Ensino Fundamental.

De origem católica, Edna Ribeiro assistia à cruzada comandada por D. Geraldina Camurugi que, aos domingos, fazia desfile com crianças cantando louvores a São Tarcísio, considerado o padroeiro delas. Daí a escolha do nome do instituto, em homenagem ao santo católico.

Proveniente de uma família negra jequiense, a professora Edna Ribeiro reconhecia que as famílias de elite escolhiam a sua escola, primeiro, porque a escola fundada por Edna não era dissidente das escolas batistas ou católicas tradicionais da região conquistense e, segundo, porque havia uma crença por partes das mães das elites locais de que podiam confiar seus filhos e filhas às mulheres negras, "as mesma que amamentavam, as babás, falava: vamos botar lá, que as negras são mais fáceis" (SANTOS, 2021)

A professora Edna Ribeiro tinha uma visão de escola à frente do seu tempo. A professora Nubia Nadja, que foi coordenadora pedagógica do instituto por um período de 28 anos, nos relata que:

> Certa vez, nós fomos estudar, com a sétima série, o livro "Cristiane F.: drogada e prostituída", tivemos que fazer um trabalho com os pais que foi enorme, contratar profissionais específicos da área etc. Era muito trabalhoso, mas ela topava. Dizia: Eu sei que você sabe do que está falando, você tem seriedade. Ela ouvia os professores, ela fez vários professores. E a escola tinha esse estigma de ser uma escola diferente, a escola da liberdade, a escola que tinha música, a escola em que a criança dançava, a escola que refletia sobre algumas questões filosóficas com crianças (SANTOS, 2021).

Diferente do padrão cristão das escolas conquistenses do momento, o instituto comandado pela professora Edna Ribeiro tinha uma proposta educacional mais libertária e atenta às atualizações recebidas durante viagens realizadas para os congressos de educação da época.

As professoras Edna Ribeiro e Nubia Nadja pensaram em um evento chamado "Semana IST", que envolvia toda a escola, as famílias dos estudantes e a comunidade conquistense.

> Um evento que a gente tinha aqui, que ficou muito famoso por conta do envolvimento das famílias, chamado "Semana IST". Era um evento que envolvia toda a família e apresentava os resultados à comunidade. Basta dizer que a gente ocupava espaços como o Lomanto Junior, o Parque de Exposição Agropecuária... que se tornavam espaços de educação (SANTOS, 2021).

Ela faleceu no dia 22 de maio de 2006. Segundo Nubia Nadja, "a escola faliu dois ou três anos depois da morte de Edna".

## REFERÊNCIAS

MEMÓRIA CONQUISTENSE: Revista do Museu Regional de Vitória da Conquista. Vitória da Conquista: Edições UESB,1995-. Anual. ISSN 1677-

SANTOS, Nubia Nadja Pereira. 2021. Entrevista concedida às autoras a Martha Nogueira Nubia Regina Moreira, no dia 06 de junho de 2021, via *Google Meet*.

# Elisandra Botelho da Silva Frazão

## KIKA DE VILA BELA

**Patrícia Marinho de Carvalho**
**Elisandra Botelho Da Silva Frazão**

"Conhecimento é bom e ninguém tira de você". Essa é uma das frases de Kika que melhor a traduzem. Uma pessoa ávida por conhecimento! Igual o seu interesse em aprender é a sua generosidade em compartilhar, não apenas conhecimento, mas tudo aquilo que possa ajudar o próximo.

Elisandra Botelho da Silva Frazão nasceu em Cuiabá - MT, em 30 de agosto de 1975. Sua mãe, Bibiana Botelho, havia deixado sua terra natal, Vila Bela da Santíssima Trindade - MT, por volta de 1973, rumo a Cuiabá em busca de melhores condições de vida. Kika, que frequentemente visitava seus parentes em Vila Bela, finalmente teve seu coração conquistado pelo "campo verde serenado" da cidade e por Abdios Frazão de Almeida (Ádio). Kika já era mãe de Jéssica e, da união com Ádio, ela teve mais dois filhos, Abdilson e Alessandra. Seus filhos/as lhe deram duas netinhas e um netinho: Hadilly Sophia, Yasmin Vitória e Anthony.

No primeiro ano da união com Ádio, o casal viveu no centro de Vila Bela, mas logo se mudaram para o Boqueirão, onde habitaram um sítio. O ano era 1992, e Kika teve a oportunidade de conviver alguns poucos anos com sua sogra, Dona Sérgia, com quem aprendeu muito sobre a vida no sítio. Ela, que tinha sido criada na cidade, não teve problemas para se adaptar à nova vida rural. Como ela disse: "o amor ajudou muito nesse processo de adaptação a tirar o sustento da terra". Lá, aprendeu a lidar com as criações e com o cultivo de plantas comestíveis, além de aprender muito sobre as ervas medicinais e as plantas nativas (CARVALHO, 2012).

Kika também é uma excelente cozinheira. Sabe fazer todos os pratos tradicionais da região, como arroz com pequi, bolo de arroz, biscoito de ramos. Além de vários pratos à base do coco de babaçu, muito difundido entre os quilombolas (ARRUDA, 2014). Kika também faz com maestria a deliciosa bebida tradicional vilabelense, o Kanjinjim. Essa bebida energética, que tem nome de origem africana, remete ao Congo de São Benedito, folia de cunho religioso que encanta os devotos que participam da "Festança" - comemoração religiosa anual que é o cartão de visitas de Vila Bela.

Vila Bela da Santíssima Trindade foi a primeira capital do Mato Grosso e tem uma história de resistência e luta de indígenas, africanos e seus descendentes que formaram vários quilombos na região do alto vale do rio Guaporé. A transferência da capital do estado para Cuiabá, juntamente com a elite branca da cidade, a transformou na "Vila Bela dos Pretos" (BANDEIRA, 1988), devido à população ser majoritariamente negra, formada por ex-escravizados e negras e negros aquilombados.

A história de Kika com a militância começa no ano de 2003, quando o então colega Marcinho procurou os moradores do Boqueirão para falar sobre os projetos do governo para as comunidades quilombolas, informando aos comunitários que eles podiam reivindicar seus direitos, pois o Boqueirão, assim como várias comunidades vizinhas, era uma comunidade remanescente de quilombo.

A partir dessa primeira informação, a comunidade se reuniu e formou uma equipe que foi designada para ir até Cuiabá para conseguir maiores informações a respeito, pois ainda existiam muitas dúvidas sobre o que era "ser quilombola". Assim começou o processo de autorreconhecimento das comunidades quilombolas de Vila Bela e Kika estava lá, participando da fundação da primeira associação Quilombola de Vila Bela: "ACOREBELA".

Kika contou que, nessa época, cientes dos seus direitos como quilombolas, os moradores passaram a reivindicar energia elétrica, a construção de uma ponte sobre o rio Guaporé e a construção da estrada, pois, até então, os moradores de Boqueirão e redondezas só conseguiam acessar o centro de Vila Bela (distante cerca de 30 km via terrestre e 48 km por via fluvial), por meio da navegação pelos rios Alegre e Guaporé, a cavalo ou a pé.

Kika lembrou com alegria como os moradores das comunidades do Boqueirão, do Retiro e de Boa Sorte se uniram e, de barco, desceram até Vila Bela para realizar um protesto, fechando a ponte que dava acesso ao bairro Jardim Aeroporto, às fazendas da região e à Bolívia. Lá se instalaram, fizeram churrasco e só saíram depois do compromisso das autoridades com a construção da ponte. Novos protestos foram realizados, dessa vez no município vizinho de Cáceres - MT, onde estava sediada a empresa de energia. Lá, exigiram o desarquivamento do processo que traria energia para as comunidades quilombolas.

Quando, enfim, foram contemplados pelo projeto do governo federal "Luz para Todos", o acesso que foi aberto para a passagem do "linhão" serviu para a construção da estrada e da ponte sobre o rio Guaporé, facilitando o acesso ao centro de Vila Bela e às localidades vizinhas.

Nessa altura, a associação quilombola já estava totalmente regularizada e novas conquistas foram alcançadas. Também foi na década de 2000 que Kika voltou a estudar para concluir o Ensino Médio. Depois de ajudar Ádio na ordenha das vacas e fazer as demais tarefas cotidianas no sítio, Kika ia para a escola junto com seus filhos, no ônibus que buscava os estudantes nos quilombos e fazendas da região. Valeu o esforço! Kika terminou o Ensino Médio e tornando-se técnica em informática. Mas não era só com sua formação que Kika se preocupava. Foi ela que conseguiu, junto à prefeitura, os equipamentos necessários para abrir uma sala de aula para o ensino de jovens e adultos (o antigo EJA) no Quilombo do Boqueirão.

Em sua trajetória de militância, Kika também foi sindicalista. No ano de 2013, recebeu um convite do então presidente do Sindicado dos Trabalhadores Rurais de Vila Bela para compor uma chapa e concorrer à presidência do sindicato. Sua chapa foi eleita e Kika permaneceu no sindicato até o ano de 2020, por meio de outras eleições. Nele, sua atuação foi fundamental. Sempre pensando no coletivo, Kika ajudou a difundir quais eram os direitos dos trabalhadores rurais de Vila Bela. Ela contou que ninguém sabia absolutamente nada sobre seguridade social. A própria Kika, que era uma trabalhadora rural, mãe de três filhos, nunca teve acesso ao auxílio maternidade.

Kika deixou o sindicato em 2020, após receber um convite para ser vereadora. Apesar de não ter sido eleita, ela achou uma experiência positiva, pois "tudo é aprendizado". Não pensa em se candidatar novamente, apesar de querer continuar trabalhando com pessoas, como foi na época do sindicato. Kika aguarda "o que o futuro lhe reserva".

Kika e Ádio recebem, todo ano, estudantes e pesquisadores de escolas e universidades do Mato Grosso - e também de outras cidades do Brasil e de outros países - interessados na cultura quilombola. Suas palestras sobre o modo de vida quilombola são aulas sobre a ancestralidade e a luta afro-diaspórica no Brasil. Durante os 10 anos de pesquisa arqueológica realizada na comunidade (CARVALHO, 2012; CARVALHO, 2018), a colaboração da família Frazão foi fundamental e Kika participou do laboratório de identificação de fragmentos arqueológicos do Sítio Arqueológico Porto Boqueirão, além de dar suporte logístico para a realização dessa pesquisa colaborativa (CARVALHO, 2014).

Além de toda a militância, Kika ainda é uma empreendedora nata. Sempre possui ideias geniais e disposição para propor atividades que melhorem a economia da família e daqueles que têm disposição para acompanhar o ritmo dessa mulher. Kika incentiva Ádio na criação de gado e de porcos, é revendedora de sucesso de *Tupperware*, já montou barraca de alimentos durante os festivais de pesca de Vila Bela, além de várias ideias criativas que já teve.

Uma de suas maiores paixões é a Cavalgada. Todos os anos em que aconteceram Cavalgadas, Kika sempre esteve na linha de frente da organização, à procura de patrocínio, e na produção de materiais, como camisetas para padronização dos animais.

## REFERÊNCIAS

ARRUDA, Joari Costa de; SILVA, Carolina Joana da.; SANDER, Nilo Leal. Abril a junho de 2014. Conhecimento e uso do babaçu (Attalea Speciosa Mart.) por quilombolas em Mato Grosso. In: Revista Fragmentos de Cultura: Goiânia. v. 24, nº 2, p. 239-252.

BANDEIRA, Maria de Lourdes. 1988. Território Negro em espaço branco: estudo antropológico de Vila Bela. São Paulo: Editora Brasiliense.

CARVALHO, Patrícia Marinho de. 2012. A travessia atlântica de árvores sagradas: estudos de paisagem e arqueologia em área remanescente de quilombo em Vila Bela/MT (e sua interface com a religiosidade afro-brasileira). Dissertação de mestrado. Museu de Arqueologia e Etnologia da Universidade de São Paulo.

CARVALHO, Patrícia Marinho de. Visibilidade do Negro: Arqueologia do Abandono na comunidade quilombola do Boqueirão – Vila Bela/MT. Tese de doutorado. Museu de Arqueologia e Etnologia da Universidade de São Paulo.

# Elizeth Cardoso

## VOZ DE MÃE E MÃE DE TODAS AS CANTORAS DO BRASIL

**Neide Gonçalves de Oliveira**

*(...) Também quero colar meu bilhete no espelho de Elizeth: canta, canta mais! Porque a Elizeth é a nossa cantora mais amada. Voz de mãe, e mãe de todas as cantoras do Brasil.*

(Chico Buarque, "Todo sentimento", 1991)

Inicio este texto sobre Elizeth Cardoso a partir dessa declaração do cantor e compositor Chico Buarque escrito no encarte do long-play "Todo Sentimento", o último álbum gravado por ela e no qual Chico chamou-a de mãe. Ao atribuir este lugar especial a Elizeth, Chico não apenas reitera a sua importância no cenário musical brasileiro, como sugere haver influências da cantora nas outras gerações de cantoras que a seguiram.

Além de "Mãe de todas as cantoras do Brasil", no contexto das décadas 1950 a 70, Elizeth, em diversas ocasiões, foi agraciada por jornalistas, críticos musicais e compositores, com epítetos elogiosos como "a divina", "a meiga", "enluarada", "embaixatriz do samba", "a exclusiva", "Machado de Assis do samba", "mulata[1] maior", "mulata faceira", "mulata bossa nova", dentre outros. "A divina", entretanto, foi o que lhe perseguiu durante anos de sua carreira e, ainda hoje, passados mais de 30 anos do seu desaparecimento, muitos a reverenciam com esse codinome.

Elizeth Moreira Cardoso nasceu em São Francisco Xavier, na Rua Ceará, próximo ao Morro da Mangueira, na cidade do Rio de Janeiro, "uma noite de sexta-feira em que choveu torrencialmente" (CARDOSO, 1979, p. 101), em 16 de julho de 1920. Filha do carioca Jaime Moreira Cardoso com a baiana e viúva Maria José Vilar ou Dona Moreninha, como era mais conhecida.

No contexto das reformas urbanas do Rio de Janeiro, a família Cardoso, de origem muito humilde, vivia, àquela época, em uma casa de cômodos da Rua Ceará, número 8, em São Francisco Xavier, que, além deles, abrigava outras famílias. Esta casa existiu até os anos de 1960, quando foi demolida para dar passagem à linha do metrô. Sobre seu nascimento, Elizeth declarou ao repórter Álvares da Silva, da revista "O Cruzeiro":

> Eu não tenho brasão. Meu berço foi de palha. Mas eu já nasci no meio do samba, se é que o melhor não seria dizer que eu vim ao mundo com ele no sangue. Sou de São Francisco Xavier (Rio), a primeira estação de trens elétricos, junto de Mangueira, ao lado da zona Norte. (SILVA, 1958, p. 83).

Desta informação, já é possível entender a sua relação com o samba e com outras festividades religiosas populares, já que a área da cidade onde nasceu era conhecida como o berço de sambistas.

Em seu depoimento, gravado para a posteridade, concedido a Hermínio Belo de Carvalho e a Ricardo Cravo Albin, no Museu da Imagem e do Som, Elizeth relatou que seu pai, Jayme Cardoso, era boêmio, tocador de violão, tinha fama de namorador e trabalhava como coletor da prefeitura do Rio de Janeiro, fato que proporcionou a ele conhecer pessoas de diferentes segmentos sociais na cidade (CARDOSO, 1970).

A mãe gostava de cantar e seus tios maternos, trabalhadores do cais do porto, frequentavam sociedades dançantes da época e faziam parte da comunidade baiana que compunha um núcleo de manifestações festivas representativas do bairro da

1 O termo "mulata" empregado neste texto refere-se à figura da mulher negra, ícone construído socialmente como um objeto de desejo, vista como figura exótica; aquela que sabe rebolar, sabe sambar, é sensual, alegre e exala imoralidade. É também a que está entre a mulher preta e a branca e que tornou- se um símbolo nacional "tipo exportação".

Cidade Nova daquela época, como as comemorações de largo e as festas religiosas em casa de Tia Ciata (ELIZETH, s/d).

Elizeth Cardoso viveu grande parte da sua infância na Praça Onze de Junho, área da Cidade Nova que ficou conhecida como "Pequena África do Rio de Janeiro". Morava na Rua Senador Euzébio, em frente ao número 44, em um modesto sobrado com um salão espaçoso. Nele, se estabelecia a "Kananga do Japão", uma das sociedades recreativas do Rio de Janeiro, que abrigava a tradicional "Sociedade Familiar Dançante e Carnavalesca da Kananga", cujo presidente, José Constantino da Silva, também trabalhador do cais do porto e conhecido popularmente por Juca da Kananga, ela chamava de tio (OLIVEIRA, 2020, p. 39).

Em muitas ocasiões, quando ainda criança, o tio a levava aos bailes, principalmente nas tardes de domingo, onde, não raro, ela se exibia nos intervalos de recitais. Segundo Elizeth, ela era uma criança extrovertida e ficava à vontade perante o público (EFEGÊ, 1978).

Elizeth contava 10 (dez) anos de idade quando seu pai saiu de casa e ela precisou abandonar a escola e trabalhar de babá para sustentar a si e à sua mãe. "A vida apertou muito e cada qual teve que buscar palha para o ninho" (CARDOSO, 1979, p. 102). Desse momento em diante, para o resto da sua vida, assumiu a responsabilidade de mantenedora da sua casa, embora - e curiosamente -, ao que tudo sugere, sua mãe não fosse uma pessoa incapaz, fato comum na vida de várias outras mulheres negras. Para as mulheres pobres, negras e donas de casas, a atividade fora de casa não chegava a ser novidade, porquanto sempre ocuparam o papel de principais responsáveis pela manutenção do lar (SOIHET, 2015).

Foi balconista em um pequeno varejo onde vendia cigarros e charutos. Em seguida, foi operária em uma indústria de sabão. Posteriormente, trabalhou em uma peleteria, vendendo assessórios de peles. Aos 14 (catorze) anos, surgiu uma oportunidade no salão Antonieta, onde Elizeth praticava cortes e alisamentos de cabelos. Neste ínterim, sempre tentou voltar a estudar, o que era o seu sonho, mas sem sucesso (CARDOSO, 1970).

Em 1936, nas comemorações do aniversário de 16 (dezesseis) anos de Elizeth Cardoso, em casa de seus tios, estavam presentes o respeitado músico e meticuloso crítico musical Jacob do Bandolim e seu conjunto "Jacob e sua gente", dentre outros músicos importantes da época. Sendo o centro das atenções, seu tio pediu aos músicos ali presentes para que a acompanhassem. Assim, Elizeth cantou sambas de Benedito Lacerda e Herivelto Martins, além do samba "Do amor ao ódio" (DO AMOR..., 1936).

A capacidade vocal apresentada por ela, ao interpretar os sambas, impressionou Jacob do Bandolim. Seu entusiasmo e admiração foi tal que, de pronto, convidou-a para um teste na Rádio Guanabara. Convite este imediatamente refutado pelo seu pai, Jaime Cardoso. Depois, ele mudou de ideia, a levando, no dia 18 de agosto de 1936, à emissora que ficava na Rua Primeiro de Março, nº 123, para o teste que consistiu em uma audição musical. Segundo ela:

> O que eu cantei pela primeira vez foram dois sambas: "Do amor ao ódio", de Luiz Bittencourt, e, de Benedito Lacerda, "Duas lágrimas". Foram as duas músicas que eu cantei justamente naquele programa que eu fui para fazer um teste. Quem me acompanhou foi "Jacó do Bandolim e Sua Gente". Participavam do conjunto do Jacó Luiz Bittencourt, Gilberto pandeirista e Dilermando Reis. E mais outro rapaz que se chamava, chama-se Mário Silva, que atualmente é odontologista (CARDOSO, 1970).

Ela começou sua carreira apresentando-se semanalmente, por um cachê de 10 mil-réis, no "Programa Suburbano" da Rádio Guanabara. Depois, passou para a Rádio Educadora, na qual atuou no programa "Samba e Outras Coisas". Depois, foi para a Transmissora atuar no programa "Rádio Novidades". Aí, pela primeira vez, cantou à frente de uma orquestra, a do Fon-Fon. Finda a temporada na Transmissora, ela foi para a Rádio Mayrink Veiga (CARDOSO, 1970).

Sem repertório próprio, ela interpretava canções de outras cantoras de sucesso daquela época. As que mais gostava de imitar eram: Aracy de Almeida, Marília Batista e Odete Amaral. Quando finalmente concluiu sua temporada na Mayrink Veiga, não foi mais chamada para trabalhos no rádio, tendo que retornar a seu antigo emprego no salão de beleza Antonieta, que ficava no Catumbi. Como ela mesma disse durante uma entrevista concedida ao programa da TV Cultura: "[...] Estava cantando sem a menor noção de responsabilidade, eu achei que imitá-las, para mim, seria uma boa, não é?" (CARDOSO, 1982).

O salário que recebia como cabeleireira era insuficiente para manter sua família. Passando dificuldades, foi trabalhar como *táxi-girl* ou bailarina de *dancing*, no Avenida *Dancing*,[2] sem muito sucesso. Ali, conseguiu a oportunidade de se tornar *crooner*. Daí em diante, não parou mais de cantar. Cantou em todos os *dancings* do Rio de Janeiro, tendo estendido esta atividade até a cidade de São Paulo, onde foi cantar por ocasião da inauguração do *dancing* Salão Verde (CARDOSO, 1970).

Uma importante pessoa que conheceu foi Grande Otelo, com quem estabeleceu uma amizade que perduraria por toda sua vida. Nesta época, ela e Otelo formaram um par artístico para a apresentação do quadro "Boneca de Piche",

2 Bailarina de *dancing* era uma função que consistia em ficar à disposição dos frequentadores do estabelecimento e, quando solicitadas, dançarem com eles. Para controlar sua atividade, cada uma delas recebia um cartão que era furado a cada dança e, ao final do expediente, a remuneração estava condicionada ao número de vezes que houvesse dançado (CABRAL, 2010).

que chegou a ficar popular entre empresários da noite carioca. Desta amizade, em 1939, surgiu a oportunidade de participar da "Companhia de Teatro de Revista", dirigida por Paulo Valdez, com quem Elizeth casou-se durante uma turnê ao Pará (CARDOSO, 1970).

Pouco se sabe sobre seu marido. As poucas informações encontradas sobre ele dão conta de que era um excelente cavaquinista, fazia um tipo artístico cômico, se apresentando na casa "Caboclo" - nos anos 1930, essa era um importante ponto de encontro de artistas cariocas -, respondia pela alcunha de "Tatuzinho" e chegara ao Rio de Janeiro vindo de Porto Alegre, na mesma ocasião em que chegou o cantor Lupicínio Rodrigues, do qual era amigo (OLIVEIRA, 2020).

O matrimônio com Valdez não vingou, durou pouco mais de quatro meses. Mediante a constatação de "que não regulava bem das ideias" e da falta de compostura do marido perante o casamento, mesmo estando grávida do seu filho, Paulo César Valdez, e ciente das implicações sociais que envolviam uma mulher separada naquela época, resolveu dar um basta naquela relação (CARDOSO, 1979. p. 108). Ao longo da sua trajetória, ela evitava ao máximo aprofundar-se nas questões sobre o seu casamento.

Foi convidada pelo radialista Evaldo Ruy Barbosa, para apresentar o programa "Hora da Alvorada" na Mauá, momento que marca seu retorno ao rádio. Contudo, Elizeth foi, dentre as cantoras do seu tempo, a que mais demorou para lançar o seu primeiro disco: 14 (catorze) anos desde a estreia no rádio. Outras cantoras negras de origens idênticas às suas, tendo passado ou não pelo *dancing*, começaram na mesma época e não demoraram tanto assim para gravar, como foram os casos de Ângela Maria e Dolores Duran.

Por outro lado, sua jornada de trabalho tornara-se intensa. Mesmo como *lady crooner* da orquestra do *dancing*, o que recebia não custeava suas despesas com a família, que dependia exclusivamente do seu salário. Por isso, ela não havia saído do salão Antonieta, onde trabalhava durante o dia. Assim, à noite cantava no *dancing* e, de madrugada, fazia, com alguns músicos conhecidos, o programa da Rádio Mauá (CARDOSO, 1979).

Após o primeiro disco, gravado sob a regência e arranjos do maestro Pachequinho, com um saxofonista e seis violinistas, ficou conhecida em todo o país com "Canção de amor" de Chocolate e Elano de Paula. (CARDOSO, 1970). Seu disco era um dos mais vendidos e lhe abriu possibilidades, como a participação no musical "Feitiço da Vila", ocasião em que, apesar de ter interpretado apenas duas canções, obteve muitos elogios de Vinícius de Moraes, publicados na coluna semanal que ele escrevia para o jornal "Flan".

A cantora Elizeth Cardoso deixou sua marca em vários momentos da modernização da música brasileira, começando pela maneira conspícua como interpretava o samba-canção. Em ascensão, sua voz lança no mercado fonográfico Tom Jobim e Vinícius de Morais, em um disco de arranjos apurados e sofisticação incomum. O fato ocorreu em 1958, quando Vinícius de Moraes lhe escolheu para gravar aquele que seria considerado o disco inaugural da Bossa Nova, "Canção do Amor demais" (CANÇÃO..., 1958). Isso fez de Elizeth, portanto, a primeira a registrar fonograficamente este gênero musical.

Esse disco chegou às lojas em meados de 1958 e recebeu elogios da crítica especializada, tanto pela harmonia quanto pela interpretação. Conforme Castro (1990), a maioria dos compradores só tinha um motivo para se interessar por ele: a foto e o nome de Elizeth Cardoso na capa, pelo fato da cantora ter dado um salto de um repertório muito popular para outro mais sofisticado, o qual o seu público não estava habituado a ouvir.

> Esse LP me trouxe uma sorte enorme. Eu aprendi exatamente na Rua Nascimento Filho, nº 107, ao lado do Tom Jobim, tomando a cervejinha dele e me ensinando como seria o disco: "Olha, Elisa, esse acorde aqui maravilhoso, veja se você não sente o couro do boi na estrada, vida bela, enfim". Tudo ele me ensinou ali, aprender as músicas, o repertório, em mais ou menos um mês e meio. Porque o Tom Jobim foi compondo, compondo e sempre me chamando para ver se eu gostava. Eu digo: "Imagina!! Você compõe se eu não vou gostar? Quem sou eu para escolher o repertório?" (CARDOSO, 1985).

Sua capacidade de adequação de sua técnica vocal aos arranjos criados pelo compositor Tom Jobim especialmente para a obra, rendeu-lhe um outro protagonismo: o de ser a primeira cantora negra de música popular a pisar no palco do Teatro Municipal de São Paulo – e, em seguida, do Rio de Janeiro –, para interpretar "As Bachianas" de Villa Lobos, a convite do maestro Diogo Pacheco.

Sucesso em São Paulo, o recital foi para o Teatro Municipal do Rio de Janeiro, onde apreciadores e críticos de música erudita não economizaram em repreender sua incursão neste gênero musical, em uma clara aversão à presença de uma cantora popular naquele que consideravam ser o palco sagrado da música erudita, episódio que não passou de racismo velado.

Não há dúvidas quanto ao êxito obtido por Elizeth Cardoso. Ainda assim, em 1980, em entrevista ao programa da também cantora negra Zezé Motta, no qual ela mostrava os heróis negros brasileiros, ela referiu-se a esta passagem da sua vida com tristeza pelo que falaram e escreveram sobre sua apresentação no Municipal.

> Já era famosa em 1964, mas tão famosa, meu filho, que me levaram para cantar a "Bachiana nº5", de Villa-Lobos, no Municipal do Rio e de São Paulo. Uma experiência que cantora nenhuma pode esquecer. Primeiro, pela ovação que recebi do público. Segundo, pelas críticas injustas dos que disseram que uma negra semianalfabeta como eu não podia se atrever a cantar clássicos. Um consolo foram as palavras do Vinícius: "Eliseth encheu o palco de passarinhos e luar". Bonito, né? (ELISETH CARDOSO, 2010).

Se, por um lado, esta apresentação submeteu-lhe a duras críticas, conforme mencionado; por outro, pode ter consagrado a sua carreira. Para o público em geral, nos Teatros Municipais de São Paulo e do Rio de Janeiro, Elizeth fez bonito interpretando Villas-Lobo e ultrapassando obstáculos entre a música erudita e popular.

Não parou por aí. Quando se pensava que a cantora seguiria musicalmente por um caminho de composições mais elaboradas, em uma guinada, ela lança o Long player (LP): "Elizeth sobe o morro". Este álbum, além do contexto histórico que carrega, reafirma a curiosidade e ousadia da cantora para registrar novidades, neste caso, Paulinho de Viola e Nelson Cavaquinho.

Por causa desta reincursão às suas raízes, após já estar a ocupar um lugar privilegiado na história da Música Popular Brasileira (MPB), Elizeth mereceu, anos mais tarde, ser lembrada pelo escritor Luís Veríssimo, em uma crônica intitulada "Revolucionários", publicada originalmente em "O Globo". Nela, ele discorre sobre uma analogia identificada entre Elizeth Cardoso e Miles Davis.[3] Para Veríssimo,

> o disco *Canção do Amor Demais*, de 1958, que juntou Tom Jobim e Vinícius de Moraes, cuja cantora foi acompanhada ao violão por João Gilberto, mas sem se render ao modelo interpretativo, minimalista que o violonista tentou lhe impor, o recital no qual a cantora interpreta a *Bachiana nº 5* de Villa Lobos sob a regência do maestro Diogo Pacheco e, por fim, o disco *Eliseth Sobe o Morro,* no qual a grande intérprete de Tom Jobim e Vinicius de Moraes aparece acompanhada pelo violão que, por suas estranhezas, tornou muito popular o seu executante Nelson Cavaquinho. Ao permiti-lo como acompanhante em sua obra, a cantora teria insultado as regras do mercado musical, uma vez que isto se contrapunha à estética interpretativa do João Gilberto, visto na época como o ícone do violão (VERÍSSIMO, *apud* CARVALHO, 2015, p. 96-97).

Desse modo, no entender de Veríssimo, Elizeth Cardoso, ao lançar a Bossa Nova com o disco "Canção do Amor Demais", determinou uma revolução na música brasileira e "Elizeth sobe o morro", a contrarrevolução, já que este disco

3 Miles Davis (26/5/1926 – 28/9/1991) foi um compositor, trompetista e instrumentista de jazz nascido em Illinois, USA. Ele é considerado um dos músicos mais influentes e aclamados da história do jazz e da música do século XX.

tem, como originalidade, o fato de recolocar na cena musical daquele momento, sambistas como Cartola, Zé Kéti, Nelson Cavaquinho e a revalorização do samba tradicional (VERÍSSIMO, 2013).

As décadas 1950 e 1960 foram relevantes para a carreira de Elizeth, que, pelo sucesso alcançado, participou de filmes nacionais enquanto dividia suas atividades entre o rádio, os shows dentro e fora do Brasil e as boates que, então, absorviam grande parte do trabalho de intérpretes e instrumentistas. Pode-se dizer que, embora não tenha sido fácil o forjar da sua carreira, a cantora soube aproveitar todas as oportunidades para prosperar profissional e financeiramente.

Em 1970, finalmente, aceitou o convite do Museu da Imagem e do Som (MIS) para deixar um registro sobre sua vida. O depoimento foi gravado lá mesmo na sede do MIS, com presença do Hermínio Bello de Carvalho, Haroldo Barbosa e Ricardo Cravo Albin, que conduziram as perguntas. Na plateia, estavam, além de João Nogueira, um dos artistas que ela apadrinhou, Elton Medeiros e outros fãs. Seu nervosismo era notório. Já havia declinado vários convites com este fim, alegando que não fizera grandes coisas pela música brasileira para merecer deixar um depoimento gravado. Faleceu em 7 de maio de 1990, após uma dura luta contra um câncer de estômago.

O seu percurso tem as marcas dos aspectos sociais, econômicos e culturais presentes nos vários momentos da sociedade brasileira que ela viveu. De origem pobre e suburbana, teve uma infância escassa de provimentos materiais, mas rica em manifestações culturais populares. A respeitabilidade e o prestígio conquistado por ela nas décadas de 1950 e 1960 são incontestes e lhe perseguiram durante toda a sua vida. Tinha uma capacidade sem igual de transitar nos diferentes grupos sociais. O sucesso não lhe subiu à cabeça, tampouco se desprendeu das suas raízes. Soube tirar proveito daquilo que lhe foi posto. Elizeth Cardoso foi e será uma cantora negra carioca suburbana que, como bem disse Chico Buarque, é "mãe de todas as cantoras brasileiras"

## REFERÊNCIAS

CABRAL, Sérgio. 2010. Elisete Cardoso: uma vida. São Paulo: Companhia Editora Nacional.

CARDOSO, Elizeth Moreira. 1988. Elizeth Cardoso [Programa de TV]. Entrevista concedida a Hermínio Bello de Carvalho. Duração: 112 min. Projeto Brahma Extra: Rio de Janeiro. Publicado online no canal de *youtube* do Instituto Cultural Cravo Albin. Disponível em: https://www.youtube.com/watch?v=sRIel4fhgWc13:45. Acessado em: 4 de fevereiro de 2017.

CARDOSO, Elizeth Moreira. 1970. [Depoimento] Entrevista cedida a Hermínio Bello de Carvalho; Haroldo Costa e Ricardo Cravo Albin. Rio de Janeiro: Museu da Imagem e do Som. CD-ROM.

CARDOSO, Elizeth. 1985. Elizeth Cardoso fala sobre Bossa/ Praias Desertas/ Outra Vez. Entrevista concedida a Jalusa Barcelos. Duração: 09" min. 10'. Programa Eu Sou O Show -TVE. Acervo Luiz Couto. Publicado online no canal de *youtube* Tonico Manoel. Disponível em: https://www.youtube.com/watch?v=bjkX-0ypYu4. Acessado em: 4 de fevereiro de 2017.

CARDOSO, Elizeth. 1982. [Entrevista].TV Cultura: São Paulo. Duração: 20" 8' min. Publicado pelo Canal de *youtube* do Programa Vox Populi. Disponível em: https://youtu.be/FgbpGUUYvA0. Acessado em: 4 de fevereiro de 2017.

CARDOSO, Elizeth. [Depoimento] 31 de março de 1979. . [Entrevista concedida a Ronaldo Bôscoli. In: Revista Manchete, Rio de Janeiro, ano 27, nº. 1.406, ed.1406, p.100-103. Disponível em: http://memoria.bn.br/DocReader/DocReader.aspx?bilib=004120&PagFis=102997&Pesq=elizeth%20cardoso. Acessado em: 23 de junho de 2017.

CARVALHO, Hermínio Bello de. 2015. 1935-Taberna da Glória e outras Glórias: Mil vidas entre os heróis da música brasileira. Organização de Ruy Castro. 1ª.ed. Rio de Janeiro: [*s.n.*].

CASTRO, Ruy. 1990. Chega de Saudades: A história e as histórias da bossa nova. São Paulo: Cia das Letras.

DO AMOR ao ódio: Samba. 1936. Luís Bittencourt; Heitor Catumbi; Moreira da Silva [Compositor e intérprete]. Rio de Janeiro: Columbia (852B). 1Disco (78 RPM).

EFEGÊ, Jota. 1978. Figuras e Coisas da Música Popular Brasileira. Rio de Janeiro: Funarte.

ELISETH Cardoso por Zezé Motta. 2010. [Episódio de série documental] In: Programa Heróis de Todo Mundo - A Cor da Cultura. Duração: 92 min. Rio de Janeiro. Disponível em: http://www.acordacultura.org.br. Acessado em: 23 de abril de 2017.

ELISETH Cardoso, Jacob do Bandolim, Zimbo Trio e Época de Ouro. 1968. Rio de Janeiro: Fundação do Museu da Imagem e do Som (MIS). Fragmentos do recital realizado no Teatro João Caetano. (3Lps).

ELISETH Cardoso [verbete]. Sem data (s/d). In: Dicionário Ricardo Cravo Albin da Música Popular Brasileira [página de internet]. Disponível em: https://dicionariompb.com.br/artista/elizeth-cardoso. Acessado em 20 de maio de 2018.

OLIVEIRA, Neide Gonçalves de. 2020. "Me chamo Elizeth Cardoso. Sou uma cantora brasileira." Notas sobre a trajetória da Divina (1936-1965). Dissertação de mestrado em História. Salvador: Faculdade de Filosofia e Ciências Humanas da Universidade Federal da Bahia.

PACHECO, Diogo. 29 de novembro de 1964. A Volta de Elisete. In: Jornal do Brasil. Rio de Janeiro: ed. 282, 1° Cad: Caderno B. Disponível em: http://bndigital.bn.gov.br/hemeroteca-digital. Acessado em 16 de maio de 2017.

SILVA da Álvares. 15 de março de 1958. Elizeth vai cantando e não sabe o que é o dinheiro, a história da vida de uma artista muito desconfiada que levou 20 anos para conseguir um título de "melhor". In: O Cruzeiro. Rio de Janeiro: ed. 22, p. 83-87. Disponível em: https://memoria.bn.br/DocReader/DocReader.aspx?bib=003581&pagfis=116886. Acessado em 06 de agosto de 2017.

SOIHET, Rachel. 2015. Mulheres pobres e violência no Brasil urbano. In: PRIORE, Mary Del (Org.); PINSKY, Carla Bassanezi (coord. de texto). História das mulheres no Brasil. São Paulo: Contexto.

VERÍSSIMO, Luis Fernando. 2007. Beethoven, Miles Davis e Elizeth Cardoso. [Publicado originalmente nos jornais "O Globo" e "Folha de São Paulo"]. In: Portal Luiz Nassif [página de internet]. Publicado em 13 de março de 2013. Disponível em: https://blogln.ning.com/profiles/blogs/beethoven-miles-davis-e-elizeth-cardoso. Acessado em: 25 de junho de 2017.

# Elza Soares

**Fabiana Sousa**

A existência visceral da "mulher do fim do mundo" demanda algumas páginas duras, ásperas. Absurdas! A carioca eleita a cantora do milênio pela BBC - Londres, em 1999, caminhou com o luto em seu encalço e precisou driblar o medo e a perseguição. Drenou dores e fez fluir - com as próprias lágrimas - água no deserto. Deusa do Rio Níger. O planeta fome,[1] que Elza fez questão de transformar em legado, tem sérias contas a acertar com ela. "Eu acho que o Brasil me deve muito. Brasil, você me deve! Mas coitado... Como é que ele vai pagar, né?" (SOARES, 2002).

> *Tem um Brasil que cheira,*
> *outro que fede.*
> *O Brasil que dá*
> *é igualzinho ao que pede.*

1 Em 1943, Elza se apresentou no programa "Calouros em Desfile", de Ary Barroso. Na ocasião, por conta da aparência maltrapilha, Barroso - que era conhecido por abordar os candidatos em tom jocoso - perguntou à Elza de que planeta ela estava vindo. Aos 13 anos, ela foi enfática: "do Planeta Fome". A declaração ainda viraria nome de disco 58 anos depois.

*Pede paz e saúde,*
*trabalho e dinheiro.*
*Pede pelas crianças*
*do país inteiro.*

(SOARES, 2019. Brasis)

Nascida em 23 de junho de 1930, na favela Moça Bonita, atual Vila Vintém, no Rio de Janeiro, filha de lavadeira e operário, a pequena Elza já se preparava para os voos estrondosos que daria dali a alguns anos. Lutando cara a cara com o racismo, o machismo e a miséria, a gigante de 1,57m de altura estremeceria bases sólidas, levando abaixo anos exclusão e boicote. Elza voava alto para alcançar janelas e, delas, assistir de camarote a queda barulhenta das portas que insistiam em se fechar para sua passagem.

O primeiro voo aconteceu aos 13 anos, época em que já era esposa e mãe. Elza calou Ary Barroso em uma apresentação no programa "Calouros em Desfile", da Rádio Tupi e, dali, onde entrou ao som de gargalhadas e deboche por conta da aparência maltrapilha e da roupa larga cheia de alfinetes, saiu anunciada como "uma nova estrela que nascia". Na época, a menina - obrigada pelo pai a casar-se aos 12 anos – viu, no prêmio do programa de Ary Barroso, uma oportunidade de encher a despensa e tratar um dos filhos, que estava doente. Aquela seria uma das incontáveis vezes em que a música a socorreria.

Dali em diante, outros oponentes viriam, um deles sendo seu próprio marido, Lourdes Antônio Soares, de quem era vítima de reiterados abusos sexuais e violência. "As provas estão comigo: marca de faca e pancada", conta. Deste casamento, do qual acabou viúva aos 21 anos, Elza teve seis filhos. Dois morreram de desnutrição ainda bebês e o caçula, Gilson, faleceu em 2015 por complicações de saúde.

Até chegar ao seu primeiro grande trabalho, o disco "Se acaso você viesse", lançado em 1960, Elza viveria uma década agitada. Depois de fazer grande sucesso como integrante da Orquestra de Bailes Garan - seu primeiro trabalho como cantora -, houve uma época em que a menina teve que se multiplicar em vários trabalhos. Ela saía de seu barraco em Água Santa pela manhã, pegava a condução até a Lapa, onde ficava a Rádio Tupi e, em seguida, seguia para o Leme, onde se apresentava no Texas Bar madrugada adentro. Além do cansaço, Elza precisava lidar com a desaprovação da mãe, Rosária Maria da Conceição, já viúva, que não via futuro para a filha na música. Ledo engano!

Em 1960, com o lançamento da "Bossa Negra de Elza Soares" - o subtítulo do álbum -, a menina chama a atenção do mundo da música ao executar com perfeição o *scat-singing*[2]. Não satisfeita, ela também brinca com sua característica rouquidão afinada, que parece sair do fundo da garganta. Ali mesmo, das entranhas.

Com o sucesso, Elza é convidada para ser madrinha da seleção brasileira na Copa do Mundo do Chile, em 1962 - ano do bicampeonato do Brasil -; ocasião em que se apaixona por Mané Garrincha, o Torto, seu mais profundo e devastador amor. Os dois iniciam ali uma avassaladora e conturbada relação que acabaria em agressões e alcoolismo, 17 anos depois. "É muito provável que a paixão do Garrincha pela Elza tenha mudado a Copa de 62", diz Ruy Castro (1995), autor da biografia de Garrincha. "O estímulo por trás daquilo tudo era Elza", afirma Castro (1995). "Foi tão lindo! Ele me fez juras de amor, ficou ali de mãos dadas comigo, e falou que ia ganhar a Copa para mim", relembra Elza. Para alegria da nação, a promessa foi cumprida. Porém, a alegria do bicampeonato duraria pouco. Logo depois do Golpe Militar de 1964, a vida da família se tornaria insustentável no Brasil.

O perfil político de Elza é um tanto quanto peculiar. Embora ela afirme reiteradas vezes, em suas biografias e entrevistas, que não gostava de "se envolver com política" ou fazer "discursos políticos", sua trajetória mostra o contrário. Ao analisar a vida da artista, é fácil notar que o "discurso político" ao qual ela se refere é ela mesma. "Eu acho que eu já deixava todo mundo constrangido simplesmente por ser quem eu sou. E eu acho que, quando veio a perseguição política, tinha a ver com as coisas que eu representava, as coisas que o Brasil gostava de esconder", disse ela. Não era preciso pegar o microfone e fazer grandes discursos. A presença de Elza na TV já era um afronte às ex-patroas que a humilhavam, aos donos das casas de shows que proibiam suas apresentações pela cor de sua pele; a um país que a rejeitava desde que nasceu.

Nos anos que se seguiram, além de ser atacada por conta de sua relação com Garrincha - que era casado quando a conheceu - e receber a culpa pelo rendimento baixo do jogador, Elza também era perseguida pelo governo. O episódio mais emblemático daquela época aconteceria em junho de 1964, quando sua casa foi invadida e metralhada por agentes que se diziam do DOPS (Departamento de Ordem e Política Social). Depois disso, em 1969, um bilhete foi deixado embaixo da porta de seu novo endereço: "Vocês têm que deixar o país em 24 horas!", dizia. "Não tinha assinatura, não tinha marca no papel, não tinha nada, só aquela sentença feita pra gente se sentir acuado", relembra.

2 O *scat-singing* é uma técnica de improviso vocal do jazz que consiste em empregar, aleatoriamente, sílabas sem sentido textual, combinadas com sons - característica de cantores como Louis Armstrong e Ella Fitzgerald.

Assim, a dona dos sucessos da década de 1960 "A Bossa Negra"; "Elza, Miltinho e Samba"; "Elza Carnaval e Samba"; e "Sambas e Mais Sambas" muda-se para Roma, na Itália, com a família - de onde só voltaria em 1972,[3] com o disco "Elza Pede Passagem", uma tentativa de recomeço, tanto da vida profissional, quanto da amorosa. Em 1976, ela dá à luz a Manoel Francisco dos Santos Júnior, o Garrinchinha. O garoto chega junto do último suspiro de seu casamento e da promessa do pai de largar definitivamente a bebida. Contudo, diferente de 1962, as juras não se cumpriram dessa vez. Em condições insustentáveis, Elza se divorcia em 1982.

> *Aqui, você não entra mais!*
> *Eu digo que não te conheço*
> *e jogo água fervendo*
> *se você se aventurar*
> *(...) Eu quero ver*
> *você pular, você correr*
> *na frente dos vizinhos!*
> *Cê vai se arrepender de levantar a mão pra mim!*
>
> (SOARES, 2015. Maria de Vila Matilde)

A gravação de "Língua", em 1982, um presente do amigo Caetano Veloso, veio para soprar um pouco de oxigênio em pulmões já cansados. Todavia, Elza não esperava que a ascensão causada pela nova canção viria seguida de um tombo enorme. Maior do que o sofrido em 1999,[4] durante um show no Sindicato dos Jornalistas do Rio de Janeiro. A queda do palco em 99 lhe renderia várias cirurgias, problemas motores e 16 pinos na coluna. Ainda assim, o tombo sofrido em janeiro de 1986 arremessou Elza em um abismo nunca antes visto.

Um espaço fúnebre sem fim, do qual ela demoraria anos para achar a saída. No dia 11 de janeiro, um sábado, Elza perde Garrinchinha. Aos 9 anos de idade, o menino viria a ser um dos quatro filhos a ser velado pela cantora. "Foi loucura, foi o momento que eu subi as favelas, momento que eu me juntei aos bandidos, momento que eu cheirei cocaína, que eu quis fazer tudo com raiva, com revolta, por ter visto meu filho ser morto com nove anos de idade", relembra.

3 Durante sua passagem pela Itália, Elza fez apresentações no emblemático Teatro Lírico de Milão, no Festival de Palermo, em Nápoles, além de substituir Ella Fitzgerald em uma turnê pela Europa.

4 Na notícia publicada no jornal "O Globo", de 8 de setembro de 1999, "o acidente ocorreu no momento em que Elza cantava a música 'Beija-me'". Ela chegou a dar entrevistas dizendo que teria calculado mal o fim do palco. (CAMARGO, 2018, p. 269).

*Na chuva de confetes, deixo a minha dor*
*Na avenida, deixei lá*
*A pele preta e a minha voz*
*Na avenida, deixei lá*
*A minha fala, minha opinião*
*A minha casa, minha solidão*
*Joguei do alto do terceiro andar.*
*Quebrei a cara e me livrei do resto dessa vida.*

(SOARES, 2015. A Mulher do Fim do Mundo)

Devorada pelo luto, Elza grava seu último disco daquela década, "Voltei" e, indo na contramão do anúncio, desaparece. A pantera reduzida a gato de fundo de padaria passa quase uma década vagando pelos Estados Unidos antes de, mais uma vez, recomeçar. Elza voltaria às gravadoras brasileiras só em 1997, com "Trajetória". Estilhaçada, ela reconstrói os cacos sem contar os cortes - vértebra por vértebra. Seu nome é agora!

Em 2002, rasga as regras do samba feito até ali e aparece com o álbum "Do Cóccix Até o Pescoço". Sem avisos, sem prévia. Misturando samba-rock, rap e música eletrônica, Elza abre o disco com "Dura Na Queda". O recado estava dado! O disco conta também com a emblemática "A Carne", imortalizada nas lutas antirracistas pelo país afora. O sucesso é estrondoso e, em 2003, a cantora do milênio é indicada ao Grammy pelo disco.

É dura na queda, custa cair em si.
Largou família, bebeu veneno
E vai morrer de rir
Vagueia, devaneia
Já apanhou à beça
Mas para quem sabe olhar
A flor também é ferida aberta
E não se vê chorar.
(SOARES, 2002. Dura na queda)

Homenageada em cinemas, biografias, espetáculos e prêmios, ainda assim Elza não para. Em 2015, aos 85 anos, não satisfeita com a trajetória avassaladora, ela lança "A Mulher do Fim do Mundo". A obra levou o título de Melhor Álbum no Prêmio da Música Brasileira, além de vários outros mundo afora. Nela, são abordados temas como a violência doméstica, transexualidade, dependência química - tudo no contexto social brasileiro. Cinquenta e cinco anos depois do seu primeiro disco, Elza parece transcender o fim. Parafraseando Maria Carolina de Jesus, avisa: Vai voltar sempre preta! Fértil. Profunda. Infinita!

*Me deixem cantar até o fim*
*Até o fim eu vou cantar*
*Eu sou mulher do fim do mundo*
*Eu vou cantar*
*Me deixem cantar*
*Até o fim!*

(SOARES, 2015. A Mulher do Fim do Mundo)

## REFERÊNCIAS

CABRAL, Sérgio. 2016. Nos tempos de Ary Barroso. Rio de Janeiro. Lazuli.

CAMARGO, Zeca. 2018. Elza. Rio de Janeiro. Leya.

CASTRO, Ruy. 1995. Estrela Solitária: Um brasileiro chamado Garrincha. São Paulo. Companhia das Letras.

SOARES, Elza. 2002. Dura na Queda. Compositor: HOLLANDA, Chico Buarque. In: SOARES, Elza. Do Cóccix até o Pescoço. Gravadora: Maianga. Suportes: CD, *download* digital, *streaming*.

SOARES, Elza. 2015. A Mulher do Fim do Mundo. Compositores: FRÓES, Rômulo; COUTINHO, Alice. In: SOARES, Elza. A Mulher do Fim do Mundo. São Paulo: Circus – Natura Musical. Suportes: Vinil, CD, *download* digital.

SOARES, Elza. 2015. Maria de Vila Matilde. Compositor: GERMANO, Douglas. In: SOARES, Elza. A Mulher do Fim do Mundo. São Paulo: Circus – Natura Musical. Suportes: Vinil, CD, *download* digital.

SOARES, Elza. 2019. Brasis. Compositores: SILVA, Jorge Mario Da; SILVA, Joviniano Cesar Da; PASSOS, Gabriel De Moura. In: SOARES, Elza. Planeta Fome. Gravadora: Deckdisc. Suportes: Vinil, CD, *download* digital e *stremings*.

RODA VIDA: ELZA SOARES [programa de entrevista]. Setembro de 2002. Apresentação: Paulo Markun. Duração: 88' 28". TV Cultura – Fundação Padre Anchieta. Disponível em: https://youtu.be/8ko447IATMk. Acessado em dezembro de 2021.

# Esperança Garcia

## OU SIMPLESMENTE ESPERANÇA!

**Iraneide Soares da Silva**

Sempre que me debruço para rememorar trajetórias de mulheres afro-atlânticas, sinto um enorme contentamento. É como se eu estivesse trazendo essa irmã ancestral para conversar conosco, para pensar conosco e nos lembrar que nossos passos vêm de longe. Está sendo assim essa narrativa sobre Esperança. Cheia de zelo e afeto, em que eu escrevo e Esperança me inspira.

Nossa narrativa reflexiva inicia-se a partir de um fragmento de texto de Chimamanda Ngozi Adichie (2018), uma mulher negra nigeriana, jovem inspiradora, que poderia nos lembrar a Esperança aqui referida, se esta vivesse no nosso século XXI -, ao dizer que: "Histórias importam. Muitas histórias importam. [...] Histórias podem destruir a dignidade de um povo, mas histórias também podem reparar essa dignidade perdida".

É esse, então, o propósito dessas memórias, e de muitas outras escritas sobre Esperança (Piauí - séc. XVIII); sobre Catharina Mina e Adelina Charuteira

(Maranhão - séc. XIX); Mãe Senhora (Bahia - séc. XIX); Tereza de Benguela (Mato Grosso, séc. XVIII); Filima Maria Aranha (Pará - séc. XVIII), Francisca Trindade (Piauí, séc. XX), além de tantas outras. Precisamos reconstituir suas memórias a fim de "reparar essa dignidade perdida". O texto que hora apresentamos traz como cenário a região Nordeste do Brasil, especificamente a Província do Piauí do século XVIII e a personagem principal é Esperança Garcia, uma jovem negra que foi escravizada e viveu no sertão piauiense.

Meu encontro com Esperança ocorreu ainda no início desse século, quando tomei conhecimento de que uma mulher negra, que foi escravizada na Província do Piauí do século XVIII, foi insubmissa ao escravismo criminoso, não se aquietou com os maus tratos sofridos e gritou aos quatro cantos: Basta! Em carta escrita por ela, Esperança relata a experiência do escravismo e a resistência por meio da escrita - denúncia. Mesmo já conhecendo-a, foi somente em 2020 que consegui reunir fontes e leituras para escrever sobre aquela mulher que já era parte do meu viver no Piauí do século XXI.

A narrativa escrita inicia-se com a junção de documentos que registram um pouco da história de Esperança e do seu viver no sertão do Piauí. São eles: uma carta escrita por Esperança aos 19 anos de idade, datada de 06 de setembro de 1770,[1] e um relatório contendo a "Relação dos Escravizados das Fazendas de Inspeção de Nossa Senhora de Nazareth", datado de 8 de abril de 1778. Ao longo das leituras e releituras, as fontes vão revelando Esperança: uma mulher que nasce, possivelmente, no ano de 1751, na Fazenda Algodões, de propriedade dos Jesuítas, acerca de 300 km da atual capital do Piauí.

Esta fazenda, juntamente a outras dezenas de estâncias, pertencia à Inspeção de Nazaré, onde é hoje o município de Nazaré do Piauí, localizado no sudoeste do estado. De acordo com apontamentos de Lima (2017), Nazaré e Algodões advêm dos movimentos migratórios da Casa da Torre, da Bahia, sob o comando de Garcia D'Ávila, a partir da segunda metade dos setecentos. A pequena menina negra, cujos pais as fontes não nos revelaram, nasce nessas terras, e recebe o nome de Esperança.

Nos arriscamos a supor que Esperança possa ter nascido no dia 26 de abril de 1751, por ser este o dia de Nossa Senhora da Esperança,[2] Conforme o Padre Roque Vicente Beraldi (2012), a imagem dessa santa chega ao Brasil com a caravana de Pedro Alvares Cabral e por aqui fica até 1955, quando volta para Portugal.

1 A carta foi encontrada no arquivo público do Piauí pelo historiador Luiz Mott, quando realizava sua pesquisa de mestrado nos anos de 1980. Paulo Gutemberg, pesquisador piauiense, a fotografou e, hoje, ela está disponível na internet.

2 Nossa Senhora da Esperança é uma devoção mariana. Remonta, pelo menos, ao século X, quando fiéis cristãos franceses ergueram, em Mézières, um santuário sob esta invocação, no ano 930. Conta-se que, quando Pedro Álvares Cabral chegou ao Brasil, trazia consigo, na sua armada, a imagem de Nossa Senhora da Esperança, sendo este um grande devoto daquela santa. (BERALDI, 2012).

> Por ocasião do Congresso Eucarístico Internacional do Rio de Janeiro. Todos os anos, celebra-se uma grandiosa Procissão de Velas na noite de 25 de abril pelas ruas da vila, com devotos de todas as freguesias do concelho [sic] e com muitos belmontenses emigrados pelo mundo que, neste dia, regressam à sua terra. 26 de abril é o feriado municipal e celebra-se, neste dia, o dia de Nossa Senhora da Esperança, com a presença e participação de entidades civis e religiosas, de Portugal e do Brasil (BERALDI, 2012).

Podemos considerar a forte presença dos padres jesuítas no Piauí, especialmente na região de Nazaré, como importante para a alfabetização da menina Esperança. Seus escritos nos levam a crer que ela teve instrução desde muito cedo. Além do mais, na Residência de Nazaré, além da casa de moradia e currais, havia uma capela "e seus pertences". Os padres da Companhia de Jesus tinham forte relação com a estrutura econômica e com a dinâmica do período colonial. "Vendiam e compravam gado, arrendavam sítios e vendiam e compravam outras [coisas]" (OLIVEIRA, 2009, p. 7). Desse modo, sugerimos que 25 de abril de 1751 seja o dia de nascimento de Esperança, que ganha este nome em homenagem à Nossa Senhora da Esperança, acompanhando pelo nome do seu 'proprietário': Garcia D'Ávila.

Não se tem notícias sobre seus pais ou outros parentes, a não ser os filhos e o marido, relatados na carta da qual falaremos mais adiante. Sabe-se que ela era afrodescendente, nasceu em terras brasileiras, na província do Piauí, no Nordeste do Brasil. Ademais, sabemos que, em 1770, aos 19 anos de idade, era mãe e valente.

A Esperança que conhecemos foi uma mulher crioula, escravizada, casada, que teve o primeiro filho aos 16 anos. Viveu em um período de extrema opressão, entre 1751 até fins dos setecentos, em uma pequena vila. Ela entra para a história quando, no dia 06 de setembro de 1770, escreve uma carta, em letra cursiva, bastante elaborada e com boa caligrafia, endereçada ao Governador da Província do Piauí, como mostram os achados de Mott (2010). Nessa carta, ela se queixava dos maus tratos sofridos por parte de seus proprietários, enquanto mulher escravizada. Na carta, ela afirma:

> *Eu Sou hua escrava de V.S. dadministração do Cap.am Ant° Vieira de Couto, cazada. Desde que o Cap.am Lá foi adeministrar, q. me tirou da Fazd*[a] *dos algodois, onde vevia co meu marido, para ser cozinheira da sua caza, onde nella passo mto mal. A Primeira hé q. ha grandes trovadas de pancadas enhum Filho meu sendo huã criança q. lhe fez estrair sangue pella boca, em mim não poço esplicar q Sou hu colcham de pancadas, tanto q cahy huã vez do Sobrado abacho peiada; por mezericordia de Ds esCapei.*

Esperança é uma das muitas mulheres que foram submetidas a violência de toda ordem no período da escravidão contra africanos e seus descendentes no Brasil, mas que conseguiram deixar registros de suas ações de resistência ao sistema. No, entanto, segue em sua carta:

> *A segunda estou eu e mais minhas parceiras por confeçar a tres annos. E huã criança minha e duas mais por Batizar. Pello q Peço a V.S. pello amor de Ds. e do Seu Valim.to ponha aos olhos em mim ordinando digo mandar a Porcurador que mande p. a Fazda aonde elle m. tirou p.a eu viver com meu marido e Batizar minha Filha de V.Sa. sua escrava Esperança Garcia.*

Nessa carta, Esperança afirma que é uma escrava da Administração e a responsabilidade pela sua tutela e dos seus, era do Capitão Antônio Vieira de Couto. De certo, no contexto colonial (do séc. XVI ao séc. XIX), as mulheres negras escravizadas, ou mesmo aquelas vivendo em outras configurações jurídicas - quer fossem alforriadas, livres ou libertas -, eram submetidas a condições de violência severas. No âmbito das casas, executavam todo o trabalho doméstico e ainda viviam violências sexuais. Atuavam no trabalho da rua, como quituteiras, feirantes, comerciantes, entre outras atividades. Estavam, também, na lida do campo, nas plantações para a comercialização interna e agroexportação. Todas estas tarefas eram exercidas em condições impiedosamente desumanas.

Outrossim, conforme Silva Soares (2017), o escravismo criminoso envolveu praticamente todos os espaços do campo e da cidade e todas as atividades produtivas no âmbito público e privado, e não somente aquelas ligadas ao setor exportador. As mulheres negras em especial perpassavam por todos os espaços, públicos e privados. O certo é que elas estiveram sempre privadas de todas as possibilidades de direitos civis e sujeitas à violência do poder, ao domínio e à propriedade de outrem. O racismo modulou as memórias históricas e negligenciou a contribuição essencial das africanas e seus descendentes para a construção do Brasil e das Américas.

Nesse sentido, Esperança nos informa, em carta, que, por ser uma mulher escravizada, vivia em um contexto de violência e dor. Ela se dizia casada e com a profissão de cozinheira, o que a qualificaria e a tornava mais cara para o senhor. Soma-se a essa valoração, seus filhos, sua pouca idade e sua instrução, pois sabia ler e escrever, apesar dos registros de inventários de famílias, no geral, demonstrarem que havia uma significativa diferença entre os preços de homens e o de mulheres escravizadas.[3]

Ainda na carta, Esperança, no seu pleito, enumera, em primeiro lugar:

3 A diferenciação entre os preços atribuídos a homens e mulheres foi legalmente reconhecida na Lei dos Sexagenários de 1885. Em seu artigo primeiro, esta lei instituiu a obrigação da elaboração de uma nova matrícula dos escravos, com declaração de nome, nacionalidade, sexo, filiação, idade valor. Este último deveria ser calculado com base em uma tabela de preços incluída no parágrafo terceiro, a qual incluiu os valores máximos regulados pela idade do escravo matriculado, sendo que "o valor dos indivíduos do sexo feminino se regulará do mesmo modo, fazendo-se, porém, o abatimento de 25% sobre os preços acima estabelecidos [preços dos homens/JG]" (Coleção de Leis do Império do Brasil — Atos do Poder Legislativo, 1885, p.14-20 apud MENDONÇA, 1999, p.408).

> *meu filho, uma criança, vive trovoadas de pancadas, a ponto de se extrair sangue de sua boca. Eu também sofro violência, sou um colchão de pancada, tanto que certa vez, fui empurrada do sobrado abaixo, só não morri por misericórdia de Deus.*
>
> [adaptado para o português contemporâneo]

Em segundo lugar, ainda buscando evidenciar as condições de não humanidade à qual vinha sendo forçada, seguiu na denúncia: *"estou eu e mais minhas parceiras por confeçar a tres anos"*. Aqui, encontramos um elemento que foi fundamental para a sobrevivência das mulheres negras em estado de escravidão: as redes de solidariedade. Conforme Gonzalez (1982), que nos ensina mais de três séculos depois:

> [...] é a mulher negra anônima, sustentáculo econômico, afetivo e moral de sua família, aquela que desempenha o papel mais importante. Exatamente porque, com sua força e corajosa capacidade de luta pela sobrevivência, transmite a suas irmãs mais afortunadas, o ímpeto de não nos recusarmos à luta pelo nosso povo. Mas, sobretudo porque, como na dialética do senhor e do escravo de Hegel – apesar da pobreza, da solidão quanto a um companheiro, da aparente submissão, é ela a portadora da chama da libertação, justamente porque não tem nada a perder (GONZALEZ, 1982, p. 104).

Desse modo, é válido reforçar que a mulher negra, quer seja em tempos de escravidão, ou no pós-emancipação, sempre necessitou estar inserida na luta por melhores condições de existência ou mesmo pelo direito a existir. É por meio da luta que Esperança se apresenta à história e ultrapassa séculos; a partir de um feito, ela impacta a humanidade ao encorajar, potencializar e inspirar gerações de mulheres negras.

É importante perceber que os maus tratos que ela denuncia eram parte integrante do cotidiano das pessoas negras escravizadas, na sociedade nacional, logo, eram do âmbito da normalidade, por quase dois séculos, desde o início do processo escravocrata, até o momento da redação da carta. Se pensarmos assim, sua atitude reveste-se de um significado maior ainda e nos deixa ver que sua atitude ia além de uma reclamação contra aquele que detinha o poder sobre sua liberdade. Seu documento era, em verdade, uma insurgência contra toda uma estrutura do sistema escravocrata, pela qual pessoas negras e seus descendentes eram objetificadas e inseridas no rol de bens materiais de donos de fazenda.

Os escritos de Esperança – mulher negra do Nordeste do Brasil – nos permitem saber de sua existência, saber que viveu a opressão da escravidão consciente de sua condição subumana e indignada com a violência sofrida juntamente com os seus. É a partir disso que ela resolve escrever um documento que constitui um importante registro para a conservação de sua memória, mas também um vetor de fortalecimento da história de luta e resistência do povo negro brasileiro.

Como Esperança termina seus dias, pouco se sabe. Se ela alcança desejos postos na carta, também não temos certeza. Seu nome consta em registros encontrados em um documento de 1778, juntamente com o de outras pessoas, na relação de escravizados da Fazenda Algodões, onde ela aparece com 27 anos, juntamente com um angolano de nome Ignácio, de 57 anos, que supomos ser seu marido.

No estado do Piauí, desde o ano de 1999, o dia 06 de setembro foi instituído como o "Dia Estadual da Consciência Negra no Piauí" ou "Dia de Esperança Garcia". Outrossim, os movimentos sociais negros têm lutado para que a sua história e memória atravessem as narrativas históricas do Piauí e, sobretudo, que adentrem os currículos das instituições de ensino e pesquisa.

## REFERÊNCIAS

ADICHIE, Chimamanda Ngozi. 2018. Chimamanda Adichie: o perigo de uma única história. In: CONFERÊNCIA ANUAL - TEMA: "A Essência das Coisas Não Visíveis", – TED GLOBAL 2009 – De 21 a 24 de julho. Oxford - Reino Unido. Disponível em: https://www.geledes.org.br/chimamanda-adichie-o-perigo-de-uma-unica-historia; e https://www.youtube.com/watch?v=ZUtLR1ZWtEY. Acessado em 17 de junho de 2023.

BERALDI, Roque Vicente. 2012. 101 títulos de Nossa Senhora: Ação Social Claretiana. São Paulo: Editora Ave-Maria.

GONZALEZ, Lélia; HASENBALG, Carlos. 1982. Lugar de negro. Rio de Janeiro. Editora Marco Zero.

MENDONÇA, Joseli Maria Nunes. 1999. Entre a mão e os anéis: A Lei dos Sexagenários e os caminhos da abolição no Brasil. Campinas: Editora da Unicamp.

GARCIA, Esperança. A CARTA. 1770. A Carta de Esperança Garcia [Documento histórico manuscrito]. Transcrição sem autoria.. Disponível em: https://esperancagarcia.org/a-carta. Acessado em: 20 de junho de 2020.

LIMA, Solimar Oliveira. 2017. Terra da Esperança: História, memória e cultura negra na comunidade quilombola Algodões, Nazaré do Piauí. In: GOMES, Ana Beatriz Souza; OLIVEIRA, Solimar Lima. Africanidades e Afrodescendência na produção de saberes da Universidade Pública: Experiência da Universidade Federal do Piauí (UFPI) Teresina, Edufpi.

MOTT, Luiz. 2010. Piauí Colonial: População, economia e sociedade. Teresina: FUNDAC - Coleção Grandes Textos.

OLIVEIRA, Ana Stela de Negreiros e ASSIS, Nivea Paula Dias de. 2009. Padres e Fazendeiros no Piauí Colonial (século XVIII). In: Anais da ANPUH – XXV Simpósio Nacional De História: Fortaleza. Disponível em: <http://docplayer.com.br/16124418-Padres-e-fazendeiros-no-piaui-colonial-seculo-xviii.html>. Acessado em 15 de novembro de 2020.

SILVA SOARES, Iraneide da. 2017. É Preta, É Preto em Todo Canto da Cidade: História e Imprensa na São Luís/MA (1820-1850). Tese de Doutorado em História. Universidade Federal de Uberlândia (UFU): Uberlândia – MG.

RELAÇÃO DOS ESCRAVOS das Fazendas de Inspeção de Nossa Senhora de Nazareth. 8 de abril de 1778 [Documento histórico manuscrito]. Arquivo da Biblioteca Nacional do Brasil. Consulta online disponível em: http://bndigital.bn.br/projetos/escravos/galeriamanuscritos.html. Acessado em 10 de março de 2023.

# Eufrozina de Oliveira Freitas

## UMA FULÔ NO SERTÃO CONQUISTENSE (1859 - 1935)

**Martha Maria Brito Nogueira**

A história da vida de Eufrosina Maria de Oliveira Freitas foi contada de forma a perpetuar a sua imagem como a mulher sensual, que, por sua beleza, se fazia desejada por todos os homens da cidade. Todos os escritores, poetas e mesmo pesquisadores e historiadores, quando fazem referência à Eufrosina, não deixam de mencionar a sua beleza e sensualidade. No entanto, uma pesquisa minuciosa revela Fulô Roxa do Panela como uma personagem histórica que ocupou espaço dentro da sociedade conquistense, participando ativamente da história política, econômica e social da cidade.

Eufrozina era filha de João de Oliveira Freitas, um rico proprietário de terras, que foi juiz municipal e delegado de polícia na década de 1840 (IVO, 2004). Por volta do ano de 1854, depois de ter sido abandonado por sua mulher,[1] João trouxe

1 Maria Clemência do Amor Divino se envolveu em um caso de adultério e abandonou João com 5 filhos, sendo um recém-nascido.

do alojamento dos escravos a negra Maria Bernarda, que havia parido há pouco tempo, para ser ama de leite do seu filho.

Maria Bernarda passou a viver na casa principal da fazenda, gerando sete filhos de João que foram criados por ele juntamente com os cinco filhos legítimos. João reconheceu legalmente todos os filhos de Maria Bernarda, dentre eles, Eufrozina Maria de Oliveira Freitas. Em testamento, partilhou os seus bens em igualdade para todos os filhos. Fulô recebeu de seu pai um quinhão que contava com escravos, gados, imóveis e dinheiro. Depois da morte de João de Oliveira Freitas, os filhos mais velhos ficaram com a guarda dos irmãos mais novos, tornando-se padrinhos das crianças de Maria Bernarda.

Ainda jovem, Fulô conviveu com Lázaro Viana, comerciante e pecuarista do Panela, com quem teve três filhos: Paulino, Raquel e Lídio Viana de Oliveira. Separada do marido, mudou-se para a Cidade da Conquista com seus três filhos. Sem compromissos conjugais, Fulô viveu com um comerciante italiano de nome Francisco Pascoal, tendo com este um filho de nome Noé. Francisco desejava retornar à Europa e levar o filho consigo. Como a paternidade da criança ainda não havia sido reconhecida, Eufrosina conseguiu que seu amigo, Eusébio de Morais, registrasse a criança como filho, vindo a se chamar Noé Morais de Oliveira (VIANA, 1982).

Sozinha, "Fulô do Panela" cedeu aos encantos do seu primo José Fernandes de Oliveira, Coronel Gugé, o mais forte líder político da região no início da República. O Coronel Gugé fora casado com a meia-irmã de Fulô, Izabel de Oliveira Freitas. Depois da morte de Izabel, Gugé casou-se com Joana Angélica dos Santos Silva. Foi durante o segundo casamento que Gugé estreitou relações com Fulô, vindo a ter com ela um filho de nome Agenor Freitas Oliveira.

Em 1914, Fulô do Panela casou-se com o português Alfredo da Trindade e passou a se chamar Eufrosina Maria de Oliveira Freitas Trindade, segundo consta em sua certidão de casamento. As diferenças entre o casal levaram Fulô e Alfredo a se separarem em 1922, por meio de desquite amigável, repartindo entre si todos os bens. Não se tem conhecimento de que Fulô viesse a relacionar-se com outro homem depois do desquite. Provavelmente, viveu ao lado da família, especialmente do seu filho Noé Moraes de Oliveira, visto que era ele que estava com a posse dos seus bens quando veio a óbito em 30 de outubro de 1935.

Com o sobrenome "Oliveira Freitas", Fulô do Panela encontrava-se, desde o seu nascimento, envolvida com o poder econômico e político da cidade. Nesse contexto, embora sendo filha de uma mulher negra que vivia entre os escravos de seu pai, Fulô permeou caminhos que a levariam a uma posição privilegiada dentro do espaço social conquistense, uma posição que era reservada às mulheres da elite branca dominante.

No período em questão, não eram raras as mulheres que se envolviam em assuntos políticos, embora, por lei, não pudessem exercer cargos públicos.[2] "Não exerciam pessoalmente cargos administrativos, mas, como donas, proprietárias e herdeiras de cargos, intrometiam[-se] constantemente na administração pública" (DIAS, 1995, p. 108). Muito embora não tenha registro na documentação oficial de que Eufrozina tenha participado de eventos públicos de cunho político, todos os relatos memorialistas levam a crer que sua influência foi marcante na esfera política conquistense.

A participação ativa de Fulô do Panela no desfecho do conflito armado entre "Meletes" e "Peduros"[3] no início do ano de 1919, reconhecida pelos memorialistas, evidencia sua influência e poder informal. Ao fim do conflito, foi assinado um documento entre as facções, por meio do qual os integrantes se comprometiam a manter a paz da cidade, entretanto, não aparecem os nomes das mulheres que se posicionaram manifestadamente em oposição ao conflito.

Juntamente com seu filho, Paulino Viana de Oliveira, o padre Olímpio e outras pessoas da cidade, Eufrozina esteve presente na fundação da Santa Casa de Misericórdia São Vicente de Paula, em 1914 (ORRICO, 1982). Paulino fora contratado pelo vigário Manoel Olympio Pereira, seu compadre, para iniciar os trabalhos de construção do hospital, sendo apontado como um dos "coronéis" presentes na reunião da Conferência Vicentina,[4] em dezembro de 1914. A participação de Fulô do Panela não aparece na documentação, contudo, ela é reconhecida pela memória e pela bibliografia memorialista da cidade.

Os documentos silenciavam a participação das mulheres nas primeiras atas da Irmandade, entretanto, algumas mulheres da elite conquistense acolheram, em suas próprias casas, pobres enfermos que necessitavam de cuidados médicos, o que pode indicar que elas auxiliaram na construção do hospital (CHAVES, 2013).

A presença da "Mãe Fulô" (como é chamada até os dias atuais pelos seus descendentes) no espaço público não foi caracterizada apenas por seu "sentimento" de caridade, mas também pela sua firmeza em defender os ideais em que acreditava. Em 1905, quando Tertuliano Gusmão resolveu instalar a sede da Primeira Igreja Batista, que já funcionava na Fazenda Felícia, em uma casa localizada na antiga

2 O direito de votar e ser votada foi adquirido pelas mulheres por meio do Código Eleitoral Provisório, de 24 de fevereiro de 1932, com algumas ressalvas que foram eliminadas no Código de 1934. Segundo a socióloga Núbia Regina Moreira (2011), a luta das mulheres pela conquista dos direitos políticos tomou corpo na década de 20, com as reivindicações da Federação Brasileira pelo Progresso Feminino, liderada pela bióloga Bertha Lutz.

3 "Meletes" e "Peduros" eram como se denominavam as duas facções políticas que disputavam a representatividade política da região desde o início da República.

4 Sociedade de São Vicente de Paula, uma instituição católica de leigos, fundada pelo Monsenhor Olympio Pereira, em 1913, na Cidade da Conquista. O pároco fundou a Conferência Vicentina bem como a Irmandade da Santa Casa de Misericórdia, tendo sido também o seu primeiro provedor (CHAVES, 2011).

Rua da Várzea, houve uma reação conflituosa de um grupo de católicos liderados por Fulô do Panela. Acreditou-se que ela teria autorizado pessoas a picharem as portas das casas dos batistas com uma cruz em cor preta.

Embora Fulô do Panela fosse declaradamente "católica fervorosa", segundo Aguiar (2007, p. 146), ela "mantinha contato com alguma casa ou líder dessas tradições religiosas (afro-indígenas), a quem recorria em momentos difíceis", atitude que teria inspirado o artigo da lei municipal que criminaliza a prática de rituais afro-indígenas. A sugestão posta por Aguiar parece ser fundamentada no fato de que Fulô era filha da ex-escrava Maria Bernarda, embora não se tenha conhecimento sobre como era a relação entre as duas.

Maria Bernarda era "apenas" uma negra que vivia como empregada da casa, o que não invalida a sua influência cultural sobre Fulô. A função de parteira exercida por Eufrozina, por exemplo, permite a hipótese de que Fulô utilizava de ervas medicinais no cuidado com as parturientes, revelando a preservação de valores culturais afro-brasileiros, prática provavelmente herdada da sua mãe.

Ser parteira acrescenta mais uma camada singular na trajetória de Fulô do Panela. Embora fosse uma mulher de posses, destacando-se entre as mulheres da elite econômica e política conquistense, era uma das parteiras mais requisitadas da região, nada cobrando pelos seus serviços, o que mostra que a sua condição social não a fazia desconsiderar os ensinamentos e práticas da cultura afro-indígena à qual também pertencia.

As redes de relações construídas por Eufrozina Maria de Oliveira Freitas, ao longo da sua existência, fizeram com que a sua trajetória fosse singular na história conquistense.

## REFERÊNCIAS

AGUIAR, Itamar Pereira. 2007. Do Púlpito ao Baquiço: religião e laços familiares na trama da ocupação do Sertão da Ressaca. Tese de Doutorado em Ciências Sociais. Pontifícia Universidade Católica: São Paulo.

CERTIDÃO DE CASAMENTO de Eufrosina Maria de Oliveira Freitas e Alfredo Trindade. Caixa Diversos 1925-1926. [Documento físico]. Arquivo do Fórum João Mangabeira – Vitória da Conquista (AFJM/BA). CHAVES, Cleide Lima. 2013. A assistência à saúde no Sertão Baiano: As origens da Santa Casa de Misericórdia de Vitória da Conquista". In: CHAVES, Cleide Lima (org.). História da saúde das doenças no interior da Bahia: séculos XIX e XX. Vitória da Conquista: UESB.

DIAS, Maria Odila Leite da Silva. 1995. Quotidiano e Poder em São Paulo no século XIX. 2ª ed. São Paulo: Brasiliense.

IVO, Isnara Pereira. 2004. O Anjo da Morte Contra O Santo Lenho. Vitória da Conquista: Edições UESB.

NOGUEIRA, Ulisses do Prado. 1998. Caminho para uma terra. Vitória da Conquista: Sem Editora (s/Ed.).

ORRICO, Israel Araújo. 1982. Mulheres que fizeram História em Conquista. Vitória da Conquista: Bahia Artes Gráficas.

VIANA, Anibal Lopes. 1982. Revista Histórica de Vitória da Conquista. V. I. Vitória da Conquista: Sem Editora (s/ Ed.).

# Francisca das Chagas da Trindade

**Iraneide Soares da Silva**

Eu, mulher negra do século XX, bem nordestina, aprendi a escrever histórias a partir de minhas memórias advindas dos batuques de Xangô de Recife e das cantigas das mulheres xangozeiras, catimbozeiras, cirandeiras e dançadeiras de coco de roda, na zona da mata de Pernambuco. Memórias que também vêm do canto de Dona Militana, uma preta brincante e integrada ao movimento de cultura popular, em Ceará Mirim, no Rio Grande do Norte. Foi nesses movimentos que me constitui a mulher negra que sou.

Quando fui provocada a escrever sobre Francisca das Chagas da Trindade, me senti honrada e até muito emocionada, pois, nos 13 anos de vivência em Teresina - Piauí, são muitas as histórias positivas que escutei sobre Trindade e sua trajetória intensa na cidade. Percebi que ela é uma mulher que inspira gerações e os relatos sobre ela não se encerram nos trazidos nesse verbete, porém, de conversas informais com as amigas Sonia Terra, Graça Silva, Assunção Sousa, Haldaci Regina, Lucineide

Barros, Maria Sueli Rodrigues, Valdenia Carvalho e tantas outras,[1] extrai alguns desses relatos para nossas reflexões e inspiração.

O dia era um sábado do mês de março de 1966. No estado do Piauí, nascia Francisca das Chagas da Trindade, uma linda menina negra, filha de Lídia Maria da Trindade e Raimundo Pereira da Trindade, migrantes que saíram da cidade de Campo Alegre, no estado da Bahia, para tentar a vida na capital do Piauí. A família de Dona Lídia e Seu Raimundo era formada por eles e mais quatro filhos: Marly da Trindade, Nazaré da Trindade, Manuel da Trindade e Francisca da Trindade, que era a filha caçula.

A família Trindade chegou em Teresina nos anos de 1980 do séc. XX e foi morar na comunidade Água Mineral, zona norte da cidade, especificamente na rua Motorista Genésio Carvalho. A comunidade Água Mineral era situada na periferia da capital do Piauí e, por isso, passava constantemente por problemas sociais e estruturais: faltava habitação, saneamento, iluminação, saúde, até transporte para as pessoas. Essa comunidade foi construída por migrantes, que chegavam do interior do estado do Piauí ou dos estados vizinhos com famílias inteiras e que, por muitas vezes, eram remanejados para zona norte pelo poder público.

Francisca da Trindade viveu os anos de 1980 na Água Mineral. Quando ainda era adolescente, iniciou sua atuação política nos movimentos de juventude da Igreja Católica, dos quais partiu para movimentos populares de bairros, associações de bairros e conselhos comunitários. Filiou-se ao Partido os Trabalhadores (PT) e, em 1992, foi eleita suplente de vereador e, em 1994, se efetivou no cargo. Em 1996, foi reeleita vereadora e, em 1998, se elegeu Deputada Estadual, trilhando uma carreira de muito trabalho e compromisso público, o que a levou à Câmara Federal em 2002. Ela assumiu o mandato em fevereiro de 2003 e deixou esse plano em julho do mesmo ano, quando, prematuramente, faleceu, vítima de um Acidente Vascular Cerebral (AVC).

Em Teresina, todas as pessoas a conheciam como Trindade. Foi assim também que as suas memórias chegaram até mim, a ponto de me inspirarem a escrever sobre essa mulher. Mesmo não a conhecendo pessoalmente, sua memória, indubitavelmente, compõe a memória histórica da política piauiense, principalmente o movimento popular ligado às associações de bairros e aos movimentos sociais negros. Francisca das Chagas da Trindade foi uma mulher negra, da classe trabalhadora, que nasceu e viveu no Nordeste do Brasil, durante o século XX, na cidade de Teresina, capital do estado do Piauí.

1 Essas mulheres foram amigas e companheiras de luta de Francisca da Trindade. São elas que guardam suas memórias e histórias de lutas e resistências.

Trindade, assim como nós, as *Amefricanas*, no sentido em que nos fala Lélia Gonzalez, construiu sua trajetória por ações de "erguer a voz", como nos diz bell hooks (2018), movimento necessário para nós desde que fizemos a travessia do Atlântico, forçadas pelo sequestro criminoso, em África. Assim, passamos por Nanny de Maroons (1680-1755),[2] Dandara (séc. XVII) e Luiza Mahin (séc. XIX); empunhamos as armas de Maria Remédios del Valle (1776-1847); celebramos as vozes e as letras, a partir das tribunas de Antonieta de Barros (1901-1952) e Francisca da Trindade (1966-2003) e entramos e saímos do "Quarto de Despejo" de Carolina Maria de Jesus (1960).

Neste caminhar, vamos "falando a partir das margens", ainda seguindo bell hooks (2018), pela perspectiva da interseccionalidade proposta por Patrícia Hill Collins (1990), tecendo nossas "escrevivências" como somos convidadas a fazer por Conceição Evaristo, até chegar a "enegrecer o feminismo", como promove Sueli Carneiro (1985). Com todas elas, vamos sempre ecoando a interrogação presente no cotidiano de mulheres negras em diferentes partes do mundo (d)enunciada por Sojouner Thuth (1797-1883): "E não sou eu uma mulher?". É esse, então, o propósito desses escritos, e de muitos outros, sobre nós, mulheres afro-atlânticas. Precisamos reconstituir nossas memórias a fim de "reparar essa dignidade perdida".

Trindade ousou "esperançar" e sua história e memória inspiram mulheres negras de todas as gerações, do estado do Piauí, do Brasil e das Américas. Então, vamos esperançar? Ela, em tempos bem adversos, rompendo a barreira do machismo, racismo e da pobreza, assim como Maria Antonieta de Barros (1901–1952); Benedita da Silva (1942); Marielle Franco (1979-2018) e Olívia Santana (1967), subiu a tributa e chamou seu povo para a luta. Ela se fez verbo, esperançou, como o mestre nos ensinou:

> É preciso ter esperança do verbo esperançar, porque tem gente que tem esperança do verbo esperar E esperança do verbo esperar não é esperança é espera. Esperançar é se levantar, esperançar é ir atrás, esperançar é não desistir! Esperançar é ir adiante, esperançar é juntar-se com outros para fazer de outro jeito (FREIRE, 2002).

Nós, mulheres negras afro-atlânticas, em diferentes espaços geográficos e territórios, esperançamos e inspiramos. A partir das nossas experiências vividas no passado, descobrimo-nos como sujeitos históricos, e não somente como objeto de estudo. Outrossim, a história dos últimos 520 anos nos revela que nós, mulheres negras do Brasil e das Américas, somos invisibilizadas e excluídas das histórias e memórias positivas dessa região. Não aparecemos nelas e tampouco as protagonizamos.

2 A informação que temos é de que a Rainha Nanny nasceu por volta da década de 1680, na Costa do Ouro, África Ocidental, hoje conhecida como Gana. Pertenceria ou à tribo Ashanti ou à tribo Akan e chegou à Jamaica na condição de mulher livre.

Apesar disso, sabemos, a partir das fontes produzidas em todos os períodos históricos, que nós, mulheres, imprimimos nossas presenças em diversos movimentos de lutas e resistências, contra o escravismo criminoso, contra o racismo, contra machismo e sexismo e pelo bem viver. Trindade, em vida, viveu o *Ubuntu*. A comunidade afro-diaspórica certamente, ante sua memória, fala: *Yu u nobuntu* (Ei, ela tem *Ubuntu*!'). Diz-se isso para uma pessoa generosa, hospitaleira, amigável, atenciosa e compassiva, que vive em comunidade e cuja luta também é comunitária. Sua vitória é comunitária!

Em Teresina, Francisca da Trindade é nome de rua, de bairro, de associação de moradores e de conselhos comunitários, mas, sobretudo, sua memória está impressa na memória social, nas lembranças de tempos de esperança das pessoas mais simples, especialmente as que habitam a zona norte e as áreas mais periféricas da cidade e as que integramos movimentos de mulheres negras e não negras, como enfatiza Dina Magalhães (2019) no livro "Eternamente Trindade: A Mulher, a Profissional e a Líder Política".

## REFERÊNCIAS

EVARISTO, Conceição. 2006. Becos da memória. Belo Horizonte: Mazza.

FREIRE, Paulo. 2002. Pedagogia da esperança: Um reencontro com a pedagogia do oprimido. 9ª ed. Rio de Janeiro: Paz e Terra.

HOOKS, bell. 2019.Erguer a voz: pensar como feminista, pensar como negra. Trad. Cátia Bocaiuva Maringolo. São Paulo: Elefante.

MAGALHÃES, Dina. 2019. Eternamente Trindade: A mulher, a profissional e líder política. Teresina: Editora Quimera.

SOUSA, Juliana Alves De. 2020. Ayabás: História, memória e trajetória de mulheres negras em Teresina/PI (1980–2000). Dissertação de Mestrado em andamento, no Programa de Pós-Graduação em História da Universidade da Integração da América Latina (UNILA).

GOTTLIEB, Karla. Setembro de 2000. The Mother of Us All: A History of Queen Nanny, Leader of the Windward Jamaican. Kingston: Africa World Press.

# Ivone Lara

**Liana Barcelos Porto**
**Luciane Tavares dos Santos**

"O que trago dentro de mim preciso revelar". Dona Ivone Lara inicia assim a emocionante canção "Nasci para sonhar e cantar" (LARA; CARVALHO, 2001). Quem melhor do que ela para falar sobre si por meio de suas melodias? Para além de ser Dama ou Rainha do Samba, como é conhecida Brasil afora, muitas vezes nos escapa o seu pioneirismo ao ser uma das primeiras mulheres negras a ter formação universitária e a sua dedicação à saúde pública e à luta antimanicomial ao lado da psiquiatra Nise da Silveira (SCHEFFER, 2016; SANTOS, 2005), questões que também precisam ser reveladas.

Nasceu Yvonne Lara da Costa, em 13 de abril de 1922,[1] em Botafogo, na cidade do Rio de Janeiro, filha da costureira e cantora Emerentina Bento da Silva e do mecânico de bicicletas e violinista José da Silva Lara. Dedicou-se aos instrumen-

1 A mãe teria aumentado em um ano sua data de nascimento para que ela fosse aceita na prestigiada Escola Municipal Orsina da Fonseca.

tos e ao canto bem nova, por influência do ambiente familiar - povoado de artistas e de musicalidade de raízes africanas -, e da Escola Municipal Orsina da Fonseca, internato onde ficou dos 10 (dez) aos 17 (dezessete) anos e onde teve aulas de música com Lucília Villa-Lobos (MALTA, 2011).

Perdeu o pai aos 3 (três) e, aos 12 (doze) anos, perdeu a mãe. Ficou aos cuidados da tia Maria e do tio Dionísio Bento da Silva; ela cantora, ele músico do choro. Ele, inclusive, organizava rodas de choro onde morava, Inhaúma, nas quais Ivone esteve imersa (MALTA, 2011). Quando saía do internato, ela convivia com nomes como Pixinguinha e vivenciava o ambiente musical em que aconteciam os "jongos" – música e dança de roda; ao som de batidas de palmas e tambores, em que o solista canta e o refrão é repetido em coro (AULETE, 2021). Apesar de crianças não poderem participar deles, ela os observava.

Seu amor pelo samba se materializava no amor pela extinta Escola de Samba Prazer da Serrinha e pelo Grêmio Recreativo Escola de Samba Império Serrano, que se origina a partir de dissidentes da primeira. Os barracões de ambas, em Madureira, testemunharam o quanto esteve na vanguarda: no Império, primeiro subverteu a ordem ao assinar seus sambas com o nome do primo, Mestre Fuleiro, para que fossem aceitos; depois se tornou a primeira mulher a entrar para a ala de compositores e a escrever um samba-enredo. "Os cinco bailes da história do Rio", de 1965, foi aclamado como um dos melhores sambas-enredo da escola.

Tudo isso lhe rendeu muitas homenagens, como a que fez o Império Serrano, em 2012, então no Grupo de Acesso. O samba-enredo "Dona Ivone Lara: o enredo do meu samba", cuja letra é de Arlindo Cruz, Tico do Império e Arlindo Cruz Neto, sintetiza a história de Dona Yvone Lara com o Grêmio Recreativo: "A rainha da casa, mãe esposa de fé/ Diz que o dom de compor é coisa de mulher/ Com o mestre venceu o desafio/ Nos cinco bailes da história do meu Rio".

Diz Scheffer (2016) que a aproximação dela com o samba também se dá por meio das

> [...] casas das tias baianas, das batidas do pandeiro e da faca no prato no quintal de tia Ciata, onde o primeiro samba foi gravado no ano de 1916. A organização das festas de samba na República Velha foi marcada pela ativa participação das mulheres negras e mestiças, chamadas de tias. Durante as festas nas casas das tias, na sala de visita era executado o choro, o samba. E, após o jantar, eram realizados o batuque e o candomblé, com os cantos dos orixás (SCHEFFER, 2016, p. 486).

As casas e as escolas se entrelaçam na sua história afetiva. Seu marido, Oscar Costa, era filho do presidente da Prazer da Serrinha. Com ele, casou-se em 1947 e teve 2 (dois) filhos, Alfredo e Odir. Segundo Scheffer (2016, p. 492), "como as outras, vinha de rigorosa formação religiosa na escola, [casou-se] tardiamente para os padrões da época, aos 26 (vinte e seis) anos, e assumiu a frente da família", enquanto o marido vivia de biscates. Curiosamente, Oscar não gostava de ambientes de boêmia nem de ir aos pagodes com ela (MALTA, 2011).

Em 1975, um evento marcaria com tristeza a família. Odir sofreu um acidente de carro, ficou em coma por quase dois meses e teve várias sequelas. Oscar não resistiu à notícia e teve um infarto, falecendo antes do filho acordar do coma. Foi um momento em que o parceiro musical Délcio Carvalho, com quem assinou mais de 52 composições, propunha letras tristes para suas melodias; o que parecia traduzir e revelar sentimentos que ela carregava em si. Em 2008, Odir, aposentado por invalidez desde o acidente, morreu de complicações do diabetes (MALTA, 2011; ARAÚJO, 2021).

Tanta genialidade, talento e voz inconfundível, no entanto, só alcançariam projeção nacional no fim dos anos 1970, com "Sonho meu", que se tornou um hino reverberado por diversas artistas brasileiras, como Maria Betânia e Clara Nunes. Cabe ressaltar que somente aos 53 (cinquenta e três) anos grava o primeiro disco. Em parte, porque se dedicou à vida profissional, somente após se aposentar passou a se dedicar integralmente à música, mas não se pode esquecer das dimensões de classe, de raça e de gênero que a atravessam e certamente tornaram moroso o caminho: "Até a aposentadoria, ela se apresentava às pessoas como 'Yvonne Lara, assistente social', e não como cantora ou compositora" (BURNS, 2009, p. 81).

No que tange a vida profissional, é considerada pioneira no curso de Serviço Social da Universidade Federal do Estado do Rio (UNIRIO): "[...] uma das primeiras assistentes sociais do país; ou ainda, uma das primeiras mulheres negras a adquirirem educação no nível de terceiro grau" (SANTOS, 2005, p. 27). Vale pontuar que, antes, aos 17 (dezessete) anos, cursou Enfermagem na Escola Anna Nery, em um contexto de forte apelo para que mulheres atuassem na I e II Guerras Mundiais, pois era a opção que tinha sendo ela uma mulher negra e pobre. Nessa época, teve boa colocação e foi admitida no Serviço Nacional de Doenças Mentais (SCHEFFER, 2016).

Após pouco mais de 5 (cinco) anos trabalhando na enfermagem, ingressa no recém-criado curso de Serviço Social: "profissão que exerceu com orgulho e dedicação por 37 (trinta e sete) anos até [...] sua aposentadoria, em 1977" (SANTOS, 2005, p. 16). Como assistente social psiquiátrica, dedica-se, praticamente durante toda a trajetória, ao Centro Psiquiátrico Nacional D. Pedro II, em Engenho de Dentro (SCHEFFER, 2016). Também se especializa em terapia ocupacional e trabalha com a psiquiatra Nise da Silveira quando esta desenvolve terapias inovadoras ligadas à arte:

> Além disso, o trabalho profissional na Casa das Palmeiras, orientado pela Drª. Nise da Silveira, abriu amplas possibilidades para inovar sua prática profissional por meio de grupos, de interdisciplinaridade e do uso de recursos artísticos. Por outro lado, acreditamos que o trabalho de assistente social na saúde mental também influenciou nas suas composições, principalmente na valorização da mitologia negra, da loucura, do sonho, dos afetos e da liberdade. A palavra sonho, por exemplo, é o universo onírico, expressando o inconsciente e as emoções, que aparece na mais conhecida música de sua autoria: "Sonho meu" (SCHEFFER, 2016, p. 492).

Certamente as hipóteses de que o trabalho influencia em suas composições faz sentido se compreendida como poeta do cotidiano, das emoções, do sensível, como expressa sua primeira composição. Escrita para o passarinho "Tiê", quando tinha 12 (doze) anos, mais tarde ela foi eternizada como samba (MALTA, 2011): "Tiê, tiê, olha lá...Oxá/ Passarinho estimado/ Que me deu inspiração!".

Ela, que resistiu ao artístico "Dona" porque a envelhecia, representa e muito a história de mulheres negras, trabalhadoras, de classes populares, que constroem o Brasil. Ela foi e é porta-voz da herança de povos de África, especialmente no pós-abolição em que insurge revolucionando ambientes até então habitados por homens, como a ala de compositores de escolas de samba, ou de classes médias e altas, como as universidades.

Estas poucas linhas não dão conta de sua grandiosidade, mas tentam trazer um olhar para além da artista, para fazer conhecida a história de Dona Ivone, parte da primeira geração brasileira de profissionais da área de Enfermagem e Serviço Social. Vale lembrar que não só ela, mas outras mulheres também ousaram ser reformistas, contribuindo para o estabelecimento do Serviço Social brasileiro e para o avanço das políticas de saúde pública.

Ela, que, em uma das últimas entrevistas, disse que "sempre foi romântica", dando a dimensão da sua sensibilidade e de uma vida dedicada ao amor e ao afeto, faleceu, devido a complicações cardiorrespiratórias, aos 97 anos, em 16 de abril de 2018 (TEIXEIRA, 2018). Na despedida, seu corpo foi celebrado, com muito samba, na quadra do Grêmio Recreativo Escola de Samba Império Serrano.

## REFERÊNCIAS

ARAÚJO, Edimar. Sem data (s/d). A rainha do samba: Dona Ivone Lara. [publicação online] Afreaka – Brasil/África [página de internet]. Disponível em: http://www.afreaka.com.br/notas/rainha-samba-dona-ivone-lara. Acessado em: 2 de abril de 2021.

BURNS, Mila. 2009. Nasci para sonhar e cantar: A mulher no samba - Dona Ivone Lara. Rio de Janeiro: Record.

CRUZ, Arlindo; IMPÉRIO, Tico do; CRUZ NETO, Arlindo [compositores]. 2012. Dona Ivone Lara: O enredo do meu samba. In: LARA, Ivone. Canto da Rainha [DVD – show ao vivo]. Disponível em: https://www.youtube.com/watch?v=17LNtd8I6r8. Acessado em 15 de março de 2023.

JONGO [verbete de dicionário]. Sem data (s/d). In: Aulete digital: Dicionário Caldas Aulete. Disponível em: https://www.aulete.com.br/jongo. Acessaso em: 30 de abril de 2021.

LARA, Ivone. 2001. Nasci para sonhar e cantar. Compositores: LARA, Ivone; CARVALHO, Décio. In: LARA, Ivone. Nasci para sonhar e cantar [álbum]. Gravadora: Natasha. CD..

MALTA, Pedro Paulo. 2011. Dona Ivone Lara [fascículo] MultiRio: Série Pequenos Notáveis. Prefeitura do Rio/Educação.. Disponível em: http://www.multirio.rj.gov.br/images/PDFs/biografia-dona%20ivone%20lara.pdf. Acessado em: 24 de maio de 2021.

SANTOS, Kátia C. 2005. Dona Ivone Lara: voz e corpo da síncopa do samba. Doctor of Philosophy (PhD)/Tese de Doutorado. University of Georgia: Georgia. Disponível em: https://getd.libs.uga.edu/pdfs/santos_katia_c_200505_phd.pdf.

SCHEFFER, Graziela. Setembro a dezembro de 2016. Serviço Social e Dona Ivone Lara: O lado negro e laico da nossa história profissional.In: Revista *Serviço Social e Socoedade.* São Paulo, nº 127, p. 476-495.

TEIXEIRA, Patrícia. 18 de abril de 2018. Em entrevista para documentário inédito, Dona Ivone Lara diz: 'sempre fui uma velha romântica' [notícia]. In: Portal G1 Rio [página de internet]. Disponível em: https://g1.globo.com/rj/rio-de-janeiro/noticia/em-sua-ultima-entrevista-para-documentario-inedito-dona-ivone-lara-revela-sempre-fui-uma-velha-romantica.ghtml. Acessado em: 28 de abril de 2021.

# Ìyálorixá Beata de Iemanjá

## MÃE BEATA DE IEMANJÁ, BEATRIZ MOREIRA DA COSTA[1]

**Sandra Mônica da Silva Schwarzstein**
**Adailton Moreira Costa**
**Verônica Nascimento**

Mãe Beata de Iemanjá**,** registrada como Beatriz Moreira Costa, nasceu em 20 de janeiro de 1931, em Cachoeira do Paraguaçu, na Bahia. Ela foi costureira, escritora, artesã, bordadeira e artista plástica (pintava, esculpia em madeira, modelava com barro) e aprendeu a fazer partos. Atuou ativamente na defesa e preservação do meio ambiente, dos direitos humanos, da educação, da saúde e combateu o sexismo e o racismo. Se identificava como uma mulher negra, preta; nordestina, baiana; de candomblé, de Axé.

1 Este texto sobre Mãe Beata foi fruto de conversas entre as autoras e o filho de Mãe Beata, o Babalorixá Adailton Moreira Costa, um dos autores.

Beata nasceu por volta do meio-dia, de uma segunda-feira. Sua mãe, Maria do Carmo, estava pescando no rio quando sua bolsa se rompeu e as águas foram tingidas de sangue. A parteira Iya Falá, uma negra africana, ajudou-a a dar à luz a sua filhinha. Com a bebê nos braços, Iya Falá previu que a menina teria uma missão na vida, já que era filha de Exu com Iemanjá. Beata nasceu com a cabecinha frágil e Iya Falá fez uma rodilha de folhas e panos, envolvendo a sua cabeça e pescoço, e assim procedeu até ela se recuperar.

Seu pai, Oscar Moreira, exímio marceneiro, gostava de pintar. Sua mãe, Maria do Carmo dos Santos, cuidava da família. Oscar gostava de ler e debater sobre política. Beata foi criada nesse meio e tornou-se uma boa oradora. Seus pais tiveram dois filhos, Beata e Aderbal. Oscar casou-se uma segunda vez com Zizi, com quem gerou 11 filhos/as, com os/as quais Beata manteve uma boa relação.

Na juventude, Beata foi morar em Salvador, no bairro de Matatu de Brotas, na região do Alaquetu, e trouxe consigo, do Recôncavo, sua mãe, Maria do Carmo. Beata foi iniciada no candomblé em 1956, no terreiro Ilê Maroiá Ladié, de Olga de Alaketu, em Salvador. Sua mãe, ao contrário de seu pai, que não se envolvia com religião, a apoiava nos caminhos espirituais. Antes de falecer nos braços de Beata e da Mãe Olga, Maria do Carmo declarou: "Mãe Olga, esta que é minha filha passa a ser sua, não somente de Santo, é sua filha de sangue, a senhora que vai cuidar de minha filha daqui pra frente". À época, Beata tinha 25 anos e já era casada.

Nos anos 1950, vivia-se uma cultura extremamente patriarcal, mas Beata conseguiu se impor e transgredir alguns dos limites impostos às mulheres: participava de grupos culturais, fazia teatro amador e era capoeirista. Participou do grupo Olodumare, formado por Vadinho Boca de Ferramenta, Ogã do Gantois.

Beata se casou com 17, 18 anos de idade. Apolinário Costa, quando a viu banhando-se no rio, para chamar sua atenção, jogou uma pedra nela, pediu desculpas e começaram a namorar. Juntos, tiveram quatro filhos: Ivete, Doya, Adailton e Aderbal, que lhes deram quinze netos/as.

A família de origem de Beata, por parte da mãe, era de quilombo, de uma linhagem de povos de tradição africana de candomblé e, por parte do pai, era católica. Beata, desde menina, sempre teve relação com Orixás e se cuidava com seu tio Anísio, Babalorixá casado com a sua tia Felicíssima, que morava no Largo das Sete Portas, em Salvador.

O marido de Beata, Apolinário, não queria aproximação com o candomblé e só aceitava que ela se cuidasse com Anísio porque ele era da família. Quando Anísio faleceu, Beata perdeu seu cuidador espiritual e ficou doente. Levada por sua vizinha, de nome Dadá, começou a frequentar o Terreiro do Alaketu. O marido "permitiu" que ela frequentasse esse terreiro porque este era comandado por uma mulher, Mãe

Olga, a quem Apolinário respeitava muito. No início dos anos 1950, Beata, com 20 poucos anos, foi iniciada pelas mãos de Mãe Olga, no Alaketu. Apolinário aceitou a sua iniciação, mas não concordava com sua permanência no terreiro.

Em 1968, Beata se separou do marido e viajou para o Rio de Janeiro. Foi preparar as condições econômicas para sustentar seus quatro filhos, que deixou em Cachoeira - BA aos cuidados de seu irmão Aderbal. Na nova cidade, Beata foi acolhida por sua família de Axé,[2] homens e mulheres com quem tinha laços afetivos desde Salvador e que, no Rio de Janeiro, haviam se tornado Mães e Pais de Santo. Em 1969, fez uma pequena atuação na novela "Verão Vermelho", da Rede Globo de Televisão. Em 1970, voltou à Bahia e, junto com os filhos, retornou ao Rio de Janeiro. No Rio, entre tantos outros trabalhos, foi contratada como costureira pela Rede Globo e costurou para a estilista Zuzu Angel, mantendo sempre seu compromisso com Orixás.

Para isso, contou com o apoio da prima Lourdes, moradora de Irajá, do finado Babalorixá Tião de Irajá Bamboxê, da Mãe Regina Bamboxê e de suas irmãs de Santo, Celina de Iansã e Disa Santiago. Já empregada, alugou, junto com os filhos, um apartamento em Irajá. Mudou-se para Copacabana, depois para Realengo e Nilópolis para, finalmente, se instalar em uma casa de Miguel Couto, em Nova Iguaçu.

Sua Mãe de Santo lhe havia dito que, quando possuísse um pedaço de terra para seu terreiro, estaria pronta para se tornar Ialorixá. No dia que o Orixá determinou, 20 de abril de 1985, Beata recebeu, das mãos de Mãe Olga de Alaketu, sua outorga como Mãe de Santo, na fundação do terreiro Ilê Omi Oju Arô, que significa "Casa das Águas dos Olhos de Oxóssi", em Miguel Couto. Por conhecer profundamente as folhas, seus usos medicinais e rituais, ela recebeu o posto de Iya Lossain Yá, que quer dizer cultuadora das folhas e seus segredos, na casa de sua irmã de Santo, Mãe Celina.

Beata estudou até a quarta série do ensino fundamental. Dizia que aprendeu a escrever no caderno feito com papel que embrulhava pão, a contragosto do pai, para quem "filha mulher não aprendia a ler e escrever pra não passar recado pra homem". Formou-se como cabeleireira pelo SENAC. Lia diariamente os jornais impressos e assistia os televisionados. Tinha sempre livros na sua cabeceira e apreciava a obra de Clarice Lispector. Beata tornou-se escritora com as obras: "Caroço de Dendê – A sabedoria dos terreiros: como Ìyálorixás e Babalorixás passam conhecimentos a seus filhos" (1997) e "As histórias que minha avó contava" (2005). Publicou o artigo "Tradição e Religiosidade", no "Livro da saúde das mulheres negras", em 2000, de Jurema Werneck. Em 2010, Haroldo Costa lançou sua biografia intitulada "Mãe

2 Estas famílias expressam as relações familiares africanas, que não se dão somente pela consanguinidade.

Beata de Yemanjá: Guia, Cidadã, Guerreira", publicada pela Garamond e pelo Ministério da Cultura.

Mãe Beata foi homenageada com vários prêmios. Recebeu o prêmio "Bertha Lutz", do Senado Federal (edição 2007) e; em 2010, ganhou o Prêmio "Direitos Humanos", da Presidência da República. Foi agraciada com o Mérito Legislativo da Câmara dos Deputados, em 2012. Recebeu o Prêmio "Personalidades Negras", da Fundação Cultural Palmares, do Governo Federal, em 2017. Em 2014, foi homenageada pela Escola de Samba Garras do Tigre, no carnaval de Nova Iguaçu. Recebeu, em cerimônia póstuma, a Medalha Tiradentes, da Assembleia Legislativa do Rio de Janeiro, por iniciativa do Deputado Marcelo Freixo, no dia 07 de junho de 2017.

O ativismo social de Beata teve início nos anos 1980, antes mesmo da fundação da ONG Criola, em 1992, da qual tinha orgulho de ser presidenta e da qual continua a ser presidenta de honra, *in memorian*. Participou dos coletivos: Rede Nacional de Religiões Afro-Brasileira e Saúde, grupo Tradição de Orixás, Rede de Desenvolvimento Humano (REDEH), Movimento Inter-Religioso do Viva Rio e outros. Mas do que mais gostava era mesmo de ser mulher preta de Axé.

Beata, orientou seus filhos e filhas a se engajarem nas lutas por direitos humanos e pelo fim da violência contra as mulheres. Enquanto mulher preta, sabia da dor causada pela pobreza, pelo racismo, pela violência, em um país onde persiste fortemente uma cultura machista, racista e patriarcal. Beata reverenciava sua ancestralidade, sua mãe, avó e demais ancestrais.

Na sua luta por justiça, quando não conseguia compreender algo, dizia: "(...) a gente tem que ouvir, não se pode acusar as pessoas...". Se afirmava como feminista e mulherista. No candomblé, quando ainda não se falava sobre diversidade de gênero, Beata já refletia sobre isso. Certo dia, Mãe Beata disse para seu filho, o Babalorixá Adailton que a sucedeu à frente do Terreiro:

> (...) quando eu me for, nunca feche essas portas para aqueles que precisarem de você. Não importa que seja homem, mulher, negro, branco, que seja homem mulher, mulher homem, que seja as duas coisas, não tenha preconceito (...)

Para Mãe Beata, uma Ialorixá não era somente para cuidar de Orixá, era para cuidar de seu coletivo. Hoje, como Babalorixá do Ilê Axé Omiojuaro, Adailton pede à sua mãe inspiração e sente sua ancestralidade reafirmada. Para ele, sua mãe não morreu, "[...] ela dormiu aqui e acordou no lado de lá... e continua próxima de nós".

Os maiores desafios enfrentados por Beata foram os da superação do machismo e do racismo, grandes geradores de dor, de fome, de desigualdades sociais e de falta de direitos. Viver em uma sociedade que havia naturalizado estas mazelas era a sua grande dor. Para Beata, a fome "tem cor, é nossa cor preta, que é a da grande maioria. A dor tem cor, é a dor do povo preto". Mãe Beata de Iemanjá partiu para o Orun-Itunla, sua última morada, na madrugada do dia 27 de maio de 2017. Uma multidão de pessoas, a maioria vestida de branco, foi homenageá-la no seu sepultamento. Por seu falecimento, o Governo do Rio de Janeiro decretou luto oficial por três dias. Axé!

# Ìyálorixá Celina de Xangô

## MÃE CELINA DE XANGÔ, CELINA MARIA RODRIGUES DE ALMEIDA[1]

**Sandra Mônica da Silva Schwarzstein**
**Verônica Nascimento**

Mãe Celina de Xangô foi registrada como Celina Maria Rodrigues de Almeida, mulher negra que cuida do seu Barracão de Santo, em São Gonçalo, no Rio de Janeiro, onde nasceu em 22 de dezembro de 1963. É gestora do Centro Cultural Pequena África e empreendedora social, na Região Portuária da cidade do Rio de Janeiro.

Celina é a terceira filha dos 7 (sete) filhos/as gerados por sua falecida mãe, Neuza Milésio da Rocha, lavadeira, conhecida como Iaiá, e por seu pai, Paulo Rodrigues dos Santos. Da avó paterna, que conheceu apenas pelas histórias contadas

1 Este verbete foi produzido a partir de conversas entre as autoras e a Mãe Celina de Xangô, em vários encontros, a partir de maio de 2019, na cidade do Rio de Janeiro.

pelo pai, Celina herdou o nome. Da avó materna, Armanda da Conceição, recorda do olhar doce e de como ajudava Iaiá na lida com as roupas e com o ferro de carvão. Se lembra das trouxas de roupas que sua mãe e avó carregavam na cabeça quando iam fazer entregas nas casas das patroas e das conversas com outras mulheres pobres, com as quais compartilhavam alegrias, tristezas e pão.

Sua mãe, avó e bisavó eram de tradição umbandista, mas Celina foi batizada na Igreja Católica. Aos 11 (onze) anos de idade, se viu incorporada por uma entidade espiritual com a qual trabalha até hoje. Aos 22 (vinte e dois) anos de idade, após o nascimento de sua filha, passou para o Candomblé. Em 1991, ao ser iniciada para Xangô, deu início à caminhada que a levou ao cargo de Ialorixá. Em 1999, com 38 (trinta e oito) anos, tornou-se Mãe de Santo, pelas mãos de Mãe Jocelina de Xangô, já falecida.

Da infância, se lembra da mãe incentivando os/as filhos/as a estudarem. Recorda da menina negra, muito pobre, da periferia, que achava que seus sonhos não poderiam ser realizados. Queria estudar, ser bailarina e viajar para Londres. Se encantava com a escola, mas a necessidade de ajudar no sustento da família a fez trabalhar como empregada doméstica já aos 13 (treze) anos e, a partir dos 14 (quatorze), como operária em uma fábrica. Era bonita e tornou-se modelo para uma marca de roupas. Aos 17 (dezessete) anos, deixou a escola porque não conseguiu conciliá-la com o trabalho. Retomou os estudos aos 30 (trinta) anos de idade. Depois dos 40 (quarenta), fez uma graduação em logística. Na maturidade, aprofundou seus conhecimentos ancestrais sobre as plantas e, aos 57 (cinquenta e sete), em 2021, lançou o livro "O Poder das Ervas".

Foi aos 17 (dezessete) anos que Celina se casou com Rogério Coelho de Almeida, com quem teve sua filha Ana Rafaela. Logo se separaram. Criou sua filha sozinha e tem uma neta de nome Bruna.

No início dos anos 1980, conseguiu um emprego de assistente de produção, na Rádio Nacional. Mais tarde, trabalhou nas extintas TV Rio e na TV Manchete. Em 1999, voltou à Rádio Nacional, como editora e produtora. Em 2006, convidada pelo amigo Rubem Confete, tornou-se gestora do Centro Cultural Pequena África (CCPA), ONG que se propõe a resgatar, na perspectiva negra, a história da Zona Portuária da cidade do Rio de Janeiro. A princípio achava que o CCPA seria um trabalho como os outros, precisou de um tempo para entender do que se tratava. Tudo somado, trabalha há mais de 40 (quarenta) anos no entorno do Cais do Valongo.[2]

2 O Cais do Valongo abrange toda a Praça do Jornal do Comércio, antiga Zona Portuária do Rio de Janeiro. É um antigo cais de pedra que serviu para desembarque de cerca de 900 mil africanos/as escravizados/as trazidos/as a partir de 1811. Ele traz à memória as violações de direitos humanos daqueles que foram os antepassados escravizados, de mais da metade da população do país. Para mais informações sobre ele, ver: https://whc.unesco.org/en/list/1548/ (Acessado em 01 de setembro de 2019).

Em janeiro de 2011, escavações que eram parte das obras de modernização daquela área trouxeram à luz do dia um dos mais completos e ricos acervos de objetos do tempo dos/as negros/as escravizados/as no Brasil. Por contribuir para o resgate da história do soterrado cais, o conjunto de objetos foi recolhido pelos arqueólogos do Museu Nacional, da Universidade Federal do Rio de Janeiro (UFRJ). O Departamento de Arqueologia da Universidade, em conjunto com especialistas e integrantes do movimento negro, tentou, em vão, identificar e classificar alguns objetos que pareciam ser instrumentos de ritos religiosos.

Giovanni Harvey, da Incubadora Afro-Brasileira, recomendou Mãe Celina a Tânia de Andrade Lima, arqueóloga, chefe da equipe da UFRJ. Tânia contratou Mãe Celina por um ano e meio, entregando a ela a tarefa de ajudar no reconhecimento das peças utilizadas em rituais. "Eu estou entregando o cordão umbilical (do Cais do Valongo) pra você" disse Tânia à Mãe Celina.

Por conta da nova incumbência, Mãe Celina mudou-se para a Região Portuária, perto da Praça Mauá, mas nunca deixou de atuar no Pereirinha, na periferia de São Gonçalo, no seu Barracão de Santo *Inzo Nganga Dia Nzaze* (Casa de Oxalá e Xangô), que é para "não esquecer das suas raízes". Familiares e amigos/as que tem no Pereirinha se orgulham quando a veem nas matérias dos jornais impressos e na TV.

A descoberta do sítio arqueológico teve ampla repercussão na comunidade internacional de Arqueologia e conferiu visibilidade a Mãe Celina, o que foi um marco em sua trajetória. Ela reconhecia a importância de outras Mães e Pais de Santo mais antigos/as do que ela, mas, aos poucos, foi percebendo que essa missão era sua e que caberia a ela contar essa história.

No desempenho desta missão, ela foi à França,[3] à República do Benin e à Alemanha. Nas diferentes oportunidades em que discorreu publicamente sobre seu trabalho no Valongo e se encontrou com lideranças africanas, se sentiu bem acolhida. Ao participar de um seminário no Museu d'Aquitaine, em Bordeaux - França, percebeu que tinha histórias ancestrais a contar e pessoas interessadas em escutá-la. Apreensiva por não falar de forma acadêmica, experienciou a força da sua oralidade. O mesmo aconteceu nos demais debates. Em 2014, falou da redescoberta do Cais do Valongo, no Festival de Patrimonialização da Escravidão Patrimonie de la traite négrière et de l'esclavage - Dossier the matique,[4] juntamente com representantes de povos tradicionais de muitos países.

3 Ela viajou à França nos anos de 2014, 2015, 2016, 2017 e 2019.

4 Patrimonie de la traite négrière et de l'esclavage - Dossier the matique. Disponível em: https://www.culture.gouv.fr/Thematiques/Sciences-du-patrimoine/Thematiques-de-recherche/Patrimoine-et-societe/Patrimoine-de-la-traite-negriere-et-de-l-esclavage-Dossier-thematique/Colloque-La-patrimonialisation-de-l-histoire-et-de-la-memoire-de-l-esclavage-du-local-au-global-21-et-22-mai-2015. Acessado em 03 de julho de 2023.

Em uma outra viagem, em 2015, em um debate no Museu Africano de Lyon, Pierre Lokokum, um senegalês coordenador de projetos para o desenvolvimento de países africanos, lhe disse que "A madame é *béninoise*, pois seu corpo, seus olhos, seus trejeitos e fala são *béninoises* e madame vai ao Benin".

Apegando-se aos seus Orixás, em 2016, superou as dificuldades financeiras e de domínio da língua francesa e do iorubá e viajou ao Benin. No vilarejo de Ouidah,[5] reconheceu seu lugar ancestral e sua raiz. Viu que as mulheres eram todas como ela, corpulentas, robustas, falavam com o corpo, com os olhos e com a cabeça.

Uma liderança local que Celina identifica como um "príncipe vodu" confirmou para ela que aquela tinha sido a terra de seus ancestrais. Foi coroada e recebeu a faixa de princesa, em uma cerimônia tradicional dos fundadores de Oiudah – uma dinastia com mais de 675 anos – chamada *Kpassenon* e ganhou o cargo de *Yá Egum Egbe Ilê Toutou*. Foi presenteada com um cajado de proteção, em madeira, no qual estavam esculpidos um ovo, que simboliza a origem da humanidade, cobras, que representam a esperteza, e um elefante, a força que nos carrega. Ainda no Benin, Celina casou-se com um *Ojê* (Ogã), desta mesma dinastia, chamado Apollinaire Allu, já falecido.

Em 2019, retornou à França para participar do Festival Clímax de Ecologia, Cultura e Artes, em Bordeaux, que reuniu também muitas lideranças indígenas, entre elas, o cacique brasileiro Raoni. Ela foi a única Ialorixá afrodescendente a se apresentar. Em seguida, viajou à Berlim, na Alemanha, para falar de suas experiências e descobertas e de seu conhecimento sobre as plantas.

Hoje, fazendo uma analogia com o "Portal do Não Retorno" que conheceu em Ouidah – Benin, considera que a região portuária do Rio de Janeiro foi o seu "Portal de Retorno à África". Ela agradece, aos Orixás e à sua ancestralidade, a força da sua oralidade, que compartilha com muitas mulheres pretas e pobres.

No Brasil, em 2018, como Mãe de Santo, participou do Festival de Mulheres do Mundo (Women Of the World - WOW) e tem sido convidada para dar palestras em universidades. Nessa sua trajetória, foi aos poucos superando a baixa estima, gerada pela pobreza, pelo racismo e pelo machismo. Em junho de 2019, Mãe Celina foi condecorada com uma importante honraria da Câmara Legislativa Municipal do Rio de Janeiro, a Medalha Chiquinha Gonzaga,[6] por iniciativa do vereador Leonel Brizola Neto.

5 O vilarejo Ouidah, na República do Benin, no passado, foi o principal porto do Reino de Ouidar.

6 A cerimônia "Mãe Celina de Xangô recebe Medalha Chiquinha Gonzaga – 04/06/2019" pode ser assistida pelo endereço eletrônico: https://vimeo.com/340650460. Acessado em 22 de julho de 2021.

Segundo Mãe Celina, somente nos últimos dez anos, ela se deu conta de que foram suas práticas religiosas que a colocaram em contato com a história perdida de seu povo. Nesse período também, ela entendeu que a sua geração de zeladores de Orixás tem o privilégio de acessar saberes que as gerações passadas não acessavam. "É claro que tem a audição, a visão, os jogos de búzios e outros rituais, mas hoje tem o 'saber' do livro", diz, referindo-se às descobertas que fez no Centro Cultural Pequena África.

De acordo com Mãe Celina, para ser uma Ialorixá, é preciso passar credibilidade, confiança e respeito. Sua trajetória também está vinculada à luta pela emancipação feminina e pelo fim da violência praticada contra as mulheres. Mãe Celina se apresenta altiva e se lança na realização de seus propósitos, guiada por sua espiritualidade e pelos Orixás, especialmente Xangô, o Orixá da Justiça, a quem pede saúde. Axé!

# Ìyálorixá Dulce

## MÃE DULCE - DULCE COSTA MOREIRA: AQUELA QUE PRIMEIRO RUFOU OS TAMBORES NO MEIO DO MUNDO!

**Elane Carneiro de Albuquerque**
**Maria Jaguarema da Costa Moreira**

Dulce Costa Moreira nasceu no dia 26 de setembro de 1926, em uma casa ribeirinha às margens do rio Moanã, nas Ilhas do Marajó, interior do Pará. Sua mãe, Raimunda Plácida da Costa, era parteira, rezadeira e benzedeira, fazia remédios de ervas, amparava as crianças e cuidava das mães do lugar. Seu pai, Luiz Gonzaga da Costa, era um carpinteiro muito reconhecido. Dulce dizia que foi uma criança muito feliz. Ainda nestes tempos, a menina Dulce teve sua primeira experiência com a mediunidade, que mais tarde a tornaria Ìyálorixá Mãe Dulce de Iansã.[1]

1 Mãe Dulce era de Iansã (Oyá), Orixá feminino (Yabá) sincretizada com Santa Bárbara, que deu nome ao seu Terreiro, onde, todo dia 04 de dezembro, há uma homenagem a Santa Bárbara e à Iansã. Ela é Sacerdotisa, Mãe de Santo e Zeladora de Orixá ou Yalorixá: o cargo hierárquico feminino de liderança nas religiões de matrizes africanas no Brasil.

Mãe Socorro[2] conta que sua avó criava perus e que os alimentava com pequenos mariscos que catava em dias de maré baixa. Um dia, Dulce e o irmão foram procurar os mariscos e Dulce acabou encontrando um anel junto a areia, pedras e mariscos. Ao colocar o anel no dedo, ela viu um senhor bem velhinho, com uma roupa que não era compatível com as usadas na época deles. Tempos depois, ela afirmou que essa teria sido sua primeira visão espiritual.

Mãe Jaguarema acredita que esta primeira visão mediúnica foi com um índio muito bonito que seria depois reconhecido como o Caboclo Pena Forte, o Chefe de Cabeça[3] de Mãe Dulce. O anel não ficou muito tempo nas posses da pequena Dulce, que logo o trocou com um mascate por um pedaço de tecido bonito pelo qual ela havia se "engraçado".[4]

Com 12 (doze) anos, Dulce foi morar com os padrinhos, Doutor Santilho e esposa, na capital, Belém - PA, onde estudou e também conheceu seu companheiro de vida, João Batista Moreira, um maranhense vindo da cidade de Bacabal - MA. João queria morar em um sítio para plantar e, devido a esse desejo, o casal foi morar em São Luís do Maranhão, no Terreiro de Mãe Macimiana, bisavó de João. Foi ali que Dulce se aproximou da religiosidade de matriz africana, traçando o caminho pelo qual seria conhecida, não somente como boa mãe de seus filhos e filhas carnais, mas também como boa mãe de todos/as, a Mãe Dulce.

Dulce estudou até a quinta série primária, mas tinha o sonho de ser professora, por isso abriu uma escolinha em casa e passou a dar aulas para crianças. A escolinha ficaria para trás, pois Dulce e o marido resolveram tentar a vida em Macapá - AP, onde João conheceu o então governador do Território Federal do Amapá, Janary Gentil Nunes,[5] que lhe convidou para ser seu motorista. O casal somava-se aos inúmeros imigrantes provindos do Maranhão, Ceará e Pará, seduzidos por uma possibilidade de vida próspera na jovem Macapá, capital do Território Federal do Amapá desde 1944.

Em Macapá, Dulce desenvolveu seu trabalho espiritual no Centro Espírita Frei Evangelista, coordenado pelo Tenente Irineu da Gama Paes, durante as Giras[6]

2 Maria do Socorro da Costa Moreira, atualmente com 60 (sessenta) anos, é filha carnal e herdeira espiritual de Mãe Dulce. É também Ìyálorixá de Oxum, Orixá feminino (Yabá) sincretizada com Nossa Senhora da Conceição.

3 Na Mina Nagô, o/a Chefe de Cabeça, Guia ou Protetor/a de Cabeça é a entidade espiritual que se manifesta, por meio de incorporação ou transe, na pessoa iniciada durante os rituais específicos.

4 Expressão regional que significa que a pessoa gostou de algum objeto ou de alguma pessoa.

5 Janary Nunes é um personagem importante de um dos principais marcos da história da população negra de Macapá devido ao fato de, em seu projeto de organização espacial da cidade, ter realizado a desapropriação das terras e o deslocamento de famílias negras residentes na região central, para a região de Laguinho e Favela; lugares, naquele tempo, muito afastados, abrindo espaço no centro para novos habitantes, em sua maioria brancos.

6 A Gira, nas religiões afro-brasileiras, refere-se às reuniões de trabalho, de festa ou só de treinamento em que se estabelece a comunicação entre o mundo visível e o mundo invisível por meio da incorporação (transe) dos/as iniciados/as (médiuns, rodantes, cavalos/as) que recebem os/as espíritos dos/as desencarnados/as e/ou das entidades espirituais.

de Umbanda realizadas nas quartas-feiras e nas Sessões de Mesa Branca, nas segundas-feiras. Colaborou com o Centro até terminar suas obrigações espirituais e, em seguida, foi trabalhar em sua própria residência com a ajuda de seus/as Guias da Mina, como o Caboclo Pena Forte, Seu Zé Raimundo, Dona Mariana, Dona Esmeralda, Seu Tango do Pará, Seu Jupindá e Dona Jupira, além de sua Orixá Iansã.

Em 1960, João ganhou um pedaço de terra no antigo bairro da Sé, hoje bairro Santa Rita, onde construiu sua morada. Mãe Dulce desenvolvia seus trabalhos espirituais em uma sala de sua nova casa, atendendo às pessoas que a procuravam. Foi com a ajuda dessas pessoas, adeptas ou clientes, que, naquele lugar, no dia 8 de maio de 1962, nasceu o Terreiro Mina Nagô de Santa Bárbara,[7] de hierarquia do Rei Sebastião do Maranhão, sobre o matriarcado de Mãe Dulce. Troando o primeiro Tambor de Mina do lugar, mãe Dulce marcou definitivamente a história da religião e da religiosidade afro-ameríndia do estado.

Jaguarema, que nasceu em 1962, dois anos depois da abertura do Terreiro, conta que os/as primeiros/as filhos/as de santo foram pessoas tanto das redondezas como de bairros mais distantes, que não mediam esforços para estar no Terreiro de Santa Bárbara, principalmente para participar das Giras de Trabalho. Elas acontecem até hoje, todas as quartas-feiras, seguindo a tradição deixada por Mãe Dulce.

Mãe Dulce também ficou conhecida por levar muito a sério o lema da Umbanda – "Fé, Esperança e Caridade" – e foi uma Sacerdotisa voltada para a caridade, atendendo a todas as pessoas que a procuravam, pudessem elas pagar ou não, tratando todos/as com carinho e acolhimento. Agregava e atendia a todo mundo. Era a mulher do amor às pessoas e à sua fé.

No entanto, a vida de Mãe Dulce foi permeada de muito trabalho e dificuldades, considerando o contexto histórico e cultural e as múltiplas tarefas de uma mulher negra afro-religiosa, mãe de 9 (nove) filhos/as biológicos/as – 6 (seis) homens e 3 (três) mulheres – e tantos outros que ela acolheu no Terreiro. O preconceito e o racismo religioso que também marcaram sua trajetória fizeram dela uma mulher que se posicionava, articulava e organizava politicamente o Povo de Terreiro, fundando e sendo a primeira presidente vitalícia da primeira organização política afro-religiosa local, a Federação Espírita Umbandista do Amapá (FEUEA).

Mãe Dulce, mesmo sendo uma das principais referências afro-religiosas de Macapá, não abria mão de sua crença no Catolicismo, exigindo que os/as filhos/as fossem batizados/as, comungados/as, crismados/as e que se casassem na Igreja Católica, mas sem obrigá-los/las a assistir a missa, para evitar constrangimentos para

7 O Tambor de Mina Nagô é uma religião afro-brasileira de influência do povo africano mina-jeje e mina-nagô da região de Gana, Togo, Benim e Nigéria, com grande incidência nos estados do Maranhão, Pará e demais estados da região amazônica, como o Amapá, e tem o uso do tambor e o transe ou incorporação como elementos importantes de seus rituais.

as crianças. Mãe Socorro e Mãe Jaguarema contam que, quando o padre descobria a ligação de Mãe Dulce com a Umbanda Mina Nagô, não deixava mais seus/as filhos/as entrarem na igreja, chegando a tirá-los/as da lista de presentes do Dia das Crianças. Ainda assim, hoje, todos/as são devotos/as de Nossa Senhora de Fátima.

Para Mãe Socorro, Dulce se tornou um mito no lugar por sempre prezar pela união entre a Umbanda, a Mina e o Candomblé em Macapá. O seu Terreiro estava sempre com a porta aberta para receber os/as amigos/as, tanto do Candomblé quanto da Umbanda, e sempre lutou pelo respeito e pelo direito às religiões de matrizes africanas, dialogando com todos/as e sendo importante influenciadora de decisões.

Seu pioneirismo e liderança na luta antirracista e sua importância para a cultura e o fortalecimento das religiões de matrizes africanas e afro-ameríndias no estado do Amapá inspirou a criação da Lei nº 0934 de 3 de novembro de 2005, que institui o dia 8 de maio como a data para comemoração e divulgação dos Cultos Afros.

Mãe Dulce faleceu em um sábado, no dia 27 de fevereiro de 2007, aos 82 (oitenta e dois) anos. Essa data e os dias seguintes a ela foram marcados por diversas manifestações públicas em sua homenagem. Seu enterro aconteceu ao som dos tambores da Escola de Samba Maracatu da Favela, da qual Mãe Dulce foi integrante da Ala das Baianas.

A continuação do legado religioso de Mãe Dulce foi traçada quando suas filhas ainda eram crianças. Socorro e Jaguarema foram se construindo lideranças no cotidiano do Terreiro, compreendendo este para além do espaço do sagrado: como espaço de acolhimento e de cuidado, de produção e de preservação da história e cultura africanas, afro-brasileiras e indígenas, um espaço pedagógico que as prepararia para assumir o lugar da mãe como guardadoras de seus saberes.

Socorro se tornou Ìyálorixá com 46 (quarenta e seis) anos. Jaguarema, com 41 (quarenta e um) anos se tornou Mãe Pequena. Juntas, essas duas mulheres ressignificam suas vidas e as de sua família de axé, como filhas e herdeiras da relação com o sagrado e do legado político e social de sua mãe e de suas ancestrais. Ainda nos dias de hoje, todas as quartas-feiras de Oyá, fazem rufar os tambores para os Deuses e Deusas.

# Ìyálorixá Eliane

## IYANIFA IFATUNMISE OYEKANMIN OYEKALE – ELIANE VITORIANO DA CONCEIÇÃO: A MATRIPOTÊNCIA NO CULTO DE IFÁ EM GOIÂNIA - GO

**Lorena Francisco de Souza**

*Minha mãe:*
*Você que é sabedoria na paciência,*
*você que me traz o desejo da conquista e do sucesso,*
*ajuda-me a mantê-los em toda minha vida;*
*você que dá a vida, acalma meu sofrimento e minha dor,*
*você que tem ligação direta com o meu destino,*
*você que carrega seus idés,*
*que são a demonstração da vaidade que é forma majestosa de ser.*
*Minha mãe, seus idés simbolizam a prosperidade*
*e a possibilidade de transformar algo;*
*você é quem me deu o direito de vir à vida.*

*Osun, você, Deusa do Rio*
*Eu te agradeço, dizendo assim:*
*"Sou filha daquela que carrega o idé*
*(filha daquela capaz de tudo transformar)"*
*Minha mãe*
*atrai tudo o que for de melhor para minha vida,*
*traga-me a riqueza da multiplicação e das mudanças.*
*Minha mãe, seja na minha vida uma benção, um favor e uma generosidade!*

(Oriki apresentado por Iyanifá Ifatunmise Oyekanmin Oyekale, em fevereiro de 2018)

Evidenciar a trajetória de mulheres negras nas mais diversas esferas sociais representa um exercício de resistência e resiliência contra a invisibilidade e o apagamento de um grupo social marginalizado e violentado de tantas formas. Como professora de uma instituição de ensino superior pública, pesquisadora das relações étnico-raciais e de gênero, sobretudo no campo de uma educação geográfica, procuro problematizar as espacialidades e trajetórias vivenciadas por mulheres negras em um contexto de discriminação racial e de gênero. O exercício de apresentar a trajetória socioespacial de mulheres negras (SOUZA, 2007) na realidade goianiense ou goiana se inscreve como parte do papel de valorizar atrizes sociais que compartilham suas vivências com outras atrizes e atores, proporcionando diálogos e trocas de experiências.

Quero aqui enfatizar a importância das mulheres na religiosidade de matriz africana, principalmente a vivência de uma mulher negra no culto de Ifá, Iyalorisá que reverencia sua ancestralidade e orienta suas filhas e seus filhos para o cuidado com o Ori.[1] Estar em uma Egbé é sentir-se acolhida, é rememorar a ancestralidade em seu aspecto mais amplo, é vivenciar o sentido de comunidade, ao cantar para Orixás e oferecer trabalhos, seja cuidando dos igbás,[2] seja preparando alimento ou organizando a liturgia das rezas. Sabemos da potência e grandiosidade da participação feminina nos fundamentos de Orunmilà-Ifá, a força geradora da vida, amparada pelas Grandes Mães, Yemonjá e YaMi Osorongá, forças poderosas voltadas

1 Ori é a divindade de cabeça de cada indivíduo.

2 Igbás são as cabaças que contêm a representação material de um Orixá.

ao poder feminino e atuantes na base da existência humana e em sua relação com os opostos vida e morte.

Iyanifa Ifatunmise Oyekanmin Oyekale Eliane da Conceição representa o acolhimento e o poder das Grandes Mães em seu estado mais puro e afetuoso. Eu a conheci em 2008, durante uma visita à Egbé[3] de sua família situada em Goiânia e foi o meu primeiro contato com o Ifá e o culto aos Orixás. O Ifá, naquele momento, me chamou a atenção pela simplicidade, pela sinceridade nas palavras e nos pedidos emanados pelo Babalawo e pela Iya e a paciência em ensinar cada termo iorubano, cada liturgia e cada ensinamento dos Orixás.

Ao me conduzir para a filosofia de Ifá,[4] Iyanifa Ifatunmise me apresentou, assim como a outras mulheres, a importância dos Orixás femininos neste culto, embora ainda haja muita desinformação sobre o papel das Iyagbás[5] e Ialorixás nas religiões de matriz africana, delegando menor poder a seus feitos e condutas e uma superioridade ao Balalawo. No entanto, ao sair da condição de observadora e iniciar-me como abiyan,[6] pude notar que a presença, as atividades e as condutas da Iya na Egbé eram de suma importância para o culto, orientando a organização dos rituais, liderando a preparação dos pratos e adimus,[7] limpando e adornando os Igbás, conduzindo orikis[8] e orientando seus filhos e filhas para um caminho de Irê.[9] Foi assim que compreendi a força de Osun em minha vida e no axé da casa, justamente por ser essa Orixá quem rege o caminho de Iyanifà Ifatunmise.

Como salienta Akotirene (2019), a "Iya (maternidade) reflete a categoria mais estruturante e fluida em termos sociais, políticos e espirituais do povo Yorubá" e "Osun vive na oralidade e na escrita dispostas a traduzirem a beleza das mulheres negras, a sabedoria, a inteligência, a habilidade na administração das riquezas", o que questiona a visão estereotipada difundida pelo etnólogo branco Pierre Verger de que Osun seria sereia das águas doces, vaidosa exacerbada e amante de ouro, recatada e narcisista. De forma enfática, a autora nos lembra que

> (...) Osun faz parte da resistência dos escravizados trazidos pelas águas, das conexões religiosas e da espiritualidade cumpridoras da missão de fazermo-nos viver belas, autônomas, fortes suficientemente para carregar o ouro não somente por causa do brilho (AKOTIRENE, 2019).

3 Egbé, em iorubá, significa sociedade.

4 Ifá é outro nome para Orunmilà, segundo Prandi (2001).

5 Iyagbás são os nomes dados às Orixás femininas.

6 Abiyans são as pessoas que estão se iniciando no culto aos Orixás.

7 Adimus são as oferendas feitas aos Orixás.

8 Orikis são os nomes dados às rezas ofertadas aos Orixás.

9 Irê é a palavra iorubá para "felicidade".

É esta concepção sistêmica e matripotente sobre Osun que, no meu olhar, representa Iyanifa Ifatunmise Eliane Vitoriano da Conceição, nascida em maio de 1962, goianiense, servidora pública estadual aposentada, mãe biológica de 2 (duas) mulheres e avó. Ao longo de sua iniciação e devoção aos Orixás e ao culto de Ifá, ela conciliou a carreira com a função de chefe de família e amparou seus filhos de santo ao longo de sua tripla jornada de trabalho.

Seu primeiro contato com as religiões de matriz africana foi no início dos anos 2000. Começou seu desenvolvimento mediúnico na Umbanda, no Centro de Umbanda João Grande, situado no bairro de Campinas, em Goiânia. Ela relata as situações discriminatórias que enfrentou por parte da família, originalmente católica, ao ingressar em uma religião de matriz africana. Mesmo após 21 (vinte e um) anos de ingresso na religiosidade africana, a sua família mantém o silenciamento diante de seu caminho espiritual.

Em 2003, foi iniciada para a Orixá Osun pelo Babalawo Idowu Olusola Ogunsi, de Sagamu, na Nigéria. Fez a iniciação no culto a Ifá no ano de 2008, pelo Babalawo Ifadayo Elebuibon da Egbé Ifá Opa Adimula, situada no Rio de Janeiro. Em 2012, passou pelo ritual do Itelodu e se tornou Iyanifa Ifatunmise Oyekanmin Oyekale pelo Babalawo Ifakoya Oyekanmin Oyekale na cidade de Campinas, no interior do estado de São Paulo.

No decorrer desse tempo, Ifatunmise percebeu que, em muitas situações, as sacerdotisas são tolhidas no trabalho com Orixás, pois, no conceito religioso regional em África, mulheres não podem tefar odu,[10] não podem iniciar, dentre outras interdições. No entanto, ela sempre acreditou na força que Orunmila traz a cada um/a e tinha certeza de que chegaria a uma posição de respeito para o desempenho de sua função como Sacerdotisa.

Para ela, o Ifá não é uma religião, mas uma filosofia de vida, pois ele nos conduz a saber conviver com o próximo e a respeitar a nós mesmos/as, aos nossos ancestrais e aos Orixás. Ifá é, portanto, a representação de uma energia que se assemelha a um pai que, não somente passa a mão em sua cabeça, mas também te orienta de forma simples a lidar com seus problemas e a ser alguém melhor e maior que as dificuldades do caminho.

Ao ser questionada sobre porque tomou a decisão de seguir o culto de Ifá, Ifatunmise, em sua sabedoria, afirma que, na verdade, não foi ela quem escolheu Orunmila-Ifá, mas sim Ele quem a escolheu, em um chamado ao qual atendeu prontamente, sem pensar que passaria por situações de discriminação e racismo

10 Tefar odu é o ato de riscar o odu no yerosun colocado no opon ifá, onde depois é rezado. O odu é o caminho que nos rege; yerosun é um pó de cor amarela usado no culto em Ifá; Opon Ifá é a tábua divinatória utilizada como portal que possibilita a conexão com os odus.

religioso de quem não aceita os devotos de Orunmila. Mesmo que a sua família nunca tenha aceitado sua religiosidade, ela se coloca eternamente grata por todos os pedidos feitos a Orunmila para proteger e cuidar de seus familiares.

Em sua Egbé, há o cuidado e respeito por IyaMi Osoronga, o que representa sua lealdade às divindades femininas do panteão iorubano. Segundo Ifatunmise, em Ifá, ela pôde conhecer algumas maneiras de cultuar IyaMi Osoronga e compreender que, em algumas famílias de África, não há o assentamento e, em outras, existem vários tipos de assentamento para esta divindade. Dentre inúmeros itans (relatos) de Orunmilá, fala-se desse culto em que IyaMi se revela como justa juíza que faz a correção daquilo que o ser humano costuma fazer para se prejudicar ou para prejudicar outras pessoas.

O culto de IyaMi, para ela, na verdade, visa equilibrar os atos praticados por nós, mesmo que esse equilíbrio reflita a contradição no próprio desequilíbrio. Fazer parte dos pactuados no culto à IyaMi é "uma importante ferramenta dentro do sacerdócio para ajudar as pessoas que desconhecem a forma com que IyaMi atua na existência a acalmar essa energia, sem jamais conseguir domá-la" (relato de IFATUNMISE, 2021). Ifatunmise também alega que foi escolhida por IyaMi para cultuá-la e, quando recebe o chamado, vai ao encontro daquilo que a energia quer de si mesma.

Ao ser questionada sobre como se sente enquanto Sacerdotisa em um culto de tradição iorubá, Ifatunmise diz que

> (...) Ser mulher dentro de um culto de tradição iorubá não é fácil. A religião iorubá é paternalista, tanto que as mulheres que ocupam o cargo sacerdotal que possuo fazem o duo com o Babalawo para uma melhor comunicação com todo o mundo espiritual, mas pertencer aos cultos a Osun e IyaMi permitem à mulher ter um destaque maior, já que são portadoras da cabaça da existência que fica no ventre feminino, o próprio útero (IFATUNMISE, 2021).

Outro aspecto importante no diálogo com Ifatunmise foi sobre perceber-se negra na religião de tradição iorubá. Mesmo que tenhamos o elemento negro como intrínseco à religiosidade de matriz africana, é recorrente em nosso país termos um significativo número de Babalawos e Ìyálorixás brancos e brancas. Portanto, a existência e significado da presença de Ifatunmise reforça a resistência de uma mulher negra que reverencia sua ancestralidade, em um contexto diaspórico, no papel de sacerdotisa, o cargo de maior poder no culto de Ifá.

Mesmo em uma religião que sofre racismo religioso, é comum para uma mulher negra vivenciar situações cotidianas de racismo por sua condição de mulher negra, ao duvidarem de seu trabalho ou de sua capacidade como sacerdotisa, além de aprovarem apenas quando permanece atrás de um Babalawo. Ao relatar a discriminação de gênero e raça nas práticas dentro das Egbés, Ifatunmise nos alerta para a problemática que envolve o que é ser mulher negra enquanto corpo-território e o quanto viver pelos Orixás e se ori-entar no caminho conduzido por eles, amparada pelas Grandes Mães, é se fortalecer para seguir no caminho de seu Odu. Esse caminho fornece o alimento diário para seu Asè, permitindo que ela cumpra sua missão em ori-entar seus filhos e filhas no caminho de Orunmila-Ifá.

A Ifatunmise toda minha admiração e honra por ser sua filha e por todo o amparo recebido na Egbé, através da força e ancestralidade trazida pelos Orixás. IyaMi e Osun são poderosas forças que nos conduzem ao autoconhecimento e ao fortalecimento de nossa existência e autoestima como mulheres negras na diáspora. A ti toda minha reverência, respeito e amor! Modupe, Iya!!! Asè, asè, asè!!!!!

## REFERÊNCIAS

AKOTIRENE, Carla. 21 de outubro de 2019. Osun é fundamento epistemológico: um diálogo com Oyèrónkẹ́ Oyěwùmí [artigo de opinião]. In: Carta Capital [página de internet] Disponível em: https://www.cartacapital.com.br/opiniao/osun-e-fundamento-epistemologico-um-dialogo-com-oyeronke-oyewumi. Acessado em julho de 2021.

PRANDI, Reginaldo. 2001. Mitologia dos Orixás. São Paulo: Companhia das Letras.

# Ìyálorixá Florência de Agongono

## MÃE FLORÊNCIA DE AGONGONO – ELO ENTRE OS DAQUI E OS DE LÁ: REFERÊNCIA DO TAMBOR DE MINA DO MARANHÃO

**Heridan de Jesus Guterres Pavão Ferreira**

É ouvindo os tambores do terreiro de Iemanjá (Ilé Ashe Yemowa Abé), que me chegam aos ouvidos neste julho de 2021, que inicio esta escrita sobre aquela que, em vida, se chamou Florência Amaral dos Santos e, na religiosidade afro-brasileira, mais especificamente no Tambor de Mina, Mãe Florência, Mãe Flor de Capim de Gama ou Dona Florência de Agongono, cujo jeito simples e tranquilidade deixavam antever qualidades fundamentais que lhe ajudaram a conduzir um dos maiores e mais importantes terreiros de Tambor de Mina do Maranhão.

O Terreiro Iemanjá foi conduzido pelo Babalaorixá Jorge de Itaci, popularmente conhecido como Jorge Babalaô que o fundou e conduziu, sob a égide de Dom Luís Rei de França, encantado da linha de fidalgos. Dom Luís, na croa de Pai Jorge, certo dia disse que, após a partida deste, o terreiro seria comandado por mulheres, o que causou certa estranheza a todas as pessoas. Esta premonição seria o imbricamento de Pai Jorge com Mãe Florência, que àquela altura já fazia ali suas obrigações e era comadre de Pai Jorge.

Florência Amaral dos Santos nasceu na cidade de Bacabal - MA, interior maranhense, em 09 de novembro de 1945; filha de Joana Serra e Felício do Amaral. Seus pais se separaram quando Florência tinha apenas 5 (cinco) anos de idade. Suas raízes afro-religiosas vieram de sua mãe, Dona Joana, que era filha de uma das encostadas na Casa das Minas,[1] em São Luís - MA, o que fazia com que ela sempre viesse à capital do Maranhão.

Em uma de suas visitas à cidade, quando a pequena Florência tinha apenas 7 (sete) anos de idade, sua mãe, desobedecendo um conselho de seu guia que a orientou a não viajar, porque sua missão no mundo terreno ainda não tinha terminado, sofreu um acidente e veio a falecer. Essa fatalidade fez com que a menina Florência seguisse o caminho de sua genitora, vindo para a Casa das Minas, onde ficou até os 11 (onze) anos, quando sua madrinha, conhecida como Vó Violeta, foi buscá-la para morar consigo.

Cada detalhe da criança, que posteriormente se tornou uma bela mulher, demonstrava que Florência nasceu iluminada e era de alta grandeza: era uma moça calada, observadora, muito fina e apegada às etiquetas. Tinha a discrição e a sabedoria das velhas mineiras. Às vezes, a gente lhe perguntava coisas e ela apenas nos olhava com atenção; às vezes, dizia: "Meu filho/minha filha, depois eu converso e lhe falo!". Depois, quando menos se esperava, ela voltava à conversa, nos dando total atenção.

Narrava com detalhes que fora bem-criada em "casa de branco", não como empregada, e sim com estudos, boa educação e ensinamentos. Discretamente, comentava acerca da difícil infância pela perda da mãe e de quando chegou do interior de Bacabal (São Luiz Gonzaga - MA, antes Ipixuna - MA) e morou com a madrinha. Adulta, começou a trabalhar no INPS,[2] voltando para Bacabal, onde exerceu sua profissão nesse órgão. Sua proximidade com a religião existiu desde criança e continuou em sua mocidade.

Recebeu diferentes encantados, como Seu Lourenço Bogibuá, um caboclo passeador[3] na croa dela. Começou a receber um encantado que teve grande importância em sua vida espiritual, "Seu Capinzinho". Ele era um nagô gentil, que possibilitou um elo entre Mãe Florência e Mãe Rosa de Dom Miguel, que era do vodu Toy Acosse. Seu Capinzinho, como encantado na cabeça dela, tinha uma postura

1 A Casa das Minas é uma casa de culto afro-religioso, situada na cidade de São Luís - MA, considerada uma referência no campo das religiosidades afro-brasileiras. Foi fundada por negros escravizados originários do Benim.

2 INPS era o Instituto Nacional de Previdência Social. Atual INSS – Instituto Nacional de Seguridade Social.

3 Passeador é o encantado que passa, mas não fica na croa da pessoa. Não tem uma constância naquele/naquela filho/filha de santo.

também muito serena; não era encantado de brincar, mas era muito presente nas obrigações do terreiro em todos os momentos.

Uma passagem pitoresca foram os preparativos para o casamento de Florência. Seu futuro marido lhe dava o dinheiro para a cerimônia e os trâmites legais do casamento, mas, quando descia, o encantado a fazia gastar todo o dinheiro na praia do Olho D'água. Quando o noivo perguntava pelo dinheiro, ela respondia: "O bonito gastou!". Isto aconteceu por diversas vezes, até que um dia, finalmente, conseguiram se casar.

Como já mencionado, por ela passavam várias entidades, entre elas, Toy Agongone. Ele era festejado e homenageado no dia 13 de junho, quando acontece um tambor para ele. Outra entidade era Seu Capim de Gama. Era da família de Dom Miguel, uma família que sempre foi muito forte no terreiro. Seu Capim de Gama, juntamente com Mãe Florência, eram organizadores das confraternizações e festas. Uma delas foi a festa dos abatazeiros.[4] A festa do Tambor dos Abatazeiros passou a ter essa denominação, em uma manhã, em que agradecíamos a Deus, aos Orixás e aos Encantados. Como não pagamos abatazeiros, fazíamos uma festa de tambor, os agradando com mimos e presentes. Mãe Florência organizava e se juntava a outras irmãs, irmãos, filhas, filhos, pais e mães de santo, para comprar um presente para cada abatazeiro, ferreiro, cabaceiro e serventes. Depois, esses agradecimentos e presentes se estenderam às cozinheiras, por conta da festa do Divino Espírito Santo, pois elas cozinham, dias e dias, durante o período das festas. A vida da Nochê Mãe Florência foi dedicada aos ritos da sua religião.

Outro ponto importante na vida de Mãe Florência se deu pouco depois da partida de Pai Jorge Itaci; com a criação da comenda pelos 50 (cinquenta) anos do Terreiro. Essa comenda era um rosário (uma guia) a ser entregue aos filhos e filhas, netos e netas, sobrinhos da família de santo Kadamanjá. Essa entrega se iniciou com os que residiam na cidade de São Luís, capital do estado do Maranhão, mas, mesmo aqueles e aquelas que moravam em outros estados e cidades do Brasil e que vieram para a festa dos 50 (cinquenta) anos do Terreiro de Iemanjá receberam a comenda que representava o forte elo entre familiares de santo. Mãe Florência esteve à frente disso. A Comenda do Rosário de Dom Luís Rei de França foi feita nas cores azul, vermelho e branco.

Nossa querida Nochê Florência, Mãe Flor de Capinzinho, Dona Florência de Agongone, Filha de Pai Jorge de Itaci assumiu a direção do Terreiro de Yemanjá, posição que ocupou por muitos anos, como foi previsto. O legado de Pai Jorge foi

4 Abatazeiro é o nome que se dá aos tocadores de abatá, um instrumento de percussão, um tipo de tambor, usado nos trabalhos de Tambor de Mina.

conduzido por essa mulher, com grande maestria, força e luz. Cabe ratificar que a indicação do nome que o substituiria surgiu um dia antes de sua partida, quando Pai Jorge finalmente disse que quem iria exercer o comando do Terreiro era sua comadre, Florência de Capim de Gama. E assim aconteceu.

O legado deixado por ela continua através de sua família e na lembrança de cada um e cada uma que conviveu com ela. Sua partida, em um triste dia de abril de 2015, trouxe muito pesar. Cumprindo a previsão de Dom Luís Rei de França, o Terreiro seria mesmo comandado por mulheres e, hoje, é Mãe Dedé quem faz esse papel, sendo uma figura bastante importante. Quando pensamos na religião de matriz africana Tambor de Mina do Maranhão, a gente lembra do Terreiro de Iemanjá e de mulheres como Mãe Florência de Agongono.

# Ìyálorixá Gamutinha

## LUCIENE BONFIM DE OLIVEIRA: UM ARANTO, MÃE DE MILHARES

**Gláucia Péclat**
**Luciene Bonfim de Oliveira**

Aranto *(Bryophyllum daigremontianum)*, também conhecida como calanchoê ou mãe-de-milhares, é uma planta suculenta nativa de Madagascar, na África Oriental. Ela se distingue pela capacidade de reprodução vegetativa, através de brotos que crescem em suas folhas e caem no chão, continuando sua propagação. Luciene Bonfim de Oliveira é nascida em 27 de dezembro de 1958, em São Tiago do Iguape, Município de Cachoeira, no Recôncavo Baiano, próximo a Salvador - BA. Mãe Gamutinha é um aranto, a Mãe de Santo escolhida para ser homenageada neste verbete é, em síntese, mãe de milhares em espiritualidade e afetividade.

Pelas mãos de uma parteira, em estado de natividade, como no drama de Jesus Cristo, nasce Luciene Bonfim. No dia do seu nascimento, sua mãe recebe, no pós-parto, a previsão de que "sua filha seria mãe de santo logo que alcançasse todas as obrigações cabíveis". É Dia Santo, é dia de alegria, é dia de nascimento de Mãe Gamutinha.

Mulher negra, pobre e com experiências incalculáveis, Mãe Gamutinha, Luciene Bonfim, na infância, em São Tiago do Iguape, uma pequena vila de pescadores, assistia e observava, enquanto brincava, em noites de lua cheia nas rodas de cantigas, homens sentados em reunião, acertando a pescaria e a caça do dia seguinte. Era, lembra ela, "momento de decisão de quem iria para a mata caçar e de quem iria pescar para o sustento das famílias". Além desses momentos, Mãe Gamutinha carrega, em suas reminiscências, as casas de farinha – espaço que, para ela, era repleto de harmonia, por se tratar de um lugar onde histórias eram contadas, canções sopradas e danças, as suas atividades preferidas, praticadas.

Ainda em estágio de rememoração, em papel digital escrevinhado por ela, narra que as crianças brincavam de rodas, bate-lata, pula-corda, pula-macaco, chicotinho-queimado e esconde–esconde. Diante de todo esse apontamento da infância, lamenta "que hoje não se vê mais" tais brincadeiras entre a criançada, tanto na rua como nos quintais.

O casamento de Luciene Bonfim foi uma surpresa. Namorava com aquele que viria a ser seu esposo há quase três anos, mas, no entanto, foi surpreendida quando soube que iria se casar, pois tal acontecimento foi acertado entre ele e sua família. O casamento durou 39 (trinta e nove) anos – vida em comunhão que se desfez com o falecimento do esposo no ano de 2020. Com seu companheiro, teve 5 (cinco) filhos (Demostenes, Eduardo, Lidice, Délio, Larisse e Amanda, sua filha adotiva). Dessa primeira geração fruto de seu matrimônio, nascem 4 (quatro) netos (Calebe, Leanderson, Sibele e Luciano).

Iniciou sua primeira atividade laboral como caixa de fila, em uma grande rede de supermercados. Depois de muita labuta, optou por ser costureira, com olhos na abertura de um armarinho. Muitas encomendas eram realizadas pela vizinhança. No estabelecimento de venda de artigos de costura, como roupas e linhas, vendia o suficiente para garantir a criação dos filhos, suas despesas domésticas, como água e energia, e ainda pagar o curso de licenciatura em História pelo Centro Universitário UniFCT de Salvador-BA. Após a conclusão da graduação, cursou a Especialização Afro-Brasileira e Indígena, também na capital, e posteriormente, em 2020, cursou Pedagogia Griô, pela cota para negros na UFBA – FACEB, assistindo a aulas ministradas por Mestras e Mestres das Tradições Orais do Brasil.

Em texto elaborado por Mãe Gamutinha sobre sua trajetória, ela escreve: "minhas maiores conquistas foram conseguir criar meus filhos e ter chegado ao ensino superior. Irmã de dez irmãos, fui a única a chegar lá". Hoje, como Mestra

Griô, aplica todo o conhecimento adquirido na universidade para, com acuidade, ler e reler a história dos Orixás e do mundo que a cerca. Gosta de leitura, afirma ela, e escreve: "Compro livros na medida do possível, porque gosto de procurar saber sobre a história das divindades".

Adota a leitura para maior reflexão e compreensão de seu papel como Mãe de Santo. Questionadora e sempre reflexiva, me conta que muitas vezes se coloca diante de muitas perguntas no que tange ao campo dos Orixás. Dúvidas que, com maestria, procura sanar para o seu próprio entendimento e para esclarecimentos dos/as seus/as muitos/as filhos/as de santo. De modo clássico, porque ela é muito clássica em suas explicações, Mãe Gamutinha apresenta noções conceituais e definições práticas que traduzem os códigos simbólicos do Candomblé na vida e para a vida.

Filha de Oxóssi, foi iniciada no Candomblé aos 18 (dezoito) anos de idade. No entanto, só assume a função de Mãe de Santo duas décadas depois. Nesse percurso, encontrou muita dificuldade, pois era preciso tomar decisões como a de deixar a casa de sua mãe, onde foi principiada na religião, para seguir com as obrigações no terreiro de seu atual Pai de Santo.

A roça – denominação por ela atribuída ao seu terreiro - é o local onde ela passa boa parte do seu tempo. Ela diz que a roça foi um divisor de águas entre a família e a religião. Para Mãe Gamutinha, ela já havia cumprido o seu papel de mãe dos seus/as filhos/as biológicos/as e, por isso, na fase de transição de um terreiro para o outro, era a hora de assumir e assentar a casa. Nesse sentido, ela conta: "Na roça em si, levo como lema cinco itens: paz, harmonia, respeito, humildade e verdade. Esses são os pontos que procuro estabelecer bem em minha comunidade religiosa".

Sobre o teclado, hoje, Mãe Gamutinha escreve que o seu papel de Mãe de Santo determinou seu equilíbrio material e espiritual e

> *[me] trouxe uma evolução singular, me possibilitando uma forma didática de enxergar a vida, me trazendo a compreensão de muitas coisas [...]. O Candomblé acaba ajudando a comunidade em várias situações. Uma delas é a vinculação a algumas instituições. Isso leva à disponibilização de determinados serviços que ajudam a comunidade de uma forma direta e/ou indireta.*

Em geral, o auxílio vem por meio da Associação Brasileira de Preservação da Cultura Afro-Ameríndia (AFA), da Associação Cultural de Preservação do Patrimônio Bantu (ACBANTO) e da Federação Nacional do Culto Afro-brasileiro (FENACAB), cuja missão é certificar a existência dos terreiros e centros através de alvarás de funcionamento religioso. Isso proporciona autonomia e legalidade a esses espaços, retirando-os da clandestinidade e guardando todos os registros da vida religiosa, tanto do titular quanto de seus/as filhos/as religiosos/as.

Mãe Gamutinha narra que essas entidades contribuem com a distribuição de cestas básicas à comunidade religiosa em que ela assume seu papel de obrigação enquanto Mãe de Santo. Em sua narrativa,ela afirma que tudo isso "leva os adeptos do Candomblé à reflexão sobre 'pertencimento' à sua etnia e a seus antepassados". É através desse sentido de comunhão que essa religião de matriz africana congrega a vida em plenitude de boa parte de seus/as filhos/as.

Para Mãe Gamutinha, o Candomblé é essencialmente comida, alimento. Alimento que garante força, fé e proteção nas batalhas da vida. Na sua casa, há comida para todos os filhos e filhas e, por extensão, na casa de deles/as também há muita alimentação. É por meio dessa dimensão simbólica que as entidades e os Orixás se manifestam em comunhão: na proteção, na blindagem, na luta, na esperança e na crença – afirma ela.

Como Mestra Griô, Mãe Gamutinha participou da criação e elaboração do Jogo de Trilhas Griô – um jogo cooperativo sobre as referências simbólicas e culturais dos espaços de terreiro de Salvador - BA voltado para as salas de aula. A proposta consiste em propagar o conhecimento sobre os Orixás, desmistificando as ideias construídas ao longo do tempo, impregnadas de racismo e preconceito. Essa mulher negra e batalhadora escreve que seu sonho é reproduzir o Jogo de Trilha em caixa de papel surpresa e, assim, em uma dinâmica dialógica, brincar com crianças, jovens e adultos na sua roça de Orixás.

Mãe Gamutinha, no meu olhar, é um aranto, mãe-de-milhares. Com postura elegante, de calcanhar afinado, ela sobe a ladeira rumo ao terreiro destinado. Acredita sempre em desconfiança. Ensina e fala da vida, às vezes com bravura; às vezes com doçura. Mas, em geral, ela é brava e esplêndida. Anuncia luz, amor e paixão pelos seus/as tantos/as filhos/as em compaixão.

Com muita sapiência, adota uma atitude de mão na cintura e manda sacodir a poeira. Dá força na hora da encruzilhada. Conclama perdão e, em misericórdia, põe sempre a mão no seu coração. É sempre Mãe Gamutinha, mãe-de-milhares, seja na Cidade de Goiás-GO, em Salvador-BA ou nos muitos outros lugares pelos quais passou, como Mato Grosso do Sul, Alemanha, Itália e muitas outras praias.

Sua escrita em papel escrevinhado é linda e de muita matemática. Um ovo, dois ovos, três charutos e muita fé com moedas na mão. "Reflita sobre você mesmo!" – ela alerta sempre, com ponderação. "Qual é sua atitude?". Mãe Gamutinha é para isso: deixar a reflexão sobre o que nos cabe aqui. São modos que ela emprega para, em uma tarefa diária, ensinar seus/as milhares de filhos/as a caminhar e a se direcionar para suas metas.

Nas pontas dos pés, com o samba na mão, Mãe Gamutinha, com olhar intensificado, canta, com voz mansa, suas lembranças de menina, do passado e da mulher negra que já foi. Mãe Gamutinha é mãe em Bloco de Afoxé, o Bloco Pilão de Prata. Com astúcia, cria percurso em percussão pelas ruas e paragens da praça da antiga Vila Boa, atual Cidade de Goiás-GO, sua paixão. Na contramão da realeza, com seus/as filhos/as do Afoxé, Mãe Gamutinha espalha benção e equilíbrio. O Terreiro de Mãe Gamutinha, sua roça, é verde, possui formato circular, tem casa de todos os Orixás e tem afeição.

A vida e obra de Mãe Gamutinha não pode ser descrita em caracteres. Sua força e sua energia só podem ser descritas em páginas da vida. Mulher guerreira, que se fez em sua trajetória, um aranto que, em uma breve tradução, significa Vitória!

# Ìyálorixá Jojó

## JOCELINA BARBOSA BISPO, A MÃE JOJÓ DO ALAKETU

**Silene Ferreira Claro**

Jocelina Barbosa Bispo, a Iyá Jocelina do Alaketu, nasceu em 19 de maio de 1948, na Bahia, dentro de um dos terreiros mais antigos do Brasil: o Ilê Maroialaji, conhecido como o Tereiro do Alaketu, que está localizado bairro de Matatu, em Salvador. Mãe Jojó é descendente de uma família real africana, a Família Arô.

Iyá Jocelina é a principal autoridade dentro do Terreiro do Alaketu, desde que assumiu, em 2015, o papel de Ìyálorixá da casa, sucedendo sua mãe, Dona Olga do Alaketu. No ano de 2006, após um ano fechado para o cumprimento dos rituais fúnebres, Iyá Jocelina reabriu o terreiro para suas funções religiosas. Com sua gestão, que reflete decisão do Orixá Xangô, dava-se continuidade a uma tradição centenária: a de que o comando supremo da casa deve ser realizado pelas mulheres, todas elas descendentes diretas de suas fundadoras, a Família Arô.

Mãe Jojó tem um importante papel, tanto para o terreiro quanto para os candomblecistas, de continuar sendo a guardiã de saberes fundamentais da religião que foram transmitidos de mãe para filha ao longo de várias gerações. Mas a importância dessa senhora não se restringe ao mundo do Candomblé. Trata-se de alguém que tem saberes fundamentais que são a base da identidade brasileira.

> O Alàkètu tem sua origem atribuída a Ótámpè Ójaro, filha da família real do reino Ketu. Ainda criança, teria sido raptada e trazida ao Brasil por traficantes de escravos. Aqui, recebeu o nome de Maria do Rosário Francisca Regis. Após sua liberdade, teria retornado à África, porém voltou ao Brasil no início do século XIX, quando fundou o terreiro Ilê Maròialàjì Alàkètu. Após sua morte, o terreiro manteve uma sucessão matrilinear que se mantem até os dias de hoje. Baba Làji, marido de Ótámpè Ójaro, que aqui adotou o nome de João Porfírio Régis, arrendou o terreno onde edificou o Alàkètu, sendo o terreiro dedicado a Óshòssi. Desde então, a comunidade permanece no mesmo local e grande parte dos filhos de santo residem nas proximidades da sede e realizam atividades sagradas e outras voltadas a trabalhos de cunho social. Em 2004, o Instituto do Patrimônio Histórico e Artístico Nacional – IPHAN realizou o tombamento do Alaketu como Patrimônio Cultural do Brasil (IPHAN, 2014, p. 10).

Jocelina é uma entre os 8 (oito) filhos que Dona Olga Francisca Régis, Mãe Olga do Aleketu, teve com o senhor José Cupertino Barbosa. Junto com os irmãos, cresceu no meio do Candomblé, sendo iniciada com 3 (três) anos de idade como filha de Nanã. Desde então, realiza sua missão dentro da religião. Segundo Mãe Jojó, "Eu não entrei no Candomblé, eu nasci no Candomblé. Para mim, só esta frase já diz tudo" (CORREIA, 2013, p. 160).

Iyá Jocelina teve longa carreira no campo educacional. Trabalhou no Colégio Estadual Goes Calmon, em Salvador - BA, como assistente educacional, atividade através da qual lidava diretamente com os alunos, conforme informado por sua filha mais velha, Jocenilda Barbosa Bispo, atual Iyá Kekerê do Terreiro do Alaketu.

Após sua aposentadoria, Mãe Jojó tem se dedicado totalmente à sua religião. Está à frente de um terreiro que, seguindo a tradição das mulheres fortes que estiveram em seu comando, promove o diálogo com os demais terreiros, evidenciando que, mesmo que existam muitas diferenças entre cada casa e tradição, os terreiros e os seguidores do Candomblé estão unidos na resistência e na luta pela preservação de seus saberes ancestrais e de suas identidades religiosas, lutando para que tenham, cada vez mais, seu direito de existir mantido e ampliado.

Sob o comando de Mãe Jojó do Alaketu, é possível perceber como o Terreiro do Alaketu tem procurado manter, ampliar e consolidar o diálogo com a sociedade, quebrando estereótipos, combatendo racismos e divulgando conhecimento e sabedoria.

> A ação desenvolvida pelo Alàkètu visa preservar a identidade de sua comunidade por meio das atividades de vivências que assegurem as práticas da culinária para fins ritualísticos e cotidianos, da cultura material e imaterial desenvolvidas no espaço sagrado, ampliando também as possibilidades de trabalho comunitário. O objetivo é ampliar e gerar melhorias também na infraestrutura do espaço sagrado, preservar a área atual e ocasionar o engajamento entre os membros da comunidade interna e externa do terreiro. Portanto, o público-alvo da ação são os membros do terreiro e da comunidade que residem e transitam na região do espaço sagrado situado no Beco do Alaketo (IPHAN, 2014, p. 10).

Iyá Jocelina tem uma significativa atuação política enquanto membro da sociedade civil. Concede entrevistas e realiza palestras sobre os conhecimentos tradicionais da religião, tanto para os seus seguidores quanto para o público em geral, promovendo maior conhecimento sobre o Candomblé e combatendo o racismo religioso.

Mãe Jojó também tem a prática de participar de atos públicos, quer seja diretamente, quer seja atuando como mediadora, abrindo caminho para que outras pessoas tenham espaços de atuação e de representação. Iyá Jocelina esteve presente em importantes eventos, como, por exemplo, quando o ex-presidente Luís Inácio Lula da Silva, acompanhando sua sucessora, Dilma Rousseff, participou do tombamento das casas de Candomblé de Salvador. Mãe Jojó estava, juntamente com Iyá Carmem e com a saudosa Iyá Stella, entre as Ìyálorixás das várias casas de Candomblé tombadas em 26 de agosto de 2010, na Praça Castro Alves.

Iyá Jocelina também fez parte da comitiva que recebeu Alaafin de Oyo, Oba Adeyemi III, rei da cidade nigeriana de Oió, como parte do I Seminário Internacional para Preservação do Patrimônio Cultural Compartilhado entre o Brasil e a Nigéria, iniciado em 28 de julho de 2014 (G1 2014). Durante esse evento, Alaafin de Oyo visitou as casas de Candomblé que foram tombadas em Salvador, reforçando a ligação entre Brasil e África e reconhecendo os laços diaspóricos que os ligam. Como esteira desse evento, houve a recepção de alunos da Universidade Federal da Bahia (UFBA) e de representantes de trabalhos realizados pelo Instituto do Patrimônio Histórico e Artístico Nacional (IPHAN).

Mãe Jojó tem também um importante papel como cidadã soteropolitana e brasileira no sentido de enfrentamento e combate a todo tipo de racismo, em especial ao racismo religioso, pelo qual as casas de Candomblé passam em todo o território nacional. A Iyalorixá mantém constantes conversações junto à Polícia Militar, com o objetivo de conscientizar e reforçar o respeito que os agentes de segurança devem ter em relação aos espaços sagrados do Candomblé, como Templo.

Ela esteve entre as lideranças que se uniram para repreender a ação da Polícia Militar de Salvador no terreiro Hunkpame Savalu Vodun Zo Kwe, no bairro do Curuzu, uma casa de Candomblé tombada pelo patrimônio histórico e liderada por Amilton Costa (G1 2017). Mãe Jojó, juntamente com demais lideranças do Candomblé de Salvador, exigiu a retratação dos agentes de segurança, o que gerou a realização de uma roda de conversa.

Mãe Jojó faz parte de um grupo de "mulheres que, no seu cotidiano, confrontam e desafiam as mais diversas formas de opressão à raça, ao gênero e à religião, na continuada construção de uma sociedade mais igual" (CORREIA, 2013, p. 14).

## REFERÊNCIAS

BISPO, Jocenilda Barbosa. Junho de 2021. Entrevista online concedida à autora, Silene Ferreira Claro.

CANTARINO, Carolina. Setembro/outubro de 2005. Quando os deuses se materializam. In: Patrimônio: Revista eletrônica do IPHAN. Dossiê Brasil afro-descendente. N° 1. Disponível em: https://web.archive.org/web/20070627230019/http://www.revista.iphan.gov.br/secao.php?id=1&ds=2. Acessado em 30 de junho de 2021.

CASTILLO, Lisa Earl. 2011. O Terreiro do Alaketu e seus fundadores: História e Genealogia Familiar (1807-1867). In: Revista Afro-Ásia, nº 43, p. 213-259. Disponível em: https://periodicos.ufba.br/index.php/afroasia/article/view/21225. Acessado em 17 de março de 2023.

CORREIA, Marcos Fábio Rezende (Org.). 2013. Mulheres de Axé. Salvador: Kawo-Kabiyesile.

DONA OLGA DO ALAKETU [Verbete] Sem data (s/d). In: Núcleo de Pesquisa da Associação MUSEU AFROBRASIL – Organização Social de Cultura [publicação digital]. Disponível, em: http://www.museuafrobrasil.org.br/pesquisa/hist%C3%B3ria-e-mem%C3%B3ria/historia-e-memoria/2014/07/17/dona-olga-do-alaketu. Acessado em 20 de junho de 2021.

GREGÓRIO, Vinícius. Tradição que atravessa gerações: Conheça a história do Terreiro do Alaketu [notícia] In: Notícias de Terreiro [página de internet] Disponível em: https://www.radiowebusm.com.br/2019/04/tradicao-que-atravessa-geracoes-conheca.html. Acessado em 30 de junho de 2021.

GUIMARÃES, Thiago. 28 de agosto de 2010. Com Lula, campanha de Dilma promove comício em Salvador [notícia]. In: Portal G1 [página de internet]. Disponível em: http://g1.globo.com/especiais/eleicoes-2010/noticia/2010/08/com-lula-campanha-de-dilma-promove-comicio-em-salvador.html. Acessado em 05 de julho de 2021.

ILÊ MAROIALAJI – ALAKETU [página de rede social]. 19 de maio de 2016. Odun Iyá Jojó [post de rede social] . Disponível em: https://www.facebook.com/alaketumaroialaji13/posts/532414840277822. Acessado em 20 de junho de 2021.

IPHAN – Instituto do Patrimônio Histórico e Artístico Nacional. 2014. Prêmio Cultural dos Povos e Comunidades Tradicionais de Matriz Africana: Edital 2014 – Catálogo dos Premiados. Brasília: Departamento do Patrimônio Imaterial – DPI/IPHAN.

LÍDER RELIGIOSO acusa PMs de invasão após porta de terreiro ser arrombada durante operação em Salvador: 'Intolerância' [notícia]. 18 de agosto de 2017 In: Portal G1 [página de internet]. Disponível em: https://g1.globo.com/bahia/noticia/lider-religioso-acusa-pms-de-invasao-apos-porta-de-terreiro-ser-arrombada-durante-operacao-em-salvador-intolerancia.ghtml. Acessado em 05 de julho de 2021.

LIMA, Vivaldo da Costa. 1976. O conceito de "nação" nos candomblés da Bahia. In: Revista Afro-Ásia, nº 12, p. 65-90. Disponível em: https://periodicos.ufba.br/index.php/afroasia/article/view/20774. Acessado em 18 de março de 2023.

OLGA DO Alaketu. 1977. Entrevista concedida a José Beniste – Programa Cultural Afro-Brasileiro. In: GRUPO DE ESTUDOS BRAULIO GOFFMAN, Projeto Documenta. DOCUMENTA - 0008 - Iyalorixá Olga de Alaketu. Disponível em: https://www.youtube.com/watch?v=BFfhU2JeJ9o&t=509s. Acessado em 28 de junho de 2021.

OLGA DE ALAKETU: Uma Princesa Africana na Bahia [vídeo]. 23 de dezembro de 2016. In: Nós Transatlânticos [canal de *youtube*]. Disponível em: https://www.youtube.com/watch?v=jP3nfwlHimU. Acessado em 29 de junho de 2021.

SILVEIRA, Renato da. 2003. Sobre a fundação do Terreiro do Alaketo. In: Revista Afro-Ásia, nº 29/30,p. 345-379. Disponível em: https://periodicos.ufba.br/index.php/afroasia/article/view/21062. Acessado em 17 de março de 2023. TRADICIONAL TERREIRO do Gantois recebe visita de rei nigeriano em Salvador [notícia]. 31 de julho de 2014. In: Portal G1 – BA: Rede Bahia [página de internet]. Disponível em: http://g1.globo.com/bahia/noticia/2014/07/tradicional-terreiro-do-gantois-recebe-visita-de-rei-nigeriano-em-salvador.html. Acessado em 05 de julho de 2021.

# Ìyálorixá Menininha do Gantois

## MARIA ESCOLÁSTICA DA CONCEIÇÃO NAZARETH, A MÃE MENININHA DO GANTOIS

**Lilian Moura Toyota**

*O consolo da gente, hein? 'Tá no Gantois!*
*E a Oxum mais bonita, hein? 'Tá no Gantois!*
*Olorum quem mandou*
*Essa filha de Oxum*

(Oração da Mãe Menininha, de Dorival Caymmi)

Por meio destas palavras, que foram cantadas por Clementina de Jesus e Maria Bethânia, percebemos o olhar de Dorival Caymmi para o Gantois. A música é uma oração para uma mulher que transcendeu o seu tempo, cuidou de muitos oris[1] e é um ícone para as religiões de matrizes africanas. Esta mulher? Mãe Menininha do Gantois!

Ao refletirmos sobre a sua trajetória histórica e social, iremos nos defrontar não só com a sua história pessoal, mas também com a história da sociedade brasileira, especificamente a história das religiões de matrizes africanas. No Brasil, elas têm como função inicial preservar a cultura africana. Luz (1979, apud THEDORO, 2014) aponta várias religiões de origem africana no Brasil, entre elas, o Culto Nagô, implantado pelos iorubás e seus descendentes e os cultos de procedência banto, como Candomblé Congo, Candomblé Angola, Omolokô, Candomblé de Caboclo, Umbanda, Jarê e outros. Para o povo africano/povo negro, a mítica ancestral era fundamental para a sua sobrevivência.

> (...) Como era uma cultura sem território, constituíam-se associações (egbé) que, com pretexto religioso, instalavam-se em espaços urbanos, conhecidos como roças ou terreiros. O terreiro implica a persistência de uma forma cultural, mas com elementos reformulados e transformados ao longo do processo histórico do grupo, além de ser uma resistência à ideologia dominante (THEODORO, 2014).

A história das religiões de matrizes africanas, assim como toda a trajetória do povo negro dentro do território brasileiro, é marcada por luta e resistência. Essa luta é histórica e foi trazida dentro dos navios negreiros com os/as africanos/as. Vale a pena retornarmos na máquina do tempo para contextualizar este processo.

Ao serem capturados em África, homens e mulheres eram forçados/as a negarem a sua fé, a sua cultura, a sua própria história e obrigados/as a aceitar a religião eurocêntrica, o Catolicismo. Entretanto, o culto aos Orixás/ Vuduns/ Inquices ultrapassam as barreiras da proibição, tornando-se um símbolo de resistência do povo negro, contra o apagamento cultural tão enraizado na sociedade.

Esta resistência não está no passado, e sim é parte do nosso presente. Pai Sidnei Nogueira, em "Intolerância Religiosa", comenta que:

> No cerne da noção de intolerância religiosa, está a necessidade de estigmatizar para fazer oposição entre o que é normal, regular, padrão, e o que é anormal, irregular, não padrão. Estigmatizar é um exercício de poder sobre o outro. Estigmatiza-se para excluir, segregar, apagar, silenciar e apartar do grupo considerado normal e de prestígio (NOGUEIRA, 2020, p. 35).

Ao falarmos sobre a intolerância religiosa, é possível percebermos que as notícias não são publicadas nos principais meios de comunicação, são divulgadas por Babalorixás e Ìyálorixás em suas redes sociais. A legislação atual, a Constituição

1 Ori, no Candomblé, remete à cabeça, à mente, à inteligência; à alma orgânica, perecível.

de 1988, garante que "é inviolável a liberdade de consciência e de crença, sendo assegurado o livre exercício dos cultos religiosos e garantida, na forma da lei, a proteção aos locais de culto e a suas liturgias" (BRASIL, 1988).

Não há um/a filho/a de santo que não tenha passado por intolerância religiosa em seu convívio social. Ao mesmo tempo em que as religiões de matrizes africanas são vistas e percebidas como importantes para os meios sociais, muitos terreiros são depredados, destruídos e pessoas são mortas por esta intolerância. Assim, cabe aqui um questionamento: Qual caminho social estamos tomando para refletir sobre as religiões de matrizes africanas? Quantos terreiros ainda precisarão ser destruídos até terem seus valores simbólicos preservados?

Essas são apenas algumas reflexões importantes para entrarmos na biografia de Mãe Menininha do Gantois. Mas quem foi Maria Escolástica da Conceição Nazaré neste contexto histórico e social? Qual a importância de Mãe Menininha no combate à intolerância religiosa?

Maria Escolástica da Conceição Nazaré nasceu em Salvador, em 1894, descendente de africanos escravizados. Ainda criança, foi escolhida para ser Ìyálorixá no terreiro Ilê Iyá Omi Axé Iyamassê, fundado em 1849 por sua bisavó, Maria Júlia da Conceição Nazaré, cujos pais eram originários de Agbeokuta, sudoeste da Nigéria. A sua iniciação começou aos 8 (oito) anos de idade, na nação Ketu. Ela assumiu o terreiro aos 28 anos. Os cuidados de Mãe Menininha vão além do espaço do terreiro. As suas ações sociais foram marcadas pela quebra de estereótipos e pelo combate à intolerância religiosa.

O Ilê Iyá Omi Axé Iyamassé, ou o Terreiro do Gantois, como é mais conhecido, é um dos mais antigos terreiros de Candomblé da Bahia.

> Ilé Iyá Omi Àse Iyamasé, conhecido popularmente como Gantois, foi fundado em 1849, pela africana Maria Júlia da Conceição Nazareth, constituindo-se num espaço sagrado de longa expressão religiosa e notável santuário que mantém os costumes e os legados milenares dos povos Iorubá (Abeokutá), preservando o culto aos Orixás, seguindo uma tradição matriarcal com base na estrutura familiar (...) (Ilé Iyá Omi Àse Iyamasé, s/d)

Tombado pelo Instituto de Patrimônio Histórico e Artístico Nacional (IPHAN), em 2002,[2] o Terreiro do Gantois é um elemento de preservação e perpetuação da memória e tradição cultural da Bahia e do Brasil.

2 O Terreiro do Gantois é uma área de Proteção Cultural e Paisagística tombado pela Prefeitura Municipal de Salvador, através da lei nº 3.590 de 16/12/1985, e foi tombado pelo IPHAN como Patrimônio Histórico e Etnográfico do Brasil, por meio da portaria nº 683 de 17/12/2002.

Mãe Menininha é tida e lembrada não só pelos adeptos do Candomblé, mas também por outros membros da sociedade civil, uma vez que manteve contato não só com intelectuais, artistas e chefes de Estado, mas também cuidou de pessoas simples e humildes, inclusive financeiramente.

Jorge Amado, em seu livro "Bahia de Todos os Santos", discorre sobre mãe Menininha e seu profundo respeito pela Ìyálorixá: "(...) Na Bahia, Menininha do Gantois está acima de toda e qualquer divergência de ordem política, econômica ou religiosa" (AMADO, 2012).

Mas o que leva tantas pessoas a respeitar Mãe Menininha? A sua ação dentro da sociedade civil, em luta não só pelo terreiro pelo qual era responsável, mas pela importância e reconhecimento da ancestralidade de todo povo negro, assim como pelo respeito à cultura negra e às religiões de matrizes africanas, que devem ser respeitadas independente do contexto social em que estiverem. A líder religiosa transitava entre as esferas sociais, entre o intelectual e o público, sempre na luta pela preservação da identidade cultural e da memória do povo de santo.

Uma das ações de Mãe Menininha foi em relação à "Lei de Jogos e Costumes de 1930". A lei proibia os "jogos de azar" e limitava o horário para a realização de rituais e cultos até às 22h. Entre os anos de 1930 e 1970, ocorriam as "batidas policiais", em que a polícia entrava nos terreiros, apreendia objetos, agredia e prendia sacerdotes, sacerdotisas e seguidores das religiões afro-brasileiras. Em 1976, o govenador da Bahia na época, Roberto Santos, sancionou um decreto que liberava as casas de Candomblé de licença e pagamentos de taxas. Mãe Menininha foi uma das principais articuladoras pelo fim da perseguição formal e informal ao Candomblé e às religiões de matrizes africanas (ISER, 2021).

Uma outra ação da líder religiosa foi abrir as portas do terreiro para brancos e adeptos de outras comunidades de fé, como o Catolicismo. Com essa ação, ela promovia a boa convivência entre as diversas crenças, assim como o convívio entre diferentes classes sociais.

Mãe Menininha convenceu bispos católicos a aceitarem a entrada de mulheres com as roupas tradicionais das religiões de matrizes africanas nas igrejas. Ela sempre demonstrou que todas as religiões possuíam semelhanças e diferenças entre si e que deveria haver respeito entre elas. Muito além do reconhecimento das diferentes crenças, ela estimulava a convivência construtiva entre diferentes comunidades de fé (ISER, 2021).

Por fim, Mãe Menininha defendia o diálogo entre os centros de saberes, como a academia e as universidades, e os saberes produzidos pelas religiões de matrizes africanas e pela cultura do povo negro, que sempre foram compartilhados pela linguagem oral, que faz parte das práticas culturais dos povos da diáspora africana. Mãe

Menininha acreditava ser necessária essa política de diálogo com os conhecimentos das instituições do mundo moderno, não só para divulgar os saberes ancestrais do povo negro, mas também para a construção de conhecimentos que transpusessem as barreiras sociais do preconceito e do racismo existentes.

## REFERÊNCIAS

AMADO, Jorge. 2012. Bahia de Todos os Santos [livro eletrônico]. São Paulo: Companhia das Letras.

CASTILLO, Lisa Earl. 2017. O Terreiro do Gantois: Redes Sociais e Etnografia Histórica No Século XIX. In: Revista de. História – DH/ FFLCH/USP. São Paulo: nº176, p. 01-57.. Disponível em: http://dx.doi.org/10.11606/issn.2316-9141.rh.2017.118842. Acessado em: 20 de junho de 2021.

FERREIRA, Maria Inês Caetano. SANTOS, Walkyria Chagas da Silva. 2018.DEIXA A GIRA GIRAR: proteção e preservação do patrimônio cultural das religiões afro-brasileiras. In: Revista de Políticas Públicas, v. 22, nº 1, pp. 63-86. Disponível em: http://www.periodicoseletronicos.ufma.br/index.php/rppublica/article/view/9222. Acessado em: 20 de junho de 2021.

INSTITUTO DE ESTUDOS DA RELIGIÃO – ISER [página de internet]. 12 de dezembro de 2021. Cinco Fatos Sobre Mae Menininha do Gantois em Defesa Da Diversidade Religiosa No Brasil [publicação virtual]. Disponível em: https://www.iser.org.br/noticia/iser-divulga/cinco-fatos-sobre-mae-menininha-do-gantois-em-defesa-da-diversidade-religiosa-no-brasil. Acessado em: 25 de junho de 2021.

NOGUEIRA, Sidnei. 2020. Intolerância Religiosa. [livro eletrônico] Coleção Feminismo Plurais São Paulo: Sueli Carneiro, Pólen. Disponível em: https://files.cercomp.ufg.br/weby/up/1154/o/Intolerancia_Religiosa_Feminismos_Plurais_Sidnei_Nogueira.pdf?1599239392. Acessado em 17 de março de 2023.

SILVA, Carmen Oliveira da. GLEDHILL, Sabrina. LODY, Raul (orgs). 2010. Memorial Mãe Menininha do Gantois. Salvador, Bahia: Omar G Editora..

TERREIRO DO GANTOIS. Memorial Mãe Menininha do Gantois. In: Ilé Iyá Omi Àse Iyamasé [página de internet]. Salvador.Disponível em: http://terreirodogantois.com.br/index.php/memorial. Acessado em: 20 de junho de 2021.

THEODORO, Helena. 2014. Religiões Afro-Brasileiras. In: NASCIMENTO, Elisa Larkin (org). Guerreiras de natureza: Mulher negra, religiosidade e ambiente [livro eletrônico] São Paulo: Selo Negro.

# Ìyálorixá Mukumby

## VILMA SANTOS DE OLIVEIRA

**Lúcia Helena Oliveira Silva**

Vilma Santos de Oliveira, a Ya Mukumby, nasceu em 17 de julho de 1950, na cidade de Jacarezinho, no Paraná, filha de Allial Oliveira dos Santos, nascida em Piraju - São Paulo, e Antônio dos Santos, nascido em Paraisópolis - Minas Gerais. Eles migraram para Jacarezinho para trabalhar no cultivo da cana, e lá se conheceram e se casaram. Ainda pequena, perdeu o pai e, aos 11 (onze) anos de idade, ela mudou-se com sua família para Londrina-PR, com o apoio de seu tio Leodoro Almeida de Oliveira, uma das pessoas mais importantes na formação de Dona Vilma, que era corretor de terras e foi importante liderança na Associação Recreativa e Operária de Londrina (AROL).

Sua aproximação com a religiosidade afro se deu quando era adolescente, devido a constantes crises de epilepsia que não se resolviam com tratamentos convencionais. Ao conhecer o Candomblé, Vilma recuperou a saúde e deu sentido para sua religiosidade. Embora tivesse sido criada e casada na fé católica, foi acolhida no

Candomblé, tornando-se adepta na adolescência e sacerdotisa aos 27 (vinte e sete) anos, quando recebeu o título de Mãe Vilma ou Yá Mukumby Alagangue, nome de origem quimbundo. Junto com seus familiares, ela comprou um terreno na cidade de Cambé, vizinha de Londrina e lá construiu o terreiro do Ylê Axé Ogum Mege.

Vilma se casou com Flávio de Oliveira, com quem teve 4 (quatro) filhos, além de adotar mais 2 (dois). Seus/as filhos/as são Gislene Helena Santos de Oliveira, Lincoln Santos de Oliveira (em memória), Robson Eduardo de Oliveira, Patrícia Fernanda de Lima, Vanessa Santos de Oliveira e Victor Jubiaba dos Santos. Vilma foi costureira, grande cozinheira e, paralelamente ao seu encontro com a religião, também desenvolveu sua consciência sobre a condição de discriminação que vivenciava e a necessidade de lutar para combatê-la.

Sua personalidade ativa, ambientada com a convivência com seu tio, a fizeram, desde muito jovem, participar de eventos e de protestos contrários ao governo autoritário do período da Ditadura Militar e de diversas inciativas em prol da população negra. Foi a partir da convivência na entidade que seu tio presidia, composta majoritariamente por pessoas negras, que Vilma despertou seu ativismo.

Ao falar de sua infância, Vilma dizia que, quando era criança, não existiam bonecas negras nem havia personagens negros nos livros nem nas igrejas. As crianças negras eram sempre xingadas de 'macacos', 'coisa ruim' e era necessário conquistar a autoestima, pois tinha consciência de que o tratamento desigual e claramente discriminatório era injusto.

Vilma integrou diversos movimentos sociais, participando do grupo União e Consciência Negra, do Movimento Negro de Londrina e do Partido dos Trabalhadores, do qual foi uma das fundadoras. Fez parte do Centro Nacional de Africanidade e Resistência (Cenarab). Em Londrina, fundou a Associação Afro-Brasileira (Aabra) e foi presidente do Conselho Municipal da Promoção da Igualdade Racial. Atuava sem medo. Com sua postura forte, somada à sabedoria de sua espiritualidade, ela encampou diversas lutas. Ao mesmo tempo, era uma pessoa acolhedora e aberta a todos que dela precisavam, independentemente de credo.

Também atuou como promotora cultural, participando ativamente de festas no famoso bar Zumbi, em Londrina, e fazendo diversas pontes como representante da cultura negra no norte do Paraná. Participou da recuperação da participação negra na história do Paraná, mostrando o pioneirismo que os/as negros/as tiveram ao lado dos imigrantes. Como cantora, dona de uma voz afinada e grandiosa, ela realizou shows. Foi cozinheira de mão cheia, gestora cultural e política dos expedientes da população negra.

Seu contato com o então presidente da Fundação Palmares, Zulu Araújo, a levou a conhecer diversas autoridades culturais, como o então ministro Gilberto

Gil, entre outras personalidades; por ocasião da criação da SEPPIR - Secretaria de Promoção e Igualdade Racial, ao participar da primeira conferência. Em 2008, a mesma fundação fez uma homenagem a ela por sua militância.

Defensora de maiores oportunidades para a população negra, ela foi conselheira da sociedade civil, participante do Conselho Comunitário da Universidade Estadual de Londrina (UEL) e uma convicta defensora das cotas raciais para jovens negros nas universidades públicas; objetivo alcançado por uma dura luta que resultou na implantação das cotas na UEL, em 2005. Ela fez parte da comissão de averiguação dos candidatos aprovados pelo sistema de cotas, momento em que tive o privilégio de conhecê-la e de atuar ao seu lado na aferição de veracidade da condição de cotista.

Vilma continuou igualmente participativa durante o período de avaliação e discussão da manutenção desta política afirmativa em 2011, quando os bons resultados dos ingressantes na UEL já apontavam o sucesso desta política. Nesta mesma universidade, também foi conselheira do Núcleo Afro-Brasileiro, integrou o Conselho de Direitos da Mulher e foi, ainda, diretora da Escola de Samba Zumbi dos Palmares. Artisticamente, ela coreografou e ensaiou grupos de teatro nos festivais, além de criar um espetáculo com a sua Dança dos Orixás e participar do Canto Coral com o grupo Unicanto, com o qual excursionou por diversos lugares do Brasil.

Ya Mukumby era assim. Nunca precisou de diplomas ou cursos porque sua criatividade e desenvoltura a envolviam em muitas atividades. Sempre defendeu sua comunidade, como fazia pelos jovens estudantes das ações afirmativas, pela defesa do direito à religiosidade afro-brasileira, pelas mulheres, pela cultura negra. Também foi escritora e coautora do livro "O Negro na Universidade: O Direito à Inclusão", escrito juntamente com Jairo Queiroz Pacheco e Maria Nilza da Silva, docentes da UEL. Em 2010, essa mesma universidade publicou um livro em sua homenagem, contando sua história de vida e seus 40 (quarenta) anos de militância, denominado "Yá Mukumby, a vida de Vilma Santos de Oliveira".

Sua morte ocorreu tragicamente no dia 3 de agosto de 2013, quando foi assassinada com sua mãe, Allial de Oliveira dos Santos, de 86 (oitenta e seis) anos, e sua neta, Olívia Oliveira Santos, de 10 (dez) anos. Antes de matá-las, o assassino havia matado a própria mãe, que tentou impedi-lo de matar a namorada. Ele estava em um surto psicótico. A despeito dos horríveis acontecimentos, a história foi noticiada pelas mídias desvinculando os crimes de uma situação de ódio racial. Contudo, olhando mais atentamente, o rapaz que a assassinou era adepto de uma religião evangélica e, também, vizinho de Vilma.

Ao adentrar a casa da vizinha, não só deu cabo às vidas das três mulheres como destruiu os objetos religiosos de Vilma. Talvez, por trás das motivações de sua mente doente, também houvesse questões de intolerância religiosa, mas elas foram rapidamente negadas e tudo ficou registrado como uma infeliz situação. Após a morte de Vilma, não houve continuidade de seu terreiro, que foi fechado após 45 (quarenta e cinco) anos do Candomblé Ilê Axé Ogum Megê.

Seu falecimento precoce silenciou a voz que ecoava na cidade, conseguia conversar e levar a religiosidade e a militância à academia, às autoridades e a todos, valorizando as raízes daqueles que tanto lutaram em prol deste país. Em sua homenagem, foi criado, na cidade de Londrina-PR, o Dia do Samba. Ele foi sugestão dos integrantes do movimento negro, por conta do show "Vilma de Todos os Santos", no qual ela realizava rodas de samba em diversos pontos da cidade, além de manter um cardápio com comida afro-brasileira. Vilma deu nome à sede do Núcleo Afro-Brasileiro da Universidade Estadual de Londrina e, como verdadeira griô, permanece como uma das pessoas que trouxeram respeito e visibilidade à população negra do Paraná.

## REFERÊNCIAS

ELORZA, Thelma. FRAZÃO, Marcelo. 04 de agosto de 2013. Yá Mukumby e mais três pessoas são assassinadas a facadas na zona oeste [notícia]. In: Jornal de Londrina [página de internet] Disponível em: http://www. jornaldelondrina.com.br/cidades/conteudo.phtml?tl=1&id=1396591&tit=Ya-Mukumby-e-maistres-pessoas-sao-assassinadas-a-facadas-na-zona-oeste. Acessado em 20 de junho de 2018.

LANZA, Fabio (org.). 2013. Yá Mukumby: A vida de Vilma Santos de Oliveira. Coleção Presença Negra em Londrina. 2ª ed., Londrina: UEL.

PACHECO, Jairo Queiroz. 2019. Desafios da inclusão: o olhar dos jovens negros sobre a Política de Cotas da UEL. Tese de Doutorado em Serviço Social e Política Social. Centro de Estudos Sociais Aplicados - Universidade Estadual de Londrina (UEL):. Londrina.

SANTOS, Ivair Augusto Alves dos. 2013. Direitos Humanos e as práticas de racismo. Brasília: Câmara dos Deputados, Edições Câmara.

SILVA, Maria Nilza; PACHECO, Jairo Queiroz (orgs.). 2014. Dona Vilma: Cultura negra como expressão de luta e vida. Londrina: UEL.

VILELA, Iara. 22 de agosto de 2013. MP aponta intolerância religiosa como motivo para chacina em Londrina [notícia]. In: Jornal de Londrina [página de internet]. Disponível em: http://www.jornaldelondrina.com.br/brasil/conteudo.phtml?id=1401987. Acessado em 20 de janeiro de 2014.

YÁ MUKUMBY e mais três morrem esfaqueados em Londrina [notícia]. 04 de agosto de 2014. In: Bondenews [página de internet]. Disponível em: http://www. bonde.com.br/?id_bonde=1-3--111-20130804. Acessado em 20 de janeiro de 2014.

# Ìyálorixá Obá Biyí

## EUGÊNIA ANNA DOS SANTOS, MÃE ANINHA

**Rosinalda Olaséní C. Da Silva Simoni**
**Robson Max de Oliveira Souza**

Vivaldo da Costa Lima, em um artigo publicado em 2004 para a Revista Estudos Avançados, reescrevia os dizeres de Edison Carneiro:

> Dos muitos líderes religiosos que exerciam, com maior ou menor influência comunitária, papéis importantes nos candomblés da Bahia, nos anos de 1930, dois se destacavam de maneira indiscutível: o babalaô Martiniano Eliseu do Bonfim e a ialorixá Eugênia Ana dos Santos, Aninha, do Centro Cruz Santa do Axé do Opô Afonjá. Suas personalidades transcendiam o ambiente dos terreiros e se impunham, igualmente, à sociedade inclusiva.
>
> (Édison Carneiro, 29 de março de 1949, Jornal "A Tarde").[1]

1 Artigo de Édison Carneiro, "Lembrança do negro na Bahia", publicado inicialmente na edição comemorativa do 4° Centenário da Cidade do Salvador do jornal "A Tarde", em 29 de março de 1949. Republicado, em 1964, no livro "Ladinos e crioulos" do mesmo autor.

> A mãe de santo é uma preta alta e majestosa (sic), cuja menor insinuação é imediatamente obedecida pelos membros de sua seita. Dizem que é bastante rica. Ela se gaba, com orgulho, sou filha de dois africanos, graças a Deus. [...] Inteligente, viva de espírito, ágil no debate, ela é um dos mais grandemente respeitados e obedecidos líderes do mundo afro-brasileiro
>
> (Donald Pierson, sobre Mãe Aninha, em 1936).

Essa personagem histórica, a negra Eugênia Anna Santos, que mais adiante se tornaria popularmente conhecida como Mãe Aninha, e que tanto marcou Vivaldo da Costa Lima, Donald Pierson, Ruth Landes e tantos outros intelectuais da época; possuia ancestralidade e identidade africana, carregava, desde o nascimento, o legado dos povos Grunci e Ketu. Eugênia foi iniciada nos cultos africanos ainda criança, primeiro na tradição de seus pais Grunci, que lhe apresentaram o sentido religioso das antigas tradições de seu povo. Ela foi iniciada para Iyá Grimborá[2] (SANTOS, 2014). Aproximadamente no ano de 1884, aos 15 (quinze) anos, foi iniciada na nação Ketu, para uma das representações e guardiãs da cultura de Oyó, Xangô.

Sua obrigação teria sido conduzida pela Ìyálorixá Marcelina da Silva (Obá Tossi), Maria Júlia Figueiredo (filha de Iyanassô) e Rodolpho Martins de Andrade (Bamboxê). A partir desse momento, ela teria, então, legitimidade de pertencimento a duas nações, haja vista que Xangô havia lhe dado dois nomes na terra de Tapa, Ogodô (Grunci) e Afonjá (Ketu). Esse foi o princípio de nascimento também do Ilê Axé Opô Afonjá, primeiramente na cidade do Rio de Janeiro, em 1895, e, posteriormente, em Salvador, em 1910 (SANTOS, 1994, p. 9 apud LIMA, 2004).

Com pouco mais de 30 (trinta) anos, e após os estágios rituais, Mãe Aninha, que já era reconhecida pela sua capacidade de liderança, com o apoio de velhos tios e tias a quem se ligara, começou sua vida de sacerdotisa, de Ìyálorixá. Com a ajuda de Bamboxê, seu babalaô, iniciou sua primeira filha de santo, no Engenho Velho.[3] Assim foram os primeiros anos de axé de Mãe Aninha: uma movimentada vida religiosa pelo processo de formação e afirmação sacerdotal e pela iniciação de seus/as primeiros/as filhos/as de santo. Sempre com a ajuda de velhos tios e tias ligados/as ao Engenho Velho, que eram, de certa forma, seus parentes de santo, especialmente Bamboxê Obiticô, um dos oficiantes de sua iniciação.

Em Salvador, eles/as também a acompanharam e ajudaram durante as transferências de seu terreiro, do Camarão, no Rio Vermelho, para o alto da Santa Cruz – àquela época no mesmo bairro do Rio Vermelho; hoje, em Amaralina –, e

2 Iyá Grimborá é o culto às mães das águas, aqui no Brasil, associado, na nação Ketu, ao culto a Iemonjá (SANTOS, 1994).

3 A melhor fonte escrita desse período da vida de Aninha é certamente o livro "Axé Opô Afonjá", de Deoscóredes Maximiliano dos Santos, único filho da falecida Iyalorixá Senhora Maria Bibiana do Espírito Santo e, portanto, "neto" de Aninha, a quem chamava devidamente de "minha avó" (LIMA, 2004).

durante a mudança definitiva, para a Roça do Ano de São Gonçalo do Retiro. Em 1910, o Ilê Opô Afonjá, em Salvador, se estabeleceu definitivamente no alto de São Gonçalo, no bairro do Retiro, onde se encontra até os dias atuais.

Em 1994, Deoscóredes Santos escrevia:

> Iyá Obá Biyi já estava com 23 pessoas iniciadas por suas mãos (sem contar com as que foram iniciadas em casas particulares e outras dentro do Axé, cujos nomes não chegaram ao conhecido público por motivo ignorado) e vinte homens entre Alabês, Axoguns, Ogans etc. Existia também grande quantidade de pessoas sem posto na casa, que faziam parte e acompanhavam todo o ritual do Axé (SANTOS, 1994).

Autodidata, carismática e altiva, Obá Biyí se tornou a mais respeitada Ìyálorixá do país e projetou a mulher negra nos espaços de poder não apenas religioso, mas político e social. Sua trajetória de luta pelos direitos do povo negro agregou, para si e para as mulheres negras, o protagonismo descrito por intelectuais negras como Sueli Carneiro (2003, 2017) e tantas outras que se dedicam a enegrecer as lutas feministas.

Mãe Aninha, quem Édison Carneiro disse ter sido "a figura feminina mais ilustre dos candomblés da Bahia", era descrita por ele como:

> Essa negra alta, disposta, falando claro e corretamente, o beiço inferior avançando em ponta, era bem o expoente da raça negra do Brasil, síntese feliz da soma de conhecimentos da velha Maria Bada e da agilidade intelectual de Martiniano do Bonfim (LIMA, 2004).

Sobre a sua condição de superior guardiã e renovadora coerente das tradições ancestrais, afirma, no mesmo artigo:

> Muito fez pela preservação das tradições africanas no candomblé da Bahia. Darei apenas dois exemplos. Em quarto guardado à vista dos curiosos e de estranhos, prestava culto a Yá, a deusa das águas dos negros galinhas (grunces), uma tradição já, então, desaparecida. E foi Aninha quem, no ano passado (1937), trouxe para o Opô Afonjá a festa africana dos obás de Xangô,[4] empossando os seus doze ministros com o rito próprio, há muito esquecido pelos chefes e pelos aderentes das religiões populares (LIMA, 2004).

Esse culto da "deusa das águas dos negros galinhas" a que se referem Carneiro e Vivaldo é também mencionado por Santos (1994). Já ao falar sobre a implantação do terreiro de São Gonçalo por Mãe Aninha, Edison Carneiro continua:

4 Em uma demonstração de devoção e poder de articulação, ela instituiu no Brasil, em 29 de junho de 1936, momento alusivo às festividades de seu Orixá Xangô, a tradição do Conselho ou Corpo de Obá (ministros de Xangô). "O restabelecimento da antiga tradição dos Obás de Xangô veio a dar ainda maior prestígio ao Opô Afonjá. Esse grupo, composto por religiosos e simpatizantes quase sempre com algum cargo na comunidade, garantia a segurança da casa e o prestígio da Iyálorisá *(Obá Biyi)* (SANTOS, 1994).

> Daí, Iyá Obá Biyi, com sua boa vontade, seu espírito batalhador e a ajuda de todos que a acompanhavam, continuou a construir o Axé, fazendo casas nos assentos já existentes para Exu, para Oxalá, está com um quarto para as Ayabás, para a Iemanjá denominado Ilê Iyá, onde Mãe Aninha adorava Iya n'ilé Gruncis (a mãe da terra de Gruncis, na África), outra para Obaluaiê, a de Oxossi e a casa de Ilê Ibô Iku (casa de veneração aos mortos) (CARNEIRO, 1964).

Mãe Aninha tornou-se conhecida e amiga de vários intelectuais. Alguns deles se tornaram seus filhos de santo, chegando a ocupar cargos na sua casa; junto a eles, ela lutava para que os povos descendentes de africanos tivessem sua cultura reconhecida e valorizada. Entre tais lideranças destacaram-se Edison Carneiro, Arthur Ramos, Donald Pierson, Ruth Landes, dentre outros. O que os uniam a Mãe Aninha era o desejo de incluir o negro e sua cultura na identidade nacional. Mãe Aninha envolveu-se profundamente nessa luta, tendo participado, na década de 1930, de congressos sobre isso, a exemplo do 2° Congresso Afro-brasileiro em 1937,[5] no qual se tornou notícia:

> Quanto à festa do Opô Afonjá, por ocasião do 2° Congresso Afro-Brasileiro, foi assim noticiada no "Estado da Bahia" de 14 de janeiro:
>
> "Tiveram grande brilhantismo as festas de ontem do 2° Congresso Afro-Brasileiro. À noite os congressistas em *marinetti* especial, foram visitar o Centro Cruz Santa do Axé do Opô Afonjá, de D. Aninha, em São Gonçalo do Retiro. Ali os esperava uma festa especialmente preparada para os congressistas. Todo o terreiro estava aberto à visita dos congressistas. A festa do Opô Afonjá encantou sobremaneira os congressistas" (LIMA, 2004).

Sua influência foi tão importante, como mulher negra, que, na liderança religiosa, soube conduzir e tornar-se referência para a luta e a resistência de todos/as os/as defensores/as das religiões de matriz africana. A trajetória de Obá Biyí e de sua casa guarda fatos inusitados de perseguição, ainda que "minimizados" em função do prestígio que ela possuía, graças ao papel carismático, estratégico e sábio da Ìyálorixá.

Santos (2014) afirma que, de 1920 a 1942, a Bahia e suas casas de Candomblé passaram a viver períodos que variavam entre a calmaria e a profunda agitação das invasões aos cultos, no momento das práticas. Ao ser indagada por um dos intelectuais sobre as perseguições às casas de santos, Obá Biyí declarou acreditar que Jesus Cristo

5 A partir de seu lugar de fala e diante do prestígio já conquistado, Obá Biyí sediou, em seu terreiro, o 2° Congresso Afro-Brasileiro em 1937, congresso que reuniu grandes nomes da época: Artur Ramos, Edison Carneiro, Jorge Amado, Aydano do Couto Ferraz, Donald Pierson, Ruth Landes, Franklin Frazier e outros. Esse congresso teve como conferencista o Babalorixá Martiniano Eliseu do Bonfim. Na ocasião, a convite dos organizadores, Mãe Aninha escreveu um artigo sobre comida de santo publicado em anexo nos anais do evento (SIMONI, MARINHO, 2020).

era negro, devido à história de perseguição que ele sofreu e que o levou a fugir para o Egito, terra africana (AZEVEDO, 2000). Ao associar Jesus à negritude por meio da perseguição sofrida e das terras onde ele viveu, ela demonstra a sua perspicácia e capacidade de articulação na construção do respaldo pela legalidade do culto.

Assim, junto à intelectualidade da época, Mãe Aninha, apoiada por Oswaldo Aranha, conseguiu que o então presidente do Brasil Getúlio Vargas promulgasse o Decreto Presidencial nº 1.202 de 8 de abril de 1934, "o qual extingue a proibição aos cultos afro-brasileiros" (SANTOS, 2014, p. 282). Uma das preocupações de Obá Biyí estava em projetar as mulheres enquanto protagonistas de suas histórias dentro de sua casa de axé e na organização de sua estrutura hierárquica. Em sua casa, as mulheres ocupavam os cargos de maior poder.

A libertação tardia de escravizados, como foi no Brasil, tem como consequência a falta de perspectiva dos ex-escravizados, haja vista que a maioria dos homens negros se deparou com a falta de condições para serem absorvidos no mercado de trabalho, por serem considerados inaptos e desqualificados perante as exigências. A sua própria condição racial, por si só, já os colocava na marginalidade, suscetíveis ao preconceito social da época.

Assim, a tratativa matriarcal e mesmo a capacidade de lidar com tantas adversidades vão fazer das mulheres, principalmente nesse caso do Candomblé, as gestoras de uma mudança, na busca pela sustentabilidade de um grupo. Algumas dessas mudanças foram idealizadas e protagonizadas por Obá Biyí, entre elas, a intensificação das quituteiras e das baianas do acarajé nas feiras de Salvador, agora também como forma de sustento familiar (OLIVEIRA, 2013).

É preciso refletir e repensar posturas partindo do fato de que, em se tratando das mulheres negras, a relação entre ser e estar perpassa pelo processo de desumanização que elas sofreram durante o período escravocrata, processo esse vivo e latente tanto na sociedade daquele período quanto na atual. Pensando assim, a maioria das mulheres, diferentemente dos homens, desde pequenas, em uma cultura machista, cozinham, costuram, lavam, passam, engomam, cuidam de filhos e criam verdadeiros sistemas produtivos jamais pensados pelos homens. Nesse pensamento, talvez esteja a explicação para que Obá Biyí definisse, desde o começo, uma ordem condicional para a cultura da qual era herdeira, uma hierarquia que dava destaque para as mulheres; uma perspectiva de gênero, pela qual a Ìyálorixá centralizava os principais cargos nas mulheres.

Como foi mostrado por Marcos Santana (2006, apud SANTOS, 2014, p. 12), em ordem de hierarquia, os principais cargos do terreiro de Mãe Aninha eram ocupados da seguinte forma:

1. Ìyálorixá - Obá Biyi
2. Iyá Kekerê - Iwin Tonã
3. Iyá Dagã - Odé Gidê
4. Iyá Morô - Ayirá Bayi
5. Ossi Dagã - Oxum Muiywá
6. Otun Dagã - Maria Otun de Ossanhe
7. Ajimuda - Ojeladê
8. Balé Xangô - Bamboxê, Essa Obiticô / José Teodoro Pimentel
9. Êssa Oburô - Obá Sañya / Tio Joaquim
10. Assobá - Bopê Oiá
11. Iyá Egbé - Airá Tola
12. Oganlá - Ajagun Tundê
13. Olopondá – Vevelha
14. Sobaloju - Obá Kayodê

Muitos outros feitos se seguiram pelas mãos e ideias dessa mulher, entre eles a fundação da Sociedade Cruz Santa, no Ilê Axé Opô Afonjá, que visava um melhor relacionamento com a comunidade e, sobretudo, garantir a continuidade da existência do Ilê, em caso de seu eventual falecimento. Essa fundação também objetivava, entre outras coisas, alfabetizar os negros e proporcionar o ensino à comunidade dentro da cosmovisão africana iorubá.

Seu empenho e convicção quanto à importância da educação a levaram a inaugurar, dentro do Terreiro Opô Afonjá, uma escola que atendia tanto à comunidade do terreiro, ligada à religião, quanto à comunidade do entorno, independentemente da religião das crianças e de seus familiares. Era a Escola Municipal Eugênia Anna dos Santos, cujas atividades foram reconhecidas legalmente em 1978. Essa escola funciona até os dias atuais. Mãe Aninha, do Terreiro do Opô Afonjá, era, também, Priora das Irmandades do Senhor Bom Jesus dos Martírios e de Nossa Senhora do Rosário e Provedora Perpétua de Nossa Senhora da Boa Morte, da Barroquinha. Era, ainda, Irmã Remida da Irmandade de São Benedito, nas Quintas.

A trajetória desta mulher negra engajada pode ser considerada uma das memórias mais incisivas do processo construtivo do que hoje constitui as reivindicações de políticas públicas para a população negra, haja vista ter sido por intermédio dela que se conseguiu dar alguma visibilidade à presença feminina negra no contexto político nacional, como articuladora/impulsionadora de melhores condições de vida para essa população, ainda na década de 1930.

No dia 3 de janeiro de 1938, Obá Biyi reconheceu a hora de sua morte. Sobre esse momento, é melhor citar, na íntegra, Deoscóredes dos Santos, Didi, o Assobá da casa, que participou desse momento:

> Iyá Obá Biyi reconheceu a hora da morte, uma vez que, devido aos seus conhecimentos, estava ciente do seu fim e tinha até roupas preparadas para o enterro. Chamou, então, seu neto, o Assobá (eu próprio), o Obá Aré Miguel A de Santana e a Ossi Dagan Senhora. Chegaram imediatamente e se apresentaram ao lado da cama onde ela se encontrava, em um quarto da atual casa de Ossanhe (...). Logo em seguida, ela virou língua e falou em iorubá, dizendo algumas coisas que nenhum deles entendeu. Então ela disse: "Não sabem o que perderam". Foi então que ela pediu para ser levada para a casa de Iá, onde faleceu às três horas da tarde. Quanto às últimas palavras ditas por Aninha, na língua sagrada de sua nação-de-santo e que as pessoas que a assistiam não puderam entender, elas foram a derradeira afirmação de seu poder, de sua autoridade no terreiro que criara e onde reinara de modo absoluto (LIMA, 2004).

O corpo de Aninha foi transferido, à noite, para a Igreja de Nossa Senhora do Rosário, no Pelourinho, de onde sairia o cortejo fúnebre, no dia seguinte, 4 de janeiro, no começo da tarde, em direção ao Cemitério das Quintas dos Lázaros. O "Estado da Bahia" de 5 de janeiro publicou uma ampla matéria, em 5 (cinco) colunas e com 3 (três) fotografias, sobre o velório de Mãe Aninha.

Segundo o jornal, mais de 2.000 (duas mil) pessoas compareceram e acompanharam, a pé, o cortejo, até as Quintas. O comércio das imediações da Igreja do Rosário, no Taboão e na Baixa dos Sapateiros, cerrou suas portas em homenagem a Obá Biyí Aninha, muito querida e respeitada na área e dela moradora, por longos anos, em casa vizinha à Igreja onde foi velado o seu corpo. Por carta, no dia 8 de janeiro de 1938, Edison Carneiro informava Artur Ramos: "Morreu há dias, D. Aninha, do Opô Afonjá, braço do Congresso, sua admiradora".

Martiniano Eliseu do Bonfim (Babalaô Martiniano) e Eugênia Ana dos Santos eram grandes amigos, sempre trabalharam juntos. É descrito que ele colaborou largamente com a Ìyálorixá de São Gonçalo na estruturação do grupo dos Obás ou Ministros de Xangô. Aninha concedeu a Martiniano, no Axé do Opô Afonjá, o honroso título de Ajimudá, o que marcou o respeito e a consideração que tinha, a venerável mãe-de-santo, pelo sábio babalaô. O sentimento, aliás, era mútuo. Depois da morte de Aninha, em janeiro de 1938, Martiniano, em entrevista para antropóloga Ruth Landes, lamentava:

> Nem mesmo visito os terreiros desde que dona Aninha – descanse em paz! - se foi. Considero-a a última das mães [...] sinto saudades dela agora. Acho que toda a Bahia sente. Não faço questão de pisar em nenhum dos outros templos, mesmo

> que me convidem. Nenhum deles faz as coisas direito como ela fazia. Não acredito que saibam falar com os santos e trazê-los para dançar nos terreiros dos templos (LANDES, 1967)

Acreditamos ser possível enquadrar a atuação das Ìyálorixás, como Obá Biyí, dentro do espectro dos movimentos sociais, uma vez que metodologicamente cumprem as características observáveis, descritas por Maria da Glória Gohn (2004), nos movimentos sociais: as demandas e os repertórios da ação. Assim, com a demanda de salvaguardar os valores familiares, preservando a cultura ancestral africana, por meio da reconstrução de laços de sociabilidade e espiritualidade fundados nos terreiros, são ações que formalizam a ação coletiva das mulheres negras, contra a opressão patriarcal, racista e de classe.

O feminismo de terreiro praticado por Obá Biyí se estabeleceu enquanto um movimento social, que acumulou conquistas, como a liberdade de culto e a ascensão cultural e econômica de distintas mulheres negras que passaram pela Sociedade Cruz Santa. Com seu protagonismo, Obá Biyí trouxe visibilidade à identidade religiosa de matriz africana, construindo e executando um projeto de empoderamento feminino, articulado no terreiro, projeto vivenciado até a atualidade por suas sucessoras.

## REFERÊNCIAS


CARNEIRO, Edison. 1964 [Março de 1949]. Lembrança do Negro na Bahia . In: CARNEIRO, Edison. 1964. Ladinos e Crioulos: Estudos sobre o negro no Brasil.Salvador: Wmf Martins Fontes.

LANDES, Ruth. 2002. A Cidade das Mulheres. Rio de Janeiro: Editora da UFRJ.

LIMA, Vivaldo Costa. 2004. O candomblé da Bahia na década de 1930. In: Revista Estudos Avançados, v.18, nº52, p. 201-221. Disponível em: https://www.revistas.usp.br/eav/article/view/10032. Acessado em 20 de julho de 2023.

SANTANA, Marcos. 2016. Mojubá Obá Biyí: Patrimônio cultural afrobrasileiro (1936-2016). Salvador: Pimenta Malagueta.

SANTOS, Maristela Tomás dos Santos. 2014. Oyá Obá Biyí (Mãe Aninha): Centelha Inspiradora ao efetivo direito à liberdade religiosa. In: Revista da Ejuse. Rio de Janeiro: nº20 - Doutrina 281.

SANTOS, Maria Stella Azevedo. 2018. Meu tempo é agora. 2ª ed.Salvador: Assembléia Legislativa do Estado da Bahia.

SIMONI, Rosinalda Corrêa da Silva; MARINHO, Thais Alves. 2020. O Matriarcado negro nos "terreiros": Da cosmovisão do feminino ao feminismo de terreiro. In:

VULNERABILIDADE | RESISTÊNCIA | JUSTIÇA: VI Congresso Latino-Americano de Gênero e Religião. São Leopoldo - RS: Centro de Estudos Bíblicos, vol. 6. p. 137-168
SIMONI, Rosinalda Corrêa da Silva. 2019. Ancestralidade Feminina: Da essência do Sagrado aos movimentos feministas mulheres negras e representatividade. In: Revista Fragmentos de Cultura. Goiânia: Pontifícia Universidade Católica de Goiás (PUC/Goiás), v. 29, nº2, p. 293-300.

# Ìyálorixá Obassi

## FRANCISCA MARIA JUSTA TEIXEIRA, MÃE OBASSI: UMA VIDA EM DEFESA DAS RELIGIÕES DE MATRIZES AFRO-BRASILEIRAS

**Joanice Conceição**

Em 1º de setembro de 1943, nasceu, em Fortaleza - Ceará, Francisca Maria Justa Teixeira, uma mulher fulcral para as religiões de matrizes africanas naquele estado. Filha de Aurélio Bentes Teixeira e Maria do Carmo Justa Teixeira; Francisca foi mãe de 2 (dois) filhos biológicos, de muitos outros de Santo e, ainda, dos que assim a consideravam, por ela lhes ter socorrido em necessidade espiritual.

A nossa biografada lecionou no Colégio Integral em Fortaleza. Cursou contabilidade, mas a sua paixão era a religião. Batizada no Catolicismo, na adolescência interessou-se pelas Pombas-gira e pretos velhos, passando a frequentar o terreiro de Umbanda do Pai de Santo José Maria, no bairro da Serrinha. Ali se tornou Mãe de Santo, guiada pelas entidades Nobre Guerreira e a Pomba-gira Sete Encruzilhadas.

Na década de 1960, fixou residência no Rio de Janeiro. Conheceu Ágil Efon ou Babá Obiladê – liderança religiosa do Ilê Axé Aganju, de Nação Angola, em Duque de Caxias. Apesar das boas relações com o dito Babá, foi iniciada na nação Ketu, pois o seu orixá de cabeça não era cultuado na Nação Angola. Em 13 de abril de 1971, Mãe Obassi foi iniciada por Valdomiro da Costa Pinto, o Pai Baiano, do Candomblé da Bahia, com notório prestígio religioso no Rio de Janeiro. Mãe Obassi, acompanhada por graduados na religião, visitava seus familiares em Fortaleza e muitas pessoas ali procuravam-na, para auxílio espiritual.

Em meados dos anos 80, com o agravamento dos problemas de saúde de sua genitora, Mãe Obassi voltou para Fortaleza, onde continuou com as atividades religiosas. O número de pessoas que a buscavam foi aumentando e o espaço para atendê-las se tornava pequeno.

Em 1988, ela adquiriu um terreno no Planalto Cidade Nova, em Maracanaú - Ceará e, com ajuda dos seus filhos de Santo, constrói o terreiro Ilê Axé Oloioba. Dentre os presentes na inauguração em 30 de junho de 1990, estavam seu então Babalorixá, Valdomiro de Xangô, que conduziu a saída do primeiro barco, composto por Valdenízia de Iemanjá, Maira de Ewá e Marcos de Oxossi; os dois últimos, seus filhos biológicos (BANDEIRA, 2009).

A vida de Obassi trazia marcas alegres, mas também de opressões e violência do sexismo e da dominação masculina sobre as mulheres. Essas opressões espelham a materialidade dos fatos, ao consideramos a negação e invisibilidade da população negra e indígena nos registros oficiais do estado do Ceará.

O terreiro de Mãe Obassi foi um divisor de águas para as religiões de matrizes africanas, não somente pela visibilidade e atração de clientes importantes do Ceará, Acre, Distrito Federal, Roraima e Rio de Janeiro, mas pela inserção de elementos litúrgicos nas casas de Candomblé do estado, tais como: o Xirê, o jogo de búzios por Odum, a iniciação com apenas três saídas no salão, o ritual do Amalá de Xangô às quartas-feiras, o padê a Exú,[1] o ritual de Itá e o calendário litúrgico para o Ceará (FARIAS, 2020).[2]

As festas eram disputadas por membros do Movimento Negro e políticos dos estados do Rio de Janeiro, Acre, Roraima e Distrito Federal. A líder religiosa era procurada por outras lideranças do Ceará, para orientá-las em relação à organização, às danças rituais, às cantigas e aos toques para invocar os Orixás. Alguns, porém, viam em Mãe Obassi uma rival, face ao robusto número de filhos, fama e reconhecimento que ela possuía. Criou-se uma tensão no campo religioso afro-cearense que

1 Cerimônia dedica a Exú, antes do início das festas públicas nos Candomblés.

2 Luiz Leno Farias, Ogã e testemunha ocular do feminicídio de Mãe Obassi, em entrevista concedida à autora em abril de 2020.

deu lugar a disjunções, causadas pelas desigualdades entre gêneros, que resultaram no assassinato/feminicídio de Mãe Obassi.

À época, o Babalorixá Luiz de Xangô, uma das lideranças com maior visibilidade das religiões de matrizes africanas, conhecido por difamar pessoas que via como rivais e ameaçá-las com feitiço, foi o mais incomodado com o sucesso da biografada; rotineiras eram as ameaças e impropérios dirigidos a ela.

Em 22 de dezembro de 1996, Luiz de Xangô compareceu à festa dedicada às Iabás (Orixás femininos) no Oloioba, sem convite, fazendo arruaça. Pessoas do Axé tentaram dissuadi-lo de permanecer no local, em vão. A própria Mãe Obassi, então, com postura firme, interveio. Ele se retirou, mas deixou evidente que responderia, e assim o fez.

> Enquanto Mãe Obassi dançava incorporada pelo Orixá Obá - aliás, quem dançava era Obá -, um homem, portando um capacete de motoqueiro para não ser reconhecido, entrou no barracão, sacou um revólver e, pelas costas, disparou um tiro na cabeça da Mãe Obassi. Na verdade, ele atirou em Obá, que sentiu o impacto, mas continuou dançando, depois disparou mais um tiro na cabeça novamente e nossa Mãe Obassi/Obá continuou dançando até cair no chão. Neste momento, todos os Orixás incorporaram em seus filhos de Santo. (LUIZ LENO, 2009).

Outra narrativa revela o impacto da morte da Ialorixá:

> [...] Falar deste assunto me provoca uma sensação de deslocamento momentâneo neste mundo: ora, uma Ialorixá, Mãe e mulher, assassinada em pleno ritual sagrado de nossa religião... Atrevo-me a supor que as gerações atuais da nossa religião jamais sentirão este fato do mesmo modo que as outras mulheres de Candomblé contemporâneas o sentiram. Mais tarde, soubera, por meio de pessoas da religião, que **o famigerado Babalorixá** (sic) **havia pontificado o "fim do Candomblé de Mãe de Santo no Ceará", pois ele próprio se encarregaria de dar cabo da vida daquelas que estivessem em atividade** (grifo dos autores) (IYÁ VALÉRIA DE LOGUM EDÉ, 2020).[3]

Os trechos acima revelam o caráter sexista do assassinato de Mãe Obassi, seu feminicídio. O ato cometido a mando do Pai de Santo caracteriza-se como feminicídio porque ocorreu em função de ela ser uma mulher, líder religiosa do estado.

Identificados, Luiz Dias - Pai Luiz de Xangô - como mandante do crime e Claudeci Vieira Uxôa como executor, ambos foram julgados, condenados e presos. É preciso olhar para o caso de maneira interseccional, jogando luz para as questões relacionadas ao patriarcado e à disputa por espaço, sobretudo para o exercício da

3 Iyá Valeria de Logum Edé, em entrevista, realizada pela autora em maio/2020.

masculinidade no interior dos ambientes religiosos, posto que o episódio envolve relações de poder, de gênero, de raça e de religião. A representação da tradição patriarcal e o exercício da masculinidade na economia e nos bens simbólicos deram lugar à violência e à misoginia.

Importa dizer que Mãe Obassi imprimiu novos elementos à liturgia do Candomblé no estado do Ceará, provocando, por sua liderança, deslocamentos de percepção da figura da mulher. Ela influenciou a vida política em diversas esferas, bem como os movimentos sociais em favor das religiões de matrizes africanas e acerca das questões raciais, tornando obsoletas as identidades masculinas tidas como fixas e absolutas. A partir dela, o espelho reflete a imagem de uma mulher negra, mãe solteira e líder religiosa, legitimada por diferentes setores sociais, corroborando a ideia de que as identidades são móveis e flutuantes (CONCEIÇÃO, 2017).

O ato de Luiz de Xangô integra um conjunto de elementos que atesta não apenas a "honra do macho", cuja afirmação da masculinidade é pautada no domínio sobre a mulher; o patriarcado exercido pelo referido Babalorixá vai além disso e suscita um necrofeminino,[4] parafraseando Mbembe (2003).

Por fim, o feminicídio de Mãe Obassi revela que opressões no Candomblé do Ceará são reflexos do domínio do patriarcado, aparentemente esquecido, mas vivo nas masculinidades religiosas. Mãe Obassi é um símbolo da cultura religiosa em defesa das religiões de matrizes africanas, cuja significância mitigou a segregação espacial religiosa, com a qual tentam apagar materialmente o feminino em ascensão nas religiões presentes no estado.

Mãe Obassi é força viva; semente que foi regada com o sangue, da qual surgem, a cada dia, novas Obassis.

## REFERÊNCIAS

BANDEIRA, Luís Cláudio Cardoso. 2009. Entidades africanas em "troca de águas": diáspora religiosa desde o Ceará. São Paulo: Dissertação de Mestrado. São Paulo: Pontifícia Universidade Católica (PUCSP).

CONCEIÇÃO, Joanice. 2018. Quando o sagrado justifica o racismo. In: CAVALCANTE, Francisca Verônica; CARVALHO, Maria do Amparo A. de; LUZ, Lila Cristina Xavier.

4 Necrofeminino diz respeito ao sistema que produz a morte de mulheres. Apesar de haver os conceitos de genocídio e de feminicídio, que significam, respectivamente, a morte sistemática de um determinado grupo e a morte de uma pessoa unicamente pela condição de ser mulher, utilizo tal termo por entender que sempre existiu um conjunto de elementos que naturaliza a morte das mulheres. Embora o conceito de "Necrofeminino" esteja sendo utilizado pela primeira vez e, portanto, esteja em construção, defendo esse conceito por se tratar de uma categoria que envolve várias situações, sejam elas socioeconômicas, raciais, de gênero, de saúde ou religiosas. O necrofeminino tem suas bases assentadas no patriarcado que se intersecciona com outras categorias, bem como foi inspirado na ideia de Achille Mbembe (2003).

(Org.). Religiosidades e Experiências Espirituais na Contemporaneidade. 1ª ed.Teresina: EDUFPI, vol. 1, p. 1-432.

LUIZ LENO Farias [Ogã e testemunha ocular do feminicídio de Mãe Obassi]. Abril de 2020. Entrevista online concedida à autora Joanice Conceição.

MBEMBE, Achhile. 2003. Necropolitics. New York: Public Culture Winter, v. 15, nº 1, p. 100-120.

IYÁ VALERIA DE LOGUM EDÉ. Maio de 2020. Entrevista concedida à autora Joanice Conceição.

# Ìyálorixá Railda de Osun

## RAILDA DA ROCHA PITTA, MÃE RAILDA DE OSUN

**Denise T'Ògún Botelho**

Railda da Rocha Pitta nasceu em Salvador-BA no dia 20 de janeiro de 1938. Filha de Carmina e Hermano, a recém-nascida recebeu um banho de boa sorte composto por água, essências perfumadas e joias de ouro, tradição das antigas mulheres negras de religiões afro-brasileira. A menina cresceu em meio ao Candomblé, cercada pelas bênçãos das divindades negras. Aos 7 (sete) anos, seus pais se separaram e sua mãe mudou-se para o Rio de Janeiro, onde morou em diferentes lugares: primeiro em Copacabana e depois em Mesquita, no Terreiro do Babalorixá Vicente Bankolê.

A ida para a casa de Vicente Bankolê aproximou Railda ainda mais dos Orixás. A mãe saía para trabalhar e ela passava os dias no terreiro de Candomblé, conhecendo a rotina e os elementos que constituem o modo de viver dessa comunidade. Em meio às brincadeiras, ela e as amigas separavam as mercadorias do culto dos Orixás importadas do continente africano, tanto para o uso ritual de seu terreiro, quanto para a comercialização, um intercâmbio entre Brasil e o

Continente Mãe. Nesta mesma casa, aos 8 (oito) anos, ela se casou miticamente com o Erê Messias Caramujo.

Este casamento, característico das brincadeiras infantis, marcaria a vida religiosa de Railda. O casamento com o Erê foi também o casamento com os Orixás, com os quais Railda manteve um relacionamento por toda a vida. Nesse momento, a palavra iaô (esposa) adquiriu um sentido especial para a menina-mãe. Nesse terreiro de Candomblé, Oxum incorporou pela primeira vez em Railda, quando ela tinha 12 (doze) anos.

Nesse mesmo lugar, Railda conheceu, em 1950, a já conhecida Ialorixá Menininha do Gantois e a futura Ialorixá Meninazinha de Oxum, com quem passou muito tempo de sua infância no barracão de Vicente Bandola. Amizades e alianças estabelecidas nessa época no Rio de Janeiro são mantidas até hoje, como é o exemplo da relação com Maria do Nascimento, Mãe Meninazinha de Oxum, Ialorixá do Ilê Axé Omolu Oxum, uma das mais conhecidas e importantes lideranças de comunidades tradicionais de matrizes africanas do Rio de Janeiro e do Brasil.

Railda se inicia no Candomblé em 1959, no Rio de Janeiro, pelas mãos de Mãe Agripina de Aganju - Obá Deiy -, a primeira filha de santo de Mãe Aninha, fundadora do Ilê Axé Opô Afonjá, que foi iniciada no terreiro quando ele foi transferido para São Gonçalo, em Salvador. Era o início da vida sacerdotal de Mãe Railda. No grupo de 8 (oito) pessoas que se iniciaram ao mesmo tempo, ela foi a única que apresentava, segundo o jogo de búzios realizado por Mãe Regina Bamboxê, o caminho, a destinação para ser Ialorixá (Mãe-de-Santo). Xangô havia escolhido Railda para cuidar dele, para ser uma de suas sacerdotisas. Na iniciação, ela recebeu o nome de Oxum Ladê. Mas nem tudo seriam flores. O mesmo jogo de Mãe Regina predizia que até Mãe Railda se tornar uma conhecida Ialorixá, ela passaria por uma série de dificuldades.

Oxum, que é também uma ayabá guerreira, acompanharia sua filha por todas as guerras que ela teria de enfrentar. Tendo como guardiões Xangô e Ogum, o Orixá da justiça e o Orixá que abre caminhos, as predições de Mãe Regina no jogo realizado na iniciação de Mãe Railda iam se concretizando paulatinamente, sem erros.

Por causa da iniciação, Railda ficou praticamente um ano na casa de Candomblé em Coelho da Rocha, o que fez com que sua mãe carnal se irritasse pela ausência da filha. Por isso, ela a expulsou de casa pouco tempo depois de sua iniciação, o que fez com que ela passasse a viver no terreiro por algum tempo, até que Juracy, uma de suas irmãs no Orixá, alugasse uma casa para que ela morasse. Essa mesma irmã, atendendo a um pedido de Oxum, conseguiu um emprego para Railda em Brasília, cidade que ainda dava seus primeiros passos. Railda chegou a Brasília para trabalhar em maio de 1963, no antigo Instituto de Aposentadoria e Pensões dos Ferroviários e Empregados em Serviços Públicos.

Em 1966, Mãe Agripina vai para Brasília para fazer uma cirurgia de catarata. Após a cirurgia, quando melhorasse, Mãe Agripina deveria, por determinação de Xangô, voltar para o Rio de Janeiro. Entretanto, sentindo-se mais acolhida em Brasília, por Railda e por Juracy, Mãe Agripina decidiu ficar em Brasília, onde faleceu no mesmo ano, nos braços da ayabá preferida de Xangô, Oxum Ladê. Mãe Cantulina assumiu o Terreiro Ilê Axé Opô Afonjá no Rio de Janeiro e terminou a iniciação de Mãe Railda no Candomblé. Retomando sua vida em Brasília, Railda ganhou, em 1968, uma chácara em Valparaíso de Goiás - município que fica cerca de 30 km de Brasília – de um homem que tinha gratidão por Oxum de Railda.

Em 1971, Oxum determinou que o primeiro santo a ser assentado na chácara seria Ogum, o Orixá dos caminhos e das guerras e que também era o Orixá do homem que havia doado a chácara para Railda. Assim, a construção começou, primeiro com três casas de madeira doadas pelos construtores de prédios do Distrito Federal: uma para o caseiro, outra para Ogum e outra para Oxum. É nesse mesmo ano que Railda assenta os Orixás de seus primeiros filhos.

Esse início foi muito difícil, pois não havia, no Distrito Federal, a venda das coisas necessárias para o assentamento dos Orixás nem para a preparação do terreno para transformar-se em um Terreiro de Candomblé. Tudo teve de ser comprado por irmãos(ãs) de santo de Railda, que trouxeram os materiais do Rio de Janeiro e a auxiliaram neste início de sacerdócio. Sentindo o peso de iniciar o sacerdócio e a dificuldade de estabelecer esta atividade em uma cidade que apenas despontava, Railda retorna a Salvador em 1971, para trabalhar no antigo Hospital Ana Nery, no bairro da Caixa D'água.

Entretanto, a estadia de Railda em Salvador seria curta. Mãe Menininha do Gantois, em seu jogo de búzios, revela os desígnios de Xangô para Mãe Railda, que tem a missão de comandar um dos braços do Terreiro Axé Opô Afonjá em Brasília, onde ela teria a missão de ajudar as pessoas da região, o que a tornaria bastante conhecida. Mãe Railda regressa, então, a Brasília e retoma a construção de seu terreiro. Ela aprendeu a jogar búzios com o Professor Agenor Miranda, com quem teve uma relação tensa, que fez com que ela retornasse novamente a Salvador em 1982, para ter a ajuda de Mãe Stella de Oxóssi. A filha de Oxum, nascida em Salvador, vai buscar o consolo e o amparo de Xangô, Oxum e Oxóssi na Roça de São Gonçalo, terreiro fundado por Mãe Aninha de Afonjá. Lá, aprendeu muitas coisas importantes para o seu trabalho como Ialorixá.

A construção de seu terreiro, além de muito trabalho da Mãe Railda e de seus filhos(as) de santo, contou também com o auxílio do Orixá Ogum, que apareceu, para ela, na chácara, no carnaval de 1973, prometendo ajudar na construção. Ele não se identificou, apenas disse que era da Bahia e que ela podia contar com ele para ajudá-la na sua casa de Candomblé. Sobre essa história, Mãe Railda relata que:

> Era 5 de março de 1973. Viemos para a chácara, pois sempre, na 2ª feira de carnaval, eu gosto de dar um galo ao Sr. Lalu, jogar farofa no portão e tal. Então eu faço uma farofa e vou jogar no portão ao meio-dia. A entrada era lá pelo outro lado e, lá na frente, era só um portão estreitinho. Quando eu joguei a farofa e saldei Exu, um homem com quase 2 metros de altura, descalço, que não estava muito limpo, fez assim:
>
> - Psiu!
>
> Eu só olhei para trás.
>
> – Posso entrar?
>
> - Pode!
>
> Ele se jogou nos meus pés de disse:
>
> – Salve, moça bonita!
>
> Eu estava com a bacia encostada no peito e falei: Salve!
>
> – Salve sua coroa! Eu respondi: – Salve!
>
> – Salve sua rainha!
>
> - Salve!
>
> Então ele cantou:
>
> - 'Ogum oiá, Ogum oiá é de menê...'
>
> – A senhora é da Bahia! - Ele disse.
>
> - Sou.
>
> – Eu também sou. Sou filho de Maria Neném. Já ouviu falar em Maria Neném?
>
> Sim. Porque minha mãe me falou que Maria Neném era uma grande mãe de santo da nação de Angola, lá na Bahia e que era a Mãe de Santo do finado Bernardino do Bate Folha. E, então, ele disse de novo que era filho dela:
>
> - E eu vim aqui porque estou com muita sede. A senhora me dá um pouco de água?
>
> - Dou, mas o senhor vai ter que andar daqui até lá em baixo, porque o barracão é lá na beira do rio, é longe.
>
> – Não tem problema não, eu vou até lá embaixo com a senhora.
>
> E esse homem veio cantando: 'Ogum oiá, Ogum oiá é de menê...' Ele veio cantando, cantando, cantando. Ele parou no pé de pau d´óleo e falou assim:
>
> - Eu vim aqui trazer uma mensagem para a senhora. A senhora sabe que vai ser muito famosa aqui nesse lugar... A senhora vai ter que fazer uma casa muito grande porque a senhora vai abrigar muitas pessoas.
>
> - Mas acontece, meu amigo, que eu não tenho dinheiro pra fazer essa casa grande.
>
> – Mas eu posso lhe ajudar.

- Mas como que o senhor pode me ajudar, se eu não lhe conheço e você não me conhece?

– Mas a senhora não é da Bahia?

Eu falei: Sou!

– Eu também sou. Sou filho de Maria Neném.

- Mas onde é que o senhor mora? Como é que eu vou lhe chamar para o senhor fazer minha casa?

– Eu moro na linha do trem. É só a senhora ir lá me chamar que eu venho fazer sua casa. Porque eu sou pedreiro, sou ferreiro, sou marceneiro, sou carpinteiro, sou eletricista, eu faço tudo!

- Mas eu não tenho dinheiro, meu amigo!

– Mas eu posso lhe ajudar.

- Mas onde, onde é que o senhor mora?

– Eu moro na linha do trem.

- Mas meu amigo, na linha do trem não tem casa.

– Ah, mas eu moro lá!

- Tá bom! - Então, eu coloquei a mão na boca e gritei lá pra baixo:

- Me faz um favor: Traga um copo d'água aqui pra esse moço!

– Ê Oxum, Oraieiê. Oraieiê, Oxum, minha mãe!

As pessoas que estavam na chácara começaram a se incomodar com aquele homem ali. Nisso, caiu um relâmpago.

– Kaô, meu Pai Xangô! - Ele disse. Então, bateu a cabeça no chão. Xangô não quer que eu fique mais aqui. Vou me embora, mas não se esqueça que eu moro na linha do trem, é só a senhora chegar lá e me chamar, que eu venho fazer a casa da senhora, minha rainha, minha vida, minha grandeza, meu tudo!

Bateu a cabeça no chão, beijou meus pés, me tomou a benção, saiu no portão lá do lado do barraco e foi para a linha do trem.

Eu desci pra almoçar. Todo mundo lá reclamando que eu passei da hora de comer. Passaram-se três dias de carnaval e Sr. Agenor veio a Brasília para um jogo de búzios para Juracy, eu pedi a Pai Agenor que abrisse um jogo para mim. Ele jogou. Ele olhou pra mim e perguntou:

– Conversaste com Ogum?

- Não, eu não falei. Não conversei com Ogum.

– Não esteve um homem lá na chácara, pedindo um copo d'água?

- Teve! - Eu disse.

– Então, minha filha, quem esteve lá foi Ogum. Ogum foi te visitar e ele está mandando dizer aqui pra você ir na linha do trem, cavar um buraco, botar uma quartinha com água pra ele, pra quando ele tiver sede, ele ir lá e tomar a água. Tudo que você precisar, você vai lá e pede a ele.

> Ah, meu Deus! Eu não acredito que eu conversei com Ogum. Agora, você imagine se ele deixasse eu perceber que ele era um Orixá, se eu não caia lá dura." (PITTA, Railda Rocha)[1]

Tempos depois, um nigeriano, iniciado para o Orixá Ogum, foi à chácara de Mãe Railda e se identificou com o Candomblé que era realizado ali, indicando a Casa de Mãe Railda para receber um auxílio da Embaixada da Nigéria. Ogum cumpriu o que prometera. Também as palavras de Mãe Menininha do Gantois e de Mãe Regina Bamboxê se cumpriram. Mãe Railda levaria, ao povo de Brasília e seus arredores, o conforto e a benção dos Orixás e seria reconhecida por isso.

A velha menina soteropolitana se tornou, assim, a Mãe Railda, Ialorixá respeitosa dos preceitos dos Orixás e mantenedora da tradição de matrizes africanas no Candomblé. Toda quarta-feira, sua casa abre as portas a todos que procuram a companhia de Xangô para comer o amalá, comida predileta deste Orixá, mantendo a tradição de que o Rei não come sozinho.

Mãe Railda segue atendendo a quem a procura em busca de conforto, orientação e acolhimento. Suas mãos, ao jogarem os búzios, tornam-se o canal de acalento das vozes dos Orixás. Ela tornou-se cidadã honorária do Distrito Federal e de Valparaíso de Goiás. Ser cidadã honorária não é apenas um título honroso, mas um reconhecimento das muitas ações praticadas por essa rainha do axé no planalto central.

1 Mãe Railda e eu convivemos em Brasília durante o fim do meu ciclo iniciático, quando se deu esse relato. Veja: BOTELHO, Denise Maria. Memografias de Fé. Revista Calundu -Vol.4, N.1, Jan-Jun 2020. Disponível em: https://periodicos.unb.br/index.php/revistacalundu/article/download/32230/26401/75696. Acessado em 02/07/2023.

# Ìyalorixá Sandrali de Oxum

## SANDRALI DE CAMPOS BUENO – AUTORIDADE CIVILIZATÓRIA DE MATRIZ AFRICANA: ÌYÁ SANDRALI E O MATRIARCADO BATUQUEIRO

**Janine "Nina Fola" Cunha**

Sandrali de Campos Bueno é o nome civil da Ìyalorixá Sandrali de Oxum. Ela nasceu em 10 de maio de 1949, em Porto Alegre, no Bairro Montserrat.[1] Filha primogênita de Ely Souza de Campos e de Wilson Albino de Campos, mãe de Winnie de Campos Bueno e de Ayanna de Campos Bueno, vó de Virginia de Campos Bueno Gregol. Pelas palavras da própria Ìyá, em entrevista, ela viveu

1 O bairro do Montserrat está localizado geograficamente na Antiga Colônia Africana de Porto Alegre-RS. Território de ancestralidade negra em que historicamente há os primeiros registros de casas de batuque na cidade (VIEIRA, 2017).

> [...] uma opção de vida marcada pela defesa incondicional dos direitos humanos e pela radicalidade da democracia, enquanto sistema de promoção de liberdades e de equiparações de gênero, raça e classe como única forma de ativar as forças criativas de cada pessoa (BUENO, 2017).

Ela utiliza a denominação[2] de Autoridade Civilizatória da Tradição de Matriz Africana e Afrodiaspórica, do Batuque do Rio Grande do Sul, Nação Religiosa Cabinda, pois foi iniciada em 1970 por Pai Enio Souza Conceição de Oxum Pandá Miuwá, sendo neta de Pai Romário Almeida de Oxalá Jobokun Onifan, bisneta de Maria Madalena Aurélio da Silva de Oxum Pandá Demun e tataraneta de Valdemar Antônio dos Santos de Xangô Kamuká de Barualofina.

Desde o ano 2000, é uma das dirigentes da Sociedade Afro-brasileira Ìlé Àiyé Orishá Yemanjá, sediada em Pelotas-RS, onde exerce o poder compartilhado, na circularidade hierárquica da comunidade, com mais cinco mulheres: Eneida de Iyemanjá, que doou a propriedade para ser a casa de Yemanjá; Ely de Oxum, a Dona Tuly, a matriarca; Winnie de Yemanjá; Ayanna de Oxalá e Virgínia de Odé, a herdeira mais nova.

Na militância social, está filiada à Rede Nacional de Religiões de Matriz Africana e Saúde - Núcleo RS (RENAFRO SAÚDE/RS), na qual, desde 2009, ela atua na coordenação do Núcleo Pelotas e na coordenação do GT Mulheres de Axé - Núcleo RS; e ao Fórum Inter-religioso e Ecumênico pela Democracia do Rio Grande do Sul (FIRERGS), em que discute pautas sobre a tolerância religiosa.

Ela também representou o Povo de Terreiro do RS no Conselho de Desenvolvimento Econômico e Social do Estado do Rio Grande do Sul (CDES/RS), no período de 2011 a 2013; coordenou o Comitê Estadual do Povo de Terreiro,[3] e integrou a coordenação da 1ª Conferência Estadual do Povo de Terreiro do Rio Grande do Sul ocorrida de 27 a 30 de março de 2014.

Atualmente, ocupa o cargo de Secretária Executiva do Conselho do Povo de Terreiro do Estado do Rio Grande do Sul – única instância com esse caráter no país instituída pelo Decreto nº 51.597 de junho de 2014 – e como Secretária Geral do Conselho Municipal do Povo de Terreiro de Pelotas - RS. É idealizadora do Coletivo Antirracista "O Melhor de Cada Uma", na cidade de Pelotas; faz parte do Coletivo NegrAtividade – organização política partidária de negros e negras, vinculada ao Gabinete da Deputada Maria do Rosário do Partido dos

2 Esse termo foi cunhado pelo Povo de Terreiro no Rio Grande do Sul e contou com a consultoria do teólogo e filósofo Jayro Pereira de Jesus – Oguian Kalafor Olorode, no processo de constituição do Conselho Estadual do Povo de Terreiro do RS, colaborando para que essa, entre outras denominações, fosse apropriada para o uso social (CUNHA, 2018).

3 Esse comitê foi instituído pelo Decreto nº 50.112, de 27 de fevereiro de 2013, com a "finalidade de propor, sugerir, apontar e elaborar políticas públicas voltadas ao Povo de terreiro e às Populações de Ascendência Africana, considerando os pressupostos da xenofilia da cosmovisão africana".

Trabalhadores - RS – e integra a coordenação da Articulação Negra Unificada/ Movimento Negro Unificado, Núcleo RS.

Na vida política partidária, foi candidata a Vice-Prefeita pelo Partido dos Trabalhadores em 2020, sua última participação em pleitos eleitorais, mas tem no currículo candidaturas a Deputada Estadual do Rio Grande do Sul e a Vereadora de Porto Alegre-RS.

Portanto, se constitui como mulher negra, ativista social, Ìyálorixá, servidora pública, educadora, psicóloga especialista em criminologia, atividades exercidas todas com um engajamento intenso e ativo, o que faz de Íyá Sandrali uma das mulheres negras com maior expressividade na atualidade gaúcha. Sua atuação nessas áreas envolveu as seguintes atividades:

- Como servidora pública, protagonizou, com outros e outras militantes e servidores, a defesa pela garantia dos direitos dos adolescentes privados de liberdade e a defesa pela valorização do servidor e da servidora no que tange à promoção da saúde e à transformação das relações de trabalho.
- Como psicóloga, optou por assessorar e desenvolver seu trabalho vinculado aos movimentos sociais, em especial, à defesa das causas das mulheres negras e à defesa e promoção da igualdade racial, lutando pela eliminação das causas do racismo, do machismo e das intolerâncias, pela defesa da vida e das liberdades e por um Estado Laico.
- Como Ìyálorixá, luta pelo respeito às tradições de matriz africana e afrodiaspórica; pela reparação civilizatória, em busca da equidade econômica, política e cultural da população negra; pela eliminação das discriminações e das violências e pela promoção de políticas públicas para o Povo de Terreiro e para a população de ascendência africana.
- Como militante, seu grito é de amor e de luta pela radicalidade amorosa na política e por uma sociedade justa, onde as armas sejam as do diálogo, do respeito às diferenças.
- Como pessoa, seu agir está na simplicidade, baseada em três premissas: (1) disciplina prazerosa pelo trabalho de servir o melhor cardápio que aprendeu a fazer na luta junto aos movimentos sociais, bem como na institucionalidade; (2) Crença inabalável no que há de melhor em cada pessoa; (3) Disputa por aquilo que conduz à unidade construída na radicalidade do respeito às diferenças.

Assim se constitui a *persona* de Ìyá Sandrali de Oxum, ou Sandrali Bueno: uma identidade coletivizada; seguidora da tradição aprendida com seus mais velhos;

atuante na sociedade de forma crítica, construtiva e em diálogo com os poderes públicos; que busca a redução das desigualdades, através de sua corporalidade, expressividade, crença e poder matripotente.

Ela honra as memórias existenciais, ao cumprir uma das bases do pensamento filosófico africano, que é a ancestralidade presente na trajetória de luta e resistência das mulheres negras e de terreiro que foram responsáveis pela permanência desse pedaço da cultura africana que é o Batuque, no Rio Grande do Sul, esse estado que passou por um intenso projeto de eugenia. A fé negra se tornou uma arma de luta nas ruas e a liderança cunhada pela trajetória de Ìyá Sandrali é exemplar, como ela afirma em seu poema "O silêncio do racismo e o barulho do tambor":

> O barulho do tambor reafirma o acolhimento,
> A manutenção da paz e da solidariedade,
> Pressupostos civilizatórios intrínsecos às comunidades de tradição africana
> Em contraposição ao silêncio do racismo que afirma a discriminação,
> A exclusão, o individualismo e o desamparo da maioria da população.
>
> (BUENO, 2016, acervo pessoal)

Ìyá Sandrali, uma mulher que se situa em seu tempo, não se esquece de que é no passado que está ancorada a construção de quem ela é e seu pertencimento. Conecta-se constantemente com a força vital – Axé – de sua comunidade terreira e entende que, assim como ela, nessa circularidade, há uma responsabilidade mútua entre aqueles que, por essa força, se organizam frente a essa sociedade individualizante. Portanto, quando Ìyá se autocentra na sua autoridade civilizatória de matriz africana descentra o saber, espargindo-o para a coletividade quando diz que:

> os princípios civilizatórios da tradição de matriz africana nos levam a nos perceber enquanto pessoas mantenedoras da coletividade e, portanto, o Saber, para nós, não é algo individualizado, não é algo subjetivo (BUENO; BUENO, 2017).

O pensamento da Ìyá é baseado na força vital cósmica e se torna um pensamento cosmogônico, influenciado por tantos outros tipos de racionalidades que não somente a que se conhece pelo pensar, mas também pelo sentir, pelo ouvir, pelo calar e observar. A partir dele, são elaboradas intensas reflexões sobre os saberes e sobre potências reprimidas desta sociedade adoentada pelos resquícios coloniais, em busca de um futuro mais justo.

## REFERÊNCIAS

BUENO, Sandrali. Fevereiro de 2018. Entrevista cedida para a autora, Nina Fola presencialmente.

BUENO, Sandrali. 2016. Poema O silêncio do racismo e o barulho do tambor. Não publicado. Acervo pessoal.

BUENO, Sandrali; BUENO, Winnie. 25 de abril de 2017. Saberes tradicionais. Texto apresentado na Oficina de Mulheres e Religiosidade no II Seminário Internacional Pós-Colonialismo, Pensamento Descolonial e Direitos Humanos na América Latina., Universidade do Vale do Rio dos Sinos- Unisinos, São Leopoldo – RS.

CUNHA, Janine Maria Vieira (Nina Fola). 2018. Conselho Estadual do Povo de terreiro do Estado do Rio Grande do Sul – CPTERS: protagonismo e ação política do movimento do povo de terreiro do Rio Grande do Sul. Trabalho de conclusão de curso em Ciências Sociais (Bacharelado). Instituto de Filosofia e Ciências Humanas da Universidade Federal do Rio Grande do Sul (UFRGS). Disponível em: https://www.lume.ufrgs.br/handle/10183/206620. Acessado em 06 de abril de 2023.

VIEIRA, Daniele. 2017. Territórios negros em Porto Alegre/RS (1800-1970): geografia histórica da presença negra no espaço urbano. Dissertação de mestrado. Porto Alegre: Programa de Pós-Graduação em Geografia da Universidade Federal do Rio Grande do Sul (PPGG – UFRGS). Disponível em: https://lume.ufrgs.br/bitstream/handle/10183/177570/001065835.pdf?sequence=1&isAllowed=y. Acessado em 06 de abril de 2023.

# Ìyálorixá Stella de Oxóssi

## MARIA STELLA DE AZEVEDO SANTOS, MÃE STELLA DE OXÓSSI: UMA ESTRELA QUE NUNCA SE APAGARÁ

**Dilaine Soares Sampaio**

Peço *agô*! Peço licença a Oxóssi para escrever sobre uma de suas filhas queridas. Sou grata pela oportunidade de escrever mais uma vez sobre Mãe Stella e registrar, neste dicionário tão necessário, a vida de mais uma mulher negra que se destacou em nosso país. Mãe Stella de Oxóssi, como tornou-se conhecida, é uma das mães de santo mais famosas de nosso país. "Odé Kayodê", nome adquirido após a iniciação, é Maria Stella de Azevedo Santos, seu nome civil. Nasceu em 2 de maio de 1925, em Salvador - BA e faleceu em 27 de dezembro de 2018, em Santo Antônio de Jesus – BA, aos 93 anos de idade.

Recebeu de sua avó Theodora "a herança do Candomblé". Sua bisavó, Maria Konigbagbe, era africana de etnia egbá e foi capturada na África para ser escravizada no Brasil (CAMPOS, 2003, p.29). Em 1977, quando estava se aposentando da Secretaria de Saúde Pública do Estado da Bahia – o que, segundo ela, "caiu bem para Xangô" –, foi escolhida para ocupar o cargo de Ìyálorixá do Ilê Axé Opô Afonjá (SANTOS, 2010, p. 29), terreiro de Candomblé centenário, um dos mais antigos da Bahia em conjunto com o Ilê Axé Iyá Nassô Oka, mais conhecido como Terreiro da Casa Branca e o Ilê Iyá Omi Axé Iyamassé, popularmente denominado Terreio do Gantois.

De enfermeira a Ìyálorixá, Mãe Stella tem uma biografia belíssima, repleta de realizações que colocaram seu nome e o de sua casa como um marco na história, não só do Candomblé baiano, mas de toda a história do Candomblé no Brasil. "Fiz algumas mudanças, sem subtrair as bases. Para evoluir, há necessidade de reformas. Involuntariamente, provoquei uma revolução" (SANTOS, 2010, p. 34-35). E, de fato, Mãe Stella provocou mesmo. Foi pioneira em vários aspectos, principalmente no que se refere às relações entre Igreja Católica e religiões afro-brasileiras. Além de várias realizações no âmbito do terreiro, como a criação do Museu Ilê Ohun Lailai, Mãe Stella se destacou, ao longo de sua trajetória, por suas realizações, suas lutas e seu posicionamento (SAMPAIO, 2016, p. 56).

Todo o prestígio e o reconhecimento de Mãe Stella têm como marco uma ação inédita da Ìyálorixá: a postura antissincrética que assumiu, sendo a articuladora de um manifesto, lançado no início dos anos 1980, que trouxe uma série de desdobramentos para ela como Ìyálorixá, para o seu Ilê Axé, para todo o universo das religiões afro-brasileiras e, principalmente, para as relações entre elas e a Igreja Católica (SAMPAIO, 2012, p. 32). Em 1983, Mãe Stella, junto de mais quatro Ìyálorixás de terreiros também muito conhecidos em Salvador, lançaram o manifesto. As outras Ìyálorixás que assinaram o documento foram: Mãe Menininha, do Gantois; Tetê de Yansã, do Ilê Axé Iyá Nassô Oká; Olga de Alaketo, Ìyálorixá do Ilé Maroia Lage; e Nicinha do Bogum, Ìyálorixá do Zogodô Bogum Malê Ki-Rundo.

O referido manifesto era constituído por dois documentos. O primeiro deles é de 27 de julho, logo após a realização da II Conferência Mundial da Tradição dos Orixás e Cultura, em Salvador - BA, e o outro, de 12 de agosto de 1983 (CONSORTE, 2009, p. 190; 2010, p. 196). A redação do manifesto se deu a partir da atuação de Mãe Stella na referida conferência, quando, em seu primeiro pronunciamento público, "mostrou que o sincretismo estava caduco e gasto" (CAMPOS, 2003, p. 49).

Na conferência, a "carta aberta ao público", primeiro documento do manifesto, foi aprovada e aclamada, no momento em que Mãe Stella defendeu firmemente sua posição, ao lado das outras Ìyálorixás que a assinaram. O manifesto teve como objetivo a afirmação do Candomblé como religião e, consequentemente, o repúdio à sua qualificação como seita ou animismo primitivo, o antissincretismo aparece em decorrência dessa primeira posição.

Pesquisas demonstram que nem todos os terreiros que assinaram o Manifesto conseguiram manter, em virtude da força da tradição, a separação ritual entre as práticas católicas e afro-brasileiras. Contudo, o posicionamento de Mãe Stella e de seu terreiro anima especialmente os terreiros mais jovens, que a tomam como um exemplo a ser seguido. Na época, o Manifesto causou grande impacto, porque rompeu com o silêncio esperado pelos interlocutores a quem se dirigiu, especialmente a Igreja Católica. Desde então, verificou-se uma produção literária crescente de adeptos do Candomblé, notadamente de sacerdotes e sacerdotisas.

Após esse posicionamento revolucionário, outras ações inovadoras foram protagonizadas por Mãe Stella. Ela publicou oito livros, mas, segundo Graziela Domini, companheira de Mãe Stella até o fim de sua vida, escreveu outros oito, ainda não publicados, a partir de sua tradição oral. Todo o conjunto de suas produções integrará a coleção Odù Àdàjọ, que contém também algumas reedições (MIDLEJ, 2020). Dentre seus livros, vale destacar "O que as folhas cantam" (1993), "Meu tempo é agora" (1993), "Owé-Provérbios" (2007) e dois para o público infantil: "Epê Layê Terra Viva" (2009) e "A Ìyálorixá e o Pajé" (2018).

"Owé" e "Epê Layê" foram adotados pelo Ministério da Educação (FIEDI, 2010) e pelas redes municipal e estadual de ensino na cidade de Salvador, além de serem utilizados na Escola Eugênia Anna dos Santos, que funciona há mais de trinta anos dentro do terreiro Ilê Axé Opó Afonjá. A escola foi municipalizada em 1998 e constitui uma referência nacional na implementação de leis e diretrizes que tratam da educação para as relações étnico-raciais (TERREIRO comemora..., 2011).

Seus posicionamentos enquanto mulher e Ìyálorixá, seu engajamento na luta pelos direitos da população negra e todo o legado sociocultural deixado nos vários espaços que ocupou contribuíram fortemente para o combate ao racismo estrutural em nossa sociedade. Em virtude disso, recebeu diversas honrarias e premiações, como: o Prêmio Jornalístico Estadão, na condição de fomentadora cultural, em 2001; a Comenda Maria Quitéria, da Prefeitura de Salvador; a Ordem do Cavaleiro, do Governo da Bahia, e a Ordem do Mérito Cultural, do Ministério da Cultura (LITERAFRO, 2021).

Toda sua sabedoria e conhecimento foram reconhecidos academicamente por duas universidades: a Universidade Federal da Bahia (UFBA) e, posteriormente, a Universidade do Estado da Bahia (Uneb), das quais recebeu o título de doutora *honoris causa*. Foi a primeira mulher a receber este título na Uneb e a primeira Ìyálorixá a ter a honraria concedida pela UFBA. Outro pioneirismo de Mãe Stella foi ter sido escolhida, em setembro de 2013, para a Academia de Letras da Bahia, tornando-se a primeira mulher negra e Ìyálorixá a ocupar esse espaço no Brasil. Assumiu a cadeira de número 33, que tem como patrono o poeta abolicionista e escritor Castro Alves. O reconhecimento oficial do papel de Mãe Stella, bem como do Ilê Axé Opô Afonjá, também se deu por meio do tombamento de seu terreiro pelo Ministério da Cultura em 1999.

Em março de 2012, tornou-se colunista do jornal A Tarde, um dos mais conhecidos da capital baiana. A cada 15 dias, sempre às quartas-feiras, Mãe Stella escrevia um artigo. De acordo com o blog Mundo Afro, editado pela jornalista Cleidiana Ramos, repórter do próprio jornal, pela primeira vez, desde a fundação do jornal, em 1912, uma Ìyálorixá se tornou articulista de modo regular. Além disso, até onde se pôde levantar, foi a primeira Ìyálorixá a ter um aplicativo para celular, intitulado "Orientações de Mãe Stella". Ele traz frases e pensamentos da matricarca, que podem ser lidos e ouvidos. Os áudios são foram feitos através da gravação de sua própria voz. Há, nele, ainda um *link* para *e-books* e uma galeria de imagens e vídeos.

Seu falecimento em 2018 causou grande comoção social, em especial para os integrantes de religiões de matriz africana e para a sociedade soteropolitana. Vários artistas e políticos fizeram suas postagens nas redes sociais lamentado a morte da matriarca e destacando o seu legado religioso e cultural. Como era de se esperar, a cobertura midiática de sua morte foi imensa, com matérias nos principais veículos de comunicação e nas redes sociais.

Após a sua morte, iniciativas foram tomadas para memória e preservação de todo o seu legado. Em 28 de dezembro de 2019, ocorreu a inauguração da sede física da Fundação Portal da Lua, situada na Ilha de Itaparica, na cidade de Vera Cruz - Bahia. Conforme se pode ver no *site* da instituição, seu objetivo é

> levar ao grande público a sabedoria de viver do ser humano Maria Stella de Azevedo Santos, conhecida como Mãe Stella de Oxóssi, tendo como pilar central a relação mestre/discípulo, vivenciada no processo iniciático transmitido por Mãe Stella para Graziela (FUNDAÇÃO PORTAL DA LUA, 2021).

Em 17 de março de 2021, foi criada também uma página no *Facebook* denominada "Candomblé escrito", com o intuito de homenagear Mãe Stella de Oxóssi, que se preocupava em registrar por escrito todo o conhecimento da tradição oral. A página é também um tributo aos "grandes escritores existentes hoje no Candomblé".

Outra homenagem bastante emblemática feita à Mãe Stella foi uma bela escultura construída pelo artista Tatti Moreno, a qual traz não só a Ìyálorixá, mas junto dela o seu orixá de cabeça. Extremamente imponente, a escultura de Oxóssi tem 6,5 metros de altura e a de Mãe Stella tem 2 metros. A obra de arte foi instalada na antiga Alameda Praia do Flamengo, que passou a se chamar Avenida Mãe Stella de Oxóssi (G1, 2019), completando a deferência prestada à memória da matriarca.

A trajetória de Mãe Stella foi extremamente revolucionária no âmbito das religiões de matrizes africanas, de modo que seus posicionamentos continuam a reverberar nos terreiros de Candomblé, especialmente os mais jovens. Todo o seu legado cultural e religioso continua vivo, especialmente porque deixou muitos de seus ensinamentos redigidos, já que, como afirmou em um de seus livros, "às vezes o vento leva o que se diz, havendo a necessidade de registros" (SANTOS, 2010, p. 240). Tudo que deixou escrito somado ao que já foi documentado sobre ela não permitirá que o tempo leve os seus ensinamentos e a memória de sua longa caminhada, afinal, uma vez estrela, sempre estrela, com brilho em qualquer dimensão.

## REFERÊNCIAS

CAMPOS, Vera Felicidade de Almeida. 2003. Mãe Stella de Oxóssi: perfil de uma liderança religiosa. Rio de Janeiro: Jorge Zahar.

CONSORTE, Josildeth G. 2009. Sincretismo, antissincretismo e dupla pertença em terreiros de Salvador. In: NEGRÃO, Lísia. Novas tramas do sagrado: trajetórias e multiplicidades. São Paulo: Edusp.

MÃE STELLA DE OXÓSSI participa da abertura do FIEDI [notícia online]. 13 de agosto de 2010. In: FIEDI - Fórum Internacional de Educação, Diversidade e Identidades [página de internet]. Disponível em: <http://www.fiedi.combr/index.php?option=com_conent&view=article&id=140%3Amae-stella-de-oxossi-participa-da-aberturadofiedi&catid=24%3Anoticias& Itemid=164&lang=br>. Acessado em 08 de fevereiro de 2011

FUNDAÇÃO PORTAL DA LUA. História da Fundação. Sem data (s/d). Disponível em: https://www.fundacaoportaldalua.com/a-historia-da-fundacao. Acessado em 10 de julho de 2021. AVENIDA Mãe Stella de Oxóssi, em Salvador, ganha esculturas da ialorixá e de Oxóssi [notícia online]. 09 de abril de 2019. In: G1 – BA, G1 – O portal de notícias da Globo [página de internet]. Disponível em: https://g1.globo.com/ba/bahia/noticia/2019/04/09/avenida-mae-stella-de-oxossi-em-salvador-ganha-esculturas-da-ialorixa-e-de-oxossi.ghtml. Acessado em 24 de julho de 2021.

MÃE STELLA DE OXÓSSI [verbete]. 05 de abril de 2019. In: LITERAFRO: Portal da literatura afro-brasileira [página de internet]. Belo Horizonte: Faculdade de Letras da UFMG. Disponível em: www.letras.ufmg.br/literafro/autoras/299-mae-stella-de-oxossi. Acessado em 09 de julho de 2021.

MIDLEJ, Roberto. 11 de setembro de 2020. Oito livros eternizam legado de Mãe Stella [notícia online]. In: Jornal Correio,. Disponível em: https://www.correio24horas.com.br/noticia/nid/oito-livros-eternizam-legado-de-mae-stella/. Acessado em 26 de junho de 2021.

OXÓSSI, Mãe Stella. 2007. Owé [Provérbios]. Salvador: Sociedade Cruz Santa do Ilê Axé Opô Afonjá.

SANTOS, Maria Stella de Azevedo. 2010. Meu tempo é agora. Salvador: Assembleia Legislativa do Estado da Bahia.

SANTOS, Maria Stella de Azevedo. 2009. Epé Laiyê Terra Viva. Salvador: Sociedade Cruz Santa do Axé Opô Afonjá.

SANTOS, Maria Stella de Azevedo. 2018. A Ialorixá e o Pajé. Lauro de Freitas – BA: Solisluna.

SAMPAIO, Dilaine. 2016. As lideranças femininas no universo religioso afro-brasileiro. In: SANTOS, Patricia Teixeira (Org.). Religiosidade e Ritos. Coleção África & Brasil. Curitiba: Positivo, p.42-75.

SAMPAIO [DE FRANÇA], Dilaine. 2012. Àròyé: Um estudo histórico-antropológico do debate entre discursos católicos e do Candomblé no Pós-Vaticano II. Vol. II. São Paulo/ João Pessoa: Fortune Editora/ Ed. Universitária UFPB.

TERREIRO comemora 100 anos com lançamento de livro didático [notícia online]. 24 de agosto 2010. In: ASCOM - Assessoria de Comunicação da secretaria de educação do estado da Bahia [página de internet]. Disponível em: <http://www.educação. escolas. ba.gov.br/ node/1319>. Acessado em 05 de fevereiro de 2011.

# Ìyálorixá Toti

## MATRIARCA UMBANDISTA E QUILOMBOLA DE RESTINGA SECA - RS

**Míriam Cristiane Alves**
**Fabiana Leonir Rosa**
**Denise Maria Rodrigues Vieira**

Sou Mãe Toti, Leonir Rosa, filha de Adão Luiz Rosa e Alcíria Carvalho Rosa – pai branco e mãe preta. Trago para a cena dessa escrevivência (EVARISTO, 2017), meu terreiro de Umbanda e minha comunidade quilombola de São Miguel, no Rio Grande do Sul.[1] Adoro sentar-me nesta cadeira confortável, próxima ao congá[2] com os Caboclos, Pretos Velhos e Exus. Vaidosa, no momento, estou vestida com saia azul claro de cetim e bata branca de broderi, a cabeça está coberta com uma

1 O quilombo de São Miguel, no Rio Grande do Sul, foi certificado pela Fundação Cultural Palmares em 04 de março de 2004 e está em processo de titulação das terras.

2 Congá é o altar sagrado do terreiro de Umbanda onde ficam as imagens sacralizadas das entidades espirituais.

trunfa[3] branca, as guias[4] no meu pescoço enunciam as cores de minhas entidades, paisagem que faz escorrer o que chamam de imponência.

Mulher preta de rosto sisudo, porém, de grande doçura, que é revelada no modo como acolho e escuto quem chega no terreiro. Estou com 87 (oitenta e sete) anos. Sou mãe de Roberto Potacio Rosa e Vera Lúcia Terezinha Rodrigues. Tenho 6 (seis) netas, 8 (oito) netos, 13 (treze) bisnetas, 18 (dezoito) bisnetos, 11 (onze) tataranetos e uma comunidade para cuidar. Vera Lúcia é minha cambona[5] desde os 13 (treze) anos, sempre cuidou de minhas entidades. Meus cuidados de mãe, de benzedeira, de Cacique de Umbanda[6] transcendem o quilombo e o território de Restinga Seca/RS.

Quando criança, vivia nas capoeiras[7] de nosso quilombo. Ele teve, como marco fundacional, a ruptura de Geraldo de Carvalho (ex-escravizado) com a família Martins, que resultou em sua fuga, por volta de 1850, durante a qual abrigou-se próximo à terra dos Carvalhos, da qual obteve o registro de compra, em 1892 (ANJOS; SILVA, 2004). Tenho lembranças do meu pai como um homem trabalhador que vivia para os/as filhos/as e para minha mãe, ambos trabalhavam na roça. Como lembra bell hooks, ao abordar o sexismo e a experiência da mulher preta escravizada, salienta que, na plantação, "as mulheres negras realizavam as mesmas tarefas que os homens negros; elas aravam, plantavam e faziam a colheita" (hooks, 2019, p.48). Minha mãe também cuidava dos/as filhos/as e da casa, era parteira e benzedeira, cuidava da comunidade.

Tive uma vida muito sofrida, fui acometida muito cedo por problemas espirituais e por uma enfermidade nos olhos. Há muitos anos, perdi a visão, passando a enxergar pela janela da alma, pelo olho espiritual. Tive glaucoma, como meus dois irmãos. Quando eu ainda era moça, antes de ficar cega, trabalhava na lavoura, repetindo o ciclo denunciado por bell hooks (2019). Havia um caminhão que passava para nos pegar, para subir nele, eu tropeçava e os/as outros/as trabalhadores/as me seguravam para não cair, já enxergava pouco. Era difícil estar na lavoura, voltava muito machucada, me arranhava nos arames e arbustos. Mas nunca deixei de trabalhar.

Foi a Umbanda que me levantou e me curou; por isso, sigo essa tradição com muita fé, amor e carinho. Eu era possuída por espíritos que arremessavam meu corpo

3 Faixa de pano usada para cobrir a cabeça dos/as vivenciadores/as das tradições de matriz africana no Rio Grande do Sul.

4 Colares ritualísticos, normalmente utilizados no pescoço, que representam as entidades espirituais dos/as vivenciadores/as das tradições de matriz africana no Rio Grande do Sul.

5 No contexto da Umbanda, cambona refere-se às pessoas que assessoram o/a dirigente do terreiro e cuidam, protegem, acompanham as entidades espirituais quando estão incorporadas em seus médiuns.

6 Cargo máximo do/a responsável por um terreiro de Umbanda.

7 Aqui, Mãe Toti faz referência à vegetação local. "Capoeira", nesse sentido, é o nome dado à vegetação que surge em um terreno depois que sua vegetação original foi derrubada, principalmente por atividades agrícolas e pecuárias.

sobre o chão e me machucavam. Fiquei, por um período longo, sem conseguir sair de casa. Busquei atendimento em vários serviços de saúde, sempre sem resultados. Até que fui levada a um terreiro de Umbanda em Santa Maria - RS, realizei procedimentos ritualísticos de cura e fiz minha iniciação.

Míriam Alves (2012) salienta que os ritos de iniciação são organizadores da dinâmica civilizatória negro-africana que constitui os terreiros, e a saúde é um dos principais motivos que levam as pessoas ao processo iniciático. Precisei ser operada quando Roberto Potacio e Vera Lúcia ainda eram pequenos. Mesmo desenganada pelos médicos, optamos pelo procedimento cirúrgico em meus olhos - escorria uma secreção de cor estranha. Tive fé na Umbanda. Após semanas, saí do hospital com vida e fiquei sob os cuidados de minha irmã, Eva Rosa, hoje já falecida. Mesmo com um protetor nos olhos, nunca parei de realizar o atendimento às pessoas que vinham em busca de cuidados. Aperfeiçoei a visão espiritual. Retornei para minha casa, criei meu filho e minha filha sozinha, continuei fazendo as tarefas domésticas e não esmoreci.

Já tenho 60 (sessenta) anos de feitura,[8] me tornei a matriarca da família e da comunidade quilombola. Desde minha iniciação, passei a trabalhar com a Umbanda, com seus fundamentos e obrigações. Rapidamente, meu terreiro se solidificou. Minha mãe, quando ainda estava neste mundo material, sempre esteve ao meu lado, me assessorando e me ajudando a cuidar das pessoas, ela cuidava da comida do povo e das comidas das entidades.

Com o tempo, agreguei os fundamentos da Quimbanda,[9] potencializando nosso Àṣẹ.[10] Recebo uma diversidade de pessoas, dos mais velhos aos mais jovens, em busca de aconselhamento, de reza, de benzedura, de cura para qualquer infortúnio ou doença. As pessoas se deslocam de todos os lugares para receber as bençãos desse terreiro: Dom Pedrito, Bagé, Sobradinho, Santa Maria, elas vêm de diversas cidades e arredores. Sempre foi assim. Antigamente, meu terreiro nem era tão grande, mas sempre tinha espaço para mais um. Às vezes, chegavam 5 (cinco), 6 (seis) pessoas necessitando de cuidados, de acolhimento e, quando não tinham condições de voltar para suas cidades, ficavam por aqui. Era e continua assim, terreiro é assim, acolhemos todos que batem à nossa porta, como ressalta Míriam Alves (2012).

Minha mãe me ajudava e eu a ajudava também. Eu a acompanhava para fazer partos na região, muitas mulheres tiveram seus filhos e filhas pelos braços das entidades espirituais que chegavam para ajudar a colocar a criança no mundo.

8 Mãe Toti usa o termo "feitura" para fazer referência a seu tempo de iniciação na Umbanda.

9 Quimbanda é o nome dado à tradição afro-brasileira de culto aos Exus.

10 Àse, na língua Yorùbá significa força, poder, o elemento que estrutura uma sociedade (BENISTE, 2011); poder de realização e força vital (SANTOS, 2012).

As mulheres que tinham problemas de saúde eram acompanhadas em casa e muitas consultas eram feitas pelo Exu Rei.[11] Os remédios eram receitados pelas entidades e surpreendiam o farmacêutico da cidade de Restinga Seca, quando ele percebia que as receitas das entidades espirituais estavam adequadas às doenças e à prescrição médica.

Hoje, no quilombo, há pessoas que aderiram a várias religiões cristãs, mas, quando precisam ser cuidadas, passam aqui no terreiro. Eu já fiz vários casamentos na Umbanda, é muito lindo! O terreiro se tornou um esteio para o quilombo, tudo passa por aqui, não importa o tamanho da dificuldade, as pessoas sempre vêm buscar um caminho, um aconchego, uma palavra, uma cura. O terreiro cumpre uma função cultural, ética e política junto ao quilombo de São Miguel, compondo uma matriz civilizatória que orienta os modos de ser, estar e agir no mundo (ALVES, 2012).

Lutei muito para criar meus filhos e netos, enfrentei o racismo religioso. Experenciei insultos de feitiçaria, que, com o tempo, foram mudando. Quando minhas netas eram pequenas e tiveram que ir para a escola, sofreram muito com o racismo religioso. Elas não entendiam o motivo pelo qual eram humilhadas e excluídas. Eu sempre estive aqui, fortalecendo a nossa tradição e fortalecendo a nossa crença, por isso, felizmente, elas cresceram convictas de quem são. Hoje, elas estão sendo preparadas para continuarem esse legado, pois sei que um dia vou retornar à massa de origem.

Meus netos já cuidam do tambor, pois os tamboreiros precisam ser formados no dia a dia do terreiro. Cristina Rodrigues, a Lalá, irá conduzi-lo e será minha sucessora, as outras netas estarão aqui aprendendo e cuidando da comunidade. Essa ideia de continuidade foi um processo natural. A Lalá tem uma força espiritual muito grande, desde muito nova ela manifestava o desejo de desenvolver sua espiritualidade. Ela sempre pedia e eu não aceitava. Um dia, ela pediu tanto a São Jorge para sentir o poder espiritual, que aconteceu.

Todas as netas vieram conversar comigo para me dizer que elas queriam seguir meus passos. Estávamos todas em casa, almoçamos, nos sentamos em roda e elas começaram a falar. No final, eu disse a elas: "Se é o que vocês querem, vocês têm a minha benção". Isso tudo ocorreu há 20 anos. Foi na mesma época em que iniciamos o processo de organização do quilombo. Hoje, estão todos/as aqui, minhas netas, meus netos e filhos/as de Umbanda. Me sinto muito feliz! Esse legado está garantido!

Meu Àsé está muito bem plantado nessa terra e terá continuidade. Quilombo e terreiro são uma coisa só, nossa feitura é remanescente de quilombo e nosso quilombo é remanescente do terreiro.

11 Exu Rei é a entidade espiritual de Mãe Toti.

## REFERÊNCIAS

ALVES, Miriam Cristiane 2012. "Desde dentro": processos de produção de saúde em uma comunidade tradicional de terreiro de matriz africana. Tese de Doutorado em psicologia. Porto Alegre: Pontifícia Universidade Católica do Rio Grande do Sul.

ANJOS, José Carlos dos; SILVA, Sergio Baptista da. 2004. São Miguel e Rincão dos Martimianos: ancestralidade negra e direitos territoriais. Porto Alegre: Editora da UFRGS.

BENISTE, José. 2011. Dicionário yorubá-português. Rio de Janeiro: Bertrand.

EVARISTO, Conceição. 16 de maio de 2017. A "escrevivência" na literatura feminina de Conceição Evaristo. Entrevista concedida a Bruno Barros. Duração: 14 min. 28s. Rio de Janeiro: TV PUC-Rio. Disponível em: https://www.youtube.com/watch?v=z8C5ONv-DoU8. Acessado em 04 de junho de 2021.

hooks, bell.2019. E eu não sou uma mulher? Mulheres negras e feminismo. Rio de Janeiro: Rosa dos Tempos.

SANTOS, Juana Elbein dos. 2012. Os Nagô e a Morte: Pàde, Àsèsè e o Culto Égun na Bahia. Petrópolis: Vozes

# Ìyálorixá Vitória

## NOSSOS PASSOS VÊM DE LONGE: MÃE VITÓRIA DE PETÚ[1]

**Suzete de Paiva Lima Kourliandsky**

Vitória Alves dos Santos Dias, conhecida como Mãe Vitoria de Petú, era filha de Antônio dos Santos e Petronilha Emília de Jesus. Seus pais tiveram 4 (quatro) crianças, 3 (três) meninas e 1 (um) menino. Sua irmã Leolinda Alves dos Santos ainda vive no momento em que escrevemos esse verbete. Ela completou 100 anos no dia 1° de novembro de 2021.

Vitória de Petú nasceu em Vitória da Conquista, sudoeste da Bahia; no povoado de São Sebastião (19/04/1917 - 01/10/1985). Bem cedo, ela começou a trabalhar como babá na casa de um médico da cidade, com o qual costumava viajar, juntamente com a esposa dele, para cuidar das crianças. Ela ajudou muitas mulheres

1 Todas as informações contidas nesse verbete foram concedidas à autora por meio de conversas informais e de entrevistas não estruturadas com Ângela Maria Gusmão de Oliveira (1ª diretora da Escola Municipal Mãe Vitória Petú); Carlos Murilo Pimentel Mármore (prefeito de Vitória da Conquista - BA de 1989 a1993); Maria Adélia de Souza. (Vice-diretora/Diretora da Escola Municipal Mãe Vitória de Petú e sobrinha de Mãe Vitória de Petú) e Maria das Graças (filha adotiva de Mãe Vitória de Petú).

a terem seus filhos e desenvolveu um trabalho de parteira. Era muito acolhedora, sempre disposta a receber muitas pessoas em sua casa. Não teve filhos biológicos, porém adotou 5 (cinco) crianças e recebeu outras em sua casa.

Mesmo antes do centro de Umbanda, ela era uma pessoa generosa e hospitaleira. Ela desenvolvia trabalhos no âmbito social com uma de suas amigas mais próximas, conhecida como Isabel. Assim como muitos voluntários, Isabel deixava diversas contribuições, inclusive financeiras, no centro, porque admirava o trabalho que Mãe Vitória de Pitú construía junto à comunidade.

Mãe Vitória morava no bairro Alto Maron e frequentava a Igreja Nossa Senhora das Vitórias. Ela ajudou na ampliação da antiga capelinha carregando pedras na cabeça que, segundo relatos, eram para ajudar na construção da atual Catedral Nossa Senhora da Vitória. Eram pedras oriundas do bairro Cruzeiro, usadas para construir o alicerce. Nos dias de missa, Mãe Vitória de Petú ficava na casa de sua avó, que vivia nas proximidades da igreja. Ela esperava o sacristão e o padre vestirem as batinas para adentrar na igreja e assistir à missa.

Ela era procurada por muitos políticos da cidade, como prefeitos e vereadores. Alguns frequentavam o centro de Umbanda dirigido por ela. Amava a cultura do afoxé e foi premiada 18 vezes no bloco carnavalesco Tupinambá Rei da Floresta, organizado por ela mesma. Mãe Vitória conduzia o reizado na comunidade, bem como outros festejos folclóricos divulgados por radialistas, como J. Menezes. Quando morreu, muitos dos pertences relacionados à sua história foram perdidos. Ela foi enterrada no Cemitério da Saudade, em Vitória da Conquista - BA.

Segundo uma testemunha, seu encontro com a Umbanda se deu a partir do momento em que Mãe Vitória teve uma experiência mística quando estava muito doente, pois ela sofria de reumatismo agudo. Conforme a narrativa testemunhal, ao passar em uma encruzilhada, ela viu duas crianças correndo de um lado para o outro. Era um belo dia e ela percebeu que, na mesma rua, tinha uma casa que se chamava Antônio Boroco. Passando na rua, ela viu um povo pulando e, quando chegou perto da encruzilhada, ela foi jogada por Cosme e Damião para dentro do Centro Antônio Boroco. Quando acordou, estava com uma roupa branca, porém toda suja de terra. Neste momento, ela recebeu o dono de sua cabeça, que era Joaquim de Minas Boiadeiro, seu protetor.

Ao longo do século XX, período em que viveu, não se falava em políticas públicas direcionadas para populações em situação de vulnerabilidade social, mas, independentemente disso, Mãe Vitória de Pitú era uma mulher sempre disponível a ajudar e contribuir com os mais pobres, tendo sido uma mulher protagonista e propositiva, disposta a desenvolver ações para melhorar a vida do povo. Ela dava atenção especial às crianças, às pessoas com doenças mentais e às pessoas que não tinham um lugar para ficar. Ela acolhia a comunidade.

Vitória era uma mulher sensível e aberta ao diálogo. Até mesmo políticos da cidade, por vezes, frequentavam o seu centro de Umbanda. Inclusive, um dos prefeitos que a conheceu em vida propôs, após a sua morte, homenageá-la, nomeando uma escola municipal com seu nome, em reconhecimento pelo trabalho prestado à sociedade civil. Assim foi registrada a Escola Municipal Mãe Vitória de Petú. O nome "Mãe" se refere à capacidade afetiva e maternal desta mulher, que ajudou tantas crianças a virem ao mundo e a viver nele. "Petú" veio do nome de sua mãe, Petronilha.

De acordo com o relato de uma ex-diretora da escola, em função do racismo religioso e da intolerância, por ser uma pessoa pertencente a uma religião de matriz africana, houve resistência de algumas pessoas da região a homenageá-la com o nome da escola. A ex-diretora narra que escutava, inclusive de alguns professores, questionamentos como: Por que escolheram essa macumbeira?

O processo de nomear a escola ocorreu na gestão do ex-prefeito da cidade, Carlos Murilo Pimentel Mármore, em 1989. Ele relata que tomou conhecimento do trabalho de Mãe Vitória através de outro ex-prefeito, Raul Ferraz, que o levou à casa dela e defende que foi muito justa a homenagem a ela, pois, para ele, a Escola Municipal Mãe Vitória de Petú visibiliza o trabalho realizado por essa grande mulher, que foi uma verdadeira escola de amor ao próximo.

Mãe Vitória de Petú jamais discriminou qualquer pessoa em sua obra social. Ela acolhia a todos sem distinção de credo religioso, cor, gênero ou classe social. Os que a conheciam diziam que Mãe Vitória de Petú acolhia pessoas dos quatros pontos da cidade, o próprio ex-prefeito chegou a encontrar, sob os cuidados dela, 32 crianças.

Apesar dessa homenagem, ainda há dificuldades para encontrar registros, fontes e documentos escritos que detalhem os seus feitos, cabendo a salvaguarda deles, à memória e às histórias de todos/as aqueles/as que a conheceram, cujos depoimentos e relatos foram muito importantes para a construção desse verbete.

É fundamental que o papel de resistência, de enfrentamento, de preconceito e de epistemicídio que ela desempenhou em momentos bem difíceis também seja registrado através de monografias, dissertações e seja narrado por professores, pais, alunos e comunidade em geral. Isso permitirá que os feitos de mulheres negras que deixaram um legado sejam mais conhecidos e integrem a memória coletiva para além da memória dos que viveram ao lado dela e cujos testemunhos é o que tem permitido conhecer sua trajetória.

Todavia, quando a passagem de Mãe Vitória de Petú fez 20 anos, em 2005, a posse de hip hop[2] Malês Uhuru realizou uma forma de reconhecimento à memória dela, para que não fosse apagada. Embora tenham encontrado resistência, a homenagem foi realizada.

Algumas fotos de Mãe Vitória de Petú foram utilizadas pela posse de hip hop Malês Uhuru e pela professora Eleusa Câmera, que cedeu o espaço, para uma pequena exposição e uma atividade na escola. Essa ação foi uma contribuição deles para marcar que ela viveu doando sua vida para os mais pobres e para a população negra, em uma época em que havia a completa ausência de políticas públicas direcionadas aos mais fragilizados.

Pode-se dizer que a história de Mãe Vitória de Petú é parte de um memoricídio como o de milhões de mulheres negras invisibilizadas na história do Brasil, pelo racismo que historicamente pesa sobre a população negra.

Por outro lado, o papel desta mulher guerreira foi essencial e o fato de nomear um espaço que ela conhecia bem, a escola, é um ato de resistência. Mãe, parteira, babá, ela conheceu o mundo da infância e é lá, na Educação, que ela deixou seu nome. "Nossos passos vêm de longe" e todo o nosso reconhecimento à Mãe Vitória de Petú. Sua história será contada por muitas gerações e será lembrada como um trabalho social.

2 As posses de Hip hop são associações de bandas e de pessoas ligadas ao movimento hip hop, inicialmente criadas para serem uma forma de os integrantes dele trocarem informações, mas seu principal foco, principalmente no Brasil, são as ações sociais e o engajamento político que o movimento engloba.

# Joana D'Arc Félix

## CIÊNCIA, TRANSFORMAÇÃO E INSPIRAÇÃO

**Anna Maria Canavarro Benite**
**Morgana Abranches Bastos**

A pós-doutora em Química Joana D'Arc Félix de Sousa, nascida em 22 de outubro de 1963, em Franca, interior de São Paulo, teve uma trajetória marcada por inúmeras dificuldades (SOUSA, 2018). Sua mãe era empregada doméstica e seu pai, curtumeiro.[1] Ao estar em contato com as operações realizadas com o couro, como tingimento; Joana começou a se interessar por química e suas transformações, decidindo seguir essa carreira (SOUSA, 2018).

A professora Joana é Bacharela, Mestra, Doutora e Pós-Doutora em Química pela Universidade Estadual de Campinas (UNICAMP), Especialista em Reaproveitamento de Resíduos do Setor Coureiro-Calçadista e conta com sete patentes registradas (SOUSA, 2021).

1 Curtumeiros são os profissionais que trabalham com o tratamento e processamento do couro e da pele de animais, deixando-os utilizáveis para a indústria e o comércio. A Alcaçaria ou curtume são as operações feitas durante esse processamento.

Atualmente, Joana é professora da Escola Técnica Estadual Professor Carmelino Corrêa Júnior, na qual coordena e desenvolve inúmeros projetos de pesquisa, comumente voltados a tratamentos e reaproveitamentos de resíduos industriais e domésticos. Um dos seus principais projetos é o sobre reaproveitamento de resíduos produzidos pelo setor coureiro e calçadista, transformando-os em novos produtos. Esses resíduos podem, por exemplo, ser transformados em

> pele humana para transplantes e testes farmacológicos; cimento ósseo para remodelação, reconstituição e transplantes de ossos; calçados antimicrobianos para combater e prevenir doenças nos pés; fertilizantes organominerais sustentáveis; cimento verde e biodiesel ecológico (PINHEIRO, 2020, p. 694).

Assim, seus trabalhos e pesquisas são em prol da ciência, da tecnologia e da saúde em nosso país, "como via de melhoria tecnológica nacional e produção do bem-estar social coletivo" (PINHEIRO, 2020, p. 695).

Juntamente com suas pesquisas científicas, a cientista trabalha com a recuperação de jovens envolvidos/as com o tráfico e a prostituição, incluindo-os/as em projetos de pesquisa e de iniciação científica (SOUSA, 2018). Assim, ela consegue, também, diminuir a evasão e o abandono escolar, além de transformar a vida desses/as jovens, "na maioria carentes, sem perspectivas de vida e pertencentes a grupos vulneráveis da sociedade" (PINHEIRO, 2020, p. 695), que se tornam ótimos/as profissionais e/ou continuam os estudos em grandes universidades do nosso país (SOUSA, 2018).

Por todos os seus projetos de importância ímpar para nosso país, Joana já recebeu 108 prêmios e honrarias. Dentre esses, se destacam:

| | | |
|---|---|---|
| 2008 | Prêmio "Couro moda" de Boas Práticas Socioambientais no Setor Coureiro-Calçadista | Categoria "Inovação em Produto" |
| 2014 | Prêmio Kurt Politzer de Tecnologia | Pesquisadora do ano |
| 2014 | Prêmio da American Association of Pharmaceutical Scientists (AAPS) em Los Angeles/Califórnia/USA | Reconhecimento Científico pelo Projeto "Pele Humana Para Transplantes e Testes Farmacológicos" |
| 2014<br>2015 | Prêmios na Mostra Internacional de Ciência e Tecnologia (MOSTRATEC) em Novo Hamburgo - RS | |
| 2014<br>2015<br>2017 | Prêmios do Conselho Regional de Química da 4° Região (CRQ-IV) | |

| | | |
|---|---|---|
| 2017 | Prêmio "Faz Diferença", do jornal O Globo | Personalidade do Ano |
| 2017 | Concedido pela State University of New York | Prêmio *Genius Olympiad* |
| 2013<br>2014<br>2015<br>2016<br>2017<br>2018<br>2019 | Prêmios na Feira Brasileira de Ciências e Engenharia (FEBRACE) na USP/São Paulo | Professora Destaque do Estado de São Paulo |
| 2002<br>2013<br>2014<br>2017<br>2018 | Moção de Aplausos e Congratulações na Câmara Municipal de Franca - SP | |
| 2018 | Concedido pelo Instituto de Educação, Ciência e Tecnologia do Maranhão | Professora Honoris Causa |
| 2018 | Concedido pela Assembleia Legislativa de São Paulo; | Medalha Theodosina Ribeiro |
| 2018 | Prêmio Sim à Igualdade Racial, concedido pelo Instituto de Identidades do Brasil (ID – BR) | Categoria Inspiração |

**Fonte: PINHEIRO, 2020, p. 695.**

Em suas falas, a cientista Joana destaca as questões de gênero e raça nas ciências, já que, em cargos de poder, os homens ainda são a maioria, e salienta que, apesar dos obstáculos que mulheres e jovens enfrentam, o racismo e o preconceito podem ser revertidos e usados como ferramentas para vencerem na vida (SOUSA, 2018). Sua trajetória de vida serve como inspiração para que meninas e adolescentes sigam carreiras nas Ciências Exatas e Tecnológicas, demonstrando o quanto a educação pode ser transformadora!

## REFERÊNCIAS

PINHEIRO, Bárbara Carine Soares. Agosto de 2020. Joana D'arc Félix de Sousa. In: Revista da Associação Brasileira de Pesquisadores/as Negros/as (ABPN). ISSN 2177-2770. [S.l.], vol. 12, nº. 33, p. 692-696. Disponível em: <https://www.abpnrevista.org.br/index.php/site/article/view/1035>. Acessado em 01 de julho de 2021.

SOUSA, Joana D'arc Félix de. Currículo Lattes de Joana D'Arc Félix de Sousa [Informação pública disponível online]. Disponível em: http://lattes.cnpq.br/6738191075034828. Acessado em 24 de junho de 2021.

SOUSA, Joana D'arc Félix de. 2018. Investiga Menina! apresenta a cientista e pesquisadora Joana D'Arc Félix de Sousa. Entrevista concedida ao Projeto Investiga Menina!. Duração 3 min 52'. Publicada online pelo canal de *YouTube* "Investiga Menina!" Disponível em: https://youtu.be/6vE7eLfTFjs. Acessado em: 28 de junho de 2021.

# Josefa Pereira Laú

## "EU SOU RAÇA DE ÍNDIO E DE AFRICANO"

**Decleoma Lobato Pereira**

Mazagão Velho, antiga Nova Mazagão, fundada no século XVIII, é uma das primeiras povoações do extremo norte do Amapá, no atual território brasileiro. Sua peculiar história, que envolve a transferência de colonos portugueses do continente africano para a Amazônia, é amplamente conhecida pela historiografia. Mas ainda há muito dessa história guardada na memória oral e em suas manifestações culturais tradicionais, que narram a saga de luta, de resistências, de contatos diversos e de convivência protagonizada por grupos humanos formados por colonos portugueses (e de outras nacionalidades, em menor número), negros escravizados e indígenas – principalmente "índios descidos". [1]

1 "Índios descidos" é a forma pela qual eram chamados os indígenas que foram deslocados de seus territórios tradicionais e de várias localidades para atender aos interesses da colonização da região.

Embora esses agrupamentos de pessoas tenham vivido sob regimes e relações desiguais e de opressão, sem dúvida, também souberam construir relações de solidariedade distintas, de trocas multiétnicas e raciais, que deram origem à população atual, preponderantemente afrodescendente, mas certamente com marcante presença dessa herança genética e cultural múltipla.

Foi na cidade de Mazagão, atual Mazagão Velho, no sul do estado do Amapá, que nasceu, em 19 de março de 1927, Josefa Pereira Laú. Filha de Benedito da Silva Laú e Raimunda Pereira Laú, ela teve, como avós paternos, Gonçalo da Silva Laú e Florisbela Baraúna Laú. O avô, segundo relatos da própria Josefa, era de origem portuguesa. A avó, uma negra africana escravizada, muito amada e lembrada pelas longas conversas recheadas de histórias que falavam das aventuras e desventuras dos velhos mazaganistas para se estabelecer na região, assim como de encantamentos de sereias, de princesas e de príncipes corajosos das longínquas terras da mãe África.

Josefa Pereira Laú viveu no seu local de nascimento até os 17 (dezessete) anos de idade, quando casou-se com um senhor viúvo, Mariano Aleluia Picanço, morador de outra localidade para onde se mudou. Durante o período em que o casal residiu na localidade de Igarapé do Lago, município de Santana, também no Amapá, auxiliou as famílias Macedo, Picanço e Laú, entre outras, a sustentar a centenária festa de Nossa Senhora da Piedade. Lá, Josefa tornou-se a primeira Guardiã da Santa, a pessoa responsável pelo cuidado e condução da imagem sacra durante as peregrinações da Comissão de Foliões de Nossa Senhora da Piedade. Fato relevante por se tratar de uma Comissão na qual a participação era, até então, exclusiva dos homens. [2]

Após o falecimento do esposo, Josefa mudou-se para Macapá, capital do Estado, para ajudar a criar e educar os netos, oriundos do primeiro casamento de seu único filho biológico, Pedro Laú. Além dele, ela e o marido adotaram uma filha, ainda recém-nascida, Inez Picaço, e também, criaram juntos seu enteado, José Enos Picanço. Nesse período, ela adquiriu uma casa em Mazagão Velho e passou a dividir o tempo entre as duas residências.

Possuía uma memória vasta e rica, decorrente da vivência com práticas culturais tradicionais, como as festas de santo Marabaixo, Batuque e Sairé.[3] Era rezadeira, dançadeira e cantadeira. Com voz forte, sonora e vibrante, e sempre com muita animação, Josefa Pereira Laú, também conhecida como Tia Zezinha, não se furtava nas rodas de tambor, empregando sempre um largo repertório de ladrões e

2 As Comissões de Foliões e ou de Foliãs são responsáveis pela realização das folias religiosas: conjunto de ritos, rezas e cantos dedicados aos santos e às santas do Catolicismo. Algumas Comissões são formadas apenas por homens, outras apenas por mulheres e algumas são mistas.

3 Marabaixo, Batuque e Sairé são formas de expressão cultural que acompanham determinadas festas de santos católicos no Amapá. Em 2018, o Marabaixo foi registrado como Patrimônio Cultural Imaterial Brasileiro.

bandaias[4] de autoria dos negros velhos, falecidos, muitos dos quais conhecera e com os quais convivera nas comunidades e festas tradicionais da região.

Sobre isso, ela canta e nos conta de um ladrão muito apreciado, Alazoa:

> *"Venâncio abre a porteira / Alonso laça a alazoa / Não deixa a alazoa fugir / A alazoa tem o costume / de entrar no curral e sair / Ô 22 de novembro / nos campos metia dó / morreu a alazoa / filha de Marajó"* – Esse é o refrão, aí a gente vai botando os versos.
>
> Era uma cavala, uma potra. E esse ladrão foi tirado em Igarapé do Lago mesmo. Essa alazoa foi uma égua que o meu sogro encomendou pro velho João Honório trazer do Marajó. E essa potra teve e criou muitos filhos que meu sogro vendeu. Aí, quando ela já estava cansada, velha, teve um verão muito seco. Eles descuidaram da alazoa e ela foi descer no igarapé para beber água e se atolou, não conseguiu se safar e morreu. Quando meu sogro foi na Vila, contou pro tio Belmiro, pro velho Ângelo, pros amigos dele. Aí o velho Belmiro disse: 'Cumpadre, vamos tirar uma bandaia da alazoa. Vamos tirar'. Aí eles tiraram. A alazoa era danada, quando ela entrava no curral, se não cercasse, ela pulava a cerca (Gravação de áudio realizada em 2009 durante a peregrinação da Comissão de Folias).
>
> Assim, ela detinha, na memória, as músicas - e as histórias por trás da criação de cada uma - que relatavam experiências cotidianas de cada época. Inclusive, a narrativa que segue - a despeito de seu desfecho (já que, provavelmente, situações como essa costumassem terminar de outra forma) - é um forte indicativo de como se processou a miscigenação da população de grande parte da Amazônia.
>
> Todas as músicas de Marabaixo e de Batuque têm uma história. Pois é, tem uma que era uma negra que foi comprada e levou sua filha. Aí, a menina foi crescendo, ficando moça, e bem bonita! Aquela mulatinha linda, bem bonita! Aí o senhor da mãe dela foi botando olho nela, se admirando da menina, da moça... Já começou a chamar de "mulata bonita" pra ela e só comia se fosse servido por ela.
>
> Depois, o senhor inventou que ia vender ela para outro senhor, do Rio de Janeiro.
>
> *Então, elas (as outras escravas) avisaram a mãe dela. E, depois que ela percebeu, deu um jeito de tirar a moça daquela senzala. Aí fizeram a música, uma bandaia que se chama "Mulata Bonita":*
> *Ô mulata bonita leva a ceia ao teu senhor*
> *Mas não vai dizer que o cativeiro te enganou*
> *Ô mulata bonita teu senhor vai te vender*
> *Para o Rio de Janeiro*
> *Para nunca mais te ver."*
>
> (Gravação de áudio realizada em 2011 para o Inventário de Folias Religiosas do Amapá – IFRA).

4 Denominação dada, pelos praticantes das festas de santo, para as músicas das festas Marabaixo e Batuque, respectivamente.

A memória oral coletiva e as tradições populares permitem inferir que, de fato, as populações da Amazônia amapaense souberam construir, ao longo do processo histórico, outras formas de relação, e teceram redes de contatos e de convivência baseadas em outras afetividades. Relações sociais em que a própria relação é o valor e cujos encontros e reencontros, as trocas de afeto e de energias que efetuam precisam ser visibilizadas, reconhecidas e valorizadas, como outras possibilidades de se fazer presente no mundo, de ser uma presença no mundo.

Josefa Pereira Laú era um exemplo desses valores e da manutenção dessas memórias "invisíveis". Com personalidade alegre e conversadeira, ela tinha sempre boas histórias para contar para quem quisesse ouvir, o que a tornou uma importante fonte para muitos pesquisadores, principalmente da História, da Antropologia, da Linguística e das Artes; para operadores de Turismo, entre outros profissionais. Sua generosidade em compartilhar os conhecimentos que detinha com outras pessoas era imensa. Em 2010, foi contemplada merecidamente com o Prêmio de Culturas Populares, oferecido pelo Ministério da Cultura, como Mestra Contadora de Histórias.

Participou ativamente do Carnaval macapaense como brincante e como colaboradora na composição de sambas enredos, tendo recebido reconhecimento público por sua participação quando ocorreu a conquista do bicampeonato por uma importante agremiação, em 1987 - 88. Recebeu também o reconhecimento da Assembleia Legislativa do Amapá, pela valiosa contribuição ao fortalecimento das culturas herdadas da ancestralidade amapaense.

Frequentou a escola até a 2ª (segunda) série do ensino primário, segundo recordava, no Grupo Escolar de Mazagão, atual Escola Estadual Profª Antônia Silva Santos. Aliás, foi com esta professora que adquiriu os primeiros ensinamentos escolares. Quando casada, e principalmente depois de se tornar viúva, Josefa Pereira Laú buscou conhecimentos que lhe permitissem gerar uma renda extra e ser capaz de auxiliar na manutenção da família. Assim, participou de cursos de curta duração como cursos de corte e costura e de arte-educação, entre outros.

Josefa Pereira Laú era parteira tradicional e, mesmo em uma idade avançada, com saúde debilitada, não se recusava a atender quem necessitasse. Também detinha conhecimentos sobre a pajelança, sobre os encantados e sobre tratamento caseiro de doenças, embora não tenha desenvolvido o dom da cura por rejeição da família.[5] Sem se importar com preconceitos, ela mostrava muito orgulho de seus saberes e conhecimentos e procurava honrar a herança genética e cultural que recebera dos

5 Na Pajelança Cabocla ou Cura, o poder do pajé é entendido como um dom hereditário. No entanto, muitas famílias não aceitam que seus membros desenvolvam esse dom, entre outras razões, devido ao preconceito com as religiões afroameríndias na Amazônia, que foi muito forte no passado e ainda está presente nos dias atuais.

antepassados; de forma que, sempre que a ocasião surgia, afirmava calorosamente: "eu sou é raça de índio e de africano".

Ela faleceu em 05 de abril de 2020, aos 93 (noventa e três) anos, deixando uma família numerosa, bons amigos que a amavam e o carinho e a gratidão de muitos que a conheceram e receberam seu auxílio.

## REFERÊNCIAS

ARAÚJO, Renata Malcher de. 1998. As Cidades da Amazônia no século XVIII: Belém, Macapá e Mazagão. Apresentação José Eduardo Horta Correia. 2ª edição. Dissertação de mestrado em História da Arte. Cidade do Porto: Faculdade de Ciências Sociais e Humanas da Universidade Nova de Lisboa. FAUP Publicações FERREIRA, Eliana Ramos. 1998. Estado e administração colonial: a vila de Mazagão. In ACEVEDO MARIN, Rosa Elizabeth (org.) A escrita da história paraense. Belém: NAEA/UFPA.

MOTINHA, Katy Eliana Ferreira. 2003. A festa do Divino Espírito Santo: espelho de cultura e sociabilidade na Vila Nova de Mazagão. Tese de Doutorado em História social. São Paulo: Faculdade de Filosofia, Letras e Ciências Humanas da USP.

PEREIRA, Decleoma Lobato. 2020. Foliões do Amapá: festas religiosas do extremo norte do Brasil. Tese de doutorado em história. Belém: Programa de Pós-Graduação em História da UFPA.

RAMOS, Maria de Nazaré Lima. 1995. Povoamento do Gram-Pará: Famílias de Mazagão. In: Anais do Arquivo Público do Pará. Belém: SECULT - PA.

VIDAL, Laurent. 2008. Mazagão a cidade que atravessou o Atlântico: Do Marrocos à Amazônia (1769-1783). São Paulo: Martins Fontes.

# Jurema Batista[1]

**Sandra Mônica da Silva Schwarzstein**

**Verônica Nascimento**

A família de Jurema era formada por sua mãe, Raimunda Astrogilda, seu pai, José Batista, e suas irmãs, Jorgina e Luciana. Residiam no lugar mais alto e pobre do Morro do Andaraí, o Arrelia, no Rio de Janeiro, iluminado por lampião de querosene e abastecido por água de poço. Por temer que suas filhas pudessem ser vitimadas por agressões sexuais, sua mãe, empregada doméstica, negociava com as patroas um salário menor, em troca do direito de levá-las ao trabalho, deixando claro que as meninas não iriam trabalhar.[2] Assim, Jurema se deu conta da desigualdade social do mundo em que vivia - a precariedade da favela e as casas do asfalto, com luz elétrica, TV, água no chuveiro e crianças indo à escola de ônibus.

1 Os instrumentos utilizados para construção deste texto foram: conversas com a própria Jurema Batista e a leitura de livro referenciado.

2 Jurema relata que sua bisavó Ardana era uma índia de longas tranças negras, que gerou Rosa que gerou Raimunda, sua mãe, que, por sua vez, aos 9 (nove) anos de idade presenciou seu avô ser morto pelo patrão por causa de um boi desparecido, em Minas Gerais. Raimunda veio para o Rio de Janeiro, onde, ainda criança, começou a trabalhar como empregada doméstica. Foi violada e engravidou do filho do patrão. Seu filho foi retirado dela e entregue a uma família para criá-lo. (RIBEIRO; BATISTA, 2011).

Conta que sofria quando pequena, porque, mesmo sendo boas pessoas, seus pais eram alcoólatras e, durante 9 (nove) anos, visitou regulamente seu pai no cárcere, quando cumpriu pena por ter, embriagado, matado outro homem. Apesar das adversidades, Jurema fala com alegria de sua infância. Desfilava na "Folia de Reis" e no bloco de carnaval "Flor da Mina do Andaraí". Sua casa caiu várias vezes, ocasiões em se abrigou nas casas de vizinhos.

Completou o Ensino Fundamental e Médio em escolas públicas. Gostava de ler e de ir à escola. O primeiro livro que leu foi "Memórias de um cabo de vassoura". Seus/as professores/as e as patroas de sua mãe diziam que era muito inteligente. Contudo, foi na escola que vivenciou o racismo pela primeira vez, quando se deu conta de que uma professora que não se aproximava dela e de seu colega negro, o fazia com os/as outros/as alunos/as. Gostava de correr no recreio e puxava o cabelo das meninas que não gostavam dela.

Além do racismo, sentiu na pele o que era diferença de classe social, quando colegas zombaram dela por ter levado para lanchar pão com banana. No final dos anos 1970, ingressou, com crédito educativo, na graduação em Português e Literatura Brasileira, na Universidade Santa Úrsula, e, em seguida, especializou-se em Políticas Públicas pela Universidade Cândido Mendes.

Na infância, foi frequentemente testemunha de cenas em que maridos bêbados maltratavam suas companheiras. Em uma delas, viu um homem matar a sua esposa. Se indignava ao ver crianças abandonadas e, mais tarde, criou o "Instituto Raimunda Astrogilda", em homenagem a sua mãe falecida, que efetua ações culturais de empoderamento de meninas e mulheres negras e onde funciona um Centro de Referência da Assistência Social (CRAS). Viveu 40 anos no Morro do Andaraí, de onde mudou-se em 1999,[3] para instalar-se em um apartamento nas suas imediações.

É a matriarca de sua família. Do seu primeiro casamento, nasceu Viviane e, do segundo, Dandara e Nianui. Tem dois netinhos, Elis Jurema e Benjamim. Junto com sua mãe e irmãs, se organizou para cuidar e prover à família bens materiais, sem, por isso, deixar de dedicar-se ao trabalho público; mas não foi fácil ser mãe, trabalhadora e militante.

Aos 20 (vinte) anos, enquanto ministrava aulas comunitárias no Telecurso, saiu correndo de casa porque a polícia prendera Seu Antônio Pezão, um homem negro, que estava sem documentos e carregava materiais pesados morro acima. Jurema questionou a polícia e foi detida junto com Seu Pezão, que logo foi liberado. A comunidade desceu o morro gritando: "Liberta a Jurema!". Na delegacia,

3 Ela foi pressionada pelo ex-marido para morar no asfalto, caso contrário, ele iria brigar na justiça pela guarda das filhas. Além disso, com os constantes conflitos entre a polícia e o tráfico de drogas e o seu trabalho como parlamentar, sem hora para chegar em casa; receava ser vítima de alguma emboscada.

a liberaram chamando-a de abusada e o marido disse para "não se meter em tudo!". Jurema também denunciou muitas outras atrocidades policiais, entre elas, o assassinato de Laurimar, um trabalhador negro.

Sua favela sempre foi violentamente invadida pela polícia. Na busca por soluções, Jurema e alguns moradores foram orientados pelo presidente da Associação de Moradores do Bairro do Andaraí a formar a própria associação, porque "no asfalto, a polícia não entra matando as pessoas". Fundaram, então, a Associação de Moradores do Morro do Andaraí e Jurema foi sua primeira presidenta, em um tempo em que apenas os homens ocupavam essa função. Graças à sua luta em conjunto com os/as outros/as moradores/as, o Morro do Andaraí foi o primeiro na cidade a ter luz elétrica e o segundo a ter uma creche.

Nos anos 1980, despertou-se para a questão do racismo durante uma palestra feita por Lélia Gonzalez. Deixou de usar peruca, passou a valorizar seu cabelo negro e tornou-se ativista antirracista. Passou a atuar no Instituto de Pesquisa de Cultura Negra (IPCN) e nos grupos do Movimento Negro Unificado (MNU). Foi a primeira mulher negra e favelada a representar o Brasil, no II Encontro Feminista Latino-Americano e do Caribe (EFLAC), no Peru, em 1983. No III EFLAC, em 1985, em Bertioga - SP, levantou a sua voz pelas mulheres negras. No retorno de Bertioga, ajudou a articular o Movimento de Mulheres de Favela e a fundar o Centro de Mulheres de Favela e Periferia (CEMUFP). Promoveu encontros populares que contaram com o apoio da então vereadora Benedita da Silva.

Com Lélia Gonzalez e outras ativistas, criou a ONG Nzinga e participou do Movimento Diretas Já. Contribuiu, como mulher negra, para assegurar os direitos femininos na Constituição Federal de 1988. Em 1991, quando Nelson e Winnie Mandela vieram ao Brasil, fez-se presente entre aqueles/as que os recepcionaram.

Por conta de sua luta cotidiana, principalmente pelo enfrentamento que fazia às atrocidades policiais, fez-se conhecida nos movimentos populares. Entre 1992 e 2000, elegeu-se três vezes vereadora da cidade do Rio de Janeiro. Como presidente da Comissão Parlamentar de Direitos Humanos (CPDH), passou a ser vista como defensora dos/as pobres, favelados/as, negros/as, homossexuais e, também, dos/das migrantes nordestinos. Entre as conquistas mais importantes de seus mandatos, destacam-se a permanência da Feira de São Cristóvão; o direito à titularidade de posse feminina sobre as casas doadas pela prefeitura e a Lei de Criação da Comissão da Mulher.

Quando ocorreu a chacina dos meninos de rua na Candelária, a Comissão dos Direitos Humanos por ela presidida atuou na investigação dos fatos. Dois de seus assessores, Hermógenes e Reinaldo, foram assassinados nesse período. Mais tarde, a

Comissão investigou também as chacinas de Vigário Geral, o desaparecimento dos meninos de Acari e outras violações cometidas por agentes públicos.

Instituiu o Dia de Lembrança do Holocausto, 19 de abril, e foi homenageada pelo Estado de Israel. Esteve nas Conferências Mundiais da Mulher, em Pequim, e nas de Combate ao Racismo, Xenofobia e Intolerância, em Durban. Lutou pelos direitos das empregadas domésticas. Em 2002, elegeu-se Deputada Estadual e foi vítima de atos de racismo praticados pelos seguranças da Assembleia Legislativa do Rio de Janeiro (Alerj). Em 2005, foi uma das cem mulheres indicadas ao prêmio Nobel da Paz.

Nos últimos 20 (vinte) anos, Jurema tem seguido a fé cristã protestante. Antes, havia sido umbandista e esteve na Igreja Messiânica. Relata que sua conversão se deu quando recebeu uma graça que a curou de uma doença. O alcoolismo da mãe e a ausência do pai a afetaram muito na infância. Diz que Jesus a fez superar esta dor.

Ela achava que, como militante de esquerda, não se envolveria com a fé evangélica, mas mudou de ideia ao acompanhar as transformações de cura física de sua mãe, suas irmãs e sua filha. Ao se converter, sofreu com a discriminação dos grupos e movimentos políticos que a apoiavam e passaram a vê-la com restrições. Hoje, sente que os ânimos se arrefeceram. Ainda conserva amigos/as umbandistas e candomblecistas. Entretanto, o não reconhecimento do potencial de liderança das mulheres nas igrejas evangélicas a incomodava e isso fez com que migrasse para a Igreja Metodista, que valoriza o sacerdócio das mulheres. Tornou diaconisa[4] em 2019.

Em 2007, presidiu a Fundação da Infância e Adolescência (FIA), órgão voltado à proteção e defesa das crianças e adolescentes fluminenses, atuando especialmente em casos de crianças desaparecidas e de vítimas de violência intrafamiliar, desenvolvendo ações de reencontro de familiares e de apoio a adolescentes grávidas. Jurema é uma das ativistas mais potentes na luta por visibilidade e voz das mulheres negras e periféricas do Brasil. A menina do Arrelia se tornou uma mulher gigante. Ubuntu!

## REFERÊNCIAS

RIBEIRO, Miria; BATISTA, Jurema. 2011. Jurema Batista: Sem passar pela vida em branco - Memórias de uma guerreira. Rio de Janeiro: Pallas.

4 As funções de Diaconisa são hierarquicamente anteriores às de Reverendo/a e demandam 2 (dois) anos de estudo de teologia. Elas incluem a pregação e o ministério dos sacramentos da Santa Ceia, do matrimônio e de funerais.

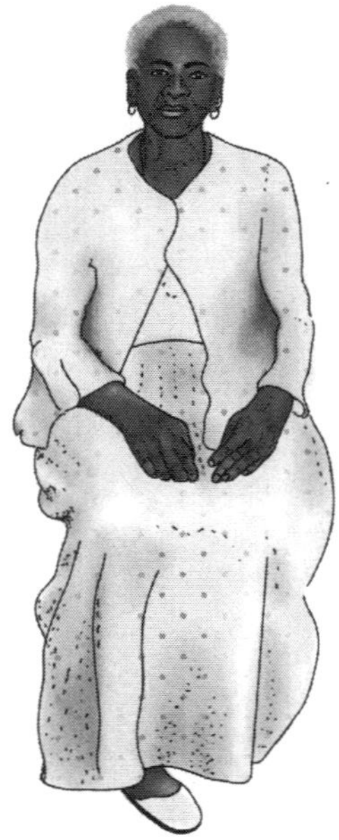

# Justina Bernardes de Paula

**Murilo Borges Silva**
**Sandra Nara da Silva Novais**

A foto de Justina Bernardes de Paula, também chamada de tia Justina, é possivelmente mais conhecida do que a sua própria história. A imagem já circulou por livros de memorialistas e de acadêmicos e por exposições museológicas e, apesar disso, ainda são poucas as informações que dispomos sobre a sua vida. Encontramos apenas alguns fragmentos, bastante dispersos, para nos aproximar de certas experiências vividas por essa mulher negra.

Como nos informa Perrot (2013), as histórias das mulheres foram, por muito tempo, escassamente narradas. De acordo com a autora, de um modo geral, as produções historiográficas pouco refletiam sobre as mulheres enquanto sujeitos da história; para ela, tratava-se de um campo permeado de silêncios e marcado pela invisibilidade. Nas últimas décadas, no entanto, essa situação apresentada por Perrot (2013) tem se alterado. Muitos foram os estudos, no exterior e no Brasil, que tiveram por intenção historicizar as experiências das mulheres, apresentando seu cotidiano, suas lutas, suas resistências, os trabalhos aos quais se dedicaram, o envolvimento delas na política, entre outros tantos aspectos, no intuito de romper com o silenciamento e a invisibilidade que pairavam em torno delas. Essas mudanças resultam do próprio movimento de mulheres, tanto na academia como fora dela, bem como fazem parte das transformações epistemológicas e metodológicas operadas no interior da História e outros campos de estudos.

Ocorre, entretanto, que, incialmente, as mulheres representadas nestas histórias eram, na maioria, mulheres brancas com algum poder econômico. De acordo com Gonzalez (2020) e Carneiro (2001), as mulheres negras viviam experiências muito distintas, indicando a necessidade de se pensar as diferenças entre elas, destacando a raça e a classe como marcadores de identidades importantes a serem considerados para elaboração das histórias das mulheres no Brasil. Essa empreitada, urgente e imprescindível, esbarra nas fontes de pesquisa, ou melhor, na dificuldade de localizarmos, em arquivos, sejam eles impressos ou orais, rastros ou indícios das histórias das mulheres negras. A "busca" por tia Justina não fugiu a essa lógica...

As informações a respeito da fotografia que inspirou a ilustração que abre este verbete são poucas. Sabemos que foi doada ao Museu Histórico de Jataí por Basileu Toledo França, autor da obra "Pioneiros", publicada pela primeira vez na década de 1950, mas escrita ao longo da década de 1940. Na obra, França narra o "surgimento" de Jataí a partir da ocupação da região pelas famílias dos Vilelas e Carvalhos. De acordo com ele, muitas das informações sobre os negros em Jataí teriam sido repassadas por tia Justina, que aparece na relação das fontes apontadas pelo autor. Na obra, temos também a reprodução da fotografia, com a informação de que ela teria sido feita em 1943, quando Justina já tinha mais de 100 anos.

Os cabelos brancos, as marcas em seu rosto e mãos sinalizam para a idade já avançada. Os olhos aparentam cansaço e os lábios parecem ensaiar um discreto sorriso. Talvez essas sejam expressões de quem muito viu, viveu e sentiu e que, mesmo diante de tanta história, manteve-se firme e ereta ao posar para o fotógrafo. Os brincos nas orelhas, os colares no pescoço e a vestimenta tão bem alinhada podem sugerir a vaidade da fotografada ou o cuidado de quem forjou a fotografia, no entanto, destoa da condição de pobreza que parece ter atravessado a vida e a velhice de Justina.

Segundo nos informa França (1995) e Mello (2002), Justina teria nascido em 21 de abril de 1841, em Frutal - MG. Estas informações, no entanto, não puderam ser confirmadas, pois não foram localizados registros de nascimento, casamento, matrícula ou outros. Nem mesmo algumas de suas descendentes puderam nos dar informações mais precisas a esse respeito. Apesar dos esquecimentos, tanto a literatura memorialista como as histórias tradicionalmente contadas sobre Justina nos dão conta de seu passado como escravizada de José Carvalho Bastos e Ana Cândida de Moraes Carvalho.

Mello (2002) informa-nos que Justina gozava da confiança de seus senhores, ficando, inclusive, responsável por dar as ordens aos demais escravizados e peões, na ausência de José Carvalho e Ana Cândida. Embora fosse possível a deferência, ela parece não ter sido suficiente para que Justina alcançasse a alforria, pois, nos livros de notas de Jataí, não consta nenhum registro sobre sua manumissão. Ao que tudo indica, a sua liberdade seria alcançada apenas em 1888, com a abolição da escravidão, o que significa que ela teria vivido na condição de escravizada por quase meio século.

Certamente, foi nesta condição que teve seus filhos e filhas. Em assento de nascimento encontrado no Cartório de Registro Civil das Pessoas Naturais e Tabelionato de Notas de Jataí, vemos registrada uma criança de nome Manoel, que, segundo declaração de José Carvalho Bastos, era filho natural de sua escravizada Justina e teria nascido em janeiro de 1878. A criança tinha como padrinhos Jose Thiago Pinto Coelho de Carvalho e Maria Joaquina de Jesus. Sobre esse assento, destacamos o fato de Manoel ser registrado como filho natural apenas de Justina, o que sugere que a criança era fruto de uma relação não regulamentada pelo matrimônio ou que havia desconhecimento da figura paterna. Especular sobre a possibilidade de tia Justina ter se casado ainda quando escravizada não é despropositado, pois, em outros assentos encontrados no livro de registro de nascimento, temos a indicação de escravizados casados e cujos filhos foram relacionados como legítimos.

Tia Justina é também lembrada pelas atividades que exerceu em Jataí - GO, tanto França (1995) quanto Mello (2002) afirmam que ela foi parteira e doceira. Essas atividades não foram incomuns para as mulheres de Goiás e parece ter sido o exercício delas que garantiu o sustento de Justina após a abolição da escravidão. De acordo com AGE (2002), a tarefa de partejar em Goiás, além de significar a possibilidade de ganhar algum dinheiro para a sobrevivência, trazia ainda algum status social, acionando redes de sociabilidade e solidariedade importantes para os enfrentamentos cotidianos.

Essas atividades, no entanto, nem sempre eram rentáveis, assegurando apenas o necessário para o sustento de si e dos seus, não garantindo o acúmulo ou reservas para o futuro. No caso de tia Justina, o trabalho parece ter lhe propiciado a aquisição de um imóvel, pois, no ano de 1931, a prefeitura lançou, em seu nome, o imposto de 2000 mil reis. No entanto, nesta data, ela já contava com quase 90 anos de idade e estava adoentada. Foi nesse momento que o senhor Olympio Guimarães Toledo, tendo como testemunha José Gedda, solicitou ao então prefeito de Jataí a dispensa do pagamento do imposto, alegando estar Justina em estado de miséria e idade avançada.

O atestado que segue à solicitação é assinado por 4 (quatro) homens da cidade, entre eles, o delegado de polícia José Pereira Rezende, além de outros 2 (dois) comerciantes e um negociante. A assinatura destes homens no documento indica as redes de sociabilidade e solidariedade que Justina havia construído ao longo de sua vida e, apesar da pobreza, sugere alguma importância naquela sociedade. O que nos chama atenção no documento, no entanto, é a forma como Justina é descrita: "atestamos e juramos se preciso for que a preta inválida, Justina Bernardes de Paula, está em plena decrepitude [...] e vive na franca penúria implorando a caridade pública" (Ofício n. 145 1931). Como se vê, além da situação de pobreza e da idade avançada, acharam necessária a menção à cor de Justina, como se isso também ajudasse a atestar sua miséria.

De acordo com Mello (2002), essa não seria a última vez que a prefeitura de Jataí intercederia por tia Justina. Anos mais tarde, em 1945, quando ela morreu, o prefeito em exercício, Epaminondas Vieira Cunha, pagou uma sepultura rasa onde o corpo de Justina pôde descansar. Encerrava-se, assim, a trajetória de uma mulher negra que foi escravizada e foi mãe, parteira e doceira, que experimentou a liberdade e lutou por sua sobrevivência, inscrevendo seu nome na história de Jataí. Tanto fez que, no ano de 1956, uma Lei Municipal alterou o nome de várias ruas da cidade, entre elas, estava a rua 12 que, a partir daquela data, passou a ser denominada rua Tia Justina.

Escrever histórias de mulheres negras, especialmente aquelas distantes no tempo, é um grande desafio, buscar pelos seus rastros é incitar o passado e as maneiras pelas quais olhamos para ele, no intuito de estabelecermos novos fluxos históricos. Mesmo com muitos limites e silenciamentos, resolvemos fazer estas páginas, para que tia Justina seja lembrada e sua história seja escrita e re(escrita).

## REFERÊNCIAS

AGE, Mônica de Paula P. da Silva. 2002. As mulheres parteiras na Cidade de Goyaz (Século XIX). Dissertação de Mestrado em História. Goiânia: Universidade Federal de Goiás (UFG).

CARNEIRO, Sueli. 06 de março de 2011. Enegrecer o feminismo: a situação da mulher negra na América Latina a partir de uma perspectiva de gênero. Publicação on line.. Disponível em: https://www.geledes.org.br/enegrecer-o-feminismo-situacao-da-mulher-negra-na-america-latina-partir-de-uma-perspectiva-de-genero/. Acessado em 3 de março de 2023.

FRANÇA, Basileu Toledo. 1995. Pioneiros. Goiânia: Editora da UFG.

GONZALEZ, Lélia. 2020. Por um feminismo afro-latino-americano: ensaios, intervenções e diálogos. Rio de Janeiro: Zahar.

MELLO, Dorival de Carvalho. 2002. Nos porões do passado: a descoberta de Jataí. Jataí: Editora Sudográfica.

PERROT, Michelle. 2013. Minha história das mulheres. São Paulo: Contexto.

# Laudelina de Campos Mello

## UMA TRAJETÓRIA DE VIDA E LUTA PELOS DIREITOS DAS TRABALHADORAS DOMÉSTICAS NO BRASIL

**Luciana de Oliveira Dias**

As primeiras décadas do século XX, no Brasil, são caracterizadas por profundas mudanças no sistema de produção e nas relações de trabalho. Com a abolição da escravatura, acontecida em 1888, todo um conjunto de relações sociais experimentava desafiadoras reestruturações que, por um lado, buscavam realizar o trabalho livre e, por outro lado, insistiam na manutenção de hábitos e costumes caracteristicamente escravistas. É este o contexto histórico que marca o nascimento, no ano de 1904, de Laudelina de Campos Mello, conhecida como Dona Laudelina.

Nas próximas linhas deste verbete, apresento, de maneira bastante sucinta, a trajetória de vida e luta de Dona Laudelina, uma aguerrida defensora dos direitos das mulheres, das pessoas negras e das trabalhadoras domésticas. Quanto mais conheço a história de Dona Laudelina, mais me pergunto se é por acaso que a história da mulher que fundou a primeira associação das empregadas domésticas do país, na cidade de Santos, em São Paulo, no dia 09 de julho de 1936, segue insistentemente desconhecida.

Dona Laudelina nasceu em Poços de Caldas - Minas Gerais, no dia 12 de outubro de 1904. Mulher, negra e pobre, recebeu como destino o emprego doméstico, o que a amarrou a uma complexa teia de discriminações que se interseccionam. Aos 7 (sete) anos de idade, a pequena Laudelina já trabalhava como babá. Estudou somente até o terceiro ano do grupo escolar. Foram anos difíceis devido aos enfrentamentos que tinha que fazer contra o racismo. Uma menina corajosa que denunciava o tratamento que recebia, já que sequer tinha nome, era chamada de "macaca", "negrinha" ou "saci" (Pinto, 2015, p. 183) por seus colegas. Foi educada, em seu contexto sociofamiliar, para o trabalho, cuidando dos irmãos e ajudando a mãe na cozinha. Aos 16 (dezesseis) anos de idade, deu início ao serviço doméstico remunerado.

Ainda em Poços de Caldas, e ainda com 16 (dezesseis) anos, começou a militar de forma organizada, atuando como presidenta do Clube "13 de Maio", um grupo negro cujas finalidades eram recreativas e de acolhimento. Dona Laudelina foi uma adolescente segura e convicta do seu valor como ser humano (ALMEIDA, 2019). É com essa idade que começou a tomar consciência de sua missão, dedicando-se às lutas coletivas por direitos, principalmente das mulheres cuja condição e posição social se assemelhavam às dela. Com nossos olhares de hoje, o que notamos é uma forte consciência coletiva sendo despertada em uma consciência individual.

Dona Laudelina trabalhou como copeira com a família de Juscelino Kubitscheck e, aos 18 (dezoito) anos, foi trabalhar em São Paulo, com a família Kasamone. Nesses e em outros lugares, o exercício de suas atividades ultrapassavam a mera função de trabalhadora doméstica, já que reproduziam relações escravocratas, mas ela permaneceu neles até 1924. Aos 20 (vinte) anos de idade, casou-se e mudou-se para Santos, São Paulo. Em Santos, continuou a desempenhar a mesma profissão, com outras famílias, que deram a ela um tratamento mais respeitoso. Entre os anos de 1925 e 1928, participou como oradora oficial e vice-presidente, junto com o marido que era secretário, da Associação "Saudades de Campinas", um grupo cultural negro com objetivos recreativos.

Nos anos 1926-1927, há registros (Pinto, 2015) de que Dona Laudelina abrigava empregadas domésticas negras que não tinham para onde ir. Teve dois filhos e conciliou maternidade com militância, dando início a um processo de politização por meio da sua relação com os sindicalistas e militantes negros. Em 1936, Dona Laudelina filiou-se ao Partido Comunista e, no dia 08 de julho de 1936, ainda em Santos - SP, fundou a primeira associação de trabalhadoras domésticas. A Associação Beneficente das Domésticas tinha o objetivo de proteger as domésticas das violações de seus direitos fundamentais e aspirava tornar-se um sindicato. Com uma forte aliança com o movimento negro, a associação buscava defender direitos das mulheres negras domésticas, mas não somente, acolhendo também pessoas carentes, idosas e crianças.

Funcionando incialmente em uma sede cedida pela Paróquia local, a Associação era mantida financeiramente com a organização de bailes, festas e outras atividades. Foi assim que ela ocupou a vanguarda de um movimento das trabalhadoras domésticas, uma vez que inaugurou a organização política dessas trabalhadoras no Brasil. A luta a partir da Associação Beneficente das Domésticas passou a ser pela criação de associações e sindicatos da categoria, inspirando atuações em todo o país. Dona Laudelina fez, inclusive, algumas viagens ao Rio de Janeiro, capital do Brasil à época (1763-1960), para lutar, em contextos mais ampliados, por garantias e pela efetivação dos direitos humanos e trabalhistas das domésticas.

Entre 1941-1945, Dona Laudelina atuou pela primeira vez exercendo uma função não relacionada ao serviço doméstico, alistando-se na defesa passiva auxiliar de guerra e filiando-se ao movimento Cidade-Guerra, de ajuda pacífica. Em 1945, ela votou pela primeira vez, o que lhe despertou um sentimento de cidadã plena de direitos. Foi adepta da afiliação a partidos políticos, embora criticasse as dificuldades deles em compreender as especificidades da população negra. Após a Segunda Guerra Mundial, entre 1945-1949, já separada do marido, ela voltou a trabalhar como empregada doméstica.

Em Campinas, no final de 1959, com 53 (cinquenta e três) anos de idade e não mais trabalhando como doméstica, mobilizou um processo de reivindicação de garantia dos direitos humanos e trabalhistas das domésticas. Mais uma vez, Dona Laudelina acreditou na criação de uma associação como ato essencial na luta pela efetivação de direitos e, em parceria com o Sindicato dos Trabalhadores da Indústria da Construção Imobiliária de Campinas, realizou, no dia 18 de maio de 1961, a reunião de fundação da Associação das Empregadas Domésticas. Em uma mobilização de porta em porta, foram distribuídos aproximadamente 1.200 boletins, convidando trabalhadoras domésticas a participarem do feito.

Seu entusiasmo conscientizava as trabalhadoras domésticas para que não se deixassem ser exploradas nas casas dos patrões. O estatuto de fundação da associação somente foi aprovado, em Assembleia Geral, no dia 15 de março de 1964, sendo registrado em 31 de agosto do mesmo ano. Convicta, Dona Laudelina sabia que as empregadas domésticas podiam ser uma categoria profissional como as outras abarcadas pela Consolidação das Leis do Trabalho – CLT, cujo Decreto-Lei foi aprovado pelo então presidente Getúlio Vargas em 1943. Em sua luta incansável contra as injustiças sociais e políticas, Dona Laudelina se engajava em projetos de alfabetização e de legalização da profissão, para que a dignidade das trabalhadoras domésticas fosse assegurada. Em 1962, foi à Brasília assistir à votação do projeto de lei que estabelecia a gratificação natalina, também conhecida como 13º salário, resultado de longa luta das classes operárias.

Em 1966, ela, juntamente com outros sindicalistas, voltou à Brasília para falar com o então ministro do trabalho, Jarbas Passarinho. Reivindicavam o cumprimento das leis relacionadas à reposição salarial e ao salário família e a implementação da Lei Ordinária da Previdência Social para as trabalhadoras domésticas, que era facultativa para a categoria. Nessa viagem, Dona Laudelina tratou também, embora sem sucesso, da regulamentação da profissão e da transformação da associação em sindicato.

Em 1982, depois de 14 (quatorze) anos nos quais a Associação ficou paralizada, Dona Laudelina, aos 78 (setenta e oito) anos de idade, retoma sua luta pelos direitos das empregadas domésticas. Em 1988, ano de promulgação da atual Constituição da República Federativa do Brasil, Dona Laudelina e outras companheiras se movimentaram e, com a ajuda da deputada federal pelo Estado do Rio de Janeiro Benedita da Silva, conseguiram presenciar a afirmação do direito à sindicalização e a extensão dos direitos já garantidos aos outros profissionais às empregadas domésticas.

Em 10 de janeiro de 1989, em Campinas, foi fundada a "Casa Laudelina de Campos Mello", organização não governamental, sem fins lucrativos, com a finalidade de agregar aportes para efetivação de políticas socioeducativas, culturais, econômicas e ambientais voltadas para as mulheres negras. Conforme o tempo era transposto, as relações familiares espalhadas e distantes passaram a receber pouca consideração por parte de Dona Laudelina, agora Vó Laudelina. Por isso, quando pensou nos destinos de seus bens, decidiu deixar sua casa para o Sindicato das Empregadas Domésticas, proporcionando-lhe mais do que uma sede própria, mas poder, nas palavras de Dona Laudelina, "pra usos e frutos, até enquanto existir a última empregada doméstica do Brasil". (Pinto, 2015, p. 16).

Idosa, com 87 (oitenta e sete) anos de idade, Dona Laudelina ainda se engajava em projetos político-sociais destinados às trabalhadoras domésticas e ao movimento negro. Ela veio a falecer no dia 12 de maio de 1991. Narrando sua trajetória de vida e de luta, considero que Dona Laudelina foi violentada em sua humanidade desde a infância e sabia que o seu pertencimento racial, bem como das demais pessoas de sua convivência, disparava cruéis processos de discriminação, desigualdade e injustiças. Contudo, essa mulher negra, consciente, crítica, solidária e defensora dos direitos humanos nunca deixou de protagonizar lutas em prol da realização do bom e do justo para todas as pessoas, independentemente de suas diferenças. Este é o seu legado.

## REFERÊNCIAS

ALMEIDA, Lyzyê Inácio. 2019. Eu empregada doméstica: Narrativas, sentidos e significados na luta pela efetivação de direitos das trabalhadoras domésticas no Brasil. Dissertação de Mestrado em Direitos Humanos. Goiânia: Universidade Federal de Goiás (UFG).

PINTO, Elisabete Aparecida. 2015. Etnicidade, Gênero e Educação: Trajetória de vida de Laudelina de Campos Mello (1904-1991). São Paulo: Anita Garibaldi.

# Leci Brandão da Silva

## UMA MULHER ALÉM DE SEU TEMPO E PRONTA PARA LUTAR

**Jurema José de Oliveira**

Com o nome de batismo de Leci Brandão da Silva, nascida no Rio de Janeiro, em 12 de setembro de 1944, ela tem uma trajetória ampla como compositora, cantora, atriz e política de atuação impecável. Na música, iniciou sua carreira na década de 1970 e foi a primeira mulher a integrar a ala dos compositores do Grêmio Recreativo Escola de Samba Estação Primeira de Mangueira.

O seu desempenho musical sempre foi intenso. Ela participou do festival MPB Shell em 1980 e lançou diversos LPs, CDs e DVDs. Recebeu a incumbência de interpretar o samba enredo da escola Acadêmicos de Santa Cruz no carnaval de 1995. Dentre as diversas atuações artísticas, interpretou uma líder quilombola chamada Severina na novela "Xica da Silva", escrita por Walcyr Carrasco, dirigida por Walter Avancini e exibida na TV Manchete entre 1996 e 1997. Atuou como comentarista dos desfiles das Escolas de Samba do Rio de Janeiro e das Escolas de Samba de São Paulo pela TV Globo durante muitos anos.

No Governo do Presidente Luís Inácio Lula da Silva, Leci Brandão atuou por 2 (dois) mandatos (2004/2008) como Conselheira da Secretaria Nacional de Políticas de Promoção da Igualdade Racial (SNPIR) e Membro do Conselho Nacional dos Direitos da Mulher. Com um envolvimento sempre significativo no mundo do samba e das agremiações, foi tema da escola Acadêmicos do Tatuapé e premiada na categoria "melhor cantora de samba" na 29° edição do Prêmio da Música Brasileira. A cantora é madrinha do Bloco Afro Ilú Oba de Min, composto apenas por mulheres. Sua postura política se faz presente em todas as suas ações.

Atualmente, dedica-se à música e ao parlamento paulista. Filiada ao Partido Comunista do Brasil (PC do B) desde 2010, se candidatou a Deputada Estadual pelo estado de São Paulo, foi eleita com uma votação significativa em seu primeiro mandato e reeleita 2 (duas) vezes, uma em 2014 e outra em 2018. Neste espaço de pouca visibilidade negra, Leci Brandão dedica-se à temática da promoção da igualdade racial e do respeito às religiões de matriz africana e à cultura negro-brasileira.

Ela é a segunda deputada negra da história da Assembleia Legislativa de São Paulo (ALESP), já que a primeira foi a Drª Theodosina Rosário Ribeiro. Cabe ressaltar que, nesse espaço de fundamental importância para regularização de leis, Leci Brandão defende as questões vinculadas às populações indígenas e quilombolas, à juventude, à mulher e ao segmento LGBTQIAP+. A sua trajetória é de luta e ativismo em diversas frentes. Leci Brandão foi a primeira cantora a se pronunciar como mulher lésbica em entrevista pública, em 1978. Na qualidade de deputada

> (...) é uma das parlamentares mais presentes na Casa. Foi membro da Comissão de Direitos Humanos e vice-presidente da Comissão de Educação e Cultura. Já apresentou mais de 100 projetos, tendo 37 leis aprovadas até dezembro de 2018 (LECI BRANDÃO, ALESP).

Em 2019, foi lançado o Projeto de Lei "Menstruação sem tabu". Ela foi a primeira deputada a assinar essa iniciativa que visa combater a pobreza menstrual por meio da distribuição de absorventes às mulheres em situação de pobreza. Na conjuntura da pandemia de Covid-19, Leci Brandão apresentou o Projeto de Lei "Despejo zero", que foi aprovado em 9 de junho de 2021. Este projeto visa a suspensão das "reintegrações de posse e despejos durante a pandemia de coronavírus", bem como a paralização das

> (...) cobranças e multas contratuais, além de juros de mora, em caso de não pagamento de aluguel ou das prestações de quitação dos imóveis residenciais no território paulista durante a pandemia (LECI comemora..., 09 de junho de 2021).

Leci Brandão é uma mulher além de seu tempo, pronta para lutar em diversas frentes!

## REFERÊNCIAS

LECI BRANDÃO [Verbete]. Sem data (s/d). In: ALESP - Assembleia Legislativa do Estado de São Paulo [página de internet]. Disponível em: https://www.al.sp.gov.br/deputado/?matricula=300513 . Acessado em 22 de julho de 2021.

LECI comemora aprovação de PL que suspende despejos durante a pandemia [notícia]. 09 de junho de 2021. In: PCdoB65 – Partido Comunista do Brasil [página de internet]. Disponível em: https://pcdob.org.br/noticias/leci-comemora-aprovacao-de-pl-que-suspende-despejos-durante-a-pandemia/. Acessado em 22 de julho de 2021.

LECI BRANDÃO [Verbete]. Sem data (s/d). In: WIKIPEDIA – A enciclopédia livre. Disponível em: https://pt.wikipedia.org/wiki/Leci_Brand%C3%A3o. Acessado em 22 de julho de 2021.

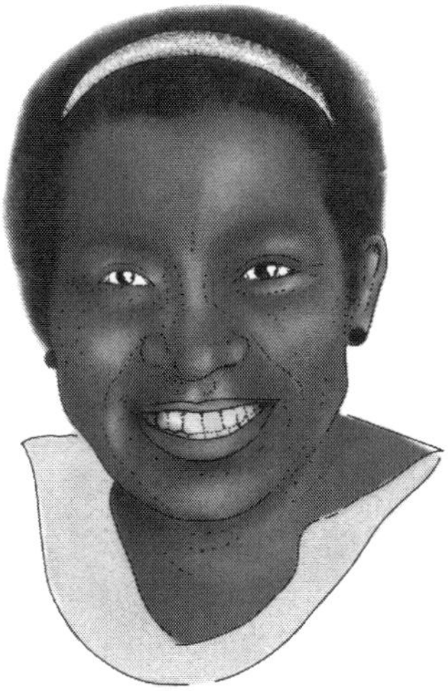

# Lélia Gonzalez

**Amanda Motta Castro**
**Gabriele Costa**

Lélia de Almeida nasceu em Minas Gerais, na capital Belo Horizonte, no dia 1 de fevereiro em 1935. De família pobre, foi a penúltima filha de 18 (dezoito) crianças nascidas da união do ferroviário Accacio Joaquim de Almeida e da empregada doméstica indígena Urcinda Serafim de Almeida. Desde bem pequena, Lélia mostrava seu amor pelos livros. Por esse motivo, Dona Urcinda consegue, junto com sua patroa, matriculá-la na Educação Básica.

Aos 7 (sete) anos, Lélia foi morar no Rio de Janeiro, pelo fato de seu irmão, Jaime de Almeida, jogador de futebol, ter assinado contrato com o Sport Club Flamengo. Ao fazê-lo, ele levou toda a família para a então capital do Brasil.

Estudante aplicada, Lélia concluiu os estudos da Educação Básica no Colégio Pedro II. Seguiu estudando, formou-se na Universidade do Estado do Rio de Janeiro (UERJ) em História, Geografia e Filosofia. Fez mestrado em Comunicação pela Universidade Federal do Rio de Janeiro (UFRJ) e doutorado em Antropologia pela Universidade de São Paulo (USP), além de ter feito formação e cursos livres em Psicanálise.

Em 1964, a já professora e tradutora Lélia se casa com Luiz Carlos Gonzalez, passando a se chamar Lélia Gonzalez. Em 1965, seu marido morre de forma trágica. Após esse episódio, ela inicia uma contundente trajetória que desafiou o racismo e o mito da democracia racial, em um cruzamento muito bem-feito entre feminismo, movimento negro e pensamento intelectual. Em sua escrita, a figura da mulher negra possui centralidade.

> Herdeiras de uma outra cultura ancestral, cuja dinâmica histórica revela a diferença pelo viés das desigualdades raciais, elas, de certa forma, sabem mais de mulheridade do que de feminismo, de mulherismo do que de feminismo. Sem contar que sabem mais de solidariedade do que competição, de coletivismo do que de individualismo. Nesse contexto, há muito o que aprender (e refletir) com essas mulheres negras que, do abismo do seu anonimato, têm dado provas eloquentes de sabedoria (GONZALEZ, 2018, p. 366).

Lélia Gonzalez foi pioneira nos estudos sobre Cultura Negra no Brasil e uma das fundadoras do Instituto de Pesquisas das Culturas Negras do Rio de Janeiro (IPCN-RJ), do Movimento Negro Unificado (MNU). Em 1979, Lélia apresentou, na Segunda Conferência Anual do *African Heritage Studies Association*, um resumo chamado "A juventude negra brasileira e a questão do desemprego", em que exemplifica, ao final do texto, qual o objetivo fundamental do Movimento Negro Unificado.

> Nesse sentido, como organização de caráter político, foi que se deu a criação do Movimento Negro Unificado contra a Discriminação Racial, em junho do ano passado (1978). Seu objetivo fundamental consiste na mobilização e organização do povo negro para lutar contra a superexploração econômica de que tem sido objeto, assim como contra a "mais valia" cultural e ideológica dele extraída pelo grupo branco dominante (GONZALEZ, 1979, p. 81).

Sua trajetória militante também foi partidária. Filiada ao Partido dos Trabalhadores (PT) e depois ao Partido Democrático Trabalhista (PDT), em ambos, foi candidata à Deputada. Sua militância a levou além das fronteiras do Brasil. Além do continente americano, Lélia falou e representou o Brasil em diversos eventos na Europa e na África.

Em novembro de 1981, Lélia produz um artigo para o jornal Mulherio chamado "Democracia racial? Nada disso!". Trata-se de uma escrita que destaca o papel das mulheres africanas que, apesar do racismo, ensinaram aos brasileiros da época esta língua que ela nomeou de "pretuguês", o português africanizado.

> Com isso, mantiveram viva a chama dos valores culturais afro-brasileiros, que transmitiam a seus descendentes. E nisso também influenciaram mulheres e homens brancos, a quem aleitaram e educaram. Graças a elas, apesar de todo o racismo vigente, os brasileiros falam "pretuguês" (português africanizado) e só conseguem afirmar como nacional justamente aquilo que o negro produziu em termo de cultura: o samba, a feijoada, a descontração, a ginga ou jogo de cintura etc. É por essa razão que as "mães" e as "tias" são tão respeitadas dentro da comunidade negra, apesar de todos os pesares (GONZALEZ, 1981, p. 111).

Sua trajetória intelectual de publicações também foi incrível. Publicou o livro "Lugar de Negro" em 1982, em coautoria com o sociólogo Carlos Hasenbalg, pela editora Marco Zero. Em sua escrita, abordava o modelo econômico de 1964 junto à situação da população negra nesse modelo, além da história do Movimento Negro, em que citava a separação racial: "Desde a época colonial aos dias de hoje, a gente saca a existência de uma evidente separação quanto ao espaço físico ocupado por dominadores e dominados..." (GONZALEZ, 1982, p.15).

Escreveu o premiado livro "Festas populares no Brasil", publicado pela Índex em 1987, no qual apresentou o registro de festas populares que ocorriam por todo o Brasil, evidenciando as influências africanas presentes nelas e a diversidade cultural existente.

> Através desse processo de resistência/acomodação, os escravos foram atuando nos espaços permitidos e recriando clandestinamente seus cultos e ritos, seus valores culturais, sob a forma inocente das "brincadeiras de negros", dos folguedos, dos batuques (GONZALEZ, 2018, p. 299).

Seu artigo "Por um Feminismo afro-latino-americano", escrito em 1988, traz importantes contribuições para pensar feminismo, classe e raça: "Exatamente porque tanto o sexismo quanto o racismo são baseados em diferenças biológicas para se estabelecerem como ideologias de dominação" (GONZALEZ, 2018, p. 309).

No mesmo ano, Lélia publica o artigo intitulado "A categoria político-cultural de Amefricanidade", no qual cria o conceito de *Amefricanidade*, conceito fundamental para compreender as experiências fora do continente africano como centrais na nossa vida:

> As implicações políticas e culturais da categoria de Amefricanidade (*'Amefricanity'*) são, de fato, democráticas; exatamente porque o próprio termo nos permite ultrapassar as limitações de caráter territorial, linguístico e ideológico, abrindo novas perspectivas para um entendimento mais profundo dessa parte do mundo onde ela se manifesta: A AMÉRICA [...]. Para além do seu caráter puramente geográfico, a categoria de Amefricanidade incorpora todo um processo histórico de intensa dinâmica cultural (adaptação, resistência, reinterpretação e criação de novas

> formas) que é afro-centrada [...]. Seu valor metodológico, a meu ver, está no fato de permitir a possibilidade de resgatar uma unidade específica, historicamente forjada no interior de diferentes sociedades que se formaram numa determinada parte do mundo (GONZALEZ, 1988, p. 76-77).

Lélia fez 6 (seis) traduções de livros franceses para algumas editoras entre os anos de 1966 e 1977. De 1975 a 1995, elaborou em torno de 51 (cinquenta e uma) produções escritas, entre artigos, ensaios e publicações, não somente em português, mas também em francês, inglês e espanhol, pois era fluente nessas línguas. Além disso, obteve uma coleção de títulos e participações em eventos nacionais e internacionais ao longo da sua vida.

Em 1994, tornou-se diretora do Departamento de Sociologia e Política da PUC-Rio, universidade onde lecionou de 1978 até sua morte. Em 2018, recebemos um grande presente da União dos Coletivos Pan Africanistas. Pela primeira vez, tivemos em mãos os textos reunidos de Lélia Gonzalez. Em 2020, uma grande editora comercial publicou "Por um Feminismo afro-latino-americano", que também traz suas obras reunidas.

Lélia morreu, vítima de um infarto, em sua casa, em Santa Tereza, no Rio de Janeiro, no dia 11 de julho de 1994, durante o jogo da seleção brasileira na copa do mundo sediada nos Estados Unidos. Seu legado deixa artigos, livros, entrevistas, cartas e manifestos que denunciam o racismo e o sexismo na sociedade brasileira, mostrando-nos que nós, mulheres negras, podemos ir além do lugar socialmente reservado para nós.

## REFERÊNCIAS

GONZALEZ, Lélia; HASENBALG, Carlos. 1982. Lugar de negro. Rio de Janeiro: Marco Zero.

GONZALEZ, Lélia. 1987. Festas populares no Brasil. Rio de Janeiro, Índex.

GONZALEZ, Lélia. 2018. Primavera para as Rosas Negras: Lélia Gonzalez, em Primeira Pessoa. União dos Coletivos Pan Africanistas: São Paulo.

GONZALEZ, Lélia. 2020. Por um Feminismo afro-latino-americano. Rio de Janeiro: Zahar, 2020.

# Leodegária de Jesus

## MATRIPOETA CERRADEIRA DE GOIÁS

**Tânia Ferreira Rezende**

As narrativas de invenção e de reinvenção de Goiás são do fim do 'Século do Ouro' e geraram as ideologias da decadência, do antiprogresso, do atraso, do subdesenvolvimento e da pré-modernidade no início do século XX (CHAUL, 1997). A visão do cenário pós-aurífero, no século XIX, pelos "viajantes europeus", como Saint-Hilaire (1779-1853) e Dr. Johann Emanuel Pohl (1782-1834), dentre outros, além do interventor Cunha Mattos (1776-1839), gerou as ideologias da "decadência", levando à formação da base discursiva da "história única" (ADICHIE, 2009) e da "verdade única" (KRENAK, 2019) sobre Goiás: "o distante e desconhecido sertão selvagem decadente e atrasado".

Na "República dos Coronéis", a "decadência" foi substituída pelo "atraso" (PALACÍN, 1994), que durou até os anos 1930, nas disputas políticas eleitorais entre as oligarquias locais – bulhonistas, xavieristas e caiadistas –, formando o enquadre do "coronelismo goiano" (CAMPOS, 1987). A partir dos anos 1930, entra a narrativa da modernização do estado, ainda sustentada pela ideologia do "atraso". Depois desse período, começa-se a construir o discurso da modernidade como signo de um "novo tempo", fundindo progresso com desenvolvimentismo e recusando tudo que se refere à decadência e ao atraso. Somente nos anos 1990, com o suporte da Nova História (BURKE, 1991), é que foram desestabilizadas, de fato, a "história única" e a "verdade única" sobre Goiás e propostas outras narrativas ideológicas sobre a história do estado (CHAUL, 1997), prometendo um "tempo novo".

Apesar de desestabilizadoras, as narrativas das últimas décadas não "se atentaram" para atravessamentos importantes na construção das narrativas anteriores: o racismo científico e o racismo culturalista. Por isso, acabaram reproduzindo-as, não desestabilizando a hegemonia do imaginário nacional e local sobre Goiás e sobre o povo goiano, ainda moldado pela ideologia do atraso, do subdesenvolvimento e do periférico, dando continuidade a um imaginário atravessado pelo racismo culturalista. Afirma Jessé Souza (2017, p. 17) que "quando se apela para o 'estoque cultural' para explicar o comportamento diferencial de indivíduos ou de sociedades inteiras, temos sempre um aspecto central dessa ideia que nunca é discutido ou percebido". O imaginário do "atraso" e do "subdesenvolvimento" tem sido a chave de interpretação da literatura de Leodegária de Jesus, substituindo o racismo científico pelo racismo cultural, como veremos.

Batizada Leodegária Brazília de Jesus, em homenagem a São Leodegário (FRANÇA, 1998), a escritora goiana negra nasceu em Caldas Novas, a 8 de agosto de 1889, um ano depois do início da abolição formal da escravatura e a cem dias da Proclamação da República, no Brasil. Era filha de José Antônio de Jesus, um homem negro, pobre e órfão, desde criança criado por religiosos em seminários; e de dona Ana Isolina Furtado Lima de Jesus, por sua vez, filha de proprietários de bens e escravaria em Jaraguá, no interior do estado; o pai era um médico e a mãe, uma descendente de portugueses de Traíras.

Os pais de Leodegária casaram-se em Jaraguá - GO, onde nasceu Zenóbia Palmira, a Sinhá. Depois, seguiram para Caldas Novas - GO, onde abriram uma escola primária e onde nasceu Leodegária, a segunda filha. A irmã mais nova, de quem Leodegária tornou-se madrinha, Maria Aurora, veio mais tarde. Entre cuidados, afetos e uma educação rigorosa, a vida de Leodegária foi marcada por andanças e desassossegos, de Goiás a Minas Gerais, a São Paulo e de volta a Minas Gerais (REZENDE, 2020). Aos 2 (dois) meses de idade, os pais de Leodegária se mudaram de Caldas Novas para Jataí - GO, a fim de tomar conta da escola de lá, atendendo a pedido dos políticos locais (FRANÇA, 1998).

Foi em Jataí que Leodegária de Jesus cresceu, Menina-Passarinho, ao som e vibração de seu coração-alma. Ali, ela começou a se formar na arte da poesia, tornando-se, segundo França (1998, p. 63), "[...] sem sombra de dúvida, a ex-aluna mais brilhante e famosa dessa escolinha primária, porque foi ali que aprendeu a ler em tenra idade, descortinando então aos seus olhos o mundo encantado das palavras".

A instrução de Leodegária de Jesus, documentada por França (1998) e por Denófrio (2019 [2001]), ocorreu no seio da família, em casa e na escola. O professor Antônio de Jesus, dada sua instrução, obtida nos seminários católicos, era o pai e o mestre. Por isso, nesse tempo, embora Leodegária não estudasse em escola religiosa, recebia uma educação compatível com a das escolas católicas. Com o rigor de sua educação, Leodegária, que era uma menina delicada e sensível, cresceu obediente, apesar de fazer suas travessuras de criança, "vivia montada nos últimos galhos das árvores de fruto, o que lhe valeu nessa época o apelido de 'Passarinho'" (FRANÇA, 1998, p. 66), que foi o seu pseudônimo quando começou a escrever poesias, aos 14 anos de idade. Era também assim que assinava as cartas que escrevia ao pai (SIQUEIRA, 2020).

Aos 7 (sete) anos de idade, a família De Jesus mudou-se para Rio Verde - GO, onde o professor Antônio foi dirigir o jornal "Oeste de Goiás", do Partido Republicano Federal. Por deixar os amigos, aos quais era apegada, esse foi o primeiro sentimento de perda da menina, mais tarde, expresso no poema *Jatahy*, em "Coroa de lírios" (DE JESUS, 2021 [1906], p. 31). Nesse período também começa, para ela, uma nova e rica experiência: a convivência com a imprensa, que influencia sua vida e sua escrita e que ela expressa no soneto *A imprensa*, em "Orchideas" (2014 [1928], p. 62). O religioso professor De Jesus, agora também jornalista e político, sempre com o compromisso de "pensar e escrever em defesa da coletividade" (FRANÇA, 1998, p. 68), elege-se deputado estadual e é empossado em 1898, transferindo-se com a família para a capital de Goiás. Mais uma vez, Leodegária sofre pela perda das pessoas das quais gosta.

Na capital, ela se adapta mais rapidamente. Matricula-se no Colégio Sant'Ana, dirigido pelas Irmãs Dominicanas, aproveitando ao máximo a educação oferecida pelas freiras. Fez muitas amizades, algumas delas conservadas por toda a vida, como as amigas Anica Peixoto (Cora Coralina) e Maria Peclat, com as quais fundou o Semanário *A Rosa*, em 1907. Ela era agregadora e "sempre oferecia passaporte à amiga de toda a vida" (DENÓFRIO, 2014, p. viii). Os relatos de Basileu França (1998) e de Darcy Denófrio (2019) permitem inferir que Leodegária de Jesus era uma moça sensível e intensa, que vivia com igual intensidade as alegrias e as tristezas, do mesmo modo que vivia a vida cultural da cidade de Goiás. Viveu e sofreu intensamente pelo único amor que teve na vida.

Dialogando com Conceição Evaristo (2007), nos perguntamos de onde Leodegária de Jesus, adolescente, ainda que amadurecida, *partejou* suas "escrevivências", traduzidas em potentes versos, de expressividade das mais diversas? Uma decepção vivida, em meio à dor do amor juvenil, veio quando quis ingressar no Lyceu, cursar os "preparatórios" e entrar para a Academia de Direito, seu grande sonho. Não pôde, foi barrada pelas perseguições políticas a seu pai, no auge da República dos Coronéis. O professor De Jesus, entretanto, não se conformou e denunciou a discriminação. Em resposta, o governo federal nomeou uma banca especial para examinar Leodegária. Seu desempenho nos exames, narram França (1998) e Denófrio (2019), foi brilhante. Mesmo assim, por "situações adversas", isto é, por racismo, sexismo e coronelismo, ela não pôde estudar no Lyceu, um espaço geohistórico marcado, reservado para poucos e alguns. Como prêmio de consolação, Leodegária foi convidada a participar do Grêmio Literário Goiano e passou a circular em espaços menos reservados da sociedade vilaboense.

A outra dor vivida foi a amorosa. Leodegária, ainda uma menina, já amava aquele que seria seu único amor. Não pôde viver plenamente sua paixão, além de ter de guardá-la em segredo e sofrer em silêncio sua dor, que traduziu em versos escrevividos, em "Corôa de lyrios", entre 15 (quinze) e 16 (dezesseis) anos de idade. O que para seus críticos era uma "lírica romântico-parnasiana defasada", para ela foi um ato político poético, ela transformou a dor em combustível de luta, traduzindo-a em livro de poema.

Em maio de 1906, ainda por completar 17 (dezessete) anos de idade, Leodegária de Jesus foi a primeira mulher e a primeira intelectual negra em Goiás a publicar um livro de poemas.[1] A dor do amor, entrecruzada com a decepção sócio-política, deu a ela, de cabeça erguida, um lugar de destaque na sociedade goiana, em um espaço geohistórico, até então, ocupado somente por homens brancos de elite, com finanças.

Depois desses episódios, o pai de Leodegária adoeceu da coluna e, em seguida, descobriu um glaucoma, que o deixaria cego. Com a doença de seu pai, Leodegária segue, com sua família, para mais andanças e desassossegos. Por convite do amigo Prates, foram para Catalão, onde teriam melhores condições de trabalho, de tratamento e de vida. Em Catalão, Leodegária assumiu o comando da casa, consumando suas premonições de infância.[2] A saúde do pai só piorou. Leodegária e a irmã Zenóbia tiveram de lecionar o dia todo e, para complementar a renda, Leodegária costurava à noite. O corpo da mulher negra, duas décadas depois de iniciada a

1 Leodegária de Jesus poderia ter sido, também, a primeira mulher a receber o diploma de curso superior em Goiás, da Academia de Direito, se a perseguição política a seu pai não lhe tivesse fechado as portas do Lyceu de Goiás (DENÓFRIO, 2019).

2 Basileu Toledo França (1998) relata que, quando Leodegária era criança, sua mãe, muitas vezes, a encontrava chorando, preocupada, porque não sabia como haveria de fazer para tomar conta da família quando seu pai adoecesse e não mais pudesse ficar no comando.

abolição, continuava um corpo sem descanso, como agora, a um século e meio da assinatura da Lei Áurea.

Depois de um tempo, diante das enfermidades do pai, Leodegária decidiu partir com ele para Minas Gerais, em busca de melhor tratamento. O destino era Uberabinha (Uberlândia), mas ficaram em Araguari - GO. Como demoravam muito, Dona Ana Isolina decidiu ir com as outras duas filhas ao encontro deles. A família se reuniu e se instalou em Araguari e, só mais tarde, seguiu para Uberabinha, onde o professor Antônio de Jesus faleceu, em 1920. Leodegária, depois do falecimento de seu pai, abriu a escola São José, realizando um sonho. Seu outro sonho, o de ser mãe, ela realiza, coracionando (ARIAS, 2010) a maternagem da filha Doralice de Oliveira, sua Dorinha. Da mudança da Cidade de Goiás para Catalão - GO até a instalação da família em Uberabinha, de onde seguiu para Rio Claro - SP e Belo Horizonte - MG, acompanhando sua irmã Maria Aurora, transcorreram mais de duas décadas.

A doença de seu pai, as dificuldades financeiras, o esforço para sustentar a família e, por fim, a morte paterna foram períodos tanto de vivência de dor quanto de conquistas na vida de Leodegária. Ela continuou publicando em jornais e revistas de Minas Gerais, São Paulo e Bahia e, em 1928, aos 39 (trinta e nove) anos de idade, publicou seu segundo livro, "Orchideas: poesias". Nesse livro, ela traduz suas vivências de amor em lirismo, em versos cantados e embalados por acordes de vidas pulsantes. Leodegária de Jesus viveu em uma "zona de colisão" (CRENSHAW, 2002) sociocultural e, desde cedo, aprendeu a fazer alianças com a sociedade.

Estudou com esmero, se instruiu e sempre teve uma conduta moral ilibada. Fez alianças culturais, literárias e sociais. Ironicamente, foi vencida na vida (no amor e na literatura) por excesso de obediência às regras. Os críticos, incluindo o prefaciador de "Coroa de lírios", consideraram suas obras sem valor literário, por serem pobres esteticamente e por terem conteúdo romântico e forma parnasiana em um período de franco modernismo. Justificaram seus argumentos por "ela estar onde estava", pelo "atraso cultural" do estado.

Esses são argumentos que representam um clássico exemplo do racismo cultural, além de reproduzirem a chave mestra de interpretação de Goiás e do povo goiano: o atraso. Não foi compreendida, seu corpo-território foi o texto lido e interpretado que não permitiu a interpretação de sua obra. Em Belo Horizonte - MG, no colo de afeto de suas amoras, a filha Dorinha e a afilhada Maria Aurora, aos 12 de julho de 1978, a matripoeta negra de Goiás ancestralizou, tornando-se nossa encantada cerradeira.

## REFERÊNCIAS

ADICHIE, Chimamanda Ngozi. 2009. O perigo da história única. Trad. Júlia Romeu. São Paulo: Companhia das Letras.

ARIAS, Patricio G. julho a dezembro de 2010. Corazonar el sentido de las epistemologías dominantes desde las sabidurías insurgentes, para construir sentidos otros de la existencia. In: CALLE14, v. 4, nº. 5, p. 80-94.

BURKE, Peter (Org.). 1992. A escrita da história: Novas perspectivas. Trad. Magda Lopes. São Paulo: Unesp.

CAMPOS, Francisco Itami. 1987. Coronelismo em Goiás. Goiânia: Editora da UFG.

CHAUL, Nars Fayad. 1997. Caminhos de Goiás: Da desconstrução da decadência aos limites da modernidade. Goiânia: UFG.

CRENSHAW, K. 2002. A interseccionalidade na discriminação de raça e gênero. Tradução: Liane Schneider. In: Revista Estudos Feministas, ano 10, nº 1, p. 171–188.

DE JESUS, Leodegária. 2020 [1906]. Coroa de Lírios. Cidade de Goiás: Leodegária Publicações; Trilhas Urbanas.

DE JESUS, Leodegária. 2014 [1928]. Orchideas: poesias. Goiânia: Gráfica UFG/Ateliê Tipográfico.

DENÓFRIO, Darcy França. 2019 [2001]. Lavras dos Goiases III: Leodegária de Jesus. Goiânia: Cânone Editorial/Livraria Leodegária.

EVARISTO, Conceição. 2007. Da grafia-desenho de minha mãe, um dos lugares de nascimento de minha escrita. In: ALEXANDRE, Marco Antônio. (Org.). Representações performáticas brasileiras: teorias, práticas e suas interfaces. Belo Horizonte: Mazza, p. 16-21.

FRANÇA, Basileu Toledo. 1998. Velhas escolas. Goiânia: Editora da UFG.

KRENAK, Ailton. 2019. Ideias para adiar o fim do mundo. São Paulo: Companhia das Letras.

PALACÍN, Luís. 1994. O Século do Ouro em Goiás. Goiânia: Editora da UCG.

REZENDE, Tânia Ferreira. 2020. A aesthesis afrodiaspórica na poética de Leodegária de Jesus. In: Leitura em Revista, PUC-RJ: Rio de Janeiro. Dossiê Cora Coralina e Leodegária de Jesus.

REZENDE, Tânia Ferreira. Abril de 2020. A aesthesis afrodiaspórica na poética de Leodegária de Jesus. In: Leitura em Revista, PUC-RJ: Rio de Janeiro. Dossiê Cora Coralina e Leodegária de Jesus, nº 16, p. 83-105. Disponível em: https://iiler.puc-rio.br/portal/wp-content/uploads/2020/05/ler_16_2020.pdf. Acessado em 20 de abril de 2023.

SIQUEIRA, Ebe Maria de Lima. Abril de 2020. Leodegária de Jesus: um pássaro com espinho na garganta. In: Leitura em Revista, PUC-RJ: Rio de Janeiro. Dossiê Cora Coralina e Leodegária de Jesus, nº 16. p. 65-82. Disponível em: https://iiler.puc-rio.br/portal/wp-content/uploads/2020/05/ler_16_2020.pdf. Acessado em: 20 de abril de 2023.

SOUZA, Jessé. 2017. A elite do atraso: Da escravidão à Lava Jato. Rio de Janeiro: Leya.

# Lorena Francisco de Souza

## MULHER NEGRA, PROFESSORA E PESQUISADORA[1]

**Eliane Vitoriano da Conceição**

A satisfação em escrever sobre uma mulher forte, de guerra e de luta, sem perder a doçura de uma grande mãe e filha, é o que trarei neste dicionário. É uma trajetória recente, por tratar-se de pessoa muito jovem, Lorena Francisco de Souza, nascida na cidade de Inhumas – GO. Desde tenra idade, viu que tinhas fortes ideais ligados à busca do conhecimento, abrangendo não somente o campo da Geografia, onde chegou ao Doutorado, mas também tudo ligado aos movimentos sociais; sem deixar de lado a identidade de mulher negra, professora, pesquisadora, esposa e mãe.

Tudo teve início quando ainda era criança e via os exemplos dados por suas irmãs, que estudavam em escolas, com conteúdos previamente demarcados; pois o sonho daquela menina, que a tudo assistia, não era ser expectadora, mas sim a criadora de seu próprio caminho. Ser filha de pais humildes e trabalhadores do campo

1 As informações presentes nesse verbete foram fornecidas à autora pela própria biografada, em entrevista feita em julho de 2021.

nunca foi empecilho para uma grande sonhadora, ou melhor dizendo, idealizadora de seu próprio destino.

Pensamos que é fácil para uma criança ir à escola, mas não é assim tão simples. Principalmente quando se vive no interior, os cuidados são muitos em todos os sentidos, pois os pais são muito mais cuidadosos e temerosos, fazendo com que tudo seja mais desafiador.

Quando, para Lorena, foi possível utilizar um quadro negro; ali, vislumbrou um grande sonho seu: o de tornar-se professora. Mas qual seria o caminho a seguir? Tantas coisas permeavam seu imaginário, ela sentia-se cheia de dúvida, mas foi obstinada, rumo a alcançar o que tinha como meta.

Enquanto carregava dúvidas sobre qual caminho a seguir, ouviu, já na fase adulta, palavras mágicas saídas da boca de uma professora de Geografia, que vieram como um despertar. Ali, ela percebeu onde iria trilhar toda a trajetória de sua vida como professora.

Chega o tempo em que as brincadeiras são deixadas de lado. O caminho agora deve ser trilhado com força maior e grande empenho, pois, mais que uma simples criança, agora ela tornou-se mulher e precisava buscar a tão sonhada graduação em Geografia. Isso ocorreu no ano de 2001, no Instituto de Estudos Sócios-Ambientais da Universidade Federal de Goiás, na cidade de Goiânia, onde cursou licenciatura em Geografia.

A busca pelo conhecimento ainda teria uma trajetória longa envolvendo efetiva participação em debates, seminários e todo tipo de trabalhos que viessem a trazer o prazer da grande realização pessoal e profissional. O fato de ser admitida, no ano de 2002, no PET – Programa de Educação Tutorial, mostrou o começo de todo o trabalho desafiador pela frente.

Os grandes mestres encontrados ao decorrer de sua trajetória serviam como exemplo, além de serem fortes orientadores do caminho que poderia ser usado para atravessar as grandes dificuldades que encontrava. Eles mostravam, para ela, a força que Lorena sempre teve. Mas onde se encontrava a mulher negra, de grandes cabelos crespos, que ainda não tinha assumido sua identidade dentro da negritude e nem de gênero?

Ela desabrocharia a partir de uma participação em um evento nacional de pesquisadores/as negros/as em São Luís do Maranhão - MA, pois o contato com pessoas com identidades negras tão resolvidas trouxe à tona um pertencimento às relações em que uma mulher negra, de cabelo crespo, consegue se enxergar com profundidade.

Surgiu, daí, um trabalho para analisar como são tratadas as professoras de pele negra e cabelos crespos, mostrando que as marcas do racismo histórico se encontram de forma implícita e explícita nesse tratamento, pois ficou evidente que essas profissionais são indevidamente colocadas como não pertencentes ao universo escolar. Lorena, se vê aí, muito bem identificada, pois deixou sua cidade natal, como tantas outras mulheres, indo para grandes centros urbanos, buscando chances de crescer e ver um futuro melhor que o de seus pais.

Com o intuito de buscar, cada dia mais, a afirmação de sua identidade negra, durante o mestrado, Lorena passou a participar do CANBENAS – Coletivo de Alunos/as Negros/as Beatriz Nascimento, no qual são desenvolvidos inúmeros trabalhos para reivindicação de direitos e elaboração de objetivos para atuar na juventude pobre e periférica de Goiânia.

Durante esse período, ficou demarcada a identidade negra que desde tenra idade estava adormecida dentro de Lorena. Poder participar ativamente de atividades de rua, onde podia ressaltar a força do cabelo crespo e da pele negra, foi um marco transformador, que trouxe poder a essa guerreira e pesquisadora, que pode, assim, levar os estudos da Geografia para um lugar em que, agora, ela se sentia confortável em fazer parte.

Lorena participou de bolsas do CNPq. Por meio dos trabalhos que, a cada dia, fortaleciam a construção de sua identidade negra e de gênero, conseguiu desenvolver, através de sua participação na pesquisa "Espacialidades e Identidades Raciais, étnicas, de gênero e sexuais", a potencialidade de muitos caminhos que a tornaram dona de um currículo poderoso. Mas a busca pelo sonho e ser professora ainda estava muito vivo em seu ser.

Uma trajetória feminina é construída também com bases familiares e com Lorena não seria diferente. Lembro-me bem quando ela veio até minha casa conhecer a prática religiosa da Egbe, juntamente com seu namorado na época, hoje esposo, Vinícius. Quando se casaram em 2012 e, no ano seguinte, nasceu a linda Sofia, eu ficava admirada com todo o esforço que Lorena empenhava em seus vários cursos, em seu casamento e em sua maternidade. Por vezes, ela levava a filha pequena consigo, quando ia para São Paulo estudar.

Foram muitos anos de luta para se aperfeiçoar profissionalmente, para se tornar alguém que fosse referência para outras pessoas que passam por dificuldades para alcançar um lugar ao sol e para conquistar um trabalho com salário digno e moradia. Uma luta voltada, principalmente, para que as pessoas se aceitem negros/as e lutem por seus direitos. Assim é Lorena.

Indaguei a Lorena como ela se sente como mulher negra na universidade e na vida, ela me respondeu que continua sendo difícil, por fatores históricos. Me falou que o racismo combinado com o sexismo coloca as mulheres negras em uma situação mais vulnerável, não importando se ela tem graduação, mestrado e doutorado. Quando se trata de uma professora de uma instituição pública, ela percebe que existe um descaso geral sobre os temas que deveriam ser devidamente trabalhados e pesquisados. Ela citou, como exemplo, as suas pesquisas, pois ela trabalha com gênero e raça na Geografia e ensina Geografia na escola.

Ela percebe o racismo dentro da instituição na medida em que observa que não basta ter o melhor currículo, a melhor qualificação e ter sido uma das únicas professoras da UEG a ter feito doutorado na melhor universidade do país, pois até hoje, passados dez anos de quando entrou nesta instituição, ela ainda não conseguiu chegar a ser professora de pós-graduação stricto sensu (mestrado e doutorado), sendo que, em todo o período em que está lá, demonstrou interesse em participar desses cursos. Uma clara demonstração de racismo acadêmico e relações políticas entre "amigos", das quais ela não faz parte.

Vejo em Lorena alguém que busca continuamente melhorar a própria vida e a de seus semelhantes, fazendo disso um apoio forte para ninguém desistir em meio à caminhada. Mesmo que algumas vezes bata a cara na porta, a vejo sempre insistindo em seguir o caminho, tanto que não me canso de dizer a ela: "quando crescer quero ser como você!", pois vejo nela uma mulher honrada que carrega uma grandiosidade ancestral vinda de África, uma mulher que não se dobrou aos grilhões das dificuldades que encontrou no decorrer da vida pessoal, profissional e financeira e que, mesmo vendo a falta de valorização das mulheres negras em sala de aula, não abandonou seu sonho acalentado desde tenra idade.

Sempre tive muito orgulho de ser uma mulher negra, mas sempre fui cercada por muitos "impedimentos" ligados à cor de minha pele e, quando conheci Lorena, pude compreender a extensão do que é ser negra e como ela exalava toda a "exuberância feminina de mulher negra", seja por ter um cabelo crespo fantástico (até hoje acho isso) ou por ter a elegância das rainhas e princesas africanas. Puder ver, em mim, muitas mudanças ao me reconhecer nela, ao mesmo tempo em que via, nela, seus atributos de grande guerreira, que tem suas dores e suas alegrias, como toda mulher.

Aprendi com Lorena sobre valorizar tudo que diz respeito à mulher negra, ela me ajudou a alcançar o resgate da autoestima em ser negra. Sempre digo que, no meu entendimento, Lorena representa a força da mulher negra na constante luta por ver seu espaço reconhecido.

# Luiza Mahin

## UMA MÃE PRETA

**Aline Najara da Silva Gonçalves**

> *Sou filho natural de uma negra, africana livre, da Costa da Mina (Nagô de Nação) de nome Luiza Mahin, pagã, que sempre recusou o batismo e a doutrina cristã. Minha mãe era baixa de estatura, magra, bonita, a cor era de um preto retinto e sem lustro, tinha os dentes alvíssimos como a neve, era muito altiva, geniosa, insofrida e vingativa. Dava-se ao comércio — era quitandeira, muito laboriosa, e mais de uma vez, na Bahia, foi presa como suspeita de envolve-se em planos de insurreições de escravos, que não tiveram efeito*
>
> (Luiz Gama, 25 de julho de 1880, apud MORAES 2005, p. 65-75).[1]

1 Trecho da Carta Autobiográfica escrita por Luiz Gama a pedido de Lúcio de Mendonça.

Foi com essas palavras que Luiz Gama apresentou a sua mãe, Luiza Mahin, na carta que escreveu para o amigo Lúcio de Mendonça. Essa carta é o primeiro registro em que o nome Luiza Mahin aparece. As menções posteriores foram, certamente, fundamentadas na escrita do poeta, que, depois de seguidas décadas sem ver a mãe, a descreveu com o olhar de um filho saudoso, como se buscasse, nas lembranças da infância, as memórias perdidas.

Luiza Mahin é representada, pela memória histórica, como uma quitandeira que foi ganhadeira e sempre resistiu ao cativeiro. Uma mulher insubordinada, que viveu na Bahia da primeira metade do século XIX e se tornou símbolo de luta e resistência negra. Em sua carta autobiográfica, Gama afirmou que sua mãe "dava-se ao comércio", que era quitandeira muito laboriosa e que, mais de uma vez, foi presa como suspeita de envolvimento em planos de insurreições de escravos. Nesse trecho, ele nos apresenta dois elementos importantes para entender quem era Luiza Mahin: ela era quitandeira e era uma mulher insubmissa.

As quitandeiras eram figuras muito representativas na Bahia do século XIX. De fato, como afirmou Maria Cecília Soares (1996), o trabalho de ganho caracterizou as relações escravistas na Salvador de Luiza Mahin. É importante ressaltar que as quitandeiras eram mulheres que tinham tino comercial e foram essenciais para a circulação de alimentos. A este trabalho, eram destinadas aquelas que eram consideradas sagazes e articuladoras; aquelas que sabiam negociar e poderiam possibilitar o sucesso nas vendas. O trabalho de ganho consistia em destinar, aos senhores e senhoras, uma quantia previamente estabelecida, o que excedesse o valor combinado era apropriado pelo escravizado ou escravizada, que fazia o uso que bem entendesse desse valor.

É importante pontuar que, se, por um lado, as ganhadeiras eram essenciais para o comércio e para a economia interna; por outro, suas atividades preocupavam muito as autoridades. A mobilidade peculiar dos trabalhadores e trabalhadoras de ganho, bem como a fixação nos cantos - que reuniam ganhadores e ganhadeiras -, fez com que esses trabalhadores e trabalhadoras fossem vistos/vistas como elementos de integração de uma população que era considerada muito perigosa pelas elites.

O controle social dos corpos negros nos centros urbanos era uma das principais preocupações do poder político no Império. Não foi à toa que ganhadeiras foram acusadas de participar da conspiração e fornecer alimentos para os rebeldes malês durante o levante de 1835.

É justamente a esta revolta que Luiza Mahin é comumente relacionada. Embora Luiz Gama nunca tenha afirmado que ela participou do levante, foi como uma "revolucionária de 1835" que ela foi representada na maioria dos escritos posteriores à carta, tanto na historiografia quanto na literatura.

No romance "Um defeito de Cor", escrito em 2006, por Ana Maria Gonçalves, Luiza Mahin também é retratada como uma quitandeira. Esta narrativa traz que ela circulou em vários espaços da cidade de Salvador, que foi escrava doméstica alugada aos ingleses e que trabalhou como ganhadeira até tornar-se sócia de uma padaria. Também nesse romance, a esperteza e a astúcia das ganhadeiras aparecem como características de Luiza Mahin, fundamentais para driblar as barreiras que lhe eram impostas pela condição de cativa e para subverter a ordem senhorial na vigência do sistema escravista.

Desse modo, ao apontar Luiza Mahin como uma ganhadeira, Gama nos traz uma mulher empreendedora, inteligente, sagaz, laboriosa, como ele mesmo afirmou, e que, acima de tudo, foi uma mulher protagonista da sua história.

No livro "Rebelião escrava no Brasil", João José Reis (2003) afirma que não encontrou na documentação acerca do Levante dos Malês nenhuma referência a uma mulher de nome Luiza que tenha sido uma das líderes ou uma grande representante da revolta. Segundo ele, as construções em torno de quem foi Luiza Mahin resultaram de uma ficção abusiva, uma realidade possível e um mito libertário. Ficção abusiva, principalmente, pelo modo como Pedro Calmon a apresentou no romance "Malês", escrito em 1933.[2] É um mito libertário pela força do nome dela diante da memória histórica afro-brasileira e "uma realidade possível", tendo em vista a maneira pela qual ela foi descrita pelo filho.

Ao nomear a mãe, na carta, Gama atestou sua existência, concedendo-lhe uma designação e demarcando o ponto de partida de sua trajetória. A carta foi entregue a Lúcio de Mendonça acompanhada por um poema intitulado "Minha Mãe":

*Era mui bela e formosa,*
*Era a mais linda pretinha,*
*Da adusta Líbia rainha,*
*E no Brasil pobre escrava!*
*Oh, que saudades que eu tenho*
*Dos seus mimosos carinhos,*
*Quando c'os tenros filhinhos –*
*Ela sorrindo brincava.*
*Éramos dois — seus cuidados,*
*Sonhos de sua alma bela;*
*Ela a palmeira singela,*
*Na fulva areia nascida.*
*Nos roliços braços de ébano.*

2 No romance "Malês", Calmon desenha uma Luiza Mahin promíscua, "sem reputação e sem Estado".

*De amor o fruto apertava,*
*E à nossa boca juntava*
*Um beijo seu, que era a vida.*[3]

Nesta poesia, Gama desenha o retrato de uma mulher que, apesar da altivez, mostrava-se carinhosa com os filhos, uma mãe zelosa e dedicada. Para além da mulher altiva, laboriosa e insofrida, Gama parece ter construído, em sua carta e no poema, a imagem de uma mãe forjada entre as memórias de sua infância e as possibilidades oferecidas pela escrita literária.

As representações de Luiza Mahin não se esgotam entre a carta autobiográfica de Luiz Gama e seu poema. Para além desses registros, conforme analisado por Aline Najara Gonçalves, na dissertação "Luiza Mahin: entre ficção e História" (2010) e no livro "Luiza Mahin: uma rainha africana no Brasil" (2011), Luiza Mahin transita entre a historiografia e a literatura e é nessa dinâmica que se torna uma referência para a memória histórica da população negra, como um símbolo de luta, de resistência e de contestação à lógica escravista e à afirmação de uma maternidade amplamente negada às mulheres negras.

Embora representada de formas divergentes e, até mesmo, opostas, a maternidade dessa mulher negra aparece como traço presente nos dois os romances que a trazem como personagem: "Malês" e "Um defeito de Cor". Como lembrou Maria Nazareth Soares Fonseca, no Prefácio de "Ominíbú: Maternidade Negra em Um defeito de cor", de Fabiana Carneiro da Silva (2019),

> [...] a escravização impedia, por vários recursos, a vivência plena da maternidade pela mulher negra. Era comum que os filhos de escravizadas fossem tirados das mães, tão logo chegassem à fase do desmame (SILVA, 2019, p. 18).

Contrariando essa negação, a maternidade negra é o ponto de partida para a trama de "Um defeito de Cor". A narrativa versa sobre a trajetória de uma mãe que, aos oitenta e nove anos, cega, dita suas memórias a uma companheira de viagem durante a travessia de Lagos a São Salvador, no ano de 1899, com a intenção de que tal escrito possa ser lido pelo filho, vendido pelo pai ainda criança. Após longas décadas sem ver o filho, de quem fora afastada abruptamente, ela tenta reencontrá-lo.

Para Maria Nazareth Soares Fonseca, muitas são as experiências do "ser mãe" representadas no romance a partir da personagem Kehinde.[4] Por meio da maternidade exercida em relação a Banjokô, Omotunde (Luiz Gama), Maria Clara

3 Trecho do poema "Minha Mãe", de Luiz Gama. Ele pode ser lido na íntegra no endereço eletrônico: Minha Mãe (Luís da Gama) - Wikisource .

4 Na obra "Um Defeito de Cor", Kehinde é o nome atribuído à personagem que representa Luiza Mahin em sua infância.

e João, Luiza assume o perfil de uma mãe que reconhece a possibilidade de negociar, a fim de oportunizar segurança, companhia e afeto aos filhos e à filha.

A agência e protagonismo das mães negras é tema lembrado na historiografia recente da emancipação e do pós-abolição. Historiadoras negras como Isabel Cristina Ferreira dos Reis e Lucimar Felisberto já analisaram estratégias arquitetadas por mulheres negras mães com o intuito de garantir, tanto a permanência da aproximação e convivência em família, como a liberdade de filhos e filhas por força da Lei 2040/1871.

Se, no século XIX, palco da trajetória de Luiza, a mãe de Gama, tantas mães lutaram para garantir a sobrevivência daqueles a quem concebiam a vida, hoje, passados 153 anos da Lei do Ventre Livre e 136 anos da abolição jurídica da escravidão no Brasil, mães pretas continuam se articulando para garantir a legitimação do direito de ser mãe, ainda que de filhos/as não nascidos/as de seus ventres.

Maternar em conjunto com outras mulheres é uma das estratégias, especialmente entre as mulheres/mães/pretas/pobres. Montar uma rede de proteção e afeto para suas crianças tem sido uma forma de garantir o direito ao amor e ao cuidado em meio a tantas adversidades e atravessamentos, como aqueles referentes ao impacto do racismo e do machismo em suas vidas.

A experiência de criar filhos/filhas ainda é, muitas vezes, interrompida pela ação do Estado. Infelizmente, o genocídio de jovens negros é uma constante e muitas são as Mahins que perderam seus filhos e que, hoje, fazem simbolicamente a travessia de Kehinde, recompondo-se enquanto tentam reencontrar-se com seus filhos/filhas, ainda que seja lutando por eles/elas e pela garantia de terem corpos e ventres, enfim, livres.

Dessa forma, Luiza Mahin vive e representa um coletivo de mulheres pretas que resistiram e ainda resistem à lógica senhorial. A sua trajetória mostra que a negociação era uma estratégia, assim como a dissimulação ou a resistência direta por meio das fugas, revoltas e formação de quilombos, como caminhos possíveis para o enfrentamento às opressões impostas pelo sistema escravista. Luiza Mahin representa a luta pela garantia dos direitos numa sociedade racista, que exclui e oprime. Luiza Mahin nos alerta para a necessidade de guerrear contra o racismo pela vida do povo negro.

## REFERÊNCIAS

CALMON, Pedro. 2002. Malês, a insurreição das senzalas. 2ª ed. Salvador: Assembleia Legislativa do Estado da Bahia: Academia de Letras da Bahia.

CARTA DE LUIZ GAMA a Lúcio de Mendonça. 25 de julho de 1880. In: MORAES, Marcos Antônio (org.). 2005. Antologia da Carta no Brasil: me escreva tão logo possa. São Paulo: Moderna. p. 67-75.

GONÇALVES, Aline Najara da Silva. 2010. Luiza Mahin: entre ficção e história. Bahia: UNEB.

GONÇALVES, Aline Najara da Silva. 2011. Luiza Mahin: uma rainha africana no Brasil. Rio de Janeiro: CEAP.

GONÇALVES, Ana Maria. 2007. Um Defeito de Cor. 3ª ed. Rio de Janeiro: Editora Record.

REIS, João José. 2003. Rebelião Escrava no Brasil: A história do levante dos Malês em 1835. Edição revisada e ampliada. São Paulo: Companhia das Letras.

SILVA, Fabiana Carneiro da. 2019. Ominíbú: maternidade negra em "Um Defeito de Cor". Salvador: Edufba.

SOARES, Cecília Moreira. 1996. As ganhadeiras: mulher e resistência negra em Salvador no século XIX. In: Revista Afro-Ásia, v. 17. Salvador: CEAO-UFBA. p. 57-71. Disponível em: https://periodicos.ufba.br/index.php/afroasia/article/view/20856. Acessado em 23 de março de 2023.

# Maria América dos Santos

## A AMÉRICA É QUILOMBOLA

**Irislane Pereira de Moraes**
**Manoel Clauderi Coutinho da Luz**

América Maria Dos Santos é mais conhecida como Dona América. Primeiramente, Dona América, peço a benção e a sua licença para escrevinhar essas letras a seu respeito! Agô (Licença) à Ancestralidade e gratidão eterna pelas inúmeras conversas e ensinamentos compartilhados conosco, bem como pela confiança de nos permitir escrever uma porção de sua história.

"Nascida e criada" no seu território tradicional, às margens do rio Capim, de onde se orgulha ao dizer que nunca saiu, Dona América Maria dos Santos veio a este mundo às quatro horas da madrugada do dia 24 de dezembro de 1933, trazendo consigo uma grande missão, a qual desempenha com admirável maestria: contar a história de seu povo e, ao mesmo tempo, lutar pela manutenção das terras tradicionalmente aquilombadas segundo seu uso coletivo ao longo de várias gerações.

**América Maria dos Santos, em foto do seu RG, expedido em 16.09.1993.**

Dona América pertence à comunidade de Taperinha (Mantegagem) que, junto às comunidades de Nova Ipixuna (Pixuna), Sauá-Mirim (Ponta), Benevides e Alegre Vamos, constitui o Território Tradicional Quilombola dos Povos do Aproaga, às margens do Rio Capim, entre o município de São Domingos do Capim e Aurora do Pará, na Amazônia Paraense. Esses povos são representados e politicamente organizados através da Associação Quilombola Unidos do Rio Capim (AQURC).

Por conseguinte, ressalto que, para a elaboração deste verbete, tomamos como referências as vivências e as narrativas de memórias compartilhadas com Dona América ao logo de uma relação de pesquisa de base comunitária iniciada nos anos de 2010. Ao longo dessa caminhada, temos buscado nos orientar a partir de abordagens afrorreferenciadas e de cosmopercepções da ancestralidade presentes no Território Quilombola dos Povos do Aproaga, o que temos reconhecido também como Movimento Sankofa.[1]

Assim, na confluência de história e corporeidade da ancestralidade negro-quilombola, quando reverenciamos Dona América como uma referência é porque nos colocamos diante de uma das principais narradoras da memória quilombola e do processo de aquilombamento de terras e paisagens amazônicas que, no caso do seu povo e seus antepassados, se efetivou nas terras do antigo engenho escravocrata historicamente denominado Aproaga (ACEVEDO-MARIN 2009, 2014; BARBOSA, 2008; MORAES, 2010; 2021).

1 Para maiores entendimentos sobre a ancestralidade desse território, é possível consultar, entre outros estudos, os resultados de pesquisas registrados em "Do tempo dos Pretos Dantes aos Povos do Aproaga: Patrimônio arqueológico e territorialidade quilombola no vale do rio Capim – PA" e "Arqueologia na "Flor da Terra" Quilombola: ancestralidade e movimentos Sankofa no território dos Povos do Aproaga – Amazônia Paraense", de Irislane Pereira Moraes-Ewejimi.

Nesse contexto, a "velha" América é quilombola, herdeira direta dos chamados "pretos d'antes", sendo filha de Adélia Maria da Conceição dos Santos com Manoel Raimundo dos Santos (o velho Manteiga), e neta do "velho" Gil Herculano do Santos com Luísa Maria da Conceição dos Santos, nomes que constam entre os mais antigos e importantes protagonistas da sua genealogia. Além disso, até este momento da pesquisa, entre seus irmãos, constam os nomes dos "velhos" João Henrique dos Santos e Ludovino do Santos (Dudú) e, como seu irmão adotivo, o "velho" Barbino.

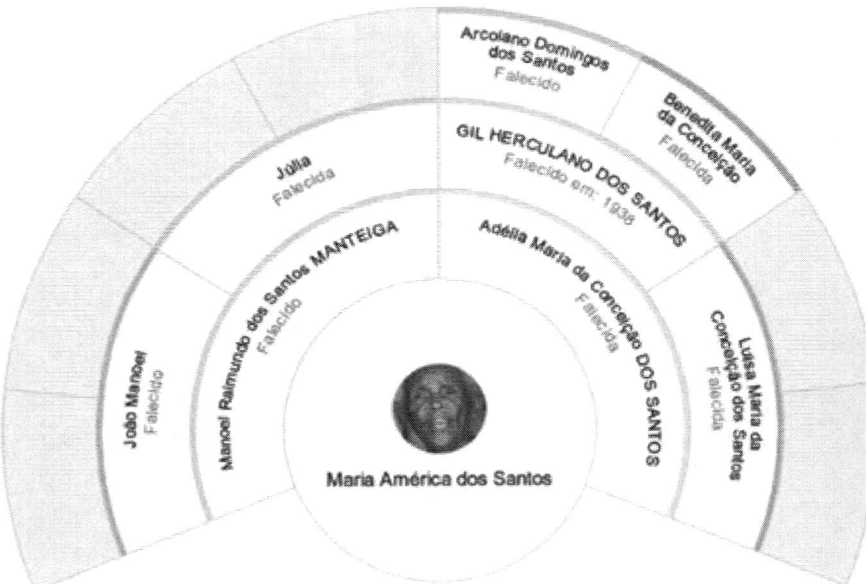


**Gráfico dos ancestrais genealógicos de Dona América**

Segundo Dona América nos contou, ela nasceu de parto natural, sem contratempos para sua mãe Adélia, em um lugar referido como "Casa Velha", uma "tapera d'antes" situada nas alturas do velho caminho que liga a comunidade do Pixuna à Ponta. Ao enfatizar aspectos de sua história, Dona América ressalta também ter recebido o batismo na Igreja, o qual foi registrado no dia 08 de junho de 1934, em Santana do Capim – Pará.

Nessa ocasião, Dona América teve, como seus padrinhos, Manoel do Espírito Santos da Conceição (tio paterno) e Isabel Correia dos Santos. Segundo ela, foi este seu tio/padrinho que lhe deu o nome emblematicamente representativo da coletividade que ela personifica. Ela mesmo ressalta: "... por aqui não tem outra América!"

Quando tratamos acerca da sua infância, Dona América disse que não se lembra muito de ter brincado, pois, desde muito cedo, foi posta a trabalhar, tanto na cozinha quanto na roça. Outrossim, durante grande parte da sua vida, ela trabalhou no "Casarão do Aproaga". Pode ser percebido, em suas vivências, que esse trabalho ainda se dava em condições de continuidade das relações escravistas que, mesmo depois da abolição, perduraram durante muitos anos na Amazônia. Nesse sentido, já temos registrado que

> As suas atividades eram desde a construção e manutenção do engenho, os cultivos de roças, plantio, o corte e moagem da cana, os cuidados das campinas e do gado, até a limpeza das dependências do casarão. Tanto trabalho porque lá *eram "só de ser escravo"*, conforme lembra Dona América dos Santos:
>
> (...) *Lá a gente lidava, eu trabalhei muito no Aproaga... Trabalhei também de empregada, fazia as coisas lá pra eles... Mais depois eles cresceram, meu pai veio vindo/ veio saindo... aí nós atravessamos já presse [para esse] lado. Aí da/daí da Santa Maria pra onde nós temos... pra Taperinha... Aí venderam pra outros... eles venderam pra outros pessoal, né? Meu pai atravessou já pra esse lado e nós já fiquemos pra aí...* ***Nós não ganhamos nada de lá, só era mesmo de ser escravo! Eles*** [*os Pretos d'antes*] ***e nós tudo... só de ser escravo!***
>
> (...) *o caso era isso... Meu pai contava... E eu ainda me lembro! Me lembro do Doutor Pinheiro, da Dona/Dona Lalá que era mulher dele... tudo... só não me lembro bem do Doutor Pedro Miranda e a mulher dele porque nesse tempo eu 'tava mais criança...* ***Mas a minha mãe me contava que eles era empregado deles... Eles só davam coisas pra eles/roupa... o meu pai, minha mãe cortava cana... muita cana pra moerem no sarilo/moerem no engenho...*** *Tinha um engenho bonito lá de moer cana...* (Dona Maria América dos Santos, Belém, 11.01.2012, negrito no original. MORAES, 2012, p.135).

Assim como outros velhos narradores das comunidades deste território quilombola, a Dona América nos conta que estes seus avós e demais "pretos d'antes" foram escravizados no engenho Aproaga, mas que, ao longo dos anos, seus ancestrais conseguiram conquistar uma porção de terra antes pertencente ao antigo engenho, localizada na margem esquerda do baixo curso do rio Capim.

Construiu-se, ao longo do tempo, no território, um contexto de vivência de valores culturais negros e de devoção religiosa compartilhada ao longo das gerações, do qual surgiu a consolidação das "Irmandades dos Pretos D'antes", as quais foram fundamentais e estratégicas para o fortalecimento dos laços sociais entre as comunidades descendentes dos "pretos d'antes" e para a efetivação da territorialidade quilombola na região do baixo curso do Rio Capim.

Portanto, esse processo de aquilombamento a que nos referimos corresponde também às territorialidades específicas construídas pelas comunidades, mediante a conquista da autonomia sobre as terras por elas cultivadas e constituídas como território em conjunto com a devoção das saudosas "Irmandades dos Pretos D'antes" (BARBOSA, 2008; MORAES, 2012; ACEVEDO-MARIN, 2009, 2014).

Na Taperinha, Dona América herdou e guarda até hoje as memórias e materialidades desse tempo das Irmandades dos Pretos D'antes, em especial a imagem histórica de Nossa Senhora da Conceição, deixada com ela por seu avô materno, o velho Gil Herculano dos Santos. Afinal, o que se torna notório é a consciência política de Dona América em retransmitir o legado do velho Gil e demais pretos d'antes, tanto ao contar suas histórias "de antes", quanto ao manter a terra para o usufruto coletivo da sua descendência.

No que se refere à sua genealogia ascendente, o Sr. João da Conceição da Silva Santos (Pitada) nos mostrou a certidão de óbito do velho Gil, durante uma oficina de genealogia que realizamos no ano de 2018, na comunidade de Nova Ipixuna (MORAES, 2021). Este seu avô, Gil Herculano, certamente chegou a ver o nascimento e os primeiros anos de vida da Dona América, durante os quais lhe deixou a incumbência – que ela sempre faz questão de frisar - de "guardar a terra e não deixar dividir!"

DIOCESE DE BRAGANÇA - PARÓQUIA DE SÃO DOMINGOS
CEP 68.635 - São Domingos do Capim-Pará
CERTIDÃO DE BATISMO
........................................Filho de
nasceu no dia....../....../...... Batizado
em.......... Dia....../....../......
pelo padre..............................
Padrinhos:..............................
São Domingos do Capim,....de......de 19...
Vigário,..............................

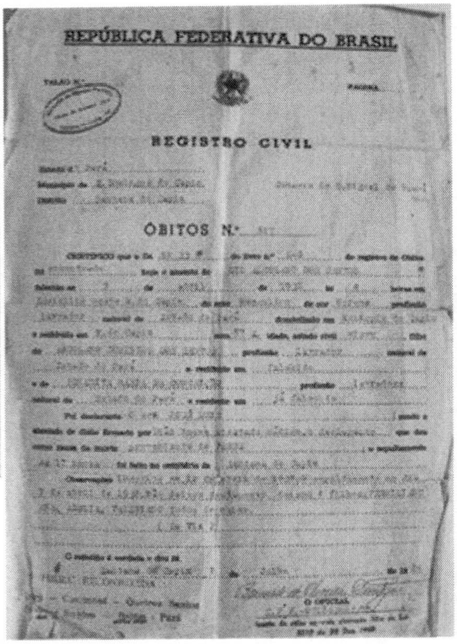
REPÚBLICA FEDERATIVA DO BRASIL
REGISTRO CIVIL
ÓBITOS N.º

**Cartão de Batistério de Dona América e a Certidão de óbito de Gil Herculano, seu avô.**
**Fonte: Pesquisa de campo (MORAES, 2021).**

No que se refere às suas relações de matrimônio e descendência, Dona América casou-se no dia 05 de outubro de 1957, com o Sr° Basílio dos Santos. Ela mesma nos explicou que, devido aos costumes de antigos, seu pai, o velho Manteiga, só permitiu aos noivos se conhecerem depois de passados 8 (oito) dias da união social de matrimônio.

Este seu esposo Basílio era filho de Avelina dos Santos e nasceu no dia 05 de janeiro de 1930. Com ele, Dona América teve 10 filhos, dos quais viveram 8 (oito): Maria Irene dos Santos, Matilde dos Santos (Marta), José Eliseu dos Santos (Lelé), Alacide dos Santos, Jaine Luis dos Santos, Rosangela dos Santos (Rosa), Tomé dos Santos, e Doralice dos Santos. Além deles, ela criou outras crianças como filhos, a exemplo de Maria Santos Melo (Guíta), que era sua sobrinha.

No momento desta pesquisa, em meados do ano de 2021, Dona América nos relatou já possuir pelo menos 34 (trinta e quatro) netos e 50 (cinquenta) bisnetos. Ela nos alerta que pode ser muito maior sua descendência, pois alguns filhos e netos foram viver na cidade de Belém do Pará e, deles, ela não possui tantas notícias. Entre os seus netos, ela nos relatou os seguintes nomes: Roseimeire, Rosa Maria, Rosiane, Leidiane, Robson; Domingos, Sebastiano, Sebastião, Antônio, Basilio, João; Gleiciane, Bruna, Antônio Rosivaldo, Raiane, Raiana, Manoel; Leidiane, Leonardo, Janilson, Manoel, Vitória; Sebastião, Rosimeire, Antonio; Denilza, Ginelza, Jefferson; Edinilson, Vanessa e Leonardo.

Entre os nomes dos seus bisnetos estão: Helena, Helen, Elder, Elias, Evelin, Gabriel, Ana Clara, Ana Alice, Cleidiele, Eduardo, Nádia, Daniela, Taiane, Daniel, Derik Lucas, Evil, Willyan, Thays, Luiz Fernando, Anderson Rian, Alison Luan, Iure, Ana Lívia, Pedro Paulo, Gabriel, Gabriela, Tiago, Sofia, Glaubino, Ruan, Vitor, Felipe, Lucas, Vitória, Andreza, Pedro, Ester Vitória, Jordão, Samuel, Ian, Iago, Sophia, Roger, Robert, Carlos Gabriel, Manoela.

Diante dessa sua grande descendência, outro saber tradicional que destaca Dona América é o de parteira. Entre seus netos, bisnetos e outras crianças de famílias circunvizinhas na região, muitas crianças "foram pegas" por ela. Ela nos diz que todos os seus partos, dos 10 (dez) filhos, foram em casa. ressaltando que "...nunca ocupou um hospitá". Em seguida, Dona América relata acerca de sua experiência de parteira e dos preceitos e cuidados necessários que devem ser tomados com a mãe parturiente.

> *...Olhe! depois que tive filho, já, principiei pegar filho...*
>
> *Olhe! Peguei muita criança... muita criança, eu peguei criança que vinha em pé, eu peguei duas crianças que vinha junto, 'eu afastava um, fazia passar o outro'...*
>
> *Das minhas netas, das minhas cunhadas, das minhas sobrinhas, eu já pego... Olhe!*
>
> __ *'Vem aqui que 'tá me doendo demais...!' 'Venha pra cá!'... Eu vinha pegar!' – Naquele tempo não tinha hospitá! –*

> *Olha eu chegava, pegava o filho dela, agora o remédio, pegava aquele azeite de carrapato (de mamona), queimava, cortava o imbiguinho da criança, media, cortava, lava a criança! Prestava a barriga da mãe, tá aqui, vai com a mãe pra dentro do quarto, era oito dias pra poder sair. E agora que vai pro hospitá, vai agora, quando ser amanhã ,já ela vem saindo. E nós não! Era oito dias no quarto. Com oito dias que tinha o filho, é que vinha saindo: cabeça amarrada, não fazia nada!. Botava uma cadeira, sentava. As mulheres iam fazer comida, davam pra gente. Daqui a pouco, a gente já 'tava entrando pra sala, pra deitá, ela ficava por ali. Daqui a pouco, elas tirava o neném, botava pra gente dar o leite; daqui a pouco, levava pro quarto de novo, lidava com a criança de noite. Quando a criança chorava, elas alevantava vinham dá.*
>
> *E agora mulher tem filho, até pula festa. Quando cê vê, fulana já teve? Já! Ela 'tava lá na festa; são muitas doentes.*
>
> *Olhe só: umas filhas que eu tenho e umas netas, tem três, duas netas e a mãe tão tudo operada com negócio de mioma, doença na barriga que pegaro, e eu, graças a Deus, 'tô dessa idade, nunca soube o que é que foi, espero um dia não saber uma doença na barriga* (Maria América dos Santos, Taperinha, 10.08.21).

Assim, ao longo de sua vida, o fazer e cultivar roça foi uma das suas principais ocupações e, também, garantiu o sustento de sua descendência. Nos 10 (dez) anos em que a visito na Taperinha, nunca houve uma única vez em que Dona América, já com seus mais de 80 (oitenta) anos, não tivesse pelo menos 2 ou 3 tarefas de "roça madura" (plantada, pronta para colher e torrar a farinha). Aliás, chegando na sua comunidade, muitas vezes fui ao seu encontro na roça, durante a cotidiana capina da "maniva", a qual cresce sempre sob seus cuidados atentos. Dali da roça, a mandioca colhida segue para o retiro (a Casa de Farinha) onde é pirocada e torrada para fazer a farinha de mandioca.

Ali no quintal da sua comunidade Taperinha, à sombra de um pequeno barracão de palha ao lado do retiro, ao pensar no que seja um deleite merecido ao longo de uma vida inteira de trabalho, Dona América riu carinhosamente e nos contou que sua comida preferida é peixe! Comer um peixe cozido é um afago que lhe agrada muito. Volta e meia ela também nos encomenda um camarão fresco quando vamos de Belém para o quilombo.

Afinal, desde quando a conheci, nos idos anos de 2010, dona América manifesta sempre uma solicitude em conversar acerca dos tempos d'antes, narrando-os com sua voz firme, lúcida e enfática. Muitas vezes, ela se ressente da imaturidade dos jovens não a ouvirem tanto ou de discutirem tanto entre si. Antigamente, ela lembra, era diferente. Ela pede respeito, pelos tempos dos velhos, aos mais jovens de hoje. De corpo magro e estatura mediana, Dona América tem corporeidade expressiva, particularmente com suas mãos que ora exortam, ora explicam. Suas mãos regem o narrar de suas histórias.

**América Maria dos Santos no retiro de farinha pirocando a maniva.**

**América Maria dos Santos, com maestria, rege o contar da história quilombola.**

Portanto, em sua comunidade e do Território Quilombola dos Povos do Aproaga, enquanto uma mulher quilombola, narradora, resiliente em sua trajetória e no cultivo da terra herdada e compartilhada com sua descendência, confiante de sua ancestralidade, Dona América personifica e territorializa, junto a outras mulheres negras, a Amazônia negra e quilombola que a história deve (re)conhecer mais profundamente.

## REFERÊNCIAS

ACEVEDO-MARIN, Rosa. 2009. Territorialidades de Grupos Quilombolas. In: MONTEIRO, Maurílio de Abreu; COELHO, Maria Célia Nunes; BARBOSA, Estevão José da Silva (editores). Atlas Sociambiental: municípios de Tomé-açú, Aurora do Pará, Ipixuna do Pará, Paragominas e Ulianopólis. Belém: Edufpa. p.288-293.

ACEVEDO MARIN, Rosa Elizabete; FERREIRA, Eliana Ramos; MARQUES, Fernando Luiz Tavares. 2014. Patrimônio e Territorialidade dos Quilombolas do Rio Capim. Belém: IPHAN.

ALMEIDA, Alfredo Wagner B. 2004. Terras tradicionalmente Ocupadas: Processos de territorialização e movimentos sociais. In: Revista Brasileira de Estudos Urbanos e Regionais; vol. 1, nº 6, p. 9-32.

BARBOSA, Maria Betânia Cardoso. 2008. Sistema de Uso Comum de Recursos em Comunidades Quilombolas no Vale do Rio Capim - PA. Dissertação de Mestrado em Planejamento do Desenvolvimento. Belém: Núcleo de Altos Estudos do Pará - UFPA.

MORAES-EWEJIMI, Irislane Pereira de. 2012. Do tempo dos Pretos Dantes aos Povos do Aproaga: Patrimônio arqueológico e territorialidade quilombola no vale do rio Capim - PA. Dissertação de Mestrado em Antropologia. Belém: PPGA-UFPA.

MORAES-EWEJIMI, Irislane Pereira de. 2021. Arqueologia na "Flor da Terra" Quilombola: ancestralidade e movimentos Sankofa no território dos Povos do Aproaga – Amazônia Paraense. Tese de Doutorado em arqueologia. Belo horizonte: PPGAN-UFMG.

# Maria Beatriz do Nascimento

## INTELECTUAL, NEGRA E MULHER NA HISTÓRIA ATLÂNTICA[1]

**Janira Sodré Miranda**

Nascida em 12 de julho de 1942, natural de Aracaju, no estado de Sergipe, Maria Beatriz do Nascimento mudou-se com a família para o Rio de Janeiro, no ano de 1949. O fluxo de saída para a região Sudeste do Brasil foi parte das transformações ocorridas naquela década, sendo também parte dos processos da diáspora negra inter-regional. Já no Rio, a família passou a viver na região suburbana no Bairro do Cordovil. Sua mãe, Rubina Pereira do Nascimento, dona de casa, e seu pai, Francisco Xavier do Nascimento, pedreiro, foram sagazes em manter no quintal da casa o cultivo de alimentos comuns de sua experiência em Sergipe, mantendo uma vida modesta, porém tranquila, com nove filhas e filhos. Beatriz Nascimento realizou seus estudos básicos em escolas públicas da capital, guardando lembranças sensíveis da experiência racial na vida escolar. Mantendo interesse genuíno em

1 Pesquisa realizada para compor o Dicionário "Cem Fragmentos Biográficos: história das mulheres negras em trajetórias".

prosseguir para os estudos universitários, prestou o vestibular de 1967 para o curso de História da Universidade Federal do Rio de Janeiro (UFRJ), onde se matriculou em 1968. Concluiu sua graduação no ano de 1971. Cursou a especialização em História do Brasil, pelo Programa de Pós-Graduação em História da Universidade Federal Fluminense (UFF), entre os anos de 1979 e 1981. Concursada em 1984, foi nomeada professora de História pela Secretaria de Educação do Estado do Rio de Janeiro. Iniciou o curso de mestrado em História na Universidade Federal do Rio de Janeiro. E estava no mestrado em Comunicação na mesma universidade, sob a orientação do professor Muniz Sodré, quando da prematura interrupção de sua vida, no ano de 1995.

Dos registros escritos que cultivava e mantinha, emerge uma memória de infância construída sob a égide da leitura. Entre livros, palmeiras e guerreiros, na casa e no baú de sua avó: "[...] voltava-me de costas para olhar as palmeiras. E entre a densa vegetação imaginava aqueles guerreiros em luta" (NASCIMENTO apud BATISTA, 2016, p.25). A historiadora divisou esse *flash mob* de lembrança da leitura de um livro, o *Quilombo dos Palmares*, como parte de suas primeiras memórias, de que manteve registro. Das memórias da socialização no ambiente escolar, destacam-se a ausência das figuras negras livres e a representação *ad nauseam* da pessoa negra na qualidade apenas de escravizada, inclusive de personagens da história negra que jamais haviam sido escravizados, caso de Zumbi dos Palmares. Do período entre os anos finais de sua infância e a entrada na universidade, em 1967, há poucos registros escritos (BATISTA, 2016, p.28).

Ao adentrar na universidade, Beatriz Nascimento registrou seu encantamento com as ideias, a transformação, as pessoas, experienciando a juventude em conexões com toda a geração juvenil daquele maio de 1968. Ingressou naquele ano no curso de Licenciatura em História da Universidade Federal do Rio de Janeiro (UFRJ). O contraste entre a aquisição de consciência sobre o corpo negro, as lutas e o ativismo político e os limites da perspectiva disciplinar da História sobre a gente negra brasileira estava dado. Durante sua formação, Beatriz tratou com agudeza crítica as narrativas hegemônicas, bem como os sujeitos da produção de um conhecimento racializado e mitificador. Ela identificou uma operação epistemicida e produziu uma crítica aguda da historiografia brasileira no que diz respeito à questão negrobrasileira.

A inclinação à pesquisa se mostrou logo de sua entrada na universidade. Atuou na qualidade de auxiliar de pesquisa no Arquivo Nacional e em outros arquivos do Rio de Janeiro sob orientação do professor José Honório Rodrigues. O principal fruto do trabalho em arquivos foi a localização de referências aos quilombos nos documentos de arquivos fluminenses (RATTS, 2007) e (BATISTA, 2016).

Sobre os saberes acadêmicos que acessou ao chegar à universidade, Beatriz registrou seu estado de choque com o eterno estudo sobre o escravo quando se referiam ao negro. Evidenciava que havia uma incapacidade de apreender a presença negra para além da mão de obra escravizada para a fazenda e a mineração (NASCIMENTO apud BATISTA, 2016, 32). Sua proposta para o estudo dos quilombos sugere uma aproximação sobre a história de liberdade da gente negra, ao tempo que as trilhas de sua pesquisa percorrem trajetos que correlacionam os quilombos coloniais e rurais a novas territorialidades contemporâneas e urbanas, o que pode ser percebido nos materiais de sua autoria para argumento e textos do filme "Orí" (NASCIMENTO & GERBER, 1989).

Em 1975, a historiadora participava do Centro de Estudos Afro-Asiáticos da Universidade Cândido Mendes. Em 1977, fundou o Grupo de Trabalho André Rebouças (GTAR), com Marlene Cunha, e juntas constituíram provavelmente o primeiro coletivo de estudantes universitários/as e pesquisadores/as negros/as do Brasil, na Universidade Federal Fluminense. Entre 1976 e 1979, Beatriz Nascimento continuou se dedicando ao aprofundamento de sua pesquisa sobre pensar o quilombo como Estado negro, as dinâmicas das relações sociais e comerciais, e a presença de segmentos étnicos não negros na experiência do quilombo, sobretudo, como o "O reduto de homens livres [...]" (NASCIMENTO apud BATISTA, 2016, 33). Sua análise da documentação lança uma crítica arguta e erudita sobre a massa documental produzida pelo colonizador sobre o quilombo.

Ao apresentar sua leitura sobre a experiência quilombista no Brasil, Beatriz Nascimento produziu uma interpretação a partir de dentro, sugerindo que o quilombo poderia ser uma atitude dos negros de se manterem no sentido histórico e de sobrevivência grupal, edificando historicamente o quilombo como lugar social e organização que cria uma ordem interna e estrutural (RATTS, 2007, p. 124), um sistema alternativo de vida.

Em 1977, Beatriz Nascimento compareceu à Quinzena do Negro, na Universidade de São Paulo (USP), na qualidade de conferencista, evidenciando o reconhecimento que recebia entre pares, tendo proferido sobre o tema historiografia do quilombo, (RATTS, 2021). A relevância da Quinzena do Negro na trajetória intelectual de Beatriz Nascimento pode ser mensurada de várias formas: a) sua correspondência com Eduardo de Oliveira e Oliveira revela a organização e a realização conjunta de iniciativas entre ativistas e intelectuais negros no mundo acadêmico do Rio de Janeiro e de São Paulo no período; b) o registro de sua atuação na qualidade de interlocutora de intelectuais proeminentes, a partir de 1977; c) o reconhecimento público do trabalho de pesquisa sobre o quilombo; d) a retomada da vida acadêmica institucional ao se inscrever, em 1979, na especialização na Universidade Federal do

Rio de Janeiro e no mestrado na Universidade Federal Fluminense; e) a parceria cinematográfica com Raquel Gerber, que conheceu Beatriz ao realizar registros fílmicos da Quinzena do Negro, que desembocariam na produção do documentário "Orí" (1989), sobre as dinâmicas do Atlântico negro, do quilombo e dos territórios negros, obra fundamente vinculada ao percurso intelectual da historiadora; f) as viagens ao continente africano como parte de suas pesquisas sobre o mundo transatlântico.

O retorno aos estudos de pós-graduação e à pesquisa vinculada a instituições de ensino superior, a partir de 1979, se deu depois de oito anos afastada. Durante esse tempo, além da continuidade de pesquisas, Beatriz Nascimento produziu em torno de mil escritos em poesias, crônicas e prosas. Nesse tempo de ativismo político, revisitou em textos e entrevistas a crítica ao modelo colonial de produção do conhecimento acadêmico, seus métodos e linguagens, bem como ao desprestígio aos saberes do mundo negro. Os desafios dessa conexão entre o pertencimento racial e a participação social na universidade se mantinham, trazendo inclusive, em momentos cruciais, episódios de enfermidade psíquica.

Para concretizar a pesquisa de campo sobre os sistemas sociais alternativos, dos quilombos às favelas, tema de sua especialização e mestrado, realizou, entre setembro e outubro de 1979, viagem a Angola (RATTS, 2021, p.16). O registro fílmico dessa viagem pode ser encontrado na obra "Orí". Outras viagens internacionais foram feitas para difusão de pesquisas ou produções, como para o Festival Pan-Africano de Arte e Cultura, em Dakar, no Senegal, em 1988; para o Festival Internacional de Cultura, na Martinica, em 1991; e para a apresentação do filme *Orí*, na Alemanha, em 1994.

Toda a movimentação da década de 1970 pode ser aquilatada, em seus sentidos acadêmicos e políticos, quando se observa que a discussão sobre o racismo poderia ser punida pela Lei de Segurança Nacional (setembro de 1969), que considerava crime o incitamento ao ódio ou à discriminação racial. A lei era aplicada discricionariamente contra aquelas pessoas que denunciassem o racismo. O denunciante poderia ser considerado incitador do ódio racial (BATISTA, 2016, p. 36).

Beatriz Nascimento participou do processo de criação do Parque Memorial do Quilombo dos Palmares, atuando no I Encontro Nacional do Parque Histórico Nacional do Zumbi, realizado em 1980, quando trabalhou com Abdias do Nascimento na preparação dos documentos e nas estratégias de criação do Parque (BATISTA, 2016, p. 47).

Quando Beatriz Nascimento foi aprovada em concurso e nomeada professora de História pela Secretaria de Educação e Cultura do Estado do Rio de Janeiro, em 1984, iniciou-se um processo de debate do ensino da História e da questão negra na escola, em aliança com o Instituto de Pesquisas e Estudos Afro-Brasileiros (Ipeafro).

Em 1987, publicou, em coautoria com Helena Teodoro e José Jorge Siqueira, o livro *O negro e a cultura no Brasil*, editado pela Unesco (RATTS, 2021, 269), seu único livro em vida. Participou da Marcha dos Movimentos Negros em 1988, alusiva ao centenário da abolição. E lançou o documentário *Orí*, em 1989 (RATTS, 2021, p.270).

A chegada da década de 1990 encontrou uma autora que havia ocupado os espaços que pôde, por meio da publicação de um grande conjunto de textos em revistas de divulgação ou acadêmicas, de circulação nacional e mesmo fora do país. Sua perspectiva crítica incluía, desde a década de 1970, uma contestação da História colonial, na qual cabe à comunidade e à pessoa negra a visão estereotipada (BATISTA, 2016). Beatriz propugnou por uma transformação da historiografia a partir de **novas bases epistemológicas**. Dentre as balizas para uma História negra, ressaltam-se: a) a necessidade de pesquisar o protagonismo negro na formação da nação brasileira; b) a possibilidade de estabelecer uma linha de continuidade histórica entre os núcleos negros do passado brasileiro e as comunidades negras contemporâneas; c) o desvelamento dos jogos de poder na operação racial e subjetivação da pessoa negra na sociedade brasileira; d) a transformação do ensino de História na escola e na universidade.

Aprovada para o mestrado em Comunicação na Universidade Federal do Rio de Janeiro, em 1994, Beatriz Nascimento projetou uma pesquisa sobre o terreiro, a capoeira e o gênero feminino na obra ficcional de Muniz Sodré. Não chegou a desenvolvê-la, sua vida foi interrompida abrupta e precocemente, vítima de feminicídio, em 28 de janeiro de 1995 (RATTS, 2021, p. 270).

Uma vida intensa, em muitas dimensões, foi a de Beatriz Nascimento. Sua afirmação de um lugar outro que articula e ancora a escrita, a função e o lugar do conhecimento histórico emerge como um *template* aberto ao aprofundamento. Nesse sentido, a afirmação de um *locus* de produção que perpassa a cena internacional e diaspórica, quando atlântica, entre África e Brasil, mas também intranacional, quando evoca a diáspora negra e o trânsito inter-regional da população negra no Brasil, parte da própria trajetória e subjetividade de Beatriz Nascimento. "Sinto-me sempre escrevendo de mim, mas esse mim contém muitos outros, então escrevo de um coletivo sobre e para essa coletivização." (NASCIMENTO, 2018, p. 420) Uma história feita por mãos negras.

## REFERÊNCIAS

BARRETO, Raquel. 2018. Introdução. In: NASCIMENTO, Beatriz. Quilombola e Intelectual: possibilidade nos dias da destruição. São Paulo: União dos Coletivos Pan--Africanistas. Editora Filhos da África, p. 26-39.

BATISTA, Wagner Vinhas. 2016. Palavras Sobre uma Historiadora Transatlântica: estudo da trajetória Intelectual de Maria Beatriz do Nascimento. Tese de Doutorado em Estudos Étnicos e Africanos. Salvador: Universidade Federal da Bahia.

*Orí*, Brasil, 1989, cor, 91'. Direção: Raquel Gerber, fotografia: Hermano Penna, Jorge Bodanzky, Pedro Farkas, Adrian Cooper, Chico Botelho, Cláudio Kahns, Jorge Bodanzky, Raquel Gerber, Waldemar Tomas; som: Francisco Carneiro, Lia Camargo, Walter Rogério; montagem: Renato Neiva Moreira; produção: Angra Filmes Ltda., Fundação do Cinema Brasileiro.

NASCIMENTO, Beatriz. 2017. "É Tempo de Falarmos de Nós...". In: RATTS, Alex (Org.). Eu sou Atlântica: sobre a trajetória de vida de Beatriz Nascimento. São Paulo, Imprensa Oficial.

NASCIMENTO, Beatriz. 2015. Todas as Distâncias: poemas aforismos e ensaios. RATTS, Alex; NASCIMENTO,( Orgs.). Salvador. Ed. Oguns Toques.

NASCIMENTO, Beatriz. Quilombola e Intelectual: possibilidade nos dias da destruição. São Paulo: União dos Coletivos Pan-Africanistas. Editora Filhos da África, 2018

NASCIMENTO, Beatriz. 2021. Uma História Feita por Mãos Negras. São Paulo, Ed. Zahar.

RATTS, Alex. 2007. Eu Sou Atlântica: sobre a trajetória de vida de Beatriz Nascimento. São Paulo, Imprensa Oficial.

# Maria Conceição Evaristo

## ESCRE(VIVER) PALAVRAS: NOTAS SOBRE CONCEIÇÃO EVARISTO

**Jhenifer Emanuely Rodrigues dos Santos**
**Amanda Crispim Ferreira Valerio**

Maria Conceição Evaristo de Brito, a literata brasileira conhecida como Conceição Evaristo, é mineira, nasceu em Belo Horizonte, no dia 29 de novembro de 1946. Filha de Joana Josefina Evaristo Vitorino e Aníbal Vitorino, suas profissões eram de lavadeira e pedreiro, respectivamente. De seu pai de registro, sabe-se apenas seu primeiro nome: José. Viúva de Oswaldo Santos de Brito, foi a segunda de nove irmãos e a primeira em sua família a obter diploma superior (CAMPOS & DUARTE, 2011). É também mãe da menina Ainá Evaristo, única filha, diagnosticada com síndrome genética.[1]

1 De acordo com as previsões médicas, Ainá não viveria mais que três meses. Hoje, com seus 40 anos, soma medalhas de atletismo, na modalidade de corredora (LIMA, 2017).

A escritora afirmou recentemente não seguir nenhuma religião, mas que o hibridismo religioso atravessa a sua escrita. Em 2020, desfilou pela Grande Rio homenageando um dos maiores líderes religiosos do Brasil: o pai de santo Joãozinho da Gomeia (GUIMARÃES, 2020).

Criada numa comunidade da Avenida Afonso Pena, passou a infância e juventude dividindo seu tempo na tripla jornada de mulher negra incessante e que culmina em seus 75 anos de idade. Recentemente, participou do projeto documental Origens, da Tilt Uol, e seu teste de DNA registrou 94,5% e 5,5% de origem africana e da região do México, respectivamente (UOL, 2021).

Mudou-se para o Rio de Janeiro em 1973 e trabalhou desse ano até 2006 na Secretaria Municipal de Educação da Prefeitura da cidade.[2] Pesquisadora, escritora e ativista do movimento negro, Evaristo também atuou em segmentos de cultura.[3] Graduou-se em Letras pela Universidade Federal do Rio de Janeiro (UFRJ) em 1990 e doutorou-se pela Universidade Federal Fluminense (UFF) em 2011.[4]

De origem humilde, a escritora explicita que seu lar não era habitado por livros, mas por palavras. Seu tio Totó, que sentiu os efeitos sociais da Lei do Ventre Livre, sabia ler, escrever e contava narrativas como Mil e uma noites, Barba Azul e Pedro Malasartes. Nesse movimento de voz e escuta, Evaristo colheu os ingredientes do espaço familiar e comunitário para sua ficção, ou seja, a sua principal influência literária são as contações de histórias dos seus pares, vem da oralidade dos griots, contadores de causo cotidiano.

Das invenções de meninice à vida adulta de escritora, Conceição Evaristo não abandonou a afetividade poética familiar, vivenciada no fundo do quintal. Sua sensibilidade atravessa o círculo fechado da família, ganha outros contornos e abarca o coletivo de vivências da população negra, em que se pode notar a marca da sua escrita e perduram memórias, dores e vivências das minorias.

Sua incursão na arte literária iniciou-se muito cedo. Ainda pequena, saía do espaço da Biblioteca Pública Luiz Bessa, de Minas Gerais, casa-tesouro, universo do saber, criava asas, alimentava sonhos e a fome física era preenchida com palavras, com pedacinhos de nuvens colocadas em sua boca num movimento rápido

2 Lecionou como professora do Magistério, formação comum às mulheres na época, antes mesmo de cursar Letras. Durante esse período, foi agente de transformação no ensino.

3 Atuou na Divisão de Cultura Afro-Brasileira, na Secretaria Municipal de Cultura, no Centro Cultural Laurinda Santos Lobo, no Centro Cultural José Bonifácio, no Centro de Memória e Documentação da Cultura Afro-Brasileira. Desenvolveu o projeto de curso de pré-vestibular para alunos da Favela da Rocinha nos anos de 1993 e 1994. No final da década de 1980, participou do Coletivo de Escritores Negros do Rio de Janeiro e se envolveu em projetos que já dialogavam com o movimento negro e as mulheres.

4 Evaristo desenvolveu a pesquisa de mestrado em Letras pela PUC-Rio, entre os anos de 1992 e 1996. Defendeu sua dissertação intitulada "Literatura negra: uma poética de nossa afro-brasilidade". Fez doutorado pela Universidade Federal Fluminense (UFF), de 2008 a 2011, e defendeu sua tese sob o título de "Poemas malungos: cânticos irmãos". Faz-se importante ressaltar que teve uma atuação vigorosa como professora colaboradora em inúmeras universidades brasileiras, entre elas: UFF, UFMG, UFPR, PUC-Rio e PUC-Minas, quadro que nos permite indagar sobre os motivos dessas instituições não a terem como professora visitante.

imaginativo. Da mesma forma acontecia no trabalho doméstico, na meninice, com oito anos, enquanto ajudante de suas tias em casas de escritores importantes do país, como: Alaíde Lisboa de Oliveira, Lara Resende, Eduardo Frieiro, Luzia Machado Brandão, Lucia Casasanta. Essa parte da sua vida muito contribuiu para sua formação, já que ali ela tinha a possibilidade de acessar as bibliotecas desses escritores e ler até os "olhos doer".

Suas histórias são movidas por esse retorno ao passado infanto, num movimento gesticular assinalado no observar de sua mãe, que registrava o sinal gráfico na folha de papel-barro, a terra lamosa, escrita com o lápis-graveto. Ritual para chamar o sol, estrela-guia do trabalho da família de mulheres lavadeiras. Movimento-escrita composto de múltiplos gestos, que todo corpo de d. Joana executava, junto aos corpos das filhas, que observavam e "se deslocavam no espaço acompanhando os passos de mãe em direção à página-chão em que o sol seria escrito" (EVARISTO, 2019).

Sua primeira produção "Samba favela", publicada em 1974, no jornal *O Diário*, e posteriormente veiculada em uma revista de seminário do Rio Grande do Sul, é categorizada com frequência como de não ficção. A escritora a referencia como crônica-semente do romance "Becos da memória", publicado quase 30 anos depois. É importante ressaltar que Evaristo escreveu "Becos da memória" antes de "Ponciá Vicêncio", e tal obra ficou engavetada por anos.

Antes de iniciar sua trajetória nos "Cadernos negros", do grupo Quilombhoje, antologia em que se encontra alguns de seus textos de poesia e conto datados entre 1990 e 2005, Conceição Evaristo teve obras publicadas nas antologias alemãs *Schwarze Prosa* (1988) e *Schwarze Poesie* (1993).

No Brasil, a escritora soma sete obras publicadas em editoras independentes, entre elas: "Ponciá Vicêncio" (2003), que marcou sua estreia independente; "Becos da memória" (2006); "Poemas da recordação e outros movimentos" (2008); "Insubmissas lágrimas de mulheres" (2011); "Olhos d'Água" (2014); "Histórias de leves enganos e parecenças" (2016); e "Canção para ninar menino grande" (2018). Além disso, algumas de suas obras já estão publicadas na Inglaterra, nos Estados Unidos, na França, em Guiné-Bissau e em Angola.

Foi em contato com o movimento negro que conheceu a obra de Maria Firmina dos Reis, autora do primeiro romance escrito por uma mulher no Brasil, que também é o primeiro romance abolicionista em língua portuguesa. Uma das leituras fundamentais para Evaristo foi "Quarto de despejo" (1960), de Carolina Maria de

Jesus. A obra caiu em suas mãos via movimento de orientação católica e influenciou sua mãe a escrever seu próprio diário, anos mais tarde, na década de 1980.[5]

Diante de suas influências familiar e literária[6] e o que postula enquanto projeto, Evaristo afirma que:

> Ninguém chora diante de um dicionário e as palavras estão lá, arrumadas bonitinhas. Mas elas só ganham sentidos, elas só te tocam se você transformar em uma vivência possível, que você já observou, ou até em uma ficção (SANTANA & ZAPPAROLI, 2020).

Evaristo compartilha sua experiência na criação das figuras:

> [...] Eu digo: "Não tinha uma gota de poeira no ar". Minha revisora diz: "Conceição, não tem gota de poeira". Eu falei: "Tem. Aqui tem gota de poeira". Porque é possível dentro da linguagem popular. Você cria metáforas que muitas vezes estão fora de uma gramática ou da forma culta da língua, que eu chamo de "forma oculta da língua", porque só alguns têm essa oportunidade de se apropriar. E eu quero trazer essa linguagem. Trabalho muito com palavras bantu. Na formação de Minas Gerais, chegaram muitos africanos oriundos das culturas bantu. As palavras africanas são muito tonais, então tem uma sonância bem interessante. Eu também trago algumas palavras do português arcaico, que algumas pessoas mais velhas usam, produzem um efeito bom no texto e fica bonito. (EVARISTO, 2017)

Para Evaristo, o processo de escrita composto de neologismos, hifenizações, palavras da cultura bantu e ditados populares estabelece o elo entre África e Brasil, fortificante entre sua escrita e o "nós". Ousamos afirmar que Evaristo ressignifica o projeto de sua escrita se colocando contra o novo pacto colonizador tentado entre Brasil e Portugal pela língua, ou por meio do novo acordo ortográfico, que tampouco mexeu com a estrutura linguística de Portugal, mas que causou forte impacto no processo de ensino-aprendizagem em contexto brasileiro.

Se a escrevivência é indagação, "antes de qualquer domínio, é interrogação", é questionar a língua e, consequentemente, a nossa história fraturada, esfacelada, nossa

5 Evaristo afirma que sua família e ela se identificavam com o que liam e escutavam, ali no terreiro onde se reuniam no fim de tarde, para desfrutarem de histórias que se assemelhavam com suas vivências.

6 Sobre suas influências como escritora, Evaristo aponta algumas referências literárias que a entusiasmaram. Podemos citar alguns da sua infância, como: "Contos pátrios para crianças", "Pollyanna moça", "O Pequeno Príncipe", "O diário de Anne Frank", "Luluzinha", "Turma da Mônica", "Pato Donald", "Saci Pererê" (BENTO, 2020). São textos que a encantavam, no entanto, ela não se via representada nessas obras. Para suprir essa necessidade, via nos escritores mineiros uma identificação de *locus* de nascimento, leu Carlos Drummond de Andrade e Otto Lara Resende. Ao ler uma parcela significativa das obras de Jorge Amado, via personagens negros folclorizados, no sentido pejorativo da palavra. Esse contato provocou andanças em obras de Machado de Assis, Lima Barreto, Cruz e Sousa, e Luiz Gama. Entre os autores contemporâneos, que fazem parte de suas leituras, estão: Allan da Rosa, Edmilson Pereira de Almeida, Cuti, Mia Couto, Valter Hugo Mãe, Ondjaki, Cecília Meireles, Adélia Prado, Clarice Lispector, Ana Maria Gonçalves, Miriam Alves, Lia Vieira, Eliana Alves Cruz, Lívia Natália, Paulina Chiziane, Conceição Lima, Odete Semedo, Toni Morrison, Maya Angelou, Alice Walker, Nancy Morejón, Georgina Herrera, Teresa Cárdenas, e Maryse Condé (EVARISTO, 2019).

memória éperdu e "a busca por seu tempo triturado ou esgarçado" (FERREIRA, 2013, 23). É no movimento tático das vozes e escritas das mulheres negras que se busca entender a vida em seus limites trágicos, não na tentativa de dominar o mundo, como afirmaria Clarice Lispector, mas no sentido de uma escritura que nasce da "procura de entendimento da vida" (EVARISTO, 2020, p. 35). Entendimento de vidas esquecidas, apagadas em histórias oficiais, marcadas por invisibilidade e exclusão decorrentes das agruras do processo escravocrata. Amparada em revisões literárias e históricas — já que nossas identidades na diáspora emaranham o processo de revisão de todo o campo da cultura e representação (HALL, 2003) —, a ficção evaristiana surge da observação do cotidiano da vida e criação de personagens que, talvez, nunca foram construídos como geralmente o são na Literatura brasileira (EVARISTO, 2020, p. 40).

Sendo assim, esse passado perdido, passado-incógnita, é ressignificado na ficção como tentativa de curar a *ferida aberta* marcada na diáspora pelo processo de colonização (ALZANDÚA, 2012). A ficção reconstrói memórias e imagens que não nos representam até então, e, enquanto sujeitos de nossas histórias não contempladas pela ideia de universal, rasuramos as diferenças negativas instituídas sobre nossos corpos. Dessa forma, é recorrente o protagonismo de porta-vozes de um coletivo que entrelaça espaços e tempos perdidos, que aparecem aqui inscritos no corpo que sente — não no sentido biográfico individual, mas no sentido de um todo que sente um comum que foi negado —, a exemplo do processo de escravização e das marcas do racismo institucionalizado.

Atualmente Evaristo é professora aposentada, moradora da cidade de Maricá - RJ e um dos nomes mais fortes da literatura negra de autoria feminina no país.[7] As conquistas somadas à urgência por outras demandas da luta pela equidade formam a alavanca propulsora de suas produções. Evaristo leva consigo as minorias étnicas, sexuais e sociais. Do particular projeto evaristiano, para a amplitude jamais cogitada, urge um projeto-esperança que se ramifica, reforça e reafirma muito bem um movimento-desenho perceptível em uma de suas citações mais famosas: "A nossa escrevivência não pode ser lida como história de ninar os da casa-grande, e sim para incomodá-los de seus sonos injustos" (EVARISTO, 2017).

7 Venceu o Prêmio Jabuti com a obra "Olhos d'Água", em 2015. Somam-se o Prêmio "Faz a Diferença" (Prosa) e o Prêmio Cláudia (Cultura), além de ter sido tema do projeto Ocupação, do Itaú Cultural de São Paulo, todos em 2017. Conceição Evaristo foi escolhida Personalidade Literária do Prêmio Jabuti (2019), homenageada pela Olimpíada de Língua Portuguesa e pela Bienal do Livro de Contagem, ambas em 2019, e compõe o Conselho Editorial que organiza a publicação de toda a obra da escritora Carolina Maria de Jesus, pela Companhia das Letras. Em 2024 se torna a primeira mulher negra a ingressar na Academia Mineira de Letras.

## REFERÊNCIAS

ANZALDÚA, G. 2012. Borderlands/La Frontera: the new mestiza. 4° ed. San Francisco: Aunt Lute Books.

BENTO, Oluwa Seyi Salles. 2020. Olhares sobre a fala de Conceição Evaristo aos educadores finalistas da Olímpiada [publicação online]. In: Escrevendo o futuro [site de internet]. Disponível em: https://www.escrevendoofuturo.org.br/conteudo/biblioteca/nossas-publicacoes/revista/artigos/artigo/2733/olhares-sobre-a-fala-de-conceicao-evaristo-aos-educadores-finalistas-da-olimpiada. Acessado em: 17 de junho de 2021.

CAMARGO, Suzana. 2019. Conceição Evaristo, homenageada da 6ª edição da Olímpiada de Língua Portuguesa. [publicação online]. In: Escrevendo o futuro [site de internet]. Disponível em: https://www.escrevendoofuturo.org.br/conteudo/noticias/sobre-o-programa/artigo/2548/conceicao-evaristo-homenageada-da-6-edicao-da-olimpiada-de-lingua-portuguesa. Acessado em 17 de junho de 2021.

CAMPOS, Maria Consuelo Cunha; DUARTE, Eduardo de Assis. 2011. Conceição Evaristo [verbete]. In: DUARTE, Eduardo de Assis (Org). Literatura e afrodescendência no Brasil: Antologia Crítica. vol. 2 (Consolidação). Belo Horizonte: Editora UFMG.

DUARTE, C. L; NUNES, I. R. 2020. Escrevivência a escrita de nós: Reflexões sobre a obra da Conceição Evaristo. Rio de Janeiro: Editora Mina Comunicação e Arte, 2020. Disponível em: https://pt.scribd.com/document/496141040/Escrevivencia-a-Escrita-de--Nos. Acessado em 29 de junho de 2021.

DUARTE, Constância Lima; CÔRTES, Cristiane; PEREIRA, Maria do Rosário Alves (Org.) 2018. Escrevivências: Identidade, gênero e violência na obra de Conceição Evaristo. Belo Horizonte: Idea Editora, 2ª ed.

EVARISTO, Conceição. agosto de 2005. Da representação à auto apresentação da Mulher Negra na Literatura Brasileira. In: Revista Palmares: Cultura Afro-brasileira. Brasília: Fundação Palmares/Minc, Ano 1, nº 1.

EVARISTO, Conceição. 2005. Gênero e etnia: uma escre(vivência) de dupla face. In: MOREIRA, N. M. de B.; SCHNEIDER, L. (Org.). Mulheres no mundo: Etnia, Marginalidade e Diáspora. João Pessoa: Ideia; Editora Universitária UFPB. Disponível em: http://nossaescrevivencia.blogspot.com/2012/08/genero-e-etnia-uma-escrevivencia-de.html. Acessado em: 11 de junho de 2021.

EVARISTO, Conceição. Sem data (s/d) O mundo é vasto. A textualização do mundo também. [publicação online]. In: Escrevendo o futuro [site de internet]. Disponível em: https://www.escrevendoofuturo.org.br/blog/literatura-em-movimento/o-mundo-e-vasto--a-textualizacao-do-mundo-tambem/. Acessado em 17 de junho de 2021.

FERREIRA, Amanda Crispim. 2013. Escrevivências, as lembranças afrofemininas como um lugar da memória afro-brasileira: Carolina Maria de Jesus, Conceição Evaristo e Geni Guimarães. Dissertação de mestrado em Letras – Estudos Literários. Belo Horizonte: Universidade Federal de Minas Gerais. Disponível em: https://repositorio.ufmg.br/bitstream/1843/ECAP-95BHKT/1/disserta o amanda crispim ferreira.pdf. Acessado em 29 de junho de 2021.

FUKS, Rebeca. Sem data (s/d). Conceição Evaristo: escritora, professora e ativista brasileira [verbete]. In: E-biografia [site de internet]. Disponível em: https://www.ebiografia.com/conceicao evaristo/. Acessado em 26 de junho de 2021.

GUIMARÃES, Cleo. 2020. Carnaval: respeito religioso leva escritora Conceição Evaristo à Sapucaí [reportagem online]. In: Veja Rio [site de internet]. Disponível em: https://vejario.abril.com.br/beira-mar/carnaval-religiao-conceicao-evaristo/. Acessado em 11 de junho de 2021.

HALL, Stuart. 2003. Da diáspora: identidades e mediações culturais. Belo Horizonte: UFMG.

SANTANA, Taynara; ZAPPAROLI, Alecsandra. 2020. EVARISTO, Conceição. "A escrevivência serve também para as pessoas pensarem" [Entrevista]. In: Agência de Notícias do Itaú Social [site de internet]. Disponível em: https://www.itausocial.org.br/noticias/conceicao-evaristo-a-escrevivencia-serve-tambem-para-as-pessoas-pensarem/. Acessado em 11 de junho de 2021.

LIMA, Omar da Silva. Sem data (s/d). Conceição Evaristo: escritora negra comprometida etnograficamente [verbete]. In: Literafro: Portal da Literatura Afro-Brasileira. Disponível em: http://www.letras.ufmg.br/literafro/29-critica-de-autores-feminios/194-conceicao-evaristo-escritora-negra-comprometida-etnograficamente. Acessado em 29 de junho de 2021.

SOARES, Esdras; MARIANO, José Victor Nunes. 2017. Ocupação Conceição Evaristo. [publicação online]. In: Escrevendo o futuro [site de internet]. Disponível em: https://www.escrevendoofuturo.org.br/conteudo/noticias/educacao-e-cultura/artigo/2363/ocupacao-conceicao-evaristo. Acessado em 17 de junho 2021.

# Maria Corrêa da Silva

## CHAMEM-NOS PELO NOSSO NOME: TRABALHO DOMÉSTICO E INVISIBILIDADE SOCIAL

**Rosinalda Corrêa da Silva Simoni**
**Edgar da Silva Gomes**

O Instituto de Pesquisa Econômica Aplicada (Ipea) divulgou nesta segunda-feira, dia 23, um retrato sociodemográfico do trabalho doméstico no Brasil, que mostra redução na proporção de mulheres ocupadas que se dedicam a esse tipo de atividade: de 17%, em 1995, para 14,6%, em 2018, em média. O índice sobe para 18,6% entre mulheres negras, contra 10% quando se trata de mulheres brancas. A informalidade cresceu no período recente, assim como a quantidade de diaristas. Em 2013, mais de 30% das trabalhadoras tinham carteira assinada, mas esse número sofreu novas quedas nos últimos anos, chegando a 28,3% em 2018. Os dados estão no estudo Os Desafios do Passado no Trabalho Doméstico do Século XXI: Reflexões para o Caso Brasileiro a Partir dos Dados da PNAD Contínua. A pesquisa conclui que o trabalho doméstico remunerado ainda é caracterizado por uma atividade precária,

> com baixos rendimentos, baixa proteção social, discriminação e até assédio. Mais de 6 milhões de brasileiros dedicam-se a esses serviços como mensalistas, diaristas, babás, cuidadoras, motoristas, jardineiros ou quaisquer outros profissionais contratados para cuidar dos domicílios e da família de seus empregadores. Desse total, 92% são mulheres — em sua maioria negras, de baixa escolaridade e oriundas de famílias de baixa renda (IPEA, 2019).

A realidade descrita em poucas linhas pela pesquisa do Ipea, sobre o perfil do trabalho doméstico no Brasil, em que as desigualdades são maiores para mulheres negras, não surpreende. Tornou-se senso comum as mulheres negras, nas mais diversas atividades laborais, figurarem abaixo da linha média de cargos e salários, e quando o recorte traz dados sobre gênero, figuram abaixo das mulheres brancas. Em matéria do jornal *El Pais*, "As mulheres pretas ou pardas continuam na base da desigualdade de renda no Brasil. No ano passado, elas receberam, em média, menos da metade dos salários dos homens brancos (44,4%), que ocupam o topo da escala de remuneração no país" (2019). Essa matéria reproduz a pesquisa do IBGE Desigualdades Sociais por Cor ou Raça.

Outra realidade desoladora é a questão do assédio sexual sofrido pelas trabalhadoras domésticas, mais uma entre as inúmeras violências do cotidiano das trabalhadoras negras, que se tornaram historicamente objeto dos desejos e da lasciva machista do senhor da Casa Grande, durante o período colonial e imperial brasileiro, infringindo estupros sistemáticos, naturalizados pela sociedade da época e por suas esposas brancas, também subalternizadas pela lógica patriarcal. Essa dura realidade imposta à mulher negra e doméstica vem sendo questionada desde a década de 1930, quando Laudelina de Campos Mello começou a militar na Frente Negra Brasileira e se filiou ao Partido Comunista Brasileiro, enfrentando a repressão da ditadura getulista durante o Estado Novo, quando foi proibida de funcionar a Associação de Trabalhadoras Domésticas do Brasil, fundada por ela em Santos, no mesmo momento que começou a atuar na política. A associação só voltaria à ativa em 1946, voltando a sofrer pressões com o Golpe Civil Militar de 1964, e só sobreviveu porque se abrigou na UDN de Carlos Lacerda. O sonho de fundar o primeiro sindicato das trabalhadoras domésticas se concretizaria apenas no final da década de 1980, logo após a promulgação da carta Constituinte de 1988, quando a associação ganhou status de sindicato.

No século XXI, podemos encontrar a causa das trabalhadoras domésticas e da mulher negra em importantes personagens, como Preta Rara, mulher negra, ex-doméstica, historiadora, escritora e rapper que mantém uma importante página nas redes sociais, a Eu, Empregada Doméstica, e também mantém um canal com relatos sobre a realidade dessas mulheres e denúncias de abusos. Preta Rara tem um livro com o mesmo título da rede social. Apesar da importância da militância em prol das domésticas, ainda é bastante corriqueiro nos depararmos com denúncias como a que veremos abaixo, relatada por Íris Silva Barbosa (GSHOW, 2019), para um programa matutino da Rede Globo de Televisão:

> Comecei a trabalhar aos 8 anos em uma fazenda para cuidar de uma criança. Toda vez que minha patroa me pedia para ir na despensa para pegar algo, meu patrão ficava lá e quando eu ia sair, ele me empurrava para dentro. Ele passava a mão em mim e falava que se eu contasse para a minha mãe ele iria fazer maldades com os meus irmãos. Porque eu tinha que trabalhar para ajudar a minha mãe, passávamos muitas dificuldades, de muita fome mesmo, de não ter o que comer, então eu me sentia na obrigação.

Outra realidade que persiste no cenário da doméstica é o desprezo. Durante a pandemia da SARS-COV-2, domésticas do estado da Bahia denunciaram maus tratos dirigidos a elas pelos patrões, que as obrigavam a trabalhar mesmo com as restrições impostas pela dura realidade da pandemia. Segundo o portal de notícias *G1*, houve assédio moral para que as trabalhadoras se mantivessem no emprego, "[uma mulher ainda relatou que a colega chegou a ser agredida fisicamente pelos mesmos patrões. Sindicato da categoria diz que casos de abuso aumentaram cerca de 80% durante a pandemia" (2020). A imagem da matéria é da doméstica negra, sob forma de anonimato. Outra trabalhadora relatou que: "Quando entrou a Covid-19, ela [patroa] achou por bem tirar uma cadeira que eu sentava, para eu sentar no chão".

É o que relata uma empregada doméstica da Bahia, que prefere não se identificar, sobre momentos de humilhação protagonizados pelos patrões em Salvador. A trabalhadora, de 61 anos, revela abuso psicológico durante os seis meses de 2020 em que trabalhou em uma casa na capital baiana, quando já havia registro de pandemia no Brasil. A mulher contou sobre condições desfavoráveis e diz não querer se identificar por medo e vergonha. Segundo ela, os direitos eram constantemente violados e, por diversas vezes, era obrigada a comer no chão.

A trabalhadora doméstica negra foi historicamente explorada, desprezada e é sempre a primeira suspeita da casa quando algo parece estar errado. O sociólogo Bernardino-Costa é um dos intelectuais que narra em suas pesquisas essa realidade social:

> Segundo o sociólogo Joaze Bernardino-Costa, naquela época o serviço doméstico era mencionado nas leis sanitárias e policiais somente com o intuito de proteger a sociedade contra as trabalhadoras domésticas, percebidas explicitamente como ameaças em potencial às famílias empregadoras. "Se ainda hoje a associação entre escravidão, trabalho doméstico e negro ainda está presente no imaginário social, sem dúvida nenhuma nas primeiras décadas do século 20 isso ainda era muito

presente", escreveu ele em sua tese de doutorado pela Universidade de Brasília (UnB) (BBC, 2020).

São muitas histórias e memórias das mulheres negras domésticas que não caberiam no espaço reservado pelos enciclopedistas franceses do setecentos, capitaneados por Denis Diderot e Jean le Rond d'Alembert, e mais uma trupe de intelectuais que tentava explicar ao Novo Mundo que a razão deveria prevalecer sobre o obscurantismo religioso. Compuseram, assim, uma grande enciclopédia (1755-1772), discorrendo sobre as liberdades de pensar, individual, comercial, entre outras. Não, eles não imaginavam que suas teorias, que eles defenderam como portadoras da nova realidade, seriam adaptadas pela burguesia. Essa burguesia selecionou o que lhe interessava, tratando seus serviçais (domésticas) de forma obscura e preconceituosa, adulando-as, como "se fossem da família", para espoliá-las de todas as liberdades propostas pela razão.

E como um tributo às domésticas de tantas histórias não contadas, faremos dois breves relatos da vida de duas domésticas negras, quilombolas, que, como tantas outras, precisam se reinventar todo dia para sobreviver.

Maria Corrêa da Silva nasceu no dia 28 de março de 1950, em uma comunidade quilombola chamada Água Limpa, no sertão de Goiás. De família quilombola, teve uma breve infância, permeada pelo trabalho na roça, que ela se dividia entre os cuidados da casa e dos irmãos menores:

> Ó, minha fia, eu só lembro de trabalho, desde menina minha vida e trabaiá! Eu lavava roupa, fazia comida, pilava arroz no pilão, eu tinha uns 7 anos... E se errasse minha mãe batia na gente de ficá tudo lapiado.

Dona Maria casou-se aos 14 anos com seu primo de segundo grau, Francisco Corrêa da Silva, de 16. Saíram do quilombo e foram morar na Cidade de Goiás, mas Francisco continuou trabalhando nas fazendas da região, e dona Maria, semianalfabeta, passou a trabalhar como doméstica. Mulher muito prendada, cozinhava com maestria e limpava como ninguém. Nunca ficava sem trabalho, era muito orgulhosa do que fazia, e sempre se orgulhou do pouco dinheiro que trazia para casa, depois de oito horas de expediente. Um dia, eu Rosinalda, perguntei a ela: "Mãe por que a senhora escolheu ser doméstica?", ela respondeu: "Eu não escolhi! A doméstica que me escolheu", seguido de um sorriso. Para Maria Correia, a exploração de seu trabalho, as humilhações que diz ter passado em algumas casas, tudo foi superado porque ela trazia o sustento de seus filhos, e ainda afirma que alguns patrões foram até bons. Maria ensinou as suas três filhas o seu ofício. Eu e minhas três irmãs fomos introduzidas nesse mundo ainda muito pequenas, todas aos nove anos. Ela nos ensinou a limpar, a lavar, a cuidar de crianças; e sempre falava, "não olha muito, tem patroa que não gosta, só come quando ela deixar, não responda aos patrões, seja humilde". Minha mãe nunca teve carteira assinada em todos os mais de 40 anos que trabalhou como doméstica. Nunca recebeu um salário mínimo. Muitas de suas patroas nem sabiam seu nome, mas sabiam usufruir de seus conhecimentos tradicionais.

Por vezes eu me perguntava por que minha mãe era feliz fazendo aquilo por tanto tempo? Por que ela permitia ser explorada? Ela tinha cinco razões, eu era uma delas. Minha mãe é exemplo de força, a trabalhadora rural que virou doméstica e que, com meu pai, criou cinco filhos. Hoje, com 71 anos, voltou para o quilombo, para mesma terra onde nasceu. Ela construiu a casa de seus sonhos, onde cada filho tem um quarto, onde tem redes espalhadas, onde ela espera meu pai voltar dos afazeres e os filhos e netos aparecerem nas visitas de fim de semana. E quando alguém pergunta se ela ainda tem um sonho a realizar, ela diz: "Me sinto realizada, estudei meus cinco filhos, eu e seu pai não estudamos, mas vocês é tudo estudado". Faremos nossas as palavras de Adélia Prado, quando escreveu: "Minha mãe achava estudo a coisa mais fina do mundo. Não é. A coisa mais fina do mundo é o sentimento" (PRADO, 1991).

Seguindo os ensinamentos de dona Maria Correia da Silva, minha mãe, eu, Rosinalda, morei no quilombo até os seis anos e, como minha mãe, troquei o cuidado com meu irmão pelo trabalho de babá na casa de estranhos aos nove anos. Sendo baixinha e gordinha, ganhei muitos apelidos no trabalho e na escola. Trabalhava de manhã, estudava à tarde e fazia as tarefas à noite. Minha família é como quase toda a família negra quilombola que troca a zona rural pelo trabalho doméstico e ensina a suas filhas o ofício de servir. Minha irmã mais velha ainda trabalha como doméstica. Em uma casa de família pobre, fui tratada com mais dignidade do que nas casas ricas, apesar de ganhar cinco mil cruzeiros quando o salário da época era 12 mil. Em casa, eu e meus irmãos pagávamos cada um uma conta, a minha era comprar o gás de cozinha, e com o que sobrava eu comprava bolo na padaria que ficava perto do trabalho. Segui no trabalho doméstico por quase 20 anos de minha vida, vivenciei muitas situações difíceis; passei fome, tentaram me estuprar, molestar, mas, de tudo que vivi, uma lembrança é muito viva em mim.

Uma vez me acusaram de roubo de uma roupa que a patroa tinha jogado no lixo. Lembro-me como se fosse hoje, eu tinha 12 anos. Era uma blusa de tricô. Ela, a patroa, separou e mandou jogar no lixo umas peças que não cabiam mais na filha, pouco mais velha que eu. Mesmo sem entender, porque as roupas eram "boas", joguei, mas fiquei sentida, porque gostei de uma blusa, e a peguei do lixo para mim. Dias depois, eu fui trabalhar com a blusa. Ela viu, me chamou e disse: "Você pegou a blusa da minha filha que mandei jogar no lixo". Eu, sem entender por que ela estava brava, não consegui dizer nada, e ela prosseguia com as humilhações, dizendo "essa blusa não foi feita pra você, deixa lá no lixo".

Foi uma situação traumática, chorei muito, eu tinha trabalhado naquela casa dois anos, eu lavava, limpava, cozinhava, ganhava muito pouco, comia os restos, e não podia usar nem as roupas jogadas no lixo. Por alguma razão, que na época não entendi, eu me senti menos que o lixo. Eu nunca contei a minha mãe as coisas que passei nas casas onde trabalhei, só o fiz por ocasião da escrita deste verbete, porque isso sempre me incomodou, isso de ela ter tanto orgulho do trabalho dos inúmeros patrões que teve, mas hoje eu entendo. Graças a ela e meu pai, eu tive opção, eu pude sonhar.

A nossa história, minha e de minha mãe, está imbricada com a de outras tantas domésticas, em sua maioria, de mulheres negras, que trabalham a vida toda, muitas vezes sem direito a uma aposentadoria digna. A maioria das mulheres domésticas negras ainda é de rostos invisibilizados, perdidos na multidão, dentro de transportes públicos lotados, cansadas, chegam em casa depois de um dia extenuante de trabalho para cuidar da casa, dos filhos e do marido. Quando falo de minha mãe, estou falando de mim, de minhas avós, de todas as mulheres de minha família, da sua família e de todas as mulheres que se ocupam ou se ocuparam em executar o trabalho doméstico.

Finalizamos dizendo que a história de Rosinalda Corrêa da Silva Simoni, infelizmente, é exceção, a quilombola doméstica virou professora arqueóloga e cientista da religião.

## REFERÊNCIAS

PINTO, Elizabete Aparecida. 2015. Etnicidade, gênero e educação: Trajetória de vida de Laudelina de Campos Mello. São Paulo: Anita Garibaldi.

IPEA, Instituto de Pesquisa Econômica Aplicada. 23 de dezembro de 2019. Estudo do Ipea traça um perfil do trabalho doméstico no Brasil: As desigualdades são maiores para mulheres negras. Disponível em: https://www.ipea.gov.br/portal/categorias/45-todas-as--noticias/noticias/2299-estudo-do-ipea-traca-um-perfil-do-trabalho-domestico-no-brasil. Acessado em 19 de junho de 2021.

MENDONÇA, Heloisa. 13 de novembro de 2019. Mulheres negras recebem menos da metade do salário dos homens brancos no Brasil [reportagem]. In: EL PAÍS – Brasil [página de internet]. Disponível em: https://brasil.elpais.com/brasil/2019/11/12/politica/1573581512_623918.html. Acessado em 19 de junho de 2021.

MULHER RELATA abuso sexual em duas casas que trabalhou como empregada doméstica [notícia]. 12 de setembro de 2019. In: GSHOW – Encontro com Fátima Bernardes [página de internet]. Disponível em: https://gshow.globo.com/programas/encontro-com-fatima-bernardes/noticia/mulher-relata-abuso-sexual-em-duas-casas-que-trabalhou-como-empregada-domestica.ghtml. Acessado em 19 de junho de 2021.

DOMÉSTICAS RELATAM maus-tratos e agressão de patrões na Bahia: 'Muita humilhação', diz trabalhadora [reportagem]. 21 de abril de 2021. In: G1 BAHIA [página de internet]. Disponível em: https://g1.globo.com/ba/bahia/noticia/2021/04/21/domesticas-relatam-maus-tratos-e-agressao-de-patroes-na-bahia-teve-uma-que-chegou-a-apanhar-diz-empregada.ghtml. Acessado em 19 de junho de 2021.

QUEM FOI Laudelina de Campos Melo, pioneira na luta por direitos de trabalhadores domésticos no Brasil [reportagem]. 12 de outubro de 2020. In: BBC News Brasil [página de internet]. Disponível em: https://www.bbc.com/portuguese/geral-54507024. Acessado em 19 de junho de 2021.

# Maria Cristina do Rosário Almeida Mendes

**Silvaney Rubens Alves de Souza**
**Maria das Dores do Rosário Almeida**

Maria Cristina do Rosário Almeida Mendes é amapaense, nasceu em Macapá, no dia 27 de maio de 1966, filha de Luiza do Rosário Almeida[1] e Lourenço Tavares de Almeida,[2] suas raízes vêm de famílias de negros escravizados da comunidade negra ribeirinha da Vila do Carmo do Macacoari (ALMEIDA, 2018), município de Itaubal, e do Beco do Formigueiro/Largo dos Inocentes, no município de Macapá, lugares símbolos de resistência negra no estado do Amapá.

São famílias afro-amapaenses tradicionais que tiveram muita determinação para se afirmarem no processo de inserção na história do Amapá, ambas lutaram

1 Roceira, na década de 1940, com sua mãe viúva e irmãs, sai da Vila do Carmo do Macacoari para morar na Vila de Macapá, em busca de melhor qualidade vida — terra própria, acesso à educação e trabalho digno.

2 Técnico em contabilidade, macapaense, na adolescência, após separação dos pais, assumiu, com a mãe, a responsabilidade da casa e a criação da irmã e do irmão menores.

para vencer o racismo estrutural. A família Rosário, por falta de escrita e leitura, e a família Almeida, por ter casa comprada, foram duas das poucas famílias negras a não terem a casa remanejada do Formigueiro pela política de higienização do primeiro governador do estado do Amapá, Janari Nunes (1924) (MACIEL, 2001). No entanto, tiveram de resistir após a construção das casas para os funcionários que vieram de outros estados para compor a equipe do governador.

Cristina Almeida é graduada em Administração de Empresas, em 1989, pela Faculdade Moderno, em Belém do Pará, via Sistema de Financiamento ao Estudante. Ingressou no quadro da Polícia Militar do Estado do Amapá, na primeira turma de policiais femininas, e, desde 1992, é funcionária efetiva da Assembleia Legislativa do Estado do Amapá.

Cristina Almeida, desde muito cedo, trilhou uma trajetória de vida marcada pela resistência e pela superação do racismo estrutural, por meio do engajamento nos movimentos sociais, seja como militante da União dos Negros do Amapá (UNA), desde os 12 anos de idade, seja como cofundadora e sócia efetiva do Instituto de Mulheres Negras do Amapá (2000). Desse modo, sua jornada rompe com a barreira social do negro amapaense, relegado ao contexto da subalternidade, e, com sua família, ela ousou sonhar alto ao concorrer, em 2006 (MULHER, 2002), a uma vaga no Senado Federal, pelo Partido Socialista Brasileiro (PSB) em disputa com uma das maiores forças políticas do país, o ex-presidente José Sarney, que alcançou expressiva votação (EFE, 2006). Mesmo perdendo o pleito, ela ganhou notoriedade para representar politicamente a força da tradição ancestral de uma população.

Com humildade e perseverança, após a derrota para a vaga do Senado, decidiu iniciar o seu itinerário no campo da política partidária, desde a vereança. Eleita para o primeiro mandato, em seguida, lançou-se para a Assembleia Legislativa, onde se encontra no seu terceiro mantado. Destaque-se que essa trajetória se efetivou sempre no mesmo partido de esquerda, no qual conseguiu levantar a bandeira política da comunidade negra amapaense por meio de projetos de leis e decretos.

Cristina Almeida tornou-se referência não só pela sua maneira de vestir-se, cuja perspectiva imagética, elegantemente, apresenta uma construção empoderada da mulher negra latino-americana, mas, sobretudo, pela sua atuação nos mandatos legislativos, nos quais desempenhou e continua desempenhando um importante papel na defesa das comunidades tradicionais negras, LGBTQIA+, mulheres e meio ambiente.

A vereadora Cristina Almeida faz história desde a sua eleição não só por se tornar a primeira mulher negra eleita para a Câmara Municipal de Macapá, mas, sobretudo, pela sua atuação legislativa, cuja marca foi o gabinete itinerante, em que as comunidades tradicionais do município, rurais e urbanas, têm a oportunidade de participar dos destinos de sua cidade, seja por meio de demandas e reclamações, seja por meio de sugestões, que continuam dando origem a inúmeros projetos de lei, petições e requerimentos.

Portanto, na jornada a vereadora e, posteriormente, deputada estadual, Cristina Almeida tem se destacado com um mandato atuante e participativo, fazendo jus à origem guerreira de seus ancestrais, que muito lutaram para garantir a sua própria sobrevivência, fosse em um contexto de escravidão, fosse em uma realidade de abandono provocada pela invisibilidade do racismo estrutural.

Na atuação de seus mandatos como vereadora, pode-se destacar (ALMEIDA, [20--]): o Projeto de Lei Municipal nº 108/2009, que dispõe sobre as garantias para realização, desenvolvimento e preservação das manifestações culturais tradicionais das matrizes africanas e nativas no âmbito do município de Macapá e dá outras providências; a Lei Municipal nº 1.714/2009, que institui o Dia Municipal da Mulher Negra Latino-Americana e Caribenha, a ser comemorado, anualmente, dia 25 de julho, e dá outras providências; a Lei Municipal nº 1.716/2009, que dispõe sobre a instituição do Dia Municipal Contra a Homofobia, a ser comemorado anualmente no dia 17 de maio; a Lei Municipal nº 1.720/2009, que dispõe sobre o procedimento para identificação, reconhecimento, delimitação, demarcação e titulação das terras ocupadas por remanescentes das comunidades quilombolas do município de Macapá; a Lei Municipal nº 6/2010, que dispõe sobre a instituição e introdução, no calendário cultural, da Parada do Orgulho LGBTQIA+ em Macapá.

Como deputada estadual (AMAPÁ, [20--]), destacam-se: a Lei Estadual nº 1.959/2015, que reserva aos negros 20% das vagas oferecidas nos concursos públicos para provimento de cargos efetivos e de empregos públicos no Amapá; a Lei Estadual nº 12/2019, que institui o dia 2 de agosto como o Dia Estadual de Combate ao Feminicídio; a Lei Estadual nº 14/2015, que dispõe sobre a prioridade de vagas nas escolas para crianças e adolescentes cujas mães encontram-se em situação de violência doméstica e/ou familiar no estado do Amapá; a criação da Frente Parlamentar de Combate ao Racismo e de Promoção da Igualdade Racial da Assembleia Legislativa do Estado Amapá.

Com uma atuação marcada pela defesa das comunidades tradicionais afro-brasileiras, pela luta contra o racismo estrutural e pela defesa dos direitos das mulheres e LGBTs, Cristina Almeida tem construído uma trajetória de luta e uma jornada atuante rumo à superação do racismo estrutural da sociedade amapaense e brasileira, fazendo jus a sua ancestralidade guerreira.

## REFERÊNCIAS

ALMEIDA, Cristina. Sem ano (s/a). Vereadora Cristina Almeida – Gabinete Itinerante: Compromisso e Participação [página de internet]. Macapá - AP. Disponível em: https://cristinaalmeidavereadora.blogspot.com. Acessado em: 3 de junho de 2021.

ALMEIDA, Maria das Dores do Rosário. 2018. (Re)construindo caminhos e histórias de mulheres negras da Vila do Carmo do Macacoari – Amapá. Dissertação de Mestrado em Sustentabilidade junto a Povos e Terras tradicionais. Brasília: Pós-Graduação do Centro de Desenvolvimento Sustentável da Universidade de Brasília (UnB).

AMAPÁ. Assembleia Legislativa do Estado do Amapá. Sem ano (s/a). Portal da Assembleia Legislativa do Amapá (ALAP) [página de internet]. Disponível em: http://www.al.ap.gov.br. Acessado em 3 de junho de 2021.

SARNEY CONQUISTA novo mandato como senador do Amapá [notícia online]. 01 de dezembro de 2006. In: UOL: Últimas Notícias [página de internet]. Disponível em: https://noticias.uol.com.br/ultnot/efe/2006/10/01/ult1808u75737.jhtm. Acessado em 12 de junho de 2021.

MACIEL, Alexsara de Souza. 2001 "Conversa amarra preto": A trajetória histórica da União dos Negros do Amapá: 1986-2000. Dissertação de Mestrado em História. Campinas: Programa de Pós-Graduação em História. Instituto de Filosofia e Ciências Humanas da Unicamp. Disponível em: https://hdl.handle.net/20.500.12733/1590584. Acessado em 11 de junho de 2021.

MULHER negra pode mandar Sarney pra casa [notícia online]. 21 de setembro de 2006. In: AfroPress - Agência de Notícias [página de internet]. Disponível em: https://www.afropress.com/mulher-negra-pode-mandar-sarney-pra-casa. Acessado em 12 de junho de 2021.

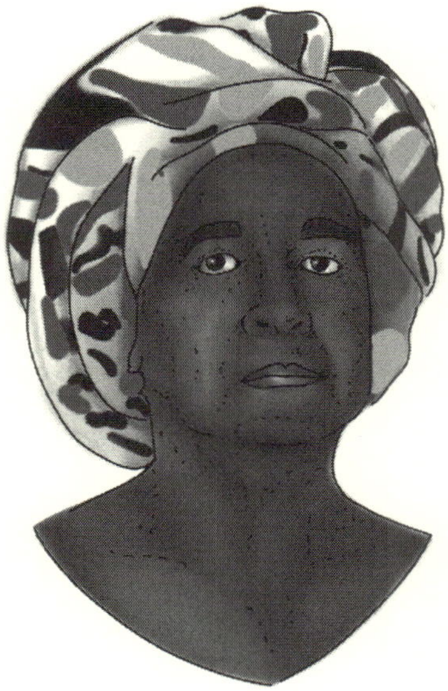

# Maria Dalva de Mendonça Silva

## UMA MULHER À FRENTE DO SEU TEMPO

**Andreia Batista Coelho**
**Marcilene Pelegrine Gomes**

*Tá caindo fulô, ê, ta caindo fulô*
*Tá caindo fulô, ê, ta caindo fulô*
*Lá do céu cá na terra, ê ta caindo fulo*

Maria Dalva de Mendonça Silva (1938-2021), dona Dalva, "uma mulher à frente do seu tempo" (MENDONÇA, 2021), nasceu em Pires do Rio, no estado de Goiás, na conhecida Região da Estrada de Ferro, em 8 de maio de 1938, 50 anos após a abolição da escravidão no Brasil. Filha mais velha de uma família simples do interior goiano, teve uma infância tranquila, entre músicas e brincadeiras, estudava na cidade e, nos finais da semana, ia para o sítio dos avós.

O pai era músico profissional e o grande responsável pela iniciação dos filhos no universo fascinante da música, dos sons e dos ritmos brasileiros e afro-brasileiros. Graças a esse ambiente familiar, ainda criança, aprendeu a cantar e a tocar com maestria o acordeon.

Para ajudar financeiramente a família, aos 12 anos começou a trabalhar numa farmácia da cidade na função de "aplicadora de injeção". Com o senso de responsabilidade ensinado pelos pais, logo aprendeu o ofício, que fez com que se encantasse pela área de saúde e pelo desejo de cuidar dos outros. Posteriormente, já em Goiânia, fez o curso técnico de Enfermagem. Em 1963, aos 25 anos, veio para a Goiânia com a família e, com o pai, começou a participar do Coral da Matriz de Campinas. Nesse período, o catolicismo, resquício da infância em Pires do Rio, fazia parte do seu universo religioso. Além da atuação no coral, também cantava e tocava acordeon na banda musical em que o pai era regente. Com a banda, viajou para diferentes cidades do estado de Goiás, apresentando um repertório rico em cantigas e ritmos. A paixão pela música a levou para as ondas do rádio, nos tempos em que esse equipamento era o principal meio de comunicação de massa.

Na década de 1970, atuou como cantora de rádio em programa de calouros na antiga TV Clube de Goiânia. Junto de colegas como Moacir Franco, viu a TV Tupi (TV Goyá) nascer na capital goiana. Após o casamento, por exigência do marido, teve de desistir da carreira de cantora, mas não desistiu da música, da arte e da cultura, com muita resistência e luta, continuou abrindo caminhos. Foi a única mulher negra numa turma do curso técnico em Enfermagem, mas isso não a impediu de seguir em frente e concluí-lo. A formação em Enfermagem a possibilitou atuar profissionalmente na área de saúde e assistência social, enfim, poderia contribuir para minimizar o sofrimento do outro, tal como sonhara na infância ao executar o ofício de "aplicadora de injeção". Como servidora pública do Hospital das Clínicas da Universidade Federal de Goiás (UFG), trabalhou como técnica de enfermagem por mais de 30 anos.

Em 1965, já casada, mudou-se para Vila Morais, bairro periférico da região leste de Goiânia. Ao deparar-se com as carências do bairro e de seus moradores, logo se tornou líder comunitária, presidente da associação de bairro, espaço que ocupou por mais de 15 anos. Incansavelmente lutou pela criação do Conselho Consultivo das Associações de Bairro (CCAB), entidade importante nas lutas dos presidentes de bairros nos anos 1970, 1980 e 1990. Esse Conselho teve importante força política em aliança com o poder público municipal na reivindicação e na conquista de políticas públicas para os bairros periféricos da capital.

Dona Dalva, em plena ditadura militar (1964-1985), teve coragem de reivindicar e mobilizar os moradores para cobrarem do poder público o acesso aos direitos básicos da cidadania: escola pública, energia elétrica, asfalto, água, saneamento básico. Algumas das conquistas dela, como liderança comunitária na Vila Morais, estão materializadas na construção de escolas, na criação do Centro de Atenção Integrada à Saúde (Cais), no Centro de Assistência Integrada Médico-Sanitária (Ciams), no Centro de Referência da Assistência Social (Cras), e na construção do viaduto na BR 153, que facilitou o acesso seguro ao bairro.

O movimento de luta e de liderança combativa em prol da melhoria do bairro e da vida dos seus moradores marcou a sua história à frente da associação do bairro. Chegou a ser homenageada por políticos influentes da época, como o governador do estado Henrique Antônio Santillo (1937-2002). O reconhecimento do seu trabalho na área de assistência social e saúde pública fez com que, no ano de 2007, fosse indicada para compor, na condição de titular, o Conselho Municipal de Saúde (GOIÂNIA, 2007). Em 2017, recebeu a Comenda Honestino Guimarães pelos serviços prestados na ONG Ponto de Cultura Flora do Vale, no acolhimento, por meio de projetos de música, de adolescentes em situação de vulnerabilidade social (GOIÁS, 2017).

A sua ação social e política esteve diretamente articulada a sua militância no movimento negro, sendo considerada a matriarca do movimento negro goiano. Desde a década de 1980, a história desse movimento tem a marca das suas pautas e lutas como mulher negra comprometida com a sua história e com a história ancestral do povo negro. Foi percursora na construção do movimento negro feminista em Goiás, tornou-se referência para muitas mulheres que compreendiam a importância do fortalecimento da negritude feminina, como relata Marta Cezária (SANTOS & CARVALHO, 2015).

Mesmo tendo o seu trabalho reconhecido na comunidade e no estado de Goiás, nunca quis aproveitar desse reconhecimento para candidatar-se a uma eleição municipal ou estadual. Não se conhece quais foram os motivos que a impediram de participar de eleições para vereadora ou deputada, contudo, sabe-se que ela foi filiada ao PCdoB (Partido Comunista do Brasil) e que, durante a ditadura militar, lutou pela sua legalização. Nesse período, por conta da sua filiação partidária, chegou a ser perseguida e interrogada pelo Departamento de Ordem Política e Social (Dops).[1] Com receio de que sua família também fosse perseguida, optou por afastar-se da política partidária, mas continuou atuando politicamente para mudar a vida de crianças, jovens e mulheres da periferia.

Nas suas ações, no âmbito da cultura e da liderança comunitária, ficava evidenciado a sua posição política em prol da inclusão social do povo da periferia, do

1 Órgão da Polícia Federal de investigação e de repressão política utilizado pelos governos militares para reprimir e combater os movimentos sociais e populares na luta contra a ditadura militar no Brasil.

empoderamento da mulher negra, do combate ao preconceito racial e ao racismo. Aos críticos e às críticas respondia que "'Quando se deseja mal a alguém, você manda apenas o xérox, pois a original fica com você [...]', luta e resistência foram sua marca, por isso, a considero uma mulher à frente do seu tempo." (MENDONÇA, 2021). Era de fato uma mulher à frente do seu tempo cuja militância política e cultural contribuiu substancialmente com a melhoria das condições materiais e subjetivas de crianças, jovens e mulheres negras da periferia.

No período de 1975-1982, aliando música, musicalidade, cultura popular e o cuidado com outro, criou o Grupo de Teatro Recreação, que se tornou um dos maiores grupos de teatro amador de Goiânia. Inicialmente, ele foi idealizado para acolher e integrar os internos do Hospital das Clínicas da Universidade Federal de Goiás, pessoas que, por motivos de saúde e por questões sociais, permaneciam hospitalizadas por um longo tempo, longe de casa e da família. No decorrer do tempo, o grupo de teatro passou a ser um espaço de socialização e inclusão de diferentes sujeitos. Nascia daí o seu envolvimento com a arte e a cultura popular como movimento de resistência e ação social. O grupo teve uma grande projeção no cenário cultural de Goiânia, seu trabalho era apresentado nas periferias da capital e na região metropolitana. Por meio do teatro, a cultura afro-brasileira (ciranda, samba de roda, congada) chegava aos excluídos, em sua maioria, negros.

O trabalho com a cultura popular a (re)conectou com a sua ancestralidade africana (angolana), indígena (tapuia) e com a religiosidade afro-brasileira, manifesta na sua iniciação no candomblé. O candomblé deu a ela a estrutura para trabalhar com as ações culturais e sociais iniciadas na década de 1970. Por meio da religiosidade de matriz africana, reafirmou o seu compromisso com a ancestralidade e com a construção de uma sociedade mais igualitária, livre do preconceito racial e do racismo.

O êxito com o grupo de teatro, no que se refere à formação cultural de jovens e à ação social de levar elementos da cultura popular afro-brasileira às periferias, a mobilizou a fundar, em 1984, a Escola de Samba Flora do Vale. Os temas-enredos da escola evidenciavam e, ao mesmo tempo, denunciavam os problemas sociais e políticos do país e da cidade: menores em situação de rua, desigualdades sociais, racismo, meio ambiente, intolerância religiosa, entre outros. Temas relacionados à dureza da vida nas periferias dos centros urbanos do país, estatística e fenotipicamente, ocupadas pela população negra.

Principalmente a partir da década de 1990, a cultura afro-brasileira manifesta na música, na dança e na religiosidade seriam elementos balizadores da sua ação cultural e social, na condução do trabalho na escola de samba e na Comunidade Visual Ilé, criada para divulgação da música, ritmos e sons de matriz afro-brasileira, bem como para inclusão de adolescentes e jovens em situação de risco social. A Comunidade Visual Ilé tornou-se um importante e reconhecido Ponto de Cultura[2] e de ação social da região leste de Goiânia. Assim, ampliou a abrangência de suas ações sociais com o atendimento às mulheres, principalmente negras, em cursos de formação básica (cabeleireira, manicure etc.) para auxiliá-las na (re)inserção no mercado de trabalho. Além da formação profissional, havia a preocupação com a formação política e étnico-racial dessas mulheres desassistidas pelo Estado. As suas ações culturais e sociais para crianças, mulheres e jovens das periferias estenderam os limites geográficos da Vila Morais, chegando a locais em que o Estado, por negação ou omissão, não chegava.

Ancestralidade, militância, religiosidade e compromisso social com os excluídos foram os fundamentos da história, da vida, da religiosidade, da militância e da ação social dessa grande e combativa mulher negra de terreiro. Reconhecida e referenciada no movimento negro e de mulheres, no samba, nas congadas e nas religiões de matriz africana no estado de Goiás, dona Dalva morreu de "causa natural" em 24 maio de 2021, aos 83 anos, na cidade de Goiânia. Morreu na Vila Morais, na casa onde, por muitos anos, foi a sede do seu projeto cultural, religioso e político de construção de uma sociedade diversa, inclusiva e socialmente justa para todos e todas. Despediu-se do mundo material num momento triste da pandemia da covid-19, mas deixou um vasto legado e ensinamentos para o feminismo negro e para a (re)existência humana.

## REFERÊNCIAS

FARIA, M. V. 24 de maio de 2021. Goiânia perde Dona Dalva, ativista pelo respeito às tradições afro-brasileiras em Goiás [notícia online]. In: Jornal Onze de Maio [página de internet]. Disponível em: https://www.onzedemaio.com.br/goiania-perde-dona-dalva-ativista-pelo-respeito-as-tradicoes-afrobrasileiras-em-goias/

GOIÂNIA. Decreto nº 2233, de 30 de outubro de 2007. Prefeitura de Goiânia: Gabinete do Prefeito.

GOIÁS. Decreto nº 9.132, de 29 de dezembro de 2017. Governo do Estado de Goiás: Secretaria de Estado da Casa Civil.

MENDONÇA, Henusa. 15 de junho de 2021. Entrevista concedida a Marcilene Pelegrine Gomes e Andreia Batista Coelho. Goiânia.

2 Pontos de Cultura são entidades sem fins lucrativos, grupos ou coletivos com ou sem constituição jurídica, de natureza ou finalidade cultural, que desenvolvem e articulam atividades culturais continuadas em suas comunidades ou territórios.

SANTOS, Maria Elisa de Magalhães; CARVALHO, Euzebio Fernandes de. Janeiro a junho de 2017. Marta Cezaria de Oliveira e a organização do movimento de mulheres negras em Goiânia. In: Revista Temporis [ação], vol. 17, nº1, p. 368-400. Disponível em: https://www.revista.ueg.br/index.php/temporisacao/article/view/5243/4442. Acesso em 01 de agosto de 2023.

# Maria de Lourdes Teodoro

## AFROBRASILEIRA[1], FLOR DE GOIÁS

**Ludmila Pereira de Almeida**
**Maria das Neves Jardim de Deus**

*Acho que a maior homenagem que vocês poderiam me fazer é abrir uma roda de conversa para falarmos de viagens, identidade, autoestima, pesquisa e educação da sensibilidade no Brasil.*

(Maria de Lourdes Teodoro)

Encontramos Maria de Lourdes Teodoro na busca por rimas e prosas de mulheres afrobrasileiras no Cerrado. Conhecemos uma matripotência nossa. Ela é uma militante intelectual, escritora, poetisa, psicanalista e professora que começou a versar e dançar poesia ainda estudante. Em 1966, coordenou a organização e

1 Maria de Lourdes Teodoro defende ser Afrobrasileira sem hífen. Em sua homenagem, não usaremos hífen em seu verbete. Veja mais em: https://percurso.openjournalsolutions.com.br/index.php/ojs/article/view/73/71

publicação da *Antologia de alunos escritores do Elefante Branco*, com apoio dos poetas Guido Heleno, Carlos Farias Pontes e Reginaldo Seixas Fonteles. É a primeira obra de estudantes concebida, escrita e publicada na capital Brasília.

Poeta desde a adolescência, nos anos 1960, publicou poemas no jornal Ça *ira* do Elefante Branco, no *Correio Braziliense*, no *Jornal de Brasília*, o *BSB Brasil*; publicou contos em *Folha da Manhã* (SP) e poemas em jornais do Rio de Janeiro. Autodidata em língua francesa, licenciou-se em Letras (pt – francês). Em comemoração à sua licenciatura, visitou Roma, Paris e Dakar. Após atuar como professora de Literatura Francesa no Centro Universitário de Brasília (Uniceub), foi professora do Instituto de Artes da Universidade de Brasília (Unb), sendo a primeira afrobrasileira a integrar esse quadro docente, por via de seleção pública, como professora adjunta no Departamento de Artes Visuais do Instituto de Artes.

Sua vida é marcada por várias andanças e deslocamentos. Nascida em Formosa – Goiás, na antiga Vila dos Couros, em 1946, filha do operário Antônio Teodoro Filho (1913-2014) e da dona de casa Ana Julieta Teodoro (1917-1977), Lourdes é a oitava dos 13 filhos que o casal teve. Com a construção de Brasília, em 1958, ela se mudou, com toda a sua família, para a então capital federal, onde cursou o ginasial na Caseb e o segundo grau no Elefante Branco. Em 1972, recebeu o Certificat de Hautes Études de Lettres et Civilization Française, pela Faculdade de Letras e Ciências Humanas de Aix-en-Province.

Foi casada com o jornalista Antônio Sebastião Chaves (falecido), pai de seus dois filhos. Em 1979, Lourdes saiu de Brasília com seus filhos pequenos rumo a Paris, começando seu doutorado na Universidade Paris III: Sorbonne Nouvelle. Em 1984, concluiu seu doutorado em Literatura Comparada, defendendo a tese sobre modernismo e negritude, em que analisa identidades culturais brasileira e antilhana (*Identités antillaise et brésilienne à travers les oeuvres d'Aimé Césaire et de Mario de Andrade*).

De volta ao Brasil, integrou o Instituto de Estudos e Pesquisas Afro-Brasileiro, unidade complementar da Pontifícia Universidade Católica de São Paulo; coordenou o curso de Conscientização da Cultura Afrobrasileira, criado por Abdias do Nascimento e do qual participou Elisa Larkin Nascimento, Lélia Gonzalez, Juana Elbein dos Santos, entre outras e outros grandes intelectuais. Na revista, dirigida por Abdias do Nascimento, *Afrodiáspora*, ano 2, número 3, de outubro 1983/janeiro 1984, foram publicadas as teses do III Congresso de Cultura Negra das Américas, em que está a primeira versão do importante ensaio de Lourdes Teodoro "A intensidade do branco no espectro cromático". Foi orientadora no Instituto de Pesquisas e Estudos Afro-Brasileiros (Ipeafro) e participou da fundação do Congresso Nacional Afro-Brasileiro, criado pelo poeta Eduardo de Oliveira.

Em outras andanças, ela chegou à Universidade de Harvard (EUA), onde fez seu pós-doutorado em Arte e Psicanálise; foi Visiting Scholar no Center for Literary and Cultural Studies e Visiting Fellow no W.E.B. du Bois Institut for African and African American Research. Na mesma ocasião, reeditou a sua tese de doutorado, citada anteriormente, e a publicou. Organizou o Prêmio Lélia Gonzalez de educação, no âmbito do Prêmio Sindicato Nacional dos Docentes das Instituições de Ensino Superior (Andes-SN), sobre arte universitária brasileira, realizado no biênio 1998-2000.

É importante ressaltar que Maria de Lourdes, para além da escrita acadêmica, também continuava publicando outros escritos poéticos, como: Água-marinha ou Tempo sem palavra (1978), *Flores de Goiás* (1994) e *Paysage en atente* (1995). Sua poesia percorre temas que acompanham toda sua trajetória, como a violação de direitos humanos no Brasil e as desigualdades de raça e classe, e que acompanham também seus esforços e ativismo contra o racismo.

Em 1970, na ditadura, lutou a favor da anistia aos presos políticos. Em 1987 — após visita do bispo Sul-africano Desmond Tuto à UnB —, os muros do Instituto de Artes foram pichados com palavras de ordem racistas e neonazistas. Lourdes Teodoro, com o apoio de Magali Naves (professora convidada na época), organizou uma Semana de Protestos contra o racismo no campus e no país. Na abertura da Semana, estiveram várias lideranças, inclusive Abdias do Nascimento.

Anos depois, participou, com o jornalista Walter Brito, de projeto com a embaixada do Canadá, que levou ajuda material ao Quilombo Kalunga, comunidade de Monte Alegre. A visita foi também uma oportunidade de vacinação das crianças locais. Em 1989, mobilizou a população do Distrito Federal (DF) para socorrer as vítimas da enchente do Rio Paranã, recebeu o apoio de familiares, além da família Brito, de Formosa.

Nesse mesmo ano, na cidade de Flores de Goiás, Lourdes instruiu os professores locais durante uma semana e organizou com eles A Primeira Colônia de Férias de Flores de Goiás, introduzindo a cultura de férias criativas. O apoio da diretora da escola, a professora Zilda Campelo de Miranda (falecida em 2020, em Goiânia, devido à covid-19), e do então Secretário de Cultura, Edson Campelo de Miranda, tornou possível essa vivência transformadora para tantas crianças do município. No Centro Educacional de Santa Maria, no DF, organizou uma Semana da Consciência Negra, quando, pela primeira vez, crianças brasileiras de todos os matizes cantaram juntas, no pátio da escola, o Hino à Negritude - Cântico à Africanidade Brasileira, com letra e música de Eduardo de Oliveira, oficializado pelo estado de São Paulo.

A intelectual multidisciplinar é mãe e avó. Com seus filhos e neta, visitou o Museu da Escravidão no Castelo El Mina, em Gana, e o território Quilombola

Kalunga, no interior de Goiás, lembranças que aquecem o seu coração por ela ter a oportunidade de partilhar outras histórias, fora dos livros, com seus familiares.

Como afrobrasileira, não poderia deixar a África fora de suas prioridades. A convite da Universidade Agostinho Neto e do Instituto Superior das Ciências da Educação/ISCED/Lubango, de Angola, ofereceu seminários e palestras sobre identidade cultural, arte angolana e afrobrasileira, em várias províncias do país. Participou do Colóquio pelos 300 Anos do Código Negro — texto concebido no reino de Louis XIV para "moralizar" a imoralidade da escravidão nas colônias francesas — com apoio da Organização das Nações Unidas para a Educação, a Ciência e a Cultura (Unesco), no Senegal.

Ainda na África, em Burkina Faso, antigo Alto Volta, participou, em 1991, da Assembleia Constitutiva do IPN (Instituto dos Povos Negros), fundado com o propósito de reunir os profissionais de ascendência africana na África e na diáspora, mobilizados em defesa do povo negro, e do qual também fizeram parte Abdias do Nascimento e Lélia Gonzalez. Com esse espírito, colaborou para a fundação do Congresso Nacional Afro-Brasileiro em 20 de novembro de 1995, em São Paulo, evento que a premiou com a medalha de honra ao mérito Zumbi dos Palmares.

Sua publicação mais recente reúne seu envolvimento na refundação do Instituto de Artes da Universidade de Brasília durante as décadas 1980/90: *Ensino das artes na universidade: textos fundantes* (2018). Desde 2020, integra a Rede de Psicanálise Solidária, da Sociedade de Psicanálise de Brasília (SPBsb). Com base em sua experiência clínica com afrobrasileiros e afrobrasileiras, propôs na SPBsb o grupo de escuta psicanalítica voltada para as relações étnico-raciais e o conduz junto a outras profissionais. Além disso, retomou seu vínculo com a Terapia Comunitária Sistêmica Integrativa (TCSI).

Nos últimos dias de escrita deste verbete, lendo e ouvindo Lourdes Teodoro, foi possível perceber o poder da escrita, da palavra, da oralidade, da serenidade, da sabedoria das mulheres afrobrasileiras desse chão. A multiplicidade de ser, fazer e dizer nos mostra um percurso científico multidisciplinar, mas com as raízes cosmológicas profundas no "ser-tão". Teodoro nos relatou lembranças emocionantes, como o encontro com a mãe Stella de Oxóssi e dona Procópia, em que ambas demonstraram e protagonizaram a apoteose da palavra de grandes matripotências que gestam saberes.

Maria de Lourdes Teodoro teve e tem significativa vida acadêmica, com um intenso ativismo, sempre associada à difusão de ideias que possam se tornar sementes de novas produções. Um de seus pressupostos básicos é que "educar é transformar o modo de ver". Ela ainda afirma que o letramento racial é a construção de um referencial amoroso que dê sentido, estofo e consistência à autoestima dos afrobrasileiros e das afrobrasileiras; e que promova o fim dos privilégios de raça e classe, para construção de uma sociedade humana e solidária.

## REFERÊNCIAS

LOURDES Teodoro [Verbete]. 20 de outubro de 2020. In: Literafro: Portal da Literatura Afro-Brasileira. Disponível em: http://www.letras.ufmg.br/literafro/autoras/582-lourdes--teodoro. Acessado em: 1 de julho de 2021.

TEODORO, Maria de Lourdes. Junho de 2021. Conversa com Ludmila Pereira de Almeida e Maria das Neves Jardim de Deus. *Google Meet.*

TEODORO, Maria de Lourdes. 2020. Arte e psicanálise na luta contra o racismo. Entrevista concedida a Maria Lúcia Verdi. Disponível em: https://brasiliarios.com/colunas/74-maria-lucia-verdi/1346-lourdes-teodoro-arte-e-psicanalise-na-luta-contra-o-racismo. Acessado em 10 de julho de 2021.

TEODORO, Maria de Lourdes. 1987. Identidade, cultura e educação. In: ROSEMBERG, Fúlvia. PINTO, Regina Pahim [Orgs]. Raça Negra e Educação - Cadernos de Pesquisa, nº 63. Disponível em: https://www.fcc.org.br/fcc/wp-content/uploads/2019/04/Caderno-de-Pesquisa-63_menor.pdf. Acessado em 31 de julho de 2021.

TEODORO, Maria de Lourdes. 26 de abril de 2013. Cidadania: Racismo e Psicanálise. Entrevista cedida a Ricardo André.. Programa Cidadania. TV Senado. Duração: 21 min 14'. Disponível em: https://www.youtube.com/watch?v=8Mpq_F_6TF0. Acessado em: 15 de julho de 2021.

TEODORO, Maria de Lourdes. 31 de agosto de 2016. Entrevista com Lourdes Teodoro. Entrevista cedida a Luciene Rego. Disponível em: http://blogueirasnegras.org/entrevista-com-lourdes-teodoro. Acessado em: 1 de julho de 2021.

TEODORO, Maria de Lourdes. 25 de abril de 2019. Maria de Lourdes Teodoro: professora aposentada do Instituto de Artes da UnB. Entrevista cedida a Isaac Roitmam. Programa Movimento 2022: O Brasil Que Queremos. TV Supren. Duração: 34" min. Disponível em: https://www.youtube.com/watch?v=XlD0Ix56HUU. Acessado em: 1 de julho de 2021.

# Maria do Rozário Cláudio

## AFROCATÓLICA E MALUNGA NA LUTA CONTRA AS OPRESSÕES

**Valdenice José Raimundo**

Maria do Rozário Cláudio, filha de João Cláudio da Rocha, nascido em 15 de agosto de 1898 e falecido em 30 de dezembro de 1966, e de Maria Vitalina de Jesus, nascida em 03 de novembro de 1901, falecida em 12 de agosto de 1975. Ambos nascidos na zona rural do município de União, cidade que, em 1944, passou a chamar-se de União dos Palmares, em homenagem aos quilombos. Eram agricultores, trabalhavam para os latifundiários da região, que forneciam cana para as usinas de açúcar de Alagoas. Os pais tiveram 12 filhos, sete mulheres e cinco homens. Professavam a fé católica com firmeza e convicção. Era a fé que alimentava a luta cotidiana. Poderiam dormir sem jantar, mas nunca sem rezar em família, e, muitas vezes, com a participação da vizinhança. Nos finais de semana, depois da oração, havia momentos festivos. Ali se dançava: coco de roda, forró, ciranda, quadrilha etc. Um registro especial da infância da irmã Rozário era a presença periódica de sinhá Anunciada. Uma preta idosa, muito querida, uma andarilha. Ela participava dos momentos festivos contando estórias. Prendia a atenção de todos e todas. Uma verdadeira artista que costumava dizer que, no ano da abolição da escravatura, ela estava com 20 anos.

Na família de oito pessoas, somente quatro foram alfabetizadas, dessas, apenas uma fez curso superior. Maria do Rozário nasceu no ano de 1947, num casebre de taipa coberto de palhas de palmeira. Cresceu entre adultos, o que favoreceu um amadurecimento precoce. Precisou compreender prematuramente a situação de exploração, preconceito e racismo em que vivia. Aprendeu a ler cedo, com a irmã. A escola distava quilômetros da casa, sendo necessário ir a pé. Após a terceira série primária, começou a trabalhar na roça, o que a levou, mesmo muito jovem, a projetar a saída daquela vida. Um dia, enquanto preparava a terra, profundamente seca para plantio, diante do sol causticante do meio-dia, entendeu que não podia abrir mão dos seus sonhos. Naquele período morava em São José do Bolão, região de serras e morros. Contavam os mais velhos que o lugar teria sido esconderijo dos escravizados. Adorava escalar as serras, as furnas, onde era possível encontrar diversos utensílios de cerâmica e pedaços de louças de porcelana desenhados. Nesse contexto começou a tecer um plano para buscar outros caminhos. Sabia que os pais jamais a permitiriam sair de casa, especialmente porque as mulheres naquela época viviam subalternizadas aos desejos do patriarca. A única saída era investir numa vocação religiosa, nesse sentido, encontrou na tia o apoio necessário, uma vez que ela já tinha uma filha freira. A escolha pela vida religiosa era um caminho para a sobrevivência que foi se transformando em compromisso a partir do encontro com o necessitado, com os corpos desprezados.

O maior acesso aos estudos aconteceu quando passou a residir em instituições dirigidas por religiosas. Inicialmente trabalhou nessas instituições pelos estudos e alimentação. Concluiu o primário e prestou exame de admissão. Quando começou a cursar o ginásio, passou a fazer a experiência inicial para a vida religiosa. Vale lembrar que todo esse percurso se deu no auge do golpe de 1964. Naquele momento a Igreja Católica estava vivendo as orientações do Vaticano II. Muitas religiosas estavam nas Comunidades Eclesiásticas de Base (Ceb), engajadas na luta pela democracia, contra o golpe militar e a ditadura, e muitas sofreram as consequências. No dia 08 de março de 1970, no Convento de Santo Antônio, em Igarassu – PE, dom Helder Câmara, arcebispo de Olinda e Recife, acolheu a sua primeira consagração como postulante.

Depois Maria do Rozário foi admitida para outras etapas da vida religiosa, o que levou mais três anos. Ao terminar o curso de formação para professora, foi destinada a trabalhar com educação pré-escolar no sertão de Alagoas. Em 1977, cursou Pedagogia na Universidade Federal da Paraíba (UFPB). Ao término, qualificou-se como professora de História da Educação, fez especialização em Orientação Educacional e Educação Especial. Nesse período participou dos movimentos e grupos que lutavam pela anistia.

Saiu da Paraíba para a diocese de Palmares, em Pernambuco, zona de plantio de cana. Realidade que conhecia desde cedo e que a inquietou, principalmente ao ver a situação das mulheres, adolescentes e crianças, na grande maioria, negras e empobrecidas. Sua residência religiosa ficava em Cortês, cidade situada nas terras da Usina Pedrosa. Agora, ela tinha mais experiência para realização de encontros que visavam ajudar os/as trabalhadores/as da zona canavieira na busca de seus direitos. Certo dia, reunida no Engenho Limão, veio um administrador com cassetete na mão e perguntou, sem rodeios, se ela estava fazendo agitação. Ela respondeu: "Não senhor! É evangelização. Nós estamos refletindo nosso viver como irmãos".

Mudou-se da cidade de Cortês para Olinda como secretária geral da Congregação das Religiosas do Sagrado Coração de Jesus.[1] O objetivo era trabalhar na atualização das Constituições e Estatutos, com assessoria da Conferência dos Religiosos do Brasil (CRB/NEII). A partir desse período, passou a fazer parte da administração da Congregação, colaborou com a formação como acompanhante das junioras, foi secretária geral e ecônoma. Foi eleita conselheira-geral por vários triênios, vice-geral e depois superiora-geral. A Congregação foi fundada no Nordeste e continua na região encarnando muitas marcas. As irmãs se profissionalizam e concorrem no mercado de trabalho para manter a Congregação e garantir sua continuidade, que se dá pela entrada de novas irmãs.

Durante esse período, pelo conhecimento adquirido, por fazer parte da administração da Congregação e ser habitada por uma inquietação com tudo que dizia respeito à desigualdade, expressa na falta de oportunidade, na exclusão da mulher, Maria do Rozário assumiu o compromisso de incentivar e ajudar as irmãs a fazerem cursos técnicos, de Filosofia, Teologia, Catequese e outros cursos universitários. A formação dá a elas condições de ler a realidade, intervir sobre ela de forma qualificada e não reproduzir lógicas opressoras.

Em 1984, por indicação do Provincial dos Jesuítas, trabalhou na CNBB/Regional NEII. Permaneceu lá, até o início 1992, como articuladora da linha 03 e linha 04, ou seja, Catequese e Liturgia para as 20 dioceses nos estados de Alagoas, Pernambuco, Paraíba e Rio Grande do Norte. Atividades importantes eram realizadas, como: os cursos de Formação para Coordenadores Diocesanos de Catequese, por meio do Centro Regional de Catequese (Cerca); os Encontros Regionais de Catequese; a participação em congressos, nas semanas brasileiras de catequeses, nas

1 Fundada em 1º de março de 1742.

reuniões da Comissão Episcopal de Pastoral (CEP), regionais e algumas vezes nacionais. Para melhor desempenhar suas funções, cursou Teologia, fez especialização em Catequese e fez outros cursos no Brasil e fora do País. Nesse processo, sempre procurou se aprofundar nos estudos sobre a Teologia Feminista.

Em fevereiro de 1992, foi convidada para trabalhar na Divisão de Ação Pastoral da Universidade Católica de Pernambuco. Também atuou como professora da disciplina de Catequese e Evangelização no Curso de Teologia para Leigos. Na época a pastoral da universidade desenvolvia-se com base nas três dimensões das diretrizes evangelizadoras da CNBB/Nacional: o Anúncio (pela Palavra), a Celebração (pelo Sacramento) e o Viver em Cristo (a vida a serviço da vida). De acordo com cada dimensão, eram programadas inúmeras atividades destinadas aos docentes e discentes. A escuta pastoral de estudantes, professoras/es e funcionárias/os era uma constante. Entre várias atividades realizadas, estavam os ciclos de debates sobre vários temas. Nesse contexto, surgiu o desejo de organização de uma Semana da Mulher na Unicap, que teve início em 2002. O objetivo inicial era atrair o maior número de mulheres para o campus e realizar uma semana com temáticas que refletissem sobre a condição da mulher.

A partir do ano de 2011, sob a coordenação do Instituto Humanita/Unicap, a cada ano, a semana cresce em amplitude na comunidade acadêmica e pernambucana em geral, com a participação também de outros estados. É uma experiência exitosa que tem potencializado relações até no interior da universidade. Na organização da Semana da Mulher na Unicap, temos uma equipe formada por professoras, funcionárias, representantes de instituições da cidade do Recife. Toda essa organização tem dado visibilidade, empoderamento e protagonismo às lutas das mulheres.

Hoje, aos 73 anos, irmã Rozário tem consciência de que a sociedade brasileira está vivendo uma realidade de desmonte das políticas públicas e dos direitos já conquistados. Reconhece que temos uma dívida imperdoável com a mulher negra, indígena, e os grupos LGBTQIA+. Considera imprescindível uma mudança radical no modelo econômico, pois entende que não podemos continuar com esse sistema capitalista assassino. Para ela, a ruptura com o capitalismo ajudaria a preservar a ecologia, o ecossistema, o meio ambiente e se faz necessário defender outras pautas importantes, como: justiça social; violência generalizada especialmente contra a mulher e a juventude negra; a desigualdade de gênero, racial, intergeracional; racismos, preconceitos e tudo que destrói a humanidade. Afirma com a convicção dada pela experiência que a fé e ação são fundamentais nesse enfrentamento. Fé e vida comprometidas com bem comum. Irmã Rozário é um exemplo a ser seguido. A sua vida agrada a Ruah.

# Maria do Socorro Eugênio da Silva

## HISTÓRIA DE VIDA DA MATRIARCA SOCORRO EUGÊNIO

**Francisca Tainara Eugênio da Silva**

Mulheres negras sustentam o mundo, são genitoras de um novo ciclo. São elas que estão nas trincheiras de lutas contra as desigualdades sociais, para resistir e existir nos setores sociais e culturais, sonhando com um mundo do bem-viver. Mulheres negras mães, avós, bisavós e tataravós se tornam lideranças, símbolos de resistência, resiliência, afetividade, determinação e coragem, além de edificarem condições melhores para os seus.

Essas mulheres, como Marta Eugênio, matriarca da família, Maria Luzia Ribeiro, parteira e mãe de umbigo de muitos, e sua filha, Socorro Eugênio, primeira professora do Quilombo Sítio Veiga, são heroínas e devem ir para os livros didáticos. Essa linhagem sagrada a que pertenço é tradição viva em movimento, que se inicia com os passos dessas mulheres. Esses escritos são para homenageá-las e eternizar a história de uma delas. Mulheres negras contando suas histórias e memórias ensinam uma nova perspectiva de ser, fazer e viver. Essa escrita não é somente minha, mas coletiva. Minhas mãos transcrevem essa história com base nas vivências, nas memórias e nos relatos de filhos, netos, sobrinhos e amigos de mais uma Maria.

Maria do Socorro Eugênio da Silva, conhecida como Socorro Bar,[1] nasceu no sítio Sorocaba, atual Quilombo Sítio Veiga, numa comunidade rural do distrito de Dom Maurício, município de Quixadá – Ceará, no dia 16 de julho de 1939. Filha de pais analfabetos, Maria Luzia de Sousa e Raimundo Eugênio de Sousa, Socorro foi a segunda de 10 filhos.

Pertencia a uma família tradicional negra e rural, que, segundo Marques (2012), originou-se do casal fundador da comunidade quilombola, Francisco Ribeiro e Maria Fernandes, seus ancestrais. Assim surgiu a linhagem da família Eugênio, os conhecidos como Bar.

Socorro teve infância e adolescência difíceis, mas com muito amor e carinho familiar, principalmente do seu querido pai, que sempre lhe incentivara a estudar.

Iniciou seu percurso educacional com as irmãs missionárias do mosteiro de Santa Cruz, a cinco quilômetros de distância de sua comunidade, os quais percorria a pé. Aos 16 anos de idade, já iniciava sua formação professoral, ensinando as pessoas que tinham dificuldades em aprender e as recém-chegadas ao dito colégio. As freiras gostavam muito de Socorro por sua responsabilidade, dedicação e formação cristã familiar. Viajou para Fortaleza para estudar no Colégio Santa Isabel e fortalecer sua base de ensino-aprendizado. Segundo relatos, nesse período adoeceu por excesso de estudo e teve seu primeiro surto.

Casou-se em 1964 com José Lourenço da Silva, com quem teve 11 filhos: Antônio Carlos, Antônia Alzenir, Francisco Célio, Paulo Cesar, Ana Maria, Manuel Cláudio, Manuel Clovis, Francisco de Assis, Terezinha Maria, Francisco Antônio e Francisca Helena; e criou um neto, a quem tratava como filho: Francisco Júnior Eugênio. Ela acreditava que cada pessoa tinha que ter o nome de um santo protetor, para que este fosse seu guardião. Além de seus filhos, muitos de seus netos também ganharam nomes de santos. Esse pensamento comunga com o de Lélia de Almeida Gonzalez: "Negro tem que ter nome e sobrenome, senão os brancos arranjam um apelido... ao gosto deles".

Socorro era uma mulher negra, com olhar acolhedor, cabelo preto e crespo, nariz achatado e um largo sorriso em seu rosto arredondado. Uma mulher que sofreu experiências de opressão, violações, invisibilidades, desafios e dificuldades, por ser preta e rural. Sofreu pelo comportamento machista de um companheiro

1 Bar era um apelido acrescido aos nomes de sua avó, Marta Eugênio, e de seu pai, Raimundo Eugênio, que acabou sendo transferido para as outras gerações.

rude e grosseiro, mormente quando bebia. Manteve a união e dizia que o melhor do matrimônio são os filhos e que casamento é sorte.

Para Filho (2020), a trajetória docente de Socorro começou na sede do distrito de Dom Maurício, com célere transferência para sua comunidade Sítio Veiga, onde lecionou na Escola José Pereira de Sousa.

Na década de 1980, em busca de aprimoramento pedagógico, Socorro participou de treinamentos e formações oferecidos pelos gestores municipais em Quixadá. Eram realizados de três a quatro vezes ao ano, com duração média de sete a 10 dias. Em função da dificuldade de transporte para retorno diário à sua casa, passava esses períodos na residência de um conhecido no município, longe dos seus pequenos. Ela o fazia com dor no coração, em uma trajetória de luta e determinação, para promover melhores condições de vida para os seus filhos e de ensino-aprendizado para seus alunos. Segundo Gomes (2017), o movimento negro tem na educação sua principal bandeira de luta, como um ato contra-hegemônico e de emancipação e ascensão social.

Socorro, desde cedo, conservou vivos elementos da ancestralidade, oralidade, musicalidade, memória coletiva, religiosidade e de uma circularidade de saberes. Aspectos fundantes da tradição familiar são a dança de São Gonçalo,[2] na qual atuava como guia;[3] os terços de São João, São Pedro e Santa Luzia; e a novena de maio para Nossa Senhora. Tornou-se catequista e ainda desenvolvia atividades produtivas agrícolas, mesmo vivendo precariamente com o pagamento de rendas aos proprietários de terra.

O que Maria do Socorro fazia, fazia bem-feito. Como professora, cumpria a lei do ensino: aprender para poder ensinar. Ensinava por devoção, de forma simples, paciente e eficaz. Foi a primeira professora de muitos do seu território. Chamavam-na de dona Socorro, tia Socorro e, principalmente, madrinha Socorro, como forma de respeito. Foi mestra em servir ao próximo, como sua mãe, Luzia, parteira da região, que acordava a qualquer hora, com chuva ou sol, para realizar partos. Foi uma líder nata e muito cedo trabalhou como agricultora, professora, dona de casa, mãe, provedora do lar, catequista, dançadeira de São Gonçalo, organizadora de terços, e, muitas vezes, exerceu essas funções ao mesmo tempo.

Sempre foi firme na educação dos filhos, esforçando-se para que aprendessem a ler e escrever e se tornassem bons cidadãos. Tinha também seu lado carinhoso, que fazia questão de expressar, onde quer que estivesse. Nunca deixava de cuidar,

2 A dança de São Gonçalo é uma manifestação religiosa e cultural do território Sítio Veiga, uma tradição secular que chega ao território com o casal fundador, mais especificamente por Maria Fernandes. Vem sendo repassada de geração à geração até os dias atuais. A dança é organizada com dois homens: o Mestre, o Contramestre, e 12 dançadeiras: as Guias, Contraguias e Garupas.

3 O papel das Guias é o de conduzir as demais dançadeiras ao longo da manifestação.

zelar e ser caridosa. A feira do mês, que não era muito, dividia com parte dos filhos. Lembro-me de sua chegada aos terreiros pedregosos de nosso quintal, chamando por minha mãe: "Terezinha, Terezinha...", e eu ansiava por sua chegada, carregando uma fôrma de alumínio repleta de alimentos, entre eles, o meu biscoito recheado. Isso sem falar das bonecas que ela me presenteava, e eu destruía aquelas com características fenotípicas diferentes das minhas.

Para o almoço, sempre aumentava a quantidade, porque, se chegasse alguém, teria com o que se alimentar. Sua família nunca tivera condições muito favoráveis, mas isso não era motivo para Socorro negar coisas a alguém. Sempre escutava dizer: "Madrinha Socorro é capaz de compartilhar um bombom para 10 pessoas".

Maria do Socorro Eugênio da Silva faleceu em 09 de janeiro de 2021, em decorrência do Alzheimer (diagnosticado em 2016), em seu quarto, no Quilombo Sítio Veiga, rodeada de familiares, amigos e parentes.

Falar de Socorro é falar de uma matriarca aguerrida, afetiva, bondosa, humilde, paciente, serena e agradável; é imaginar uma pessoa que todos desejam ter no convívio. Uma mulher negra com uma trajetória marcada pela devoção de amar, cuidar, educar, respeitar e sustentar. Deixa-nos um legado de luta e resistência por uma educação escolar quilombola e pelo acesso a políticas públicas para nosso território. Sua herança foi o resultado de sua forma de ensinar: com integralidade, devoção e amor. Socorro cumpriu com maestria esse papel, e seus ensinamentos continuam e continuarão vivos na memória dos filhos, parentes, amigos, conhecidos e de seus queridos alunos.

Por fim, a história de Socorro Eugênio deve ser repassada como a de uma mulher negra, intelectual e empoderada que inspira, informa e transforma. Socorro é vozes de mulheres em movimento, e seu legado atravessa esses escritos.

## REFERÊNCIAS

FILHO, Antonio Martins. 28 de outubro de 2020. À Mestra com Carinho. In: A Casa do Escritor [página de internet]. Disponível em: https://acasadoescritor.com.br/2020/10/28/a-mestra-com-carinho. Acessado em 06 de julho de 2021.

GOMES, Nilma Lino. 2017. O Movimento Negro Educador: Saberes Construídos Nas Lutas Por Emancipação. Goiânia, Editora Vozes Limitada.

HOOKS, bell. 2017. Ensinando A Transgredir: A Educação Como Prática Da Liberdade. São Paulo: WMF Martins Fontes.

MARQUES, José da Guia. 2012. Relatório antropológico de reconhecimento e delimitação do território da Comunidade Remanescente De Quilombo Sítio Veiga. Fortaleza: Relatório de Pesquisa - INCRA. Analista em Reforma e Desenvolvimento Agrário / Antropólogo, INCRA –SR-02/CE.

# Maria Elaine Rodrigues Espíndola

## ELAINE DA MOCAMBO: *GRIOT*, MATRIARCA E RAINHA NO SOLO SAGRADO NEGRO PORTO-ALEGRENSE

**Carla Beatriz Meinerz**
**Lúcia Regina Brito Pereira**

> *E é por isso que a gente se transforma no mais velho (adoramos a palavra "mais velho"), é por isso que a gente se transforma, para ficar bonito e politicamente correto, na palavra griot — nem precisava. A palavra anciã também nos basta, porque a nossa dádiva é poder passar para o outro aquilo que nos passaram, para que ele continue nos lugares que nós não estaremos.*
>
> (Mestra Griot Elaine, 2019, p. 146)

Maria Elaine Rodrigues Espíndola nasceu em Porto Alegre, capital do Rio Grande do Sul, no dia 23 de março de 1947. Filha de Maria Eulália Rodrigues e de José Francisco Rodrigues, é a primeira mulher *griot* condecorada pela Câmara Municipal de Vereadores, em 2010, na Semana de Consciência Negra da cidade. A declaração chegou pelas palavras do mestre Giba, aos pés da obra *Tambor*,[1] primeira obra do Museu do Percurso Negro, localizado no antigo Largo da Forca, hoje no centro histórico. Recebeu o primeiro reconhecimento por meio de José Alves Bitencourt (mestre Lua, GT Angola Janga), no processo da criação do Crab (Centro de Referência Afro-Brasileiro), nos anos 90 do século XX, momento em que o significado da tradição *griot* começou a ser evidenciado no movimento negro gaúcho.

O Crab foi o responsável pela consolidação da monumentalização de territórios representativos para a comunidade negra da cidade. Essa ação se constituiu devido aos recursos financeiros do Projeto Monumenta, concretizando-se no Museu de Percurso e os Territórios Negros,[2] passeio de ônibus pelas áreas e monumentos erigidos em locais representativos da comunidade negra oferecido para as escolas. Além do passeio, esse projeto, intermediado pela Prefeitura de Porto Alegre, incluiu a participação da Universidade Federal do Rio Grande do Sul por meio de projetos de extensão que suscitaram o desenvolvimento de pesquisas relativas ao tema, como relata Maurício Dorneles em seu projeto de mestrado, defendido em 2020.

Um dos maiores orgulhos da mestra griô Elaine diz respeito a *O tambor*, uma das quatro obras imemoriais erigidas pelo Crab por meio do Projeto Monumenta, no qual ela integrou o grupo de artistas que confeccionaram a obra.[3]

Com o intuito de alcançar uma inserção legal em instâncias de participação social em 2003, foi fundada a Mocambo - Associação Comunitária Amigos e Moradores do Bairro Cidade Baixa e Arredores, organização civil, privada, sem fins lucrativos, com a finalidade principal de preservar a história, a cultura afro e a promoção de direitos sociais da comunidade negra na capital, sob a liderança da mestra griô Elaine.[4]

1 Monumento público e obra artística localizada na Praça Brigadeiro Sampaio, antigo Largo da Forca, com autoria de Gutê, Leandro Machado, Maria Elaine Rodrigues Espíndola, Antônio Mattos, Pelópidas Thebano e Xaplin — artistas e *griots* porto-alegrenses. Dimensões: 275x120 cm. Inaugurado em 2010. Ponto de referência do Museu do Percurso do Negro em Porto Alegre.

2 Locais de referência negra percorridos pelo ônibus: Largo Glênio Peres e Largo da Forca (Praça Brigadeiro Sampaio), Pelourinho (Igreja Nossa Senhora das Dores), Mercado Público, Campo da Redenção (Parque Farroupilha), Colônia Africana (bairros Bom Fim e Rio Branco), Ilhota (perto do Centro Municipal de Cultura e da Avenida Érico Veríssimo) e Quilombo do Areal da Baronesa (Travessa Luis Guaranha), o roteiro se encerra no Largo Zumbi dos Palmares.

3 As obras imemoriais são: etapa I, *O tambor*, localizado na Praça Brigadeiro Sampaio; etapa II, *Pegada africana*, na Praça da Alfândega; etapa III, *Bará do Mercado*, no Mercado Público; etapa IV, *Painel afro-brasileiro*, no Largo Glênio Perez, todos localizados no Centro Histórico de Porto Alegre.

4 Em 2004, o Mocambo recebeu permissão da Prefeitura para usar as instalações do número 1.530 da Av. Loureiro da Silva como centro cultural para realizar ações da organização.

Outra ação de grande repercussão está relacionada à criação do Piquete Mocambo no Acampamento Farroupilha, o maior evento alusivo à cultura tradicionalista gaúcha, para comemorar a Guerra Farroupilha (1835-1845).

> Por iniciativa de seu esposo, Cláudio Espíndola, natural de Pelotas, iniciou um trabalho para que a entidade montasse, "com muita dificuldade", um piquete no Acampamento Farroupilha. Maria Elaine lembra que o primeiro espaço sequer tinha cobertura, apenas uma lona os protegia da chuva. (CIDADANIA, 21/09/2017)

Em 2005, o Instituto de Patrimônio Histórico, Artístico e Cultural de Porto Alegre incluiu a Mocambo como uma das entidades do Parque Harmonia a manter viva a cultura imaterial de um povo. O esposo da mestra griô Elaine, senhor Cláudio, foi o primeiro patrão, termo utilizado ao dirigente do piquete. Permaneceu assim até o seu falecimento, em 2009. No ano seguinte, a Maria Elaine assumiu a função, "nós também temos que ficar e assumir, enquanto mulheres, porque somos a maioria na entidade", disse à época (CIDADANIA, 21/09/2017).

Matriarca e rainha, mãe de duas filhas e um filho, avó de uma neta, símbolo de alegria, generosidade e resistência política e cultural, mulher negra e ativista social, Elaine milita em diferentes espaços políticos e culturais porto-alegrenses, tais como: Orçamento Participativo; Associação de Remanescentes de Quilombos; Programa Quilombolas em Rede; conselho local de saúde; Escola de Samba Praiana, Piquete Mocambo, dentro do Acampamento Farroupilha de Porto Alegre. Atua em atividades de ensino, pesquisa e extensão, em parceria com a Universidade Federal do Rio Grande do Sul.

Neta de Maria Alaídes dos Santos, viveu a primeira infância com a avó materna, em São Sebastião do Caí, no Rincão das Cachoeiras, nas proximidades do Quilombo da Conceição, distante 65 km da capital. A avó Alaídes ensinou o contato com as plantas, o respeito e o cuidado com as ervas, e, sobretudo, a história de sua ancestralidade, de quem recebeu o legado da transmissão.

Destacada liderança feminina negra na cena urbana cidadã, conhecida como Elaine da Mocambo, carrega na totalidade da sua existência o Ubuntu, base da tradição filosófica africana, aqui referenciado com base nos estudos de filósofos como Renato Noguera (2012). Ubuntu, expressão empregada com a mesma grafia e transcrição fonológica para quatro grupos étnicos africanos (ndebele, swati, xhosa e zulu), exterioriza "uma maneira de viver, uma possibilidade de existir junto com outras pessoas de forma não egoísta, uma existência comunitária antirracista e policêntrica" (NOGUEIRA, 2012, 147). Suas falas e atitudes criam sempre o caminho de referência à sua comunidade, hoje autodeclarada como Quilombo da Mocambo, território construído especialmente por mulheres negras, conduzidas pelas mãos das suas "mais velhas", cuja dádiva está no *passar aos outros o que nos passaram.*

Nessa dádiva de ensinar, o convívio com a avó é marcante na memória de Elaine. Ele revela a estratégia de oportunizar o estudo de algumas das novas gerações como estratégia para o crescimento de toda a comunidade. Estudou numa escola ginasial, mantida por freiras em São Sebastião do Caí, fez magistério em Montenegro, no Colégio Jacob Renner, concluiu o curso de Letras/curta duração na Unisinos/RS. Lecionou em escolas marcadas pela colonização alemã, como Pareci Novo e Capela de Santana. Atualmente é aposentada como professora de braile. Vejamos em suas palavras:

> [...] aquelas vozes que eu vejo, que eu ouço, que eu vejo o movimento da boca dizendo, é assim: tu vais estudar, vais escrever, e depois tu vais contar a nossa história. E, naquele momento, a cada vez que ouvia aquelas vozes, eu estava entrando nisto que eu estou fazendo agora. Era a oralidade que estava entrando dentro do meu ser, e eu não sabia. [...] Nas vozes, a gente ouve, lá dentro, um som, que é o som, talvez, de uma melodia — um som de ninar? Não: o som de alguma coisa que entrou, também, no meu coração e que ninguém pode tirar de mim. [...] Mas aquela outra coisa de contar que, lá adiante, nos trouxeram e não nos deram nada, tem uma coisa que não posso deixar escorrer totalmente pelas minhas mãos. Eu tenho que preservar dentro de mim uma alma também — é a alma da minha ancestralidade, que logo, de cara, quando prenderam em África meu antepassado e, depois de muito tempo, muito tempo, muito longinquamente, ele se transformou no meu ancestral. E eu tenho que carregar isso comigo, dentro de mim, e passar adiante (Mestra Griot Elaine, 2019, pp. 140-141).

A trajetória da dona Elaine ultrapassa o seu núcleo familiar, rompendo as cercas e adentrando o bairro e os arredores. As memórias e histórias da população negra de Porto Alegre se encontram com as ações de sua família e de sua comunidade, afirmando suas práticas, por meio do carnaval e do batuque, territorialmente localizadas em espaço de grande disputa imobiliária e patrimonial: o Bairro Cidade Baixa.

Local sem infraestrutura, saneamento e cortado por um riacho que o inunda em períodos de muita chuva. Por essas características, era habitado por negras e negros escravizados, libertos e fugidos e famílias pobres. Tradicionalmente é conhecido como o berço do carnaval na cidade e pelas casas de religião de matriz africana. Ali se estabelece o Quilombo da Mocambo, que se organiza em relações entre as famílias e os sujeitos negros que vivem e produzem o Bairro Cidade Baixa, no Centro Histórico de Porto Alegre, um solo sagrado pisado pela primeira vez por pés marcados pela condição de subalternidade imposta no contexto colonial brasileiro. A Cidade Alta, no período pré e pós-abolição, era o espaço do primeiro núcleo urbano, e, na Cidade Baixa, estava o espaço das emboscadas, das fugas e lutas por liberdade, o solo sagrado da ancestralidade africana em diáspora no Sul do Brasil. As políticas de urbanização são marcadas pelas remoções das populações negras e empobrecidas, o que torna vital a liderança política de Elaine, pela garantia do território de sua ancestralidade, no que resta de solo em concessão de uso e não de posse no espaço do Quilombo da Mocambo. Os elementos culturais e suas práticas espaciais conectam e confluem os sujeitos que fazem a Mocambo, sinônimo de quilombo pensado em perspectiva histórica. Para Abdias Nascimento (2019), o Quilombo de Palmares colocou em contradição toda a estrutura colonial. Para o autor, quilombo significa "reunião fraterna e livre, solidariedade, convivência, comunhão existencial" (NASCIMENTO, 2019, 289-290). "Como sistema econômico, o quilombismo tem sido a adequação ao meio brasileiro do comunitarismo ou ujamaaísmo da tradição africana" (p. 290).

A mãe de Elaine era conhecida como a Mariazinha da Praiana, foi fundadora da Ala Verde que te Quero Rosa e uma das primeiras mulheres conselheiras da Escola de Samba da Praiana. Trabalhava como doméstica e aprendeu a escrever seu nome quase no fim da vida. Segundo Elaine,

> minha mãe, quando chegou aqui [...] para me ter, o local que ela encontrou em que podia ter mulheres junto que eram de outras tribos e outros locais era a escola de samba. Então, para nós do movimento social negro, a nossa negritude passa pelas casas de religião, passa pelo nosso carnaval, que tem um fio, aqui, que é a linha de entrada. Quando nós chegamos e toca aquela sirene [...] a gente lembra de cada um que ficou lá para trás e que nos trouxe. Porque, quando somos pequenos, quando nossos filhos nascem, é simplesmente assim: somos pegos pelas mãos, e a pista, o sambódromo, como dizem, é que nos é mostrado. Ali vai a nossa família. [...] As nossas meninas, que poderiam ser rainhas em outro local, estão sendo rainhas à frente de uma escola de samba, à frente de uma bateria. Quando a Tinga [a escola de samba Estado Maior da Restinga] diz "tinguerreiros", é só para todos terem uma ideia de que aqueles meninos, aqueles homens estão dispostos a defender aquela sua rainha. Aquela que está lá, que foi tirada de um outro reinado (Mestra Griot Elaine, 2019, p. 150).

Além da atuação no carnaval, Eliane pleiteou e defendeu na Câmara de Vereadores de Porto Alegre a permissão para utilizar um terreno[5] público para realizar as atividades da Associação Comunitária Mocambo Cidade Baixa e Arredores, dona Elaine enfatiza a ação:

5 Terreno na Avenida Loureiro da Silva, número 1.530, em frente ao Largo Zumbi dos Palmares.

> No telhado queremos cultivar ervas e temperos que fazem parte da culinária negra e gaúcha... A Associação Comunitária..., surgiu da agregação de homens e mulheres da etnia negra moradores da Cidade Baixa que primeiramente se reuniam na Escola de Samba Praiana. Mas, não podíamos ficar pensando só em carnaval durante todo o ano... É uma intervenção que não vai fazer mal à cidade. Haverá também um mocambinho para atender crianças... A ideia é reconstruir, no centro da cidade, um quilombo cuja pedra fundamental foi lançada no dia 20/11/2007 (TRIBUNA POPULAR, 2007, s/p).

Dessa forma, a busca por educação, saúde, habitação, reconhecimento de direitos e atenção às pessoas e às famílias toma proporções cada vez maiores. Outra característica que se destaca é o reconhecimento da proximidade entre as mulheres mais velhas guardiãs da memória e das tradições culturais, dos saberes e fazeres, em especial, de negros e negras do bairro e dos arredores. Dessa forma, há uma interlocução entre diversos espaços, como o Areal da Baronesa[6] e a Comunidade da Família Fidelix,[7] núcleos negros da região.

Elaine da Mocambo é rainha no carnaval, uma mulher do seu tempo, o tempo negro que forja o contexto histórico das mulheres "atlânticas", termo cunhado por Maria Beatriz Nascimento (2006) para dizer das histórias femininas que se formam a partir da diáspora do continente africano para o continente americano. A diáspora continua internamente, em América. No caso brasileiro, é o caminho que se fez do Nordeste e Sudeste rumo ao Sul. Construir trajetórias singulares em situações adversas é uma aprendizagem legada pelas mulheres negras, exemplificadas aqui na memória de Maria Elaine Rodrigues Espíndola.

## REFERÊNCIAS

BITTENCOURT JUNIOR, Iosvaldyr C. 2010. Os percursos do Negro em Porto Alegre: Territorialidade negra urbana. In: VILASBOAS, Ilma Silva. Museu de Percurso do Negro em Porto Alegre. Porto Alegre: Editora Porto Alegre.

GOMES, Luís. CIDADANIA. "Patroa negra lidera piquete que conta a história de seus ancestrais". Porto Alegre: 21/09/2017. Disponível em: https://sul21.com.br/noticias/geral/2017/09/no-acampamento-farroupilha-patroa-negra-lidera-piquete-que-conta-historia-de-seus-ancestrais/

6 Em 2002, a Comunidade Areal da Baronesa recebeu certificado da Fundação Cultural Palmares, sendo enfatizado o fato de que se trata de um quilombo urbano. Em 2013, o Relatório Técnico de Identificação e Delimitação reconheceu a área como antigo território quilombola, designação oficializada em 11 de julho de 2015 pela Prefeitura. Com o decreto, a região se tornou Área Especial e de Interesse Cultural, e sua posse se tornou coletiva.

7 Certificada como Comunidade Quilombola pela Fundação Palmares em 2007.

DORNELES, Maurício da Silva. 2020. Pessoas Negras em Movimento: Lugares Epistêmicos Construídos no Centro de Referência Afro-Brasileiro/Porto Alegre. Projeto de Dissertação de Mestrado em Educação. Porto Alegre: Programa de Pós-Graduação em Educação da UFRGS.

MENEZES, Magali Mendes de [et. al.]. 2019. MESTRA GRIOT ELAINE. Eu só queria começar dizendo: nasci... In: Direitos Humanos em Debate: educação e marcadores sociais da diferença. Porto Alegre: CirKula, p.139-151.

MOCAMBO apresenta intervenção urbana para cidade baixa [notícia online]. 22 de novembro de 2011. Câmara Municipal de Porto Alegre [página de internet] Disponível em: https://www.camarapoa.rs.gov.br/noticias/mocambo-apresenta-intervencao-urbana-para-a-cidade-baixa. Acessado em 12 de julho de 2023.

NASCIMENTO, Abdias. 2019. O Quilombismo: Documentos de uma militância pan-africanista. 3ª ed. São Paulo: Editora Perspectiva; Rio de Janeiro: Ipeafro.

NOGUERA, Renato. Novembro de 2011 – fevereiro de 2012. Ubuntu como modo de existir: elementos gerais para uma ética afro-perspectivista. In: Revista da ABPN. Goiânia, vol. 3, nº. 6, p. 147-150.

NUNES, Zé. 02 de dezembro de 2020. Assembleia reconhece o Quilombo Mocambo como relevante interesse cultural do RS [notícia online]. In: ALERS - Assembleia Legislativa do estado do Rio Grande do Sul [página de internet]. Porto Alegre. Disponível em: http://ww1.al.rs.gov.br/zenunes/Principal/tabid/701/IdMateria/322317/Default.aspx. Acessado em 12 de julho de 2023.

RATTS, Alex. 2006. Eu sou atlântica: sobre a trajetória de vida de Beatriz Nascimento. São Paulo: Instituto Kuanza.

SILVA. Daniela da. 2013. A Luta dos Moradores do Quilombo da Família Fidélix (Porto Alegre/RS) Pela Regularização Fundiária. Dissertação de Mestrado. Porto Alegre: PPGA – Programa de Pós-Graduação em Administração da UFRGS.

PANZENHAGEN, Helio. TRIBUNA POPULAR. 22 de novembro de 2007 "Mocambo apresenta intervenção urbana para a Cidade Baixa". Porto Alegre. Disponível em: https://www.camarapoa.rs.gov.br/noticias/mocambo-apresenta-intervencao-urbana-para-a-cidade-baixa Acesso em: 20 de junho de 2022.

ZERO HORA. 18 de setembro de 2016. A Cadeira de Olívia e o Legado dos afro-gaúchos: O resgate da etnia negra é incentivado no Mocambo. *Histórias do Acampamento.* Porto Alegre, p. 8.

# Maria Firmina dos Reis

## A PRIMEIRA ROMANCISTA BRASILEIRA

**Thais Alves Marinho**
**Kamila Sales de Sousa**
**Heridan de Jesus Guterres Pavão Ferreira**

Este espaço é construído pelas árduas lutas de homens e mulheres para que suas vozes e discursos, e não a tonalidade de suas peles, sejam o motivo deliberativo para exercerem o direito de fala; retira os subalternizados do limbo de apenas ouvir, não permitindo que suas vozes eclodam no tempo e no espaço. Portanto, se essa cláusula antes nos era recusada, hoje pretendemos fazer dela uma "ação que nos motiva". Maria Firmina dos Reis ilustra bem a luta por esse direito, em um contexto nada favorável, para sua sobrevivência, sua atuação e seu reconhecimento.

Prova disso é a lacuna de registros documentados sobre sua ascendência, trajetória escolar e sobre sua própria imagem. Esse fato não é coerente com o prestígio alcançado em vida por Maria Firmina, que era noticiada com frequência, em função de suas publicações em prosa e em poesia, enigmas e charadas, composições musicais em jornais, revistas e antologia, além de dois livros publicados, um de poemas e um romance. Na véspera de sua publicação, seu segundo livro, intitulado *Cantos à beira mar*, foi noticiado da seguinte forma, n'*O Publicador Maranhense*:

> Este é o famoso título debaixo do qual vão ser impressas as poesias da talentosa maranhense, D. Maria Firmina dos Reis. Digna professora pública do ensino primário da freguesia de Guimarães. São bem conhecidos muitos dos seus mimosos versos; e por eles, sem dúvida, o público acolherá muito agradavelmente a coleção que se lhe promete (2 de janeiro 1871, O Publicador Maranhense).

Mas a História da Literatura se esqueceu de Maria Firmina por três quartos de século, com exceção de Augusto Vitorino Sacramento Blake, o biógrafo que escreveu sobre ela, em 1900, no *Dicionário bibliográfico brasileiro*. No momento em que escrevemos este verbete, Maria Firmina dos Reis figura como personalidade consolidada no panorama da literatura nacional, como uma das primeiras romancistas brasileiras,[1] sendo a primeira a publicar um romance em forma de livro: Úrsula, em 1959, pela Tipografia do Progresso de São Luís do Maranhão.

Mesmo quando o reconhecimento de sua importância veio com a obra de 1975 de José Nascimento Morais Filho, pouco se sabia sobre sua ascendência, sendo retratada como uma mulher mestiça de pele clara, cuja mãe era branca e pertencia à família Reis, relativamente abastada, estabelecida no município de Guimarães, no Maranhão. Naquela época, acreditava-se que o pai de Maria Firmina, identificado em sua certidão de óbito como João Pedro Esteves, fosse negro, o que justificaria a afrodescendência da filha.

Morais Filho (1975), quando de sua pesquisa, teria entrevistado remanescentes da geração de Firmina, além de alguns de seus descendentes, que apontaram o filólogo Sotero dos Reis como primo, contemporâneo e influenciador da trajetória de Maria Firmina.

Tais informações, inclusive, motivaram a associação da imagem de Firmina a uma ilustração da escritora gaúcha e branca Maria Benedita Câmara (1853-1895), conhecida como Délia. Mesmo o busto esculpido em sua homenagem na Praça do Pantheon, no centro de São Luís, inaugurado em 1975, apresenta uma mulher de traços finos e seios fartos, exaltando sua sensualidade. Na descrição feita por ex-alunos e alunas, Maria Firmina teria sido uma mulher de rosto arredondado, cabelo crespo, grisalho, cortado curto e amarrado na altura da nuca, com nariz curto e grosso. Neste verbete buscamos ilustrá-la seguindo essas indicações.

1 Outro nome reconhecido como uma das primeiras romancistas brasileiras é o de Nísia Floresta, que publicou em forma de folhetim, entre 1855 e 1856, o romance *Páginas de uma vida obscura* no jornal *O Brasil Ilustrado*, do Rio de Janeiro. No entanto, Maria Firmina é reconhecida como a primeira mulher a publicar um romance em forma de livro.

A partir de 2012, no entanto, as professoras Mundinha Araújo e Dilercy Aragão Adler, usando como fonte os registros de batismo de Maria Firmina, passaram a rebater a ascendência branca, por parte de mãe. No referido documento, com data de 11 de outubro de 1825, consta que Maria Firmina era filha de "Leonor Felippa, molata forra que foi escrava do Comendador Caetano Je. Teixei.[a] forão Padrinhos o Tenente de Milícias João Nogueira de Souza e Nossa Senhora dos Remédios do que se fez este assento que assignei". Com esse novo registro, Adler (2018) atentou-se para a imprecisão sobre as relações entre Leonor Felippa e a família Reis.

Embora no documento de batismo, assim como nos Autos de Justificação do dia do Nascimento de Maria Firmina dos Reis, indica-se o dia 11 de março de 1822 como de seu nascimento, não aparece o nome do pai. No atestado de óbito, datado de 11 de novembro de 1917, é possível identificar o nome de João Pedro Esteves, que teria sido apontado por uma amiga da família como sendo o pai de Firmina. Essa informação contradiz as biografias de Sacramento Blake e Nascimento Morais, que indicam João Pedro Esteves como pai legítimo e que a teria batizado. Cruz, Matos e Silva (2018) passaram também a rejeitar a tese do pai de Firmina ser negro; identificaram que ele seria um homem de posses, sócio do ex-escravizador de Leonor, referindo-se então ao Comendador Caetano José Teixeira conforme atestado por documento de sociedade, disponível no Tribunal da Relação, Seção Juízes de Órfãos, na Comarca de São Luís, 1820. Em alguns escritos é possível identificar a associação do pai de Firmina à negritude, mas não há relatos dos autores sobre a origem dessa atribuição.

Em alguns relatos biográficos sobre a autora, é dado como certo que Firmina teria ficado órfã de mãe por volta dos cinco anos de idade, o que a teria levado a sair de São Luís do Maranhão. Logo, Leonor Felippa teria morrido entre 1827 e 1830, conforme os dois registros de nascimento de Maria Firmina. No entanto, em 1860, n'*O Publicador Maranhense*, de 04 de janeiro, constam como passageiros do vapor com destino ao Pará, no dia 03 de janeiro, "Leonor Felippa dos Reis", mãe de Maria Firmina, a própria Maria Firmina dos Reis e outras três mulheres com o mesmo sobrenome: Henriqueta Romana dos Reis (tia), Amália Augusta dos Reis (irmã), Balbina [sic] Amália dos Reis (prima), conforme atestam Cruz, Matos e Silva (2018, 158).

Talvez a assunção da morte da mãe de Maria Firmina tenha vindo pela sua mudança para a casa da tia Henriqueta, em 1830, que morava em Guimarães, onde viveu pelo resto da vida. No entanto, a constatação da presença de Leonor, na vida adulta de Maria, pode indicar que a mudança tenha ocorrido por outros motivos, inclusive, por complicações com a família oficial de seu pai, presumidamente branco e de posses. A vida escolar de Maria teria se iniciado a partir da mudança para Guimarães. Alguns biógrafos assumem que as melhores condições de vida da parenta tenham favorecido o acesso ao ensino de Maria Firmina. Outros pressupõem que o pai, pelas condições de vida, possa ter subsidiado seus estudos, mesmo que não tenha reconhecido formalmente a paternidade.

Embora as aulas de primeiras letras para crianças negras tenham sido possíveis (apenas) a partir de 15 de outubro de 1827 (ano em que Firmina mudou-se para Guimarães), quando foi aprovada uma lei que apontava a obrigatoriedade de "Em todas as cidades, villas e logares mais populosos, haverão as escolas de primeiras letras que forem necessárias", as primeiras turmas começam a acontecer, ainda, a partir de maio de 1855, com um contingente de alunos notadamente composto por mestiços (mulatos, caboclos e mamelucos), conforme indica Cruz (2009). Dessa forma, a menina Firmina não foi contemplada por essa realidade como aluna.

Assim, não se sabe ao certo como se deu o acesso à formação educacional de Maria Firmina, embora esta tenha nascido livre, provavelmente em 1822, como consta na justificação de seu registro de nascimento. É sugestivo que ainda tenha encontrado uma realidade marcada por exageros a fim de dificultar o acesso à educação daqueles que comportavam em sua pele um teor elevado de melanina, do mesmo modo como acontece com o gênero feminino. Mas ela nos deixou uma pista: em trecho biográfico, no diário intitulado *Resumos de minha vida*, de 1863, afirma que suas disposições naturais, marcadas pela fragilidade e melancolia, foram arrematadas por "uma espécie de educação freirática", ao mesmo tempo em que declara que viveu uma infância reclusa na "casa materna", e que suas únicas companhias eram sua irmã e prima, além das plantas cultivadas por sua avó.

Pressupomos, então, que sua instrução tenha ocorrido em casa, talvez com a contratação de alguma tutora, possivelmente, freira, mas suspeitamos que sua inserção no sistema educacional da época não tenha sido fácil. Como afrodescendentes, temos ciência de que, até os dias atuais, nosso caminhar é sentido, dorido e aflito; acrescentamos mais algumas lamúrias: é pujante, atenuante e, sobretudo, desgastante. O contexto vivido por Maria, durante o século XIX, era ainda muito embebecido pelo conservadorismo e patriarcado, o que certamente lhe trouxe desafios.

Além do racismo educacional, Maria Firmina se incomodava com as diferenças de escolaridade para meninos e meninas. Durante todo o século XIX e início do século XX, a maior parte das escolas e colégios brasileiros permaneceu separada por sexo. A doutrina cristã, a leitura, a escrita e o cálculo elementar eram suficientes para as meninas, acrescidos das "prendas que servem à economia doméstica", conformando a receita, para a produção de mulheres "belas, recatadas e do lar", inseguras e voltadas para a reprodução.

Como mulher negra e livre, Maria Firmina dos Reis buscou romper com os meios possíveis para quebrar esse ciclo vicioso de manter a população afrodescendente amordaçada, aos vieses do servilismo. Assim, ela transcendeu esse sistema racista e promoveu sua colocação no ensino. É fato que a justificativa sobre a data de nascimento de Maria Firmina ocorreu para que ela pudesse concorrer, no concurso público de 1947, para professora do ensino primário, cargo que exerceu até se aposentar, em 1881. O concurso era permitido para maiores de 25 anos, critério que foi cumprido e provado, por Maria Firmina, após a correção da data de seu nascimento.

A presença de sua mãe nesse momento pode ter sido fundamental, para esclarecimento do equívoco, e ilustra o tipo de mulher que Firmina se tornou ao se recusar a ser levada de liteira, carregada por escravizados, contratada por sua mãe, para a posse do cargo de professora.

Um ano antes de sua aposentadoria, em 1880, fundou em Guimarães a primeira escola mista do Maranhão, no povoado de Maçaricó, fora da sede do município, que recebia gratuitamente meninos e meninas pobres, como atesta Morais Filho (1975) e Sacramento Blake (1900). Acreditamos que, por não ser um lugar de fácil acesso, além da distância da sede do município e a dificuldade de deslocamento, especialmente à época em que Maria Firmina foi professora, ela não ia e voltava, todos os dias, para a escola, que hoje não mais existe, havendo apenas relato de que se situava em um lugar denominado Entre Rios.

A ousadia desse feito pioneiro foi salientada por muitos autores, indicando a revolução social, moral e educacional, quando ela rompeu com o cânone oficial que segregava os sexos em classes separadas. Embora autores como Raimundo de Meneses afirmem que a escola teria causado muita controvérsia na cidade, por outro lado, Sacramento Blake salienta que o fato de as demais escolas serem gratuitas é o que teria levado ao seu fechamento, dois anos e meio após a abertura. Não há informações precisas sobre os reais motivos do fechamento da instituição, como analisa Melissa Mendes (2013). A causa pode inclusive estar relacionada à saúde da professora, que, no mesmo ano em que abriu a escola, solicitou uma licença médica para tratar de uma "inflamação no fígado", e, diante do indeferimento de mais uma licença médica, decidiu se aposentar.

Ao longo de sua trajetória profissional, diversas licenças médicas foram solicitadas. A saúde frágil pode ter sido o motivo da aposentadoria, em 1881. Sua irmã Amália assumiu o cargo em seu lugar. Durante os períodos de licença para tratamento da própria saúde, sua produção aumentava significativamente. Colaborou com distintos jornais do estado: *O país*, *A Verdadeira Marmota*, *O Jardim das Maranhenses*, *Porto Livre*, *Eco da Juventude*, *Semanário Maranhense*, *O Domingo*, *O Publicador Maranhense*, *Pacotilha*, *O Federalista*.

Por meio da pesquisa de Morais Filho (1975), tomamos conhecimento de que Maria Firmina acolheu como filhos, pelo menos, duas crianças: Leude Guimarães e Nhazinha Goulart, que deram depoimentos orais sobre ela. Indicaram que a tia Henriqueta era mulher de posses, proprietária de escravizados. Por essa via ressoaria uma voz, mesmo que personificada pelo pseudônimo de Uma Maranhense, que oportunizaria, sobretudo, críticas, ora severas, ora enfáticas, sobre a escravidão.

Já no primeiro romance publicado, Úrsula, ela inovou ao romper com a imagem dos/as escravizados/as reduzidos aos estereótipos da mulata sensual, do moleque esperto, do escravo violento/vingativo, da mãe escrava sofredora, entre outros, na qual se vislumbrava os negros apenas na condição de escravizados, no papel de vítimas ou vilões.

Assim, Úrsula, a personagem que dá nome ao livro, apesar de ser o nome de uma mulher branca, nos traz reflexões de Túlio, Antero e da Preta Susana, sobre suas próprias condições de escravizados, suas infâncias e os conflitos identitários, o processo diaspórico e o alcoolismo, temas que afligem a população africana e afrodescendente no Brasil Império de seu tempo.

Por isso, atualmente, Maria Firmina dos Reis é reconhecida como pioneira da literatura afro-brasileira e por ter inaugurado um novo gênero literário, o romance antiescravista. Em 1887, gozando de maior maturidade intelectual, política e de vida, publicou, em São Luís do Maranhão, pela *Revista Maranhense*, o conto "A escrava". Essa obra antiescravista destoa bastante do romantismo ingênuo e floreado de Úrsula, escrito ainda em sua mocidade. Destaca-se que, do humanismo católico de Ursula, percebemos uma politização que envolve discussões sobre civilização, progresso, raça e economia. As personagens de Firmina (notadamente, Joana e Suzana) são lembretes subversivos de uma África que não quer se miscigenar, que resiste em se adaptar. Longe do apagamento, esse saber ancestral se atualiza e se legitima pela autoridade da cotidianidade, escancarando uma dramática autenticidade que extrapola o estereótipo do bom senhor e do escravo contente dos romancistas da época.

Apesar de ser considerada subversiva por muitos de seus biógrafos, Maria Firmina, para outros, foi uma mulher de seu tempo. Com todo o prestígio alcançado em vida, foi inclusive visitada pelo governador do Maranhão em seu leito de morte; sofreu com o estigma de ser uma "bastarda, pobre e mulata, e de sobejo uma solteirona ou moça velha de amor frustrado", conforme narrado por Morais Filho. Morreu cega e pobre, aos 95 anos, sob os cuidados de Mariazinha, ex-escravizada, mãe de Leude. Com frequência ela desabafava sobre sua condição, como na introdução de Úrsula:

> Não é a vaidade de adquirir nome que me cega, nem o amor próprio de autor. Sei que pouco vale este romance, porque escrito por uma mulher, e mulher brasileira, de educação acanhada e sem o trato e a conservação dos homens ilustrados, que

> aconselham, que discutem e que corrigem, com uma instrução misérrima, apenas conhecendo a língua de seus pais, e pouco lida, o seu cabedal intelectual é quase nulo (REIS, 1975, 93).

Em seus escritos, salienta sua própria fragilidade e melancolia, advindas de uma educação humilde, voltada para os afazeres domésticos, ou, ainda, o fato de ser reflexo das discriminações, em relação ao seu status de ilegítima ou de mestiça, ou ainda por alçar voos na vida pública, o que era incomum e até indesejável para as mulheres que almejavam o matrimônio no período, ou ainda por ser uma mulher escritora. Teriam sido esses os motivos para que não vivesse seu grande amor anônimo? Ou ela teria tido outros?

No poema "Saudades", escrito para sua leal amiga Terezinha, Teresa de Jesus Cabral, cada estrofe denuncia uma ligação entre ambas, para além da amizade. Percebe-se que estes versos em quarteto, isométricos, com rima finalizada a cada estrofe, com a palavra SAUDADE, trata-se de um poema lírico, de caráter amplamente sentimental e subjetivo. No entanto, na décima quarta e décima quinta linhas, a poetiza deixa subtendido o seu casto desejo, ou seja, a sua abstenção por castidade, e seguidamente revela, de forma contraditória, o contato com os lábios de sua íntima amiga, o que ameniza, de certa forma, tamanha saudade, isto é, essas recordações de Terezinha fazem com que se torne menos intensa a nostalgia aferida por Firmina.

Seria esse desabafo, tão íntimo, sobre as saudades de um laço afetivo com Teresinha algo para além de uma amizade? Seria esse o amor anônimo não vivido? Ou o motivo de Maria Firmina não ter se casado? Embora não seja muito difundida essa problemática, convidamos o leitor a ler os versos de uma das poesias feitas em homenagem a Terezinha, cujo título é:

**Saudades**
**A Minha Intima Amiga T.J.C.S.**

Meus ais arrancados do imo do peito.
Gerados na amarga, cruel soledade.
Recebe-os, querida, no teu coração.
Escuta-lhes a voz, só dizem — saudades!
Aqueles mimosos, dourados instantes.
Em que me jurastes eterna amizade.
Revoca a meu peito, curvado de dores.
Os gratos transportes de infinda saudades.
Jamais de ti tão doces instantes
Me escapam da alma, singela deidade!
Mas, ah! Minha cara, do bem gozamos.
Só hoje me resta perene saudade!

Se a força igualasse, meu anjo querido.
Aos castos desejos, que gera a amizade.
Lá junto a teus lábios, lá sobre teu peito.
Quebrara — quebrara tão funda saudade.
Sem ti, cara amiga — do mundo a grandeza.
Desvelos — ternura — primor, ou bondade.
Não prendem minha alma, não rouba-me afetos.
Que tudo aborreço, só amo a saudade.
Tereza! eu te vejo no rubro horizonte.
No dia — na planta — na erva e na tarde.
Te escuto na brisa — no cicio do vento.
Na voz da minha alma — na voz da saudade.
Te vejo na relva — no campo — e na flor;
Mas, oh! fantasia... cruel realidade!!...
E só na minha alma, que estás a meu lado.
Nutrindo meu peito de viva saudade.
Adeus, meigo enlevo desta alma que é tua...
Reitera-me os votos da eterna amizade.
Aceita os transportes de minha afeição.
Aceita os delírios de minha saudade.
(REIS, 1861 apud FILHO, 1975, 165-6).

Ao trazermos essas questões sobre o contexto em que viveu Firmina, ecoa em nossas mentes efervescentes o quanto verbos como lutar e resistir fizeram parte da nada efêmera vida da escritora. Apesar das muitas inibições, fundou uma instituição escolar, escreveu romances, contos, músicas, poesias, teceu fortes críticas à escravidão, foi pioneira de um novo gênero literário: o antiescravista.

## REFERÊNCIAS

ADLER, Dilercy. 2018.A mulher Maria Firmina Dos Reis: uma maranhense. Rio de Janeiro. Editora Malê.

BLAKE, Augusto Victorino Sacramento. 1970. Dicionário bibliográfico brazileiro. Edição Fac-simile, Brasóloa: Conselho Federal de Cultura, vol. VI, p. 232.

CRUZ, Mariléia dos Santos; MATOS, Érica de Lima de; SILVA, Ediane Holanda. Setembro a dezembro de 2018. "Exma. Sra. d. Maria Firmina dos Reis, distinta literária maranhense": A notoriedade de uma professora afrodescendente no século XI. In: Notandum, nº 48. *CEMOrOc*-Feusp / Univ. Autònoma de Barcelona, p.151-166. Disponível em: http://www.hottopos.com/notand48/151-166Marileia.pdf. Acessado em janeiro de 2022.

CRUZ, Mariléia Santos. Dezembro de 2009. A educação dos negros na sociedade escravista do Maranhão Provincial. In: Dossiê escravidão. Imperatriz – MA, vol.6, nº.8, p. 110-129.

FILHO, Nascimento Morais (Org). 1975. Maria Firmina: fragmentos de uma vida. São Luiz. Comissão organizadora das comemorações de sesquicentenário de nascimento de Maria Firmina dos Reis. São Luís: Gráfica Gramada.

MENDES, Melissa Rosa Teixeira. 2013. Uma análise das representações sobre as mulheres no Maranhão da primeira metade do século XIX a partir do romance Úrsula, de Maria Firmina dos Reis. Dissertação de Mestrado em História Social. São Luís – MA: Universidade Federal do Maranhão (UFMA).

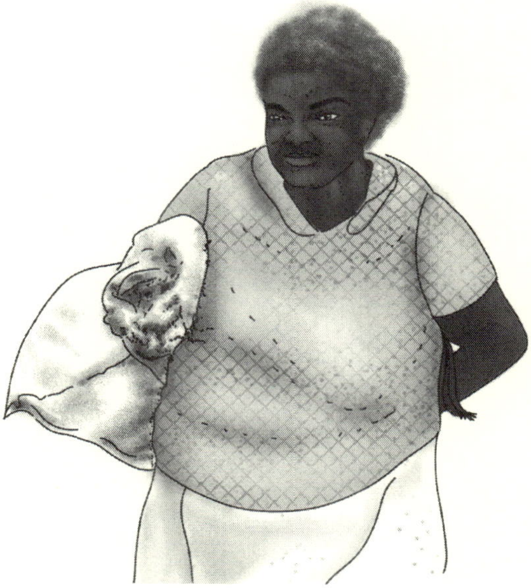

# Maria Grampinho

## MARIA DA PURIFICAÇÃO: ENTRE CORES E RETALHOS DA MEMÓRIA

**Kenia Érica Gusmão Medeiros**

Maria da Purificação, conhecida como Maria Grampinho, nasceu na Cidade de Goiás no dia 2 de fevereiro de 1904, 16 anos após a abolição da escravidão no Brasil. O apelido veio do seu hábito de usar muitos grampos em seus cabelos. A composição de sua aparência trazia ainda outros detalhes marcantes. Os moradores da Cidade de Goiás que a conheceram relatam que ela fazia suas próprias roupas e costumava costurar nelas botões de todas as cores e materiais. Ganhados ou achados, os botões ajudavam a compor a bricolagem de suas peças. Maria também tinha como hábito caminhar cotidianamente pelas ruas da cidade segurando sua trouxa, sobre a qual Diane Valdez indagou no título do seu livro: *O que teria na trouxa de Maria*? (2008).[1] Fotografias; versos da poetisa e doceira

1 CF: VALDEZ, Diane. O que teria na trouxa de Maria? Ilustrações: Alda Miriam Ribeiro. 4ª reimpr. Goiânia: Cânone Editorial, 2016.

Cora Coralina; narrativas fílmicas; trabalhos acadêmicos; o artesanato nela inspirado; e memórias de expressão oral são fontes sobre a história de vida de Maria Grampinho.

Na figura ilustrativa, podemos ver a trouxa e os muitos botões costurados em suas roupas. Infelizmente, a fotografia que inspira a ilustração não permite que identifiquemos visualmente, em seus cabelos, seus muitos grampos, que até hoje permanecem entranhados na memória coletiva. Maria Grampinho está numa rua com pavimentação de pedras, marca da urbanização de outro tempo; em um lado, há automóveis estacionados, o mais próximo deles, um modelo lançado na década de 1970, ao fundo, algumas pessoas transitam. Essa fotografia revela indícios de diferentes tempos vividos por Maria.

A Cidade de Goiás, onde ela viveu, teve o início de sua formação na primeira metade do século XVIII, em um contexto diretamente ligado à atividade mineradora. Inicialmente batizada como Arraial de Sant'Ana (1727), depois passou a ser chamada de Vila Boa (1739). Posteriormente, tornou-se Cidade de Goiás por carta régia de D. João VI (1818). Foi capital por mais de 200 anos, até 1937, ano da transferência do governo e da administração do estado para Goiânia.[2] O conjunto paisagístico e arquitetônico foi tombado pelo Iphan em 1978, e em 2001 a cidade foi reconhecida como patrimônio cultural da humanidade. A cidade hoje abriga o comércio voltado para o artesanato, restaurantes de comidas típicas, e conta ainda com três instituições públicas de formação superior. Há 22 anos, a cidade é sede anual do Fica, o Festival Internacional de Cinema e Vídeo Ambiental.

De acordo com relatos de moradores, Maria fazia as refeições nas casas de famílias conhecidas e dormia numa espécie de porão da casa da doceira e poetisa Cora Coralina. A memória coletiva informa que todos os dias, ao cair da tarde, depois de um dia de andanças pela cidade cortada pelo Rio Vermelho, carregando sua inseparável trouxa, ela retornava à casa velha da ponte.[3] A poesia escrita por Cora Coralina conta que Maria já vivia na casa antes de a dona retornar de São Paulo a Goiás, em 1956.

**Coisas de Goiás: Maria**

Maria, das muitas que rolam pelo mundo.
Maria pobre.
Não tem casa nem morada.

2 Em 1961, o então governador, Mauro Borges, decretou que a partir de então, no dia do aniversário da cidade, 25 de julho, o chefe do executivo goiano despacharia do Palácio Conde dos Arcos na Cidade de Goiás. Houve uma interrupção nessa transferência comemorativa da capital em 1979, voltando a ser realizada em 1984 ininterruptamente até 2020, ano em que o mundo já sofria com a crise sanitária causada pela pandemia de covid-19.

3 Há dois curtas produzidos sobre Maria Grampinho com depoimentos de moradores da Cidade de Goiás. *Maria Grampinho, seus botões, suas trouxas, seus haveres* (2009) e *Maria Grampinho* (2020), ambos disponíveis no YouTube na época em que este texto foi escrito.

Vive como quer.
Tem seus mundos e suas vaidades.
Suas trouxas e seus botões.
Seus haveres.
Trouxa de pano na cabeça.
Pedaços, sobras, retalhada.
Centenas de botões, desusados, coloridos, madre – pérola, louça,
Vidro, plástico, variados, pregados em tiras pendentes.
Enfeitando.
Mostruário.
Tem mais, uns caídos, bambinelas, enfeites, argolas, coisas dela.
Seus figurinos, figurações, arte decorativa, criação, inventos de Maria.
Maria Grampinho, diz a gente da cidade.
Maria sete saias, diz a gente impiedosa da cidade.
Maria. Companheira certa e compulsada.
Inquilina da casa velha da ponte
Digo mal: Usucapião tem ela, só de meu tempo,
vinte e seis anos.
Tão grande a casa velha da ponte...
Tão vazia de gente, tão cheia de sonhos, fantasmas e papelada,
tradicionais papéis de circunstância
Seus fantasmas, enterro de ouro. Lendas e legendas.
Cabem todas as Marias desvalidas do mundo e da minha cidade.
Quem foi o pai, a mãe e a avó de Maria?
Quantos anos tem Maria? Como foi que nasceu? De que jeito sobreviveu?
Estacou no tempo, procura sempre no quintal seus grampinhos
repassados na densa e penteada camada capilar,
onde acomoda em equilíbrio singular seus mistérios...
Teres e mordomias e seus botões alegres, coloridos, seriados,
chapeando a veste, que por ser pobre, não deixa de ser nobre,
resguarda sua nudez casta, inviolada.
Sete blusas, sete saias, remendo cento de botões
cem números de grampinhos. Muito séria, não dá confiança.
Garrafa de plástico inseparável. Água, leite, mezinha, será..
Entre, Maria, a casa é sua.
Nem precisa mandar. Seus direitos, sem deveres,
vai pela manhã e volta pela tarde.
Suas saias, seus botões, seus grampinhos, seu sério,
muda e certa.
Maria é feliz. Não sabe dessas coisas sutis e tem quem a ame.
Uma família distinta da cidade, que a conheceu em tempos,

> dá referência: Maria tinha até leitura e fazia croché,
> ponto de marca, costurava.
> Tem a moça Salma, humana e linda, flor da cidade,
> luz da sociedade goiana, ela preza Maria e fala
> como fala a generosidade das jovens: Maria me contava estórias,
> quando eu era pequena.
> Fui carregada nos braços de Maria.
> Meus filhos e netos quando chegam perguntam:
> "E Maria, ainda dorme aqui?"
> Todos gostam de Maria, e eu também.
> Estas coisas dos Reinos
> Da Cidade de Goiás.

A Maria de Cora é misteriosa e desperta curiosidade da poetisa. Cora relata seus hábitos, as relações de afeto mantidas com pessoas da cidade, mas também reflete sobre seu descolamento social, sua origem desconhecida; especula sobre como se deu sua sobrevivência, sendo uma mulher em condição de extrema vulnerabilidade social. A História do Brasil é marcada pelo racismo estrutural, pela falta de políticas públicas e pela marginalização social de determinados grupos, entre eles as populações negras. No caso das mulheres negras, diferentes eixos de subordinação acarretaram (e ainda acarretam), para muitas delas, vivências de exclusão social, miséria e até mesmo problemas com a saúde mental.

Ao escrever sobre o golpe de 1964, o modelo econômico adotado e a população negra, Lélia Gonzalez advertiu sobre as condições materiais e as subjetividades psicológicas que condicionavam negros no Brasil. A autora argumentou que ocorrera no país uma "reinterpretação da teoria de um lugar natural", no caso, de dominação, pobreza, carência para pessoas negras (GONZALEZ, 1982, 15). A análise de Lélia Gonzalez sobre esse suposto "lugar natural" ajuda a compreender o "ser negro" no Brasil. Não conhecemos com certeza as reais condições psicológicas, nem mesmo a trajetória que levou Maria Grampinho a ser uma andarilha, mas sabemos que as subjetividades, a cultura e os imaginários do tempo em que viveu promoviam diversas formas de subalternização dos corpos e mentes de mulheres negras.

No Cerrado, a primavera chega colorindo a paisagem natural com cores vivas em meio ao clima seco. A de 1985 trouxe o fim das caminhadas de Maria Grampinho pelas ruas da Cidade de Goiás. No dia 24 de setembro, ela foi encontrada morta no porão da casa velha da ponte, sendo constatada, depois, uma parada cardíaca. Sobre esse dia, Marlene Gomes Nolasco, moradora da Cidade de Goiás e diretora do Museu Casa de Cora Coralina, afirma que, após a morte, ao despirem as muitas camadas de roupas de Maria, perceberam a magreza de seu corpo.[4] Setembro de 1985, contudo, não a retirou completamente das ruas da Cidade de Goiás. Hoje ela está presente nas bonecas de pano vendidas por artesãs, nos "causos" contados pelos moradores, no Museu Casa de Cora, nos projetos escolares e acadêmicos dedicados a discutirem essa personagem, enfim, na cultura da cidade onde viveu.

Na Cidade de Goiás sua história é contada nos museus, nas lojas, nos bares, nos restaurantes, enfim, andando pela cidade, não é difícil encontrar histórias e memórias sobre Maria Grampinho. Apesar desses relatos apresentarem muitas similaridades e convergências, como é comum na memória coletiva, alguns detalhes mudam de acordo com o narrador. Por exemplo, há falas sobre uma Maria falante mas também há falas sobre uma Maria muito silenciosa. Existem, ainda, menções a uma possível decepção amorosa como causa de sua vida à margem de tantos padrões sociais. A emoção que sua memória evoca, contudo, é a lembrança de uma pessoa que fez parte do cotidiano da cidade e que, de uma forma particular, atravessada por suas vulnerabilidades, construiu relações duradouras. Quando se trata de pesquisas que levam em conta a oralidade, como refletiu Ecléa Bosi, o interesse está muito mais no que foi escolhido para ser lembrado do que na precisão da veracidade (BOSI 1983). Esses relatos são como retalhos da memória que se misturam, se completam, se sobrepõem em elaborações narrativas sobre a Maria da qual cada um se lembra. De toda forma, persiste a representação de uma mulher que costurou relações com a comunidade da qual fazia parte.

Para além de conjuntos arquitetônicos, patrimônios são bem culturais que transcendem questões de materialidade, deles fazem parte escolhas e narrativas coletivas que evocam sentidos para quem os vivência. A figura de Maria Grampinho vem sendo transformada em bem cultural, numa articulação entre memória e identidade. A forma de se relacionar com o passado dos historiadores e historiadoras é específica e de ordem científica, entretanto, seus olhares não podem desconsiderar as produções memorialísticas, discursivas e patrimoniais, sobre outros tempos, e seus personagens, elaborados pela sociedade. A imagem da mulher negra com adereços coloridos tornou-se símbolo cultural incorporado nas narrativas da cidade sobre seu passado.

Pelos caminhos da memória, a comunidade foi tecendo narrativas sobre Maria, cuja representação, hoje, é considerada valor simbólico. Como patrimônios também são produtos comerciais que podem ser explorados em atividades econômicas, as bonecas de variados tamanhos e formas, camisetas e outros artesanatos com a imagem de Maria Grampinho estão nas lojas e feiras pela cidade, possibilitando

4 Esse depoimento encontra-se no filme *Maria Grampinho*, de 2020.

geração de renda. O artesanato que a ela faz referência desterritorializa sua existência ainda envolta em mistérios, fazendo com que suas andanças sejam ampliadas e conhecidas por outros caminhos.

As vaidades citadas por Cora Coralina no poema foram formas de expressão e construção de uma identidade que a tornaram singular. Na linguagem das costuras, botões possuem suas casas, nas quais, ao serem acomodados, possibilitam a união das partes de uma peça de roupa. Nas roupas de Maria, os botões enfeitavam, traziam cores, formas e texturas aos tecidos que vestiam um corpo resistente a muitas formas históricas de subalternização. Camadas de saias, muitos grampos nos cabelos, trouxa pendurada no corpo, a fartura de detalhes, em evidente oposição a sua carência social, foram traços de uma identidade construída pelos caminhos entre as ruas revestidas de pedras e cobertas de passados da antiga capital de Goiás.

## REFERÊNCIAS

BOSI, Ecléa. 1983. Memória e Sociedade: lembranças de velhos. São Paulo: T. A. Queiroz Editora.

CORALINA, Cora. 2020. Melhores Poemas de Cora Coralina [digital]. Direção: Edla van Steen. Seleção e Prefácio: Darcy França Denófrio. 2ª ed. São Paulo-SP: Global Editora.

GONZALEZ, Lélia; HASENBALG, Carlos. 1982. Lugar de negro. Rio de Janeiro: Marco Zero.

MENESES, José Newton Coelho. 2004. História e turismo cultural. Belo Horizonte: Autêntica.

# Maria José Alves Dias

## UMA MARIA ENTRE MUITAS: CONGADEIRA, AGENTE PASTORAL, MILITANTE DO MOVIMENTO DE MULHERES NEGRAS EM GOIÁS

**Rosinalda Corrêa da Silva Simoni**
**Thais Alves Marinho**

Maria José Alves Dias nasceu em 08 de janeiro de 1937, em Catalão, no estado de Goiás, onde residiu até a década de 1940. De família católica, aprendeu desde cedo a devoção à Virgem do Rosário; filha de congadeiros, se tornou rezadeira desde cedo, sempre no auxílio dos festejos em homenagem à santa; cursou apenas o ensino fundamental, mas lia e escrevia poesia, casou-se muito cedo. Apesar da devoção, era também questionadora e não se submeteu ao sacramento do matrimônio incondicionalmente. Viveu um casamento abusivo no qual a violência psicológica era evidente, ouvia diariamente de seu marido que "mulher não podia nada", "quando ouviu de seu esposo que homem pode rolar na poeira que nunca se suja, mas a mulher não, se rolar na poeira nunca vai deixar de ser suja",[1] deu

1 Depoimento de Divina Aparecida Alves Dias, filha de Maria José, para esta pesquisa, em 10 de julho de 2020.

um basta na relação e na humilhação que vivia. Depois do oitavo filho, decidiu se separar, pois não aguentava mais a violência dentro de casa; a separação aconteceu quando ela já morava em Goiânia, isso na década de 1960.

Como mulher negra, desquitada, sofreu discriminação, mas não desistiu, trabalhava como lavadeira para ajudar em casa. Em Goiânia, Maria José decidiu transformar sua dor em luta; residia na região noroeste, na Vila João Vaz, uma das mais pobres e negras da cidade, onde a violência doméstica era naturalizada pela lógica patriarcal. No entanto, a subalternização das mulheres não ocorria sem resistência e mobilização, indicando que outros sentidos e percepções sobre o gênero eram também cultivados por mulheres negras. Acostumadas a chefiarem suas famílias, nutrindo-se da religiosidade e ancestralidade nessa condução, rejeitam a desumanização de suas vidas, e se percebem como protagonistas nelas, encontrando, em redes de apoio consaguíneo e não consaguíneo, suporte para encamparem suas lutas.

Assim, quando Maria José era questionada do porquê da separação, ela explicava cada agressão sofrida, e finalizava dizendo que ninguém tinha o direito de humilhar as mulheres. Maria José teve a companhia constante do irmão mais velho, Pedro Casimiro, congadeiro desde sempre, era compositor de cantigas tocava e fabricava instrumentos. Em Goiânia, Maria José começou a estudar, segundo ela para entender "as desigualdades da vida", aqui, frequentava a Paróquia Nossa Senhora da Libertação do Jardim Liberdade. Era uma oradora nata, foi catequista, coordenadora do batismo, ministra da Eucaristia e da palavra. Também coordenava o grupo dos idosos e o de mulheres. Sempre acreditou que o saber libertava, então tudo que aprendia passava adiante. Graças aos cuidados e devoção, se tornou uma das fundadoras da pastoral afro em Goiânia, esteve na articulação de um dos primeiros grupos feministas de mulheres negras de Goiânia, o Grupo de Mulheres Negras Malunga, ajudava nas reuniões dava formação sobre violência doméstica. Atuou como educadora popular pela Prefeitura de Goiânia, na região onde residia.

Na década de 1970, com seu irmão Pedro Casimiro, seu Onofre e outra Maria, dona Maria de Lourdes, ajudou a fundar a primeira congada de Goiânia, a Congada Rosa e Branco. Em um bairro vizinho e pouco tempo depois, auxiliou na fundação da Congada da Vila João Vaz. Ela e seu irmão Pedro passaram a ser conhecidos como Patrono e Patronesse da Congada da Vila João Vaz. Seus discursos eram famosos, e não havia um evento em que as pessoas não pedissem para ouvir dona Maria José. De voz mansa e articulada, ela levou o seu bairro e a Congada da Vila João Vaz a ser o único grupo com igreja própria. Foi graças à articulação política de dona Maria José que a Igreja de Nossa Senhora do Rosário e São Benedito da Vila João Vaz foi construída. Ela era responsável pela parte litúrgica do festejo, e assim o fez até sua morte, por causas naturais, em 2008. Nas narrativas de outras mulheres congadeiras, dona Maria aparece como aquela que "ensinava nossa cultura, nossas raízes que nos mostrava que Jesus era para todos e por todos, que ensinava que a luta dos negros era diária".

Era conhecida como Maria José das Congadas e da pastoral afro, pois foi uma das fundadoras em Goiânia da Pastoral do Negro, em 1988, e da Pastoral das Mulheres, em 1986, conforme esta entrevista da profa. Divina Jordão (2020):

> Em julho do ano 1986 aconteceu o 6º encontro de Cebs (Comunidade Eclesial de base) em Trindade. Em Goiânia e Trindade foram formadas várias equipes na preparação e na execução do encontro. Este encontro foi tão importante e sagrado que nos abriram vários caminhos sobretudo para as comunidades e em especial para as mulheres. Quando o encontro terminou em julho de 1986 um grupo de mulheres de Goiânia se reuniu e iniciou a Pastoral da Mulher e aí conheci Maria José. Em 1988 a campanha da fraternidade tinha como tema o Negro. Maria José e outras mulheres e homens formaram o grupo da Pastoral do negro. Assumiram todos os anos uma celebração Afro e tantas outras atividades. Na Campanha da Fraternidade tivemos uma missa na Catedral de Goiânia celebrando as mulheres. No final da celebração D. Antonio convidou D. Maria José para dar a bênção para todos os presentes. Este foi um grande marco que chegou até Roma. Dona Maria José auxiliou na fundação de vários grupos. ela tinha sempre uma poesia resumindo ou enaltecendo o acontecimento. Era a nossa grande matriarca, sábia, compromissada, sempre presente, visão aberta e amiga de todos e muito respeitada por todos. Ela marcou muito em nosso meio eclesial, pastoral, negros e congada. (DIVINA JORDÃO, entrevista concedida a SIMONI em agosto 2020)

A Congada da Vila João Vaz está em sua quarta geração da mesma família, como evidenciado pela narrativa de Divina Alves, em 2020. Filha de dona Maria José, ela carregou seu legado de luta e liturgia na congada até sua morte, em março de 2021, por complicações oriundas da anemia falciforme, doença que mata por puro desconhecimento. Esses foram uns dos motivos pelos quais dona Maria José ajudou a criar a pastoral da saúde com ênfase na população negra, ainda na década de 1980, dois de seus filhos nasceram com anemia falciforme. Divina seguiu os passos de sua mãe, atuou como educadora popular e assistência social na Prefeitura; além de participar do grupo de Mulheres Negras Malunga por um tempo, grupo que sua mãe ajudou a fundar. Durante as pesquisas sobre a memória fundadora da Congada da Vila João Vaz, o nome Pedro Alves Casemiro é a força motriz de todas as narrativas, pela postura, fé e exemplo, e ao seu lado aparecem as mulheres: dona Maria Bertolina (faleceu 2015, *in memoriam*), rainha perpétua da congada; dona Maria do Rosário Alves, rezadeira; dona Tita, rezadeira. Todas essas citadas trazem como referência litúrgica, religiosa e política Maria José Alves, mesmo esta sendo mais nova, como cita dona Maria do Rosário, sua irmã mais velha:

> Maria José era boa para falar, ela estava sempre envolvida com as coisas, e ajudou a consegui o terreno da igreja com bispo e o material, conversava com as mulher do bairro, de tudo, ela lia muito para ensinar, foi por causa dela que nos conseguiu agente de saúde, projeto pra criança num ficar na rua, as freira chamava ela pra tudo, e ela ainda fazia chá, ela vinha aqui perguntava pra mim eu ensinava ela fazia e levava (Maria do Rosário, entrevista concedida a SIMONI em 2015).

A igreja de Nossa Senhora do Rosário e São Benedito, da Vila João Vaz, foi construída em um terreno cedido pela paróquia de Nossa Senhora da Esperança na década de 1980. Ela foi construída para atender a comunidade e a Festa do Rosário, seguindo os ensinamentos do arcebispo do Recife, dom Helder Câmara, que via na pastoral afro uma forma de manter viva a fé desse grupo no catolicismo. Essa diretriz católica foi consolidada por pessoas como Maria José Alves, uma grande aliada das liturgias de origem afro. Durante as pesquisas, ficou evidenciada a importância de Maria José dentro dos festejos da Congada da Vila João Vaz, no entanto, os detalhes de sua participação e dedicação durante sua vida apareciam especialmente na fala das mulheres, o que pode levar à interpretação equivocada de que a congada no discurso oficial é comandada pelos homens, vista, portanto, como espaço de atuação masculino. Mesmo os homens reconhecem a importância das mulheres nas congadas, esse fato é visível nas "reverências" que elas recebem dos grupos em vários momentos dos festejos. Assim, nas narrativas femininas especialmente, a presença dos dois: Patrono (Pedro Casimiro) e Patronesse (Maria José), aparece de forma evidente, cada um com seu papel, mas ambos fundamentais para que a congada se tornasse uma das mais conhecidas do estado.

**Divina Alves**

Assim, apesar do desejo de encontrar o patriarcado como estrutura universal que permeia as relações de gênero, entendemos que existem relações hierárquicas entre os gêneros, mas a distribuição dos papéis não é necessariamente suplementar e antagônica, como na lógica de gênero burguesa ocidental, em que os papéis e os espaços de atuação de homens e mulheres é bem delineado. Ao homem branco é atribuída agência para atuar na vida pública, no estado, na academia, já que se configura como "um ser de civilização, heterossexual, cristão, um ser de mente e razão", à mulher branca cabia a reprodução da "raça" (branca) e do capital, "por meio de sua pureza sexual, sua passividade, e por estar atada ao lar à serviço do homem branco europeu burguês" (LUGÓNES, 2014, 936). Essa binarização se apoia numa naturalização e essencialização do sexo biológico, em que o par superior é universalizado, enquanto o par inferior sustenta, por oposição, a posição do primeiro. No caso da Congada da Vila João Vaz, entendemos que há divisões e assimetrias, mas que o gênero não é indicativo da inferioridade das mulheres na congada. Isso porque há concepções duais e múltiplas, não fundadas no dimorfismo sexual, que consideram fatores como a senioridade, para além do órgão sexual. No caso das mulheres afrodescendentes especialmente, entre os grupos que nutriram a herança ancestral africana, notadamente a partir da cultura Iorubá, há a possibilidade de serem valorizadas, justamente, pelo poder da reprodução, ou seja, da criação da vida, e, por isso, elas figuram como autoridade central, ao lado do masculino, ambos matripotentes.

No bojo do catolicismo, em que a hierarquia binária de gênero predomina, o reconhecimento de Maria José como Patronesse da Congada e seu protagonismo na criação da pastoral afro, das mulheres e do idoso indicam a não conformação dessa mulher negra às restrições ao gênero feminino ocidental. Por isso, apesar da devoção ao catolicismo, se divorciou. Mesmo que Pedro Casimiro seja reconhecido publicamente como Patrono, o fato de ela ser indicada como Patronesse implica uma hierarquia menos binária, suplementar e antagônica, em distinção da lógica do patriarcado ocidental. Parece indicar mais uma flexibilidade e complementariedade entre os papéis de gênero e entre público e privado, em referência à herança ancestral iorubá e ameríndia (SEGATO, 2003 e 2012), que adota concepções de gênero duais e complementares, em que os papéis de gênero não são tão rígidos ou definidores dos papéis sociais dos sujeitos.

Ao mesmo tempo, dona Maria José, a exemplo de tantas afrocatólicas que atuam desde as Irmandades, contribuiu para inserir elementos afro nas liturgias católicas e encampou ações coletivas contra a desigualdade de gênero e contra o racismo. Dessa forma, ela atuou como construtora de solidariedades, mobilizadora de ações coletivas e de recursos financeiros, especialmente durante as atividades da congada, quando, acompanhada de distintas outras mulheres, organizou os adornos, as refeições, os ensaios, na beira do fogão e da máquina de costura; e também nos espaços formais de mobilização social, como nas pastorais e no Grupo de Mulheres Malunga, no qual promoveu articulações em prol de seus direitos e contra as desigualdades raciais e de gênero.

Era e é entre os temperos, os terços, as falas, os cânticos e as conversas ao redor do fogão, nos terreiros, quintais e alpendres, que essas mulheres teciam e tecem liberdade e disseminam a igualdade de gênero pela qual tanto lutam. Assim, afirmamos que Maria José contribuiu para que o afrocatolicismo em Goiás se consolidasse, promovendo um tipo de feminismo de terreiro durante sua trajetória de vida (MARINHO & SIMONI, 2020 e 2021).

A seguir, a narrativa de mais uma rezadeira, seguidora das palavras e legado de d. Maria José:

> Dona Maria José era uma das anfitriãs da Congada. Era irmã de Pedro Casimiro. Foi uma das anfitriãs dos Ternos de Congada. Uma anfitriã é uma pessoa devota, que sempre ajudou, estava no meio. Ela era rezadeira, ela sabia muito e muito querida pelo bispo. Ela sabia tudo sobre a Congada. O que mais guardo dela é o orgulho de ser congadeira. Igual eu estou falando eu guardo muito o que eu comentei com ela: "é dona Maria José uma pessoa falou pra mim porque eu participo da Congada sendo que eu sou branca". Ela falou pra mim: "Veridiana, o que corre na sua veia é branco?". Eu respondi: "Não". "Então quando a pessoa falar isso com você, você responde desse jeito". Então isso ficou na minha memória: o que corre na minha veia é negro, por isso eu participo de Congada (Entrevista de V.M.S., congadeira, 36 anos, cedida a Simoni, em 2015).

Em que essa trajetória de vida pode nos auxiliar a compreender a participação de mulheres negras na construção de Goiás? Como mulheres como dona Maria José podem nos ajudar a refletir sobre as relações entre gênero, cor de pele, classe e religiosidade, bem como a reivindicação histórica das mulheres por igualdade de direitos? A partir dessas questões, buscamos neste verbete analisar indícios da atuação de mulheres negras na História de Goiás, partindo da hipótese de que as mulheres negras (brasileiras e africanas), ainda durante a colonização do Brasil (no contexto diaspórico), se organizaram em ações coletivas, ora por meio do próprio catolicismo, como nas irmandades, ora por meio da manutenção da espiritualidade ancestral africana nos "terreiros," ou em outras agremiações, como ranchos e cordões. E essas ações coletivas possibilitaram a elas "a manutenção de uma coesão que foi perdida ou desarrumada durante o processo de escravização" (MOREIRA, 2011, p. 28).

Pelos feminismos de terreiros, muitas mulheres negras, como Maria José, e tantas outras Marias, conseguiram preservar a integridade e dignidade de seus entes queridos, mesmo num ambiente racista. Assim, a história de Maria José nos elucida sobre a violência epistêmica nortecentrada que patrocinou e fomentou o silêncio historiográfico sobre as mulheres negras.

Em se tratando de Goiás, não foi diferente, por isso as narrativas das congadeiras e a memória viva de dona Maria José são importantes, para oferecer chaves interpretativas para compreendermos os tipos de relações estabelecidas entre as mulheres negras no contexto das Irmandades do passado, primeiro lócus do afro-catolicismo no Brasil. As Irmandades, especialmente os terreiros nos arredores das capelas destinadas para esse fim, eram onde se organizavam as quermesses, procissões, velórios e folias; serviam como espaços de sociabilidades, e possuíam e possuem uma estrutura amparada na herança ancestral das tradições africanas. Essa matriz espiritual africana, como todo universo africano, por meio dos mitos símbolos e ritos, se difunde e se propaga, principalmente por meio das práticas cotidianas e da oralidade específica dos afro-brasileiros. O percurso apresentado neste verbete é válido na medida em que reconhecemos a lógica decolonial como ferramenta para compreender as relações de gênero atravessadas pelas relações de raça e etnia. "Descolonizar o gênero é necessariamente uma práxis. É decretar uma crítica da opressão de gênero racializada, colonial e capitalista heterossexualizada visando uma transformação vivida do social." (LUGONES, 2014)

## REFERÊNCIAS

LUGONES, María. Dezembro de 2014. Rumo a um feminismo descolonial. In: Revista de Estudos Feministas, Florianópolis, v. 22, nº 3, p. 935-952. Disponível em: https://doi.org/10.1590/S0104-026X2014000300013. . Accessado em 13 de setembro de2020.

MARINHO, Thaís Alves; SIMONI, Rosinalda. Côrrea. Da Silva. 2020. O Matriarcado Negro Nos "Terreiros": Da cosmovisão do feminino ao feminismo de terreiro In: Vulnerabilidade | Resistência | Justiça: Anais do VI Congresso Latino-Americano de Gênero e Religião.1ª ed. São Leopoldo - RS: Centro de Estudos Bíblicos – CEBI, v.6, p. 137-168.

MARINHO, Thais Alves; SIMONI, Rosinalda Côrrea. da Silva. 2021. Coletividades Femininas Negras Na História De Goiás: do afro-catolicismo aos feminismos de terreiros. In: SOARES, Ana Carolina Eiras Coelho; SILVA, Murilo Borges. História Das Mulheres, Relações De Gênero E Sexualidades Em Goiás. São Paulo: Paco Editorial. p. 473-498.

MOREIRA, Núbia Regina. 2011. A organização das feministas negras no Brasil. Vitória da Conquista-BA, Edições UESB.

SEGATO, Rita Laura. 2012. Gênero e colonialidade: em busca de chaves de leitura e de um vocabulário estratégico descolonial. In: RUGGI, Lennita Oliveira; BARBOZA,

Rose (orgs.). Epistemologias feministas: ao encontro da crítica radical. E-cadernos CES [online], nº 18.. Disponível em: http://journals.openedition.org/eces/1533. Acessado em 30 de abril de 2019.

SEGATO, Rita Laura. 2003. Las Estructuras Elementales de la Violencia: Ensayos sobre género entre la Antropología, el Psicoanálisis y los Derechos Humanos. Buenos Aires: Universidad Nacional de Quilmes / Prometeo 3010.

# Maria Odília Teixeira

## A PRIMEIRA MÉDICA NEGRA DA FACULDADE DE MEDICINA DA BAHIA[1]

**Mayara Priscilla de Jesus dos Santos**

Maria Odília alcançou, na noite de sua formatura, em 1909, vários feitos inéditos. Além de inaugurar a participação de mulheres negras na Faculdade de Medicina da Bahia (Fameb), foi a primeira médica formada no século XX no Brasil. A partir de pontos-chaves, vamos acompanhar a sua singular trajetória.

Nascidos com apenas quatro anos de diferença, Josephina Palma e José Pereira Teixeira, os pais de Maria Odília, possuíam origens completamente diferentes. José era um homem branco que tinha a ascendência Moreira Sampaio, proeminente família do Recôncavo Baiano. Já Josephina Luiza, nascida em 1859, em São Félix,

1 Este verbete é proveniente da dissertação de mestrado defendida pela autora. Ver em: SANTOS, Mayara Priscilla de Jesus dos. Maria Odília Teixeira: a primeira médica negra da Faculdade de Medicina da Bahia (1884-1937). 175 f. Dissertação (Mestrado em História). Faculdade de Filosofia e Ciências Humanas, Universidade Federal da Bahia, Salvador, 2019.

carregava em sua história a luta de sua mãe, uma ex-escravizada liberta pela alforria que buscou por um recomeço em uma sociedade escravista.

Esse arranjo familiar proveniente de uma união inter-racial foi significativo para a vida de Maria Odília, pois colocava, lado a lado, a sua mãe, que teve sua trajetória de vida marcada por sua condição de cor e sua ascendência, e seu pai, que, talvez atendendo a padrões morais e raciais do período, não oficializou a união, mas legitimou os filhos do casal, propiciando uma educação formal a todos.

Somando a força demonstrada por sua mãe em meio a esse contexto e as possibilidades apresentadas pelo *status* social e pela cor do seu pai, aos 14 anos, Maria Odília viajou a Salvador para estudar no curso de Ciências e Letras do prestigiado Ginásio da Bahia. Em sua bagagem, carregou o nome de seu pai e a cor de sua mãe.

A educação feminina brasileira esteve, desde a colônia, voltada para o modelo patriarcal, destinando às mulheres os conhecimentos úteis em favor de um casamento e da criação da prole (REIS, 2000, 97). No ambiente de disputas da segunda metade do século XIX é que surgiram as primeiras brasileiras no ensino superior, especificamente no curso de Medicina (COLLING, 2012, 169). Maria Odília estava inserida nesse contexto, e carregava consigo importantes marcadores: era uma mulher negra.

Seu patrocinador foi seu irmão mais velho, Tertuliano Teixeira, que, sendo rábula, tornou-se "o rico da família".[2] A jovem Odília certamente se destacou nos anos em que esteve no Ginásio, pois foi a única mulher entre os formados em sua turma. Embora pertencesse à classe racial excluída dos círculos educacionais no período republicano, ela contava com a presença do seu pai. Essa ascendência branca, com o dinheiro do irmão, possibilitou que ela conseguisse se formar em março de 1904.

No início do mesmo ano, a Fameb recebeu sua primeira aluna negra. Anteriormente a faculdade já havia experimentado em seus quadros a presença de estudantes de cor, mas todos homens. Em sua turma, a estudante "dividiu" os bancos escolares com 48 homens. Completando o cenário, as teorias racistas e higiênicas eram importantes entre a comunidade da Fameb, e o crescente somatório das teses que versavam sobre os estudos médico-legais demonstra a força que a "nova ciência" vinha obtendo dentro e fora do meio acadêmico (COSTA, 1997, 151). Odília vivenciou o auge desses estudos em sua passagem pela Fambe, contudo, em 1909, a

2 LAVIGNE. J. L. **José Léo Lavigne: depoimento** [maio 2015]. Caldas do Jorro, Bahia, 2015. Áudio mp3 (51:07). Entrevista concedida.

estudante concluiu sua formação ao defender sua tese doutoral intitulada: *Algumas considerações acerca da curabilidade e do tratamento das cirroses alcoólicas.*[3]

Maria Odília escolheu tratar do mal causado pelo alcoolismo: a cirrose alcoólica. Naquele período, o alcoolismo já vinha sendo discutido por outros médicos, sendo recorrente o uso das teorias racistas e higienistas para tratar do tema. No entanto, o estudo de Odília se propôs a abordar o tratamento da doença, as possibilidades de cura e a prescrição dos remédios mais eficazes naquele momento (JACOBINA, 2013).

Recém-egressa da Fameb, a mais nova médica das terras baianas buscou esteio para iniciar na profissão ao lado de sua família em sua cidade natal. Maria Odília, que contava a idade de 25 anos em 1909, tinha pela frente grandes desafios. Os marcadores sociais da médica também a distinguiam entre os praticantes da medicina no início do século XX: era uma mulher de cor.

Durante os seus primeiros anos de atendimento, a médica continuou contando com o auxílio de seu pai. Essa estratégia foi dividida com o seu irmão, o também médico Joaquim Teixeira. Ano após ano, a médica fortaleceu e expandiu sua clientela, integrando, em diversas ocasiões, as páginas da seção de agradecimentos do jornal local. Seus atendimentos eram, em sua maioria, a uma clientela feminina.[4]

Os cinco anos em que clinicou no Recôncavo Baiano deram esteio à médica em seu novo desafio, pois Odília foi convidada para ser professora na Fameb. Ao retornar para tomar posse desse cargo, ela encontrou a instituição muito parecida com aquela que havia deixado anos atrás. Em 28 de novembro de 1914, a médica foi nomeada parteira da Maternidade Climério de Oliveira (MCO). Por lei, a médica passou a ocupar o cargo de Assistente de Ensino da cadeira de Clínica Obstétrica, sendo a primeira mulher negra a ensinar na Faculdade de Medicina da Bahia.[5]

A médica mudou-se para Salvador com sua mãe, seu pai e sua irmã mais nova, Maria Etelvina. A família adquiriu uma grande propriedade na cidade de Salvador, em nome de Josephina Luiza Palma. José Teixeira, por sua vez, conseguiu nomeação para Assistente de Cadeira Médica na Fameb. Essa colocação não só representou uma tutela masculina à médica, como permitiu ao médico acompanhar de perto a

3 TEIXEIRA. Maria Odília. Algumas considerações acerca da curabilidade e do tratamento das cirrhoses alcoolicas, p. 2. TESE. FAMEB. 1909.

4 A PEDIDO, A Ordem, Cachoeira 24 de fevereiro, 1912, p.2.

A PEDIDO <AGRADECIMENTO>, A Ordem, Cachoeira, 5 de fevereiro, 1914, p.2.

A PEDIDO, A Ordem, Cachoeira 17 de março, 1913, p.2.

5 Sua entrada nesse cargo está presente no trabalho Arquivo da Faculdade de Medicina da Bahia, de 1916 e 1917, apresentado pelo amanuense-archivista Anselmo Pires de Carvalho, que compilou em seu trabalho os nomes dos funcionários pertencentes ao corpo docente e administrativo da Fameb.

carreira da filha, podendo adicionar o seu prestígio ao somatório de esforços para que esse empreendimento desse certo.

Maria Odília assumiu o cargo na MCO em 1915. A partir desse ano, notou-se, ainda que timidamente, um acréscimo de pacientes advindas de camadas sociais superiores. Odília, ao adentrar na MCO, pôde observar de perto como a cor poderia servir de demarcador para um atendimento mais humanizado. Dois anos mais tarde, a médica pediu exoneração do cargo. O motivo não foi evidenciado, no entanto, a delicada saúde de seu pai pode ter sido causa para tal.

Quatro anos após pedir exoneração da MCO, Odília encontrava-se com sua família já instalada na cidade de Irará. A essa altura, a médica somava 37 anos de idade. Na cidade, ela dividia o tempo entre os cuidados com seu pai e sua clientela.

Eusínio, que havia sido apresentado ao pai de Maria Odília ainda em Cachoeira, era um advogado advindo de uma das famílias de cacauicultores mais ricas do sul baiano. Conquistando uma vasta clientela no Recôncavo Baiano, foi cada vez mais estreitando os laços com a família Teixeira. Por meio dessa amizade, Eusínio pediu a médica em casamento, tendo inicialmente a sua negativa como resposta. Anos depois, ele confidenciaria que Maria Odília temia "preconceitos raciais" (LAVIGNE, 2009, 135).

Casaram-se em 22 de março de 1921, tiveram dois filhos e ficaram juntos até a morte de Odília, em 1970, seguida pela de seu marido pouco mais de um ano depois. Maria e Eusínio enfrentaram racismo dentro da família do advogado, e provavelmente na cidade de Ilhéus, onde ele veio a ser prefeito na década de 1930. Maria Odília encerrou a sua carreira após o casamento.

Entre os caminhos que a levaram a essa escolha, se é que foi uma escolha, podemos considerar que permanecer trabalhando poderia de alguma forma prejudicar o seu casamento ou o próprio Eusínio em sua carreira e diante de sua família. Mesmo tendo um alto grau de instrução e dominando uma profissão de grande valor social, a médica não deixava de ser uma mulher na sociedade do início do século XX. Assim como é possível que o fim de sua carreira significasse abrir mão de uma conquista que tinha custado muito a si e à sua família, a decisão pode ter sido uma troca que a médica considerou justa e até satisfatória.

A trajetória de Maria Odília permite observar um mundo através de uma lente. Esse mundo seria o cenário encontrado por mulheres e homens de cor logo após a abolição do regime escravagista no Brasil. Sua experiência nos faz refletir sobre a força da mulher negra brasileira diante dos contextos desfavoráveis ontem e hoje.

## REFERÊNCIAS

COLLING, Ana Maria. 2012. As primeiras médicas brasileiras- Mulheres à frente de seu tempo. In: Fronteiras: Revista de História, vol. 13, nº. 24, p. 169-183.

COSTA, Iraneidson Santos. 1997. A Bahia já deu Régua e Compasso: o saber médico legal e a questão racial na Bahia, 1890-1940. Dissertação de Mestrado em História. Salvador: Faculdade de Filosofia e Ciências Humanas da Universidade Federal da Bahia.

VANIN, Iole Macedo. 2008. As damas de Branco na biomedicina baiana (1879-1949): médicas, farmacêuticas e odontólogas. Tese de Doutorado em História. Salvador: Programa de Pós-Graduação em História da Universidade Federal da Bahia.

JACOBINA, Ronaldo Ribeiro. 2013. Memória Histórica do Centenário da Faculdade de Medicina da Bahia (2008): Os professores encantados, a visibilidade dos servidores e o protagonismo dos estudantes da FMB. Salvador: Faculdade de Medicina - UFBA.

LAVIGNE, José Léo. 2009. Eusínio Lavigne: Paradigma de caráter e honradez. Ilhéus-BA.

REIS, Adriana Dantas. 2000. Cora: Lições de comportamento feminino na Bahia do século XIX. Salvador: Centro de Estudos Baianos da Universidade Federal da Bahia.

SANTOS, Mayara Priscilla Jesus. 2019. Maria Odília Teixeira: A primeira médica negra da Faculdade de Medicina da Bahia (1884- 1937). Dissertação de Mestrado em História. Salvador: Faculdade de Filosofia e Ciências Humanas, Universidade Federal da Bahia.

# Maria Olvídia de Aquino Bispo

## MARIA POTEIRA: MEMÓRIAS DE UMA ARTESÃ DO BARRO

**Maria Meire de Carvalho**
**Edson Arantes Júnior**

Maria Poteira, assim foi popularmente denominada a mulher de nome Maria Olvídia de Aquino Bispo (1899-1975), uma artesã negra que sustentou sua família por meio da produção de potes de barro. Residia em uma casinha de pau a pique, em um sítio próximo ao povoado de Água Branca, atualmente a localidade fica na Fazenda Baronesa, no município de Uruaçu, Goiás. Sua fama correu o médio norte goiano, perpetuou um saber fazer ancestral e estabeleceu barganhas com ilustres personalidades políticas, como o presidente da república João Goulart (1961-1964), o popular Jango, a quem vendeu potes na década de 1960.

Aos 13 anos, chegou à região com sua família, proveniente do município de Rialma, Goiás. Seu pai ocupou terras devolutas, próximo ao povoado de Água Branca. Mulher negra pobre, como tantas outras Marias, teve seu destino traçado pelo matrimônio precoce, ficando viúva aos 25 anos, com uma prole de cinco filhos, e manteve a viuvez até a morte.

O marido, como muitos homens da região, era garimpeiro em Pilar de Goiás e morreu jovem, atraído pelo ouro encontrado no seio da terra, a mesma terra que sucumbiu sua vida, soterrada por um barranco. Tratava-se de uma família marcada pelo chão, fosse pelo marido, que buscava o ouro e com sua bateia peneirava terras incansavelmente, fosse por Maria Poteira, que, com as filhas e netas, carregava por dois quilômetros o barro amparado por folhas de buriti, sustentadas por uma roda de pano na cabeça.

Na memória coletiva, Maria Poteira, vó Poteira, é o exemplo da matriarca forte, arrimo de família, benzedeira de fé, mulher de fala firme que "entre uma prosa e outra ascendia seu cachimbo e fumava compassadamente, era muito respeitada por todos".[1] Devota de São João Batista e São Pedro, anualmente realizava celebrações simples e improvisadas, com músicas que alegravam os devotos a dançarem até o amanhecer. "As festas de Maria Olvídia eram famosas, vinha gente de longe, a nossa família participou muito", relata dona Raimunda,[2] comadre da filha de Maria Poteira.

O elemento terra marcou sua vida, em uma junção da cultura de sua época e de saberes locais, o que hoje se traduz em um relevante acervo imaterial de valor etnopedológico. Assim como a orixá Nanã,[3] suprema governante do poder feminino e da terra, Maria Poteira também tirou do solo o material para sustentar sua família. Como diria sua neta Matutina,[4] "criou todos os filhos e netos sem dar nenhum pros outros". Já que naqueles tempos era costume que as mulheres desamparadas economicamente entregassem seus filhos aos familiares, compadres e amigos, ao ficarem viúvas. Essa situação é narrada na obra *Torto arado*,

> [...] Miúda chorava dia e noite porque tinham levado seus filhos para longe. Seus compadres da cidade levaram os meninos para aliviar o sofrimento. [...] Veio um e levou um menino, veio outro e levou outro e um terceiro levou dois de uma vez... diziam que era melhor para os meninos [...] (VIEIRA JUNIOR, 2019, 224).

1 Entrevista com d. Raimunda Charles Nogueira, junho 2021. Ela conheceu e conviveu com Maria Poteira, foi comadre de Maria Dominga, sua filha.

2 Entrevista com d. Raimunda Charles Nogueira.

3 Nanã (Nàná Bùruku) é o nome dado à orixá feminina ligada à terra, especificamente à lama; em várias cidades africanas, o sufixo Nã é ligado à palavra "mãe". Em algumas nações, Nanã é considerada a criadora do mundo e tem o domínio das águas paradas e lamacentas; detém o poder da terra; conhece o início, o meio e o fim de todo ser vivente. Seu poder está no barro e sua sapiência vai da superfície da terra até o interior da terra úmida. Por ter domínio do solo e da crosta terrestre, veiculada ao axé feminino, e mãe primitiva por excelência, é avó por senioridade (BARROS, 2009, 302-303).

4 Entrevista com Maria Matutina, neta de Maria Poteira, às discentes do curso de Pedagogia, Arquivo da UEG, Campus Norte.

Enfrentando as durezas impostas e fabricando potes, Maria Poteira seguiu firme, assim, sua memória ficou registrada. Bergson (2011) nos fala da memória hábito, aquela presente no corpo. Maria Poteira era detentora de um conhecimento mnemônico que pôde ser transferido à família. Ela sabia com precisão escolher o solo, o tipo de barro, como limpar os vestígios orgânicos e preparar a argila para produzir potes, moringas e utensílios domésticos. Objetos elaborados com uma qualidade excepcional, no pote a água era mantida em uma temperatura baixa e não pegava gosto, devido aos minerais que o solo produzia e os saberes imprimidos por aquelas mãos calejadas.

Tais conhecimentos são parte de uma cosmosensação oriunda de outra epistemologia. Maria Poteira conhecia a lama ideal para fazer seus potes: tocar e sentir o barro correto, argila colhida em meio ao capim denominado "navalha de macaco", e uma samambaia da "folha miudinha" e outra da "folha grandona", próximo ao pé de bacuri, esses saberes faziam a diferença, segundo os relatos da sua neta Matutina.[5] Diferentemente do primado ocidental, que fundamenta a experiência na visão, temos em Maria Poteira um contato com a natureza mediado por outras possibilidades de sentido, olhares, saberes e fazeres. Para Hampaté Bâ (1984), trata-se de tradição viva transmitida pela oralidade:

> Na África, tudo é "História". A grande História da vida compreende a História das Terras e das Águas (geografia), a História dos vegetais (botânica e farmacopeia), a História dos "Filhos do seio da Terra" (mineralogia, metais), a História dos astros (astronomia, astrologia), a História das águas, e assim por diante. (HAMPATÉ BÂ, 1984, 184).

Nessa reflexão, o escritor malinês afirma que as tradições orais africanas inserem os seres em uma cosmogonia integradora, na qual a história humana é a simbiose do que ocorreu nos reinos minerais e vegetais, sua presença é a conjugação dessa força. O fazer de Maria Poteira representa esse elo entre a ancestralidade e o agora, a existência presente e a manutenção da vida por meio da conservação da água no pote de barro.

Faz-se mister ressaltar que, até por volta dos anos de 1970, o pote de barro era um item essencial em todas as casas do interior da região Centro-Oeste, geralmente ficava no canto da sala, em uma cantoneira, sob uma toalha branca. Nas casas eram encontrados potes, geralmente com duas canecas ao lado, uma para pegar a água que seria transferida para outra, evitando assim que o sobejo poluísse aquela.

5 Entrevista com Maria Matutina.

Maria Poteira colocava-se no mundo como detentora de um saber, produzia seus potes e os assinava com as letras MP, quando eram feitos por ela, ou MD, quando feitos em conjunto com sua filha Maria Domingas. Tal atitude permite uma autenticidade, a marca de um fazer, assim seus potes eram facilmente reconhecidos e valorizados.

Dona Matutina enfatiza a transmissão desse conhecimento e nos diz que ela e sua irmã Generosa aprenderam com a avó as artes do barro. Enquanto a avó e a mãe produziam os potes grandes, as moringas e ânforas, as netas produziam vasilhas menores, inclusive miniaturas que eram comercializadas na cidade de Uruaçu. Matutina afirma que os valores arrecadados eram "pra gente comprar as roupas d'agente, os calçados".[6] A velha senhora negra deu às suas descendentes autonomia e liderança. Por outro lado, vemos a imputação do trabalho infantil para sobrevivência, labor ainda em tenra idade. Vale destacar que, anos depois, dona Matutina foi liderança em uma comunidade evangélica, junto a seu esposo.

O processo de manejo do barro não era fácil. Segundo sua neta: "Elas buscavam o barro na cabeça, em casa esse barro era espalhado em um couro de boi no chão e era amassado na mão de pilão, até dar o ponto", aqui temos um dos segredos da matriarca, o momento de começar a produção dos potes. Era necessário retirar todas as impurezas presentes no barro, pedras ou restos de folhas ou raízes. Esse cuidado garantia a qualidade dos itens produzidos e evitava que a argila deixasse gosto na água. Quanto mais profundo fosse colhida, maior a garantia da qualidade, por isso dever-se-ia evitar misturar os barros de cima com os das profundezas. Extrair o barro e transformá-lo em matéria prima de qualidade permitiu um saber fazer com marcas peculiares: um saber único que proveio das mãos de Maria Poteira.

Para Vergès (2020), uma das marcas do século XXI foi afirmar a política decolonial no mundo e apresentar as multiplicidades de práticas, experiências e teorias que reconheçam as lutas, os sofrimentos e as vidas de mulheres negras que nos precederam.

Desvelar Maria Poteira em sua condição de classe, gênero e raça e dar visibilidade aos seus saberes nos faz entender a importância do pensamento decolonial, que busca contar histórias que ficaram relegadas ao tempo devido a um modelo europeu e em função da sociedade dominante.

É preciso resistir ao processo civilizatório. Outras histórias são possíveis!

6 Entrevista com Maria Matutina.

## REFERÊNCIAS

BARROS, Marcelo (Org.). 2009. O Candomblé Bem Explicado: Nações Bantu, Iorubá e Fon. Rio de Janeiro: Pallas.

BERGSON, Henri. 2011. Matéria e Memória. São Paulo: Martins Fontes.

HAMPATÉ BÂ. 1982. A tradição viva. In: KIZERBO, Joseph. História Geral da África: Metodologia e pré-história. Paris: UNESCO. São Paulo: Ática, p.167-212.

MARIA MATUTINA. Entrevista cedida às discentes do curso de Pedagogia da Universidade Estadual de Goiás (UEG) - Campus Norte. Arquivo da UEG. Abril de 2017.

NOGUEIRA, Raimunda Charles. 88 anos. Entrevista cedida à autora Maria Meire de Carvalho. Goiânia-Goiás. Junho de 2021.

VERGÈS, Françoise. 2020. Um Feminismo Decolonial. São Paulo: UBU.

VIEIRA JUNIOR, Itamar. 2019. Torto Arado. São Paulo: Todavia

# Maria Raimunda Ribeiro da Costa

## MISSIONÁRIA DE JESUS CRUCIFICADO[1]

**Patrícia Teixeira Santos**

É com prazer e profundo respeito que apresento neste dicionário a trajetória da irmã Maria Raimunda Ribeiro da Costa, que nasceu em 23 de dezembro de 1934, na cidade de Curvelo, em Minas Gerais, e ingressou na vida religiosa, na Congregação das Missionárias do Jesus Crucificado, em 1959, no município de Belo Horizonte. Irmã Rai, como é carinhosamente conhecida, teve um papel pioneiro na busca da liberdade e da expressividade das religiosas negras na vida consagrada.

Irmã Maria Raimunda cresceu no interior de Minas Gerais e sua família era de camponeses. Sua mãe veio a óbito quando ela tinha apenas nove anos. Por ser a filha mais velha, assumiu as atividades de costura que a sua querida mãe, Geralda, desenvolvia, além de ter realizado as tarefas da casa e os cuidados dos três irmãos e da irmã, a caçula, com um ano de idade, enquanto seu pai, Geraldo, trabalhava na roça.

1 Texto editado com a colaboração de Tamires Sodré de Paula.

Seu pai teve outros relacionamentos, porém não se casou novamente. Segundo irmã Rai, em seus depoimentos e na última entrevista concedida, em 2021,[2] em sua época de adolescência e juventude, na zona rural mineira, era muito difícil para jovens negras encontrarem oportunidades de estudo ou outras opções de vida para além do mundo rural. Irmã Raimunda sempre foi uma moça muito devota, católica e com muita vontade de se dedicar ao próximo. Então, em 1959, ela, com 23 anos, foi para Belo Horizonte a fim de ingressar na Congregação Pontifícia das Missionárias de Jesus Crucificado, enquanto sua irmã, que a acompanhava, ficou no internato da congregação para jovens órfãs, não optando pelo caminho religioso, como Maria Raimunda.

É importante assinalar que, nos anos 1950, boa parte das ordens religiosas masculinas e femininas criava uma série de restrições para os ingressos de religiosas e religiosos negros. Como a sociedade brasileira era profundamente marcada por uma história estrutural de racismo, as congregações religiosas também eram atravessadas por essa difícil história. Foi na Congregação das Missionárias de Jesus Crucificado que Maria Raimunda teve a possibilidade de ser aceita e poder fazer toda a formação para ser religiosa. Essa congregação, no contexto do Brasil pós-abolição, era uma das raras que aceitava jovens negras para ingresso na vida religiosa. A situação paulatinamente começou a se transformar somente com a criação da Lei Afonso Arinos, de 1955, quando o racismo se tornou crime, pela primeira vez, no Brasil.

Com base, sobretudo, no depoimento da irmã Raimunda e de diversas irmãs dessa mesma congregação, com o padre Oscar Beozzo, organizou-se uma obra sobre a história da Congregação de Jesus Crucificado, intitulada *Tecendo memórias, gestando futuro: histórias das irmãs negras e indígenas Missionárias do Jesus Crucificado*, publicada no ano de 2009. Essa obra contém os depoimentos das memórias, a história desse importante grupo, evidenciando o fato de as Missionárias de Jesus Crucificado aceitarem jovens negras, mas com distinções laborais em que elas realizavam atividades de serventes ou cuidadoras. Essas missionárias não tinham as mesmas tarefas missionárias das outras religiosas não negras, ainda que a constituição fosse a mesma.

Durante o período da ditadura militar, quando a situação do Brasil e da Igreja Católica começou passar por uma série de cerceamentos, como as perseguições contra as pastorais sociais, as lideranças políticas, foi que a irmã Raimunda percebeu o quanto era fundamental se posicionar em relação ao racismo na vida consagrada. Esse processo passava por várias dimensões, como reivindicar, dentro

2 COSTA. Ir. Maria Raimunda Ribeiro da Costa. **Entrevista irmã Maria Raimunda**. Google Meet. SANTOS, Patrícia Teixeira, Maio de 2021.

do espaço da vida consagrada, a criação de um espaço para reflexão da situação das irmãs negras e indígenas dentro da congregação.

Irmã Maria Raimunda teve uma atuação também na vida pública nacional ao compartilhar, no Conselho dos Religiosos do Brasil, no início dos anos 1980, a necessidade de acolher os depoimentos e as histórias dos religiosos negros e indígenas, além de promover a reflexão sobre o que era a vivência do racismo dentro da Igreja e na sociedade brasileira.

Para a irmã, era fundamental identificar e construir um referencial positivado e de autoestima de ser negra e negro. Em sua participação na constituição da primeira Campanha da Fraternidade, do século XX, em 1988, que tinha por título "Ouvir o clamor do meu povo", ela questionou qual povo faz o clamor, e em seguida enfatizou: "É o povo negro". Ela também participou da fundação da União da Consciência Negra, grupo que produziria subsídios e reflexões sobre a experiência negra católica, do negro no Brasil.

A religiosa colaborou com a pastoral afro-brasileira, na perspectiva de trazer o universo cultural, histórico e espiritual dos negros brasileiros para os espaços das celebrações da missa, momentos em que essa participação cultural e estética poderia também se expressar.

Foi nesse processo que irmã Maria Raimunda se dedicou a organizar o encontro de todas as religiosas negras das casas de sua congregação, em todo o Brasil, e também estabelecer contato com casas das Irmãs Missionárias de Jesus Crucificado em Angola e Moçambique. Irmã Rai teve um importante papel de liderança e de organização dessa memória feminina negra na congregação. Além disso, contribuiu com orientações e formações do processo de construção identitária no qual a estética e a expressividade cultural e artística são recursos extremamente importantes.

A irmã teve a oportunidade de, nos anos 1990, visitar as casas das irmãs em Angola e Moçambique, agregando seus valores e percepções estéticas dessas, e veio a ser convidada para fazer parte do grupo que participou da Conferência de Durban, onde conheceu Nelson Mandela.

A articulação de irmã Raimunda, começando em seu contexto religioso particular, na ordem das Missionárias de Jesus Crucificado, expandindo para o Conselho dos Religiosos do Brasil, e os encontros com as irmãs em Angola e Moçambique ajudaram a reverberar a reivindicação da valorização da presença do negro na Igreja Católica e na participação litúrgica, visibilizando no discurso público católico a inclusão e valorização da história social do negro no Brasil.

Para a religiosa, todo o processo de observar a realidade pastoral, escutar as irmãs, suas dores e seus processos de elaboração da experiência de segregação dentro da congregação, ocorreu para ajudar a curar a própria instituição e manter a união com as outras irmãs não negras. Tal fato ajudou a construir um novo sentido de caminhada, de estarem juntas e poderem seguir suas trajetórias unidas.

Até hoje, aos 86 anos, no ano de 2021, irmã Rai tem um papel missionário extremamente importante em destacar as várias perspectivas existente dentro do catolicismo, de produção de identidades positivadas, no reforço da autoestima da negra e negro católicos e na sociedade brasileira de uma forma ecumênica e dialógica. Termino este verbete com a felicidade de ajudar a todos e todas a conhecerem essa trajetória que ainda está em pleno desenvolvimento e que nos faz pensar sobre a luta antirracista na vida consagrada católica.

## REFERÊNCIAS

COSTA. Ir. Maria Raimunda Ribeiro da Costa. Entrevista cedida à autora Patrícia Teixeira Santos. Google Meet. Maio de 2021.

BEOZZO, Pe. José Oscar et al. (Orgs.). 2009. Tecendo memórias, gestando futuro: história das Irmãs Negras e Indígenas Missionárias de Jesus Crucificado (MJC). São Paulo: Paulinas. COSTA, Ir. Maria Raimunda Ribeiro; MESTERS, Frei Carlos (Orgs.). 2007. Celebrando o Jubileu: 25 anos da caminhada das Irmãs Missionárias de Jesus Crucificado Negras e Indígenas. Editora MJC.

SANTOS, Patrícia Teixeira. 2002. Dom Comboni, Profeta da África e Santo no Brasil. Mauad Editora Ltda.

SANTOS, Patrícia Teixeira. 2013. Fé, Guerra e Escravidão: Uma história da conquista colonial do Sudão (1881-1898). São Paulo: FAP- Unifesp.

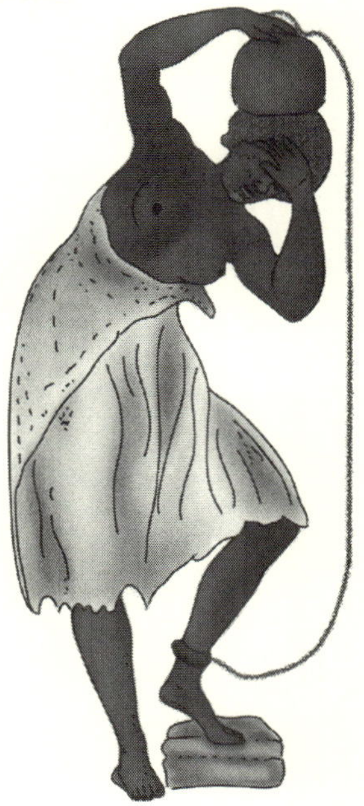

# Mariana Preta Courá

## ESCRAVIDÃO E LIBERDADE EM BELÉM DO GRÃO-PARÁ (1738)

**Marley Antônia Silva da Silva**

Na cidade do Grão-Pará, como foi chamada Belém, Mariana, africana da nação Corana, desejava ser livre em 1738. A fuga poderia ter sido o caminho para acessar a liberdade, mas ela não fugiu. Mariana tentou pagar ao seu senhor por sua liberdade. É provável que o processo dela seja o primeiro registro localizado, com pedido formal de alforria, de uma africana na primeira metade do século XVIII, em Belém. No documento, evidencia-se a nação de quem solicita liberdade.[1]

Mariana Antônia foi descrita como "preta do gentio de Guiné de nação Corana". São informações indicativas de procedência, na primeira informação, e de identidade étnica, na segunda. A identidade associada à escravizada africana:

1 REQUERIMENTO da preta do gentio da Guiné da nação corana, Mariana, escrava de Augusto Domingues de Sequeira, para o rei [D. João V], solicitando que se lhe autorize a alforria, visto ter uma pessoa que lhe pagará a mesma. Data: 28 de março de 1738. AHU_ACL_CU_013, Cx. 21, D. 1948.

"Corana", entendida aqui como um marcador de procedência, remete a um lugar específico em território do continente africano, a Costa da Mina, África Ocidental.

A mulher teria saído dos portos do Golfo do Benim, foi de lá que saíram os "pretos minas", segundo Mariza Soares (2007). A escravizada Mariana foi descrita como sendo da nação Corana ou Courá. O Golfo do Benim, no momento do tráfico, era uma região que se estendia do Volta até o Rio Nun, de acordo com as informações geográficas assumidas por David Eltis no memorial digital que levanta questões sobre o maior comércio de escravizados da história.[2]

No Brasil do século XVI, registrava-se "gentil da Guiné" ou "negro da Guiné" para referir-se genericamente aos africanos, e tal designação perdurou até a primeira metade do século XVII. A historiadora Maria Oliveira (1997, 37) destaca que "mais do que um registro de procedência, estas expressões queriam significar a condição mesma de escravo na linguagem corrente da época".

A respeito do lugar no qual Mariana Antônia pôde ter vivido, a terra de Courá foi apontada por alguns historiadores. Em Minas Gerais, as pessoas traficadas da terra de Courá faziam parte expressiva das irmandades religiosas (PINHEIRO, 2006, 136). Nas palavras de Pierre Verger, em seu livro *Fluxo e refluxo*, os couranos eram "pessoas conhecidas sob o nome de Curamo, nome dado à lagoa das proximidades de Lagos" (VERGER, 1987, 207), ou de Onim, que remetia a um porto no litoral da atual Nigéria.

A historiadora Mariza Soares (2007, 80-82) investigou exaustivamente os "pretos mina", e, quando menciona as rotas pelas quais teriam seguido os escravizados couranos, aponta que estes seriam oriundos de uma localidade chamada Aledjo Koura, ao norte de Bassila e próximo às nascentes do Rio Mono, no atual Togo.

Mariana foi embarcada no Golfo do Benim. Todavia, as pessoas tornadas cativas nessa região embarcaram em navios geralmente destinados aos portos da Bahia, do Recife e, em menor volume, do Rio de Janeiro (VERGER, 1987; ACIOLLI, 2008; FLORENTINO, 1997-2004). Portanto, ela não seguiu o percurso da maioria dos escravizados que vieram da África e chegaram aos portos do Pará e Maranhão na primeira metade do século XVIII.

O período que envolveu as últimas décadas do século XVII até a primeira metade do século XVIII (1680-1755) foi marcado por trânsito irregular de navios negreiros entre Grão-Pará e África. Ao porto de Belém, até 1750, chegaram pouco menos de mil africanos cativos (BARBOSA, 2008; HALTHORNE, 2010; MATTOSO, 2003; DOMINGUES SILVA, 2008), saídos majoritariamente da Alta Guiné.

2 Ver: https://www.slavevoyages.org

Não é possível saber se Mariana falava bem a língua portuguesa, qual posição social vivenciou na África, se veio diretamente dos portos africanos para Belém, ou mesmo se esteve em outra região do Estado do Brasil e posteriormente seguiu para o Grão-Pará, em qual ano e navio chegou. São diversas questões em aberto sobre a trajetória da corana. Ela argumentou que estava acometida de uma enfermidade, o que a impossibilitava de continuar na escravidão. Todavia, ela já havia trabalhado seis anos para Augusto Domingues da Siqueira.

Ela tentou conquistar sua manumissão pagando, entregando a Augusto Siqueira, o valor em que fora avaliada. Havia conseguido o valor correspondente de alguém próximo, que "movido por compaixão ofereceu dinheiro por sua alforria". No documento não é possível saber se quem ofereceu a ajuda monetária era homem ou mulher, pois o documento indica que foi uma "pessoa". O preço que seria pago por sua alforria não é mencionado na fonte, no entanto, havia alguém disposto a pagar, o que é um indicativo de que ela dispunha de alguma rede de apoio em Belém. Talvez essa "pessoa" pudesse ser um companheiro, uma possível relação afetiva de Mariana, ou, quem sabe, houvesse outras pessoas negras, reunidas, que estavam dispostas a ajudá-la, contudo, tais informações não estão deslindadas no documento.

Ela acionou a justiça para alcançar sua liberdade, apesar de que "a Justiça foi uma arena de luta na conquista da liberdade, bem conhecida e manipulada pelos personagens que dela fizeram uso" (PINHEIRO 2013, 6-7). Ainda assim, pelo direito civil, escravizados eram percebidos como um bem semovente. Nessa perspectiva, não possuíam nenhum direito ou obrigações jurídicas, no entanto, caso cometessem crimes, eram responsabilizados, respondiam processo e iam a julgamento; era uma perspectiva ambígua, ora coisificava a pessoa escravizada, quando para lhe negar direitos, ora a tratava como responsável por suas ações, quando para aplicar punições.

Não foi possível identificar se houve uma resposta ao requerimento vinda do reino e, por conseguinte, se Mariana Antônia conseguiu ou não sua liberdade. É possível, porém, afirmar a existência e o protagonismo dessa africana mina, que empenhou esforços, por meios institucionais, para alcançar sua liberdade. Deixando trilhas de busca por emancipação, evidenciando que era inconformada, insubmissa e resistente.

## REFERÊNCIAS

AZEVEDO, Elciene. 2010. O direito dos Escravos: Lutas Jurídicas e Abolicionismo na Província de São Paulo. Campinas (SP): Editora da Unicamp.

BARBOSA, Benedito Carlos Costa. 2009. Em Outras Margens do Atlântico: Tráfico negreiro para o Estado do Maranhão e Grão-Pará (1707-1750). Dissertação de Mestrado em História. Belém: Programa de Pós-Graduação em História - UFPA.

BEZERRA NETO, José Maia. 2012. Escravidão negra no Grão-Pará: sécs. XVII-XIX. 2ª ed. Belém: Paka-Tatu.

CHAMBOULEYRON, Rafael. Dezembro de 2006. Escravos do Atlântico equatorial: tráfico negreiro para o Estado do Maranhão e Pará (século XVII e início do século XVIII). In: Revista Brasileira de História, São Paulo, vol. 26, nº 52, p. 79-114.

LARA, Silvia Hunold. 2000. Legislação Sobre Escravos Africanos na América Portuguesa. Madrid, Fundación Histórica Tavera.

LARA, Silvia Hunold. 1999. Ordenações Filipinas: Livro V. São Paulo: Companhia das Letras.

LOPES, Gustavo Aciolli. 2008. Negócio da Costa da Mina e Comércio Atlântico: Tabaco, açúcar, ouro e tráfico de escravos na capitania de Pernambuco (1654-1760). Tese de Doutorado em História. São Paulo: USP.

HAWTHORNE, Walter. 2010. From Africa to Brazil: culture, identity, and an atlantic slave trade, 1600-1830. New York: Cambridge University Press.

SILVA, Marley Silva. Agosto de 2020. Mariana Quer Ser Livre: Tráfico de escravizados e nação em Belém (1700-1750). In: Revista da Associação Brasileira de Pesquisadores/as Negros/as (ABPN), [S.l.], vol. 12, Edição Especial, p. 10-26.

SOARES, Mariza de Carvalho. 2007. Rotas Atlânticas da Diáspora Africana: Ba Baia do Benim ao Rio de Janeiro. Niterói: EduFF.

MATTOSO, Kátia. 2003. Ser Escravo no Brasil. São Paulo: Brasiliense.

OLIVEIRA, Maria Inês Cortês de. 1997. Quem eram os negros da Guiné? A Origem dos Africanos na Bahia. In: Revista Afro-Ásia. Salvador, nº. 19/20. P. 37-73.

PARÉS, Luis Nicolau. 2007. A Formação do Candomblé: História e ritual da nação jeje na Bahia. 2ª ed. revista. Campinas/SP. Editora Unicamp.

PINHEIRO, Fernanda Aparecida Domingos. 2006. Confrades dos Rosário: sociabilidade e identidade étnica em Mariana – Minas Gerais (1745-1820). Dissertação de Mestrado em História. Niterói: Instituto de Ciências Humanas e Filosofia da Universidade Federal Fluminense (UFF).

FLORENTINO, Manolo. 1997. Em Costas Negras: Uma história do tráfico de escravos entre a África e o Rio de Janeiro (séculos XVIII e XIX). São Paulo: Companhia das Letras.

FLORENTINO, Manolo; RIBEIRO, Alexandre Vieira; SILVA, Daniel Domingues da. 2004. Aspectos comparativos do tráfico de africanos para o Brasil (séculos XVIII e XIX). In: Revista Afro-Ásia, nº31. P. 33-126.

SALLES, Vicente. 2005. O Negro no Pará: Sob o regime de escravidão. 3ª edição. Belém: IAP; Programa Raízes.

VERGER, Pierre. 1987. Fluxo e Refluxo do Tráfico de Escravos entre o Golfo de Benin e a Baía de Todos os Santos: Dos séculos XVII a XIX. São Paulo: Corrupio.

# Marielle Franco

**Denize de Almeida Ribeiro**

A história de Marielle Franco começa bem antes de ela nascer, e, mesmo considerando as tantas lutas da população negra contra o racismo e as diversas formas de opressão, é possível identificar a Marcha de Mulheres Negras de 2015 como um importante momento de inflexão. Naquele ato político foram (re)definidos os pontos principais das agendas de luta das mulheres negras brasileiras contemporâneas, representadas em diferentes coletivos.

Marielle Franco foi fruto dessa luta! Uma jovem mulher negra, pobre, que ousou ultrapassar os limites impostos por uma sociedade racista, machista, Lgbtqia+fóbica; que discrimina e interfere, vulnerabilizando mulheres com esse mesmo perfil, impedindo de diferentes formas sua mobilidade social.

Filha de dona Marinete Francisco e senhor Antônio Silva Neto, nascida em 27 de julho de 1979 e assassinada em 14 de março de 2018.

Sua trajetória de vida foi muito potente, próxima e parecida com a de tantas mulheres negras brasileiras. Foi moradora de um bairro periférico, sem estrutura e sem a presença de políticas públicas eficazes, lugares onde o Estado se apresenta por meio do aparato policial.

Marielle cresceu no Complexo de Favelas da Maré, e por isso mesmo se dizia "cria da Maré". Como muitas, começou a trabalhar criança, aos 11 anos de idade foi vendedora ambulante, acompanhando e ajudando a mãe. Dos 14 aos 17 anos, foi dançarina num grupo de funk. Aos 18 anos, tornou-se educadora infantil numa creche; em 1998, deu à luz a sua filha e teve então que abandonar o cursinho de pré-vestibular comunitário que fazia.

Nos anos 2000, ela começou a militar pelos Direitos Humanos; em 2002, entrou na PUC-Rio por meio de uma bolsa de estudos do Prouni e graduou-se em Ciências Sociais. Fez mestrado em Administração Pública pela Universidade Federal Fluminense (UFF), e apresentou uma dissertação cujo título é: *UPP: a redução da favela a três letras, uma análise da política de segurança pública do estado do Rio de Janeiro.* Coordenou a Comissão de Defesa dos Direitos Humanos e Cidadania da Alerj e foi a segunda mulher mais votada para vereadora no país em 2016.

Sem dúvidas, ao ser interrompida por um feminicídio político, impactou nossas vidas e foi como se muitas de nós tivéssemos morrido também, daquela mesma forma. Essa tem sido a função que os feminicídios políticos têm tido em nosso país, de exemplar pelo terror para que outras/os nem tentem ocupar esses espaços. Muitas de nós sequer conhecíamos Marielle, mas de imediato nos identificamos com suas pautas que também são nossas, com sua voz e com seus princípios. Sentíamo-nos representadas por ela, como um caminho possível para participação política de mulheres negras a partir de nossas realidades.

O feminismo negro toma a experiência de luta das mulheres negras como sua maior força. Significa dizer que nós, mulheres negras, da base da pirâmide social, do lugar de maior opressão, atravessadas pelo racismo, machismo, patriarcado, capitalismo, Lgbtqia+fobia e outras formas de opressão, desse lugar onde nos encontramos, somos obrigadas a lutar e a desenvolver outro olhar a partir de todas essas formas de opressão. Esse tem sido um lugar de desumanização, onde nossas vidas não importam, e, no campo da política, o caso de Marielle se torna exemplar pelo extremo incômodo causado pela ocupação que ela exerceu em um espaço de poder negado a tais mulheres.

Somos sub-representadas nos partidos, nas Câmaras de Vereadores, de Deputados, no Senado etc. Marielle ousou mudar isso. Como mulher, negra, mãe, irmã, filha, esposa, bissexual, levou com ela muitas das lutas de outras mulheres da Maré e do Brasil.

A desmilitarização da favela, por exemplo, era uma de suas pautas, e, em sua dissertação de mestrado, ela afirma que as UPP ajudavam, na verdade, o processo de gentrificação das favelas, garantindo a valorização de determinados territórios para especulação imobiliária. Ela faz então uma denúncia: que não se tratava de uma política de segurança e sim de uma política de militarização e instauração de mecanismos de terror. Para Marielle, a militarização era um modelo não só da PM carioca, mas também dos demais grupos militares e paramilitares, a exemplo das guardas municipais e grupos de milícias.

Marielle se tornou semente e por meio dela nasceram e continuam a nascer novas Marielles, por meio de uma luta coletiva, feminista, negra, que tem o objetivo de ampliar a participação política de outras mulheres negras nesse país, romper com a invisibilidade e fazer valer a democracia representativa.

Tantas violações têm sido combatidas historicamente por lutas coletivas, feministas, negras, e Marielle Franco as representou de forma singular. É nesse sentido que a melhor definição para Marielle Franco é a de semente.[1] Sua vida e sua morte são lembradas todos os dias e impulsionam o nascimento de muitas Marielles, que continuam sua luta, visam ampliar a participação política de outras mulheres negras e fazem valer a democracia representativa nesse país repleto de Marielles.

1 Em 2019, Anielle Franco, atual Ministra da Igualdade Racial do Brasil e porta-voz do legado de sua irmã, Marielle, funda o Instituto Marielle Franco, que tem "a missão de inspirar, conectar e potencializar mulheres negras, pessoas LGBTQIA+ e periféricas a seguirem movendo as estruturas da sociedade por um mundo mais justo e igualitário".

# Marli Coragem

## MARLI PEREIRA SOARES – MULHER NEGRA, EMPREGADA DOMÉSTICA QUE SE TORNOU A MARLI CORAGEM: EXEMPLO DE LUTA POR JUSTIÇA

**Vera Rodrigues**

Marli Pereira Soares nasceu em 1954 na cidade do Rio de Janeiro, mais precisamente na Favela da Praia do Pinto. O nome do registro de nascimento cedeu lugar à alcunha de Marli Coragem. Isso porque, entre os anos 1970 e 1980, ela enfrentou as forças legais constituídas pela segurança pública carioca para denunciar e exigir justiça pelo assassinato do seu irmão Paulo Pereira Soares, ocorrido em outubro de 1979.

Essa não foi a primeira tragédia a atingir a família Pereira Soares: 10 anos antes, em 1969, houve um incêndio na Favela da Praia do Pinto, localizada na região do Leblon. Naquela madrugada de 11 de maio de 1969, segundo relatos, o fogo começou no centro da favela em moradias que já estavam vazias, pois o processo de remoção estava em andamento. O fogo se alastrou rápido e, no dia seguinte, as manchetes de jornais falavam entre cinco mil e nove mil desabrigados. Assim, quando, nos dias seguintes, os caminhões da Prefeitura vieram remover os desabrigados, a família de Marli e outras deram adeus à Favela da Praia do Pinto.

Sobre a favela, Brum (2012) noz diz que ela teria surgido "a partir de pescadores e operários que trabalharam na construção do Jóquei Clube do Brasil e lá se instalaram, ainda na década de 1910". Em termos territoriais, a favela formou-se da junção de outras favelas menores: Praia do Meio, Praia-Mar e Favela da Lagoa. De acordo com o autor, esta última acabou se impondo sobre as outras, e, por ser na Lagoa Rodrigo de Freitas, dizia-se que era a "praia" onde os pintos tomavam banhos, passando a ser conhecida como Praia dos Pintos, até finalmente se tornar a Praia do Pinto. Entre os anos 1960-70, a política de remoção de favelas era o mote dos governos federal e estadual. Ambos compartilhavam a lógica de que as favelas deveriam dar lugar ao crescente projeto político de urbanização e "limpeza" dos centros urbanos. Uma justificativa dada era de que as favelas seriam sinônimo de criminalidade e risco à saúde pública. Depois da remoção, os terrenos atenderiam aos interesses da especulação imobiliária, especialmente em áreas nobres, como a Zona Sul carioca.

A família Pereira Soares, ao que tudo indica, foi removida para Belford Roxo, à época, um bairro da Baixada Fluminense, região metropolitana do Rio de Janeiro. Lá ocorreria outro evento crítico na trajetória de vida de Marli Coragem: na noite de 17 de outubro de 1979, homens fardados invadiram a casa da família e sequestram Paulo Pereira Soares, de 18 anos de idade. Mais tarde, nas proximidades de casa, ele foi morto. Naquela ocasião, no quartel do 20° Batalhão de Belford Roxo, diante de uma tropa de policiais militares, Marli Coragem buscava identificar os policiais militares que executaram o seu irmão.

Na reportagem jornalística "Os 40 anos do caso Marli",[1] encontramos nos seus relatos a expressão da dor e da indignação, conforme transcrições a seguir:

> Me lembro como se fosse hoje: ele comprou ½ kg de fígado. Nós jantamos. Ele começou a contar: mana: hoje, no quartel, eu corri 3000 m, daqui a alguns dias você vai me ver chegar todo pronto. Fardado. Um sonho que eu... aqueles miseráveis não me deixaram eu ter... a felicidade de ver ele fardado. Aqui mesmo onde eu tô em pé, eu já encontrei meu irmão já morto. Ele estava de bruços com as mãos amarradas, conforme ele saiu de dentro de casa. Ainda abracei... tentei... levantei ele, mas já estava morto... que ele levou 13 tiros.

Nos dias e meses seguintes, Marli percorreu a delegacia de Belford Roxo e o quartel da região em busca da identificação dos autores do assassinato. Entre informações vagas que justificavam a morte de seu irmão por envolvimento com ações criminosas, ela permanecia resoluta no seu ideal por justiça:

> Se eu soubesse que meu irmão teria algum envolvimento com marginais eu não estava nessa luta toda. Porque se ele era marginal, embora morreu do jeito que morreu, mas o lugar de bandido é na cadeia. Eu seria a primeira a ajudar a incriminar ele. Vou até o fim do mundo, mesmo se eu tô sozinha contra o mundo. Eu vou até o papa se for preciso. Eu vou até o fim do mundo! E se isso durar 10, 50 anos, a não ser que eles me matem.

Marli passou meses fazendo o reconhecimento da tropa, o que resultou em quatro reconhecimentos. Em 1980, ela teve um filho e passou a se esconder. O marido a deixou, segundo dizem, por medo de ser morto. Ela já não conseguia trabalho como empregada doméstica e vivia do apoio financeiro da mãe, do advogado e de movimentos feministas, que a elegeram como símbolo da luta da mulher brasileira. Naquele ano, quando perguntada até quando iria se esconder, respondeu: "Eu só paro se eu morrer!".

Em junho de 1983, após a condenação de parte dos acusados, Marli disse, ao ser questionada se estava satisfeita com o resultado do julgamento: "Quem me garante que ainda não vão chorar, meu pai, minha mãe e mais sete crianças?". Nos anos 1990, foram assassinados um filho e um afilhado de Marli. Devido às circunstâncias dos casos, a suspeita recaiu sobre grupos de extermínio. Depois desses fatos, Marli Coragem desapareceu e nunca mais foi vista até os dias de hoje.

Esse desaparecimento pode ter sido motivado pelo cansaço. Cansaço de não encontrar respostas para a perda das vidas daqueles a quem amava. Talvez cansada de se expor, chorar e se explicar diante das câmeras de TV, delegacias e tribunais.

1 Ver: http://www.youtube.com/watch?v=P_FicyqvdHo

Talvez exausta de sentir insegurança e ainda ter que ser o suporte familiar daqueles que restaram. Em 2019, a sua história completou 50 anos desde a primeira tragédia: o incêndio na Favela da Praia do Pinto. E desse período foram deixadas marcas da sua vida que procuram defini-la, talvez, para as próximas gerações.

Para os compositores Ivan Lins e Vitor Martins, seu nome é Coragem, traduzida na letra da música (1980) composta em sua homenagem. Nas imagens da matéria jornalística em que ela aparece embalando seu filho, enquanto ouve ao vivo a música, seus olhos parecem rememorar o passado e buscar esperança no futuro:

> Essa firmeza nos teus gestos delicados. Essa certeza desse olhar lacrimejado. Haja virtude, haja fé, haja saúde. Para te manter tão decidida assim que segurança para dobrar tanta arrogância. Que petulância de ainda crer numa esperança! Quem é o guia que ilumina os teus dias? E que te faz tão meiga e forte assim Coragem, coragem, coragem, mulher Coragem, coragem, coragem, mulher Como te atreves a mostrar tanta decência? De onde vem tanta ternura e paciência? Qual teu segredo, teu mistério, teu bruxedo para te manter em pé até o fim? Coragem, coragem, coragem, mulher Coragem, coragem, coragem, mulher Como te atreves a mostrar tanta decência? De onde vem tanta ternura e paciência?

Para outros, Marli Coragem é sinônimo de justiça, ou melhor, de luta por justiça. Talvez essa tenha sido a motivação para a criação em 2015 do Najup – Núcleo de Assessoria Jurídica Popular Marli Coragem — um projeto de extensão vinculado à UFRRJ – Universidade Federal Rural do Rio de Janeiro. O Najup presta assessoria jurídica popular, particularmente em defesa dos direitos à moradia, à cidade e ao meio ambiente na região da Baixada Fluminense.

Nesse Rio de Janeiro em que ainda se pergunta: quem matou Marielle? Há muito caminho a ser trilhado em nome da justiça. E por falar em caminhos trilhados, temos o livro *Marli mulher: tenho pavor de barata, de polícia não*. As autoras jornalistas, Maria Alice Rocha e Maria Teresa Moraes, trazem no título uma frase que parece sintetizar e reforçar a dimensão do enfrentamento naqueles anos. O livro enfatiza a luta contra grupos de extermínio e a vida de uma mulher brasileira de classe trabalhadora. É uma vida exemplar para pensarmos a luta das mulheres negras. Uma vida exemplar para pensar que Vidas Negras Importam.

## REFERÊNCIAS

BRUM, Mario Sérgio. 2012. Memórias da Remoção: o incêndio na favela do Pinto e a "culpa" do governo. In: Anais do XI Encontro Nacional de História Oral: Memória, Democracia e Justiça. Rio de Janeiro: 10 a 13 de julho de 2012. Disponível em: https://

www.encontro2012.historiaoral.org.br/resources/anais/3/1339790201_ARQUIVO_MemoriasdaRemocaoABHO2012.pdf. Acessado em 18 de junho de 2020.

OS 40 ANOS do Caso Marli (13/10/1979) [Reportagem jornalística]. 2019.Arquivo N Mães x Impunidade. Rio de Janeiro: Rede Globo de Televisão. . 1 vídeo. Duração: 12" min 10' segs. Disponível em: https://www.youtube.com/watch?v=NIvghFGYujo. Acessado em 18 de junho de 2020.

REMOÇÃO da Favela da Praia do Pinto– [Documentário]. 2009.Apresentação: Anselmo Góes. Programa De Lá pra Cá. Rio de Janeiro: Tv Brasil. 1 vídeo. Duração: 33" min 09' segs. Disponível em:https://www.youtube.com/watch?v=JwWcfPC6isw. Acessado em 18 de junho de 2020.

ROCHA, Maria Alice; MORAES, Maria Teresa. 1981. Marli Mulher: Tenho pavor de barata, de polícia não. Rio de Janeiro, Editora Avenir, Coleção Avenir.

# Marta Cezária de Oliveira

## FÉ E LUTA POLÍTICA NA VIDA PÚBLICA

**Mariana Cunha Pereira**

Marta Cezária de Oliveira nasceu em uma fazenda no município de Cachoeira Alta, no entanto, foi registrada em Caçu, sete anos depois, cidade do extremo sudoeste do estado de Goiás. Nasceu de um casamento interétnico, de pais muito pobres. Marta é uma mulher de pele preta, uma mulher negra, ascendência da mãe. Sua infância foi muito feliz ao lado de suas irmãs e outras crianças de parentes e amigos da família.

Foi na escola que Marta se deu conta de sua identidade negra, experimentou ali as ofensas direcionadas à cor da sua pele e à textura do seu cabelo, assim a diferença se fez presente. Ela relata que, no ensino fundamental, na sexta série tomou posição e, se dirigindo a um professor/coordenador, explicou que não aceitaria mais ser responsabilizada pelo que não fizera, argumentando que tais atitudes tinham a ver com sua condição de pobre e sua cor. Talvez tenha sido aí seu primeiro passo em defesa daquilo que seria o eixo da sua trajetória, qual seja: a resistência ao ataque à sua condição de mulher, de negra e da origem pobre. A escola foi, sem dúvida, um *locus* das experiências das relações racializadas vividas por Marta. Foram situações que revelam o quanto o espaço escolar disciplina os corpos e criminaliza os corpos negros. A experiência na oitava série foi emblemática dessa vivência, quando lhe foi sugerido o alisamento do seu cabelo, por ocasião da formatura. A isso também resistiu, negando-se a fazê-lo.

Mesmo tendo trabalhado como babá cuidando de crianças brancas, desde os seis aos 17 anos, Marta diz que jamais o trabalho doméstico a fez duvidar da importância de ser uma pessoa negra. Em 1974, já com 18 anos, em um diálogo com sua mãe, justificou seu rompimento com a religião evangélica, atitude fundamental para que ela sentisse que já podia definir seus caminhos. A sua observação sobre o mundo e o lugar que ocupava era o que a impulsionava.

Assim se constituiu no trabalho. Da Marta criança trabalhadora surgiu a mulher trabalhadora. Estudava de dia, ficando as manhãs e as noites para cuidar dos filhos dos outros. Aos 17 anos, Marta foi trabalhar em um posto de gasolina e na casa dos proprietários, e, a partir daí, foi estudar à noite. Quando conseguiu romper com o trabalho doméstico, e todo o aspecto de exploração ali representado, passou a trabalhar na central telefônica da Prefeitura de Caçu, aos 21 anos, com carteira de trabalho assinada, nesse emprego ficou por três anos.

Na cidade de Caçu, a educação escolar dessa época oferecia, no antigo segundo grau, os cursos de Contabilidade e de Magistério. A escolha de Marta foi pela Contabilidade, cuja identificação só veio com a orientação de seus amigos do curso: Padre Rubens e Vilmar, que lhe apresentaram um grupo de jovens na periferia ligado à Igreja Católica. O referido grupo realizava trabalhos sociais de ajuda humanitária, segundo ela: "Um povo parecido com a gente". Durante esse período decidiu, tornar-se freira, e a participação nas atividades do grupo de jovens havia pesado para essa decisão. Daí mudou-se para Pontezinha, onde residiu em 1983, partindo em 1984. Essa mudança já foi em função de ter entrado na Congregação Irmãs Missionárias de Jesus Crucificado (CIMJC), seguindo, assim, sua intenção de ser freira.

Aos 24 anos, foi morar no Bairro Cidade Livre, na cidade metropolitana de Aparecida de Goiânia, já na condição de noviciada, fase que se fez necessária ser cumprida fora do local de origem da Congregação. Essa experiência a trouxe de volta ao universo escolar, agora na condição de adulta.

Por influência de uma amiga, fez o concurso para professora. Foi aprovada, porém não assumiu, pois sua vocação era seguir a vida religiosa, e ela já estava no momento do noviciado,[1] ou seja, de viver uma experiência em outra cidade/lugar, diferente daquele em que residia.

A Congregação foi o espaço que Marta encontrou, e logo definiu que seria o seu lugar para atuação política e humanista. Após ter participado de um congresso no estado do Espírito Santo no qual pôde comparar a forma de atuação das freiras da CIMJC com outras com as quais havia convivido, em que não havia mulheres negras, e muito menos a discussão da pauta racial, isso mostrou a ela as possibilidades de participação e de entrega por uma luta que seria religiosa e política. Foi ali que ingressou na União da Consciência Negra e militou por um ano.

Sua primeira ação de organização política de maior repercussão veio na área da Educação. Quando ainda em Pontezinha, foi convidada pelo prefeito a ser diretora da escola da cidade. Ali realizou sua ação pedagógica como diretora e participou de um dos primeiros movimentos com o Sindicato dos Professores, articulando uma das greves mais intensas pela pauta salarial. Reuniu 360 professores e pais de famílias, que juntos foram até a frente do palácio do governador, com o tema: "Professor de plantão para garantir o pão". Nesse processo ocorreu o primeiro encontro com o governador de Goiás, na época, Iris Rezende, quando Marta cobrou pessoalmente a promessa que ele fizera de pagar os salários dos professores, havia três meses, atrasados.

A região em que a CIMJC atuava compreendia três cidades Pontezinha, Acrelândia e Inaciolândia. No retorno, após o período no estado do Espírito Santo, Marta foi para a cidade de Inaciolândia, e ali fez os primeiros votos, isso em 1988. Porém ocorreu um conflito com o bispo e o padre. Desde o primeiro contato com ambos, Marta percebeu que as relações sociais hierárquicas entre eles e as irmãs eram relações de poder assimétricas. Dito com suas palavras "O padre não respeitava o espaço político das irmãs". Foi um conflito que colocou em cheque sua relação com o poder da Igreja, refletido na questão de gênero e, ainda mais, vindo de uma ordem religiosa que arregimentava freiras negras em um contexto de um país racializado. Esse é um dos graves dilemas nas relações sociais internas da Igreja Católica com o qual Marta não conseguia compactuar.

Em Planaltina, portanto, a decisão foi não morar na casa paroquial[2] e sim em uma casa alugada pela CIMJC, na quadra 12, lugar distanciado da casa paroquial. Em geral moradores da comunidade se dirigem à casa das irmãs em busca de algum apoio. Entretanto, nessa residência, "na 12", todas eram negras, então o olhar da

1 Nessa Congregação, o noviciado dura até 4 (quatro) anos, após isso, a postulante à freira deve retornar à cidade de origem.

2 A casa paroquial pertence ao padre, porém, quando este não mora no bairro ou cidade, ela é moradia das freiras. Entretanto, pouca autonomia elas têm sobre esse lugar. A casa paroquial é o lugar de moradia dos religiosos que, em tese, representa a proximidade com a Igreja na comunidade.

discriminação racial que os moradores da cidade lhes impunham ocorria de modo costumeiro. Marta narrou sobre a irmã Aparecida, a Sindoca, que adorava rir do espanto — expresso na face de alguém da comunidade —, quando, ao chegar "na 12", procurando por uma freira, ela — uma mulher negra e freira — se apresentava, e a pessoa inevitavelmente reagia com o espanto do preconceito racial. Eram freiras negras, mulheres negras religiosas prontas a servir, e que estavam trabalhando: com a catequese, com a escola, a creche, com a juventude e com o trabalho social no bairro. Mas, para os comunitários, o filtro da cor da pele falava mais alto. Foi nesse período que Marta participou de encontros, levou jovens às Comunidades Eclesiais de Base (CEBS) e ali conseguiu alargar horizontes sobre os movimentos sociais e, em especial, as frentes de luta do povo negro.

Em 1990, foi estudar Licenciatura em Ciências na Faculdade de Educação, Ciências e Letras Ilmosa Saad Fayad (FECLISF) em Formosa – DF,[3] até 1993. Sua ida para essa faculdade também criou uma situação de animosidade com as religiosas da diocese de Caçu, pois Marta era considerada "tupetuda" por querer fazer curso superior.

Por fim, a indisposição para com a casa das freiras negras foi se alastrando, até o ponto em que o bispo tentou impor a presença de uma freira mulher branca que não atuava na mesma linha que aquela Congregação almejava. A CIMJC, então, anunciou a saída daquela diocese da cidade em função desse conflito racial. Daí que, em 1992, ocorreu o primeiro diálogo com o bispo de Goiânia sobre a possibilidade de criação de uma casa de freiras negras em um bairro que não tivesse casa paroquial nem padre, a fim de evitar, de certo modo, esses conflitos de poder. O bispo de Goiânia recebeu de muito bom grado essa proposta, que, naquela altura e já idealizada pelas missionárias, já tinha um nome: Quilombo Missionário de Freiras. Foi nesse momento que a CIMJC comprou uma casa no Bairro Residencial Alphaville, com saída para Guapó, e para lá se mudaram, formando assim o Quilombo Missionário. Marta e as irmãs negras da CIMJC ali permaneceram por 10 anos, nos quais se registrou a participação: no Movimento Negro; no Calendário Afro do Grupo de Religiosos e Religiosas Negros/as e Indígenas (Greni); na Conferência Latino Americana; e na Marcha Zumbi. Marta cita desse período a criação da: "Casa de Moçambique, e para lá enviamos somente irmãs negras". Essa foi uma decisão política importante para a luta racial dentro da Igreja Católica na América Latina e Caribe. Luta essa que tinha como propósito a visibilidade das freiras negras dentro da Congregação, e isso se consolidou com o questionamento, pesquisa e publicação

3 Segundo o site http://www.formosa.ueg.br/conteudo/3894_historiaxxfeclisfxexueg, essa faculdade, em 1999, foi incorporada pela Universidade Estadual de Goiás (UEG), tornando-se uma de suas unidades universitárias.

do livro que conta a história da CIMJC: *Tecendo memórias, gestando futuro – história das irmãs negras e indígenas MJC* (PAULINAS, 2009).

No movimento negro de Goiás, a participação de Marta se deu com as mulheres negras, ajudando a fundar o Grupo Malunga e depois o Grupo Dandara Mulheres Negras do Cerrado.

A criação do Grupo de Mulheres Negras Malunga, em 1999, e do Grupo Dandara Mulheres Negras do Cerrado, em 2002, se deu quase que pelas mesmas pessoas e sequência. Na origem dos dois grupos, durante o processo, primeiro veio, em 1996, o Grupo de Mulheres Negras Construindo a Consciência Cidadã, esse foi o embrião do movimento dos grupos de mulheres organizadas *a posteriori*, com grande ajuda da CIMJC, que, naquela ocasião, já tinha o Quilombo Missionário. Nesse grupo se defendia um trabalho mais voltado à agricultura orgânica, porém o Grupo Malunga queria priorizar as discussões de saúde, então ocorreu uma reestruturação, refazendo-se a direção do Grupo Malunga e criando-se, em seguida, o Grupo Dandara. Marta esteve à frente dos dois processos e também contribuiu com a criação da Associação de Desenvolvimento da Agricultura Orgânica de Goiás (Adao) que, também, foi em 1999.

A mudança para Goiânia também ocasionou a transferência, no último ano do curso de graduação, para a Universidade Católica de Goiás, onde, por mais quatro anos, Marta concluiu o curso de Ciências Biológicas.[4] Somente 21 anos depois é que voltaria a estudar, agora no mestrado em Química, iniciado 2019, na Universidade Federal de Goiás.

Os anos 2000 foram de uma efervescência política inigualável para o movimento de mulheres de Goiás. Entre 2001 e 2004, Marta trabalhou na Assessoria da Mulher. E não por acaso foi nessa época que a Dandara teve sua maior aglutinação de mulheres, de lutas e de uma agenda articulada.

Sua participação como candidata à deputada estadual, pelo Partido dos Trabalhadores (PT), em 2010, também provocou uma "saia justa" para a Congregação. E seu nome foi denunciado em Roma por ser religiosa e estar diretamente envolvida na política partidária.

As vivências que a discriminação racial e as desigualdades de gênero dentro da Igreja Católica lhe impuseram custaram em parte o afastamento de Marta de sua vida religiosa, posto que todos os episódios por ela narrados trouxeram o peso de lutar contra as assimetrias, hipocrisias e atitudes incoerentes no cotidiano da vida religiosa.

4 A CIMJC assumiu os custos desse curso por meio do crédito educativo. Essas são decisões que não cabem individualmente à religiosa, e sim são uma decisão da Congregação.

Ainda assim, sem dúvida, foram os estudos sobre Maria, em Carlos Mestre,[5] os orientadores da trajetória de Marta, trajetória que ela define com a frase: "Eu segui Jesus na vida pública". Escolheu, por essa identidade com Maria, trabalhar com as mulheres e em defesa das mulheres. Com esse entendimento é que analisou o caso do aborto e perguntou: "Por que a mulher que faz o aborto é que tem de ser presa e o homem que a deixou sozinha com o filho fica livre e não é punido?". Marta protagonizou com essa análise o episódio em um programa de rádio em Goiânia no qual ela revelou sua posição a favor do aborto e defendeu que houvesse políticas públicas para essas mulheres. O resultado repercutido na mídia levou a um chamado de atenção do bispo de Goiânia e, de certo modo, assinalou seu afastamento da Congregação, a fim de não prejudicar suas irmãs religiosas.

Por fim, falta assinalar mais um movimento dessa trajetória, ainda em 1988, quando a CIMJC realizou um encontro nacional da Congregação em Salvador – BA. Essa foi a oportunidade para que Marta tivesse seu primeiro contato com o terreiro da mãe Stela, portanto, com o candomblé. Ali ela fez sua observação e comparação sobre todos os elementos da cultura negra e as origens africanas. Talvez fosse importante lembrar as palavras de Werneck (2009), quando, ao explicar a origem de nossas raízes negras africanas, no passo e compasso das mulheres negras do Brasil, nos traz uma excelente interpretação do modo como resistiram aos processos de dominação por meio de organizações religiosas, e nos explica que existiram associações religiosas inseridas em especial na Igreja Católica no período da escravidão. Talvez venha daí muitos dos passos de Marta descritos até aqui, resistência ao tempo, resiliência às adversidades que sua condição de mulher negra lhe colocou e articulação com forte poder de liderança, portanto, fé e política.

## REFERÊNCIAS

OLIVEIRA, Marcia Cezária de Oliveira [entrevista digitalizada]. Arquivo da autora.

SANTOS, Maria Elisa Magalhães; CARVALHO, Euzebio Fernandes. Janeiro/junho de 2017. Marta Cezaria de Oliveira e a Organização do Movimento de Mulheres Negras em Goiânia. In: Revista Temporis [Ação]. Cidade de Goiás; Anápolis. vol. 17, nº. 01, p. 368-400. Disponível em: http://www.revista.ueg.br/index.php/temporisacao/issue/archive. Acessado em 01 de setembro de 2021.

5 Frei Carlos Mesters é frade Carmelita de origem holandesa e radicado no Brasil, sua obra insere-se na corrente da Teologia da Libertação. É um grande incentivador da leitura popular da Bíblia por meio dos Círculos Bíblicos e das Comunidades Eclesiais de Base (CEB).

WERNECK, Jurema. 2009. Nossos passos vêm de longe! Movimentos de mulheres negras e estratégias políticas contra o sexismo e o racismo. In: Vents d'Est, vents d'Ouest: Mouvements de femes et féminismes anticoloniaux. Genève: Graduate Institute Publications. Disponível em: https://books.openedition.org/iheid/6316. Acessado em 21 de agosto de 2021.

GOIÁS: Lista de candidatos a deputado estadual. 2010. In: G1 – Eleições 2010 [página de internet]. Disponível em: http://g1.globo.com/especiais/eleicoes-2010/noticia/2010/09/goias-lista-de-candidatos-deputado-estadual.html. Acessado em 15 de julho de 2023.

# Marta Soares Ferreira

## MINHA FAMÍLIA É O MEU QUILOMBO!

**Cláudia Delboni**
**Marta Soares Ferreira**

Construir uma síntese sobre a trajetória de Martinha foi um desafio, seu itinerário está repleto de significados e resistências. Utilizei-me da metodologia da História Oral de Vida para coletar sua narrativa, na perspectiva de entender a memória como fruto dos fenômenos construídos coletivamente. Suas lembranças compõem a história das mulheres negras, que realizam um esforço hercúleo para conquistarem o reconhecimento social.

Marta Soares Ferreira é conhecida como Martinha em Amambai, onde nasceu, no ano de 1981. Sua caminhada remete-nos a uma história de resiliência na cidade, região do extremo sul de Mato Grosso do Sul marcada pela presença dos Guarani e Kaiowá (povos originários desse local) e dos colonizadores sulistas. Sua luta foi solitária, em meio à pouca presença da cultura afro-brasileira na região, por isso a grandeza de sua trajetória: "Minha família foi o meu quilombo".

Parte de uma extensa família de 10 irmãos, foi a primeira filha nascida na cidade de Amambai. A escolha do seu nome deu-se por uma inspiração bíblica, pois seu nascimento foi um momento de conversão do pai ao catolicismo. Seus pais deixaram o estado do Paraná, no ano de 1980, capitaneados pela propaganda do progresso. Nesse contexto, a cidade acenou como possibilidade de aquisição de terra, na medida em que o estado — criado no ano de 1979 —, apresentava a região como promissora para novos colonizadores.

Contudo, uma proposta de compra de terra revelou-se um golpe para a família e sua permanência no estado dependeu dos trabalhos realizados em serrarias e chácaras na zona rural. No decorrer da década de 1980, a prática do arrendamento tornou-se estratégia para amealhar recursos para aquisição da casa própria e próxima da cidade.

Foi numa zona periférica chamada de Vila Cristina que Martinha viveu a infância e participou do engajamento dos pais nas Comunidades Eclesiais de Base (CEB), na perspectiva da Teologia da Libertação. O papel de destaque na CEB possibilitou o reconhecimento da família no bairro, tanto que o pai se tornou presidente da Associação dos Moradores.

O ingresso na escola veio acompanhado pela descoberta dos preconceitos raciais, ser uma criança preta como sinônimo de coisa ruim foi um choque na sua existência. O racismo veio carregado de insultos como "bombril, negrinha, macaca", além de ser confundida com menino, uma vez que a mãe mantinha seus cabelos curtos. Na escola vivenciou práticas racistas quando uma professora, inconformada com suas dificuldades, encostou sua cabeça na mesa e disse-lhe que tinha vontade de socá-la.

Foi no interior da família que ocorreu seu processo de afirmação identitária, em meio ao diálogo e carinho dos pais, quando a mãe lhe dizia que ela era preta mesmo e isso não podia ser motivo de vergonha, pelo contrário, era necessário afirmar o orgulho da sua cor. Com certeza a mãe sabia que o racismo era uma pauta desafiadora na educação que promovia em seu lar, mesmo não sendo negra.

A infância foi rápida, pois com 12 anos, revezou entre a escola e os trabalhos como babá, situação que se agravou aos 14 anos, quando se tornou empregada doméstica com carteira assinada e cumpriu uma jornada diária de 12 horas de trabalho. Com isso veio a impossibilidade de realizar o desejo de cursar o Magistério, ofertado no período diurno, e, como parte da classe trabalhadora, prosseguiu os estudos no período noturno.

Na tentativa de romper com o destino fadado de empregada doméstica, realizou um curso de Datilografia que foi de pouca utilidade na cidade, pois os preconceitos raciais se constituíram em barreiras intransponíveis: certo dia foi entregar um currículo para disputar uma vaga de secretária, e o gerente apontou para seu cabelo e disse que não contratava macaca. Diante da humilhação, resignou-se em ser uma boa empregada doméstica.

Em 2001, ingressou no Instituto Filhos e Filhas da Pobreza do Santíssimo Sacramento, conhecido como Toca de Assis. Esse era o desejo do pai, mais tarde ela entendeu que era uma possibilidade de romper com o confinamento social vivido em Amambai.

Na vida religiosa, identificou-se com o trabalho direto com pessoas em condição de rua. Após a morte da mãe, em 2003, sinalizou o desejo de deixar a vida religiosa, quando recebeu a proposta de tornar-se peregrina e aprofundar as ações com populações em situação de vulnerabilidade social. Dormiu nas ruas, inclusive na Cracolândia, e conheceu uma realidade impactante, cenário que o amambaiense comum desconhece, embora seja uma região de fronteira com o Paraguai, sob presença ostensiva do narcotráfico.

Em um período de oito anos, percorreu vários estados do Brasil — SP, RJ, PR, MG, BA, MS, CE, PE e SE. Nesse trajeto observou a presença majoritária dos negros vivendo em condições de extrema miséria nas ruas das grandes capitais, confirmando suas ideias: o racismo era estrutural.

No ano de 2008 desistiu da vida religiosa, na medida em que percebeu contradições entre sua forma de ver o mundo e as regras da Igreja Católica. Possivelmente o maior descompasso foi sua descoberta enquanto mulher. Antes de prestar os votos, viveu sua primeira relação de afeto de forma correspondida, experimentou uma mescla de culpa e corporalidade. Entretanto, superou o racismo que a impedia de ver beleza nos seus traços negros, sentiu-se bonita, percebeu que tinha desejos e que isso era algo natural e humano. Compreendeu que era necessário retomar os estudos e conduzir sua vida pessoal.

Nessa altura o pai estava sofrendo de demência. Após quase três décadas de mobilizações sociais, ele não conquistou o sonho da posse de terra, pelo contrário, o envolvimento na luta pela reforma agrária custou-lhe a perda das áreas arrendadas. Os colonizadores sulistas, detentores da maior parcela de terra na região, consideraram ousadia um negro reivindicar a posse da terra, direito negado até mesmo para os nativos Kaiowá-Guarani, que vivem o confinamento no interior de duas reservas criadas pelo Estado.

Retomar as relações sociais em Amambai não foi tarefa fácil. Seu quilombo familiar, ainda que disperso, permaneceu seu refúgio, o apoio para ressocializar-se e a inspiração para afastar o fantasma do emprego doméstico que lhe espreitava. Realizou diversos cursos profissionalizantes e, em certa ocasião, entregou o currículo para disputar uma vaga de atendente, mas o gerente ofereceu-lhe um trabalho de doméstica. Diferentemente da primeira vez em que saiu humilhada, desta vez desvelou a discriminação racial para a gerência daquele estabelecimento, quando indagou se o motivo da recusa do seu currículo era pelo fato de ser negra.

No ano de 2012, conseguiu ingressar na universidade pública, no curso de Ciências Sociais. Foi na UEMS que esta autora conheceu Martinha, eu era docente no curso de História e sua presença captou minha atenção. No segundo ano do curso, ela liderou as estudantes para a formação de um centro acadêmico, conciliou os estudos com os cuidados do pai, além de participar de eventos acadêmicos.

A universidade possibilitou consistência teórica para realizar uma leitura mais ampla sobre a realidade: a democracia racial era um mito e Gilberto Freyre suavizou as violências que os negros viveram ao redor da casa grande. No encontro com as obras de Florestan Fernandes e Dagoberto J. Fonseca, veio a certeza de que a luta antirracista era necessária.

Do movimento estudantil enveredou-se para a luta partidária, quando se filiou ao Partido dos Trabalhadores. O vocabulário antirracista tornou-se sua bandeira, com críticas severas à objetificação das mulheres negras presente até mesmo no corpo docente das universidades.

No ano de 2016, entrou na pós-graduação em Toledo – PR. Sua luta solitária se materializou na pesquisa dos povos indígenas, e abandonou o desejo de estudar as mulheres negras por ausência de orientadores. A presença ostensiva da população branca tornou-se opressora, estava distante do seu quilombo familiar. Mesmo com um diploma universitário, restou-lhe o trabalho como babá para assegurar o sustento em "terras estrangeiras".

No final do mestrado, conseguiu aulas em sua área de formação na cidade de Paranhos – MS. No exercício da docência, levou a temática afro-brasileira para as salas de aula; ensinou aos alunos que os afro-brasileiros não eram descendentes dos escravos. Sobretudo, possibilitou a reflexão sobre a importância em reconhecer a beleza de ter no Brasil a herança milenar da cultura africana, com a presença de um povo que traz sua marca na cor da pele e que, mesmo com o tombamento de seus ancestrais escravizados, resistem em pé.

No período em que trabalhou em cidades da região, permaneceu atuante no PT, e, em 2020, aceitou o convite do partido e disputou uma vaga de vereadora. O levante Vidas Negras Importam a encorajou para a importância de uma mulher negra pleitear o espaço legislativo. Era preciso questionar a condição de invisibilidade a que a população negra está relegada no município. Devido à pandemia, a maior parte da campanha foi on-line, e Martinha mostrou agilidade nas redes sociais, destacou-se no debate que repercutiu em nível nacional. Contudo, precisou aproximar-se do eleitor e foi para as ruas.

Não foi eleita, mas demonstrou a força de seu engajamento se considerarmos o distanciamento social imposto pela covid-19. Encontrou barreiras que impediram a ascensão da campanha, recorreu ao argumento de que possuía formação acadêmica e estava habilitada para o cargo. Ser mulher negra na política também perpassou pela solidão. Algumas vezes correligionários do partido tentaram convencê-la de que o foco do debate não deveria ocorrer pelo viés racial, mas sim pela questão de classe. Mas como negar a condição de sua existência que perpassa pela cor da pele, pelo cabelo crespo, pelo corpo de mulher negra e que antecede o seu currículo?

## REFERÊNCIAS

FANON, Frantz. 2005. Os condenados da Terra. Juiz de Fora: Editora UFJF.

HALBWACHS, Maurice. 1990. A Memória Coletiva. São Paulo: Vértice.

LANDES, Ruth. 2002. A cidade das mulheres. Rio de Janeiro: Ed. UFRJ.

# Melânia Luz

## A PRIMEIRA MULHER NEGRA BRASILEIRA NAS OLIMPÍADAS

**Simony dos Anjos**

Até 1948, nenhuma mulher negra havia integrado uma Delegação Olímpica Brasileira, Melânia Luz dos Santos foi a primeira. Seus feitos são históricos, embora seja tão difícil encontrar registros de sua brilhante carreira. Paulistana, do Bairro do Bom Retiro, treinou no São Paulo Futebol Clube, quando as instalações ainda eram no Bairro do Canindé. Primeira é o maior adjetivo que pode qualificar Melânia. Primeira atleta feminina do São Paulo Futebol Clube e primeira mulher negra a estar em uma delegação olímpica do Brasil. Recordista sul-americana dos 100 e dos 200 metros rasos, é referência para várias gerações de atletas negras, no Brasil e na América Latina.

Melânia nasceu em 1° de junho de 1928, na cidade de São Paulo, filha de um policial militar e de uma dona de casa. A família era torcedora apaixonada do São Paulo. Diferentemente de muitas famílias da década de 1930, seu pai levava a mãe, o irmão e ela ao estádio do São Paulo para assistir aos jogos. Sem dúvida, a recente organização educacional do período varguista,[1] na qual a educação física foi sistematizada nas escolas, e o ambiente familiar que teve na infância contribuíram muito para sua dedicação ao esporte. A família tratou como uma escolha natural e aceitável que Melânia seguisse a trilha do atletismo, em um período em que a participação feminina em esportes não era incentivada. Melânia fez parte da primeira delegação olímpica feminina de atletismo do Brasil.

Melânia, durante a vida, reconheceu que suas escolhas não eram possíveis para todas as mulheres de sua época, reconhecia os obstáculos que mulheres tinham para se dedicarem ao esporte e sabia do grande feito que estava realizando ao competir pela Seleção Brasileira de Atletismo. "Eu fiquei na história, eu também competi. Não é que me deixaram", ao dizer essas palavras, Melânia registrava que aquele lugar que ela ocupava não era favor nenhum, mas um lugar merecido e um grande passo na reparação histórica contra a escravização de negros, ocorrida no Brasil. No São Paulo Futebol Clube, era velocista e saltadora, ela sempre defendeu o clube, por amor à camisa. No clube paulista, foi treinada pelo alemão Dietrich Gerner, e sua carreira profissional deu-se entre os anos de 1945-1958.

Como na década de 1940 o incentivo para os esportes não era uma política pública no Brasil, Melânia não pôde contar com uma bolsa para que se dedicasse apenas ao esporte. Para se sustentar, trabalhou por 30 anos no Hospital do Servidor Público como patologista, treinando aos sábados e domingos, uma vez que, durante a semana, tinha que bater ponto. É evidente que, além do rigor dos treinos, Melânia teve que lidar com as dificuldades da vida de uma atleta que não tinha patrocínio.

É importante ressaltar que, ao alcançar realizações dignas de Olimpíadas, Melânia realizou um grande feito, uma vez que trabalhava e, portanto, não tinha a mesma disponibilidade de tempo para treino das colegas atletas que se dedicavam apenas ao esporte. Recaía sobre o corpo de Melânia o peso do racismo, do machismo e da classe, uma vez que era pobre e por isso não podia ser sustentada pela família para se dedicar apenas ao esporte.

Estreou em competições no 1º Troféu Brasil de 1945, quando ficou em segundo lugar nos 200 metros, atrás de Clara Muller, do Clube Germânia, atual Clube Pinheiros. Melânia relatou durante as competições que sofreu por mais de uma vez racismo por parte Muller, e demais atletas brancas, com quem teve que dividir pistas de atletismo. Faz-se necessário lembrar que, na década de 1940, os clubes brasileiros de esporte eram, em sua maioria, frequentados por pessoas brancas. Nessa década, na Europa, ocorria a Segunda Guerra Mundial, sendo que a Alemanha, país protagonista da guerra, tinha por política pública a eugenia: pregava que pessoas brancas

1 Sobre educação, eugenia e a prática do corpo, ver Anjos (2020).

arianas eram superiores às pessoas das demais etnias. E Melânia Luz cruzou com esse discurso ao treinar com atletas brancas no Clube Germânia. Não podia usar os mesmos vestiários, mesmos banheiros ou ter o mesmo tratamento, pois, por ser negra, sofria diretamente em seu corpo o peso do discurso eugênico[2] que circulava no mundo desde o final do século XIX.

Em 1946, estreou em competições internacionais, na cidade de Santiago do Chile. Participou do Campeonato Sul-Americano de Atletismo, onde conquistou a medalha de bronze por equipes. Em 1947, Melânia Luz se destacou no Campeonato Sul-Americano de Atletismo do Rio de Janeiro, no qual conquistou medalha de prata nos 200 m rasos e prata no revezamento 4x100 m por equipes. O desempenho da equipe feminina brasileira qualificou o Brasil para os Jogos Olímpicos de Verão de Londres, que aconteceriam no próximo ano.

Historicamente, os Jogos Olímpicos de 1948 têm grande importância, uma vez que aconteceram 12 anos de interrupção, devido à Segunda Guerra Mundial. Nesses jogos, marcados pela reconstrução da Europa recém-destruída pela guerra, havia 4104 atletas, dos quais apenas 390 eram mulheres. Melânia não apenas foi a primeira mulher negra na Delegação Olímpica Brasileira, como brilhou nos jogos, logo após uma guerra em que a ideia de inferioridade das pessoas não brancas havia sido um dos principais discursos. A delegação brasileira era composta por 77 atletas, dos quais apenas sete eram mulheres.

Em 1948, com Benedita Oliveira, Elizabeth Clara Muller e Lucila Pini, Melânia formou a primeira equipe feminina de revezamento 4×100 metros livres em Olimpíadas. Embora elas não tenham avançado para as finais da competição, quebraram o recorde sul-americano da prova olímpica, o que as tornou as primeiras atletas da categoria, na América Latina. As conquistas não amenizavam o tratamento que Melânia recebia da equipe, a convivência não era fácil. Melânia, quando questionada em uma entrevista realizada em 2009, feita pela pesquisadora Claudia Maria de Farias, queixou-se de ser tratada com inferioridade, por ser negra. A atleta que a mais inferiorizava era a Elizabeth Clara Muller, sobre ela Melânia disse que "a pior era a Clara. Porque a Clara era de um clube de alemães mesmo" (FARIAS, 2012, 98).

Em sua tese de doutorado, intitulada *Sonhos, lutas e conquistas: projeção e emancipação social das mulheres brasileiras nos esportes, 1932-1979*, Claudia Maria de Farias diz que "Melânia Luz, então com 20 anos e corredora dos 200 m, que abriu caminho

2 Eugenia, do grego "bem-nascido", foi uma ideia cunhada por Francis Galton, em 1883, que se apoiava nos estudos de seleção natural do seu primo Charles Darwin, para defender que o conceito de seleção natural também se aplicava nos seres humanos. Sendo assim, poderia haver seres humanos superiores e inferiores. No Brasil, esse pensamento ecoou fortemente no período na imigração europeia, quando alguns intelectuais, como Renato Kehl, defendiam o branqueamento da população, tendo em vista a suposta inferioridade de pessoas negras, asiáticas e que conviviam com deficiências.

para a presença cada vez maior das esportistas negras nas principais competições internacionais" (FARIAS, 2012, 97). A pesquisadora demonstra em sua pesquisa que, após a ida de Melânia aos jogos em 1948, as mulheres negras se multiplicaram na história olímpica do Brasil: Wanda, Deise, Aída, Silvina das Graças, Esmeralda de Jesus, Conceição Geremias, entre outras.

Nos Campeonatos Sul-Americanos de Atletismo, Melânia obteve também: prata nos 200 m rasos e bronze nos 100 m rasos no Rio de Janeiro, 1947; ouro em 4x100 m rasos em Lima, em 1949; ouro em 4x100 m rasos em Montevidéu, em 1968; e prata nos 4x100 m rasos em São Paulo, em 1954. A maior conquista individual de Melânia Luz como atleta do clube tricolor foi na quarta edição do Campeonato Brasileiro de Atletismo, em 1946, no qual foi campeã com 27s nos 200 m rasos e prata nos 100 m rasos com 13s4.

Costumam dizer que Melânia Luz caiu no esquecimento, contudo, essa é mais uma face do racismo estrutural que organiza a memória do Brasil. A mídia a enterrou em vida, pois ela se manteve ativa até 1998, com 70 anos de idade. E como atleta veterana estabeleceu novos recordes. Em 1995, bateu recorde dos 100 m rasos na categoria +65, e, no revezamento 4x100 m livres, se tornou recordista sul-americana na categoria +60.

**Foto de Melânia Luz, a primeira mulher negra a integrar a Delegação Olímpica do Brasil, feita por Chris Ware.**

Melania sofria de Mal de Alzheimer desde 2007, e, ao morrer, em 22 de junho de 2016, em São Paulo, sua morte não foi anunciada nem lamentada pelo clube tricolor paulista. Em 25 de outubro de 2020, recebeu o título de emérita pela Confederação Brasileira de Atletismo. Saudamos Melânia Luz, registramos e contamos sua história para que seja lembrada com toda honra que merece. Obrigada, Melânia Luz dos Santos, a Pioneira.

## REFERÊNCIAS

ANJOS, Rodrigo Pereira dos. 2020. As propostas educacionais de higienização veiculadas pela Revista Escolar (1925-1927). Dissertação de Mestrado em História. São Paulo: Escola de Filosofia, Letras e Ciências Humanas da Universidade Federal de São Paulo.

FARIAS, Claudia Maria de. 2012. Sonhos, lutas e conquistas: projeção e emancipação social das mulheres brasileiras nos esportes, 1932-1979. Tese de Doutorado em História. Niterói: Instituto de Ciências Humanas e Filosofia da Universidade Federal Fluminense.

NATALE, Dayane; THOMAZ, Denise; RABELLO, Helena. 20 de novembro de 2020. Melânia Luz: a vida e a morte de uma pioneira invisível [reportagem online]. In: GE - Globo Esporte [página de internet]. Disponível em: https://interativos.globoesporte.globo.com/olimpiadas/materia/melania-luz-a-vida-e-a-morte-de-uma-pioneira-invisivel. Acessado em 29 de julho de 2021.

SCHUMAHER, Schuma; BRAZIL, Érico Vital. 2007. Mulheres Negras do Brasil. Rio de Janeiro: Senac Nacional.

# Miraildes Maciel Mota

## FORMIGA

**Djalma Oliveira de Souza**
**Maria do Espírito Santo Rosa Cavalcante Ribeiro**

Miraildes Maciel Mota. Superlativa sob todas as formas, em essência e números. Mulher, negra, nordestina e lésbica. Formiga, como é conhecida no mundo do futebol, nasceu no dia 3 de março de 1978 na capital baiana, Salvador. Filha caçula de dona Celeste, que, sozinha (o pai de Miraildes morreu quando a filha era recém-nascida), criou os cinco filhos.

A futura atleta da bola seria apenas mais uma vítima de um país em que o preconceito aos/às negros/as, às mulheres, aos pobres, os/as homoafetivos/as e aos/às nordestinos/as se firma sobre um plano no qual a discriminação, o racismo estrutural (ALMEIDA, 2019) e o açoite, assentados histórica e culturalmente, destroem, desqualificam e castram qualquer tipo de manifestação cultural da população que vive às margens do Estado. No entanto, Formiga é a personificação, a representação e a comprovação de que a luta engendrada em tempos pretéritos, encampada pelos/as negros/as, pelas mulheres e demais agentes já mencionados, se constitui na abertura e na possibilidade de recontarmos uma nova narrativa histórica baseada na diversidade e na equidade, pois entendemos que "pensar o processo sendo continuamente resistido e resistindo até hoje" (LUGONES, 2014, 8) nos garante uma melhor compreensão dos fatos históricos.

Por conta do Decreto-Lei nº 3.199/1941, e seu Art. 54, quando Miraildes nasceu, em 1978, a prática do futebol feminino no Brasil era proibida (BRASIL, 1941). Dessa forma, o que se verifica, para além do que se constituía no passado como modo de restringir aos marginalizados qualquer tipo de acesso à educação e ao mercado de trabalho, por conta exemplificadamente desse decreto, é que existia todo um ambiente restritivo que impedia até mesmo a diversão. Assim, o futebol, muitas vezes interpretado como um esporte democrático, "do povão", mostrava-se, mais uma vez, repetindo o que fora feito no passado em relação aos negros, ou seja, para as mulheres aquela forma de inserção social não seria adequada e não se enquadrava no que a sociedade conservadora, comandada por militares, esperava.

Ao ser revogado no ano de 1979, o decreto supramencionado, de forma sutil, abriu a possibilidade de aceitação das mulheres no mundo do futebol. O exemplo dessa afirmação, segundo a revista esportiva *Placar* de 1984,[1] era que havia no país cerca de "3.000 mil times de futebol e mais de 45 mil mulheres em campo" (ECHEVERRIA, 1984, 24). Dessa forma, o que se verificou nas décadas subsequentes foi o crescimento gradual quanto à participação feminina jogando futebol. Outro passo importante nessa caminhada das mulheres aos gramados foi a regulamentação da modalidade, em 1983, pois, tendo um calendário, elas puderam organizar campeonatos regionais, jogar nos estádios, e criar times e ligas profissionais.

Tamires, Debinha, Bárbara, Andressinha, entre outras jogadoras que disputaram a sétima participação do futebol feminino em Tóquio, em 2020,[2] fazem parte de uma geração posterior às das décadas de 1980, 1990 e primeiro decanato dos anos 2000, que alavancaram, com muita dificuldade e desprestígio, o futebol jogado pelas mulheres, com destaque às pioneiras: Michael Jackson, Sissi do Amor, Pretinha, Roseli, Marisa, Leda Maria e Fanta.

A primeira participação do Brasil em torneios internacionais[3] aconteceu em 1988 por ocasião da disputa da Copa do Mundo de Futebol Feminino, organi-

1 Edição de nº 738 (julho de 1984).

2 As Olimpíadas de Tóquio foram canceladas em 2020 por conta da pandemia gerada pela covid-19, dessa forma, foram disputadas somente em 2021.

3 Havia no Brasil, desde 1983, iniciativas de criação de um calendário esportivo dedicado ao futebol feminino, assim, foram criados, principalmente na região Sudeste, torneios regionais e nacionais, tais como a Taça Brasil, de 1983 a 1988, o Torneio Nacional, de 1990 a 1991, e o Campeonato Brasileiro de Futebol feminino, de 1994 a 2001, entre outros.

zada pela Fifa, na China.[4] Montado às pressas e tendo como base o time carioca Radar, a Seleção, coordenada pelo técnico Fernando Pires, subiu ao pódio na terceira colocação.

Formiga, ainda criança, ao trocar as bonecas de plástico pelas bolas de couro, foi repreendida, desqualificada, discriminada, agredida psicologicamente e até fisicamente. Porém, amparada maternalmente em casa e com um talento para a prática futebolística acima das e dos demais, pois jogava entre os meninos e as meninas nos campos de terra vermelha no subúrbio ferroviário de Salvador, com 12 anos, foi imediatamente identificado, por quem a assistia, que se tratava de uma exímia jogadora de futebol, um fenômeno. Tanto que, quatro anos depois, foi convocada, pelo então técnico da Seleção Feminina de Futebol Ademar Fonseca, para fazer parte da Delegação Brasileira de Futebol Feminino, que disputaria a segunda edição, 1995, da Copa do Mundo na Suécia.

Foi nesse interstício, desde os primeiros toques na bola em Salvador e a profissionalização das mulheres no esporte, que a atleta Formiga entrou para história do futebol brasileiro sendo convocada, aos 16 anos, para compor o time que disputaria a segunda[5] edição da Copa do Mundo de Futebol Feminino realizada na Suécia no ano de 1995.

Superando homens e mulheres em números de participações em jogos da Seleção nacional, Miraildes disputou sete Copas do Mundo de Futebol. E, ao entrar em campo nas Olimpíadas de Tóquio, tornou-se a 31ª atleta a disputar os Jogos Olímpicos em sete oportunidades. É a única atleta, entre homens e mulheres em esportes coletivos, que disputou sete edições dos jogos mencionados. Ao completar, em 2021, 25 anos jogando pela Seleção, Formiga foi vice-campeã e terceira colocada ao disputar as Copas do Mundo de 1999 e 2007, nos Estados Unidos e na China respectivamente. Foi medalha de prata nas Olimpíadas disputadas em Atenas, 2004, e em Pequim, 2008. Ainda pela Seleção nacional, conquistou o título de campeã nos Jogos Pan-Americanos em três oportunidades (2003, 2007 e 2015) e, no mês de abril de 2018, conquistou o título da Copa América de Futebol. Jogaram nos principais clubes do Brasil; em times norte-americanos, nos Estados Unidos; no FC Rosengård, time sueco; foi campeã francesa pelo time Paris Saint-Germain; tricampeã pelo torneio Libertadores da América (2011, 2013 e 2014); uma vez campeã no torneio internacional organizado pela FIFA, Mundial de Clubes (2014) pelo time paulista São José.

4 Faz-se necessário ressaltar que foi um "evento teste", portanto, não consta computado nos dados oficiais da entidade.

5 A primeira edição da Copa do Mundo de Futebol Feminino organizada e catalogada pela Fifa foi disputada na China, em 1991.

Mais do que os títulos pessoais, a jogadora Formiga — apelido dado pelo treinador da Seleção feminina, em 1996, José Duarte, por conta de sua dedicação dentro de campo — é um símbolo de resistência e de transformação e se insere na superação, proposta pela historiadora Michelle Perrot, de abandono do discurso "miserabilista da opressão" e que procura "mostrar a presença e a ação das mulheres" (PERROT 2020, 179). Ao herdar o sonho de muitas mulheres desportistas, outrora proibido por quase 40 anos, ao fazer parte de uma geração de jogadoras vilipendiadas, por conta de suas origens e gênero, e por ser testemunha e vítima de um preconceito abjeto e de um racismo estrutural que cerceou e ceifou muitos talentos espalhados pelo Brasil, se despediu da Seleção feminina como jogadora em 2021, deixando, com outras atletas, caminhos deveras menos custosos. No entanto, hão de se manter, as futuras atletas, alertas quanto ao que foi construído e ao que porventura venha a ser projetado.

## REFERÊNCIAS

ALMEIDA, Silvio Luiz de. 2019. Racismo estrutural. São Paulo: Pólen.

BRASIL. Decreto-lei n° 3.199, de 14 de abril de 1941: Estabelece as bases de organização dos desportos em todo o país. Brasília - DF. Disponível em: http://www.planalto.gov.br/ccivil_03/decreto-lei/1937-1946/del3199.htm. Acessado em: maio 2021.

ECHEVERRIA, Regina. 13 de julho de 1984. O charme vai a campo. In: Revista Placar, São Paulo, nº. 738.

LUGONES, María. Dezembro/ 2014. Rumo a um feminismo descolonial. In: Revista de Estudos Feministas, Florianópolis, v. 22, n° 3, p. 935-952. Disponível em: https://doi.org/10.1590/S0104-026X2014000300013. . Accessado em maio de 2021.

PERROT, Michelle. 2020. Os excluídos da história: Operários, mulheres e prisioneiros. Rio de Janeiro: Paz e Terra.

# Mônica Santos Francisco[1]

**Sandra Monica da Silva Schwarzstein**
**Verônica Nascimento**

Mônica nasceu em 20 de maio de 1970, no Morro do Borel, na Tijuca, zona Norte da cidade do Rio de Janeiro. Foi criada por sua avó paterna, Maria Luiza Conceição Fiuza, já falecida, uma sergipana que passou pela Bahia antes de chegar ao Rio de Janeiro, há mais de 60 anos. No Borel, a família abriu um pequeno negócio de secos e molhados. Almiro Fiuza, o marido de sua avó, que Mônica chamava de padrinho, era baiano e foi responsável por cobrar das autoridades a instalação de energia elétrica na comunidade. Sua avó era lavadeira e sua filha, Altamira Conceição Paixão, tia e madrinha de Mônica, ajudava nas despesas da casa.

A família valorizava a educação e foi sua avó Luiza, mulher muito sábia, quem, apesar de analfabeta, lhe ensinou as vogais. Era sua avó que lhe contava histórias de quilombos, ficava na fila para conseguir uma vaga na escola para Mônica e zelava para que estivesse sempre arrumada e com seu material escolar. A mãe de sua avó, Maria Francisca, bisavó de Mônica, foi uma mulher escravizada. Mônica estudou

1 Esse verbete construído a partir de conversas entre Mônica Francisco e as autoras.

em escolas públicas da Tijuca. Foi na escola, aos 11 anos, que conheceu o racismo, quando nem sabia o que era, no momento em que a diretora da escola disse que onde a coleguinha branca chegaria, Mônica jamais colocaria os pés.

Na adolescência, ficava triste quando via sua mãe lavando roupa no rio Maracanã e a ajudava, entregando as trouxas nas casas. Trabalhava de dia e estudava à noite. Finalizou o ensino médio pelo Telecurso 2000, na Associação de Moradores do Borel. Sonhava cursar História, mas, por conta do engajamento comunitário, em 2008, ingressou na graduação em Ciências Sociais, na Universidade Estadual do Rio de Janeiro (UERJ).

No campo religioso, Mônica se reconhece como cristã evangélica progressista, há mais de 30 (trinta) anos. Para ela, a sua fé cristã a constitui enquanto pessoa que se relaciona com o sagrado a partir de uma leitura da Bíblia. Sua experiência de conversão se deu aos 18 (dezoito) anos de idade, com a cura de um nódulo no seio. Sua espiritualidade a instiga a fazer críticas ao embranquecimento de Jesus Cristo pela cultura europeia, que, desde a Idade Média, o representa como um Jesus loiro de olhos azuis. Sua caminhada de fé sempre reverberou na sua luta por justiça social, porque acredita que o Reino de Deus é paz, justiça e alegria e que as comunidades cristãs devem ter uma prática coletiva. Diz que Jesus fazia um enfrentamento das injustiças sociais imbricado à espiritualidade, pois dizia que o Reino de Deus se dá entre os enfermos, os encarcerados, os famintos, os desapropriados, os forasteiros, os órfãos e as viúvas. Aos vinte e poucos anos, ela já estudava teologia, implantava igrejas e dirigia cultos. Em 2013, junto com outras reverendas, diaconisas e amigos/as, funda a Comunidade Apostólica Gileade, na Tijuca. Em maio de 2015, foi ordenada pastora.

Casou-se cedo com Luiz Carlos Francisco, serralheiro. Aos 16 (dezesseis) anos engravidou de Diego, hoje um jornalista, e de Milena, atualmente estudante de relações internacionais. Sua nora Aline é assistente social e seu netinho Antônio nasceu em plena campanha eleitoral de 2018.

Mônica iniciou sua militância social em 1989, aos 18 (dezoito) anos de idade, no Borel, quando fortes chuvas e enchentes causaram desabamentos, deixando muita gente desabrigada e algumas pessoas mortas. Neste período, trabalhava como empregada doméstica, auxiliar de serviços gerais e cozinheira.

Em meados de 1995, participou das oficinas de comunicação popular da Agenda Social Rio, do Instituto Brasileiro de Análises Sociais e Econômicas (IBASE). Com este aprendizado, organizou, na Associação de Moradores, a Rádio Comunitária do Borel, onde apresentava o programa "Bate-Papo RCB", transmitido através das bocas de som, nos postes da favela. Nos anos 2000, passou a atuar no Movimento de Rádios Comunitárias e na diretoria da Associação de Rádios Comunitárias do Rio de Janeiro (ARCRJ). Sua militância pela democratização da informação (mídia comunitária ou ativista) fez com que criasse também a Rádio Grande Tijuca. Atuou como educadora social na maioria dos programas de urbanização de favelas cariocas, como Favela Bairro e o Morar Carioca, entre tantos outros.

A necessidade de ajudar as famílias desempregadas fez com que ela atuasse também no movimento de economia solidária e na criação do Fórum de Cooperativismo do Rio de Janeiro. Por meio deles, organizou o grupo de mulheres As Arteiras e estimulou projetos na comunidade, como as Passadeiras Comunitárias e a Associação de Mulheres do Borel e Indiana.

Em 2003, quando da Chacina do Borel, participou da criação do movimento "Posso Me Identificar?", em apoio à luta política das mães que tiveram seus filhos assassinados por agentes do Estado. Esse movimento, mais tarde, se disseminou pelas comunidades apoiadas pelo Centro de Estudos de Segurança Pública e Cidadania (CESEC). Como pesquisadora do IBASE, conheceu Marcelo Freixo, então pesquisador da ONG Justiça Global e, quando ele se tornou parlamentar, se aproximou do trabalho de Marielle Franco, à época assessora de Freixo. Também participou de pesquisas do Laboratório Territorial de Manguinhos/ENSP/FIOCRUZ.

Em 2010, ajudou a fundar a Rede de Instituições do Complexo do Borel,[2] cujo objetivo era o fortalecimento da comunidade nas negociações com agentes públicos, inclusive com a polícia. Um ano depois, participou da criação do movimento "Ocupa Borel", ato cultural para resistir ao toque de recolher imposto pela UPP (Unidade de Polícia Pacificadora) local. Este movimento inspirou outros similares em outras comunidades periféricas.

Na luta por cidadania para os/as mais pobres, nas frentes da comunicação, de economia solidária, do enfrentamento à violência e do racismo, participou do Fórum Social Brasileiro, em Belo Horizonte, em 2004; do Mapeamento Nacional da Economia Solidária, no Rio de Janeiro, entre 2005 e 2007; do Fórum Social Mundial, em Nairóbi, em 2007. Integrou a comitiva brasileira no Plano de Ação para Eliminação do Racismo/JAPER desenvolvido pelos governos do Brasil e dos Estados Unidos, em 2009. Em 2011, tornou-se participante regular do Fórum Nacional e colaborou com as diversas edições do Plano de Favelas. No ano seguinte, convidada pelo Consulado dos Estados Unidos, participou do Programa Internacional de Visitantes, realizado pelo Departamento de Estado Americano.

Em 2013, atuou no desenvolvimento do projeto "Mulheres em Rede", de apoio a iniciativas organizadas por mulheres da periferia na economia solidária, da Assessoria e Planejamento para o Desenvolvimento (ASPLANDE). No Jornal do Brasil *Online*, na coluna Comunidade em Pauta, de 2014 a 2017, escreveu sobre mulheres negras e os direitos dos/as moradores/as das periferias.

2 O Complexo do Borel, na cidade do Rio de Janeiro, é formado por cinco favelas.

Em 2016, passou a participar da assessoria da vereadora Marielle Franco, contribuindo para a organização do 1º Encontro Direito à Favela, no Complexo da Maré - RJ. No ano seguinte, se tornou apresentadora do programa "Palavra de Mulher", do Portal Mulheres em Rede, no *Youtube*. Participou ainda da Conferência Internacional Fronteiras do Genocídio e de outros eventos similares. Em 2018, foi uma das fundadoras e, depois, uma das professoras do curso Me Representa, da Escola Superior de Propaganda e Marketing (ESPM). Quando Marielle foi relatora da Comissão Especial Representativa de Acompanhamento da Intervenção Federal na Segurança Pública do Rio de Janeiro, Mônica integrou o grupo de trabalho para a produção do relatório final, junto com a Defensoria Pública, a Federação das Favelas do Rio de Janeiro (FAFERJ) e a ONG Observatório da Intervenção.

Em 2017, Marielle a incentivou a disputar um mandato de Deputada Estadual. A decisão de concorrer foi tomada após o assassinato de Marielle, em abril de 2018. Assim, nas eleições deste mesmo ano, em sua primeira candidatura, Mônica se elegeu com 40.631 votos, pelo Partido Socialismo e Liberdade (PSOL).

Na Assembleia Legislativa do Rio de Janeiro (ALERJ), tem atuado em favor dos/as mais empobrecidos/as. Atualmente, preside a Comissão de Trabalho, Legislação e Seguridade Social; é vice-presidente da Comissão de Combate às Discriminações e Preconceitos de Raça, Cor, Etnia, Religião e Procedência Nacional; é vice-presidente da Comissão Parlamentar de Inquérito do Feminicídio e integrante das comissões de Saúde, de Segurança Alimentar, de Assuntos Municipais e de Mulheres. É também suplente da Comissão de Constituição e Justiça; da Comissão da Agricultura, Pecuária e Políticas Rural; Agrária e Pesqueira e da Comissão da Criança e do Adolescente. Tem lutado em favor das trabalhadoras domésticas, da comunidade LQBTQIA+ e da promoção de ações antirracistas.

Para enfrentamento da pandemia de COVID-19, propôs ações preventivas nas favelas e engajou-se ao lado das trabalhadoras domésticas que perderam seus empregos. Conseguiu, além disso, aprovar uma lei que obrigava os edifícios residenciais e comerciais a divulgar os serviços de apoio a mulheres vítimas de violência doméstica. Mônica ainda encontra tempo para participar de *webinários* públicos sobre o trabalho que vem desenvolvendo.

Se apresenta como feminista negra e integrante do Movimento Negro Unificado (MNU). Para Mônica, o trabalho tem contribuído "para seu crescimento como ser humano, para ampliar sua empatia com a dor do outro, para desenvolver sua capacidade de escuta e acolhimento". Como mulher negra, se destaca pela firmeza de seu enfrentamento ao racismo, pela defesa incondicional dos direitos dos/das moradores/as das periferias e pela promoção decisiva da equidade de gênero e dos direitos humanos.

# Odailta Alves da Silva

## NASCIDA DO CLAMOR DE SANTO AMARO: ODAILTA!

**Andresa Karine Rodrigues Novais de Jesus**
**Iêdo de Oliveira Paes**

## QUANDO UMA MULHER PRETA NASCE

Do ventre de Amara Alves da Silva, nasceu Odailta Alves da Silva, em 14 de julho de 1979. Com um nome tão diferente, não encontrava outras "Odailtas" por aí, foi uma amiga de sua mãe quem inventara. Durante a infância, sentia raiva desse nome sem significado, cuja pronúncia não era entendida pelas pessoas. Ela era: Adelita, Odalita, Adeilda… nunca quem, de fato, deveria ser. Oriunda do centro de Recife - PE, mais precisamente do bairro de Santo Amaro – não o dos prédios históricos -, aquele Santo Amaro profundo, com dores nos becos estreitos, com barracos, retalhos, córregos de esgoto, crianças sem pais e balas achadas em corpos negros como o seu. Nasceu em lugar com nome de santo que tampava os ouvidos para a súplica dos que viviam ali.

Dentro do barraco dividido com panos gastos, colchões rotos e fogão a lenha, moravam 9 (nove), faltava muita coisa e nenhuma delas era amor. Foi filha de sua avó Regina Raimunda da Silva, que lhe ensinou a ler mundo. Antes de aprender a ler palavras, Odailta Alves já entendia que as mulheres de sua casa eram grandes provedoras. Com o pouco dinheiro que a mãe ganhava como doméstica e o extra que a família fazia com a venda de reciclados, Dona Amara e Dona Regina eram economistas sem diploma. Cientistas, passavam a perna na pobreza para alimentar a família, não possuíam instrução formal, mas ganharam a láurea da vida.

> Naquela época, eu menina, minha curiosidade ardia diante de tudo. [...] Hoje a recordação daquele mundo me traz lágrimas aos olhos. Como éramos pobres! Miseráveis talvez! Como a vida acontecia simples e como tudo era e é complicado! (EVARISTO, 2017, p. 16).

Essa passagem, do livro "Becos da Memória", de Conceição Evaristo (2017), parece um reflexo no espelho de Oxum (mulheres pretas se reconhecem), no qual está refletida uma menina de vestido simples e pés descalços que escutava do preto velho: "Essa menina nasceu para sentar atrás de um birô". A menina Odailta, não Adelita, foi a primeira de sua família a aprender a ler, rompendo com o ciclo de analfabetismo daquele clã Silva da favela de Santo Amaro.

Ela queria se sentar atrás de um birô, utilizar a caneta e quebrar as correntes do esfregão, que, infelizmente, sua mãe ainda carregava. Por algum tempo, a criança não entendeu que a ausência de Amara Alves não era vontade, mas imposição de um sistema racista, classista, ainda colonial: mulheres pretas limpando casas de brancos até a hora de dormir e, quando o sono vinha, não podiam simplesmente sair, se encarceravam em quartos pequenos nos fundos da casa dos patrões; exaustas, pensando nas barrigas que precisavam alimentar.

Perdoar a ausência da mãe foi o caminho da compreensão. Odailta Alves nunca perdoará o sistema que perpetua servidão; do alto de seus edifícios, os brancos não querem lavar os próprios pratos. Quando aprendeu a ler, aprendeu a voar – foi daqueles momentos de felicidade e Dona Regina, claro, foi a primeira a saber da novidade –, depois disso, virou a rainha das bibliotecas das escolas nas quais estudou. Na do SESC Santo Amaro se sentia especialmente abraçada. Fantasia, filosofia, artes, lia sobre tudo, mas não se via; seus cabelos crespos não pareciam com o daquelas princesas dos contos de fada nem com os da musa do eu lírico idealizado.

Sozinha, na adolescência, descobriu que seus reis e rainhas foram aniquilados e escravizados em versos de Solano Trindade: "Sou Negro/ meus avós foram queimados pelo sol da África/ minh'alma recebeu o batismo dos tambores [...]" Novamente se encheu de alegria, ela, sua mãe e avó estavam ali, naqueles versos encontrados em um livro didático em que não eram retratadas como empregadas caricatas, à la Tia Anastácia. Foi aos 14 (catorze) anos que definiu o significado de Odailta: eu.

> Racismo é uma navalha enferrujada/ que sangra a alma negra/ e as chibatadas continuam violentas/ E não me venha com essa conversa afiada/ de que "todo mundo é igual!"/ Enquanto isso/ na sala da justiça/ a pele preta/ continua estampada na página policial [...] (ALVES, 2016, p. 43).

A única alfabetizada da família, requisitada pelos vizinhos para ler as cartas que o Correio anunciava – na sua época, receber carta era um contentamento, eram notícias daqueles que haviam ido para longe na esperança de uma vida melhor. "Hoje, o cheiro do papel saudade se perdeu, dando lugar à ideia de contas a pagar", lamenta a escritora. Seu irmão Odailton também se beneficiava da intimidade que Odailta tinha com as palavras: ela escrevia cartas de amor para que o galanteador desse às meninas do bairro, seu primeiro processo de escrita romântica. Escrevia/ escreve, vivia escrevendo nos cadernos usados que achava, reproduzindo os poemas que havia lido e que mais lhe tocavam o coração.

A menina de vestido simples e cabelos encrespados foi uma aluna aguerrida no Ensino Médio, conseguindo o seu primeiro diploma com o Magistério. Uma Alves da Silva alfabetizada e diplomada, e depois? O depois de um negro é sempre o racismo que ele encontra ao sair da cozinha da "sinhá" branca e mostrar que o seu lugar é ocupando os espaços de saber, afinal, é nosso o sangue derramado que fertilizou o solo dessa nação. Odailta Alves alcançou seu primeiro diploma, mas as portas das escolas para as mulheres pretas fecham rápido, como açoite. Não desistiu, o barraco havia se transformado em um cômodo de dois ambientes. Em um deles, começou a dar aulas de reforço, lavava cabelo, fazia escova, se virava como Amara e Regina Alves haviam lhe ensinado.

A primeira oportunidade veio como recreadora, depois, o Curso de Letras se tornou uma realidade: a profecia do preto velho sobre seu destino atrás de um birô se concretizou quando a destemida Odailta passou no concurso para professora de Língua Portuguesa do Estado de Pernambuco. Alçou Mestrado na Universidade Federal de Pernambuco (UFPE) e o seu Ttrabalho de Conclusão de Curso (TCC) foi intitulado "A influência africana no português em Pernambuco: um mergulho em Ascenso Ferreira", o que ela levou como bandeira em sua dissertação. No espaço acadêmico, se encantou com a influência das línguas africanas no português brasileiro.

Odailta Alves da Silva arrancou todos os grilhões impostos a uma mulher preta favelada, sua vida é eco de liberdade. O "eu" utilizado para dar significado ao nome incomum e inventado se ressignificou várias vezes, acrescentando sentidos a uma existência extraordinária. Odailta: preta; lésbica; feminista; educadora; Mestra em Linguística; mãe solo de Douglas Felipe e Stefane Vitória; atriz; performer; militante dos direitos humanos; concursada da Secretaria de Educação do Estado de Pernambuco; autora independente de "Clamor Negro" (2016) com 2.700 exemplares vendidos, "Cativeiro de Versos" e "Escrevivências" (2018), "Letras Pretas" (2019), "Pretos Prazeres" (2020).

Republicou livros, agora, com selos editoriais. Sim, Odailta ganhou significância em Pernambuco, transformou a literatura pernambucana ainda branca, mesmo quando advinda de mulheres. Seu nome está nas escolas, Universidades, sarais, rodas literárias. Sinônimo cultural. "Sou negra de axé/ e para o seu governo/ o nome da minha religião/ Não é macumba/ É Candomblé!" (ALVES, 2016, p.32).

Há muitas formas de fazer revolução, outro significado dentro do verbo preto "Odailta". Através da educação e da resistência, a filha de Amara e Regina é mãe preta apenas de seus filhos pretos. A Literatura lhe fez voar, o que ela retribui com uma escrita libertadora que carrega África, denunciando Brasil. Odailta Alves está, há 40 anos, esmurrando o racismo, 41 quase. Esse país precisa urgente de suas *Letras Pretas*.

## REFERÊNCIAS

ALVES, Odailta. 2016. Clamor Negro. 5ª. Ed. Recife: Edição Independente.

ALVES, Odailta. Setembro de 2018. Roda de Diálogo com Odailta Alves. OLIVEIRA, Iêdo Paes; JESUS, Andresa Karine Rodrigues Novais de (Orgs). Departamento de Letras da Universidade Federal Rrural de Pernambuco (UFRPE).

EVARISTO, Conceição. 2017. Becos da memória. Rio de Janeiro: Pallas.

EVARISTO, Conceição. 2005. Gênero e Etnia: uma escre(vivência) de dupla face. In: MOREIRA, Nadilza Martins de Barros; SCHNEIDER, Liane (Org.). Mulheres no Mundo: Etnia, Marginalidade e Diáspora. João Pessoa: Ideia.

PEDROSA, Cida. 03 de junho de 2021. As Letras Pretas de Odailta Alves [publicação online]. In: Vermelho: a esquerda bem informada [página de internet]. Disponível em: https://vermelho.org.br/coluna/as-letras-pretas-de-odailta-alves. Acessado em: 15 de junho de 2021.

# Petronilha Beatriz Gonçalves e Silva

## UMA SUCESSÃO DE HISTÓRIAS

**Edgar da Silva Gomes**
**Yvone Dias Avelino**

*(...) É apenas aparentemente que, mesmo assim compreendida e limitada, a tarefa pode passar por simples (...), mas a história não é a relojoaria ou a marcenaria. É um esforço para conhecer melhor: por conseguinte, uma coisa em movimento. Limitar-se a descrever uma ciência tal qual é feita será sempre traí-la um pouco. É mais importante dizer como ela espera ser capaz de progressivamente ser feita. Ora, da parte do analista, semelhante empreendimento exige forçosamente uma imensa dose de escolha pessoal.*

(Marc Bloch, em Apologia da História)

Petronilha Beatriz Gonçalves e Silva, nasceu no dia 29 de junho de 1942, em Porto Alegre, no bairro Colônia Africana, atual distrito nobre intitulado Rio Branco. É licenciada em Letras e Francês, mestra e doutora em Educação pela Universidade Federal do Rio Grande do Sul. É docente no Programa de Pós-Graduação em Educação e no Departamento de Metodologia do Ensino da Universidade Federal de São Carlos, em 2012, se aposentou e recebeu o título de Professora Emérita do Conselho Universitário da Universidade Federal de São Carlos e Doutora Honoris Causa, pela Universidade Federal do ABC, em 2021.

Uma pensadora que, como ela mesmo se define, é sucessora de uma história de luta pela educação do povo afro-brasileiro que a antecede, realizada em especial por professoras negras durante o século passado. Ela afirma que

> tal pensamento veio com os Povos Negros africanos escravizados e que, na Diáspora, foram sendo recriados e refeitos, particularmente por meio das experiências dos/as professores/as negros/as (...), durante todo o século XX (SILVA; DIAS; VALETIM, 2020, p. 299).

A história desta mulher poderia ser contada, em verso e prosa, pelos títulos e honrarias que possui e pelo que já fez e ainda têm por fazer pela educação brasileira, mas receber títulos e honrarias é consequência e não meta para Petronilha. Isso não a define, sua luta a define. A história de Petronilha é relevante pelo que ela é na luta pela história dos afrodescendentes, ou seja, pelo respeito ao ensino da história do povo negro que foi arrancado de seu território e escravizado. Sua luta é por sua história, pela história de seu povo.

A história de Petronilha foi sendo contada/construída a partir do mundo acadêmico; espaço, como tantos outros no nosso país, onde quem tem a pele preta é visto como intruso. Em um mundo racista, com camadas densas de uma sempre fictícia democracia racial, o espaço do povo preto sempre esteve relegado à subalternidade, por isso, Petronilha Beatriz, apesar de conhecida e reconhecida no mundo acadêmico, é herdeira, como ela reconhece, de professoras negras que a antecederam. Foi a partir desta herança recebida que ela fez seu caminho, sua vida pessoal e intelectual é um tributo aos seus antepassados e uma rica herança para gerações futuras.

Segundo Petronilha,

> É um esforço muito grande de educação das famílias, das escolas para a valorização das diferentes contribuições para a nação brasileira. (...) muitos brasileiros reconhecem fundamentalmente a raiz europeia e têm o desejo de ser o mais europeu possível, ou se parecer o mais europeu possível (SILVA; DIAS; VALETIM, 2020, p. 306).

Portanto, a Educação das Relações Étnico-Raciais e para o Ensino da História Afro-Brasileira e Africana nunca esteve entre as prioridades da educação brasileira, pelo menos não oficialmente, pois, ainda segundo relato da professora Petronilha para a Revista *Interritórios*, "é importante ter presente que existe um Pensamento Negro em educação em todas as áreas da vida" (ibidem, p. 299). Petronilha é sucessora e propagadora de uma luta contra a naturalização do que não é natural. Fernandes e Souza (2016), em concordância com a fala de Petronilha, reforça que

> As representações de todos os grupos sociais circulam no meio social, produzindo sentidos e consequências. No entanto, algumas representações ganham maior visibilidade e passam a ser consideradas como expressão da realidade social. Na sociedade brasileira, assim como em outras, as representações que prevalecem são construídas por narrativas hegemônicas, capazes de representar um grupo social em detrimento de outros. Essas representações foram construídas mediante a óptica eurocêntrica, que institui sentidos de "normalidade" e "anormalidade", estabelecendo como norma padrão o homem branco, heterossexual, cristão. Os indivíduos que não correspondem a esse padrão são vistos como desviantes, abjetos, e excluídos socialmente (2016, p. 104).

O padrão eurocêntrico estabelecido se naturalizou de tal forma que resiste às leis, e pior: como não vivemos no mundo idealizado por Gilberto Freyre - que escrevia que "desde logo salientamos a doçura nas relações de senhores com escravos domésticos, talvez maior no Brasil do que em qualquer outra parte da América" (1963, p. 393) -, a desqualificação da cultura negra não se envergonha de escancarar seus dentes ainda no século XXI. Segundo mais um relato da professora Petronilha (2020), para a revista *Carta Capital*, "Era rotineiro ouvir do grupo que eu enxergava racismo em tudo, usava a discriminação como 'muleta' e sempre legislava em causa própria. (...) Fomos das relações étnico-raciais para objetos e lixo em questão de segundos". Esse relato mostra que a professora Petronilha vivencia a dura realidade do descumprimento de uma lei que ajudou construir. "Eu, abordando uma Lei Federal e eles, Portarias passageiras. Incluí, então, no meu plano, separadamente, a fiscalização do Parecer, afinal como dizem: 'Eu não sou todo mundo'" (SILVIA MARIA, 2020). Em um belo artigo para o Blog *Insurgências*, publicado dia 10 de junho de 2020, Valter Hugo Mãe expõe seu medo a Marcelino:

> Sonhei que meu orgulho teria papel passado, como quem casa consciente, dedicado, de amor profundo, para toda a eternidade. Eu não previ este medo. Fico desolado (...). Estão proibindo as pessoas de serem negras, Marcelino, proibiram de ser mulheres, Marcelino, agora decidiram proibir de ser criança e eu sabia que haveria alguma coisa que ainda me pegaria. Por isso, há muito que eu já brigava pelos negros e há muito que eu já brigava pelas mulheres.

Causa medo o senso comum do brasileiro quando tenta defender sua brancura primordial, seu desejo de ser um Nina Rodrigues em pleno século XXI, mas alguns poderiam defender Rodrigues por ser um homem do seu tempo, como nós, historiadores, ainda costumamos dizer para "passar pano" quando nos convém. Mas, "no seu tempo", também tínhamos os Rebouças, os Patrocínios e os Gamas, e, no nosso tempo, temos Petronilhas contra as barbáries que acontecem cotidianamente contra Cláudias Ferreiras.

Não estamos onde parece que estamos: voltamos no tempo sempre que o interesse fala mais alto que a história, mas as vozes de Petronilhas estão aí para lembrar a todos que a educação precisa ser militante e cavar espaços. Não se trata de qualquer educação, como aquela que justifica o *status quo*, e sim da educação que nos faz sentir as dores do parto, para parir um mundo semeado por Petronilha Beatriz, onde o afrodescendente tem sua história contada e valorizada, em que não vemos Ferreiras serem arrastadas por Rodrigues. Conforme relata Ramos:

> Perto do final do século XIX, da Faculdade de Medicina da Bahia, que funcionava naquele imponente prédio situado ainda hoje no Terreiro de Jesus, saiam os estudos que praticamente fundamentaram a prática da Polícia Científica. O autor era o professor Nina Rodrigues, maranhense e discípulo de um italiano chamado Lombroso. Lombroso defendia que características físicas, como o formato do nariz, do queixo e tamanho do cérebro, interferiam em virtudes e defeitos morais. Nina via nos negros os traços físicos que davam uma predisposição para seguir o caminho do crime e até reivindicou que existissem dois códigos penais: um para negros e outros para brancos (RAMOS, 2014, sem página).

É preciso haver um contraponto à barbárie. É preciso educar como Petronilha Beatriz Gonçalves e Silva educa, como a professora negra Patrícia de Almeida Rangel educava, no ano de 1973, seus alunos – em especial, os homens brancos - para serem antirracistas e valorizarem as culturas que compõem o seu país, para que este fosse, um dia, uma nação. A professora Petronilha Beatriz é uma educadora na definição *lato* do termo.

Em poucas páginas, seria impossível relatar sua trajetória acadêmica de sucesso, seus prêmios e títulos. Além disso, tudo isto seria o senso comum, mesmo que, ao falarmos de uma mulher negra, o seu lugar imaginário seria a cozinha de alguma família de classe média, nunca, jamais os bancos de uma escola ou de uma universidade, recebendo homenagens e títulos, como o que recebeu do Conselho Universitário da Universidade Federal do ABC, no dia 20 de abril de 2021, junto com outra educadora negra, a professora Matilde Ribeiro.

É uma honra trazer a público essas linhas sobre a educadora Petronilha, uma mulher negra, cujo trabalho é extremamente relevante, mas que, em seu tempo, sofre da insistente *doença brasilis,* que é a doença do racismo e da misoginia que sistematicamente tenta invisibilizar o negro e sua cultura e, em particular, a mulher negra, que ocupa, segundo pesquisas do IBGE, o lugar mais subalterno entre os grupos subalternizados no país misógino e racista em que vivemos. Para encerrar, retomamos Bloch: "É mais importante dizer como ela [a história] espera ser capaz de progressivamente ser feita. Ora, da parte do analista, semelhante empreendimento exige forçosamente uma imensa dose de escolha pessoal." (BLOCH, 2001), para dizer que nossa escolha não foi fácil, pois contamos uma parte ínfima da história dessa grande mulher negra, a professora Petronilha Beatriz Gonçalves e Silva.

## REFERÊNCIAS

BLOCH, Marc. 2001.Apologiada História ou o ofício de historiador. Rio de Janeiro: Jorge Zahar Editor.

FERNANDES, Viviane Barboza; SOUZA, Maria Cecilia Cortez Christiano de. Abril de 2016. Identidade Negra entre exclusão e liberdade. In: Revista do Instituto de Estudos Brasileiros. nº 63, p. 103-120. Disponível online em: https://www.scielo.br/j/rieb/a/Qxn7Fj4Q5d73gGYsQKHyJ4s/?lang=pt&format=pdf

FRANCO, Glaziela Aparecida; NASCIMENTO, Manoel Nelito Matheus. Outubro de 2013. A Trajetória de Vida da Educadora Petronilha Beatriz Gonçalves Silva. In: Revista HISTEDBR On-line, Campinas, nº 53, p. 437-440. Disponível em: https://periodicos.sbu.unicamp.br/ojs/index.php/histedbr/article/view/8640217

FREYRE, Gilberto. 1963. Casa Grande e Senzala. Brasília: UnB.

NASCIMENTO, Rakeche. 20 de abril de 2020. Matilde Ribeiro e Petronilha Beatriz Gonçalves recebem os títulos de "Doutoras Honoris Causa" pela UFABC. [reportagem online]. In: Mundo Negro [página de internet]. Disponível em: https://mundonegro.inf.br/matilde-ribeiro-e-petronilha-beatriz-goncalves-recebem-os-titulos-de-doutoras-honoris-causa-pela-ufabc/. Acessado em 02 de junho de 2023.

RAMOS, Cleidiana. 19 de março de 2014. Das teorias de Nina Rodrigues à bárbarie contra Claudia da Silva Ferreira. Portal Geledés. Disponível em: https://www.geledes.org.br/das-teorias-de-nina-rodrigues-a-barbarie-contra-claudia-da-silva-ferreira/. Acesso em 20 de junho de 2022.

SILVA, Claudilene; SANTIAGO, Eliete. 2016. Pensamento Negro e Educação Intercultural no Brasil. In: Revista Interritórios, vol. 2, nº 3, p. 78-100. Disponível online em: https://periodicos.ufpe.br/revistas/interritorios/article/view/8691

SILVA, Claudilene Maria da; DIAS, Lucimar Rosa; VALENTIM, Silvani dos Santos. 2020. A Pensadora Negra em Educação Petronilha Beatriz Gonçalves e Silva: Memórias e Reflexões. In: Revista Interritórios, vol. 6, nº. 12, Caruraru - BA, p. 299-315. Disponível online em: https://periodicos.ufpe.br/revistas/interritorios/article/view/249002. SILVIA MARIA. 08 de outubro de 2020. Existem rostos negros escondidos atrás de projetos de sucesso? [reportagem online]. In: Carta Capital [página de internet]. Disponível em: https://www.cartacapital.com.br/justica/existem-rostos-negros-escondidos-atras-de-projetos-de-sucesso/. Acessado em 20 de junho de 2021.

SILVIA MARIA. 22 de outubro de 2020. O legado do Parecer Petronilha: colheitas em tempos de escassez. [reportagem online]. In: Carta Capital [página de internet].. Disponível em: https://www.cartacapital.com.br/opiniao/o-legado-do-parecer-petronilha-colheitas-em-tempos-de-escassez/. Acessado em 20 de junho de 2021.

DE VALTER HUGO Mãe para Marcelino Freire. 10 de junho de 2020. [notícia online]. In: Insugência: Têndencia interna do PSOL [página de internet]. Disponível em: https://www.insurgencia.org/blog/de-valter-hugo-mae-para-marcelino-freire

UFSCAR, Biografias. Petronilha Beatriz Gonçalves e Silva. https://www.ppge.ufscar.br/pt-br/pessoas/docentes/petronilha-b-g-e-silva

# Procópia dos Santos Rosa

## IAIÁ PROCÓPIA: GUARDIÃ DO TERRITÓRIO KALUNGA

**Maria Edimaci Teixeira Barbosa Leite**
**Sonilda Aparecida de Fátima Santos**

Procópia dos Santos Rosa nasceu e vive até hoje na Comunidade Kalunga do Riachão, município de Monte Alegre de Goiás, na Chapada dos Veadeiros. No livro "Kalunga, o Povo da Terra", Mari Baiocchi (1999) explica que tanto a grafia "Kalunga" quanto "Calunga" estão corretas e têm origem na língua banto, falada pelos africanos da região dos países Angola, Congo e Moçambique, que foram trazidos forçadamente para o Brasil.

Dona Procópia tornou-se a guardiã do território Kalunga ao resistir e lutar a favor de seu povo. Sua avó e sua mãe não conheceram nenhuma cidade, apenas os homens saíam do quilombo para vender os produtos que colhiam e comprar sal e outros tipos de alimentos dos quais não dispunham. Sempre viveram do que conseguiam adquirir plantando, colhendo e vendendo.

Segundo essa senhora com mais de 80 (oitenta) anos, ela nunca morou fora da comunidade e só veio a conhecer povo branco há pouco mais de 30 anos. Não teve a oportunidade de fazer escolhas escolares. Sua família não pensou em levá-la para outras cidades para estudar, até mesmo porque não havia estradas nem escolas. Para sair da comunidade era nos lombos dos cavalos. Além disso, as mulheres não podiam sair, eram apenas os homens que iam à cidade de Barreiras - BA para comprar sal e outros mantimentos.

Foi sua neta Bia que lhe ensinou a escrever o nome, pois antes só colocava a digital. Quando perguntada se ela se sentia empoderada, ela riu muito e perguntou se uma mulher analfabeta podia ser assim. Cabe destacar que todos que a conhecem sabem que Dona Procópia tem sido poderosa ao travar grandes lutas junto aos governantes do estado de Goiás que querem fazer, na terra dos Kalunga, uma barragem para produção de energia. A luta de Dona Procópia e de outros Kalungas contribuiu para que os remanescentes dos quilombolas daquela região perdessem a sua invisibilidade e passassem a exigir políticas públicas para si e para aquela região.

Sua juventude foi sofrida, trabalhava muito, plantava o algodão e depois fiava para fazer a linha, tecer o pano e costurar roupas, mas, quando era época de festas, sempre participava, se divertia muito e dançava a Sussa. Ela é uma Kalunga que luta para manter as tradições de seu povo, principalmente no que se refere às festas religiosas e festividades com as danças tradicionais da Sussa e do Bolé. Foi indicada para o Prêmio Nobel da Paz, por sua luta pelos direitos das comunidades quilombolas, no ano de 2005, ao lado de outras 51 (cinquenta e uma) mulheres brasileiras. Elas foram escolhidas, por um comitê internacional, para integrar o Projeto Mil Mulheres, apresentado à Organização das Nações Unidas (ONU). Esse comitê, com sede na Suíça, foi composto por organizações não-governamentais feministas e de direitos humanos do mundo todo.

Iaiá Procópia dos Santos Rosa, nascida e criada na comunidade do Riachão, tem 2 (dois) filhos, 12 (doze) netos e 30 (trinta) bisnetos. É viúva e sobreviveu sempre da agricultura de subsistência. Hoje, é aposentada e mora sozinha, mas próxima de seus filhos e de sua neta Bia.

Dona Procópia, por meio da educação recebida de seus antepassados e por observação e imitação, aprendeu tradições que ela se dedica a perpetuar. Isso faz com que Dona Procópia seja uma referência do povo Kalunga, da comunidade do Riachão. Foi lá na comunidade do Riachão que ela aprendeu a fiar, a plantar, a colher e, principalmente, foi lá que ela aprendeu saberes suficientes para adquirir as forças para lutar, para resistir e para falar de igual para igual com todos, até mesmo com o governador do estado de Goiás para impedir a construção de uma barragem Rio Paranã nas terras dos Kalunga.

Quanto às tradições culturais do povo quilombola, Dona Procópia fala das rezas, das danças e reclama que, por muito tempo, os jovens não queriam mais dançar nem a Sussa nem o Bolé, danças que quase ficaram esquecidas. Porém, agora, há um grupo de jovens mais animados, que está aprendendo a dançá-las e a levar as tradições para os encontros dos Kalunga.

Embora essa mulher guerreira não tenha tido oportunidades de escolarização, no que diz respeito à leitura e à escrita, tem uma experiência de vida muito rica, adquirida ao longo de sua existência. Sempre lutou para ter escola em sua comunidade para que seus filhos, netos e demais pessoas pudessem estudar. Junto com suas netas, procura manter vivas as festividades, pois as festas são momentos de diversão e de encontro de famílias, onde se apresentam as rezas e as danças da Sussa e do Bolé.

Na Alvorada dos dias de festa, levantam-se mastros e impérios, são feitos batizados e oferecidos os comes e bebes. A Sussa e o forró se fazem presente nos principais momentos do processo ritual que acompanha as folias e são dançadas até o dia amanhecer do último dia da folia. Dessa forma, tanto a Sussa como o forró representam a comunidade Kalunga. A primeira, pela tradição e pela cultura e a segunda, pelo caráter de descontração, lazer e socialização que gera entre as pessoas.

Dentro das tradições Kalunga, a Sussa é o único gênero musical que permite a presença de mulheres como instrumentistas – elas tocam a bruaca (espécie de mala rústica de couro e/ou couro e madeira para guardar artefatos durante os deslocamentos em burros). Também é dançada, em sua maioria, por mulheres, o que evidencia o empoderamento das mulheres Kalunga, mesmo diante de tantas adversidades. Já o Bolé, de acordo com as informações adquiridas nas entrevistas com Iaiá Procópia, trata-se de uma dança com música característica própria, dançada em pares, que se vestem a caráter, com vestimentas específicas dessa dança.

## REFERÊNCIAS

BAIOCCHI, Mari de Nasaré. 1999. Kalunga: povo da terra. Goiânia: Editora da UFG.

SILVA, Sonilda Aparecida de Fátima. Educação e empoderamento: histórias de resistência de mulheres kalunga. 2021. 192 fl. Tese (Programa de Pós-Graduação STRICTO SENSU em Educação) - Pontifícia Universidade Católica de Goiás, Goiânia.

LEITE, Maria Edmaci Teixeira Barbosa. S/d. Quilombos: Educação Memórias, Cultura e Narrativas. Tese de doutorado em andamento. Orientadora: Dr$^{a}$. Maria Zeneide C. M de Almeida.

# Romilda Rosa Mota

## TIA ROMILDA: MÃE ESPERANÇA

**Agnes Raquel Camisão**
**Clara Lusia Sousa**

Romilda Rosa Mota, conhecida carinhosamente como tia Romilda, se autodenominava como mulher negra e evangélica. Nascida na cidade de Uberaba - MG, em 1939, era a 2ª (segunda) filha de uma família de lavradores e tinha mais 3 (três) irmãos. Gostava de contar que sua avó materna era de origem africana e que fora trazida, para o Brasil, em condição de escravização.

O destino iria lhe incumbir de torná-la uma cuidadora de crianças muito cedo, pois, quando ela tinha 7 (sete) anos de idade, seus pais trabalhavam como caseiros em uma fazenda próxima à cidade de Ituiutaba – MG e, um certo dia, a esposa do dono da propriedade "fugiu", deixando para trás seus 5 (cinco) filhos. O esposo dessa senhora ficou desnorteado e não conseguiu cuidar das crianças. Então, seu pai disse a ele que Romilda cuidaria delas. Com a ajuda de seu pai e de sua mãe, ela cuidou desses 5 (cinco) meninos, por 2 (dois) anos. Esse episódio foi o início sua "missão" de cuidadora, como gostava de contar, quando proseava aqui e acolá. Talvez, naquela época, ela sequer imaginasse qual seria a dimensão desse cuidar que a vida estava lhe reservando.

Depois de alguns anos, Romilda, juntamente com seus familiares, mudou-se para o estado de Goiás, fixando residência no município de Goianésia. Ainda muito jovem, contraiu matrimônio e, ao longo do tempo, concebeu 7 (sete) filhos, dos quais 3 (três) foram a óbito - 2 (dois) deles ainda eram crianças, o terceiro, já era adulto -, o que é motivo de muita tristeza para ela.

Seu esposo, infelizmente, era alcoólatra e, por isso, tinha dificuldade em permanecer empregado por muito tempo. Assim, ela trabalhava na lavoura e lavava roupas para famílias abastadas do município para prover o sustento de seus familiares. Devido a toda dificuldade que enfrentou em sua vida, não teve condições de estudar. Ela não tinha leitura, mas pouco a pouco, com seu próprio esforço, foi aprendendo a ler a Bíblia, que era sua grande "companheira e amiga", a qual ela nunca abandonava.

Era uma pessoa muito atenta às oportunidades e muito além do seu tempo. No ano de 1976, realizou um curso de merendeira e, assim que o terminou, foi contratada para trabalhar em uma escola do município de Goianésia. Ela contava que se sentia privilegiada com essa profissão, pois vivia cercada de muitas crianças que percebiam o quanto essa "tia" cuidava e lhes queria bem. Dessa maneira, sua fama de cuidado e amor por crianças começou a "correr" pelas localidades, esse amor era perceptível.

Certo dia, recebeu, em sua residência, a visita de algumas freiras que lhe solicitaram que cuidasse de três crianças, porque a mãe havia adoecido, o marido a abandonara e as crianças estavam com sarampo. As freiras lhe asseguraram que já haviam conversado com o juiz e ele tinha dado autorização, foi aí que tudo começou de verdade. Daí para frente, as pessoas iam lhe entregando as crianças e/ou deixando-as sob seus cuidados. Ela não tinha coragem de abandoná-las mais uma vez.

Em um determinado dia, sua filha viu uma mãe jogando sua filha no rio. Tia Romilda ficou preocupada com a situação, foi tentar dialogar com a mulher e entender o que estava acontecendo. A mãe disse não ter condições de cuidar da criança e a entregou a Romilda. Essa foi a primeira criança que ela adotou. Depois, vieram outras, com dias, meses ou poucos anos de vida. Algumas na porta do hospital, outras na porta de sua casa. Sua casa, em alguns momentos, abrigou gestantes. elas diziam que, quando dessem à luz, entregariam seus bebês a ela. Entretanto, ela tentava dissuadi-las da ideia, mesmo quando as mães afirmavam que, devido a suas condições de vida, não conseguiriam cuidar dos bebês.

Ela não teve condições de adotar todas as crianças que passaram pela sua casa. De algumas, obteve apenas a guarda; de outras, uma guarda provisória, pois, quando as mães se estabilizavam, vinham em busca de seus filhos. Alguns, muito poucos, receberam seu sobrenome: "Mota". Houve momentos em que sua casa abrigou até 50 crianças. Havia muita ajuda da comunidade para que ela pudesse continuar exercendo essa maternidade coletiva, como ela dizia: nada era feito de forma escondida, os pais deixavam as crianças juntamente com os documentos.

No seu lar, havia muitas dificuldades, mas não faltava alimentação. Muitas doações de roupas e utensílios chegavam, ajudando a suprir as necessidades, mas era um dia de cada vez. Era tanto "entrar e sair" que a casa foi ficando pequena para tantas pessoas. Como ela mesma contava, a casa coletiva foi "ganhada" nos braços, trabalhando na escola, lavando roupa, fazendo zeladoria na igreja. Em alguns momentos, foi necessário vender alguns utensílios de dentro de casa, principalmente para auxiliar o financiamento de uma casa própria que, após ser adquirida, precisou de algumas reformas.

Não titubeou: fez empréstimos para aumentar alguns compartimentos na casa, pois sempre havia mais alguma criança chegando, porém, chegaram mais crianças ainda e a casa ficou novamente pequena. Então, um grupo de homens de negócios de Goianésia se juntou e fez uma outra reforma. Esses homens também mobiliaram a casa para dar mais conforto às crianças.

Ela prezava muito pela educação. Muito embora tenha aprendido a ler tardiamente, todas as crianças moradoras de sua casa frequentavam com muita assiduidade a escola. Por vezes, ela não tinha chinelos para colocar no pé, por vezes chegando a usar chinelos despareados, porque a prioridade sempre era suprir as necessidades das crianças. Ela contava que se sentia realizada com os filhos e os netos, porém, tinha uma tristeza: alguns não quiseram estudar, apesar de ela ter insistido muito. Mesmo assim, nenhum se perdeu.

Dois dos seus filhos de sangue cursaram o Ensino Superior e um dos filhos do coração cursou a faculdade de Biologia. Quando ele estava em seu último ano de faculdade, ela deixou sua casa e se mudou para perto desse filho, para poder cuidar dele, acompanhá-lo de perto e lhe dar apoio. Fez questão de pagar álbum de formatura. Em seguida, ele foi cursar o mestrado e ela retornou à cidade de Goianésia.

Atualmente, ele tem 32 (trinta e dois) anos, é professor, biólogo e doutor em Genética e Melhoramento de Plantas pela Universidade Federal de Goiás (UFG). Também faz parte do corpo docente da Faculdade Evangélica de Goianésia (FACEG). Tia Romilda descrevia-se como alguém cujo único desejo era ajudar. Apesar de todas as dificuldades, gostaria de ter cuidado de muito mais crianças.

Lamentava não ter tantos recursos financeiros, mas, mesmo com poucos recursos, ela contribuiu com inúmeras crianças que necessitaram de sua ajuda.

Vitimada por um câncer, foi a óbito em março de 2019, aos 82 (oitenta e dois) anos de idade, deixando um grande legado de amor e muitas saudades. Em 2020, recebeu uma merecida homenagem pós-morte, um curta metragem que contou a história dessa ilustre personalidade e que foi premiado pela Lei Aldir Blanc. Em uma última entrevista, ao ser questionada sobre o que ela faria se pudesse voltar no tempo, o que ela mudaria, tranquilamente respondeu:

> *Eu queria assim, amar eles mais do que eu amei, amei muito, mas eu queria mais. Agora a gente vê, podia ter feito isso e não fiz, podia ter feito aquilo eu não fiz. Então, a gente fica nesse dilema né... Mas até hoje meu eu, sou doida por criança, doida... Ah, eu me descrevo com mais dedicação! Se eu pudesse mesmo voltar atrás se eu tivesse a minha saúde, eu queria mais...*

## REFERÊNCIAS

Transcrição a partir de Memórias concedidas por intermédio de Entrevista.

TIA ROMILDA – A Mãe Esperança. [Documentário]. Direção: CAMISÃO, Agnes Raquel; OLIVEIRA, Rafael Alves. Instituto Ubuntu. Duração: 28' min 17''. Disponível em: https://www.youtube.com/watch?v=z92WBGc52gg. Acessado em 18 de julho de 2023.

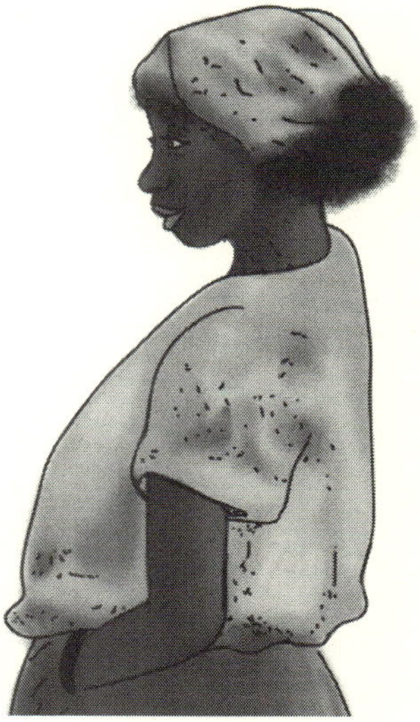

# Rosa Gomes

## UMA ROSA E MUITAS LUTAS

**Maria Meire de Carvalho**
**Vânia dos Santos Silva**

*Senhor Deus dos desgraçados!*
*Dizei-me vós, Senhor Deus,*
*Se eu deliro... ou se é verdade*
*Tanto horror perante os céus?!...*
*Ó mar, por que não apagas*
*Co'a esponja de tuas vagas*
*Do teu manto este borrão?*
*Astros! Noites! Tempestades!*
*Rolai das imensidades!*
*Varrei os mares, tufão! ...*

(Castro Alves, Navio Negreiro, 1870)

Como bem expressa Castro Alves (1870), o mar revolto se agitava e lançava-se furioso. Revolta descortinada pelo sofrimento de mulheres e homens que ora se debatiam, ora se acocoravam nos cantos e olhavam o horizonte longínquo. Para trás, ficaram familiares, amores, crenças, memórias, costumes, partes de vidas - suas ancestralidades. Dias e noites vagando mar adentro, em porão imundo, inundado por banzo; o mar seguia bravio e os filhos da África sucumbiam, à mercê da selvageria branca - gente grotesca, gananciosa, mesquinha e afoita.

Como o mar infinito e azul, o céu, com sua grandiosidade, também se lançava pleno, o mar e o céu se juntavam em imensidão para, juntos, testemunharem a saudade e a solidão dos tripulantes daqueles navios. Oyá[1] soprava o vento em brava tempestade para mostrar a força daquele povo e sua resistência em meio a tanto sofrimento. Para Castro Alves (1870):

> São mulheres desgraçadas,
> Como Agar o foi também.
> Que, sedentas, alquebradas,
> De longe... bem longe vêm...
> Trazendo com tíbios passos,
> Filhos e algemas nos braços,
> N'alma — lágrimas e fel...
> Como Agar sofrendo tanto,
> Que nem o leite de pranto
> Têm que dar para Ismael.

E cá, em terras tupinambás, tempos depois, emergiu Rosa, uma mulher potente como Oyá – Rosa "preta-mina" -, trazida pelo comércio de pessoas do continente africano no século XVIII. Os descobertos do ouro nas terras dos Guayazes a partir de 1725 atraíram gente da extremidade do atlântico português. Estima-se que a quantidade de escravos existentes em Goiás tenha "oscilado entre 10.000 (1735) e 19.889 (1804), em virtude da quantidade do ouro extraído, nos anos setecentos" (SALLES, 1992, p. 276). Dentre esses números, havia uma Rosa.

Certamente, o nome e o sobrenome outorgados a Rosa Gomes foram dados por um homem branco, heterossexual, cristão, acumulador de riquezas e dominador de vidas pretas. A história não registrou maiores informações sobre Rosa Gomes e sua luta; não foi possível precisar a sua procedência exata nem a data do seu nascimento. Os dados sobre as pessoas trazidas para o Brasil são escassos. Não sabemos onde os colonizadores desembarcaram Rosa Gomes ao chegar do lado de cá do

1 Oyá é o nome em Iorubá dado à Orixá do fogo e dos elementos do ar; senhora dos ventos, aquela que comanda as tempestades, os raios, os ventos e os espíritos dos mortos. Ela projeta a emancipação feminina desde o início dos tempos, também é conhecida por Yansã (BARROS, 2009, p.278-280).

Atlântico. É certo que Rosa fez uma viagem que a trouxe para o interior do país, especificamente, para Vila Boa de Goiás, no Centro-Oeste do Brasil. Além disso, sabemos que os colonizadores a situaram no grupo de "preta-mina".

Para a historiadora Soares (1998), "preta-mina" era um dos grupos de classificação das pessoas trazidas para a América, ou seja, designava a procedência de alguém, mas, dada a generalização desses grupos, cada um deles abarcava muitos grupos étnicos, esse foi o caso do grupo "mina". A partir de suas características, as pessoas comercializadas eram separadas em grandes grupos, quais sejam: Preta-Mina, Nação Angola e Escravos de Guiné. Soares diz que:

> Cada uma dessas designações vem acompanhada de características físicas e comportamentais, formas de vestir, línguas, crenças. Combinadas umas às outras, essas descrições permitem vislumbrar uma enorme variedade de critérios a partir dos quais os africanos são enquadrados na sociedade: os escravos apropriados ao trabalho doméstico, os que melhor servem às atividades mineradoras e, no caso das mulheres, por que não, as mais desejáveis parceiras sexuais. Mais que uma forma de identificar escravos, este é um recurso adotado para classificar e organizar a escravaria traficada da África para a América. (SOARES, 1998, p.01)

Segundo Loiola (2008), Rosa Gomes juntou recurso suficiente para comprar a liberdade de 4 (quatro) pessoas escravizadas, sendo que duas delas eram do seu núcleo familiar: sua mãe e seu filho. A partir desse dado, sabemos que ela não foi separada de sua mãe ao chegarem no Brasil. Com respeito ao filho, não há informações se ele nasceu em continente africano ou na colônia; se era filho de homem escravizado ou de colonizador.

Ao biografar mulheres, Célia Coutinho Seixo de Brito (1982) faz referência a uma tal Rosa. Em uma descrição romântica, ela fala da Rosa que cuidava dos jardins e servia de ama de leite aos filhos das sinhás brancas, tentando apagar a luta por sua liberdade e a de seus familiares. Rosa conseguiu comprar a liberdade de outras pessoas, mas, para adquirir a sua própria, encontrou dificuldades que vinham do seu dono, o alferes José Gomes de Barros. Ele estipulou para Rosa Gomes um valor colossal, em relação aos preços praticados na época para as alforrias.

O historiador Paulo Bertan (1996) cita o caso de Rosa Gomes, afirmando que

> [...] a mesma foi escrava do alferes José Gomes de Barros. Muita conhecida no tempo [...], a escrava diligente havia juntado pecúlio para comprar quatro escravos a crédito, incluindo uma mãe e filho (BERTRAN, 1996, p.23-24).

No mesmo registro histórico, Bertran (1996) aponta que o alferes, seu senhor, não ajustava um preço justo para que ela comprasse a sua liberdade. Por crueldade, o alferes desferia valores irreais, exorbitantes, com a nítida intenção de que Rosa não conseguisse o volume do numerário pedido. O governador da Capitania de Goiás na época, Luís da Cunha Menezes, em nota de ordem pública,

> [...] interveio na pendenga, forçando José Gomes de Barros a contratar com justeza a alforria da escrava, apontando-lhe vilmente incorrer em ludibrio de sua honra e do caráter de alferes da companhia de nobreza por agir erradamente com a serva (BERTAN 1996, p.23-24).

Françoise Vergès (2018) cita que os proprietários de escravos não respeitavam as regras e leis. Esses senhores

> [...] infringiam de todas as maneiras: mentindo, falsificando documentos, não reconhecendo as emancipações. Os casos de mulheres escravas que iam aos tribunais e que lutavam contra as arbitrariedades não eram raros (VERGÈS 2018, p.33).

Verifica-se que Rosa Gomes também se insere entre as mulheres que lutaram incansavelmente por sua alforria e de seus familiares. Mas a compra de alforria não significava, na prática, uma vida livre dos sofrimentos da escravidão. Isto é, a liberdade adquirida não mudava muito a vida dessas mulheres e homens no cotidiano prático, essa mudança se manifestava mais no campo abstrato do documento.

Rosa Gomes, ao que indica Loiola (2008), conseguiu sua carta de alforria em razão da intervenção feita pelo então governador da Capitania no ano de 1783, quando acusou José Gomes de Barros de embargo na venda da carta de alforria para Rosa Gomes. Ao fazer isso, Luís da Cunha Menezes lavrou em cartório a sua carta de liberdade. Apesar de a concessão da alforria ser uma prerrogativa senhorial, contrariando o costume, o governador interpôs-se e obrigou o alferes a conceder, à Rosa, sua liberdade por um preço justo.

Não se sabe como foi a vida de Rosa Gomes após conquistar sua liberdade formal, mas seu nome consta na lista de mulheres libertas.[2] Sua luta por liberdade ecoou e, atualmente, a cidade de Goiás a homenageia, dando seu nome a uma de suas ruas no Centro Histórico da Cidade. O Conselho dos Direitos das Mulheres da cidade de Goiás também leva o nome de Rosa Gomes – CODIM Rosa Gomes.

Enquanto mulheres feministas e ativistas anticapitalistas, antirracistas e antissexistas, não podemos admitir que a política de dominação de classe, raça e gênero continue silenciando histórias como a de Rosa Gomes. Romper com esse processo civilizatório requer lançar mão de um "feminismo decolonial", como defende Françoise Vergès (2020), pois "o feminismo envolve muito mais do que a igualdade de gênero", como propõe Angela Davis (2018, p. 110), na sua obra *A liberdade é uma luta constante.*

2 Na lista de mulheres libertas, consta o nome de três Rosas: "Rosa Criola", "Rosa Maria Criola" e "Rosa Mina", identificadas entre os registros do cartório do Arquivo Histórico Fundação Frei Simão Dorvi - Livro de Notas, 1792-1799; Livro C, 1784; Letra G, 1778 -1784.

## REFERÊNCIAS

CASTRO ALVES, Antônio Frederico de. 1870. O navio negreiro e outros poemas. s/ ed,[bv] Biblioteca Virtual do Estudante Brasileiro / USP. Disponível em: http://www.dominiopublico.gov.br/pesquisa/DetalheObraForm.do?select_action&co_obra=1786

BERTRAN, Paulo (Org.). 1996. Notícia geral da Capitania de Goiás. Goiânia: UCG/ UFG.

BRITO, Célia Coutinho Seixo de. 1982. A mulher, a história e Goiás. Goiânia: Ed. Cultura.

DAVIS, Angela. 2018. A liberdade é uma luta constante. Tradução de Heci R. Candiani. São Paulo: Boitempo.

LOIOLA, Maria Lemke de. 2008. Os Devotos do Santo Preto, o Governador e o Vigário: Políticas e insurgências na Vila Boa dos Guayazes. In: Anais do II Colóquio do Laboratório de História Econômica e Social: Micro História e os caminhos da História Social: LAHES. Juiz de Fora – MG. Juiz de Fora: Clio Editora.

LOIOLA, Maria Lemke de. 2008. Trajetórias Atlânticas, Percursos para a Liberdade: Africanos e Descendentes na Capitania dos Guayazes. Dissertação de Mestrado em História. Goiânia: Programa de Pós-Graduação em História da Universidade Federal de Goiás.

SALLES, Gilka Vasconcelos Ferreira de. 1992. Economia e escravidão na Capitania de Goiás. Goiânia: CEGRAF/ UFG.

SOARES, Mariza de Carvalho. Dezembro/2018. Mina, Angola e Guiné: nomes d'África no Rio de Janeiro Setecentista. In: Revista Tempo, vol.3, nº 6. Disponível em: https://www.historia.uff.br/tempo/artigos_dossie/artg6-6.pdf. Acessado em 18 de julho de 2023.

VERGÈS, Françoise. 2020. Um feminismo decolonial. São Paulo: UBU Editora.

# Rosalinas - Osvaldina Rosalina dos Santos Maria Rosalina dos Santos

## LIGADAS PELO VENTRE DA MATERNAGEM EM TEMPOS DE CORDÕES UMBILICAIS DISTINTOS

**Gláucia Péclat**
**Suzana Hirooka**

Dá licença para contar: *"as Rosalinas são rosas que desabrocharam entre tantos espinhos"*. Escolher escrever sobre as Rosalinas não foi fácil. Com atuações imensuráveis, essas irmãs do Quilombo do Tapuio, no município de Queimada Nova - Piauí, sopram ventos que contam histórias,[1] narrativas de vida pautadas na luta pelo

1 A expressão "ventos que contam histórias" é fruto do Programa de Gestão do Patrimônio Cultural e Arqueológico "Ventos que Sopram Histórias", desenvolvido nessa região sudeste do Piauí, nos municípios de Queimada Nova, Dom Inocêncio e Lagoa do Barro do Piauí. Trata-se de um projeto de avaliação sobre os impactos gerados pela implantação do "Complexo Eólico Lagoa dos Ventos" em áreas próximas às comunidades quilombolas Tapuio, Sumidouro, Baixa da Onça, Volta do Riacho e Pitombeira. Estamos falando de Avaliação de Impacto Indireto (AII), considerando a legislação vigente em relação ao Licenciamento Ambiental e à Normativa 001/15/Iphan. Esse programa foi financiado pela *Enel Green Power* – empresa que tem como mote a energia limpa e renovável como base sustentável.

direito à família, ao afeto e ao pertencimento comunitário. Elegê-las não significa esquecer das demais mulheres negras dessa região sudeste do Piauí, especialmente as quilombolas. Ao contrário, anuncia projetos de memórias e de identificação de muitas delas.

Na trama das intrigas, no sentido ricoeuriano (1994), as irmãs Rosalinas, a partir de projetos em mutirão, lutam por ações de políticas públicas em favor da vida coletiva amadurecida, como fala Osvaldina Rosalina. Com afetividade enquanto sentimento de maternagem, anseiam por formulações mais apuradas no que se refere ao ser quilombola, seu direito à educação, seu direito à história e seu direito à memória.

O encontro com as Rosalinas foi de muita nutrição. A pesquisa no Quilombo do Tapuio foi motivada pelo levantamento dos modos de saber fazer farinhada ou desmanche da farinha. Na oportunidade, falou-se do bolo manauê; da cambraia preparada com goma, passada pelo tecido volta ao mundo; da paçoca de farinha com rapadura e muito mais. Entre as várias narrativas, essa nos chamou bastante atenção: "somos ligadas pelo ventre da maternagem em tempos de cordões umbilicais distintos".

As irmãs Rosalinas são filhas de Rosalina Ana dos Santos, casada com Vicente Francisco dos Santos. Osvaldina Rosalina nasceu em 1º de dezembro de 1955 e Maria Rosalina é nascida no dia 3 de setembro de 1964. Portanto, não são irmãs gêmeas como o título poderia sugerir. São, na fala de Osvaldina, "irmãs que caminham juntas, em favor de projetos de humanização com dimensões sociopolítico-culturais e atenção comunitária".

O sentido de maternagem ganha, nesse contexto, uma conotação distinta do conceito de maternidade, pois as duas irmãs optaram por não seguir as estirpes do patriarcado. Ambas são solteiras e não tiveram filhos. Em tempos de cordões umbilicais distintos, em uma leitura transversal, as Rosalinas são mães simbólicas, unidas pelo mesmo propósito, o da organicidade da comunidade em coletivo.

Nascidas em uma família voltada para a pequena agricultura, desde criança trabalharam na roça, espantando passarinhos para evitar danos à plantação de milho e feijão. Além disso, costumavam seguir para a casa dos mais velhos com interesse na contação de histórias. Durante a adolescência, apesar das brincadeiras ainda de meninas, foi preciso estabelecer um intervalo para a elaboração de um projeto de vida com visão positiva de futuro. Elas explicam: "um futuro no qual seria preciso olhar para a vida comunitária da comunidade, projetada num trabalho coletivo mediante experiências partilhadas".

Apostar nesse plano significaria a oportunidade de acesso à educação, segundo elas. Confiar nesse projeto de futuro amadurecido seria a chance de caminhar em direção ao modelo progressista orientado pelo Bispo Augusto Alves, da cidade de Paulistana - Piauí, idealizado a partir do pensamento de Paulo Freire, com vistas às causas dos excluídos – mote de elaboração do projeto de vida delas. Assim, com sede visionária, buscaram apoio junto ao bispado da região que, na época – no final da década de 1970 –, celebrava missa em Queimada Nova - PI,

A partir daí, iniciaram-se as articulações para a criação do grupo de jovens que seria ligado ao Movimento de Educação de Base – chamado MEB, um dos braços da Pastoral da Juventude, organizado pela Missão Paroquial de Paulistana - PI. Todavia, nada foi simples. Tiveram que se apoiar no verbo coragem, pois, para Vicente Francisco – pai delas –, assim como para milhares de outros homens, lugar de mulher seria na cozinha e na soma de esforços para garantir alimentação à mesa.

A insistência ganhava força e desabrochava como rosas. Em diálogo com o pai, em uma forma de negociação tácita (GEERTZ, 1989), começaram a participar das atividades promovidas pelo bispado. Conta Maria Rosalina que, na época, era preciso percorrer 35 quilômetros a pé até o local de onde saia o caminhão pau-de--arara com destino ao município de Paulistana. O encontro durava em média três dias. O trajeto de ida e volta é lembrado por ela com amabilidade: "quando há dedicação; há amor, portanto, não se tem dor".

Interagir com a Pastoral da Juventude de Paulistana seria assumir o papel por uma fé manifestada na batalha pela vida. Como em um calidoscópio de metáforas, Osvaldina Rosalina emprega a expressão: "lutar com fé em, pela e com vida". Uma peleja que carrega em si o sentido de resistência que, na narrativa dela; é traduzida por "resistir para existir". Tudo isso ganha, a cada passo, para elas, a força dimensional da maternagem expressada na ação e na proteção dos seus.

Em 1979, dão início à catequese e, com o propósito de confirmação do batismo, no ano de 1982, celebram a Crisma. As irmãs Rosalinas contam que, até aquele momento, a prática de leitura e escrita ocorria somente por via de alguns exercícios que Maria Rosalina desenvolvia, ao escrever cartas, a pedido da mãe, para o pai, que se encontrava em São Paulo a trabalho. Ler também fazia parte de um processo tímido, mas que germina durante o ato litúrgico, quando Rosalina realiza a primeira leitura em público. Sons de palavras ecoaram e esse dia ficou marcado como "com-unidade emocional", pois todos ali presentes, em estado d'alma em comoção, ficam surpresos com a destreza daquela jovem em projeção.

O interesse pela criação de uma unidade escolar no Quilombo do Tapuio só cresceu a partir de então. Nessa perspectiva, se apoiar no MEB significaria dar atenção à luta por uma escola com direito à reflexão em torno dos problemas políticos, organizacionais e de consciência de classe, como assinalam as irmãs em sua narrativa. Tudo isso, para as Rosalinas, significava, naquele momento, que seu foco deveria ser na luta pela educação e pela erradicação do analfabetismo.

Em 1985, foi inaugurada a primeira escola na comunidade do Quilombo do Tapuio. Episódio imperioso, considerando que, até esse período, nem elas nem outros muitos do território tinham frequentado o banco da escola. Osvaldina Rosalina conta esse momento dizendo: "foi preciso muita garra, porque, até então, éramos nós mesmas as nossas orientadoras". Essa orientação, em uma dimensão mais ampla, orienta a todos e todas da comunidade. Daí o sentido de maternagem em tempos umbilicais distintos. Nasce um, nasce outro; elas se apresentam como mães em maternagem.

Maria Rosalina salienta que foi através das pastorais e das Comunidades Eclesiásticas de Base (CEB's) que o sentimento de negritude, até então adormecido, foi despertado dentro delas. Ela narra que, de forma bastante acanhada, essas comunidades deram início às discussões em torno das comunidades quilombolas. Entretanto, só quando estiveram face a face e em diálogo com certas lideranças quilombolas, em 1996, que ambas se viram como mulheres negras. Segundo Osvaldina Rosalina, até o momento, apesar de participarem de encontros sindicais e de espaços de circularidades, como a CUT, além de outras frentes de militância política, elas não se identificavam como tal.

Em consonância com a necessidade de ocupação dos espaços como qualquer outro cidadão, surgiu outro projeto de identificação: o de mulheres negras. Os espaços políticos ocupados passam a representar, para elas, o lugar de luta pelos seus a partir de um sentimento de maternagem. Para além disso, Maria Rosalina, conta Osvaldina, torna-se representante das comunidades quilombolas do Piauí e, em parceria com demais interessados, elabora uma carta aberta ao Presidente da República Fernando Henrique Cardoso, chamando atenção para a problemática dos quilombos no país.

No entanto, não há engrenagem. Foi somente a partir da criação da Secretaria Especial de Políticas de Promoção da Igualdade Racial, a qual Rosalina é convidada a integrar, que ocorre o mapeamento e certificação de 266 comunidades quilombolas no estado. "Todo esse processo é longo e atual, não cessa", afirma ela. Na soma de esforços, "primeiramente, com ajuda de Deus e da ancestralidade que seguimos a maternar".

O trabalho desenvolvido pelas irmãs Rosalinas no Quilombo do Tapuio é, para elas, vida em unidade. É vida em grupo, integrado por pessoas que ocupam o território, irmanados por uma mesma projeção cultural, política e histórica. Então, para as Rosalinas, não só elas se tornaram irmãs por conta do mesmo ventre, mas a com-unidade tornou-se irmã delas, apesar dos tempos distintos dos cordões umbilicais.

A polissemia da imagem das irmãs Rosalinas no Piauí e no Brasil tem, para nós, uma complexidade de sentidos e definições. É conexão entre pessoas e ideias, com vistas a descentralizar as estruturas e estabelecer relações mais horizontais, como a maternagem, o ventre, o cordão umbilical e a respeitabilidade humana.

## REFERÊNCIAS

GEERTZ, Clifford. 1978. A interpretação das culturas. Rio de Janeiro: Editora Zahar.

RICOUER, Paul. 1994. Tempo e narrativa (tomo 1). Tradução de Constança Marcondes César – Campinas - SP: Papirus.

# Rossilda Joaquina da Silva

**Piedade Lino Videira**
**Isis Tatiane da Silva dos Santos**

*fez de seu dom de partejar e curar pessoas dos males da alma e do corpo uma missão de amor e devoção às Divindades-Guias que recebeu de Deus- Pai celestial.*

Sueli Carneiro aponta o duplo ato de lembrar e nomear para se contrapor à invisibilidade das mulheres negras (CARNEIRO, 2004). Lembrar e nomear para manter viva a memória e o legado de vida de Rossilda Joaquina da Silva - que, na cidade de Macapá, no Amapá, e no Quilombo do Cria-ú (seu lugar de nascimento no qual morou toda a vida), é carinhosamente conhecida pelo codinome Tia Rossilda – é o sentimento que me inspira a produzir este singelo texto em sua homenagem.

Este dicionário é composto por verbetes de celebração em vida e de homenagens a um rol de mulheres negras que fizeram e fazem, de suas experiências de vida e atuação sociocomunitárias, marcos de insurgência e insubmissão e sinais reivindicatórios de transformações estruturais e estruturantes das relações sociais, culturais, religiosas, econômicas, políticas, educacionais e raciais em nosso país.

Significa, portanto, uma iniciativa importante, prenhe de respeito, admiração e saudade de quem intenciona homenagear mulheres negras extraordinárias que precisam estrelar a cena pública, por intermédio de livros escritos, narrados, contados, digitalizados e poetizados no afã de que o justo reconhecimento a cada uma delas seja feito sem mais demora. Tais mulheres, todas elas, mesmo que estivessem expostas às diversas formas de violências material e simbólica que a vida na sociedade brasileira teima em lhes impor, agiram imbuídas do espírito de sagacidade e engenhosidade de seus ancestrais e, assim, posicionaram suas corporeidades em riste e lançaram mão de estratégias para se manter de pé, altivas e donas de suas palavras.

Logo, neste texto, procuramos seguir o aconselhamento da "mais velha" Sueli Carneiro, ao valendo-nos de nossa escrita e colocá-la a serviço do reconhecimento público e da memória de Tia Rossilda, mulher negra, parteira e quilombola, que veio ao mundo com a missão de conduzir à vida várias gentes, entre homens e mulheres, no rumo das bandas de cá, do extremo norte do país e da Amazônia, especificamente no estado do Amapá. Esse texto é um clamor enunciativo, de nossas vozes femininas negras amapaenses, de que elas emerjam daqui para o mundo. Por intermédio de afetuosas e saudosas palavras, escrevinhamos e contamos o arauto de quem é, foi e eternamente será Rossilda Joaquina da Silva.

A nossa ancestral, ora divinizada, era dotada de mediunidade e do dom de partejar e, curiosamente, viu a luz do mundo após ter sido "aparada" pelas mãos de uma parteira tradicional, no dia 16 de agosto de 1936. Aliás, ainda é recorrente, para se nascer na Amazônia, o auxílio das parteiras, tendo em vista que, nesta região, quem cuida e ensina cuidados para a cura do corpo e do espírito de centenas de pessoas que residem na zona rural são as parteiras/benzendeiras.

Elas são pessoas dotadas do dom da mediunidade e se destacam nas funções de parteiras, benzendeiras e curandeiras, por serem pessoas experientes. Como afirmam Custódio et al. (2019, p.198): "A benzeção é uma prática de cura transmitida de geração em geração, realizada especialmente por mulheres, que, muitas vezes, permanecem ocultas ou sem visibilidade", esse é o caso das parteiras na nossa região. Entretanto, não se concretizará semelhante ocorrência com Tia Rossilda, pois é a ela e ao seu legado de vida que escrevemos este verbete em sua homenagem, a fim de mantê-la viva entre nós.

A homenageada é fruto da união amorosa e matrimonial entre o casal de agricultores Sr. Cecílio Euclídes da Silva e Sr$^{a}$. Venina Antônia da Silva. Desta união, nasceram nove (9) filhos/as, sendo ela a 3$^{a}$ filha dos 9 (nove), todos residentes no Quilombo do Cria-ú. A jovem de voz mansa, que concluiu até a 4ª (quarta) série primária à época,[1] era de pouca conversa, por vezes arredia, porém muito observadora e atenta aos movimentos cotidianos que ocorriam diante de seus olhos, que buscavam a vida comunitária. Ela era relativamente tímida e, ao mesmo tempo, dona de um sorriso faceiro e acolhedor que surgia ao encontrar quem quer que fosse pela paisagem cotidiana do Cria-ú. Ao vê-la, víamos também sua aura de mãe que nos oferecia generosamente o calor de seu colo e proteção.

Tia Rossilda casou-se com Raimundo Menezes da Silva, seu único e grande amor. Dessa união, nasceram 14 (quatorze) filhos que foram criados com todo o rigor e amor de uma mãe e esposa dedicada, zelosa e respeitada por sua brabeza; especialmente em seio familiar, afinal, os desafios diários enfrentados por uma mulher com o perfil de nossa guerreira são grandes.

Concomitante ao trabalho como agricultora, mãe, parteira e benzedeira, Tia Rossilda era habilidosa na arte de costurar. Seu talento foi sendo lapidado desde a sua juventude, assim como a alegria que esbanjava na boniteza e expressão plástica de seu corpo-dançante, nas 'mãos de couro' dos Batuques e nas rodas de Marabaixo, atividades presentes nos louvores aos santos católicos de devoção familiar ecomunitária. Como exemplo temos o glorioso São Joaquim, padroeiro do território ancestral criauense. Ah, como ela adorava dançar batuque e Marabaixo!

A vida de Tia Rossilda era dinâmica, desafiadora e de superação, em conformidade com a relevante missão que ela recebeu da espiritualidade e veio a realizar nesse mundo de provas e expiações. Na vida adulta, casada e com alguns dos filhos ainda pequenos, aos 31 (trinta e um) anos precisamente, sua mediunidade aflorou e ela foi escolhida pelas forças sobrenaturais que agem no Quilombo do Cria-ú para exercer o relevante papel de liderança religiosa, no intuito de cuidar de seus irmãos e irmãs e orientar-lhes em suas buscas interiores e pretensões de vida individual e coletiva.

Certamente sua missão foi desempenhada com esmero, dedicação, devoção e respeito aos Guias-Protetores a quem dedicou 51 (cinquenta e um) anos de sua longeva vida, na qual cuidou de centenas de pessoas - Saravá! Ela detinha o conhecimento sobre ervas e, nesse caso, cada planta do seu quintal tinha propriedades curativas que eram empregadas no processo de cura de quem a procurava. Até pessoas de outros estados vinham ao seu encontro para tratar de suas enfermidades.

Tia Rossilda, mãe, parteira, curandeira, benzedeira, agricultora, costureira e, principalmente, uma pessoa humana no sentido mais nobre e puro da palavra, deixou-nos um relevante legado de vida espiritual, que sempre representará o povo

1 A 4ª série primária equivale, hoje, ao 5º ano do Ensino Fundamental.

quilombola do Cria-ú - território onde nasceu, viveu e foi sepultada, no dia 27 de maio de 2020, após desencarnar aos 83 (oitenta e três) anos de idade. Se ainda estivesse viva, a nossa guerreira completaria, no dia 16 de agosto de 2021, a idade de 85 (oitenta e cinco) anos.

**Tia Rossilda**

Quisera o destino que ela viesse a se tornar uma das principais benzedeiras e parteiras do estado Amapá, mais precisamente do Quilombo do Cria-ú - território no qual centenas de bebês amapaenses, pela vontade e misericórdia de Deus e por intermédio da mediunidade desta parteira e curandeira, significam o presente e o futuro do nosso estado. Que Oxalá seja próspero para o conjunto de sua gente! Que Assim Seja!

**Aniversário da Tia Rossilda. Acervo particular da família da homenageada na festa celebrativa de seus 80 anos de idade (2016).**

## REFERÊNCIAS

CARNEIRO, Sueli. 2004. A mulher negra na sociedade brasileira - o papel do movimento feminista na luta anti-racista. In: MUNANGA, Kabengele (Org.). História do negro no Brasil. O negro na sociedade brasileira: resistência, participação, contribuição. Vol. 1. Brasília: Fundação Cultural Palmares/ Minc., p. 286-336.

CUSTÓDIO, Elivaldo; VIDEIRA, Piedade Lino; SOUZA, Fábio José do Espírito Santo; FERREIRA, João Felype Barreto. Janeiro a abril de 2019. Benzeção: prática cultural/ religiosa de benzendeiras e parteiras tradicionais na capital Macapá. In: Revista Educação Popular, Uberlândia, vol. 18, nº.1, p. 196-208.

# Ruth de Souza

## A PÉROLA NEGRA

**Silene Ferreira Claro**

Ruth Pinto de Souza nasceu no dia 12 de maio de 1921, no Rio de Janeiro - RJ, na Rua Mosteiro da Luz, no Bairro do Engenho de Dentro. Era filha, a mais velha, do casal Sebastião Joaquim de Souza e Alayde Pinto de Souza. Em um determinado momento, a família se mudou, com a pequena Ruth, para o interior de Minas Gerais, para a cidade de Porto Marinho, onde o pai, Sebastião, tinha uma pequena propriedade rural. Lá, a família viveu até 1930, quando o pai de Ruth faleceu. Então, Dona Alayde volta para o Rio de Janeiro, junto com Ruth, com 9 (nove) anos de idade, deixando os dois irmãos mais novos, Maria e Antônio, sendo criados por parentes em Minas Gerais (SILVA, 2011 e JESUS, 2007).

Dona Alayde de Souza e sua filha Ruth chegaram à cidade do Rio de Janeiro no início da década de 1930 e logo se instalaram no Bairro de Copacabana. Através de vários depoimentos deixados por Ruth de Souza, é possível identificar que a atriz teve como uma de suas grandes inspirações a própria mãe. Negra, viúva, com uma filha pequena, instalada no Bairro de Copacabana, sua mãe precisou encontrar diversas formas para se inserir naquele meio.

Antes de tudo, é importante salientar que, nos relatos de Dona Ruth, como seus biógrafos a tratam, a atriz guarda uma memória da cidade do Rio de Janeiro que, na verdade, parece ser muito mais uma memória de Dona Alayde. Ela mostra uma cidade transformada pelas reformas de Pereira Passos, com a criação de largas avenidas e loteamento de novos bairros. Copacabana ganhou grande notoriedade, atraindo moradores ilustres, promovendo a aura de elite que a localidade passou a possuir e, de certa forma, continua representando no imaginário da sociedade carioca e, por que não dizer, brasileira.

Dona Alayde, vivendo nesse bairro, trabalhando como lavadeira das senhoras da elite carioca, conseguiu estabelecer redes de solidariedade que garantiram, à menina Ruth, acesso a um capital cultural que muitos negros não tiveram. Ruth, desde pequena, convivia com outras crianças que frequentavam teatro, ouviam rádio e, mais adiante, iam ao cinema. Tinham grau de escolaridade destacado, com aulas diversificadas, inclusive de música. A própria Dona Alayde, criada para ser uma "boa esposa" aos moldes da época, ensinou muita coisa para a filha, inclusive a ler e a escrever.

A pequena Ruth teve acesso a colégio de freiras que, pelo que seus biógrafos levantam, seria consequência da intervenção de famílias importantes com as quais a mãe se relacionava, através do trabalho. Da mesma forma, frequentou teatro e cinema, experiências que marcaram a vida e a identidade de Dona Ruth, segundo sua própria memória, e são resultado da atuação da mãe que, muitas vezes, conseguia os ingressos. Foram essas experiências que despertaram na menina Ruth o desejo de ser atriz, mesmo ouvindo o tempo todo que não existiam artistas negros.

Na perspectiva de uma História das Mulheres, a rede de sociabilidade tecida por Dona Alayde pode ser interpretada como uma forma de luta e de resistência à dominação e à exclusão da sociedade patriarcal. Dona Ruth de Souza, em seus depoimentos, não demonstra ter essa consciência de luta e resistência que a vida de sua mãe representou.

Ruth de Souza sempre foi uma pessoa estudiosa e leitora. No final da década de 1940, ela leu sobre o Teatro Experimental do Negro - TEN, em uma revista. Naquela época, não havia conhecimento sobre a existência de atores negros, tanto que, quando era necessária a representação de uma personagem negra, atores brancos pintavam o rosto, pois teatro era feito para e por brancos. Mas o TEN era uma nova experiência, decorrente de outra inciativa, a do Teatro do Estudante Brasileiro – TEB.

Na década de 1930, o Brasil vivia o governo de Getúlio Vargas e, junto com ele, o ideal modernista de renovação da cultura brasileira, valorizando a identidade nacional, ganhava grande expressão. Fazia parte desse clima, também, a renovação do teatro, o que significava rever as produções, procurando superar a costumeira montagem de textos clássicos estrangeiros. Procurava-se tratar de outras temáticas e, também, possibilitar que outros segmentos sociais passassem a se ver representados nos palcos. É nesse turbilhão de transformações que surge o TEN, sob a liderança do ativista Abdias do Nascimento. A jovem Ruth de Souza passou a fazer parte do grupo e logo tornou-se uma atriz de destaque da companhia.

Dona Ruth de Souza revela, em suas memórias, que sua estreia nos palcos foi no dia 8 de maio de 1945, mesmo dia em que a Segunda Guerra Mundial teve seu fim anunciado, sendo, segundo ela, a primeira negra a pisar nos palcos do elitista Teatro Municipal do Rio de Janeiro. Ruth se engajou profundamente no TEN, se envolvendo em discussões sobre produção; assim como sua mãe, tratou logo de estabelecer uma rede de contatos que, de uma forma ou de outra, foram decisivos em sua profissionalização.

Ruth esteve ligada, além de Abdias do Nascimento, a outros nomes importantes da cultura e do movimento negro de então, como Paschoal Carlos Magno, Vinícius de Moraes, Nelson Rodrigues, Edison Carneiro e Arthur Ramos, dentre tantos outros. Entretanto, em suas memórias, Dona Ruth destaca apenas sua trajetória artística. Mesmo revelando-se consciente de como o teatro e o mundo das artes se encontravam racializados, ela entendia que seu sucesso se devia à sua perseverança e à sorte de ter bons amigos.

Sua trajetória no TEN possibilitou-lhe ganhar uma bolsa de estudos da Fundação Rockefeller, ao ser indicada por Paschoal Carlos Magno. Assim, foi estudar na escola de teatro Karamu House, da Universidade Howard, em Cleveland, onde ficou entre 1948 e 1949. Quando voltou, iniciou sua trajetória no cinema, sendo contratada para diversas produções nas empresas cinematográficas Atlântida, Maristela Filmes e Vera Cruz, que foram pioneiras no Brasil. Dona Ruth concorreu ao prêmio internacional "Leão de Ouro", no Festival de Veneza de 1954, por seu papel no filme *Sinhá Moça*. Ruth de Souza concorreu com Katherine Hepburn, Michele Morgan e Lili Palmer.

A partir da década de 1950, Ruth de Souza passou a ser estrela também da televisão, quando entrou na extinta TV Tupi. Nas décadas seguintes, se dedicou, simultaneamente, ao teatro, ao cinema e à televisão. Ao todo, atuou em 19 peças de teatro entre 1945 e 1994; 37 produções cinematográficas entre 1948 e 2018 e 44 trabalhos para televisão entre 1951 e 2018. Entretanto, é no último veículo que encontra-se a maior parte de seu trabalho.

Dona Ruth de Souza faleceu dia 28 de julho de 2019, aos 98 anos de idade. Em 12 de maio de 2021, quando completaria 100 anos, o *Google* lhe fez uma homenagem por meio de um *Doodle.*

Mesmo sendo considerada uma grande dama do teatro, do cinema e da televisão, ao longo de sua carreira, a maioria esmagadora dos papéis que teve foi de personagens coadjuvantes, e não de protagonistas. A própria Dona Ruth apresentava, em suas memórias, essa constatação, sempre defendendo a ideia de que deveria fazer qualquer trabalho o melhor possível.

Através das lembranças de Dona Ruth, analisadas aqui por meio das obras de Jesus (2007) e Silva (2011), é possível perceber que a atriz tinha uma certa consciência das questões raciais que se colocavam em sua profissão e, talvez como uma forma de resistir sendo uma mulher negra nesse ambiente e em uma sociedade patriarcal e racista, encontrou estratégias para construir uma memória de sua carreira em que tais questões ficassem apenas implícitas. Durante a maior parte do tempo, Dona Ruth, mesmo dando sinais de sua consciência das desigualdades, defende o discurso de que seu sucesso é resultado do seu esforço, sua dedicação, sua sorte e do apoio de muitos amigos. Os amigos a quem a atriz se refere, na realidade, fizeram parte de vários movimentos de resistência e de luta pela democracia e pela igualdade. Mas, em uma sociedade em que o mito da democracia racial continua com tanta força, a Pérola Negra acabou, de certa forma, branqueando sua narrativa. Talvez seja essa sua maior marca de luta e resistência em um meio cultural que foi – e ainda é – tão racializado no Brasil.

## REFERÊNCIAS

JESUS, Maria Angela. 2007. Ruth de Souza: Pérola Negra. 2ª ed., São Paulo: Imprensa Oficial do Estado de São Paulo.

SILVA, Júlio Cláudio. 2011. Relações raciais, gênero e memória: A trajetória de Ruth de Souza entre o Teatro Experimental do Negro e o Karamu House (1945-1952). Tese de doutorado em História. Niterói: Programa de Pós-Graduação em História da Universidade Federal Fluminense.

# Salustia

## VAI À JUSTIÇA PARA OBTER SUA LIBERDADE

**Maria da Vitória Barbosa Lima**

O ano de 1885, na Província da Paraíba do Norte, começou com um acontecimento deveras importante: a ação de liberdade impetrada pela escravizada Salustia contra o capitão João Maria Pereira de Sousa, proprietário do Engenho Curral Grande, no município de Mamanguape. Salustia saiu do engenho do seu "suposto senhor", suposto porque ela não mais o reconhecia como tal, com o firme propósito de tratar de sua liberdade na cidade de Mamanguape. A apelante entrou com o processo no dia 18 de março de 1885, no Juizado de órfãos, e, no mesmo dia, obteve, como curador, o Dr. José Luís Peixoto de Vasconcellos e, como depositário, o capitão Vicente F. de Carvalho, tendo esse recebido a libertanda no mesmo dia em que foi designado para essa função (AÇÃO DE LIBERDADE, 1885, fl. 1-2).

O contexto em que Salustia recorre à Justiça para obter sua liberdade é de crise da economia paraibana, sobretudo com a queda expressiva da exportação dos seus principais produtos, o açúcar e o algodão. Os senhores escravocratas, principalmente da açucarocracia, procuravam transformar a crise em uma arma de barganha de incentivos à lavoura, para sua classe e seus aliados, junto ao governo imperial; mantendo, assim, seus interesses na continuação da propriedade e da exploração da mão de obra escravizada.

Conhecedor desses interesses de classe, a estratégia do curador de Salustia foi, de imediato, solicitar certidão de matrícula de sua curatelada na Mesa de Rendas do município e, em "vista da certidão negativa da matrícula", requereu que fosse intimado o capitão João Maria Pereira de Souza para que, em audiência, pudesse expor o "título legal pelo qual a conservava [Salustia] no estado de cativa". Como ele não compareceu, Dr. José Luís Peixoto de Vasconcellos requereu "que se lhe mande passar carta de liber[da]de em vista do Art. 8 § 2 da Lei nº 2040 de 28 de setembro de 1871" (AÇÃO DE LIBERDADE, 1885, fl. 2-3).

O Juiz de órfãos intimou o curador e o "suposto senhor" de Salustia a comparecer à audiência no dia 24 de abril do mesmo ano. Contudo, apenas compareceu o advogado Dr. José Luís Peixoto de Vasconcellos, curador da libertanda. O capitão João Maria não compareceu à audiência e, muito menos, enviou alguém que o representasse. Assim, o referido Juiz concluiu os autos a partir dos fatos expostos - como a certidão negativa de matrícula de Salustia, proveniente da Mesa de Renda, e o não comparecimento de seu senhor à audiência - e enviou o processo para o Juiz de Direito da Comarca para o devido julgamento. O senhor Antônio da Cunha Xavier de Andrade, Juiz de Direito da Comarca de Mamanguape - PA, deixou de lado as suas atribuições de Juiz e resolveu atuar como investigador, por conta própria, acerca da situação jurídica de Salustia. Isso levou o Juiz a reverter a evidente liberdade da apelante, em favor do seu "suposto senhor".

Os argumentos utilizados pelo Juiz da Comarca, para rejeitar a decisão do Juiz de órfãos, foram construídos subjetivamente, sem levar em conta as palavras objetivas da Lei de 1871, no seu Artigo 8º e parágrafo 2º. O senhor Antônio da Cunha Xavier de Andrade preferiu acreditar na impossibilidade de que uma mulher preta, com mais de 50 (cinquenta) anos, como era Salustia, fosse mantida no cativeiro contra sua vontade, ou mesmo que ela tivesse passado de um senhor para outro sem ter sido matriculada. Nesse caso, a culpa recairia no senhor João Maria e no próprio sistema do qual ele fazia parte, pois consistia na condenação dos juízes e dos escrivães. Assim, "não sendo aceitável essa situação, e para salvar a moralidade do Juízo" (AÇÃO DE LIBERDADE, 1885, fl. 11v), resolveu mandar que o escrivão dos órfãos pesquisasse, no inventário da antiga senhora de Salustia, Dona Joana Clementina de Sousa e Mello, falecida em 1878. Foi constatado entre os seus bens que "foi discripta e avaliada a escrava Salustia, solteira de quarenta anos de idade, e [...] consta a certidão da matrícula" (AÇÃO DE LIBERDADE, 1885, fls. 11v-12, atualizado ortograficamente).

Observamos que, com a resposta informando sobre sua matrícula, o Juiz da Comarca resolveu que não procedia a "questão da falta de matrícula". Desta forma, sua "decisão [foi] de negação de liberdade", restando à libertanda "tratar do arbitramento ou indenização" para adquirir sua liberdade (AÇÃO DE LIBERDADE, 1885, fl. 12v.).

A ação inicial foi montada com base na ausência de matrícula de Salustia e, portanto, sua liberdade seria "automática", como declara a Lei de 1871. Contudo, o Juiz da Comarca reverteu o quadro e apontou para uma ação por indenização. O curador de Salustia nos esclarece o porquê de o Juiz deixar aberta essa "porta de saída" para a liberdade, em seu pedido de reforma da sentença. Segundo consta, em 1882, Salustia entregou ao seu senhor a quantia de 75 mil réis, provenientes da venda, feita a Manoel Ventura da Silva, de uma égua e de um potro, que "foram adquiridos com o producto do seu trabalho". Porém, a apelante ficou sabendo "presentemente [por] pessoas de crédito" que se encontrava "por mais de treze (13) anos no bárbaro estado de escravidão por modo injusto e ilegal", porque "não foi matriculada no livro de matrícula especial desse município e nem fora dele", devido ao fato de que morava "desde sua infância no mesmo engenho Curral Grande" (AÇÃO DE LIBERDADE, 1885, fl. 16-17, atualizado ortograficamente).

O Juiz da Comarca fez algumas considerações ao Tribunal da Relação, em "verdadeiro proveito à causa da Justiça", para que este não consentisse o prosseguimento da apelação do pedido de liberdade. Essas considerações apoiavam-se em três pontos. O primeiro era o fato de não poder aceitar como verdadeiro que a libertanda não fosse matriculada ou de considerar a escravizada liberta. O segundo era o de que o Curador deveria saber, na opinião do juiz, "que uma tal decisão importava a condenação dos juízes e escrivão", que inventariaram "como escrava, Salustia, que, por não ter sido matriculada, livre estava". Mas, segundo o Juiz, o Tribunal não deveria "proceder com tanta leviandade, podendo irrogar aos colegas incontestável injúria".

O terceiro ponto consistia na divergência de fontes utilizadas pelo Curador e pelo Juiz da Comarca. O Curador solicitou, à Mesa de Rendas, órgão responsável pela matrícula dos escravizados, a certidão negativa de matrícula e a obteve. O Juiz, em suas investigações, solicitou ao Escrivão dos órfãos que informasse sobre a situação de Salustia, e ele localizou, no inventário de Dona Joanna, a existência da matrícula. Porém, o Juiz fez sua própria interpretação dessa informação: para ele, as interpretações diferenciadas foram decorrentes da grafia errônea existente na Mesa de Renda, como pode-se ver na passagem: "[...] o escritor do processo saberia **que foi Salustia, e não Salustio, que foi matriculada, e que o – a – formado em – o – é de fácil operação, e de pequena importância no caso sujeito**" (AÇÃO DE LIBERDADE, 1885, fls. 19-20v., grifos nossos, atualizado ortograficamente). Isso significa que a decisão do Juiz foi tomada em razão da salvaguarda do direito à propriedade sobre pessoas escravizadas, então ameaçada pelos movimentos abolicionistas.

A apelação foi remetida ao Tribunal da Relação, em Recife - Pernambuco, em 22 de maio de 1885, e apresentada, ao presidente do Tribunal, em 8 de junho do mesmo ano, que o entregou ao conselheiro relator Luís Correia de Queiroz Barros que, por sua vez, solicitou vista do curador geral, Carlos Eugênio. O parecer deste foi favorável a Salustia, por considerar que o simples fato de o senhor da libertanda não ter comparecido à Justiça para apresentar os papéis que a manteriam no cativeiro revelava "ter completa ciência de que Salustia era liberta, por não ter ele dado a matrícula especial" e, sendo sabedor disso, "não quis perder tempo, fazer gastos e correr em crime de reduzir à escravidão pessoa livre" (AÇÃO DE LIBERDADE, 1885, fls. 25v-26, atualizado ortograficamente).

Os conselheiros do Tribunal da Relação resolveram mandar examinar os livros de matrícula, com citação das partes, para verificar se Salustia fora ou não matriculada. Nesse ínterim de idas e vindas, vistas e relatos do processo, na Paraíba e em Pernambuco, ressurgiu Salustia, em 30 de outubro de 1885, requerendo, via seu Curador, ao Juiz de Direito da Comarca, que juntasse aos autos sua carta de liberdade, assinada em 26 de outubro de 1885, por João Maria Pereira de Souza (AÇÃO DE LIBERDADE, 1885, fl. 34).

Assim, com a carta de liberdade passada por seu "senhor", chegava ao fim a ação de liberdade por parte de Salustia. Porém, o Juiz de Direito da Comarca realizou, ainda, o termo de exame dos livros de matrícula da Mesa de Renda e do inventário de Dona Joana Clementina de Souza e Mello. Os resultados foram os mesmos já explicitados: no livro de matrícula, via-se somente escrito o nome "Salustio", e não Salustia, com o número 9 (nove) na ordem das relações, o número 28 (vinte e oito) na matrícula geral do município, e 6 (seis) na relação apresentada. Na coluna relativa ao sexo, via-se um "sinal referente ao sexo masculino", de "cor preta", com "idade de 30 (trinta) anos" e o estado civil como sendo "solteiro". Sobre a filiação, foi posto "desconhecida", com "aptidão boa e profissão de enxada".

Analisando essa documentação, podemos afirmar que houve um erro na transcrição dos dados de Salustia para o livro de matrícula, porém, para nós, isso fica em segundo plano. Interessa-nos mais ressaltar alguns aspectos. No âmbito mais imediato, a documentação revela, primeiro, que as respostas jurídicas às proposições de liberdade podem sofrer modificações dentro de um mesmo processo e que os Juízes tomam decisões políticas, pautando-se a favor da liberdade - como foi o caso do Juiz dos órfãos de Mamanguape ou dos Curadores/Conselheiros do Tribunal da Relação de Recife - PE -, ou a favor da propriedade privada - como o Juiz de Direito da Comarca.

O segundo aspecto revelado pelo processo de Salustia foi que a aparente tranquilidade do "senhor" de Salustia não resistiu por muito tempo. Suspeita-se que ele obtinha informações sobre a ação de liberdade: ao conceder a carta de liberdade à Salustia, reconheceu que não fez a matrícula dela porque tinha "somente um documento do vendedor [Serafim Rodrigues da Rocha, esse] obrigando-se a passá-la", e, como não o fizera, resolveu "conceder-lhe liberdade, gratuitamente, sem condição alguma para dela gozar como se de ventre livre tivesse nascido". Com a carta de liberdade, o senhor João Maria de Souza Evangelista resolveu a querela com Salustia, embora tenha "esquecido" de registrar no documento que ela o havia adiantado a quantia de 75 mil réis para a sua liberdade e que um grave crime lhe poderia ser imputado: o de reduzir à escravidão pessoa livre.

No âmbito mais generalista, a ação de liberdade de Salustia revela que ela foi rigorosamente pautada na Lei de 1871. Salustia conseguiu sua liberdade por se ancorar no art. 8°, parágrafo 2°: "Os escravos que, por culpa ou omissão dos interessados, não forem dados à matrícula até um ano, depois do encerramento desta, serão por esse facto considerados libertos". Esse ato – a falta de registro- beneficiou a escravizada, como determinava a Lei Rio Branco.

## REFERÊNCIAS

AÇÃO DE LIBERDADE da escrava Salustia. 1885. Acervo: Instituto Arqueológico, Histórico e Geográfico de Pernambuco – IAHGPE. Recife - PE.

GRINBERG, Keila. 1994. Liberata, a lei da ambigüidade: as ações de liberdade da Corte de Apelação do Rio de Janeiro no século XIX. Rio de Janeiro: Relume-Dumará.

LARA, Sílvia Hunold; MENDONÇA, Joseli Maria Nunes (Orgs.). 2006. Direitos e justiça no Brasil. Campinas, SP: UNICAMP.

LIMA, Maria da Vitória Barbosa. 2013. Liberdade interditada, liberdade reavida: escravos e libertos na Paraíba escravista (século XIX). Brasília: Fundação Cultural Palmares.

# Sônia Cleide Ferreira

## MULHER NEGRA PERIFÉRICA EM MOVIMENTOS

**Rosinalda Olaséní Corrêa da Silva Simoni**
**Irene Dias de Oliveira**
**Sônia Cleide Ferreira da Silva**

Sônia Cleide Ferreira da Silva nasceu no dia 07 de março de 1971, na cidade de Jataí - GO, filha de Teodorico Ferreira da Silva (funcionário público) e Erondina Ferreira da Silva (doméstica). Foi em Jataí que cursou seus primeiros anos escolares, em uma escola de freiras, o Instituto Samuel Gram. O ingresso nesse colégio de freira veio por meio de uma bolsa e do desejo de sua mãe de que Sônia se tornasse freira. Porém, desde criança, ela já demonstrava certa rebeldia e sempre afirmava querer ser tudo, menos freira.

Seu pai, que já era filiado ao Partido dos Trabalhadores (PT), foi transferido para Goiânia quando Sônia tinha 12 (doze) anos. Aqui, ela foi feirante com a mãe e participava das reuniões partidárias com seu pai. Fez o curso de enfermagem por influência de sua mãe que também trabalhou como faxineira em um hospital. Sônia cresceu no meio político e social, seu pai se tornou conhecido na capital como um dos fundadores da pastoral afro e do PT, e Sônia era sua companheira nesse processo.

Graças a essa articulação e com auxílio de sua mãe; tia e amigas, ela fundou, na década de 1990, o Grupo de Mulheres Negras Malunga, nascido dentro do movimento da pastoral afro, para atender às demandas das mulheres negras e periféricas. Uma das principais bandeiras do grupo era o combate à violência doméstica, ao racismo e a toda forma de preconceito e a promoção da saúde da população negra, de forma especial, das mulheres. O grupo já atuou em muitas frentes; dentre elas, a saúde da população negra com foco no combate à anemia falciforme, doença com a qual Sônia Cleide convive.

Essa técnica em enfermagem, nos últimos 30 (trinta) anos, tem se dedicado, dentre outras coisas, ao empoderamento das mulheres negras e à luta pelas comunidades invisibilizadas e injustiçadas. Foi coordenadora da Rede Nacional Feminista de Saúde, foi assessora na Secretaria Municipal de Políticas para Promoção de Igualdade Racial de Saúde, Gênero e Raça, foi Conselheira Nacional de Segurança Alimentar. Enquanto Malunga, em parceria com Ministério da Saúde, desenvolveu ações voltadas para mulheres periféricas e quilombolas e, com apoio financeiro do Ministério da Justiça, atuou no combate ao abuso sexual de crianças e adolescentes quilombolas.

Durante os anos de 2009 e 2013, atuou como Superintendente da Secretaria de Estado da Mulher e Promoção da Igualdade Racial. E, nas últimas eleições, se lançou como candidata a vereadora pelo PT. Em uma campanha feita por várias mãos e corações conseguiu ser a segunda candidata mais bem votada do partido, alcançando a suplência. Durante a campanha, Sonia enfrentou mais uma vez o racismo estrutural, até entre pares; mas isso não impediu sua campanha de ganhar o país, a ponto de ser citada por deputadas e pesquisadoras que viram, na sua campanha, a insurgência de uma mulher negra, periférica, lésbica e de terreiro.

Num país marcado pela violência, pela invisibilidade das comunidades negras, dos povos originários, das comunidades de terreiro e de LGBTQI+, Sônia Cleide se destaca como uma mulher que não tem medo de ousar. Oriunda de uma comunidade periférica de Jataí - GO, de onde migrou para a periferia de Goiânia, cresceu assistindo e experimentando as injustiças, a negação de seus ancestrais, de sua sexualidade e dos direitos das comunidades afrodescendentes e das mulheres negras.

Teve no Senhor Teodorico e Dona Dina, seus pais, os melhores exemplos de como resistir ao dia a dia enquanto mulher negra. Deles, vieram a força, a ousadia e a coragem para lutar. Com sua mãe, aprendeu a se valorizar, a ter autoestima e ir atrás de seus sonhos, em uma sociedade que não reconhece outros padrões de beleza a não ser a beleza branca, ocidental e dos corpos padronizados. Sônia, mulher destemida, seguiu as orientações de sua mãe e encontrou coragem para ir em frente e lutar pelo que acreditava. De seu pai, herdou a indignação, a resiliência e a capacidade de articular e lutar em defesa dos seus direitos. Ao experimentar as humilhações cotidianas por ser mulher e negra, e à luz dos ensinamentos de seu pai, ela decidiu se dedicar à luta pelo empoderamento de outras mulheres. Sônia acredita que somente um trabalho solidário e participativo pode ter resultados concretos e levar à transformação social (SILVA, 2020).

A fonte de onde emana tanta força e coragem são os ancestrais. A religião dos ancestrais tem lhe dado força e sentido para se indignar e lutar. Como ela afirma: "Em honra aos meus ancestrais, vou lutar pela dignidade e respeito de todas as mulheres para que, juntas, possamos construir uma nova história..." (SILVA, 2020). Deles, herdou a capacidade, também ancestral, de resistir, de sonhar e de acreditar em uma sociedade justa e solidária e na força que tem o trabalho coletivo como forma de fortalecimento e resistência.

Por acreditar na força da coletividade, ela funda, em 1999, o Grupo de Mulheres Negras Malunga, cujo objetivo era e é dar voz e vez às mulheres negras goianas. Enquanto coordenadora, realizou muitas atividades educativas e de empoderamento das mulheres. Aos poucos, se tornou referência na luta pela igualdade de gênero, pelo reconhecimento das lutas das comunidades LGBTQI+, dos povos de terreiro e das mulheres negras. Por isso, foi convidada, entre 2009 e 2012, a ser Superintendente da Secretaria da Igualdade Racial do estado de Goiás. Neste mesmo período, coordenou a Rede Nacional Feminista de Saúde, tendo como bandeira a luta contra a anemia falciforme, através da implantação de exames gratuito a todos (SILVA, 2020).

Sua luta se tornou a luta de várias mulheres. Seu trabalho constante pelo empoderamento das mulheres negras e por políticas públicas que atendam às reivindicações dessa população a tornam uma importante e reconhecida personalidade; vista pelas várias comunidades empobrecidas, pelas mulheres exploradas, violentadas e abusadas e pelos povos quilombolas e indígenas como uma parceira de luta.

Sônia tinha conhecimento de que o trabalho de conscientização, nas bases, não conseguiria ter a eficácia necessária se não houvesse políticas públicas adequadas, que atendessem às demandas e às reivindicações por justiça, igualdade, reconhecimento e aceitação das diferenças. Por isso, Sônia Cleide se lançou candidata a vereadora (2020), pelo Partido dos Trabalhadores, da Câmara Legislativa de Goiânia. Ela queria representar todos e todas que vivem situações de empobrecimento, de desemprego e que são vítimas de violência física e simbólica no município de Goiânia.

Sua opção por se candidatar foi um ato de coragem em um Brasil governado por um genocida que chegou a somar 452.000 mil mortos,[1] por causa da pandemia e da necropolítica fomentada por esse governo (NETTO apud PINHEIRO, 2021). Esta política de morte estava clara desde sua campanha eleitoral e é alimentada pela desestabilização das forças populares, pela negação dos direitos humanos e pela violência policial que atinge os jovens. Segundo o *Atlas da Violência no Brasil*, em 2018, entre os homens vítimas de violência, 53,3% foram jovens negros entre 15 e 29 anos. Entre as mulheres assassinadas, 68% eram negras.

No caso das comunidades LGBTQI+, há ainda, no Brasil, escassez de indicadores que permitam uma análise mais consistente (2018). Daí pode-se perceber que estas comunidades são tão marginalizadas e invisibilizadas ao ponto de não existirem dados consistentes sobre elas, dificultando ainda mais a elaboração e aprovação de políticas públicas eficazes que deem visibilidade às injustiças e violências sofridas por elas. No entanto, como publicado na página de Facebook de Sônia Cleide, de acordo com o Grupo Gay da Bahia, "um homossexual é morto a cada 28 horas no nosso país por conta da homofobia (assassinatos e suicídios) e cerca de 70% dos casos dos assassinatos de pessoas LGBT ficam impunes" (SILVA, 2021).

É neste cenário de desemprego, de pauperização da população, de negacionismo, que Sônia Cleide tem coragem de se colocar como voz dos simples e humildes, das pessoas negras, indígenas, quilombolas e LGBTQI+ invisibilizadas, negadas em sua dignidade e, por isso mesmo, assassinadas cotidianamente em Goiás e no Brasil. Trata-se de um ato de coragem colocar em discussão estas pautas, durante a pandemia de Covid-19, no momento em que o país era país liderado por uma direita extremista e cristã. Por isso, a participação política assumida por Sônia Cleide engrandece ainda mais sua presença junto às pessoas que sofrem e vivem a dura realidade da pandemia de Covid-19 e da falta de políticas públicas e econômicas que atendam às demandas das populações marginalizadas historicamente.

Enquanto candidata à vereadora, ela deu voz à população negra, ao evidenciar a luta por projetos de lei que atendam às reivindicações das comunidades negras, dos povos originários e comunidades de terreiro e LGBTQI+. Foi a segunda candidata mais bem votada, ficando como suplente por "ironia" das legendas partidárias. Ainda assim, Sônia fortaleceu a luta das mulheres negras com sua candidatura altiva, trouxe para sua campanha diálogos sobre as religiões de matrizes africanas, sobre violências de gênero e sobre as comunidades LGBTQI+; apresentando um plano político construído pelos grupos envolvidos nessas questões. Demonstrou que

1 Esse era o número oficial de mortos por Covid-19, no Brasil, em maio de 2021 – momento em que esse texto foi escrito. No momento em que a Organização Mundial da Saúde (OMS) declarou o fim da Emergência de Saúde Pública Internacional, referente à Covid-19, em 05 de maio de 2023, o Brasil contabilizava quase 700.000 mortos.

é possível construir políticas públicas para o enfrentamento ao racismo, à anemia falciforme e a tantas outras demandas das populações marginalizadas.

Ela provou, durante sua campanha e pelos números expressivos de votos conquistados, que é possível fazer política com o povo e para o povo; desde que essas políticas nasçam dos laboratórios de escutas e que sejam redigidas e narradas por ele. Assim, Sônia, com seu protagonismo e sua articulação, constrói o significado de seu nome: luta contra o sexismo e contra o racismo, sempre pela equidade e pelo bem viver (SILVA, 2020).

## REFERÊNCIAS

CERQUEIRA, Daniel et al. 2021. Atlas Da Violência 2018. BRASIL: IPEA – Instituto de Pesquisa Aplicada/ FBSP – Fórum Brasileiro de Segurança Pública. Disponível em: https://www.ipea.gov.br/atlasviolencia/arquivos/artigos/2757-atlasdaviolencia2018completo.pdf. Acessado em 17 de maio de 2021.

PINHEIRO, Milton; NETTO, José Paulo. 12 de maio de 2021. Entrevista do Momento. In: *O Momento diário do povo*. Disponível em: https://omomento.org/entrevista-do-momento-jose-paulo-netto. Acesso em 23. 05.2021.

SILVA, Sonia Cleide Ferreira da. 29 de outubro de 2020. Conversando com Soninha. [postagem de rede social]. In: *Facebook*. Página de Sônia Cleide. Disponível em: https://www.facebook.com/soniacleideferreira/. Acessado em 17 de maio de 2021.

SILVA, Sonia Cleide Ferreira da. 28.de setembro de.2020. Precisamos ter coragem para mudar [postagem de rede social]. In: *Facebook*. Página de Sônia Cleide. Disponível em: https://www.facebook.com/100386201732529/videos/716275208973119.Acessado em 27 de maio 2021.

# Sophia Ferreira Chaves

## LITERATURA, IMPRENSA NEGRA E MAGISTÉRIO NO PÓS-ABOLIÇÃO

**Melina Kleinert Perussatto**

No dia 13 de maio de 1904, Sophia Ferreira Chaves estreou no jornal "O Exemplo" de Porto Alegre. Era uma edição especial comemorativa da data da abolição e "A aurora da liberdade" foi o título escolhido por Sophia para sua primeira colaboração, que estampou a capa da edição (PEPITA, 1904a). Como assinatura, adotou o nada secreto codinome "Pepita", que a acompanhou nas dez colaborações que fez, entre crônicas, poemas e artigos, publicados até janeiro de 1905.

Tacit o Pires
Felipp e Eustachio
E. Cali x to
Migu e l Cardoso
L. Ra m os
So p hia Chaves
Vita l Baptista
Alcebiades d o s Santos

**Fonte: O Exemplo, 1904.**

No texto, destacou o protagonismo do movimento abolicionista e o fato de o 13 de maio inaugurar a aurora de um tempo de desafios rumo à verdadeira liberdade. Nos demais textos, assinalou a importância da instrução na construção desse caminho, algo que sustentava o projeto político do jornal "O Exemplo". Em diversas colaborações, enfatizou as expectativas sobre a mocidade para a execução do projeto e, em uma das suas publicações mais emblemáticas, intitulada "Às mulheres", estabeleceu uma interlocução com esse público, igualmente importante:

> Há, entretanto, no meio social quem poderia, com coragem, consumar as obras que os homens, por falta de ânimo, abandonam e, com sua nunca assaz desmedida perseverança, com seu caráter tão doce quanto sofredor, calcando essa repulsa e desvalimento, levá-las ao fim. Esse alguém é 'a mulher', que poderia, imitando as heroínas de outrora, tornar-se a Joana D'Arc na guerra que movemos contra a ignorância (PEPITA, 1904b).

O protagonismo feminino expressava-se na própria atuação de Sophia Ferreira Chaves. A despeito de grifar seu lugar de "obscuridade", de "inculta colaboradora", seus escritos e seus pares atestavam sua inteligência, tanto em publicações quanto em homenagens prestadas. Sua vinculação era reconhecida pela audiência, como mostra uma homenagem prestada por um colaborador, que estampou seu nome e sobrenome nas comemorações do segundo ano de refundação do periódico. Nessa ocasião, ela ainda foi saudada como "a nossa assídua colaboradora que se oculta sob o pseudônimo de Pepita" (O EXEMPLO, 09/10/1904, p. 1).

Nascida no dia 12 de agosto de 1883, na passagem de seu 21° (vigésimo primeiro) aniversário recebeu outra homenagem: "'O Exemplo' cumprimenta a sua boa amiga e inteligente colaboradora 'Pepita' pelo seu aniversário, passado a 12 do corrente" (O EXEMPLO, 14/10/1904, p. 1). Em janeiro de 1905, uma nota anunciou seu afastamento. Lastimou-se a causa e reiterou-se as qualidades outrora evidenciadas, bem como sua importância para o caráter literário do jornal:

> **Pepita** – De nossa estimada colaboradora, a inteligente d. Sophia Ferreira Chaves, recebemos uma atenciosíssima carta em que declara que, por motivos de moléstia, deixará de auxiliar-nos com seus trabalhos. Não é sem pesar que noticiamos esta resolução que não pouco prejudicará a feição literária d'*O Exemplo*, resta-nos, entretanto, a certeza de que uma vez desaparecendo a coisa que a determinou, teremos novamente nossa incansável companheira de labores ao nosso lado na luta que mantemos (O EXEMPLO, 08/01/1905, p. 1; grifo original).

Dessa forma, Sophia Ferreira Chaves materializou a interrelação entre literatura e política e o protagonismo de intelectuais negras nas lutas do pós-abolição no Brasil, na capital mais ao sul do país. Da mesma maneira que para outras mulheres do seu tempo, a literatura mostrou-se como possiblidade de participação e luta política, tanto na imprensa quanto em outros espaços letrados. Por isso, a luta pela instrução feminina tinha um importante significado para a emancipação das mulheres, mas, por se tratar de uma mulher negra, a despeito das tensões das relações de gênero, essa luta ganhava contornos interseccionais e estendia-se à coletividade negra, pelo recorte racial.

Pelo fim do século XIX e início do XX ser um período de profundo analfabetismo, sustentado pelo patriarcado e pelo racismo, os escritos em primeira pessoa de uma mulher negra ganhavam uma dimensão política ainda mais profunda. E ela não estava só! Houve colaborações pontuais, como aquela de Carmem d'Aguiar (1904) que, "por uma ideia" e diante do esmorecimento masculino, conciliaria as tarefas domésticas com o protagonismo na luta por instrução "dos nossos".

Em suma, Sophia Ferreira Chaves e outras colaboradoras demonstraram que atrelar a luta antirracista à educação implica(va) uma discussão interseccional. A "racialização do gênero" (CÔRTES, 2012) nos ajuda a compreender a dinâmica de construção de "feminilidades respeitáveis" na imprensa negra, seja por homens ou por mulheres, em oposição às "imagens de controle" (COLLINS, 2019) imputadas às mulheres negras. Desse modo, reposicionar as mulheres negras como intelectuais, imprimindo sua produção na capa do jornal, era um movimento transgressor com amplo potencial emancipatório. Isso não significa dizer, contudo, que os responsáveis pelo jornal estavam isentos de expectativas e reproduções patriarcais. Havia tensionamentos e disputas internas generificadas, mas isso não era suficiente para fustigar as mulheres da luta coletiva.

Ademais, conforme expressado por Carmem d'Aguiar (1904), a centralidade dos trabalhos de cuidado na vida das mulheres negras não era incompatível com a participação política, incluindo-se a atuação no campo educacional. A instrução abria, para as mulheres, um importante horizonte profissional, que, ao longo do tempo, se tornou feminilizado: o magistério. No caso de professoras negras, embora as dinâmicas do racismo tornassem a escola um espaço hostil a elas, os sentidos políticos da docência convergiam para as possibilidades abertas para a efetivação do projeto político de massificação da instrução. Conforme bell hooks (2013), a atividade intelectual de homens e mulheres negras, incluindo a docência e a escrita, é fundamentalmente política, uma vez que se imbrica a luta antirracista.

O compromisso de Sophia Ferreira Chaves com a promoção da instrução foi para além do periódico "O Exemplo". Um ano antes de tornar-se colaboradora dele, aos 20 (vinte) anos de idade, ela havia pleiteado uma vaga para o magistério de Camaquã - RS. A despeito da frágil saúde, em 1905, mesmo ano em que anunciou a sua saída do jornal, fez duas novas tentativas de ingresso no magistério público, respectivamente em Sertão Santana - RS e Alfredo Chaves (hoje, Veranópolis – RS). Em 1907, tentou para o município de Porto Alegre - RS e, finalmente, em 1907, tornou-se professora em Itaqui - RS, na região da fronteira brasileira com a Argentina. Em 1908, atuava na 6ª escola mista dos subúrbios do município.

Distante da capital, Sophia restabeleceu sua vida ao lado do marido, Tácito Pires (1874-1939), com quem teve uma filha chamada Dunia, nascida em outubro de 1907. O casal viu no magistério tanto uma possibilidade de sustento quanto de execução do projeto de massificação do ensino. Em 1908, Tácito também era professor em Itaqui, mas na 5ª escola de 1ª entrância. Em 1907, Sophia solicitou diversas licenças-saúde e, acompanhada do marido que também solicitou licença-saúde, buscou tratamento na capital do estado.

Em 25 de junho de 1908, a pequena Dunia não resistiu aos primeiros meses de vida. Quinze dias depois, em 10 de julho, aos 24 anos de idade, foi a vez de Sophia não resistir à enfermidade que lhe acometia. O marido procurou o Juízo de Órfãos do 3º Distrito para declarar que nada havia a ser inventariado e uma declaração de pobreza foi passada por Aurélio Júnior, um dos fundadores de "O Exemplo", confirmando a origem pobre e o modo de vida humilde do casal (PERUSSATTO, 2019a; 2019b).

A educação é fundamental para a luta antirracista do Movimento Negro. Ela permite a ocupação da imprensa e da literatura, que, desde o século XIX, têm sido importantes espaços. Em um contexto permeado pelo racismo científico e pelo branqueamento, bem como pela instauração de um projeto republicano vitorioso, Sophia Ferreira Chaves e seus pares contestaram teorias raciais e práticas racistas, demonstraram suas capacidades intelectuais, transformaram a imprensa em uma arena da luta educacional antirracista, produziram imagens positivas e afirmativas sobre a população negra etc. Por isso, e por muito mais, a divulgação de suas histórias tem um importante sentido político-pedagógico, pois elas são parte das empreitadas promovidas pelo campo de estudos do pós-abolição para o reposicionamento da história do Brasil a partir do ponto de vista do povo negro.

## REFERÊNCIAS

COLLINS, Patricia Hill. 2019. Pensamento Feminista Negro: conhecimento, consciência e a política do empoderamento. São Paulo, Boitempo Editorial.

CORTÊS, Giovana Xavier da Conceição. 2012. Brancas de almas negras? Beleza, racialização e cosmética na imprensa negra pós-emancipação (EUA, 1890-1930). Tese de Doutorado em História. Campinas – SP: Universidade Estadual de Campinas (UNICAMP).

D'AGUIAR, Carmen. 11 de setembro de 1904. Por uma ideia [artigo de opinião]. In: Jornal O Exemplo, Porto Alegre, p. 1.

HOOKS, bell. 2013. Ensinando a transgredir: educação como prática da liberdade. São Paulo, Editora WMF Martins Fontes.

PEPITA. 13 de maio de 1904a. Aurora da liberdade [artigo de opinião]. In: Jornal O Exemplo, Porto Alegre, p. 1.

PEPITA. 04 de dezembro de 1904. Às mulheres [artigo de opinião]. In: Jornal O Exemplo, Porto Alegre, p. 1.

PERUSSATTO, Melina Kleinert. 2019ª. A trajetória de Tácito Pires entre a história social do trabalho e do pós-abolição (Rio Grande do Sul, 1874-1939).In: Revista Mundos do Trabalho, Edição Especial 2018, v. 10, nº 19, p. 43-58. Disponível em: https://periodicos.ufsc.br/index.php/mundosdotrabalho/article/view/1984-9222.2018v10n19p43/39039. Acessado em 24 de março de 2023. PERUSSATTO, Melina Kleinert. Maio a agosto de 2019b. Aurora da Liberdade: o pós-abolição nos escritos de Sophia Ferreira Chaves na imprensa negra (Porto Alegre, 1904-1905). In: Revista Currículo sem fronteiras, v. 19, nº 02, p. 431-452. Disponível em: https://www.curriculosemfronteiras.org/vol19iss2articles/perussatto.pdf. Acessado em 24 de março de 2023.

# Sueli Carneiro

## GẸLẸDẸ:[1] O PODER FEMININO NO BEM-ESTAR DA COMUNIDADE

**Célia Maíra da Silva Estrella**

A Drª Aparecida Sueli Carneiro tem, como característica primordial, a sua capacidade de articular e afiançar alianças políticas, pautadas em estudos, pesquisas e debates com pessoas, instituições governamentais e da sociedade civil, que visem propagar o antirracismo e a igualdade social, em meio a uma convivência leal e fraterna.

Desde seu primeiro emprego, na década de 1970, quando se deparou tanto com o preconceito racial - disfarçado pela expressão "boa aparência" -, como com colegas militantes em importantes entidades culturais negras, como o CECAN (Centro de Cultura e Arte Negra), Sueli Carneiro consolidou parceiros constantes em sua trajetória de ampliação da rede democrática.

1 Gẹlẹdẹ, na tradição iorubá, é uma forma de sociedade secreta feminina de caráter religioso existente nas sociedades tradicionais yorubás. Expressa o poder feminino sobre a fertilidade da terra, a procriação e o bem-estar da comunidade (OLOMITUTU CENTRO CULTURAL, 2018).

O governo ditatorial, instaurado no Brasil desde 1964, reprimia a liberdade de pensamento e de expressão para garantir poder político. Tal repressão era executada pela polícia, que saía em diligências homicidas, prendendo, torturando e ceifando as vidas de brasileiros que resistiam a essas ações, bem como dos indefesos grupos de espoliados. Assim, aliados a outras associações negras, membros do CECAN decidiram organizar uma grande manifestação de repúdio às costumeiras chacinas contra a população negra e pobre. A repercussão disso culminou na criação do Movimento Negro Unificado (MNU), comprometido com o fim do racismo e da ditadura e com a necessidade de ampliar e aprofundar as análises sobre a sociedade brasileira.

Nesse período, Sueli Carneiro inteirou-se dos processos de independência africanos, do erudito embasamento dos seus pensadores e optou pelo diálogo contínuo com as mais diversas entidades democráticas, durante esse processo, percebeu certo distanciamento das lutas democráticas em relação às condições de vida das mulheres negras que vivenciavam, historicamente, a tradicional opressão masculina.

Coincidentemente, o encontro com a antropóloga Lélia Gonzalez conduziu "a entrada de um novo personagem em cena":[2] a mulher negra; que Sueli já vislumbrava na paisagem nacional. As experiências e conhecimentos das duas ativistas impulsionaram suas pesquisas, permitindo que elas estruturassem teoricamente o feminismo negro no Brasil, atestado por Bianca Santana (2021), no livro *Continuo Preta*. Nesse momento, Sueli Carneiro enegreceu o feminismo no Brasil.

O ambiente acadêmico do mestrado, apesar de se prenunciar como um espaço propício para essa teorização, mostrou-se incompatível com a sua independência, pois ela não contava em ter que se enquadrar na polarização ideológica vigente entre os espectros políticos de esquerda e de direita. Ainda assim, voltou à pós-graduação mais tarde, defendendo sua tese de doutoramento, embasada nas concepções de dispositivo e de biopoder, de Michel Foucault, para discutir a questão racial e o papel do Estado em relação a ela.

Na iminência da abertura política, em um país devastado pela grave crise econômica e pela eclosão de legítimos movimentos reivindicatórios, era notória a obstinação de certos setores conservadores brasileiros - racistas, patriarcais e patrimonialistas -, em não ceder às justas demandas da sociedade. Mesmo com os políticos, agora validados pelo voto popular, procurando atender a alguma dessas demandas, imprescindíveis ao bem-estar da maioria, havia uma resistência explícita desses setores diante de necessárias mudanças sociais.

2 Expressão cunhada pelo cientista político Eder Sader, para se referir aos trabalhadores que integraram os movimentos sociais populares da região de São Paulo e executaram ações democráticas entre as décadas de 1970 e 1980.

Ainda durante o período de abertura política, em 1985, foi criado o Conselho Estadual da Condição Feminina, no Paraná. Ele era uma dessas demandas e teve uma alta adesão das mulheres negras, fortalecidas nesse momento, pelo recém-criado Coletivo de Mulheres Negras - espaço para as postulações mais candentes de Sueli Carneiro, hasteadas em meio às bases populares.

A escrita do livro *Mulher Negra:* Política governamental e a mulher (1985), da coleção dedicada à Década da Mulher, foi a resposta de Sueli Carneiro ao seu crescente descrédito na possibilidade dos movimentos sociais se voltarem especificamente para a situação da mulher negra na sociedade brasileira. Um trabalho reconhecido como marco dos estudos sobre a negritude nacional e como ponto de partida para a produção de uma série de importantes textos sobre o tema.

A participação em encontros feministas, congressos, audiências públicas, conferências e seminários, no Brasil e no exterior, ensejaram a produção de estudos e debates que oxigenaram as polêmicas sobre os papéis atribuídos à mulher e à sua identidade sexual.

Nesse contexto, legitimada pela sua independência e já reconhecida capacidade intelectual, Sueli Carneiro recebeu apoios institucionais para a realização de projetos de pesquisa afinados com o seu ativismo e voltados para a defesa das urgentes ações afirmativas, o que lhe permitiu integrar órgãos governamentais de políticas públicas voltadas para estudar, observar e demudar a condição feminina brasileira. Um exemplo foi sua participação no Conselho Nacional dos Direitos da Mulher, criado a partir da mobilização das feministas nos pródomos da Assembleia Constituinte, onde assumiu a coordenação do Programa da Mulher Negra.

No calor de toda essa mobilização democrática que acontecia durante o fim da ditadura, ainda havia uma forte oposição de alguns governistas, que insistiam em manter práticas perversas em relação às camadas populares pensantes, validadas durante a ditadura. Isso impeliu as ativistas do conselho a abandonarem seus cargos no governo e buscarem organizações da sociedade civil para atuarem no terceiro setor (SANTANA, 2021, p.150). Um dos resultados desse movimento foi a fundação, em 30 de abril de 1988, do Geledés - Instituto da Mulher Negra,

> uma organização da sociedade civil que se posiciona em defesa de mulheres e negros, por entender que esses dois segmentos sociais padecem de desvantagens e discriminações no acesso às oportunidades sociais em função do racismo e do sexismo vigentes na sociedade brasileira (GELEDÉS, 2016).

Ações em defesa da consciência negra e da valorização de suas peculiaridades físicas, psicológicas e culturais do Geledés têm sido consistentes nestes 33 (trinta e três) anos de existência. Ele reúne talentosos integrantes, comprometidos com o esforço de alavancar uma comoção social em direção ao fim do isolamento físico, da segregação racial e das restrições de direitos ao povo negro do Brasil.

Nessa entusiasmada trajetória, permanece imprescindível a Drª Aparecida Sueli Carneiro, conquistando e congregando companheiros em propostas de implementação de políticas valorativas e inclusivas dos negros; inspirando, assim, as novas gerações a resistirem aos abusos dos transgressores dos direitos civis no mundo.

## REFERÊNCIAS

BARACAT, Eduardo Milleo; TRIPPIA, Luciane Maria. A discriminação da mulher negra no mercado de trabalho e as políticas públicas [artigo disponível online]. Disponível em: http://www.publicadireito.com.br/artigos/?cod=9684bb9ec9d68563. Acessado em 7 de julho de 2021.

CAVALLEIRO Eliane; RIBEIRO; Matilde; SALES Augusto dos Santos; SILVA, Maria Inês Barbosa. Dezembro de 2008. Ações afirmativas: Polêmicas e possibilidades sobre igualdade racial e o papel do Estado. In: Revista Estudos Feministas. Dossiê 120 anos da abolição da escravidão no Brasil: um processo ainda inacabado. Vol.6, nº3. Disponível em: https://www.scielo.br/j/ref/a/jsk9q7XZHqH5PXCQG94TG4P/?lang=pt. Acessado em 7 de julho de 2021.

CARNEIRO, Sueli. Dezembro de 2003. Mulheres em movimento. In: Estudos Avançados. São Paulo, vol. 17, nº 49,. Disponível: https://scholar.google.com/scholar?hl=pt-BR&as_sdt=0%2C5&q=%E2%80%A2%09CARNEIRO%2C+Sueli.+Mulheres+em+movimento.+Estudos+Avan%C3%A7ados.+S%C3%A3o+Paulo%2C+v.+17%2C+n.+49%2C+Dec.+2003.++&btnG=. Acessado em 7 de julho de 2021.

CARNEIRO, Sueli; SANTOS, Thereza; COSTA, Albertina Gordo de Oliveira. 1985. Mulher negra: política governamental e a mulher / Década da Mulher. São Paulo; Nobel;-Conselho Estadual da Condição Feminina; 141 p.

GELEDÉS – Instituto a Mulher Negra. 10 de abril de 2016. O que é Geledés? [online]. In: GELEDÉS – Instituto a Mulher Negra [página de internet]. Disponível em: https://www.geledes.org.br/o-que-e-geledes/. Acessado em 25 de julho de 2013.

OLOMITUTU CENTRO CULTURAL. Sociedade Gelede [Postagem em rede social]. 7 de dezembro de 2018. *Facebook:* OLOMITUTU CENTRO CULTURAL. Disponível em: https://www.facebook.com/centroculturalolomitutu/posts/368871660537357. Acessado em 7 de julho de 2021.SANTANA, Bianca. 2021. Continuo preta: A vida de Sueli Carneiro. 1ªed. São Paulo: Cia das Letras.

# Teresa Franco

## A PRIMEIRA VEREADORA NEGRA DE PORTO ALEGRE – RS

**Lúcia Regina Brito Pereira**

As fontes sobre esta mulher são rarefeitas. São necessárias pesquisas para resgatar um feito inédito na cidade de Porto Alegre, capital do Rio Grande do Sul: ser a primeira mulher negra vereadora. Teresa Franco nasceu em 14 de março de 1938, na cidade de Rio Pardo, filha de Antonieta da Rosa Franco, e teve 6 (seis) filhos. Foi uma mulher negra que carregou, na sua história, as marcas da exclusão social.

De origem humilde, aos 5 (cinco) anos, ela foi doada pela mãe a uma família de origem alemã em razão de dificuldades financeiras. Nesta família, Teresa ficou até por volta dos 10 (dez) ou 12 (doze) anos e narrou ter sofrido diversos abusos. “Ela me contou que era muito maltratada, chegavam a queimá-la com cigarro. Ela era explorada para fazer os trabalhos de casa, ainda uma criança”, conta Renato Dornelles. Os abusos foram descobertos pelo Juizado da Infância e Juventude da época e Teresa foi retirada dessa família. Aos 12 (doze) anos, foi mandada para reencontrar seus familiares em Porto Alegre - RS. Entretanto, ao chegar à capital sozinha, Teresa fugiu (MARQUES, 2020, s/p).

Renato Dornelles, jornalista, escritor e documentarista, conta que conheceu Teresa ao longo do seu trabalho como repórter e que, já no fim da vida dela, eles tiveram longas conversas que ele pretendia transformar em livro, plano adiado pelo falecimento de Teresa, em junho de 2001. Segundo ele, sobre sua fuga, ao chegar em Porto Alegre, "ela dizia que a primeira coisa que lembrava era de ter ido para a Cabana do Turquinho, em que tinha festa e carnaval". Na Cabana do Turquinho, organizavam-se bailes de carnaval conhecidos pela diversidade do público, de diferentes orientações sexuais e classes sociais.

Tereza ficou conhecida pelo seu trabalho comunitário, sendo popular não apenas entre seus pares, mas em toda a cidade de Porto Alegre - RS. Devido à sua popularidade, foi colaboradora, por muitos anos, de um programa matinal, denominado *Comando Maior*, conduzido pelo radialista Sérgio Zambiazi e transmitido pela tradicional rádio Farroupilha[1] de Porto Alegre. A característica do programa era a assistência e foi, por muitos anos, campeão de audiência. Nos relatos que encontramos sobre Teresa Franco, muitos enfatizam características semelhantes à descrita por Ferrareto (2010):

> Ali, quem chega dá de cara, logo à esquerda, com uma mulher gorda, daquelas negras de pele bem marrom, a contrastar com a dentadura alva, às vezes mostrada em uma forte gargalhada, às vezes escondida pelos lábios marcantes. É uma ex-prostituta, ex-traficante, ex-presidiária, apelidada Nega Diaba, logo também a primeira afro-brasileira a ocupar um mandato na Câmara de Vereadores de Porto Alegre. Ainda sem saber nada de sessões, quóruns ou jetons, Tereza Franco, com uma simpatia contagiante, distribui fichas, 400 nas segundas, terças, quartas, quintas e sextas-feiras de grande movimento. (FERRARETTO, 2010, s/p).

O apelido de "Nega Diaba" tem diferentes versões, mas, ao fim, deixa transparecer a personalidade marcante desta mulher ímpar:

> Teresa foi crescendo nas ruas. Contou que, na adolescência, viu um homem saindo bêbado de um bar na Rua Marcílio Dias, furtou sua carteira e correu. O homem chamou a polícia. "Os dois correram atrás dela, mas corria tanto que não a alcançaram", lembra Dornelles. Ela então se escondeu atrás de um cemitério e ouviu os policiais esbaforidos dizendo 'vou te contar, essa nega aí é o diabo'. Assim teria nascido a Nega Diaba (MARQUES, 2020, s/p).

Outra versão que consta no Memorial da Câmara de Porto Alegre informa que um dono de bar teria dito "essa negra é o próprio diabo", por ela ter defendido uma amiga da rua. Isso evidencia que Teresa Franco possuía um perfil de liderança.

1 A rádio Farroupilha foi fundada pelo ex-governador do Rio Grande do Sul, José Antônio Flores da Cunha, em 24 de julho de 1935. Atualmente, pertence ao Grupo RBS de comunicações.

Renato Dornelles, em uma de suas atividades como repórter, vivenciou esta liderança: "Uma vez, eu fui fazer a cobertura de uma batida policial na Cruzeiro[2] e ela apareceu porque todas as pessoas foram falar com ela. Ela era muito justa nesse ponto, ela não deixava a polícia chegar e invadir as casas das pessoas. Ela bateu de frente com a polícia" (MARQUES, 2020, s/p).

O encontro entre Teresa Franco e a rádio Farroupilha foi inusitado. Os bailes organizados por Tereza descontentavam a vizinhança devido ao barulho. A denúncia desse barulho foi noticiada pelo radialista Sérgio Zambiasi, do programa *Comando Geral*, e foi um fenômeno de audiência. Ele passou, então, a relatar com frequência insatisfação da comunidade. Entretanto, isso não intimidou Teresa Franco, que foi pessoalmente ao estúdio resolver a questão.

> Ele olhou pelo espelho e perguntou quem era aquela pessoa simpática e ela, com um sorriso largo, respondeu: "eu sou a Nega Diaba". Ali, se formou uma parceria e Teresa passou a trabalhar na Farroupilha. Ela citava esse encontro com Sérgio Zambiasi como o dia de sua redenção. "Ela falou muito da libertação, do 13 de maio que foi para ela" (MARQUES, 2020, s/p).

A parceria foi profícua, ampliou o trabalho feito por Teresa nas comunidades. Ela, então, filiou-se ao Partido Trabalhista Brasileiro (PDT), partido pelo qual o radialista fora eleito, 4 (quatro) vezes, deputado estadual e, uma vez, senador. Ela trabalhava as questões das comunidades e a questão da negritude e da mulher negra. Sua atuação comunitária e na rádio Farroupilha a levou a concorrer ao cargo de vereadora na Câmara Municipal de Porto Alegre - RS pelo PTB, disputa da qual foi vencedora com o maior número de votos, 6.423, da XII Legislatura, do período de 1997 a 2000. "Eu lembro até hoje quando ela se elegeu, ela andou em um carro aberto, com uma roupa afro, batendo no peito, acenando para as pessoas e agradecendo por ter sido eleita, enquanto as pessoas gritavam 'Nega Diaba', diz Dornelles" (MARQUES, 2020, s/p).

Na Câmara, foi vice-presidente da Comissão de Defesa do Consumidor e dos Direitos Humanos (MARQUES, 2020, s/p). Na eleição seguinte, ficou como segunda suplente. A bandeira de luta de seu programa era a defesa das crianças abandonadas e dos vendedores de rua, os chamados 'camelôs'. Além de comunicativa, outra das características que marcaram sua presença na Câmara de Vereadores de Porto Alegre era o figurino estilo africano composto por roupas e turbantes coloridos.

2 A região da Grande Cruzeiro do Sul situa-se ao sul da zona central de Porto Alegre. À época em que Teresa Franco viveu por lá, era composta por 24 vilas populares. E sua população era de cerca de 60 mil pessoas - o que representava 4,7% do total da cidade -, a maioria negra. Em relação aos indicadores socioeconômicos, os dados de 1998 da prefeitura indicavam que, dos 16.146 domicílios da região, 6.290 (39%) eram considerados malocas ou similares. Atualmente, ainda predomina na região a baixa escolarização, a baixa renda, o saneamento precário e os altos índices de violência.

Teresa Franco é um exemplo de superação das adversidades que rondaram parte de sua existência, pois enfrentou os problemas com garra e determinação, o que a levou a ser a primeira mulher negra representante do povo na Câmara Municipal de Porto Alegre, cidade em que faleceu, em 19 de julho de 2001, aos 66 anos. A Câmara de Vereadores prestou uma homenagem à vereadora representante dos excluídos, por meio da nomeação de um dos espaços daquela casa, o Teatro Cultural Teresa Franco, onde são realizados eventos e exposições. Ela também foi homenageada com o nome de uma rua localizada no Bairro Rubem Berta.[3]

**Memorial Câmara Municipal de Porto Alegre.**

Realmente, Tereza foi um fenômeno. 24 anos depois de seu mandato, Nega Diaba ainda era a única mulher negra eleita para a Câmara de vereadores de Porto Alegre. Depois de Teresa, outras cinco mulheres negras chegaram à suplência. Foram elas: Saraí Soares, Thais Maria Ferreira Sampaio, Iyá Vera Soares e Laura Sito, do Partido dos Trabalhadores (PT), e Karen Santos do Partido Socialismo e Liberdade (PSOL), que assumiu como vereadora em 2019, após a eleição de Fernanda Melchionna para deputada federal.

Teresa Franco foi uma mulher que marcou a história política porto-alegrense. Assim como Antonieta de Barros foi pioneira, nos idos dos anos de 1930, se tornando a primeira mulher negra catarinense a ocupar um cargo legislativo no Brasil, a Vereadora Teresa Franco marcou a cidade de Porto Alegre. Sua vida carece de ser contada com a devida atenção pelo feito inédito de ter sido a primeira mulher negra a ocupar o cargo de vereadora e, ainda, ter sido a candidata mais votada em sua

3 Rubem Berta é um bairro de Porto Alegre, capital do estado do Rio Grande do Sul. Ele foi criado pela Lei 3159 de 9 de julho de 1968 e alterado pela Lei 12112/16. Atualmente, é o bairro mais populoso da capital, contando com mais de 87 mil habitantes, de acordo com dados do censo do IBGE de 2010.

legislatura. Fato impensável, se levarmos em conta sua trajetória repleta de peripécias. No entanto, ela ultrapassou aquilo que a sociedade hegemônica reservou para a população negra, em especial, às mulheres negras. Ela tinha plena consciência desta condição, tanto que deixou um relato premonitório:

> Penso que a minha luta pode servir de exemplo para muitas mulheres que não acreditam em dias melhores. A igualdade, o trabalho e a dignidade são obrigações do Estado e da sociedade, mas somente se tornarão realidade com a nossa luta. Agradeço muito a Deus por, no meio de tantas negras professoras, ele foi lá no fundo poço buscar essa negra para fazer dela uma vereadora (MARQUES, 2020, s/p).

A "referência à nossa luta", proferida em um Dia Internacional da Mulher, no que se refere às mulheres negras, requer uma movimentação coletiva para transformar o quadro atual, pois

> No Brasil, 27% da população feminina é negra, porém as mulheres negras são 2% no Congresso Nacional e são menos de 1% na Câmara dos Deputados (...) Em 2018, o número de mulheres eleitas cresceu 52,6% no Brasil em relação a 2014. Foram eleitas 290 mulheres no total. Na Câmara Federal, foram 77, sendo 13 mulheres negras e uma indígena. No Senado Federal, foram 7 senadoras, resultando em 13% do total de parlamentares, mas nenhuma negra (NASCIMENTO, et. All. 2020).

Entretanto, vivemos tempos alvissareiros no Brasil. Apesar de terem sido 24 anos entre o seu mandato e a eleição de outra mulher negra como vereadora, em 2020, Porto Alegre elegeu a maior bancada negra da história de sua Câmara Municipal, com cinco vereadores negros, dos quais 4 (quatro) são mulheres.

No discurso de despedida do mandato, em dezembro de 2000, está contido o reconhecimento e a esperança de que, um dia, ela não seria a única mulher negra nesse cargo:

> Aqui, há quatro anos, subi nesta tribuna, desmaiei, emocionada porque nunca tinha estado aqui e, hoje, subo na tribuna, canto, com a maior simplicidade. Aqui, aprendi, cada Vereador foi meu ABC, porque com cada um deles aprendi uma letra, quando não sabia o que fazer (...) Quero agradecer, também, ao meu Anjo de Guarda que foi o Deputado, como todo mundo sabe, Sérgio Zambiasi e quero agradecer aos meus eleitores, e quero dizer que a Negra não vai parar aqui" (FONTOURA, 2020, s/p).

A vereadora e colaboradora de rádio Teresa Franco, conhecida entre nós, carinhosamente, como "Nega Diaba", foi figura importante no convívio social da cidade. Ganhou seu apelido nas ruas, devido à forma veemente com que se defendia dos seus inimigos e dos reveses que a vida lhe impunha. Abriu caminho para que outras mulheres negras se colocassem política e oficialmente em um espaço, até aquele momento, reservado a poucas e poucos.

## REFERÊNCIAS

CÂMARA MUNICIPAL de Porto Alegre. 2016. Memorial: Teresa Franco [texto online]. In: Câmara Municipal de Porto Alegre – Seção Memorial [página de internet]. Disponível em: https://memorial.camarapoa.rs.gov.br/galeria-dos-vereadores-negros/teresa-franco. Acessado em 22 de junho de 2021.

GUERREIRO, João Adolfo Guerreiro. Nega Diaba: 20 anos [publicação online]. In: Recanto das Letras [página de internet]. Disponível em: https://www.recantodasletras.com.br/cronicas/7284621. Acessado em 25 de julho de 2023.

FERRARETO, Luiz Artur. 2010. Uma História do Rádio no Rio Grande do Sul [página de internet]. Disponível em: http://www.radionors.jor.br. Acessado em 25 de julho de 2023.

FONTOURA, Ritchele Luis Vergara da. 18 de novembro de 2020. A maior bancada negra da história de Porto Alegre [reportagem online]. In: Jornal Extra Classe [página de internet]. Disponível em: https://www.extraclasse.org.br/opiniao/2020/11/a-maior-bancada-negra-da-historia-de-porto-alegre. Acessado em 25 de julho de 2023.

MARQUES, Andressa. 2020. 24 anos depois, Nega Diaba ainda é a única mulher negra eleita para a Câmara de Porto Alegre [notícia online]. In: Sul21 [página de internet]. Disponível em: https://sul21.com.br/ultimas-noticias-politica-eleicoes-2020/2020/11/24-anos-depois-nega-diaba-ainda-e-a-unica-mulher-negra-eleita-para-a-camara-de-porto-alegre. Acessado em 22 de junho de 2021.

NASCIMENTO, Jeferson (et. All). 25 de junho de 2020. A participação de mulheres negras na política importa! Entenda os motivos. OXFAM Brasil. Blog. Disponível em: https://www.oxfam.org.br/blog/mulheres-negras-na-politica/

PEREIRA, Lúcia Regina Brito. dezembro de 2007. Cultura e Afrodescendência: Organizações negras e suas estratégias educacionais em Porto Alegre – RS (1872-2002). Tese de doutorado em História. Porto Alegre: Programa de Pós-Graduação da Pontifica Universidade Católica do Rio Grande do Sul.

PEREIRA, Lúcia Regina Brito et all. 2012. Africanidades Sul Rio-Grandenses. Coleção A África está em nós: história e cultura afro-brasileira. João Pessoa - PB: Editora Grafset.

RAMOS, Juliana Barcelos. 2018. A redemocratização abriu caminho? Presença feminina no sistema político rio-grandense e diferentes trajetórias na Câmara Municipal de Porto Alegre (1982 – 2016). Trabalho de conclusão de curso em História. Porto Alegre: Universidade Federal do Rio Grande do Sul (UFRGS). Disponível em: https://www.lume.ufrgs.

br/bitstream/handle/10183/189093/001085546.pdf?sequence=1&isAllowed=y. Acessado em 22 de junho de 2021.

REINHOLZ, Fabiana. 17 de novembro de 2020. Para vereadores negros eleitos na Capital, eleição foi um grito travado na garganta [notícia online]. In: Jornal Brasil de Fato [página de internet]. Disponível em: https://www.brasildefators.com.br/2020/11/17/para-vereadores-negros-eleitos-na-capital-eleicao-foi-um-grito-travado-na-garganta. Acessado em 25 de julho de 2023.

# Tia Ciata

## HILÁRIA BATISTA DE ALMEIDA
## ENTRE PANELAS E BATUQUES: O MUNDO DE TIA CIATA

**Andrea Borelli**

*Outro samba afamado, era na casa da tia Asseata (Ciata), que nestes últimos tempos foi, sem dúvida, a bahiana de maior nome aqui na Bahia... de Guanabara.*

(Guimarães, 1933, p. 115)

Na Rua Visconde de Itaúna, nº 119, nos arredores da Praça Onze, ficava a casa que era o coração da Pequena África: a casa de Tia Ciata. A Pequena África abrangia um território que começava no Porto do Rio de Janeiro e englobava os atuais bairros da Saúde, Estácio, Santo Cristo, Gamboa e Cidade Nova. Era um espaço dominado pelos negros libertos que chegavam da Bahia em busca de oportunidades na capital federal e eram acolhidos pelos moradores mais estabelecidos do lugar, criando relações de solidariedade e enfrentamento que marcavam a luta pela sobrevivência.

Neste lugar, as pessoas ganhavam a vida utilizando as habilidades que traziam de sua terra natal: a costura, o preparo e o comércio de alimentos eram as atividades mais comuns entre as mulheres. Os homens trabalhavam em armazéns, como estivadores ou estoquistas, ou como pedreiros e carpinteiros, em todos os tipos de pequenos trabalhos, os famosos "faz-tudo". Entre as mulheres que iniciaram tradição das "tias baianas" da Pequena África, podemos lembrar de Tia Bebiana, a pespontadeira, e de Tia Tereza, que vendia angu à baiana, picadinho com batata e outros quitutes; entre muitas outras mulheres memoráveis. Contudo, uma das mais famosas é a Tia Ciata.

Hilária Batista de Almeida, a Tia Ciata, nasceu em Santo Amaro, no Recôncavo baiano, dia 13 de janeiro de 1854 e, aos 22 anos, mudou-se para o Rio de Janeiro, em companhia da filha, Isabel, e do pai da menina, Norberto. Na cidade, se casou com João Batista da Silva, outro baiano, que era funcionário da alfândega e com quem teve mais de 10 (dez) filhos. Hilária se estabeleceu, nos seus primeiros anos na capital, na Pedra do Sal. Depois, foi viver no Beco João Inácio. Em seguida, na Rua da Alfândega, nº 304. Algum tempo depois, mudou-se para Rua General Pedra e, por fim, para a Rua dos Cajueiros.

Seguindo a tradição das baianas recém-chegadas, Ciata começou um pequeno comércio de doces de tabuleiro, na esquina entre as ruas Sete de Setembro e Uruguaiana. Seu negócio foi um sucesso e chegou a ter equipe de vendedoras de doces, em várias esquinas do Centro, todas vestidas como ela. Com o tempo, ampliou seus negócios para o ramo da costura e do aluguel de roupas, como as suas, para outras baianas de tabuleiro.

O cronista Francisco Guimarães, o Vagalume, descreveu Ciata ou Asseiata, como ele a chamava, em seu livro *Na Roda do Samba*, da seguinte forma:

> No seu tempo de moça, deu dor de cabeça a muita gente... Era da classe das – negas cheirosas – e que serviam de figurino às demais baianas. Uma saia bordada a ouro ou seda, uma sandália acompanhando o bordado da saia, quem quizesse ver do que havia de mais rico, apreciasse em cima de Asseiata! (GUIMARAES, 1933, p. 116, atualizado ortograficamente)

Foi no casarão da Rua Visconde de Itauna, nº 119 - uma casa de muitos cômodos, com seus 6 (seis) quartos, 2 (duas) salas, um longo corredor e um quintal com abacateiros -, que Tia Ciata viveu entre os anos de 1899 e 1924, quando consolidou sua posição como uma das figuras mais conhecidas da Pequena África. Neste espaço, Hilária realizava bailes na sala de estar, recebia os convidados para as rodas de samba de partido alto no quintal, longe dos olhos da polícia, e, por fim, utilizava o terreiro para as práticas do Candomblé.

Hilária era uma mãe de santo profundamente respeitada. Entre os iniciados, era Ciata de Oxum, conhecida por suas festas em honra aos Orixás, sendo as de Cosme e Damião e de Nossa Senhora da Conceição as mais prestigiadas. Nos quase 20 anos de festas no casarão, Tia Ciata recebeu músicos, jornalistas, amigos, filhos e filhas de seus amigos e de outras personalidades da Pequena África, para encontros regados a bebida, boa comida e cantoria, como descreve um de seus contemporâneos:

> [...] comida e bebida, samba e batucada. A festa era feita em dias especiais, para comemorar alguns acontecimentos, mas também para reunir os moços e o povo de 'srcem'. Tia Ciata, por exemplo, fazia festa para os sobrinhos dela se divertirem. A festa era assim: baile na sala de visita, samba de partido-alto nos fundos da casa e batucada no terreiro. A festa era de pretos, mas branco também ia lá se divertir. No samba, só entravam os bons no sapateado, só a 'elite'. Quem ia pro samba, já sabia que era da nata. Naquele tempo, eu era carpina. Chegava do serviço em casa e dizia: 'mãe, vou pra casa da Tia Ciata'. A mãe já sabia que não precisava se preocupar, pois lá tinha de tudo e a gente ficava lá quase morando, dias e dias se divertindo" (anônimo *apud* MOURA, 1995, p. 232).

A personalidade de Tia Ciata agregou pessoas diferentes que representavam ritmos e formas de vida diferentes dentro da comunidade negra. De sua casa, saía o bloco de carnaval "Macaco é Outro" e da famosa boate Kananga do Japão, que ficava a algumas quadras do casarão, saíam os blocos "Caxanga" e o da Sociedade Recreativa Paladinos da Cidade Nova, que sempre paravam no casarão por respeito à dona da casa.

As outras tias baianas, como Tia Dadá; Tia Amélia, a mãe do Donga; Tia Prisciliana, a mãe de João da Bahiana; Tia Veridiana, mãe de Chico da Bahiana; Tia Josefa Rica e tia Tomásia eram figuras constantes no casarão. Outros nomes famosos são o do próprio Vagalume, Francisco Guimarães, um dos grandes cronistas dos primeiros anos do Carnaval e figuras fundamentais do samba, como Hilário Jovino Ferreira, Donga, Pixinguinha, João da Bahiana, Heitor dos Prazeres, Sinhô, Caninha, Didi da Gracinda, Marinho que Toca (pai do compositor Getúlio Marinho), Mauro de Almeida, João da Mata, João Câncio, Getúlio da Praia, Mirandella, Mestre Germano (genro de Ciata), China (irmão de Pixinguinha) e Catulo da Paixão Cearense.

É importante notar que o amor de Tia Ciata pelo Carnaval e pelo samba pode ser considerado um dos fatores que explicariam a preferência de muitos destes compositores e foliões por suas festas. Tia Ciata se dedicava a recebê-los e os incentivava, como destaca Francisco Guimarães, ao apontar a sua importância para a comunidade musical:

> Os sambas na casa de Asseiata, eram importantíssimos, porque, em geral, quando eles nasciam no alto do morro, na casa dela é que se tornavam conhecidos da roda. Lá é que eles se popularizavam, lá é que eles sofriam a crítica dos "catedráticos", com a presença das sumidades do violão, do cavaquinho, do pandeiro, do réco-réco e do 'tabaque. [...] Si se tratava apenas de samba, ela estava dentro da roda e, quando era pelo Carnaval, esquecia tudo, porque, como foliona de primeiríssima, transformava a sua casa, quer na rua da Alfandega, quer ultimamente na rua Visconde de Itauná (onde faleceu) em verdadeira Lapinha. Rancho que saísse e não fosse à casa da Asseiata não era tomado em consideração, era o mesmo que não ter saído (GUIMARAES, 1933, p. 116).

Os acontecimentos do quintal de Tia Ciata se confundem com a história da música brasileira e fazem parte da mitologia que a forma, como pode ser visto na história de que o choro que era tocado na parte da frente da casa serviria para abafar o som do samba que era tocado no quintal. Esta história seria resultado de uma declaração de Pixinguinha na qual ele afirma que, no casarão, o samba e o choro eram separados por um degrau.

A polêmica sobre a autoria do samba *Pelo Telefone*, registrado na Biblioteca Nacional no final de 1916 pelo sambista Donga, também estaria ligada ao famoso quintal de Tia Ciata. Depois que a música foi gravada e tornou-se conhecida, outros compositores, como Hilário Jovino, Mestre Germano, João da Mata, Sinhô, Mauro de Almeida e a própria Tia Ciata, apontaram que se tratava de uma composição coletiva, o que Donga acabou admitindo em entrevista posterior, e isso abalou sua relação com o grupo da Visconde de Itauná. Entretanto, segundo consta, em 1918, Donga já estava reintegrado às festas do casarão, e o espaço consolidou o seu lugar como "berço do samba".

Tia Ciata viveu na casa da Rua Visconde de Itaúna até a sua morte, em 1924. A casa e a rua não existem mais, contudo, a memória de Hilária Batista de Almeida permanece, pois, como conta seu neto, Bucy Moreira: "Minha vó era a voz suprema, quando ela dizia qualquer coisa, ninguém respondia nada, porque todo mundo gostava dela, ela tinha qualquer coisa que a palavra dela era uma ordem e todo mundo respeitava." (MOURA, 1995, p. 235).

## REFERÊNCIAS

ARANTES, Erika Bastos. 2015. A estiva se diverte: Organizações recreativas dos trabalhadores do porto carioca nas primeiras décadas do século XX. In: Tempo, vol. 21, nº 37. Rio de Janeiro UFF. P. 22-41.

GOMES, Fabio. 02 de outubro de 2009. Tia Ciata [reportagem online]. In: Portal Geledes [página de internet]. Disponível em: https://www.geledes.org.br/tia-ciata. Acessado em 18 de julho de 2023.

GUIMARÃES, Francisco. 1933. Na Roda do Samba. Rio de Janeiro: Tipografia São Benedito.

MOURA, Roberto. 1995. Tia Ciata e a Pequena África do Rio de Janeiro. 2ª ed. Rio de Janeiro: Secretaria Municipal de Cultura, Departamento Geral de Cultura, Divisão de Editoração.

SILVA, Lucia. 2006. Luzes e Sombras na cidade: No rastro do castelo e da Praça Onze. Rio de Janeiro: Prefeitura Municipal do Rio de Janeiro.

# Tula Pilar

## MULHER NEGRA POETISA

**Leandra Domingues Silvério**
**Patrícia Cerqueira dos Santos**

*Hoje, quando recebo os aplausos nas apresentações, gostaria muito que as antigas patroas estivessem na plateia e vissem onde cheguei.*

(Tula Pilar, *Nós, mulheres da periferia,* 2014)

Na cidade de Leopoldina, Minas Gerais, em abril de 1970, nasceu Tula Pilar Ferreira, em uma família formada por sua mãe, Antônia de Souza Ferreira, e suas 7 (sete) irmãs. Seu pai, José Ferreira, ela não chegou a conhecer. Aos 2 (dois) anos de idade, junto com a família, foi à capital do estado, Belo Horizonte. Na adolescência, também com a família, migrou para Rio de Janeiro e lá trabalhou como babá na mesma casa em que sua mãe trabalhava como cozinheira, na Avenida Vieira Souto, na zona sul da cidade. Com aproximadamente 19 anos, migrou para São Paulo para trabalhar como doméstica. Durante esse período, Tula Pilar foi "um misto de tudo: babá, arrumadeira, copeira" (TORRES, 2018, p. 21).

Tula Pilar admirava e inspirava-se em Jovelina Pérola Negra e Cora Carolina. Assim, foi como uma "Carolina": migrante das bandas lá de Minas Gerais, ela foi, da casa das patroas, para saraus, vendeu revista *Ocas*, foi para África do Sul como a primeira mulher a participar da *Homeless World Cup*, foi para Argentina declamar poesia, para Brasília na marcha em apoio à presidenta Dilma Rousseff e virou notícia nos jornais, na televisão e na internet.

Tula Pilar foi ousada! A primeira vez em que ela escutou essa palavra foi com um sentido discriminatório, vindo das ex-patroas, as quais alegavam que Tula Pilar era ousada porque brigava demais para sair, estudar, escrever e passava isso para os outros funcionários (PILAR, 2012). Em 2004, Tula Pilar publicou, com recursos próprios, o livro *Palavras Inacadêmicas*.

Em 2012, Tula Pilar foi entrevistada por Antônio Abujamra, que a apresentou como "alguém que, fazendo parte da tragédia brasileira, diz ter sido salva pela cultura [...] e afirma que é claro que neste país ninguém sai da miséria vendendo revista de cultura" (PILAR, 2012). Nesta entrevista, Tula contou que terminou o ensino fundamental como estudante da Educação de Jovens e Adultos (EJA). Abujamra, ao elogiar o título de sua obra *Palavras Inacadêmicas*, questionou o que são essas palavras, o que ela respondeu: "exatamente porque não tenho academia de letras [...], mas se a gente tem o dom para escrever por que ter academia?".

Seguindo seu dom e fazendo a sua academia, nos encontros de saraus na periferia sul da cidade de São Paulo, Tula Pilar teve outra obra de sua autoria, intitulada *Sensualidade de Fino Trato* publicada. Em 2017, a editora Selo do Sarau do Binho a lançou na Feira de Literatura da Zona Sul - FELIZES.

Sobre a escrita de Tula Pilar, Maitê Freitas teceu as seguintes considerações:

> Há nas escrevivências de Tula, uma poética do desabafo, do desagravo, da denúncia e da afirmação de ser Mulher Negra. A ousadia de Tula Pilar não estava restrita aos textos eróticos. Seu corpo, seu prazer, seu gozo, reais ou ficcionais, aludem a essa mulher que ousava acreditar na arte, na literatura, no teatro como ferramenta de construção de um mundo melhor, um mundo possível para ela, para seus filhos, sua comunidade (FREITAS; FAUSTINO, 2019, p. 20).

Em outubro de 2021, em uma noite de quarta-feira, David da Silva, que prefaciou a obra *Sensualidade de Fino Trato*, ao falar do encontro com Tula Pilar, contou mais sobre a ousadia da escritora:

> Desde que tomou as rédeas do próprio destino, ela se tornou respeitada no circuito literário alternativo da Grande São Paulo. Tem propósito explícito: dar prazer. Compartir com você o gozo que ela teve ao imaginar ou viver, na própria carne, o que está escrito agora diante de teus olhos. Neste país onde 44% da população não lê e 30% nunca comprou um livro, lançar um livro é um ato heroico (SILVA, 2017, p. 09-10).

Para David da Silva, a escrita de Tula Pilar estaria de acordo com o gosto do público do circuito literário, assim como a escrita da baiana Tatiana Amaral, autora premiada, em 2016, no gênero "romance erótico", na 24ª Bienal Internacional do Livro de São Paulo, como a mais lida e mais vendida no site *Amazon*.

Na obra *Sensualidade de Fino Trato*, temos o poema *Vestido Rodado*:

> *Lá vem a negra de vestido rodado*
> *Ai que delícia seu requebrado*
> *Me deixou tonto desconcertado*
> *De salto alto com um bom gingado*
> *Cangote jeitoso, sorriso lustroso*
> *Cintura marcada traseiro empinado*
> *A negra me deixa excitado*
> *Na roda de samba com um belo bailado*
> *Me deixa todo desconcentrado*
> *Ai! Negra!*
> *Olhar vivaz, mão na cintura no ritmo do samba*
> É uma delícia o seu requebrado!
> *No balançar do vestido rodado*
> *Boca bonita, nariz achatado, linda!*
> *Caso com ela para ser dominado...*
> *Ah! Que bonito seu vestido rodado*
> *Lindo recorte bem decotado*
> *Tirou meu sono, faltei no trabalho*
> *Para ver a negra do vestido rodado*
> *Que na roda de samba me deixa encantado*
> *Com o balançar do vestido rodado*
>
> (PILAR, 2017).

Dentre as muitas possibilidades de interpretação deste poema, vemos a vitalidade dessa mulher negra potente nas palavras, na atitude, na disposição para enfrentar os desafios de se viver em uma sociedade racista, sexista, misógina e classista. Desde criança, conheceu as situações precárias e os estigmas da pessoa que é moradora da favela. Dominando as letras, revelou-se no mundo das artes, da performance, da liberdade de ser quem é; fez história e transformou a vida de muita gente ao tocá-la com sua arte e sensibilidade.

Reconheceu-se na história e nas obras de Carolina Maria de Jesus, pois as semelhanças são muitas: ambas amavam os livros, a leitura, a escrita, mas também passaram dificuldades com moradia, para criar seus/as filhos/as e para pagar as contas. Entretanto, com luta e resistência, publicaram seus livros e viraram notícias no jornal. Foram da casa da patroa, do "quarto de despejo", aos noticiários da imprensa de suas respectivas épocas. Carolina conseguiu comprar um sítio em Parelheiros, mas Tula Pilar morreu mais jovem e não conseguiu deixar uma casa para os filhos.

Tula Pilar tornou-se mãe de Samantha, Pedro Lucas e Dandara. Com o filho Pedro Lucas e a filha Dandara, criou o seu próprio coletivo, o Raizarte, "um coletivo de música, dança e poesia, atuante a partir de 2004 em Taboão da Serra e em muitos outros espaços culturais de São Paulo e, inclusive, outros estados" (PILAR, 2019).

Tula Pilar faleceu em Taboão da Serra - SP, em 11 de abril de 2019, aos 49 anos de idade, em decorrência de uma parada cardíaca. Diversos veículos de comunicação disponíveis na internet - *Brasil de Fato, Revista Cult, Agência Mural, Revista Pixé,* para citar alguns -, fizeram publicações lamentando a sua morte e ressaltando sua vida dedicada a viver da literatura.

Em 17 de agosto de 2019, Bianca Santana escreveu uma carta para Tula Pilar, relembrando as partidas repentinas de 6 (seis) adolescentes, no Rio de Janeiro, e a do pai deles, com 43 (quarenta e três) anos de idade, todos vitimados por tiros de arma de fogo. Santana atribuiu essas mortes e a morte de Tula Pilar, à "negligência de um sistema de saúde que não examinou seu peito pressionado" e à perversidade do racismo, que "tira quem amamos de perto da gente tão cedo" (SANTANA, 2019, p. 157).

Em um país marcado estruturalmente pelo racismo e pelas desigualdades sociais e de renda, presentes nas instituições públicas e privadas, a luta da população negra pelo direito à vida é cotidiana. Nesse sentido, as opressões, sob a perspectiva interseccional de raça, gênero e classe, impõem, às mulheres negras, baixa expectativa de vida. Tula Pilar foi uma mulher potente e deixou legados imensuráveis para a história, arte, literatura, poesia, seu nome e sua luta não serão esquecidos.

## REFERÊNCIAS

FREITAS, Maitê; FAUSTINO, Carmen (Org.). 2019. Pilar Futuro do Presente: Uma Antologia para Tula. Textos de Tula Pilar Ferreira. São Paulo: Oralituras.

PILAR, Tula. 14 de março de 2015. Tula Pilar: "Gostaria que minhas antigas patroas vissem onde cheguei" [relato pessoal]. In: Nós Mulheres da Periferia [página de internet].

Disponível em: https://nosmulheresdaperiferia.com.br/noticias/do-trabalho-domestico--para-a-poesia-conheca-a-historia-de-tula-pilar/. Acessado em: 29 de julho de 2021. PILAR, Tula [Entrevista]. 14 de agosto de 2012. Entrevista concedida a Antônio Abujamra. In: Provocações [programa de Televisão]. São Paulo: TV Cultura. Disponível online no canal de *youtube* Verso em Versos. Disponível em: https://www.youtube.com/watch?v=-d4IV5FKDevY. Acessado em: 23 de julho de 2021

PILAR, Tula. 2013. Os pés me levam para meus sonhos. In: FAUSTINO, Carmen; SOUZA, Elizandra (Orgs.). Pretextos de mulheres negras. São Paulo: Coletivo Mjiba. Programa Valorização de Iniciativas Culturais VAI

PILAR, Tula. 2013. Os homens que amei. In: FAUSTINO, Carmen; SOUZA, Elizandra (Orgs.). Pretextos de mulheres negras. São Paulo: Coletivo Mjiba: Programa Valorização de Iniciativas Culturais VAI.

PILAR, Tula. 2017. Sensualidade de Fino Trato. 1ª. edição. São Paulo: Selo Sarau do Binho.

PILAR, Tula. 2015. Sou Uma Carolina. In: SOARES, Suzi (Org.). Sarau do Binho. São Paulo: Editora: Ciclo Continuo. p.184-185.

PILAR, Tula. 19 de abril de 2019. Quatro poemas de Tula Pilar. In: Ruído Manifesto [página de internet]. Disponível em: https://ruidomanifesto.org/quatro-poemas-de-tula--pilar. Acessado em: 29 de julho de 2021.

SANTANA, Bianca. Carta. 2019. In: FREITAS, Maitê; FAUSTINO, Carmen (Org.). Pilar Futuro do Presente: Uma Antologia para Tula. Textos de Tula Pilar Ferreira. São Paulo: Oralituras.

SILVA, David. 2017. Prefácio. In: PILAR, TULA. Sensualidade de Fino Trato. 1ª. edição. São Paulo: Selo Sarau do Binho.

TORRES, Brenda; NASCIMENTO, Sabrina. 2018. Identidade e Força Ancestral: Histórias de mulheres dentro da periferia de São Paulo. Belo Horizonte: Letramento.

# Valdina de Oliveira Pinto

## MAKOTA VALDINA, MAKOTA ZIMEWAANGA

**Lilian Moura Toyota**
**Francisca Carla da Silva**

*(...) A negra que eu sou, o ser humano que eu sou,*
*sou porque aprendi com os meus mestres.*

(Makota Valdina, s/d)

Alguns saberes ancestrais percorrem as falas de grandes personalidades, que, de alguma forma, são esquecidas pela sociedade. Uma destas vozes ancestrais é o de Makota Valdina, a quem saudamos e pedimos licença para contar sobre quem ela foi e é dentro do movimento negro, particularmente para as religiões de matrizes africanas.

As vozes da ancestralidade não estão no passado ou somente com aqueles que acreditamos serem os nossos pais e mães. As vozes ancestrais estão em tudo aquilo que nos rodeia e que nos chega diariamente. Os valores ancestrais africanos estão no respeito aos mais velhos, no culto dos Orixás/Vuduns /Inquisices e no respeito à natureza. Já sabemos que estes valores, nesta sociedade patriarcal e eurocêntrica, são perdidos, então onde podemos receber e conhecer estes valores antes esquecidos? Nas comunidades de terreiro!

Nas comunidades de terreiro, somos levados pelo som do atabaque para um lugar que antes desconhecíamos e, por meio das palavras dos mais velhos, obtemos os conhecimentos perdidos anteriormente. Em suas vozes, há uma sonoridade que, ao mesmo tempo que nos embala, nos faz refletir sobre quem somos dentro dos espaços sociais em que vivemos. Mas por que tratar de ancestralidade para falar de Valdina? Porque o termo *Makota* significa *irmãos e irmãs mais velhos* para a nação de Angola.

Makota Valdina ou Makota Zimewaanga, registrada, ao nascer, como Valdina de Oliveira, nasceu em 1943, em Salvador - BA. Uma mulher conhecida por muitos títulos e, principalmente, por lutas. Mulher negra, professora, líder comunitária, conselheira da mãe de Santo do Terreiro de Candomblé Tanuri Junçara. Nascida e criada no bairro de Engenho Velho da Federação, periferia rural de Salvador - BA, local de maior concentração de Terreiros de Candomblé, sua marca de vida estava na luta contra o racismo e contra a intolerância religiosa e pela valorização da cultura afro no Brasil, causas das quais se tornou uma das principais ativistas no país.

Makota foi a única em sua família que praticou o Catolicismo, foi batizada e, devido à obrigação imposta pela escola, fez o catecismo e a primeira comunhão. Entretanto, manteve sempre o olhar direcionado ao Candomblé, que foi a matriz religiosa de sua mãe. Makota decidiu acompanhá-la após observar a discriminação entre catequistas negras e não negras na Igreja Católica, fator que contribuiu para o seu rompimento com a religião na década de 1970.

> (...) fui reencontrar, no Candomblé, meus valores e costumes, os quais eram comuns nas famílias e também em toda aquela comunidade. Isso era a família, coisa que hoje você só encontra nas comunidades de terreiro e também naqueles que viveram e ainda conservam e insistem em manter estes traços daquele tempo antigo, daquele jeito de fazer (...) (VALDINA, 2003, p. 76)

A ancestralidade de Makota está ligada à região que, nos dias atuais, é chamada de Angola, mas que, anteriormente, foi conhecida como Congo e possuía muitos reinos. Foi de lá que uma grande quantidade de seres humanos escravizados pelos portugueses foi trazida ao Brasil, ocasionando a grande concentração desses povos no estado da Bahia.

A partir daí, como forma de resgatar suas culturas, muitos dos povos que vieram dessa região passaram a praticar a religião do Candomblé Congo Angola, uma religião constituída por vários deuses, como os deuses da natureza ou ancestrais divinizados; uma vez que o Candomblé cultua divindades africanas e possui estreita ligação com o meio ambiente. Isso é um dos marcos importantes dessa religião, além da grande importância que ela dá às famílias, tanto à família de sangue (pais, irmãos, tios, primos etc.), quanto à família de Santo (vizinhos, amigos etc.), pois as religiões de matrizes africanas consideram todos/todas como irmãos e irmãs, como uma grande família.

> O Candomblé Angola se constitui, ao longo de sua história, como uma das religiões de matriz africana importantes, no Brasil e no mundo, pelas práticas ritualísticas, pelas indumentárias, pelas hierarquias e pelos adeptos seguidores dos rituais afro-brasileiros. Essa religião tem se expandido desde a chegada dos povos africanos no continente americano, a partir do século XVI. Essas culturas oriundas do continente africano trazem em seu bojo uma contribuição significativa para a sociedade brasileira, de modo particular para a questão religiosa, a dança e o domínio do trabalho. (SOUZA 2019)

O nome "Makota" foi-lhe atribuído pela função de conselheira da Mãe de Santo Nengwa Nkisi, do Terreiro de Candomblé Angola Nzo Oninboyá Tanuri Junsara, em Salvador - BA. Mas foi no ano de 1975 que Valdina Pinto se confirmou como Makota. Esse é o termo plural de "Dikota" ou "Kota"; pois o morfema {Ma-} indica o plural do dessas palavras, que podem significar "irmãos/as mais velhos/as". Nos terreiros de Angola, "Makota" é a denominação utilizada tanto para o sexo masculino como para o feminino. As mulheres que se confirmam para Makota não incorporam o Santo, pois são as que cuidam das coisas mais secretas e que possuem aproximação mais direta das línguas africanas. Portanto, "Makota" é um nome africano, sempre usado em conjunto com o sobrenome "Zimewaanga", também africano, que significa "tirar o sofrimento, desfazer o feitiço que se abate sobre alguém".

A sua marca histórica foi estar, ajudar e participar da comunidade, pois, além de lecionar em escolas, ensinava também dentro de sua própria casa. Além disso, foi educadora no barracão de Terreiro de Candomblé, que ficava na associação de moradores da comunidade do Engenho Velho, da qual foi a primeira presidente mulher. Atuou como professora da Escola Municipal de Jequié – BA e foi diretora interina da Escola Municipal Engenho Velho da Federação, em Salvador.

Entre os anos de 1977 e 1978, participou da primeira turma do Curso de Iniciação à Língua Kikongo, ministrado pelo congolês Nlaando Lando Ntotila, promovido pelo Centro de Estudos Afro-Oriental (CEAO). Esse curso contribuiu de forma significativa para seus conhecimentos sobre religiosidade africana, por tratar de aspectos religiosos de origem banto no Brasil. Foi convidada, pelo Corpo da Paz, para dar aula de língua portuguesa a alunos das Ilhas Virgens - território dos EUA, localizado no Caribe - que viriam para o Brasil. Essa ação ampliou a compreensão de Valdina sobre suas referências étnico-culturais.

Ela também foi integrante do Conselho Estadual de Cultura da Bahia (CEC), atuou como conselheira entre os anos de 2007 a 2014 e, durante sua passagem, procurou ressaltar a cultura baiana com iniciativas de valorização popular que fossem o reflexo do progresso do seu estado. Em 2013, aos 70 (setenta) anos, lançou o livro Meu Caminho, Meu Viver, autobiografia inspirada por uma foto antiga que encontrou. O livro foi inserido nas escolas estaduais da Bahia atendendo à Lei 10.639/2003 que torna obrigatório o ensino de História e Cultura Afro-Brasileira nas escolas de ensino básico do país. Sua trajetória foi retratada no documentário *Makota Valdina:* Um jeito negro de ser e viver, ganhador do Prêmio Palmares de Comunicação na categoria Programas de Rádio e Vídeo no ano de 2005.

Valdina se dizia uma ativista política sem partido, por estar sempre envolvida com as questões da comunidade, lutando por melhorias nela. Desde criança, participava das causas sociais locais, mas, com o amadurecimento e sua confirmação noCandomblé, viu a necessidade de ser a voz da sua religião e de praticar ações de política coletiva, como a defesa da revitalização do bairro onde nasceu e criou-se. Essa luta sinalizava o reconhecimento e a valorização da cultura negra.

Além destas ações, recebeu condecorações por sua contribuição à sociedade por mais de 50 (cinquenta) anos de atividade em defesa do patrimônio cultural afro-brasileiro e de ensinamentos historicamente relevantes. Recebeu prêmios significativos como: Troféu Clementina de Jesus, da União de Negros Pela Igualdade (UNEGRO); Troféu Ujamaa, pelo Grupo Cultural Olodum; Medalha Maria Quitéria, da Câmara Municipal de Salvador e Mestra Popular do Saber, pela Fundação Gregório de Mattos.

Em 2018, foi homenageada pela Biblioteca Central do Estado da Bahia, na Exposição *Personalidades Femininas da Bahia*, passando a ser uma das personalidades baianas de destaque na história do estado. Makota Valdina faleceu no dia 19 de março de 2019, vítima de uma parada cardíaca. Soteropolitana, foi sepultada no Cemitério Jardim da Saudade, Brotas, Salvador - BA, deixando um legado extenso para as próximas gerações, pois é necessário que outros possam continuar as suas lutas.

A antiga escola que levava o nome de Escola Municipal de Engenho Velho da Federação foi demolida por apresentar insalubridade diversas. Reconstruída e ampliada no mesmo local, Foi nomeada em homenagem à educadora e religiosa Valdina de Oliveira Pinto, por seus feitos pela comunidade, pela cidade de Salvador, pelo estado da Bahia e pelo Brasil. A Escola Municipal Makota Valdina foi inaugurada em 25 de novembro de 2020.

## REFERÊNCIAS

RODRIGUES, Joyce (dir.). Um Jeito Negro De Ser e Viver com Makota Valdina [documentário]. Grifo.Doc – Fundação Palmares. Duração 19' min 29". Publicado online em 16 de julho de 2014, no canal de *youtube* de Marcelo Soares. Disponível em: https://youtu.be/iof0guWpu5w. Acessado em 02 de julho de /2021.

SOUSA, Vania Maria Carvalho de. Junho de 2019. Candomblé Angola: Práticas ritualísticas no terreiro Rudembo Gunzo de Bamburucema. In: Revista Científica Multidisciplinar Núcleo do Conhecimento. Ano 04, ed. 06, vol. 10, p. 20-48.

VALDINA PINTO. Dezembro de 2003. Saberes e viveres de mulher negra: Makota Valdina [entrevista]. In: Revista Palmares, Ano I, n° 2, p. 75-83. Disponível em: http://www.palmares.gov.br/wp-content/uploads/2011/02/revista02.pdf. Acessado em: 02 de julho de 2021.

# Vania Maria da Silva Soares

## UMA VIDA DEDICADA À LUTA POR JUSTIÇA E PAZ NAS RELAÇÕES ÉTNICO-RACIAIS E NAS RELAÇÕES INTER-RELIGIOSAS

**Vania Maria da Silva Soares**[1]

Vania Maria da Silva Soares, a Professora Vania Soares, pedagoga licenciada, em 1978, pelas Faculdades Metropolitanas Unidas (FMU), lecionou por 21 (vinte e um) anos no Colégio da Polícia Militar do Estado de São Paulo (1978-1999). Oficial de Justiça aposentada pelo Tribunal de Justiça de São Paulo (1979-2011) e membro do Conselho de Participação e Desenvolvimento da Comunidade Negra do Estado de São Paulo (2011-2019), ela fundou e presidiu o Conselho da Comunidade Negra do município de Jaú – SP (2011-2015).

Ingressou na Secretaria de Justiça e Cidadania do Estado de São Paulo como voluntária, atuando na Coordenação de Políticas para a População Negra e Indígena do Estado de São Paulo. Na Coordenação de Integração e Cidadania (CIC), coordenou o Comitê Intersetorial de Assuntos Indígenas (CIAI) e, em 2018,

1 Vânia realizou uma autobiografia. Leia o verbete para saber mais sobre a autora. E-mail: vsoares@sp.gov.br

foi nomeada, pelo governador de São Paulo, para presidir o grupo gestor de quilombos dessa secretaria.

Como membro do Núcleo de Educação Indígena da Secretaria Estadual de Educação (2013-2019) e membro do Conselho do Núcleo de Inclusão de Ensino da Secretaria de Educação (2015-2019), se dedicava às causas da liberdade religiosa e dos direitos dos coletivos étnico-raciais não hegemônicos, promovendo articulações em âmbito estadual.

Além de ex-coordenadora de Políticas para a População Negra e Indígena do Estado de São Paulo, Vânia Soares é comendadora da Sociedade Heráldica Brasileira e membro do Comitê Central da Sociedade Civil da Frente Parlamentar de Direito e Liberdade Religiosa da Assembleia Legislativa do Estado de São Paulo. Desde 2015, ela coordena a secretaria executiva e preside o comitê gestor do Fórum Inter-religioso para uma Cultura de Paz e Liberdade de Crença da Secretaria da Justiça e Cidadania do Estado de São Paulo. Por meio de sua atuação, ela vem protagonizando o fomento à criação de fóruns inter-religiosos em outros municípios do estado de São Paulo, já tendo constituído os Fóruns de Limeira, Guarujá e Piracicaba.

Este é o perfil social da mulher negra Vania Maria da Silva Soares, a professora Vania Soares. Passarei a destacar alguns dos eventos que me parecem mais importantes para dar a conhecer a pessoa que desempenha papéis de suma importância para a construção de uma sociedade brasileira justa. Passo, pois, a narrar alguns episódios de minha vida que contribuíram para que eu pudesse desempenhar os papéis sociais que me competem nesta sociedade, para que seja iluminada pelos ideais de Justiça e Paz.

Nascida em Jaú – SP, aos 17 de maio de 1954, filha de José Cabral e Clarice Pereira da Silva Cabral, vivi minha infância e adolescência naquela cidade do interior de São Paulo. Chegando a este mundo, fui acolhida pelas mãos carinhosas de Dona Maria, a parteira que ajudou mamãe em seus partos. Fui a primeira de 6 (seis) filhos - 2 (duas) meninas e 4 (quatro) meninos -, mas Silvia Cristina, minha irmãzinha, faleceu ainda criança e passei a ser a única menina de nossos pais.

Meu nome foi dado em homenagem à Tia Vania e me chamavam Vaninha. Meu ambiente doméstico era agradável e acolhedor. Minha família, de classe média, bem estruturada, tinha uma dinâmica excelente. Eu sentia orgulho quando reconheciam que eu era muito parecida com o Cabral, meu pai, que trabalhava na área metalúrgica como soldador. Mamãe atuava como Escrivã de Polícia na Secretaria da Segurança Pública do Estado de São Paulo, onde permaneceu durante 36 (trinta e seis) anos. Depois de aposentada, passou a exercer advocacia gratuita aos necessitados. Embora eu e meus irmãos passássemos boa parte do tempo com a vovó Carmem Juvêncio, mãe da mamãe, que ajudou a nos criar, nunca nos faltou a presença de nossos pais. Infelizmente, não conheci meus avós paternos.

Excelente cozinheira de forno e fogão, vovó Carmem não fora alfabetizada, mas conhecia os números. Comigo, aprendeu as primeiras letras e a escrever o próprio nome. Que saudades de você, Vovó Carmem Juvêncio! Que legado você nos deixou! Minha avó e minha mãe sempre foram minhas referências: mulheres fortes, determinadas, de caráter ilibado, postura corajosa, mulheres guerreiras... até hoje são minhas maiores referências, meus modelos exemplares de mulher, meus espelhos. Delas, herdei tudo e, a elas, devo o que sou.

Fui batizada com 15 (quinze) dias de vida. Mamãe e vovó faziam parte de irmandades católicas e eu as acompanhava nas missas, encontros religiosos, novenas. Tendo recebido educação religiosa no Catolicismo, fui batizada, recebi a primeira eucaristia e me casei na Igreja Católica. Participei de grupos de jovens na igreja e de grupo estudantil no colégio.

Nosso contato com a natureza era diário, pois havia árvores frutíferas e aves em nosso quintal. O clima emocional de nossa casa era muito bom. O amor que nossos pais sentiam por nós se expressava também no rigor da educação que nos ofereciam. As normas da casa eram estabelecidas pela mamãe, que era especialmente enérgica com os meninos. Os valores ético-morais transmitidos em casa nos alertavam para a importância do respeito ao próximo e aos mais velhos e para a responsabilidade que devemos assumir em nossas relações com as pessoas e com a natureza. A relação com a verdade sempre foi extremamente importante, porque nada é pior do que um ser humano desacreditado, mentiroso. Aprendemos a valorizar a verdade, a lealdade e o respeito. Hoje, agradecemos por todos os ensinamentos que mamãe nos proporcionou e cultivo até hoje os sentimentos de amor e amizade semeados em mim naquele tempo tão bom. Amor de família é o laço que nos une, somos um pelo outro, essa é a herança que recebemos.

Minha família depositava expectativas e esperanças em mim por me considerarem uma criança diferenciada. Ainda hoje, é assim que meus familiares me consideram. Sempre fui muito bem-comportada, não sofri castigos nem privações. Aos 7 (sete) anos, em 1961, fui matriculada no 1º ano do Grupo Escolar Drº. Magalhães e tive como primeira professora a Dona Lurdinha, Maria de Lourdes Ferreira Dias. Guardo muitas recordações felizes desse tempo. Gostava de ir à escola, gostava de estudar, sempre atenta, sempre na primeira carteira, com facilidade para Ciências Humanas e pavor das Ciências Exatas. Desde aquele tempo, eu já sonhava em ser professora e já estava imbuída de senso de justiça.

Aos 15 (quinze) anos, em 1969, participei do Concurso "Boneca do Café", realizado no Baile Tradicional do Clube 220, cujo presidente era Frederico Penteado. No 220, no Edifício Martinelli, e no Clube do Banco do Brasil, na Lapa, foram realizados os primeiros bailes de black music da cidade de São Paulo, nas décadas de 60 e 70. Entre os artistas convidados, Jorge Ben Jor e Tim Maia animavam aquelas noites. Participaram do concurso, candidatas de várias cidades do estado de São Paulo e de outros estados da Federação. Fui escolhida a negra mais bela para representar a cidade de Jaú.

Quando estava cursando o ginasial – que corresponde, atualmente, aos anos finais do Ensino Fundamental -, na Escola Industrial Joaquim Ferreira do Amaral, senti ainda mais forte meu interesse pela área de Ciências Humanas. Naquele período de minha vida, minhas responsabilidades se restringiam a estudar e a cuidar dos meus irmãos e da casa para que meus pais e minha avó pudessem trabalhar.

Meu círculo de amizades sempre foi grande e minhas amizades, duradouras: tenho amigos da vida inteira. Por volta dos 19 (dezenove) anos, comecei a pensar em me mudar para a capital em busca de maiores recursos e oportunidades de estudo. Sabia que, em minha cidade, as chances seriam mínimas - ou trabalharia no comércio ou em fábricas de calçados. Sem demérito algum para essas profissões, eu aspirava por algo melhor. Tinha planos e minha meta era vencer!

Aos 23 (vinte e três) anos, me mudei para São Paulo e, inicialmente, morei em casa de meus tios maternos. Em 1977, ingressei no curso de pedagogia das Faculdades Metropolitanas Unidas (FMU), com plena convicção de estar no caminho certo e muito feliz. Passado um ano, minha mãe me disse que estava difícil me manter em São Paulo, por serem pesadas as despesas. Então, ou eu voltava para a casa de meus pais ou aprendia a me virar. Aprendi a me virar.

Iniciei esse processo solicitando e obtendo crédito educativo. Alguns meses depois, Lucinha, uma colega da faculdade, me indicou para lecionar na escola em que ela trabalhava. Foi meu primeiro emprego: *Bandeirantes do Pica-pau*, pré-escola pequena, situada na Rua Voluntários da Pátria, no bairro de Santana, em São Paulo. O salário mal dava para pagar a condução, assim, continuava dependente financeiramente de minha mãe, que se esforçava para me manter.

Em 1978, passeando em Jaú, vi um anúncio no jornal que dizia "Escola contrata professores em São Paulo". Voltando a São Paulo, fui até o endereço mencionado: era o Clube dos Oficiais da Polícia Militar (PM). Fui entrevistada por oficiais da PM e, uma semana depois, recebi a carta informando que eu fora aprovada e deveria estar na Avenida Cruzeiro do Sul, nº 250. Para minha surpresa, o terreno estava vazio e estava sendo lançada a pedra fundamental do Colégio da Polícia Militar do Estado de São Paulo.

Compus a 1ª turma de professores. Quanta emoção, quanto orgulho de mim, estaria dando um passo para alcançar meus objetivos e minha independência financeira, pois o salário estava acima da média. Ingressei em 20 de fevereiro de 1978 e ali permaneci até 1999 (22 anos). Ainda em 1978, orientada por minha mãe, prestei concurso público e fui aprovada para ocupar o cargo de Oficial de Justiça no Tribunal de Justiça do Estado de São Paulo, lotada nas Execuções Fiscais Estaduais - setor privilegiado, salário diferenciado, independência financeira alcançada! Assumi o cargo, em 1979 e nele permaneci até 2011 (32 anos).

Por volta dos 42 (quarenta e dois) anos, comecei a pensar em novas experiências. Ao realizar todos os eventos do colégio com uma colega de trabalho, comecei a me interessar por decoração e organização de eventos. Aos 44 (quarenta e quatro) anos, passei a organizar eventos e montei um buffet. Em 1999, deixei o colégio, permanecendo no Tribunal de Justiça e no buffet. Saí da sala de aula para ingressar no ramo de eventos. Tive coragem e capacidade para estabelecer novas metas de vida.

No fim de 1979, eu reencontrei um amigo cuja família era bem amiga da minha há anos e começamos a namorar. Nos casamos em 1980, construímos uma família linda, com 3 (três) filhas maravilhosas: Thais Roberta, Flávia Cristina e Ana Claudia. Ele foi meu amor, meu parceiro, meu cúmplice; um homem íntegro, excelente filho, esposo, pai e amigo dos amigos. Tive a melhor sogra, que me conhecera ainda na barriga de minha mãe. Ele me apoiava em tudo, participava de minha vida louca, sem limites para o trabalho e para a disposição de estar sempre servindo. Em nosso grupo de amigos e familiares, éramos tidos como casal-exemplo.

Naquele tempo, minha sogra e eu colaborávamos com as atividades da Igreja da Boa Morte, que desenvolvia uma atividade social com meninos da Praça da Sé, liderada pelo Padre Batista, que viria a fundar o Instituto do Negro Padre Batista. Após a sua morte, o Instituto passou a ser conduzido de forma brilhante por nosso querido Padre Enes de Jesus.

Poderíamos ter conhecido outros lugares, mas nossa vida foi sempre voltada à família. Tanto eu quanto meu marido já estávamos aposentados quando perdemos nossos pais. Nesse período, meu esposo adoeceu e permaneceu por 6 (seis) anos acamado e em cadeira de rodas, sem falar, porém, conservando a alegria que sempre tivera. Em 2019, ele faleceu: eu e minhas filhas perdemos nosso porto seguro, perdemos nosso chão. Mas Deus nos deu força para prosseguir.

Hoje, continuo dedicando minha vida às minhas três filhas, aos meus netos e aos meus irmãos, para quem sou um misto de irmã e mãe. E prossigo fiel à minha missão de servir às pessoas e à causa que abracei, tarefa que respiro e à qual me dedico 24 horas. Acredito que a vida só tem sentido se aqui estivermos para sermos úteis e para servirmos, em especial, àqueles que precisam de uma palavra, de um gesto, de um sorriso. Quem sabe algum mentor espiritual seja a fonte de minha força, determinação, coragem e resistência. Acredito em uma força superior!

Estou sempre propensa a inovar e a estar em ação e movimento. Não tenho medo de nada, aprendi cedo, em casa, a ser forte, firme e a abolir o "não posso", "não dá", "não é possível". Tenho plena convicção de que todas as normas, as regras e as orientações recebidas na minha infância, adolescência e juventude foram essenciais na formação de meu caráter e minha personalidade, me levando a ser quem sou: um ser humano com defeitos, mas dotado de uma estrutura sólida, construída pelo lar e pela família. Reconheço minhas limitações, amo desafios e acredito que o enfrentamento de dificuldades nos fortalece.

Em casa, tenho meu cantinho de paz e, no trabalho, divido espaço com colegas, sempre preservando o bom relacionamento. No trabalho ou em qualquer situação, havendo alguma discordância, sempre aguardo o momento oportuno para me manifestar, mas não deixo de falar. Acredito no diálogo!

No âmbito do trabalho, o dinheiro tem valor para a aquisição de bens materiais, entretanto não compra as amizades sinceras que conquistamos ao longo de 40, 50 ou mais anos de convivência diária. Conservo as amizades conquistadas na infância, no Colégio da PM, no Fórum e nas demais oportunidades que foram surgindo. Busco me relacionar bem com as pessoas, peço a Deus, todos os dias, sabedoria e equilíbrio, nós, seres humanos, somos difíceis e complicados.

Nasci em uma cidade em que, como na maioria das cidades interioranas, o racismo, o preconceito e a discriminação são determinantes/marcantes. Felizmente, era filha de uma mulher corajosa, determinada, inteligente e politizada e, graças a isso, eu e meus irmãos sempre fomos respeitados e incluídos. Apesar disso, sempre fui consciente do racismo e não desconsiderava o que sofriam os negros naquela cidade, em cujas praças públicas da região central, negros ficavam de um lado e não negros, do outro. Minha mãe defendia a população negra local. Muitas vezes, ela dava aulas particulares para que negros prestassem concursos públicos e buscassem independência econômica.

Cresci assistindo minha casa servir de espaço a líderes políticos e lideranças negras do estado de São Paulo, frequentemente presentes em busca do apoio de minha mãe, mulher negra referência para muita gente do interior. Ainda na adolescência, conheci, em minha casa, muitas autoridades: Deputado Adalberto Camargo, Deputada Theodosina Ribeiro, Ademar de Barros, Orestes Quércia, Almino Afonso. Quando Mario Covas esteve em Jaú, minha mãe lotou o bairro de Santo Antônio de tanta gente. Estiveram em nossa casa Esmeraldo Tarquinio; Prof°. Hélio Santos; Drª. Iracema de Almeida; Prof°. Eduardo de Oliveira, autor do Hino à Negritude. Até embaixador da Nigéria, mamãe levou a Jaú, entre tantos outros.

Nessa época, ela organizava grandes eventos para a população negra, mobilizando capital e interior: Baile da Mãe Preta do Ano, Rainha dos Homens de

Cor, *Miss Colored*, termos esses abolidos hoje em dia. Após uma luta de 6 (seis) anos, minha mãe faleceu e, com certeza, a população negra jauense perdeu uma mulher que não media esforços para atuar na defesa de todos, independentemente de pertenças étnico-raciais.

Com ela, aprendi o quanto a população carece de uma infinidade de coisas, dentre as quais respeito e igualdade de oportunidades. Ao se aproximar o tempo de minha aposentadoria, comecei a pensar que, assim que me aposentasse, poderia ser útil à sociedade. Não pretendia ser militante nem ativista, pois achava que essas denominações não combinavam com meu perfil. Pensava em trabalhar em defesa dos direitos humanos. Depois de aposentada, passei a viajar para Jaú com mais frequência e lá permanecer por alguns dias. Foi em um desses dias que encontrei um amigo da vida inteira e ele me convidou para participar de reuniões da comunidade negra realizadas na Secretaria Municipal de Cultura. Foi então que, indignada com a forma e com o descaso com o qual os negros eram tratados, que resolvi fomentar a criação do Conselho de Participação e Desenvolvimento da Comunidade Negra do município de Jaú junto ao poder executivo local. A criação desse conselho foi uma enorme conquista do povo negro jauense.

O prefeito de então entendeu a importância desse importante órgão para o município, acatou nossa proposta e me nomeou a primeira presidente desse conselho, para a gestão 2011-2015. Realizamos, no município, a 1ª Conferência Municipal de Políticas para as Mulheres e foi expressivo o número de mulheres negras que participaram desse encontro. Elas se tornaram delegadas, condutoras que compuseram propostas de Jaú para a Conferência Estadual e a Conferência Nacional de Políticas para as Mulheres, realizada em Brasília. Em Jaú, o Conselho acolhia denúncias de racismo estrutural, especialmente quando ele ocorria em órgãos públicos.

Em 2011, fui nomeada, pelo Governo do Estado de São Paulo, membro efetivo do Conselho de Participação e Desenvolvimento da Comunidade Negra do Estado de São Paulo, primeiro órgão brasileiro de defesa dos direitos e interesses da população negra. Desde então, já aposentada, disponibilizei todo o tempo do mundo para me dedicar exclusivamente à causa negra. Eu contava com o apoio da presidência do Conselho e minha primeira ação foi abrir as portas dele para a comunidade negra do estado de São Paulo: recebia lideranças do interior e realizava atendimento geral, presencialmente e por telefone. Sendo do interior, conhecia de perto as necessidades e carências da população, sabia do racismo presente no dia a dia das pessoas, do medo de denunciar, da frequente ausência de informações, do descaso, da perseguição. Sabia da necessidade de um instrumento de apoio forte, formado por pessoas de coragem, que pudessem defendê-las.

Caminhei por esse estado, ora acompanhando o presidente do Conselho, ora sozinha. Reativamos conselhos desativados, criamos conselhos em cidades que não os possuíam, fizemos enfrentamentos, fortalecemos a população negra em muitos municípios, apoiamos lideranças, atuamos junto ao poder público constituído. Foram incontáveis as ações e políticas públicas implementadas naquele período. Entre elas, as políticas de valorização da mulher negra e de inserção da população negra nos mais diversos setores da sociedade paulista e paulistana.

Tive a honra de atuar diretamente na criação do Conselho de Promoção de Igualdade Racial (CONEPIR) do município de Piracicaba - SP, que atua de forma diferenciada e dinâmica no estado de São Paulo, do qual tenho a honra de ter sido escolhida como madrinha. Caminhamos por vários municípios apoiando a população negra, inclusive quanto à denúncia de atos de discriminação. Foi assim, por minha determinação e coragem, que conquistei o respeito de lideranças e da população deste que é o maior estado da Federação.

Organizei grandes eventos e, para todos eles, levei a população negra estadual em peso. No Palácio dos Bandeirantes, no Teatro Sergio Cardoso, nas Homenagens à Mulher Negra Latino-Americana e Caribenha, no Encontro Estadual de Lideranças Negras. Quanto trabalho, quanta gratidão, quanto carinho e respeito!

A religião tem sido apontada como a terceira maior causa de discriminação, superando até mesmo a discriminação por pertença étnico-racial ou cor, por gênero e por orientação sexual. O estado de São Paulo é o pioneiro, no território nacional, em diversas ações em defesa da liberdade religiosa. Entre essas ações, se destaca o Fórum Inter-religioso para uma Cultura de Paz e Liberdade de Crença - inicialmente instituído como espaço de diálogo inter-religioso (2006) e, posteriormente, transformado em programa de governo (2013) sediado na Secretaria da Justiça e Cidadania -, cuja incumbência é implementar políticas públicas de combate à intolerância religiosa e de promoção da cultura de paz. Desde 2015, a convite do Secretário da Justiça e Cidadania, exerço as funções de secretária executiva desse fórum inter-religioso, presidindo de seu comitê gestor.

Entre os avanços realizados pelo Fórum, cabe destacar: a instituição da Lei Estadual N° 16.776, de 22 de junho de 2018, que autoriza a criação da Coordenação de Promoção de Políticas de Combate à Intolerância Religiosa; a instituição da Lei Estadual N° 17.157, de 18 de setembro de 2019, que dispõe sobre penalidades administrativas a serem aplicadas pela prática de atos de discriminação por motivo religioso, e a Lei Estadual N° 17.346, de 12 de março de 2021, destinada a combater toda e qualquer forma de intolerância religiosa, discriminação religiosa e desigualdades motivadas em função da fé e do credo religioso que possam atingir, coletiva ou individualmente, os membros da sociedade civil, protegendo e garantindo, assim, o direito constitucional fundamental à liberdade religiosa a toda população do estado de São Paulo.

Essa última lei lembra, em seu parágrafo único, que o direito à liberdade religiosa compreende as liberdades de consciência, pensamento, discurso, culto, pregação e organização religiosa, tanto na esfera pública quanto na esfera privada, integra a identidade religiosa e pessoal de todos os cidadãos e constitui-se como direito fundamental, conforme a Constituição Federal, a Declaração Universal dos Direitos Humanos e o Direito Internacional aplicável.

Mais recentemente, em 25 de março de 2021, o Fórum Inter-religioso da Secretaria da Justiça e Cidadania comemorou o Dia Estadual da Liberdade Religiosa, realizando o evento *Diálogos sobre Liberdade Religiosa à luz do Fórum Inter-religioso e da perspectiva "Cidades Mil Alliance" da UNESCO*, que inaugurou um conjunto de ações a serem desenvolvidas por essa secretaria de estado em parceria com a Sessão América Latina e Caribe da UNESCO MIL Alliance. A mim, coube a honra de promover a oportunidade de encontro de Fernando José da Costa, Secretário da Justiça e Cidadania do Estado de São Paulo, com Felipe Chibás Ortiz, representante da UNESCO MIL Alliance para América Latina e Caribe.

Em Piracicaba - SP, em 2019, em agradecimento pelo trabalho desenvolvido em prol da comunidade negra daquele município, o Vereador Marcos Abdala apresentou, na Câmara Municipal, o projeto de Lei que, votado por unanimidade, me concedeu o título de cidadã piracicabana. Mais recentemente, contribuímos para a criação do Fórum Inter-religioso do município de Piracicaba (2020), cuja proposta de trabalho coletivo vem servindo de modelo para iniciativas análogas ocorridas em outros municípios, entre os quais Limeira e Guarujá.

Os principais objetivos desses fóruns são os seguintes: propor políticas públicas com vistas à promoção da cultura de paz, com ênfase na liberdade de crença e não crença, e receber, analisar e apurar, com rapidez e eficácia, denúncias de casos de intolerância religiosa. São seus objetivos específicos disseminar a cultura de paz e combater a intolerância religiosa.

E a vida prossegue! Rumo à uma sociedade humana em que imperem a justiça e a paz!

# Vera Lúcia Rodrigues Duarte

## VERINHA DO MUNJOLO

**Treyce Ellen Silva Goulart**
**Janaize Batalha Neves**

*Abre a porta do evento... que os griôs estão chegando!* Está chegando também Vera Lúcia Rodrigues Duarte, conhecida como Verinha do Munjolo. No domingo chuvoso de 20 de outubro, nascia Verinha, na cidade de São Lourenço do Sul, na região do Coqueiro, no Rio Grande do Sul. Criança preta, filha de João Manoel Rodrigues e Maria Emília Rodrigues. Seus avós maternos eram Maria da Conceição Rodrigues, indígena, e Marcos Rodrigues, homem negro. A imagem de seu avô, pequenino e bem pretinho, transporta Verinha a outros tempos em que o via sentado em frente à sua casa, em um banquinho construído por seu pai. Isso a faz recordar também das brincadeiras que fazia e a explicar sua escolha em sempre deixar uma árvore em frente à sua residência como um convite a quem desejar sentar e ter boas conversas. A história de sua família remonta a trajetória do povo negro brasileiro. O pai de seu avô foi escravizado e lutou por sua liberdade na Guerra do Paraguai (1864–1870). Já sua bisavó teve sua liberdade falsamente concedida pela Lei do Ventre Livre (1871).

A infância e adolescência são lembradas com encantamento. Verinha cresceu em uma casa que ficava muito próxima a campos em que havia grande circulação de pessoas e atrações culturais. Acampamentos ciganos eram comuns, além de incontáveis circos que lhe traziam muita alegria e preenchiam suas noites. À noite, da janela de seu quarto, olhava para aquelas atrações com os olhos cheios de sonhos, até que o sono vencia e lhe fazia adormecer. Suas manhãs eram destinadas à escola onde Verinha não deixava passar nenhum desaforo. Na adolescência, frequentou uma escola normalista, mas, aos 16 (dezesseis) anos, começou a trabalhar como babá. Parecia-lhe o caminho mais lógico, uma vez que vinha de uma família em que todas as pessoas estavam trabalhando.

Verinha é mãe de três filhos: Desde 1992, Verinha atua como auxiliar de serviços gerais na prefeitura de São Lourenço do Sul - RS. Divide seu tempo entre esse trabalho fora de casa e outros, aos quais se dedica com prazer e alegria. Com vivacidade que parece infinita, ela faz crochês, artesanatos, bonecas, mocotó! Tudo isso em prol da mobilização para a realização dos Acampamentos de Cultura Afro de São Lourenço.

O primeiro desses acampamentos ocorreu em janeiro de 2001 e foi idealizado por Verinha. Naquele momento, ela conseguiu reunir um grupo que reivindicava a visibilização e valorização das vidas e identidades pretas de São Lourenço do Sul. A cidade é conhecida, na região sul, pela presença de etnias ítalo-descendentes, pomeranas, e é marcada pelo tradicionalismo que tem na figura do gaúcho seu elemento central e os acampamentos são a materialização da luta cotidiana contra o racismo que busca apagar as identidades pretas e a pluralidade étnica que compõem o território sulista. Para torná-los possíveis, Verinha reuniu uma comunidade grande e diversa de militantes, grupos de dança, capoeira, quilombolas, artistas e pessoas ligadas à política no cenário municipal, estadual e nacional.

A primeira edição deles foi fruto de um trabalho iniciado logo após a aprovação da Constituição de 1988. Os acampamentos que se seguiram marcaram os desdobramentos do marco de 100 (cem) anos da abolição da escravatura no Brasil e as consequências do racismo estrutural na vida das pessoas pretas brasileiras. Verinha rememora a visita de Nelson Mandela, quando o ativista afirmou que, para ele, o racismo brasileiro, em comparação ao *apartheid* da África do Sul, tornava pior as condições de vida dos brasileiros. Essa denúncia não era novidade para quem convive cotidianamente com as discriminações racistas, mas, de fato, deu novo fôlego às reflexões e às ações de enfrentamento.

Nesses 20 anos de existência do Acampamento de Cultura Afro de São Lourenço, milhares de pessoas já passaram pelo galpão onde ele é realizado. Formações, oficinas, rodas de conversa, apresentações musicais e teatrais e debates sobre saúde, educação e povo de terreiro são algumas das atividades realizadas anualmente. É possível perceber a força e a potência de transformação e afirmação que emanam das ações de Verinha e que contagiam a multidão de pessoas que frequenta o espaço. Mulher de terreiro, filha de Iemanjá, nação de Angola, ela carrega consigo forças que atravessaram oceanos.

O desejo de Verinha é poder realizar outros acampamentos e continuar reunindo e encontrando pessoas. Os sonhos de mudar o mundo amadureceram com ela que, hoje, reconhece e se esperança com os avanços já conquistados, sobretudo a partir da mobilização daqueles e daquelas que representam nossas ancestralidades em vida, como os/as griôs Mestra Sirlei Amaro e Mestre Batista. Verinha também compõe esse grupo de figuras essenciais para se contar a história da população negra no Rio Grande do Sul e a história crítica e antirracista do Brasil.

# Vera Triumpho

## INTELECTUAL ATIVISTA E PROTAGONISTA NEGRA SULRIOGRANDENSE NAS LUTAS PELA EDUCAÇÃO ANTIRRACISTA - ANOS 1970 E 1980

**Monique Brito da Silveira**

*A maioria das vezes, é no seio do movimento negro organizado que o professorado tem buscado capacitar-se para encarar o desafio de promover a educação das relações étnico-raciais. As instituições de ensino superior começam agora a entender a necessidade de voltar-se para essas questões, até porque é preciso cumprir a legislação vigente que estabelece as diretrizes curriculares que vêm atender, de modo especiLal, a realidade do povo brasileiro.*

(Triumpho, 1991, p. 22)

A frase acima expressa a potência da visão de Vera Triumpho, já registrada nos anos 1980 do século XX, e desvela como o conhecimento da história, em sua completude, estava na produção do pensamento das mulheres negras que se movimentavam pela educação emancipatória e plural para toda a nação. Nem mesmo a academia alcançava esta potência nos anos 1970 e 1980. Hoje, sabemos que a educação das relações étnico-raciais é um projeto de educação e de nação.

Vera Regina Santos Triumpho nasceu em Porto Alegre, capital do Rio Grande do Sul, no dia 03 de novembro de 1944. Seus pais, Amélia Santos Triumpho e Manoel Fernandes Triumpho Filho, se conheceram no ambiente operário, ambos trabalhavam na mesma gráfica. Com o passar dos anos, casaram-se e, mais tarde, montaram seu próprio negócio, uma gráfica que levava o nome de Tipografia Triumpho.

Foi com o incentivo do pai, com o qual conversava frequentemente sobre a importância do estudo na vida das pessoas, que Vera, desde a infância, esteve muito próxima dos jornais e dos livros. Ela também adorava escrever no livro de receitas da sua mãe, desenvolvendo, assim, o gosto pela leitura e escrita. Pela herança recebida de seus mais velhos, tornou-se uma referência do protagonismo de mulheres negras nos debates pela educação antirracista, antes mesmo dos marcos legais das ações afirmativas no campo do currículo escolar que levaram à obrigatoriedade do ensino de história e cultura africana e afro-brasileira, em 2003.

Alex Ratts (2013) a insere, em perspectiva histórica, na lista das marcantes mulheres intelectuais ativistas das décadas de 1970 e 1980: "Lélia Gonzalez e Beatriz Nascimento no Rio de Janeiro, Thereza Santos em São Paulo, Mundinha Araújo no Maranhão, Vera Triumpho e Marilene Paré no Rio Grande do Sul" (p. 5). Vera Triumpho não teve um ativismo de base acadêmica, mas escreveu muito e seus escritos de grande potência circularam nacionalmente, em eventos e encontros do movimento negro que se reorganizava nesse período.

Organizou o livro "*Rio Grande do Sul:* aspectos da negritude", publicado em 1991, prefaciado por Abdias Nascimento, o que mostra a rede de relações em que estava inserida. A obra destaca a ação do movimento negro em solo sul-rio-grandense, enfrentando as especificidades de um espaço racista, racializado e marcado pelo "desejo de brancura" (Alberto Guerreiro Ramos). Seus textos, que vieram a público, no Brasil, no período de reorganização do movimento negro e durante ditadura militar, primam pela intersecção entre as noções de negritude e educação. Vejamos um exemplo:

> Nós, negros, temos que ocupar nosso espaço, mostrando nossa história com o brilho que ela merece e nossas interrogações devem ser respondidas através de uma educação crítica, de uma educação libertadora (TRIUMPHO, 1991, p. 95).

Sigamos conhecendo sua história. Vera estudou até a 5ª série – atual 6º ano do Ensino Fundamental - na Escola Estadual de Ensino Fundamental Duque de Caxias. Dando sequência aos estudos, foi para o colégio que hoje é denominado Colégio Estadual Paula Soares que, na época, levava o nome de Grupo Escolar Paula Soares. Naquele tempo, ela já detectava e percebia os conflitos raciais existentes no ambiente escolar. Como Vera Triumpho diz, "a discriminação racial sofrida pelo negro na sociedade brasileira se reflete no sistema formal de ensino" (TRIUMPHO, 1991, p. 19) e o sentido de suas ações e suas lutas, fundamentadas na construção de saberes desestabilizadores e emancipatórios (GOMES, 2017), é contra essa discriminação. Ela é um exemplo das ações do movimento negro educador (GOMES, 2017), na qualidade de uma mulher negra em constante ativismo. Escreveu críticas profundas e atuais acerca das práticas pedagógicas construídas nas escolas, como, por exemplo, "as práticas pedagógicas nas escolas [que] impõem ao alunado negro um ideal de ego branco" (TRIUMPHO, 1991, p. 91).

Atualmente, é professora aposentada da rede estadual de ensino do Rio Grande do Sul. Foi professora e supervisora educacional; assessora nacional dos agentes de pastoral negros; secretária do Conselho Geral do Memorial Zumbi; membro do Coletivo Estadual de Negros e Índios - RS; membro do Comitê Estadual da Criança e do Adolescente Contra a Discriminação - RS. Atuou em distintas agremiações do que chamamos de Movimento Negro no Rio Grande do Sul, com ênfase nas lutas no campo da educação.

Lecionou em colégios públicos e privados de Porto Alegre - RS, mas foi na periferia da capital que alcançou alunos efetivamente, oportunizando a eles o conhecimento da história fundamentada e das contribuições que os negros tiveram para a construção do país. Em suas palavras:

> O povo negro trabalhou muito para o desenvolvimento desta nação, através de atividades nos canaviais, na mineração, nos cafezais, nas charqueadas, enfim, em todos os seguimentos formadores da economia nacional. Apesar dessa realidade histórica, o povo negro nunca foi tratado como igual. A comunidade branca, embora seja minoria no Brasil, tem mantido a exclusividade do poder, do bem-estar e da renda nacional. Mais da metade da população brasileira é descendente de povos africanos e a maioria vive em estado de extrema miserabilidade (TRIUMPHO, 1991, p. 17).

Coordenou o projeto "O Negro e a Educação", da Secretaria de Educação do Rio Grande do Sul, no período de 1987 até 1991, formando grupos de educadores negros, nas cidades do interior do estado e promovendo, assim, o alcance ao conhecimento do racismo existente nos municípios gaúchos. Este projeto tinha, por objetivo, empoderar a população negra, desenvolvendo questões relacionadas à aceitação e valorização do sujeito negro em sua totalidade: cor, cabelo, modo de vestir, crenças etc., bem como criar alternativas para jovens em situação de vulnerabilidade social, orientando-os e dialogando com eles sobre a importância de integrar os espaços na sociedade através da educação.

Como coordenadora estadual dos agentes de pastoral negros da Regional Sul 3, da Conferência Nacional dos Bispos do Brasil (CNBB), participou de eventos na Inglaterra e nos Estados Unidos, identificando a realidade racial destes países e debatendo os caminhos de descompasso do Brasil no enfrentamento ao racismo. Foi coordenadora do Coletivo Estadual de Educadores Negros dos Agentes de Pastoral Negros (APN's - RS). Esse coletivo tinha, como integrantes, pessoas engajadas na luta contra o racismo, unindo as instituições e movimentos que lutavam pela mesma causa, em prol da comunidade negra. Integrou o Grupo de Trabalho Interministerial (GTI) para Valorização da População Negra do Ministério da Justiça no período de 1996 até 1999.

Participou de eventos na Universidade Federal do Rio Grande do Sul (UFRGS) como ativista convidada, embora destaque que seu espaço não era o acadêmico. Na época, as universidades eram muito fechadas para o diálogo com os movimentos sociais negros. Esse diálogo só foi ampliado como sugestão e demanda das Diretrizes Curriculares para a Educação das Relações Étnico-Raciais, de 2004.

Essa potência de ação bem fundamentada gera o que hoje temos como política pública consagrada, que são as Leis 10.639/03 e 11.645/08, que criaram e modificaram o artigo 26-A da Lei de Diretrizes e Bases da Educação Nacional, obrigando o ensino de história e cultura africana, afro-brasileira e indígena. Vera Triumpho foi protagonista nessas conquistas para o campo da educação. Seu ativismo não se restringiu ao mundo acadêmico, mas o impactou e o impacta até hoje, nos colocando como herdeiras de mulheres como ela, intelectuais ativistas negras dos anos 1970 e 1980.

## REFERÊNCIAS

GOMES, Nilma Lino. 2017. O Movimento Negro Educador: saberes construídos na luta por emancipação – Petrópolis - RJ: Vozes.

RATTS, Alex. 2013. A escrita das irmãs/hermanas/sisters: Notas preliminares acerca da obra não ficcional de autoras negras/rs. In: Anais eletrônicos do Seminário Internacional Fazendo Gênero 10, Florianópolis.

TRIUMPHO, Vera Regina Santos. 1991. A questão racial e a educação: Uma releitura a partir do povo negro. In: TRIUMPHO, Vera (org.). Rio Grande do Sul: Aspectos da Negritude. Porto Alegre: Martins Livreiro Editor. p. 17-25.

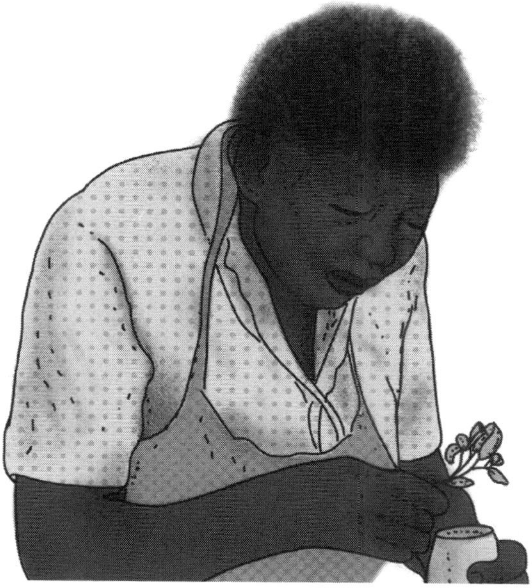

# Vó Anita do Quilombo do Paredão

## NEGRITUDE, CURAS E FÉ: UM RESGATE ETNOGRÁFICO SOBRE A TRAJETÓRIA DE VÓ ANITA

**Lucilene Guimarães Athaide**

*"Quando ia ganhar nenê, já se acudia a chamar a Vó Anita. E ninguém morreu por Vó Anita cortar o umbigo, ninguém mesmo."* Ouvi essa frase de uma mais velha durante as minhas andanças em campo, o meu andar e ver (SILVA, 2009), para a construção de minha dissertação de mestrado para o Programa de Ciências Sociais da Universidade do Vale do Rio dos Sinos (Unisinos). O cenário: uma comunidade quilombola rural. Nos anos de 2019 e 2020, estive imersa na vida, nas histórias e nos cotidianos dos moradores do território localizado no interior do estado do Rio Grande do Sul, no município de Taquara. Território conhecido como Quilombo do Paredão Baixo. Foi através de conversas na soleira das portas, bate-papos rápidos em meio a hortas verdinhas e prosas demoradas sob um grande pé de eucalipto, que adentrei a descoberta desta personagem cuja trajetória busco reconstruir etnograficamente: Anita Domingos da Rosa da Silva.

Vó Anita (ou Tia Anita) foi uma líder, como se fala até hoje por lá. Parteira e benzedeira, foi a responsável por trazer ao mundo muitas gerações de crianças do Paredão Baixo. Dizer que morava ao lado da casa de Vó Anita ou que a conheceu pessoalmente é ainda, para muitos moradores do quilombo, motivo de orgulho, uma vez que esta teria sido a pessoa mais importante da comunidade, evidenciando o caráter matrifocal do território.

O que se sabe sobre Anita foi colhido através de fontes documentais e relatos orais que embasam este fazer etnográfico e me permitem realizar esta reconstituição. Anita Domingos da Rosa da Silva faleceu no ano de 2014. Contudo, não há um consenso sobre a idade alcançada por ela. Pelos registros, tais como o relatório produzido pelo Instituto Nacional de Colonização e Reforma Agrária (INCRA), ela teria nascido no ano de 1929.[1] Contudo, há moradores que relatam que ela nasceu no ano de 1931, outros dizem ainda que seu nascimento se deu ainda no fim da primeira década dos anos 1900. Neta de uma mulher escravizada que ganhou terras na região, Anita era filha de Maria Francisca Eufrásio da Silva e José Domingos da Silva.

Desde muito cedo, suas mãos receberam a fama de curar os males do corpo e da alma. De onde veio o dom divino? Uma incógnita! Era ela também que estava presente nos nascimentos. Ofício de trazer ao mundo ou, como se fala no Paredão, "cortar o umbigo". Anita também era contadora de histórias e conselheira da comunidade.

Sobre a genealogia de Anita, noto que é quase impossível estabelecer uma cronologia sem adentrar em uma questão importante para a historiografia nacional, a formação dos quilombos brasileiros. O Quilombo do Paredão Baixo é uma comunidade que se formou logo após a abolição oficial da escravatura, ocorrida no ano de 1888, quando os negros que pertenciam à antiga Fazenda Fialho, cujo proprietário era Manuel Fialho de Vargas, foram libertos. Estes ex-escravizados procuravam um ambiente seguro para se esconder, com receio de serem recapturados pelos capatazes da fazenda. Na fuga, abrigaram-se num local íngreme, perto de uma parede de pedra, por isso o nome: Paredão.

> [...]o que se conta é que essa região foi aos poucos sendo habitada por descendentes de escravos negros, e que aos poucos foi se tornando uma comunidade. As habitações [eram] feitas de modo bastante rústico de barro e capim, em meio ao mato denso, rodeado por animais silvestres de diversos tipos. Colhia-se frutos da região, mas também já havia uma incipiente lavoura de milho e feijão, capaz de auxiliar no

1 De acordo com moradores mais antigos do Paredão, em um passado recente, era comum que as pessoas fossem oficialmente registradas somente depois de adultas. Então muitas vezes os documentos oficiais confrontam as narrativas orais sobre as idades dos sujeitos.

> sustento destas famílias que gradativamente vinham aumentando. [...] (MACHADO, 2008 apud RAMOS; SMANIOTTO, 2014, p. 221).

Os grupos familiares que compõem este quilombo têm em comum os sobrenomes Eufrásio, Rosa e Hilário, que seriam as três primeiras pessoas libertas a ocupar o espaço do Paredão. Anita é descendente direta deste grupo. Neste contexto, é importante pensar nos quilombos não apenas como um espaço de fuga, mas também como território de resistência a uma sociedade que pouco incluiu os sujeitos negros no pós-emancipação. Muitas vezes sem escolaridade, sem dinheiro para alugar uma casa na cidade e/ou para se manter no meio urbano, viver no quilombo e constituir família neste território foi também uma questão de sobrevivência.

Assim, Vó Anita permaneceu nesta comunidade durante toda a vida, desde a infância. A oralidade dos moradores do quilombo aponta que ela teria tido 9 (nove) filhos biológicos com Antônio Hilário Rosa. Até a finalização desse texto, eles não haviam sido localizados. Alguns de seus descendentes ficaram vivendo na comunidade, nas terras que pertenciam à Anita. Outros espalharam-se pela região metropolitana de Porto Alegre - RS, outra dinâmica comum do quilombo na atualidade: a migração na busca por emprego. Uma das filhas de Anita, já idosa, vive no distrito de Morungava, na cidade de Gravataí - RS, já fora dos limites das terras quilombolas.

Se, hoje, os moradores do Paredão lutam juridicamente para que a comunidade receba o nome de "Quilombo Vovó Anita", essa mudança não surge ao acaso. Esta mulher significou muito dentro do território. Como relatam até os dias atuais: "*Vó Anita era uma mãe que nós tinha* [sic]". Esta antepassada foi uma espécie de matriarca do Paredão Baixo. Parteira, tinha fama de curar com suas mãos, mas também se utilizava de chás e rezas. Em todas as casas da localidade em que adentrei durante os dois anos de pesquisa para o mestrado, alguém tinha sempre uma história para contar sobre a boa velhinha.

A fama era tanta na região que Anita, inclusive, foi entrevistada para um programa de televisão. Sua história foi brevemente retratada no episódio "O milagre de Doroteia", exibido em 2009 na série *Histórias Extraordinárias*, produzida pela RBS TV, de Porto Alegre - RS. O programa mostrou como se davam as curas pelas mãos de Vó Anita. Seus rituais misturavam elementos das crenças afro-brasileiras ao Catolicismo. Este último também tem uma força enorme dentro da comunidade em questão. Sobre isso, Mendes e Cavas afirmam que

> Às práticas tradicionais empregadas pelas benzedeiras e benzedeiros quilombolas, na promoção da cura e proteção, alia-se uma religiosidade sincrética pelas influências culturais das matrizes africanas, católicas e indígenas, produto dos contextos históricos específicos que marcam o povo brasileiro. O sincretismo religioso atribuí-

> do às mulheres e aos homens benzedeiros quilombolas não se dá na mesma medida para todas e todos, mas as primeiras observações do campo revelaram que maioria delas e deles se declara pertencente à religião católica, embora suas práticas, as imagens dos santos canonizados ou não, além das representações de outras divindades mantidas em seus âmbitos domésticos, demonstrem a convivência pacífica entre elementos de proveniências religiosas diversas (MENDES; CAVAS, 2018, p. 4).

Percebo, através das narrativas, que Vó Anita apresentava uma agenda muito parecida com as das mulheres que vivem no Paredão hoje: apesar de não ter sido uma representante formal do território, possuía, em suas mãos, as dinâmicas para a sobrevivência do local. Dinâmicas de organização, afeto e cuidados que vão desde o cuidar das crianças de uma forma comunitária a resolver conflitos em geral. Vó Anita, na palavra dos interlocutores da pesquisa sobre ela, era a preta velha que ralhava com os mais novos e dava bronca nos mais velhos. Se algo não estava indo bem no quilombo, ela intervinha. *"Foi uma das primeiras a chegar aqui, então ela podia brigar"*, me disse sorrindo uma das antigas vizinhas e amiga de Vó Anita.

Jurema Werneck (2010) ilustra esta condição feminina de protagonista nas comunidades de origem africana, quando trata sobre as chamadas Ialodês:

> Trata-se, originalmente, de um título designativo da liderança feminina que, segundo registros historiográficos precários, existiu nas cidades iorubás pré-coloniais. Ialodê indicava a representante das mulheres nos organismos de decisão pública coletiva. Algumas fontes assinalam que o termo ialodê nomeava também a associação pública a que diferentes mulheres se vinculavam (WERNECK, 2010, p.13).

Vó Anita também tinha uma preocupação constante com o que chamava de "fim do mundo". Dizia ela que os tempos estavam perto do seu final, pois a violência urbana, que chegava até o quilombo através do radinho à pilha, era um sinal de que a humanidade se aproximava de uma finitude. Segundo os moradores, Vó Anita se orgulhava da harmonia que reinava no território onde nasceu, onde todas as funções eram devidamente compartilhadas. Como ela repetia constantemente, *"aqui sempre foi assim, quem não trabalhava não comia"*. Essa dinâmica persiste até os dias de hoje, conforme ensinado por essa ancestral cuja história ultrapassa as gerações. Vó Anita chega aos dias atuais como líder, apesar de nunca ter se enxergado desta forma, segundo seus contemporâneos.

## REFERÊNCIAS

ATHAIDE, Lucilene Guimarães. 2021. "Eu era uma mulher que não sabia nada": Trabalho doméstico e redes de cuidado no Quilombo do Paredão Baixo / Taquara-RS. Dissertação de Mestrado em Ciências Sociais. Porto Alegre: Programa de Pós-graduação em Ciência Sociais da Universidade do Vale do Rio dos Sinos (Unisinos).

INSTITUTO NACIONAL DE COLONIZAÇÃO E REFORMA AGRÁRIA (INCRA). Instrução Normativa nº 57, de 20 de outubro de 2009. Disponível em:http://www.incra.gov.br/sites/default/files/uploads/institucionall/legislacao--/atos-internos/instrucoes/in_57_2009_quilombolas.pdf. Acessado em 22 de dezembro de 2020.

MENDES, Dulce Santoro; CAVAS, Claudio São Thiago. Janeiro a março de 2018. Benzedeiras e benzedeiros quilombolas: construindo identidades culturais. In: Revista Interações, vol.19, nº1,.

RAMOS, Andrea Regina; SMANIOTTO, Elaine. Janeiro a dezembro de 2014. Quilombos e quilombolas: a trajetória de resistência e luta na comunidade remanescente do Paredão Baixo em Taquara / RS. In: Universo Acadêmico, Taquara, vol.7, nº1.

SILVA, Hélio R. S. Dezembro de 2009. A situação etnográfica: Andar e ver. In: Horizontes Antropológicos, vol. 32, nº 15, p. 171-188. Disponível em: https://www.scielo.br/j/ha/a/qg3G8GrBsYz7H56nCzJWymx/?lang=pt. Acessado em 25 de julho de 2023.

WERNECK, Jurema. 2010. Nossos passos vêm de longe! Movimentos de mulheres negras e estratégias políticas contra o sexismo e o racismo. In: Revista da ABPN, vol.1, nº.1, p. 8-17. Brasília.

# Wulemotu Alaké a Olukemi Sàlámì

## UMA HISTÓRIA DE TRANSGERACIONALIDADE FEMININA

**Ronilda Iyakemi Ribeiro**

Em 1985, me encontrei pela primeira vez com Wulemotu Alaké, minha querida Wulemotu, cujos nomes significam: Wulemotu, aquela que tem o Axé para harmonizar a família e Alaké, aquela que é agraciada com a harmonia de Oxalá. Não sei se Wulemotu sabia, naquela ocasião, que o *ipin Ori* (destino) de Síkírù Sàlámì, um de seus filhos, faria dele um marco de extrema relevância na história das religiões brasileiras afro-diaspóricas. De Wulemotu, nasceu esse menino que viria a ser o Babalorixá King e de Wulemotu, veio a força feminina ancestral que, em 1986, atravessando meu corpo de mulher branca, colocou em meus braços, para ser amamentada, a menina Oluwakemi, mulher negra iorubá nascida no Brasil.

Esta é, pois, uma narrativa que talvez possamos chamar de "biografia transgeracional" (RIBEIRO 2016), porque relata um pouco da vida de uma mulher africana vigorosa e livre, cuja força atravessaria meu ventre para se fazer presente do lado de cá do Atlântico, no corpo de uma notável negra brasileira. Dada a relevância atribuída ao poder ancestral e à muitas vezes repetida noção iorubá de que nossas heranças não são somente genéticas, mas também espirituais, dou início a esta narrativa com um breve relato da trajetória biográfica de Wulemotu Alaké.

## A TRAJETÓRIA BIOGRÁFICA DE WULEMOTU ALAKÉ NARRADA POR ELA PRÓPRIA

Meu pai se casou com seis mulheres e foram 37 (trinta e sete) os seus filhos. O nome de minha mãe era Kehinde, nome que damos ao caçula de um par de gêmeos que, embora nascendo por último, é o espírito mais velho. O/a gêmeo/a cronologicamente mais velho/a – Taiwo, "o/a que segue na frente", é, de fato, o espírito mais novo que chega primeiramente ao Aiê (mundo físico), para verificar se há condições favoráveis para a chegada de Kehinde, "o/a último/a a chegar", o espírito mais velho - e, portanto, mais respeitável, dado o princípio africano da senioridade, de respeito aos mais velhos.

Kehinde, minha mãe, trouxe ao mundo 16 (dezesseis) filhos e a única menina fui eu, 13ª (décima terceira) na ordem dos nascimentos. Não conheci nem metade de meus irmãos por parte de pai.

**Wulemotu e seus irmãos**

Quando eu estava com 7 (sete) anos, minha mãe adoeceu gravemente e isso marcou o início de um longo período de trabalho pesado para mim. Acordava às 3 (três) horas da manhã, preparava *batiks* para vender e as refeições do dia. Depois, saía para vender os tecidos na feira. Ao retornar, ajudava nos afazeres domésticos. E foi assim que vivi até pouco mais de 25 (vinte e cinco) anos, quando, então, me casei.

Depois de um ano de casada, nasceu minha primeira filha e, como é costume em nossa tradição, consultamos Ifá-Orunmilá, a divindade da Sabedoria, para saber quem era essa criança que estava chegando ao mundo, sob a tutela de qual orixá viveria, quais restrições alimentares e de conduta deveriam ser observadas e como nós, seus pais e seus familiares, deveríamos conduzir os cuidados oferecidos a ela. Logo depois da consulta divinatória, foi realizada a cerimônia "de dar nome" à minha filhinha, o *ese-n-taye*, literalmente o "primeiro degrau da criança no mundo".

Infelizmente, apesar de todos os nossos cuidados, ela morreu pouco tempo depois. Minha segunda filha viveu pouco mais de 7 (sete) anos e, então, eu tive uma 3ª (terceira) menina, que sobreviveu.

Minha terceira menina já havia nascido quando comecei a trabalhar em terminais rodoviários, carregando a bagagem de viajantes, trabalho extenuante e muito mal remunerado. Um dia, encontrei uma amiga na rodoviária e ela sugeriu que nos associássemos para transportar lenha, trabalho igualmente pesado, ou até mais pesado, mas bem remunerado. Aceitei e, dali para frente, diariamente andávamos 10 (dez) quilômetros para apanhar lenha e outros dez para voltar, carregando 15 (quinze) quilos sobre a cabeça. Foi graças a esse trabalho, socialmente desvalorizado, que juntei dinheiro para construir um espaço comercial no terreno da minha mãe, onde comecei a vender comida. Não foi nada fácil, mas consegui reunir condições para comprar 5 (cinco) bicicletas, cujo aluguel aumentou meus ganhos.

Passado algum tempo, já separada de meu marido, mudei com minha filha de Abeokutá para Lagos, capital da Nigéria, e lá me casei com outro homem. Tive 2 (dois) meninos, mas perdi o mais novinho. Então, dos dois meninos e três meninas que eu tivera, estavam vivos somente uma menina e um menino.

**Filhos vivos de Wulemotu Alaké**

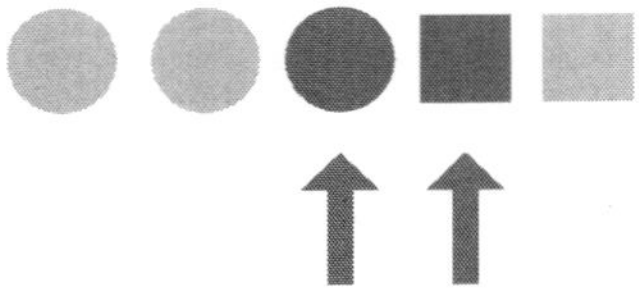

Nessa ocasião, eu já reunira economia suficiente para construir uma casa e, como sempre, sem ajuda de nenhum homem - nem pai, nem irmãos, nem companheiros. Sozinha para conquistar tudo, com muito esforço construí casas e estabelecimentos comerciais. Meu ramo de atividades mudara: eu passara a recolher cascalhos do rio, os transportava e vendia a construtores de casas. Contratei 10 (dez) ajudantes e quase não há casa em meu bairro que não tenha sido construída com areia e pedras recolhidas por mim.

Sem abandonar esse trabalho, assumi outra ocupação: vender bois para abate em festas: comprava os bois, os levava ao local da festa, os abatia e os preparava para serem cozidos em seguida. Contava muito com a ajuda de meus filhos. Chegava a ficar até 4 (quatro) dias sem dormir, trabalhando incessantemente. Foi assim que conquistei boa condição de vida. Certas circunstâncias determinaram que eu retornasse à casa de minha mãe em Abeokutá, onde fiquei morando com meus dois filhos.

Uma 3ª (terceira) união conjugal me trouxe 2 (dois) meninos e uma 4ª (quarta) união me trouxe uma menina. Assim, dos 8 (oito) filhos que tive, sobreviveram 5 (cinco): duas meninas e três meninos. Muito lamentavelmente, perdi duas meninas e um menino.

**Filhas e filhos de Wulemotu Alaké**

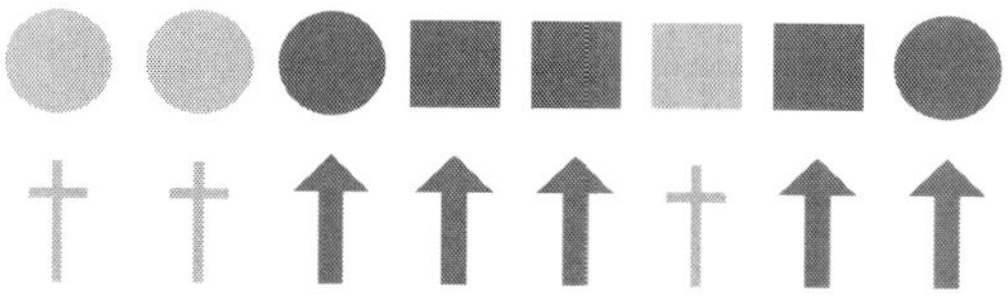

Ao completar 47 (quarenta e sete) anos, avaliei bem minhas condições de vida e achei que seria mais conveniente eu me dedicar exclusivamente aos meus filhos e netos. Conversei com meu marido, expliquei minhas razões e me propus a ajudá-lo a conseguir outra boa esposa, se ele quisesse. Ele compreendeu e concordou. Me mudei com os 2 (dois) filhos mais jovens - o rapaz e a moça -, e 3 (três) netos para uma das casas que eu havia construído. Todos, inclusive as crianças, participam dos trabalhos domésticos. Meus netos estão comigo, mas poderão voltar para a casa de seus pais a hora que quiserem.

Trabalhei muito para ter o que tenho e, chegando aos 58 (cinquenta e oito) anos de idade, passei a me dedicar exclusivamente aos cuidados da família, a minhas atividades religiosas e aos meus amigos. Saio pouco, mas recebo visitas continuamente. Sou muito conhecida e querida onde moro e muitas pessoas me procuram para pedir conselhos, orientação e ajuda na solução de problemas. Ou apenas para conversar. Adoro conviver com meus netos. Eles são minha alegria e meu prazer. Estão comigo porque pedi às suas mães e gostaria de ter outros comigo também, para crescerem a meu lado. Meu descanso é o trabalho que eles me dão. Meu prazer, as vozes deles na casa.

Estou feliz por ter a chance de envelhecer. Envelheço com tranquilidade, criando meus netos e orientando filhos e netos. Toda pessoa idosa tem autoridade. Se uma pessoa idosa diz a duas pessoas que estão atracadas em uma briga que parem de brigar, elas param. Em qualquer situação social, sou sempre bem atendida, recebo muita consideração. Com o envelhecimento, diminuíram minhas forças físicas, mas aumentaram as espirituais. Há velhos que não têm força para carregar pacote de um quilo, mas, de suas bocas, sai orientação para toda a família.

## ALGUNS COMENTÁRIOS DE IYAKEMI

Wulemotu Alaké viveu até os 72 anos, uma vida inteiramente dedicada à família e ao bem de sua comunidade. Ao falecer, seu corpo foi sepultado em um dos quartos da casa e, tendo sofrido morte natural em idade avançada, seguida de grande festa fúnebre, conquistou lugar entre os Ancestrais Veneráveis, no Panteão das Divindades.

Anos antes, a força ancestral de Wulemotu Alaké, carregadíssima de Axé, que me atravessara para dar nascimento à Olukemi. Com igual propriedade, atravessou Síkírù Sàlámì (Babalorixá King), pai de Olukemi, pertencente a uma linhagem real e nascido em Abeokutá. No vasto panorama das religiões brasileiras afro-diaspóricas, esse filho de Wulemotu firmaria, a partir dos anos 1980, um importante marco histórico, ao criar o Egbé Oduduwa. Ele trouxe para o Brasil, com força nunca vista antes (nem depois), os cultos a Ifá-Orumumilá, Egugngun, Iyami Oxorongá e diversos orixás ainda desconhecidos em nossas terras, além de organizar sociedades secretas exigidas por alguns desses cultos. Como se isso não fosse suficiente, sua ação religiosa se estendeu por países europeus, entre os quais a Galícia e a Eslovênia.

Esse filho de Wulemotu enobrece sua memória: King, elo de ouro entre o território sagrado iorubá em África e o território sagrado de religiões de matriz iorubá no Brasil e fora dele, é também elo de ouro entre sua ancestralidade africana e seus filhos nígero-brasileiros, dos quais Olukemi inaugurou a chegada em nosso país.

## NASCE OLUKEMI SÀLÁMÌ

Primeira neta brasileira de Wulemotu, Olukemi Adeolá Ribeiro Sàlámì nasceu na capital de São Paulo, em 1986. Oluwakemi: *Oluwa* significa "Deus", *ke* significa "cuida" e *mi*, "de mim". "Deus cuida de mim" foi o nome a ela atribuído, em reconhecimento ao fato de seu nascimento ter sido uma conquista difícil, talvez impossível, sem os cuidados do Ser Supremo. Adeolá - Coroação da fortuna, em seu mais amplo sentido - foi o nome atribuído a ela por sua chegada ter coroado de fortuna nosso *egbé* (comunidade) e porque o prefixo *ade-* (coroa) indica sua pertença a uma linhagem real.

Associando, à sua personalidade firme e caráter rigoroso, uma boa dose de benevolência e generosidade; já no Ensino Fundamental, demonstrou o anseio de curar pessoas. Não seria a única descendente de Wulemotu a cursar medicina no Brasil, pois Adeniyi e Yasmin, dois de seus irmãos, enveredaram pelo mesmo caminho. Pouco a pouco, Kemi foi associando atividades clínicas a atividades acadêmicas, elegendo como foco a área de Etnomedicina. Não haveria melhor opção para ela, concebida e criada em família nígero-brasileira; impregnada, portanto, do saber tradicional iorubá que, agora, coloca em diálogo com conhecimentos da medicina ocidental.

## COMENTÁRIOS FINAIS DE IYAKEMI

Segundo a compreensão negro-africana (RIBEIRO, 2016; SÀLÁMÌ; RIBEIRO, 2015), nas linhagens humanas, os indivíduos se sucedem ao longo de cadeias geracionais, sem que a linhagem à qual pertencem perca o que há de essencial em sua natureza. Cada identidade individual, não inteiramente dissociável da identidade do coletivo familiar, inclui os que permanecem, os já idos e aqueles que estão por vir.

De nossos ancestrais, herdamos atributos biológicos e qualidades anímicas e espirituais, favoráveis e desfavoráveis. O saber tradicional iorubá a respeito do poder ancestral masculino (*Egungun*) e do poder ancestral feminino (*Iyami Oxorongá/ Geledé*) dá suporte a procedimentos de educação, diagnóstico e tratamento de heranças físicas e espirituais.

Nas fontes dessa sabedoria, aprendemos que há decretos transgeracionais de episódios funestos, assim como há uma espécie de lógica transgeracional reparatória. Essa lógica é observável, por exemplo, no fato de Wulemotu haver ficado irrecuperavelmente cega quando adulta e terem seus netos Olukemi, Adeniyi e Yasmin escolhido a oftalmologia como especialidade médica, totalmente desavisados do caráter transgeracional reparatório de sua escolha.

Reparatório porque o decreto transgeracional de sua linhagem, que determina a possibilidade de haver casos de glaucoma geneticamente herdados, vem sendo neutralizado à medida que membros dessa linhagem se dedicam diária e intensamente a pessoas que necessitam preservar ou recuperar o precioso dom de enxergar.

## REFERÊNCIAS

RIBEIRO, Ronilda Iyakemi. 2016. Morte e Transgeracionalidade: óticas da Psicologia e do Saber Tradicional Iorubá (África Ocidental). In: FREITAS, Marta Helena de; AQUINO, Thiago A. Avelar de; PAIVA, Geraldo José de (Orgs.). Morte, Psicologia e Religião. São Paulo: Fonte Editorial, Edições Terceira Via.

SÀLÁMÌ, Síkírù; RIBEIRO, Ronilda Iyakemi. 2015. Exu e a Ordem do Universo. 2ª Ed. São Paulo: Oduduwa.

# Zacimba Gaba

## UMA ANCESTRAL ENTRE NÓS

**Jurema José de Oliveira**

A história do povo negro no Brasil foi invisibilizada durante séculos. O sistema governamental, com o argumento de que a escravidão era algo abominável, usou de recursos não muito ortodoxos para destruir, inclusive, documentos importantes para a compreensão das ações de negros e negras que não aceitaram passivamente a submissão. Zacimba Gaba, a princesa angolana do reino de Cabinda, lutou dentro e fora de Angola. Em Angola, lutou contra os portugueses e, no Brasil, contra seu feitor e contra traficantes de escravos. Esta guerreira negra teve sua história silenciada devido ao projeto nacional de apagamento da memória da escravidão. Esse movimento em nada contribuiu para a valorização da comunidade negra, pelo contrário, abriu um hiato na representatividade dos grupos humanos que compõem a base da sociedade brasileira.

O século XX viu as teorias da "democracia racial" e da harmonia social se afirmarem com maior vigor a partir da obra "Casa grande e senzala" (1933), de Gilberto Freire. Dito isto, entende-se o quanto foi feito para produzir um discurso de igualdade entre as pessoas, mesmo que, na prática, nada fosse feito de fato. Há um abismo imenso que segrega a população negra e privilegia a população branca. Trazer à tona a história de Zacimba Gaba se faz necessário para preencher um vazio de histórias que fortaleçam a imagem da mulher negra e sua luta ao longo de séculos, pois as nossas ancestrais nunca estiveram distantes, sempre contribuíram, fortalecendo nossos passos que vêm de longe. Essa princesa, nascida no século XVII, comandou o seu povo contra os portugueses na década de 1690:

> A palavra guarda a singularidade mantenedora das distintas práticas, tendo em vista que todas as decisões tomadas por comunidades tradicionais exigem do grupo um processo longo de negociações entre todos os envolvidos com o aval do ancestral que norteia aquele grupo social ou os grupos sociais vigentes naquela sociedade em questão. O indivíduo é a síntese, o habitat propício para unificar todas as forças que emanam da natureza ancestral quando atinge o status de preexistente (OLIVEIRA, 2018, p. 83).

A palavra ancestral sustentadora da história negra em África sofreu com o impacto da chegada do colonizador, mas este não contava com a disposição e determinação de Zacimba Gaba. Apesar de sua resistência, as tropas portuguesas, ávidas por poder e pelo controle das terras de Cabinda, dizimaram o povo liderado por ela. Os sobreviventes foram enviados ao Brasil na condição de escravos. A inserção da princesa de Cabinda em *terra brasilis* se deu na região conhecida hoje como Espírito Santo (ES). Como era de praxe na era colonial, vendiam-se os negros aos senhores que os usavam para serviços variados: na lavoura, na casa grande, como "negros de ganho" - aqueles que trabalhavam e repassavam todos os ganhos a seus donos - e os "negros de aluguel", escravos cujos senhores alugavam seus serviços, inclusive para o poder público da época.

Nesse contexto escravocrata, Zacimba Gaba e mais 12 de seus súditos desembarcaram no Brasil, mais especificamente no Espírito Santo, e foram vendidos ao fazendeiro José Trancoso. Vítima de torturas físicas e psicológicas, Zacimba Gaba manteve-se segura aos seus princípios e ao seu propósito de libertar seus irmãos. A soberania de Zacimba Gaba era o que mais revoltava José Trancoso. O status e o respeito que a princesa tinha dos seus irmãos deixava claro o histórico ancestral herdado do reino de Cabinda.

Assim, o poder que Zacimba Gaba tinha entre os seus deixou José Trancoso apreensivo, pois sua vida corria perigo. Para resguardar a si e à sua família, deixou claro que, se alguma coisa acontecesse a ele ou aos seus, Zacimba Gaba pagaria. Mesmo temendo-a, José Trancoso aumentava cada vez mais as sessões de tortura direcionadas a ela e aos homens oriundos de sua região, da mesma maneira que aumentava o desejo de libertação de Zacimba Gaba e de todos os seus. Historicamente, é sabido que havia uma arma bastante poderosa para se libertar de capatazes violentos: o envenenamento.

O veneno era proveniente de uma cobra chamada de "Preguiçosa", encontrada no Vale do Cricaré em São Matheus – ES, que provavelmente era uma jararaca. Ele ficou conhecido também como "pó de amansar sinhô (NOGUEIRA, 2020). O envenenamento só fazia efeito se ingerido em pequenas doses diariamente. Cabe ressaltar, no entanto, que os senhores de escravos, com medo de serem envenenados, obrigavam os escravos a provarem a comida para saber se estava envenenada ou não. Com isso, Zacimba Gaba levou bastante tempo se submetendo aos abusos do senhor para proteger seus irmãos, pois sabia que, se o senhor desconfiasse, obrigaria um irmão seu a comer a comida, o que poderia ser fatal.

No momento certo, Zacimba Gaba eliminou José Trancoso e todos os torturadores foram dizimados, apenas a família de José Trancoso foi poupada. A princesa de Cabinda liderou seu povo, enfrentou os capatazes e fugiu para fundar um quilombo no norte do Espírito Santo, hoje município de Itaúnas. Livres das amarras do senhor Trancoso, o povo de Zacimba liderou diversas revoltas e o quilombo que criou tornou-se ponto de referência para escravos fugidos.

A sua existência foi dedicada à luta e à justiça. Ela liderou e guiou diversas batalhas no porto de São Matheus para libertar negros chegados de África que seriam vendidos aos senhores de terra. Em suas ações, os navios eram destruídos, pois, assim, não poderiam retornar à África para fazer novos carregamentos de pessoas. Convicta de sua função social, política e humanitária, Zacimba Gaba morreu invadindo um navio português, lutando pelo povo cabindense.

## REFERÊNCIAS

FREIRE, Gilberto. 2006. Casa grande e senzala. 51ª ed. São Paulo: Global Editora.

AGUIAR, Maciel de. 24 de junho de 2019 Zacimba Gaba – Princesa, Escrava e Guerreira. [online] In: Morro do Moreno [página de internet]. Disponível em http://www.morrodomoreno.com.br/materias/-zacimba-gaba-princesa-escrava-e-guerreira.html. Acessado em 08 de julho de 2021.

NOGUEIRA, André. 25 de fevereiro de 2020. Zacimba Gaba, A Princesa Angolana Que Foi Escravizada E Lutou Pela Liberdade De Seu Povo. [online] In: Aventuras na história [página de internet]. Disponível em: https://aventurasnahistoria.uol.com.br/noticias/reportagem/zacimba-gaba-princesa-angolana-que-foi-escravizada-e-lutou-pela-liberdade-de-seu-povo.phtml. Acessado em 08 de julho de 2021.

OLIVEIRA, Jurema. 2018. O preexistente e sua ausência em narrativas contemporâneas de Moçambique, Angola e Brasil. In: OLIVEIRA, Jurema (Org.). Africanidades e Brasilidades: Literaturas e Linguística. 1ª Ed. Curitiba: Appris.

# Zaíra de Oliveira

**Antonilde Rosa Pires**

Zaíra de Oliveira, cantora lírica negra, carioca, nasceu em 1º de fevereiro de 1900 e faleceu em 1951, no Rio de Janeiro. Seu ecletismo vocal lhe permitiu cantar tanto o repertório do canto lírico quanto o das tradições populares. Ela foi aluna do Instituto Nacional de Música (INM), atual Escola de Música da Universidade Federal do Rio de Janeiro (UFRJ), no início do século XX. Abalada, Moreira e Câmara[1] constataram diferentes grafias do nome Zaíra. Encontraram os seguintes homônimos: Izaira de Oliveira, Izaíra de Oliveira, Isaira de Oliveira, Isaïra de Oliveira e Isaura de Oliveira. No campo lírico, as fontes indicam que a soprano Zaíra de Oliveira foi aluna do Instituto Nacional de Música na classe do profº. Amaro Barreto de Albuquerque Maranhão, atuando em concertos, recitais e concursos do

1 O grupo de pesquisa Africanias do PPGM/UFRJ, do qual são também integrantes: Victor Emmanuel Teixeira Mendes Abalada e Daniel Salgado da Luz Moreira, é que tem se debruçado para desenvolver pesquisas e escrever sobre a trajetória de Zaíra de Oliveira. Por isso, a escrita deste verbete é fruto de um trabalho feito a várias mãos, em especial, por esses autores; é uma produção coletiva e amparada pelo Africanias, sob a coordenação da profª. Drª. Andrea Albuquerque Adour da Câmara e vice-coordenação da Ms. Antonilde Rosa Pires.

Instituto do fim da década de 1910 até meados da década seguinte.[2] Se o Instituto não tinha "preconceitos instituídos" (de raça, de credo, de gênero etc.) em seus estatutos, a realidade podia se mostrar outra.

Embora tivesse tido uma formação no repertório da música de tradição clássica, foi premiada pelo Instituto Nacional de Música (INM) com o primeiro lugar em um concurso de canto interno da instituição, no fim de 1921. Nessa ocasião, recebeu uma medalha de ouro na sessão solene que inaugurou o salão do Instituto, com a entrega de diplomas e medalhas aos alunos laureados nas diversas cadeiras musicais (incluindo alunos de piano, violino, violoncelo, canto). A solenidade foi presidida pelo ministro de Justiça e Negócios Interiores, Joaquim Ferreira Chaves, e contou com a presença do então Presidente da República.

Zaíra cantou, com a orquestra do Instituto, regida por Francisco Braga, a ária "O Ciel di Parahyba", da ópera *Lo Schiavo*. Observa-se, no programa da inauguração, a aprovação de alguns primeiros lugares nas várias categorias, incluindo a premiação de Zaíra, medalhista de ouro. De acordo com o relatório do ministro da Justiça e Negócios Interiores, o resultado foi estabelecido por aprovação pela maioria de votos do júri. Porém, dividiu o prêmio com o mezzo-soprano Emery de Carvalho e Souza – também discípula de Amaro Barreto –, igualmente agraciada com o primeiro lugar graças ao voto de desempate do diretor da instituição (CHAVES, 1922, p.72). Ação no mínimo estranha, afinal, se havia maioria, como teria de haver um voto de desempate?

Como agravante, é interessante verificar a publicidade do próprio evento, que, muitas vezes, omitiu o nome de Zaíra. Ao anunciar o concerto em sua homenagem realizado em 1925, o "Jornal do Brasil" descrevia a cantora como "prêmio de viagem do Instituto Nacional de Música" (JORNAL DO BRASIL, 12 de junho de 1925). Zaíra protagonizou ampla atividade tanto na música clássica quanto na música popular e seus talentos eram destacados pelos críticos e pelos apreciadores de suas artes. Um exemplo é a citação do embaixador Paschoal Carlos Magno, no livro "Não me acuso nem me perdoo", no qual ele afirma ser a Zaíra "uma das maiores cantoras negras do mundo", aquela que "podia ter sido a nossa Marian Anderson" (MAGNO, 1969).

Em 1932, Zaíra se casou com Donga, com o qual desenvolveu parceria profissional no campo da música. Embora ela tenha tido muita visibilidade e reconhecimento pela sua arte, ela é lembrada, no imaginário do racismo patriarcal, apenas como esposa de Donga; como se não tivesse seus próprios méritos artísticos.

2 Como indicam notas em jornais como "Correio da Manhã", "Jornal do Brasil", "Jornal do Commercio" e programas de recitais ligados ao Instituto Nacional de Música.

Com isso, ela se torna mais uma personalidade feminina negra apagada da História do Brasil. Mesmo tendo desenvolvido uma trajetória artística enquanto aluna do Instituto e intérprete lírica negra no Rio de Janeiro da República Velha, a memória de Zaíra de Oliveira foi apagada da história da música clássica brasileira. É no campo da música popular que encontramos mais registros e informações sobre o protagonismo e a vida da cantora.

Dados revelam que, no mesmo ano em que Zaíra fora condecorada no Instituto Nacional de Música pelo seu exímio desempenho no repertório do canto lírico, ela se apresentou na Exposição do Centenário da Independência do Brasil, em um evento promovido pela Rádio Sociedade, que tinha um estúdio na Exposição. "Nesta ocasião, acompanhava-a uma orquestra popular dirigida pelo maestro Pixinguinha, que contava com a participação dos Oito Batutas, que incluíam, entre seus componentes, Ernesto Joaquim Maria dos Santos, conhecido como Donga, com quem Zaíra viria a esposar-se em 1932." (ZAÍRA, 2021).

Em 1924, ela gravou em um estúdio pelo selo Odéon, cantando canções populares, incluindo obras de Eduardo Souto, outro artista que transitava entre o erudito e o popular (DICIONÁRIO MPB ONLINE). No festival artístico realizado no Teatro Municipal de Niterói, em 27 de julho de 1925, Zaíra cantou um repertório no qual incluiu a canção "Dolor supremus", de Alberto Nepomuceno; as árias "Vissi d'arte", da ópera "Tosca", de Giacomo Puccini e "Come serenamente", da ópera "Lo Schiavo", de Carlos Gomes; e as canções de Souto: "A despedida", "Triste amor", "Mágoas", "Nunca mais" e "Cantiga praiana" (CORREIO DA MANHÃ, 02 de julho de 1925).

Em 1925, junto com o Grupo Tupy - especializado no repertório inspirado no universo religioso afro-brasileiro -, Zaíra realizou uma *tournée* que partia do Rio para São Paulo, acompanhada por Souto, com o intuito de apresentar "audições de músicas brasileiras" (JORNAL DO BRASIL, 15 de agosto de 1925). Além de Eduardo Souto, a cantora atuou e estabeleceu vínculo com vários artistas renomados, dentre eles: Zizinha Costa, Gastão Formenti, o célebre cantor Formenti, Nascimento Silva, Bidù Sayão, dentre outros.

Como coralista, Zaíra também desempenhou funções importantes. Foi coordenadora dos orfeões escolares, cargo atribuído pelo próprio maestro Heitor Villa-Lobos com quem, "pelos seus conhecimentos teóricos e virtuosismo interpretativo, Zaíra se desobrigava, merecendo amplos elogios" (EFEGÊ, 2007, p. 261). A voz de Zaíra foi registrada em uma série de gravações. Além da Odéon, ela gravou pela Parlophon e pela Victor, em um total de 21 discos com 25 músicas. Dentre as gravações, se destacaram, como sucessos populares, a valsa "Solange", composição do bailarino Duque, e a batucada "Já andei", de Pixinguinha, Donga e João da Baiana (ZAÍRA, 2021).

Foi corista, também, no Coro do Theatro Municipal do Rio de Janeiro, de acordo com entrevista de sua aluna Dona Ivone Lara, que teve aulas de música com a soprano no Colégio Orsina da Fonseca, na Tijuca (SOUZA, 2017). Porém, segundo os estudiosos Abalada, Moreira e Câmara, a informação sobre esta sua atuação necessita ser ainda devidamente checada nos arquivos do Theatro, dado que não é citada em nenhum outro lugar. Zaíra desenvolveu também atividades pedagógicas; tornou-se professora de canto de outro expoente canoro da música popular brasileira, Dalva de Oliveira, de quem foi uma grande amiga (ZAÍRA, 2021).

Os estudos realizados pelos pesquisadores do grupo "Africanias" da Escola de Música da UFRJ – a saber: Victor Emmanuel Teixeira Mendes Abalada, Daniel Salgado da Luz Moreira e Andrea Albuquerque Adour da Câmara -, apontam que seu legado fonográfico conta com duetos com importantes personagens da Música Popular Brasileira (MPB), dentre as quais, Carmen Miranda; além de ter criado clássicos como "Canção dos infelizes", de autoria de seu esposo, Donga.

Sua gravação desta canção específica demonstra seus talentos de declamação. Ao escolher recitar a segunda estrofe ao invés de simplesmente cantá-la, como fazem gravações posteriores, tais quais a de Elizeth Cardoso, Zaíra demonstra os frutos de seu estudo, ainda na década de 1920, com a *diseuse* Ângela Vargas Barbosa Vianna. Numerosas notas de jornal punham em evidência sua participação em saraus desta professora (JORNAL DO BRASIL, 08 de abril de 1921). Gravou também, como integrante do Conjunto Tupy, "No terreiro de Alibibi", de Gastão Viana - peça que inspirou Francisco Mignone em "Maracatú de Chico Reï". É de se ressaltar o papel de Zaíra como precursora no rádio, introduzindo, com o apoio de Roquette Pinto e companhia de Ligia Salgado, "números seletos de canto nos programas de rádio, então em pleno nascimento", papel que lhe fora destacado em seu necrológio do jornal "O Globo", de 13 de agosto de 1952. Em se tratando de rádio, é de frisar-se a maneira com a qual Zaíra se transformou em uma das cantoras favoritas do *insigne* radialista Ademar Casé, figura que revolucionou o rádio brasileiro na década de 1930.

## REFERÊNCIAS

CORREIO DA MANHÃ. 02 de julho de 1925. Rio de Janeiro.

CHAVES, Joaquim Ferreira. 1922. Relatório apresentado ao Presidente da República dos Estados Unidos do Brasil pelo Ministro da Justiça e Negócios Interiores. Rio de Janeiro: Imprensa Nacional.

EFEGÊ, Jota. 2007. Figuras e coisas da Música Popular Brasileira. Volume II. Rio de Janeiro: Funarte.

JORNAL DO BRASIL, 08 de abril de 1921. Rio de Janeiro.

JORNAL DO BRASIL, 12 de junho de 1925. Rio de Janeiro.

JORNAL DO BRASIL, 15 de agosto de 1925. Rio de Janeiro.

MAGNO, Paschoal Carlos. 1969. Não acuso nem me perdoo: Diário de Atenas. Rio de Janeiro: Record.

NECROLÓGIO de Zaíra de Oliveira. 13 de agosto de 1952. In; Jornal O Globo. Rio de Janeiro.

SOUZA, Tárik de. 2017. MPBambas: Histórias e Memórias da Canção Brasileira. Volume I. São Paulo: Kuarup Editora.

ZAÍRA DE OLIVEIRA. [verbete] 2021. In: DICIONÁRIO CRAVO ALBIN DA MÚSICA POPULAR BRASILEIRA [página de internet]. Disponível em: http://dicionariompb.com.br. Acessado em 29 de junho de 2021.

# Zeli de Oliveira Barbosa

**Gabriele Costa**
**Amanda Motta Castro**

A história de vida de Zeli de Oliveira Barbosa inicia-se em 1941 na cidade de Porto Alegre – RS. Nascida em uma família muito pobre, quando era criança foi morar na casa de uma família branca em que já trabalhava como doméstica, seguindo as sobras da cultura escravocrata. Uma mulher, negra, mãe de cinco filhos, empregada doméstica, com apenas Ensino Fundamental; essa é Zeli de Oliveira Barbosa. Zeli trabalhava na casa de uma socióloga, pela qual ela tinha muito respeito, porque a ajudava muito em tudo. Durante a narrativa, ela cita inúmeras vezes a patroa.

Sua criação foi com uma família de classe média branca, então a sua escrita sobre a Vila da Ilhota[1] reflete a sua visão sobre o comportamento e os costumes dos moradores da vila, que era distinta da visão que esses tinham dela. Ela os descreve

1 A Vila da Ilhota é considerada a primeira favela da cidade de Porto Alegre – RS. Se localizava próxima ao centro da cidade, o que fez com que houvesse inúmeros projetos, ao longo dos anos, para extingui-la, o que aconteceu na década de 1970. Era habitada por moradores pobres, em sua maioria negros/as ou pardos/os, marginalizados e estigmatizados como criminosos. Ela integra a memória e cultura negra de Porto Alegre – RS.

com estranhamento, pois como ela afirma "quando se tem uma certa formação moral nada nos atinge" (BARBOSA, 1993, p. 18).

Para a sociedade letrada, uma mulher negra das classes subalternas escrever suas memórias após superar todos os obstáculos sociais que lhe impuseram e conseguir publicar sobre a vida em uma favela que só era lembrada pelas vivências escritas nos sambas de Lupicínio Rodrigues e durante o carnaval, na lembrança da cidade; é surpreendente.

Estas memórias da autora entram em confronto com o olhar positivo sobre a Vila da Ilhota apresentado pelo compositor Lupicínio Rodrigues, que nasceu neste local, onde morou e sobre o qual cantou. Para a população negra, a Ilhota é um dos seus territórios tradicionais, devido à sua importância para a cultura e a história do povo negro, ao lado da Colônia Africana e do Areal da Baronesa, por ter se tornado um espaço de concentração de negros após a abolição.

A autora, porém, resiste à cultura local do ambiente, não se sentindo parte do todo. Assim, é possível observar, em seu texto, o conceito de resistência como definido por Alfredo Bosi, para quem "resistência é um conceito originariamente ético, e não estético. O seu sentido mais profundo apela para a força da vontade que resiste a outra força exterior ao sujeito. Resistir é opor a força própria à força alheia" (BOSI, 2002, p. 118) Como protagonista, ao narrar, Zeli de Oliveira resiste ao meio em que vive e à forma como as pessoas que ali habitam se comportam.

Em 1972, ela começa a escrever suas memórias sobre o período em que viveu nesta favela e as experiências impactantes que viveu lá. Tendo cursado apenas o Ensino Fundamental, ela fez a sua escrita. "Comecei a namorar, casei e parei de estudar." A autora optou por escrever porque, "em conversas, posso não dizer tudo que sinto, mas, se escrever, eu digo.", como ela afirmava. Em seis meses de 1972, suas experiências de vida na Vila da Ilhota foram escritas. No período em que ela escrevia, a Vila já não existia mais. Os moradores haviam sido retirados pela prefeitura e transferidos para um lugar mais distante, que deu origem à Vila da Restinga. Os moradores foram removidos do grande centro para as margens da cidade.

A voz de Zeli de Oliveira inicia-se a partir do momento em que ela começa a escrever em sua casa e seleciona, nas suas memórias, o que gostaria de falar e o que não poderia ser dito, sobre tudo e todos da Vila da Ilhota. Como forma de refúgio do 'eu', ela argumenta porque, somente naquele momento em 1972, ela sabe o que é viver, pois antes, na Ilhota, ela não sabia:

> Somente agora, depois de muitos anos, é que me deu vontade de escrever, pois dizem que recordar é viver e só agora eu vivo realmente. Naquela época, a cada instante que passava, eu morria lentamente. Sentada na mesa da cozinha, vou me recordando de alguns momentos passados na Ilhota, apesar de não conhecer a vida

marginalizada, sim, porque onde eu vivia e o que passei lá, imagino, talvez fosse assim (BARBOSA, 1993, p. 15).

O relato da autora se passa na cidade de Porto Alegre - RS dos anos 1960, quando as favelas eram uma alternativa de moradia para a população excluída da sociedade. Por isso elas estavam em crescimento contínuo. As memórias de Zeli sobre período em que residia na favela, casada e com filhos, são lembranças de suas vivências e de seu cotidiano na Ilhota.

A temporalidade que Zeli cria em seu testemunho não é baseada no tempo do calendário. O tempo da narrativa é livre. Conforme ela vai descrevendo cada momento que marcou a sua vida, a sua mudança para a Vila, o nascimento dos filhos, as mortes dos moradores, os conflitos com os vizinhos, as enchentes, a vida ao lado do seu esposo, os conflitos com a polícia, o amor por sua mãe; ela tece uma temporalidade própria.

A polícia também é citada inúmeras vezes pela forma como agia com todos os moradores. As batidas que os policiais faziam atrás de bandidos, invadindo as casas das pessoas, assustavam a todos, até mesmo as crianças. "As minhas não podiam ver mais um brigadiano, pois tinham medo de farda, corriam até de militar do exército, corriam para dentro apavoradas, e eu não queria isso, pois sempre achei que se deve dizer às crianças que um policial não é inimigo de ninguém e que, muitas vezes, ele morre ao cumprir seu dever para com o próximo" (BARBOSA, 1993, p.41).

Em algumas batidas, os policiais levavam até os homens que não tinham emprego fixo, como o esposo de Zeli, que já havia sido preso injustamente. Então, a narradora, como cidadã, dizia: "É uma pena que os superiores da polícia ponham alguns elementos incapazes para cumprir a lei que é tão necessária em toda a cidade, já que, para isso, a pessoa teria de ser também cumpridora da lei, da lei e da educação para com o próximo, o que não acontece com muitos" (BARBOSA, 1993, p.40).

O livro de Zeli de Oliveira faz parte de um projeto nomeado "Memória dos Bairros", feito pela Prefeitura de Porto Alegre – através da Secretaria Municipal de Cultura e da Coordenação de Memória Cultural – que se iniciou em 1989. A proposta era escrever a memória dos moradores, para contar a história dos bairros de Porto Alegre. Para isso, uma equipe de pesquisadores foi selecionada pela Secretaria Municipal de Cultura para ouvir depoimentos de antigos moradores de diferentes bairros.

Após alguns anos, em 1993, como o projeto se manteve, a Unidade Editorial da Secretaria Municipal de Cultura deu origem à série "Outras Vozes", pela qual foram publicadas as escritas de pessoas pertencentes às classes subalternizadas. Homens e mulheres desconhecidos da sociedade letrada, que contribuíram para a história da cidade, com a escrita de suas vivências, a partir de seus testemunhos.

Assim, o texto "Ilhota: testemunho de uma vida", de Zeli de Oliveira Barbosa, abriu a série em 1993.

A obra de Zeli de Oliveira Barbosa é um olhar sobre os mais diversos temas: a educação, a saúde, a moradia, a violência, a população, a religião. Tudo que estava a sua volta na Ilhota e que lhe causava os mais diversos sentimentos, desde a admiração até o medo, ela descreveu. Uma escrita de vocabulário simples, que transmite ao leitor o universo de uma favela, desde seus habitantes até questões ligadas à moradia e ao desenvolvimento do ambiente.

Uma obra que retrata a vida de muitos afro-brasileiros e afro-brasileiras que vivem nas favelas do Brasil até os dias de hoje. Uma escrita que denuncia um sistema que trata com descaso o povo da favela. A autora faleceu no dia 9 de março de 2017, em Gravataí – RS, com uma infecção generalizada. Zeli de Oliveira Barbosa participava ativamente de eventos da Consciência Negra em Porto Alegre. Teve contato com Lupicínio Rodrigues no antigo bar Tulio Piva. Sua escrita é comparada à escrita de Carolina Maria de Jesus, no livro "Quarto de Despejo: Diário de uma favelada".

## REFERÊNCIAS

BARBOSA, Zeli de Oliveira. 1993. Ilhota: testemunho de uma vida. Porto Alegre, EU/ Porto Alegre: Outras vozes.

BOSI, Alfredo. Literatura e Resistência. 2002. São Paulo: Companhia das Letras.

# Sobre as Autoras e Autores

**ADAILTON MOREIRA COSTA**

Mestre em Educação pelo Programa de Pós-Graduação em Educação da Universidade do Estado do Rio de Janeiro (Proped UERJ - CAPES7). Formado em Ciências Sociais pela Pontifícia Universidade Católica do Rio de Janeiro (PUC-Rio) e Licenciatura em Sociologia da Educação com ênfase em Antropologia Cultural e as questões relacionadas sobre gênero, raça, religiões, cultura e religiosidade afro-brasileira. Sacerdote religioso do Ilê Omiojuaro (Comunidade de Terreiro de Candomblé).

E-mail: adailtomoreiracosta@gmail.com

**ÁDRIA BORGES FIGUEIRA CERQUEIRA**

Docente do Instituto Federal de Goiás (IFG) - Câmpus Cidade de Goiás. Graduada em História pela Universidade Estadual de Goiás (UEG), Mestre em História pela Universidade Federal de Goiás (UFG) e especialista em Formação Docente em História e Culturas Africanas e Afro-Americanas também pela UEG.

E-mail: adria.cerqueira@ifg.edu.br

**AGNES RAQUEL CAMISÃO**

Doutora em Ciências da Saúde pelo Programa de Pós-Graduação em Enfermagem da Faculdade de Enfermagem da Universidade de Campinas (UNICAMP-SP). Coordenadora e Docente do Curso de Enfermagem da Faculdade Evangélica de Goianésia - GO. Voluntária na ONG Expedicionária da Saúde (EDS), levando dignidade e saúde para as comunidades indígenas. Desenvolve atividades de Pesquisa no grupo de pesquisa Ubuntu e coordena o grupo de pesquisa Leodegária de Jesus. É também coordenadora do coletivo Carolina Maria de Jesus e membro da Associação Brasileira de Pesquisadores Negros (ABPN).
E-mail: agnescamisao1963@gmail.com

**ALINE NAJARA DA SILVA GONÇALVES**

Doutoranda em História Social pela Universidade Federal Rural do Rio de Janeiro (UFRRJ). Mestra em Estudos de Linguagens pela Universidade do Estado da Bahia (UNEB). Especialista em História e Cultura Afro-Brasileira pela Faculdade de Visconde de Cairú (FAVIC) e licenciada em História
pela UNEB. É professora substituta no Colegiado de História da Universidade do Estado da Bahia (UNEB – Campus XIII). É autora do livro *Luiza Mahin: uma rainha africana no Brasil.*
E-mail: alinasigo@gmail.com

**AMANDA CRISPIM FERREIRA VALERIO**

Doutora em Letras pela Universidade Estadual de Londrina (UEL). Mestra em Estudos Literários pela Universidade Federal de Minas Gerais (UFMG). Graduada em Letras pela UEL. Professora do curso de Letras da Faculdade (Pitágoras-Unopar).
E-mail: amacrispim@gmail.com

**AMANDA MOTTA CASTRO**

Professora do Programa de Pós-Graduação em Educação da Universidade Federal do Rio Grande (FURG) e docente do Departamento de Educação da mesma instituição. É docente colaboradora do Programa de Pós-Graduação em Ciências Humanas e Sociais da Universidade Federal do Oeste da Bahia (PPGCHS/UFOB). Doutora pelo programa de Pós-Graduação em Educação da Universidade do Vale do Rio dos Sinos (UNISINOS). Foi bolsista CAPES de 2009 a 2015. É mestra em Educação (2011) e licenciada em Pedagogia (2000). Realizou estágio de doutoramento na Universidad Autonoma Metropolitana del México (UAM), no Departamento de Antropologia. Trabalhou no Ministério da Educação (MEC) e na Organização das Nações Unidas para a Educação, a Ciência e a Cultura (ONU/UNESCO), desenvolvendo trabalhos

no campo da Educação, através de projetos sociais e formação docente. Compõe la Comunidad de Pensamiento Feminista Latinoamericano: El Telar e o Grupo de pesquisa interdisciplinar Lélia Gonzalez. Trabalha com os seguintes temas de pesquisa: Feminismo, Educação Popular, Arte Popular e Desigualdades Sociais.
E-mail: motta.amanda@gmail.com

**ANDREA BORELLI**

Doutora em Ciências Sociais e Mestre em História pela Pontifícia Universidade Católica de São Paulo (PUC-SP). É coordenadora do curso de História e do Núcleo de Práticas Científicas da Cruzeiro Virtual e pesquisadora do Núcleo de Estudos de História Social das Cidades da PUC-SP.
E-mail: andrea.borelli1@gmail.com

**ANDREIA BATISTA COELHO**

Licenciada em Letras - Português com especialização em Impactos da Violência na Escola. Pedagoga (Semed), Anápolis – GO. Mestranda em Formação de Professores e Políticas Públicas (UFR). Linhas de pesquisa de seu interesse: Ensino de Línguas, EJA, Currículo Crítico.
E-mail: andreiaacoelho@gmail.com

**ANDRESA KARINE RODRIGUES NOVAIS DE JESUS**

Mestranda em Estudos da Linguagem pelo Programa de Pós-graduação em Estudos da Linguagem (PROGEL) da Universidade Federal Rural de Pernambuco (UFRPE).
E-mail: a.novais2407@gmail.com

**ANDRIELLY MERCES FREIRE CARNEIRO**

Graduanda em Letras-Português pela Universidade Federal de Goiás (UFG). Pesquisa políticas de ensino de Língua Portuguesa no Brasil.
E-mail: andrielly_merces@discente.ufg.br

**ANICLEIDE DE SOUSA**

Mestra em História pelo Programa de Pós-Graduação em História (PPGH) da Universidade Federal da Paraíba (UFPB - 2018); graduada em licenciatura plena em História também pela UFPB (2015). Possui interesse na área de História do Brasil Império, com ênfase em História da Paraíba no século XIX e atua como professora na Secretaria de Estado da Educação e da Ciência e Tecnologia (SEECT) da Paraíba.
E-mail: cleidinhasousa19@hotmail.com

**ANNA M CANAVARRO BENITE**

Doutora e Mestra em Ciências e Licenciada em Química pela Universidade Federal do Rio de Janeiro (UFRJ). Professora Associada IV da Universidade Federal de Goiás (UFG), onde coordena o Laboratório de Pesquisas em Educação Química e Inclusão - LPEQI.

E-mail: anna@quimica.ufg.br

**ANTONILDE ROSA PIRES**

Doutoranda em Música pelo Programa de Pós-Graduação em Música (PPGM) da Universidade Federal do estado do Rio de Janeiro (UNIRIO). Mestra em Música pelo PPGM da Universidade Federal do Rio de Janeiro (UFRJ). Graduada em Canto (Bacharelado) pela Escola de Música e Artes Cênicas (EMAC) da Universidade Federal de Goiás (UFG). Tem como áreas de interesse de pesquisa: Musicologia História e Práticas interpretativas na perspectiva de artes integradas ao contexto cênico.

E-mail: antonilde.rosa@edu.unirio.br

**CARLA BEATRIZ MEINERZ**

Doutora em Educação pela Universidade Federal do Rio Grande do Sul (UFRGS - 2005). Docente do Departamento de Ensino e Currículo e do Programa de Pós-Graduação em Educação da Faculdade de Educação da UFRGS. Tem experiência na área de Educação como professora, extensionista e pesquisadora, com ênfase em Ensino de História, atuando principalmente nos seguintes temas: Processos de Escolarização, Juventudes, Ensino de História e Educação, e Educação das Relações Étnico-Raciais.

E-mail: carlameinerz@gmail.com

**CÉLIA MAÍRA DA SILVA ESTRELLA**

Possui mestrado em História pela Pontifícia Universidade Católica de São Paulo (PUC-SP - 1992) e doutorado em História Econômica pela Universidade de São Paulo (USP - 2003). É professora titular da Universidade Cruzeiro do Sul.

E-mail: mairaestrella@gmail.com

**CLARA LUSIA SOUSA**

Acadêmica do Curso de Enfermagem da Faculdade Evangélica de Goianésia.

E-mail: clara.ljd@gmail.com

### CLÁUDIA DELBONI

Graduada e mestre em História pela Universidade de São Paulo (USP), doutora pela Universidade Federal da Grande Dourados (UFGD), quando participou de um projeto de pesquisa com mulheres em Moçambique. Em sua atuação de pesquisa, trabalha com com mulheres de assentamentos rurais.

E-mail: claudiadelboni50@gmail.com

### CLÉIA DA SILVA COSTA

Cléia é liderança comunitária da comunidade remanescente de Quilombo do Degredo. Localizada no norte do Espírito Santo, a comunidade do Degredo foi atingida pelo Rompimento da Barragem do Fundão, que despejou toneladas de rejeito de mineração no rio Doce, atravessando os estados de Minas Gerais e Espírito Santo, vindo desaguar no Oceano Atlântico. Essa é talvez a mais dura batalha travada por Cléia, que é uma das Mestras do jongo capixaba, mantendo viva a tradição em sua comunidade.

### CRISTINA ADELINA DE ASSUNÇÃO

Mestre em História pelo programa de História Social da Pontifícia Universidade Católica de São Paulo (PUC-SP - 2009) e licenciada e bacharel em História pelo Centro Universitário Fundação Santo André (FSA - 2003). É mãe, atriz, slammaster, produtora, professora de história e moradora da Cohab I. Desde 2006, atua na área de audiovisual, produção cultural e teatro. Em 2011, dirigiu o documentário *Jardim Samara: história e identidade* e escreveu o livro homônimo que retrata a história do bairro. É membro do coletivo de trabalhadores da cultura Dolores Boca Aberta Mecatrônica de Artes desde 2013. É cofundadora do Slam da Guilhermina desde 2012 e, em 2015, passou a atuar como Slammaster do evento. É também cofundadora do Slam Interescolar de São Paulo. Desde 2012, faz diversas produções; entre elas, um show em homenagem à Luiz Gama: *Luiz Gama em 3 Atos,* do qual orgulhosamente integra a equipe, e o encontro Territórios da Memória, projeto do Instituto Vladmir Herzog. Em 2019, produziu o palco do Banquetaço - Festival Comida de Verdade no Clube da Comunidade (CDC) Vento Leste. Em 2020, foi produtora do carnaval de rua de São Paulo, atuando especificamente nos blocos da Zona Leste da cidade. Em 2021, produziu a Batalha dos Slam e o concurso literário Tâmaras: Poesias para depois de amanhã, com o Polo Cultural.

E-mail: tinaclio@gmail.com

### DECLEOMA LOBATO PEREIRA

Mestra e doutoranda em História Social pela Universidade Federal do Pará (UFPA). Graduada em História também pela UFPA (1996), é especialista em História da Amazônia pela Universidade Federal do Amapá (UNIFAP) e em Patrimônio Arqueológico pela Universidade Estadual do Amapá (UEAP). É servidora pública do Estado do Amapá e desenvolve suas atividades profissionais na Biblioteca Pública Estadual Elcy Lacerda - SECULT e na Secretaria Municipal de Educação.
E-mail: decleuma@hotmail.com

### DENISE MARIA RODRIGUES VIEIRA

Pedagoga pela Universidade Federal de Santa Mônica (UFSM). É especialista em História e Cultura Afro-Brasileira pela Faculdade de Educação São Luís e pesquisadora do Núcleo de Estudos e Pesquisas E'léékò da UFPel/UFRGS.
E-mail: deniserodriguesvieira83@gmail.com

### DENISE T'ÒGÚN BOTELHO

Professora Associada do Departamento de Educação da Universidade Federal Rural de Pernambuco (UFRPE/DED). Atua no Programa de Pós-Graduação em Educação, Culturas e Identidades (UFRPE/FUNDAJ). É líder do Grupo de Estudos e Pesquisas em Educação, Raça, Gênero e Sexualidades Audre Lorde - Núcleo de Estudos Afro-Brasileiros (NEAB) da UFRPE.
E-mail: denise.botelho@ufrpe.br

### DENIZE DE ALMEIDA RIBEIRO

Doutora em Saúde Coletiva pelo Instituto de Saúde Coletiva da Universidade Federal da Bahia, professora da Universidade Federal do Recôncavo da Bahia (UFRB). Coordenadora do Negras - Núcleo de Estudos e Pesquisas em Gênero, Raça e Saúde da UFRB.
E-mail: ialode@ufrb.edu.br

### DILAINE SOARES SAMPAIO

Historiadora, Especialista, Mestre e Doutora em Ciência da Religião pela Universidade Federal de Juiz de Fora (UFJF). É professora Adjunta do Departamento de Ciências das Religiões da Universidade Federal da Paraíba (UFPA). Pesquisa religiões afro-brasileiras.
E-mail: dicaufpb@gmail.com

**DJALMA OLIVEIRA DE SOUZA**

Mestre em História pela Pontifícia Universidade Católica de Goiás (PUC-GO). Professor na Rede Estadual de Educação.
E-mail: djalmaosclje@hotmail.com

**EDGAR DA SILVA GOMES**

Pós Doutorado em História pelo Instituto Histórico e Geográfico de Santa Catarina (IHGSC), Doutorado em História Social pela Pontifícia Universidade Católica de São Paulo (PUC-SP). Pesquisador do Núcleo de Estudos de História Social da Cidade (NEHSC da PUC/SP), Editor das Revistas *Cordis* (PUC-SP) e *Pluri* (UNICSUL), conselheiro da Associação Nacional de História (ANPUH-SP) e coordenador Da Pós-Graduação em História das Religiões e Núcleo da Universidade Cruzeiro do Sul (UNICSUL-SP).
E-mail: edgar.gomes@cruzeirodosul.edu.br

**EDSON ARANTES JÚNIO**

Professor da Universidade Estadual de Goiás (Campus Norte), atua no Programa de Pós-Graduação em História da Universidade Estadual de Goiás (UEG), Campus Sudeste. Líder do Grupo de Pesquisa Historicidade: Educação, Memória e Relações de Poder. Atualmente é Coordenador do Campus Norte – Sede Uruaçu da UEG.
E-mail: edson.arantes@ueg.br

**ELANE CARNEIRO DE ALBUQUERQUE**

Arte-Educadora e Pedagoga pela Universidade Federal do Amapá (UNIFAP), Mestre em Educação Brasileira pela Universidade Federal do Ceará (UFC). *Ekede do Ilê Axé Obá Oladeji.*
E-mail: elane.a@hotmail.com

**ELIANE VITORIANO DA CONCEIÇÃO**

Bacharel em Direito pela Faculdade de Educação e Ciências Humanas de Anicuns. Escrivã de Polícia por 33 anos nos quadros da Polícia Civil do Estado de Goiás, é atualmente aposentada.
E-mail: lili.vitoriano@gmail.com

**ELISANDRA BOTELHO DA SILVA FRAZÃO**

É moradora do Quilombo do Boqueirão, localizado no município de Vila Bela da Santíssima Trindade, no Mato Grosso, cidade conhecida por ser a primeira capital do estado e pela famosa Festança, festividade de cunho religioso. Kika está sempre à frente das lutas pela melhoria das condições de vida de sua comunidade.

**ENNY VIEIRA MORAES**

Licenciada em Educação Física pela Universidade Federal de Alagoas (UFAL), Mestre em História da Educação Física pela Universidade Gama Filho-RJ (UGF-RJ), Doutora em História Social pela Pontifícia Universidade Católica de São Paulo (PUC-SP). Professora Adjunta da Universidade do estado da Bahia (UNEB-BA), Campus II. Áreas de Interesse: História; Feministas Negras; Mulher; Esporte e Gênero. Pesquisa sobre o futebol das mulheres do Brasil. É autora do livro *Fazendo gênero e jogando bola: futebol feminino na Bahia (anos de 80-90)* e da Tese de Doutorado: "As mulheres também são boas de bola: histórias de vida de jogadoras baianas". Defendida em 2012. Autora de pesquisas e artigos científicos sobre as mulheres nos esportes e questões de gênero. Atualmente, continua pesquisando sobre interseccionalidade no futebol das mulheres baianas (1980-1990).

E-mail: e.vieira.moraes@gmail.com

**FABIANA LEONIR ROSA**

Pedagoga pela Universidade Federal de Santa Maria (UFSM). Especialista em História e Cultura Afro-Brasileira pela Faculdade de Educação São Luís. Pesquisadora do Núcleo de Estudos e Pesquisas E'léékò da UFPel/UFRGS.

E-mail: fabianaleonirrosa@gmail.com

**FABIANA SOUSA**

Bacharel em jornalismo e mestra pelo Programa de Pós-Graduação em Sociologia (PPGS) da Universidade Estadual de Campinas (Unicamp).

E-mail: fabianasousa.jor@gmail.com

**FRANCISCA CARLA DA SILVA**

Licenciada em Pedagogia e estudante de licenciatura em Letras com habilitação em Português/Inglês, ambas pelo Centro Universitário FAM. É aluna do programa de Iniciação Científica também do

Centro Universitário FAM.

E-mail: carlasilvaer@gmail.com

**FRANCISCA TAINARA EUGÊNIO DA SILVA**

Graduanda em Pedagogia pela Unilab. Faz parte do Grupo de Estudo e Pesquisa Azânia. É bolsista do Programa RP – Pedagogia e membra do Movimento Quilombola. Área de interesse de pesquisa: Educação Escolar Quilombola, Currículo Local e Racismo.
E-mail: tainara.africahere@gmail.com

**GABRIELE COSTA**

Graduada em Letras - Português/ Francês pela Universidade Federal do Rio Grande (UFRG). Trabalha como monitora de estudantes com deficiência em escolas da rede estadual de ensino no estado do Rio Grande do Sul. É especialista em Atendimento Educacional Especializado pela Faculdade Dom Bosco, especialista em Língua, Literatura e Ensino: Teoria e Prática, pela FURG, e Mestranda em Educação pelo Programa de Pós-Graduação em Educação da FURG.
E-mail: gabrielecp86@gmail.com

**GERALDA DA CUNHA TEIXEIRA FERRAZ**

Mestranda em Educação pela Faculdade de Educação da Universidade Federal de Goiás (FE/UFG). É ativista de Direitos Humanos. Atua na militância pelos direitos das mulheres, direito à comunicação e direitos dos segmentos sociais historicamente discriminados através da Associação Mulheres na Comunicação.
E-mail: ferrazgeralda@gmail.com

**GLÁUCIA PÉCLAT**

Gestora do Patrimônio Cultural e especialista em bens culturais de natureza imaterial. Docente do curso de graduação em História e professora de História da Universidade Estadual de Mato Grosso do Sul (UEMS).
E-mail: torresglaucia1@gmail.com

**HERIDAN DE JESUS GUTERRES PAVÃO FERREIRA**

Pesquisadora e professora do Departamento de Letras da Universidade Federal do Maranhão (UFMA). Doutora em Informática na Educação pela Universidade Federal do Rio Grande do Sul (UFRGS).
E-mail: hguterres@hotmail.com

**IÊDO DE OLIVEIRA PAES**

Pós-doutor em Literatura e Crítica Literária; docente do Programa de Pós-graduação em Estudos da Linguagem (PROGEL/UFRPE).
E-mail: iedopaes@yahoo.com.br

**IRANEIDE SOARES DA SILVA**

Doutora em História Social pela Universidade Federal de Uberlândia (UFU). Mestra em Educação pela Universidade Federal do Ceará (UFC). Professora do Departamento de História da Universidade Estadual do Piauí (UESPI) e do Programa de Pós-Graduação Interdisciplinar em Sociedade e Cultura da UESPI e Coordenadora do SANKOFA – Núcleo de estudos e pesquisas em História e Memória da Escravidão e do Pós-Abolição (UESPI). É presidente da Comissão de Heteroidenticação da UESPI e Coordenadora Nacional do Consórcio Nacional de Núcleos de Estudos Afro-Brasileiros (CONNEABS).

E-mail: iranegra@gmail.com

**IRENE DIAS DE OLIVEIRA**

Professora aposentada da Pontifícia Universidade Católica de Goiás (PUC-GO). Possui doutorado em Teologia e pós-doutorado em Antropologia da Religião pela Pontifícia Universidade Católica de São Paulo (PUC-SP).

E-mail: irenefit486@gmail.com

**IRISLANE PEREIRA DE MORAES**

Ewejimi é ekedi e Omo Orixá do Ilê Axé Yaba Omi (Terra-firme, Belém do Pará – Amazônia). Possui graduação em Ciências Sociais com ênfase em Antropologia pela Universidade Federal do Pará (2008); Especialização em Arqueologia (2009) e Mestrado em Antropologia com concentração em Arqueologia pela UFPA (2012). Doutora em Arqueologia pelo Programa de Pós-graduação em Antropologia da Universidade Federal de Minas Gerais (PPGAN-UFMG - 2021). Atualmente, atua como docente de Arqueologia no curso de História da Universidade Federal do Amapá (UNIFAP) e integra também a coordenação do Núcleo de Estudos Afro-brasileiros (NEAB-UNIFAP). Participa da Rede de Arqueologia Negra NEGRARQUEO.

E-mail: irislanemoraes@yahoo.com.br / irismoraes@unifap.br

**ISIS TATIANE DA SILVA DOS SANTOS**

Militante do movimento negro feminista e ativista cultural. Bacharel em História e Educação Popular pela Universidade Federal do Amapá (UNIFAP). Especialista em Estudos Culturais e Políticas Públicas. É presidente da Associação de Mulheres Mãe Venina do Quilombo do Cria-ú e integra a Rede Fulanas da Amazônia e da Articulação de Mulheres Negras Brasileiras (AMNB).

E-mail: isiscuriau@gmail.com

**JANAIZE BATALHA NEVES**

Mestra em Educação pela Universidade Federal de Pelotas. Servidora Pública na Universidade Federal de Pelotas.
E-mail: janabneves@hotmail.com

**JANINE "NINA FOLA" CUNHA**

Egbon da Comunidade Terreira Ilê Asé Iyemonjá Omi Olodô. Socióloga, Mestra e Doutoranda em Sociologia pelo Programa de Pós-Graduação em Sociologia, da Universidade Federal do Rio Grande do Sul (PGS-UFRGS) - cotista da CAPES. Membra colaboradora do GeAfro - Grupos de Estudos Afro-brasileiros e do LUTA - Laboratório Urgente de Teorias Armadas (NEAB-UFRGS). É editora executiva da revista discente *Contraponto* (PPGS/UFRGS), colaboradora da OSCIP e no Ponto de Cultura Espaço Escola Africanamente. É coordenadora da Biblioteca Comunitária Afrodiaspórica Pedro Cunha, artivista, produtora cultural, cantora e percussionista da Banda AfroEntes, Coletiva Atinúké - Grupo de Estudos sobre o Pensamento de Mulheres Negras.
E-mail: ninafola@gmail.com
Facebook e Instagram: Nina Fola

**JANIRA SODRÉ MIRANDA**

Professora no Instituto Federal de Educação, Ciência e Tecnologia de Goiás (IFG) e doutoranda em História pela Universidade de Brasília (UnB).

**JHENIFER EMANUELY RODRIGUES DOS SANTOS**

Mestranda em Letras - Estudos Literários pela Universidade Estadual de Londrina (UEL). Graduada em Letras pela Universidade Federal de Goiás (UEG). Professora de Língua Portuguesa da Secretaria Estadual de Educação do Distrito Federal.
E-mail: jheniferletraslic@gmail.com

**JOANICE CONCEIÇÃO**

Professora da Universidade da Integração Internacional da Lusofonia Afro-brasileira (UNILAB). Doutora e Mestre em Ciências Sociais/Antropologia, pela Pontifícia Universidade Católica de São Paulo (PUC-SP).
E-mail: joaniceconceicao@gmail.com

### JUREMA JOSÉ DE OLIVEIRA

Professora da Universidade Federal do Espírito Santo (UFES). Pesquisadora da Fundação de Amparo à Pesquisa do Espírito Santo (Fapes) e autora de diversos livros e artigos publicados em periódicos nacionais e internacionais.
E-mail: juremajoliveira@hotmail.com

### KALYNA YNANHIÁ SILVA DE FARIA

Doutora em História pela Universidade Federal de Goiás (UFG) e professora adjunta do Departamento Multidisciplinar dos Anos Iniciais - Centro de Ensino e Pesquisa Aplicada à Educação (CEPAE) da UFG.
E-mail: kalyna_faria@ufg.br

### KAMILA SALES DE SOUSA

Licenciada em História pela PUC Goiás.
E-mail: kamilasales23@hotmail.com

### KENIA ÉRICA GUSMÃO MEDEIROS

Doutora em História pela Universidade Federal de Goiás (UFG). Principais áreas de pesquisa: Ensino de História, Estudos de Gênero e História das Mulheres. Docente do Instituto Federal de Educação, Ciência e Tecnologia de Goiás.
E-mail: kenia.medeiros@ifg.edu.br

### LEANDRA DOMINGUES SILVÉRIO

Doutorado e mestrado em História Social pela Pontífica Universidade Católica de São Paulo (PUC-SP). Bacharelado e Licenciatura em História pela Universidade Federal de Uberlândia (UFU). É professora do Departamento de História da Universidade Federal do Triângulo Mineiro (UFTM) e pesquisa educação para relações étnico-raciais e de gênero, diversidade e as lutas pela terra.
E-mail: leandrasilverio.ls@gmail.com

### LETÍCIA ROCHA

Graduada em Ciências da Religião pela Universidade Estadual de Montes Claros (UNIMONTES). Pós-graduada em Neuropsicologia Educacional pelas Faculdades Santo Agostinho e mestra em Ciências da Religião pela Universidade Metodista de São Paulo.
E-mail: lopesleticia395@gmail.com

**LIANA BARCELOS PORTO**

Graduada em Pedagogia, Teologia e História com especializações e Mestrado na área da Educação. Cursa Doutorado em Educação pela Universidade Federal de Pelotas (UFPEL) e pesquisa sobre famílias, questões raciais e de inclusão.

E-mail: liana.porto@hotmail.com

**LILIA SCHWARCZ**

É professora titular sênior da Universidade de São Paulo (USP), Global Scholar em Princeton e curadora adjunta para histórias do Museu de Arte de São Paulo (MASP). É autora, entre outros, de *Espetáculo das Raças: Lima Barreto, triste visionário* e *Enciclopédia negra*.

E-mail: lili.schwarcz@gmail.com

**LILIAN MOURA TOYOTA**

Mestre em Letras pela Universidade Federal de São Paulo (UNIFESP). Professora do Centro Universitário Faculdade das Américas (FAM). Membro do Coletivo Egbê Aiyê e filha de Santo de Mãe Tathy de Oyá, da comunidade de terreiro Centro de Umbanda Sagrada Laços Espirituais (CUSLE).

E-mail: liliantoyota@gmail.com

**LORENA FRANCISCO DE SOUZA**

Doutora em Geografia Humana pela Universidade de São Paulo (USP) e professora da Universidade Estadual de Goiás.

(UEG). E-mail: lorena.souza@ueg.br

**LÚCIA HELENA OLIVEIRA SILVA**

Professora da Universidade Estadual Paulista (UNESP - Campus Assis).

E-mail: lho.silva@unesp.br

**LÚCIA REGINA BRITO PEREIRA**

Doutora em História pela Pontifícia Universidade Católica do Rio Grande do Sul (PUC-RS). Professora aposentada da rede estadual e assessora das Relações Étnicas da Secretaria de Educação do estado do Rio Grande do Sul e da rede de educação municipal de Porto Alegre.

E-mail: ymoleayaba@gmail.com

### LUCIANA DE OLIVEIRA DIAS

Antropóloga. Doutora em Ciências Sociais pela Universidade de Brasília (UnB). Diretora da Associação Brasileira de Antropologia (ABA) e professora Associada da Universidade Federal de Goiás (UFG).

E-mail: lucianadias@ufg.br

### LUCIANE TAVARES DOS SANTOS

Doutoranda do Programa de Pós-graduação em Educação da Universidade Federal Fluminense (UFF). Possui interesse em pesquisas sobre gênero, sexualidades, relações étnico-raciais e juventudes.

E-mail: tavaressluciane@gmail.com

### LUCIENE BONFIM DE OLIVEIRA

Mãe de Santo do Terreiro Ilê Axé Ode Layê Lubo. Historiadora e Mestre Griô pela Faculdade de Educação da Universidade Federal da Bahia (FACED/UFBA), com ênfase na contação de histórias e no campo da memória sincrética entre as práticas católicas e as práticas do Candomblé. É uma das criadoras do Jogo de Trilhas Griô, sobre as referências simbólicas e culturais dos espaços de terreiro de Salvador e voltado para as salas de aula da Educação Básica.

### LUCILENE GUIMARÃES ATHAIDE

Bacharela em Comunicação Social com habilitação em Jornalismo pela Universidade Federal do rio Grande do Sul (UFRGS). Doutoranda em Comunicação pela Unisinos. É mestra em Ciências Sociais e graduada em Jornalismo. Pesquisadora sobre povos tradicionais e repórter, atua nos seguintes temas: população negra, trabalho doméstico – com intersecção entre gênero e raça – e comunidades quilombolas.

E-mail: lucileneguimaraes@hotmail.com

### LUDMILA PEREIRA DE ALMEIDA

Doutora em Letras pela Universidade Federal de Goiás (UFG). Integrante do Obiah – Grupo Transdisciplinar de Estudos Interculturais e Decoloniais da Linguagem, da Gira Leodegária de Jesus, do Coletivo Magnífica Mundi e do Favela em Pauta.

E-mail: ludjornalismo@gmail.com

### MANOEL CLAUDERI COUTINHO DA LUZ

Liderança quilombola e atual presidente da Associação Quilombola Unidos do Rio Capim (AQURC). Discente cotista do curso de Direito da Universidade Federal do Pará (UFPA).

**MARCILENE PELEGRINE GOMES**

Doutora em Educação, graduada (bacharelado e licenciatura) em História pela Universidade Federal de Goiás (UFG). É professora adjunta da UFG e pesquisadora na área de História da Educação, Políticas educacionais, Cultura, diversidade e educação para relações étnico-raciais.

E-mail: professoramarcilene@ufg.br

**MARGARIDA LIMA DE MOURA NASCIMENTO**

Bacharelanda em Antropologia pela Universidade da Integração Internacional da Lusofonia Afro Brasileira (UNILAB) e Bacharela em Humanidades, também pela UNILAB.

E-mail: megglimaunilab@gmail.com

**MARIA CRISTINA DO NASCIMENTO**

Mestra em Ciências da Religião pela Universidade Católica de Pernambuco (UNICAP), professora em função técnica pedagógica da Secretaria de Educação do Recife, no grupo de trabalho em Educação das Relações Étnico-raciais (GTERÊ). Feminista, atriz artivista da Rede de Mulheres Negras de Pernambuco e integrante do grupo de pesquisa Grupo de Estudos e Pesquisas em Educação, Raça, Gênero e Sexualidades Audre Lorde (GEPERGES) da Universidade Federal Rural do Pernambuco (UFRPE), liderado pela Prof.ª Drª Denise Botelho.

E-mail: cristina.nascimento@prof.educ.rec.br

**MARIA DA VITÓRIA BARBOSA LIMA**

Professora adjunta de História da Universidade Estadual do Piauí (UESPI).

E-mail: mariavitoria.lima@srn.uespi.br

**MARIA DAS DORES DO ROSÁRIO ALMEIDA**

Mestra em Desenvolvimento Sustentável junto aos Povos e Terras Tradicionais pela Universidade de Brasília (UnB); especialista em História e Cultura Africana e Afro-Brasileira pela Faculdade Atual; licenciada em Economia Doméstica pela Universidade Federal Rural do Rio de Janeiro (UFRRJ). Ativista do Movimento de Mulheres Negras da Amazônia Brasileira.

E-mail: mulheresdoigarape@gmail.com

### MARIA DAS NEVES JARDIM DE DEUS

Mestranda em Letras pela Universidade Federal de Goiás (UFG). Especialista em cabelos afros. Integrante do Obiah - Grupo Transdisciplinar de Estudos Interculturais e Decoloniais da Linguagem e da Gira Leodegária de Jesus.
E-mail: marianevesjardim@gmail.com

### MARIA DO ESPÍRITO SANTO ROSA CAVALCANTE RIBEIRO

Doutora em História pela Universidade de São Paulo (USP). Professora Titular na Pontifícia Universidade Católica de Goiás, onde exerce a docência e orientação na graduação e no mestrado em História.
E-mail: mariarosacavalcante@gmail.com

### MARIA EDIMACI TEIXEIRA BARBOSA LEITE

Doutora em educação pela Pontifícia Universidade Católica de Goiás (PUC-GO). Professora da Rede Municipal de Goiânia, atuando na Educação de Adolescentes, Jovens e Adultos.
E-mail: edmacibarbosa@hotmail.com

### MARIA IZILDA SANTOS DE MATOS

Doutora em História pela Universidade de São Paulo (USP), em 1991. Livre docente da Pontifícia Universidade Católica de São Paulo (PUC-SP) desde 2016, com Pós-doutorado pela Université Lumiere Lyon 2/França (1997). Professora Titular da PUC-SP e Pesquisadora 1A do CNPq. Tem experiência na área de História, com ênfase nos seguintes temas: História Cultural, História das mulheres e gênero, História e música. Entre suas várias obras, destacam-se: *Dolores Duran: Experiências Boêmias em Copacabana nos anos 50*, publicado pela Bertrand Brasil, em 2002, e *Corpos e emoções: história, gênero e sensibilidades*, publicado pela e-Manuscrito, em 2018.

### MARIA JAGUAREMA DA COSTA MOREIRA

Pedagoga pela Universidade Federal do Amapá (UNIFAP). Tem 57 (cinquenta e sete) anos e é filha carnal e herdeira espiritual de Mãe Dulce. É Mãe Pequena, cargo dado à segunda pessoa na hierarquia da organização social e religiosa do Terreiro. Jaguarema é de Ogum, Orixá masculino, que, no sincretismo religioso, é relacionado a São Jorge.

**MARIA MEIRE DE CARVALHO**

Professora Associada da Universidade Federal de Goiás - Campus Goiás. Coordenadora do Coletivo Feminista GSEX. É assessora de Gênero, Diversidade e Direitos Humanos da Universidade Federal de Goiás (UFG), Campus Goiás. Candomblecista, Ekedi Ti Oyá do Ilè Farà Imorà Odè. Poetisa.

E-mail: mmeire@ufg.br / meire.ufg.goias@gmail.com

**MARIANA CUNHA PEREIRA**

Doutora em Antropologia. Atualmente é professora efetiva no Curso de História do Centro de Ciências Humanas da Universidade Federal de Roraima. Realiza pesquisas na área de Antropologia,

Educação e Movimentos Sociais com recortes para as discussões sobre relações étnico-raciais, gênero, corporeidade, cultura popular, fronteiras nacionais e transnacionais, migrações, e políticas públicas.

E-mail: mcunhap@yahoo.com.br

**MARLEY ANTÔNIA SILVA DA SILVA**

Doutora em História pelo PPHIST/UFPA. É docente do Instituto Federal de Educação, Ciência e Tecnologia do Pará e atua no Campus Castanhal. Desenvolve pesquisas sobre a Amazônia colonial (notadamente as relações África/Pará), e a trajetória de mulheres negras.

E-mail: marleyhist@yahoo.com.br

**MARTA SOARES FERREIRA**

Graduada em Ciências Sociais pela Universidade Estadual do Mato Grosso do Sul (UEMS) e mestre pela Universidade Estadual do Oeste do Paraná (Unioeste). Participou na confecção deste verbete como produtora da sua história de vida, assim, assumiu um papel fundamental na lapidação do texto final.

**MARTHA MARIA BRITO NOGUEIRA**

Graduada em História. Especialista em Antropologia com ênfase em Cultura Afro-brasileira e Mestre em Relações Étnicas e Contemporaneidade. Pesquisadora vinculada ao grupo de pesquisa Oju Obirim: Observatório de Mulheres Negras da Universidade Estadual do Sudoeste da Bahia (Uesb).

E-mail: mbnogueira07@hotmail.com

### MAYARA PRISCILLA DE JESUS DOS SANTOS

Formada em História pela Universidade Federal da Bahia (UFBA), mestre em História Social pela UFBA, e atualmente desenvolve doutorado em História Social pela Universidade Estadual de
Campinas (Unicamp).
E-mail: maypjs22@hotmail.com

### MELINA KLEINERT PERUSSATTO

Professora adjunta na área de Ensino de História do Departamento de Ensino e Currículo da Faculdade de Educação da Universidade Federal do Rio Grande do Sul (UFRGS).
E-mail: melinaperussatto@gmail.com

### MÍRIAM CRISTIANE ALVES

Professora do curso de Psicologia da Universidade Federal de Pelotas (UFPel) e do Programa de Pós-Graduação em Psicologia Social e Institucional da Universidade Federal do Rio Grande do Sul (UFRGS). Coordenadora do Núcleo de Estudos e Pesquisas E'léékò da UFPel/UFRGS.
E-mail: olorioba.miriamalves@gmail.com

### MÍRIAN CRISTINA DE MOURA GARRIDO

Pós-doutoranda em História pela Universidade Federal de São Paulo (Unifesp). Doutora e Mestra pela Universidade Estadual Paulista Júlio de Mesquita Filho (UNESP). Atua nos temas: História e Cultura afro-brasileira, identidades, movimento negro contemporâneo e História da África, com ênfase em Moçambique contemporânea.
E-mail: miriangarrido@hotmail.com

### MONIQUE BRITO DA SILVEIRA

Mestranda em Educação pela Universidade Federal do Rio Grande do Sul (PPGEDU - UFRGS), na linha de pesquisa Educação, Culturas e Humanidades. Seus estudos e pesquisas versam sobre educação e relações étnico-raciais, educação antirracista e movimento negro.
E-mail: monique83brito@gmail.com

### MORGANA ABRANCHES BASTOS

Mestra em Química pela Universidade Federal de Goiás (UFG). Chefe de Edições da *Revista da Associação Brasileira de Pesquisadores/as Negros/as*. Professora de Química.

Integrante do Coletivo CIATA e do Laboratório de Pesquisas em Educação Química e Inclusão - LPEQI, do Instituto de Química da UFG.
E-mail: morganabranches@gmail.com

**MURILO BORGES SILVA**
Doutor em História pela Universidade Federal de Uberlândia (UFU) e professor na Universidade Federal de Jataí (UFJ). Membro do NEABI da UFJ e membro do Grupo de Trabalho Nacional Emancipações e Pós-Abolição da Associação Nacional de Professores Universitários de História (ANPUH).
E-mail: murilo_borges_silva@ufg.br

**NEIDE GONÇALVES DE OLIVEIRA**
Licenciada em História pela Universidade do Estado da Bahia (UNEB), mestre em História pelo Programa de Pós- graduação em História Social da Universidade Federal da Bahia (UFBA).
E-mail: oliveiraneide@hotmail.com

**NÚBIA REGINA MOREIRA**
Doutora em Sociologia pela Universidade de Brasília (UnB). Professora Titular da Universidade Estadual do Sudoeste da Bahia (UESB) e docente permanente do Mestrado em Educação da UESB.
E-mail: nubia.moreira@uesb.edu.br

**PATRÍCIA CERQUEIRA DOS SANTOS**
Mestre em História pela PUC-SP. Tem como área de interesse o Ensino de História, História da África e das culturas africanas e afrobrasileira; História e cultura dos povos indígenas no Brasil e formação docente.
E-mail: patriciacerquer@gmail.com

**PATRÍCIA MARINHO DE CARVALHO**
Doutora e Mestre em Arqueologia pelo Museu de Arqueologia e Etnologia da Universidade de São Paulo (MAE/USP). Graduada em Ciências Sociais pela Faculdade de Filosofia, Letras e Ciências Humanas (FFLCH) da USP.
E-mail: patymarinho@yahoo.com.br

**PATRÍCIA TEIXEIRA SANTOS**
Professora associada de História da África do Departamento de História da Universidade Federal de São Paulo (Unifesp). Pesquisadora colaboradora do CITCEM-UP

(Portugal), do LAM – Universidade de Bordeaux (França) e do Departamento de Estudos Africanos da Universidade de Delhi (Índia).

**PIEDADE LINO VIDEIRA**

Sou mulher negra, dançadeira de batuque e marabaixo, idealizadora da Companhia de Dança Afro Baraka. Rainha de bateria no Grêmio Recreativo Escola de Samba Piratas da Batucada (Piratão). Graduada em Educação Artística com habilitação em Artes Plásticas pela Universidade Federal do Amapá (UNIFAP). Psicopedagoga pela Faculdade de Macapá (FAMA). Mestre e Doutora em Educação Brasileira pelo Programa de Pós-graduação Stricto Sensu da Faculdade de Educação da Universidade Federal do Ceará (FACED-UFC) e professora Adjunta da Universidade Federal do Amapá.

E-mail: piedadevideira08@gmail.com

**PRISCILA KIKUCHI CAMPANARO**

Graduada em Ciências Sociais pelo Centro Universitário Fundação Santo André. Mestre e Doutora em Ciências da Religião pela Universidade Metodista de São Paulo.

E-mail: priscila.kikuchi@gmail.com

**RENATA TAVARES DE BRITO FALLETI**

Possui graduação em Pedagogia pela Universidade Estadual de Goiás (UEG - 2002). É especialista em Psicopedagogia (2005) e em Docência Universitária (2007), também pela UEG. Professora do Ensino Básico Técnico e Tecnológico (EBTT) da área de Educação do Instituto Federal de Goiás (IFG) – Câmpus Cidade de Goiás.

E-mail: renatafalleti@gmail.com

**ROBSON MAX DE OLIVEIRA SOUZA**

Graduado em Antropologia pela Pontifícia Universidade Católica de Goiás (PUC-GO). Mestre em Antropologia Social pela Universidade Federal de Goiás (UFG). Arte-Educador. Diretor e ator do grupo Circo Alegria do Povo. Pesquisador de Religiões Afro-Brasileiras. Fundador da ONG Espaço Cultural Vila Esperança. Áreas de atuação: Antropologia e Arqueologia Pública com ênfase em Educação Patrimonial e Religiões Africanas. Babalorixá do Egbe Omodua Ode Opo Arole - Templo dos Orixás, na Cidade de Goiás - GO.

E-mail: odesolarobson@gmail.com / vila.esperanca@yahoo.com.br

### RONILDA IYAKEMI RIBEIRO

Etnopsicóloga. Doutora em Psicologia e em Antropologia da África Negra pela Universidade de São Paulo (USP). Pesquisadora da Universidade Paulista (UNIP) e Professora Sênior da USP. Membro do grupo de trabalho Psicologia e Religião da Associação Nacional de Pesquisa e Pós-Graduação em Psicologia (ANPEPP) e do Coletivo Coalizão InterFé em Saúde e Espiritualidade. Representante da UNIP no Fórum inter-religioso para uma cultura de paz e liberdade de crença da Secretaria de Estado da Justiça e Cidadania do Estado de São Paulo. Patronesse do Egbé Omó Oduduwa no Brasil. Ialorixá (Religião Tradicional Iorubá).

E-mail: iyakemi@usp.br

### ROSANA FALCÃO LESSA

Mulher negra do Recôncavo Baiano, pesquisadora e professora de História, voltada à construção de uma educação antirracista. Doutoranda pela Universidade Federal do Estado do Rio de Janeiro-RJ (UNIRIO) e mestra pela Universidade Estadual de Feira de Santana-BA (UEFS). Áreas de Interesse: gênero, raça, pós- abolição, interseccionalidades, Brasil Republicano.

E-mail: lessarosana05@gmail.com

### ROSINALDA CORRÊA DA SILVA SIMONI

Fez estágio pós-doutoral em História na Pontifícia Universidade Católica de Goiás (PUC-GO). Doutora em Ciências da Religião pela PUC-GO. Mestre em Gestão do Patrimônio Cultural também pela PUC-GO. Graduada em História pela Universidade Estadual de Goiás (UEG). Membro do Grupo de Mulheres Negras Malunga e da Articulação de Mulheres Negras Brasileiras (AMNB). Diretora-Fundadora da empresa Tekohá Pesquisas Patrimoniais.

E-mail: rosinegra@gmail.com

### SACHA FAUSTINO GAMA

Bacharel em Ciência Policiais e Segurança Pública desde o ano de 2014, pela Polícia Militar do Espírito Santo. Cursa, atualmente, Ciências Sociais pela Universidade Federal do Espírito Santo (UFES), tendo como principal interesse as áreas relativas a gênero, raça e segurança pública.

E-mail: sachafbgamaufes@gmail.com

### SANDRA MÔNICA DA SILVA SCHWARZSTEIN

Doutora em Política Social pela Universidade Federal Fluminense (UFF). Pesquisa gênero, interseccionalidade e violência. É integrante do Núcleo de Pesquisa sobre

Direitos Humanos, Sociais e Cidadania (NUDHESC/UFF). Assistente Social pela Universidade Federal de Pernambuco (UFPE) e Mestra em Planejamento para o Desenvolvimento pela Universidade Federal do Pará (UFPA).
E-mail: sandrastein23@gmail.com

### SANDRA NARA DA SILVA NOVAIS

Doutora em Educação pela Universidade Federal de São Carlos (UFSCar) e professora na Universidade Federal de Jataí (UFJ). Membra do Núcleo de Estudos Afro-Brasileiros e Indígenas (NEABI) da UFJ.
E-mail: novaisnara@hotmail.com

### SILENE FERREIRA CLARO

Pós-Doutora em História pela Faculdade de Filosofia, Letras e Ciências Humanas da Universidade de São Paulo (FFLCH-USP - 2016). Doutora em História Social pela FFLCH-USP (2008). Possui bacharelado e licenciatura em História pela USP (1999). É coordenadora e docente do curso de História da Faculdade Sumaré e também docente do curso de Pedagogia das Faculdades Integradas Campos Salles.
E-mail: silene.claro@gmail.com

### SILVANEY RUBENS ALVES DE SOUZA

Mestre em Desenvolvimento Regional pela Universidade Federal do Amapá (PPG-MDR - 2020); especialista em Historiografia da Amazônia (2017) e licenciado e bacharel em História pela Universidade Federal do Pará (UFPA). Professor do quadro efetivo da Secretaria de Estado da Educação, atua em atividades nos seguintes temas: Educação das Relações Étnico-Raciais; leis nº 10.639/2003 e 11.645; EJA; e História da Amazônia e do Amapá.

### SIMONY DOS ANJOS

Simony dos Anjos é cientista social (Unifesp), mestra em Educação (USP) e doutoranda em Antropologia (USP). É integrante da Marcha das Mulheres Negras de SP e da Rede de Mulheres Negras Evangélicas. Contribui com o *Jornal Empoderado*.
E-mail: simony@usp.br

### SÔNIA CLEIDE FERREIRA DA SILVA

Técnica em enfermagem. Diretora Fundadora do Grupo de Mulheres Negras Malunga.
E-mail: soniaiansa@hotmail.com

**SONILDA APARECIDA DE FÁTIMA SANTOS**

Pedagoga, formada pela Faculdade de Filosofia do Vale de São Patrício (1994), Psicopedagoga (1996), Administradora Escolar (1998), Mestre em Gestão do Patrimônio Cultural (PUC -2006) e Doutora em Educação (PUC-GO.2021). Atualmente sou coordenadora Pedagógica da Faculdade Dinâmica (FACDIN) e professora da FACINPRO.

**SUZANA HIROOKA**

Arqueóloga com vasta experiência em Arqueologia Sustentável e Bens Culturais. Atua em várias regiões do país, interpretando possíveis impactos sobre o Patrimônio Cultural e Arqueológico mediante o conceito de Unidades de Paisagem.

**SUZETE DE PAIVA LIMA KOURLIANDSKY**

Mestre em Políticas Públicas e Relações Humanas. Mestre em Antropologia, Sociologia, Migrações e Etinicidade. Doutoranda em Estudos Hispâncios pela Universidade Jules Verne (Almaa – Paris, França) – Associação Dentro do Mundo para América Latina e África.

E-mail: depaivasuzete@gmail.com / suzelima1@hotmail.com

**TÂNIA FERREIRA REZENDE**

Doutora em Linguística pela Universidade Federal de Minas Gerais (UFMG) com Pós-Doutorado pela Universidade de São Paulo (USP). Professora de Linguística e Língua Portuguesa na Faculdade de Letras da Universidade Federal de Goiás (UFG), atuando na graduação e na pós-graduação, na linha de pesquisa Linguagem, Sociedade e Cultura, no campo da Sociolinguística, com ênfase em Cosmolinguística e Letramento Intercultural. Líder do Obiah - Grupo de Estudos Interculturais da Linguagem, com desenvolvimento do projeto de pesquisa e extensão Matriperformances Cerradeiras do Brasil Central: formação de professoras 'mulheres cerradeiras'. É coordenadora do Laboratório de Políticas de Promoção da Diversidade Linguística e Cultural e do Centro de Formação e Apoio Linguístico e Literário Maria Firmina dos Reis da Faculdade de Letras da UFG.

E-mail: taferez@ufg.br

**THAIS ALVES MARINHO**

Fez estágio pós-doutoral em Ciências Sociais na Universidade do Vale do Rio dos Sinos (Unisinos) e em História na Universidade Federal de Minas Gerais (UFMG). Doutora em Sociologia pela Universidade de Brasília (UnB). Professora dos Programas de Pós-Graduação em História (PPGHIST) e em Ciências da Religião (PPGCR)

da Pontifícia Universidade Católica de Goiás (PUC-GO). É membra cofundadora da Rede Latino-Americana de Pesquisas sobre Feminismos de Terreiros (Relfet) e líder do Grupo de Pesquisa Memória Social e Subjetividade.
E-mail: thais_marinho@hotmail.com

**TREYCE ELLEN SILVA GOULART**

Doutora em Educação pelo Programa de Pós-Graduação em Educação da Universidade Federal Fluminense (UFU). Mestra em Educação pelo Programa de Pós-Graduação em Educação (PPGEDU) da Universidade Federal do Rio Grande (FURG). Historiadora.
E-mail: treyce.esg@gmail.com

**VALDENICE JOSÉ RAIMUNDO**

Professora Doutora da Universidade Católica de Pernambuco. Integrante da Pastoral da Negritude Rosa Parks e do Coletivo de Acadêmicas Negras Luiza Bairros. Líder do Grupo de Estudos e Pesquisas em Raça, Gênero e Políticas Públicas.
E-mail: valdenice.raimundo@unicap.br

**VÂNIA DOS SANTOS SILVA**

Pedagoga e filósofa, com estudos na área de gênero e filosofia. Integrante do Coletivo Feminista GSEX, da UFG-Goiás.
E-mail: vania21santos@gmail.com

**VANIA MARIA DA SILVA SOARES**

Realizou uma autobiografia. Sugerimos a leitura do verbete para saber mais sobre a autora.
E-mail: vsoares@sp.gov.br

**VERA RODRIGUES**

Doutora em Ciências Sociais. Professora adjunta no Instituto de Humanidades da Universidade da Integração Internacional da Lusofonia Afro-Brasileira (Unilab). Professora efetiva no Programa Associado de Pós-Graduação em Antropologia UFC-Unilab.
E-mail: vera.rodrigues@unilab.edu.br

**VERÔNICA NASCIMENTO**

Graduanda em Produção Cultural pela Universidade Cândido Mendes, atualmente produz projetos como o Novo Planejamento Estratégico do Sítio Roberto Burle Marx (2019) e a Festa Literária das Periferias (Flup) no Rio de Janeiro (2019).

E-mail: veronica.nascimento@gmail.com

**YVONE DIAS AVELINO**

Pós-Doutora em História pela PUC-SP. Doutora em História Econômica pela Universidade de São Paulo (USP). Fundadora do Núcleo de Estudos de História Social da Cidade (NEHSC) da PUC-SP. Editora da revista *Cordis* (PUC-SP), com publicações na área. Professora Titular de História da graduação e pós-graduação na PUC-SP.

E-mail: yvonediasavelino@uol.com.br

# Créditos das imagens que inspiraram as ilustrações

**MARIA GRAMPINHO**

Foto do Acervo Museu Casa de Cora Coralina.

Disponível em: https://www.xapuri.info/cultura/poemas-poesias/era-uma-vez--maria-grampinho

**MARIA OLVÍDIA DE AQUINO BISPO**

Foto do Acervo Maria Moatutino.

**MARIANA PRETA COURÁ**

Foto do site Slave Resistance – A Caribbean Study.

Disponível em: https://scholar.library.miami.edu/slaves/womens_resistance/individual_essays/harmony.html

**MARLI CORAGEM**

Foto do site Mulheres do fim do mundo.

Disponível em: https://www.mulheresdofimdomundo.com/post/respeita-nossa-hist%C3%B3ria-marli-pereira-soares

Esta obra foi composta em Baskerville e Lumberjack ( miolo ),
impressa na Trio Gráfica em papel Pólen natural 80 para a
Editora Malê, em agosto de 2024.